출간 이후, 22년간 18만 독자의 선택!(시리즈 전체)

사회조사분석사
원조 대표브랜드!

단원별 기기출문제해설 ➡

선택의 이유 01
기출문제를 완벽하게 정복한다!
2003년부터 최근까지의 단원별 기출문제해설

선택의 이유 02
모르는 부분 없이 학습한다!
혼자서도 이해 쏙쏙 꼼꼼한 해설

선택의 이유 03
빠르게 핵심만 학습한다!
빨리보는 간단한 키워드

2020~2018년 필기, 실기 무료 동영상 강의 제공

혼자서 학습하는 모든 독자님들을 위해 준비했습니다. 무료 동영상 강의를 통해 시대에듀 특급 강사진의 시험 합격노하우를 가져가세요.

01 혜택

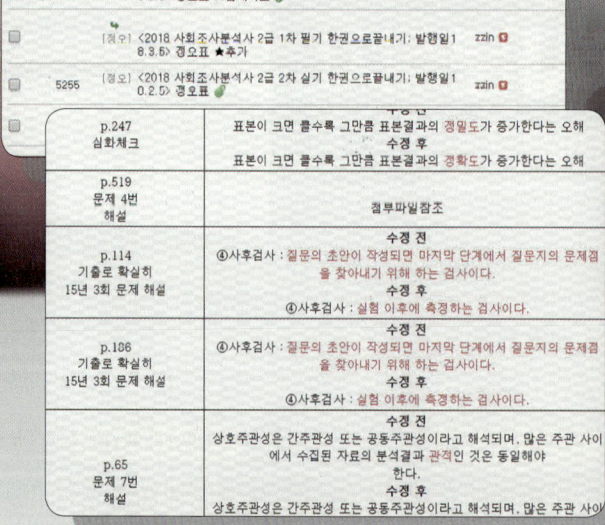

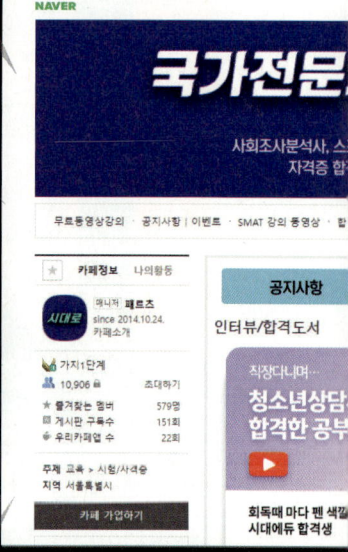

교재 추록 및 피드백

사회조사분석사 수험연구소에서 출간 전후로 꼼꼼히 검수하여 도서에 관련된 지속적인 피드백을 약속드립니다. 시험에 합격하는 그 날까지 여러분과 함께하겠습니다.

03 혜택

시대에듀 국가전문자격 네이버카페(https://cafe.naver.com/sdwssd)에서
시험과 관련된 모든 정보를 아낌없이 제공합니다. **지금 바로 접속하세요!**

사회조사분석사 학습의 모든 Q&A

학습하다 모르는 게 있으시다구요?
도서에 관한 모든 문의사항을 올려주세요.

22년 연속 사회조사분석사 수험서분야의 정상을 지켜낸
시대에듀 사회조사분석사 수험연구소에서 시원하게 답변해드립니다!

머리말 PREFACE

이 책은 통계청 직원분들의 사회조사분석사 1급 자격증 취득에 도움을 주고자 2003년부터 최근까지 출제되었던 필기시험 기출문제 및 풀이 과정을 수록하였다. 이 책은 두 부분으로 구성되어 있으며, 첫 번째 부분은 사회조사분석사 1급 필기시험에 반복적으로 출제되고 있는 이론을 간략히 정리하였고, 두 번째 부분은 2003년부터 사회조사분석사 1급 필기시험에 출제되었던 문제들과 풀이 과정을 상세히 설명하였다. 특히 기출문제 풀이 중 조사방법론 부분은 통계직 경력경쟁채용시험 및 특별채용시험을 준비하는 수험생들에게 많은 도움이 되리라 생각된다.

기존의 사회조사분석사 1급 필기시험은 PBT(Paper Based Test) 기반으로 본서 역시 연도별로 기출문제해설을 수록하였다. 하지만 2022년부터 CBT(Computer Based Test) 기반으로 전환됨에 따라 연도별 기출문제해설을 단원별 기출문제해설로 전환하여 수험생들에게 조금이나마 단원별 출제빈도 및 중요 이론들을 스스로 정리할 수 있도록 하였다.

현재 여러 형태의 교재들이 사회조사분석사 2급 시험 대비용으로 출간되고 있지만, 사회조사분석사 1급 시험 대비용 교재는 출간된 것이 없으며, 사회조사분석사 2급 시험 대비용 교재로 사회조사분석사 1급 시험을 준비한다는 것은 다소 부족한 점이 있다고 생각된다. 또한 모든 통계분석기법들을 일일이 찾아가며 공부한다는 것은 그 내용이 너무 방대하고 다양하기 때문에 자격증 취득을 목적으로 하는 분들에게는 너무나 많은 시간과 노력이 소요될 것이라 판단된다. 이런 점을 고려하여 과거에 출제되었던 문제들을 중심으로 한 문제도 빠짐없이 풀이과정을 상세히 수록하여 본인 스스로 공부할 수 있도록 쓰려고 노력하였다.

사회조사분석사 1급 필기시험은 과거 출제되었던 문제들이 계속해서 중복 출제되고 있는 경향을 보이고 있기 때문에 기출문제를 중심으로 풀이과정을 참고하여 기본적인 개념을 이해한 후 반복적으로 풀어본다면 고득점을 맞는 데 부족함이 없으리라 본다.

마지막으로 아낌없는 조언과 기출문제 풀이에 많은 도움을 주신 최재혁 박사께 감사드리며, 이 책이 여러분의 자격증 취득에 조금이나마 도움이 되기를 바라며.

2024년 10월

소 정현

들려오는 합격소식, 쏟아지는 합격소식 REVIEW

guma****님

2급도 취득했고 실무분야 경험도 있어서 1급 시험을 만만하게 생각했는데 어렵더라구요. 기출문제집이지만 앞에 과목별로 핵심요약이 수록되어 있어서 도움이 많이 되었습니다. 불필요한 내용 없이 딱 기출문제를 푸는 데 필요한 공식과 개념만 수록되어 있어 시간 낭비하지 않아도 되었습니다. 기출문제도 무려 19개년이나 수록되어 있어 이걸 언제 다 풀지 막막했는데 풀다보니 자주 출제되는 유형이 정해져 있어 쉽게 감을 잡을 수 있었습니다.

hero****님

저는 실무 경험은 풍부하지만 1급 자격증이 없었던 직장인입니다. 회사에서 자격증이 필요하게 되어 급히 문제집을 구매했습니다. 학창시절 이후 합격을 위한 공부를 해본 적이 없어 잘 할 수 있을지 걱정이 많이 되었는데 시대에듀 〈사회조사분석사 1급 1차 필기 기출문제해설 한권으로 끝내기〉를 통해 좋은 점수로 합격할 수 있었습니다. 해설이 꼼꼼해서 저처럼 문제를 푸는 데 익숙하지 않은 사람들이 공부하기 좋습니다.

navi****님

이 문제집의 가장 큰 장점은 기본서 없이도 기출문제집 한 권으로 문제풀이에 필요한 개념을 학습할 수 있다는 점입니다. 저는 기출문제 풀이에 앞서 수록된 빨간키(빨리 보는 간단한 키워드)를 따로 들고 다니며 틈틈이 개념과 주요 공식을 암기했습니다. 기출문제를 풀면서 부족한 개념은 빨간키의 여백에 따로 정리해 저만의 학습노트를 만들어 효율적으로 학습했습니다. 저는 특히 통계가 취약한데, 해설도 자세하고 문제풀이에 필요한 공식을 알맞게 제시해 주어서 두세 번 반복하여 학습을 하다 보니 합격에 필요한 점수를 얻을 수 있었습니다.

시험안내 INFORMATION

> **사회조사분석사란?**
> 다양한 사회정보의 수집·분석·분석·활용을 담당하는 새로운 직종으로 기업, 정당, 지방자치단체, 중앙정부 등 각종 단체의 시장조사 및 여론조사 등에 대한 계획을 수립하고 조사를 수행하며 그 결과를 분석, 보고서를 작성하는 전문가

⬢ 시행처
한국산업인력공단(www.q-net.or.kr)

⬢ 응시자격(1급)
- 해당 실무분야 3년 이상 종사자
- 2급 자격 취득 후 해당 실무분야 2년 이상 종사자

⬢ 자격별 학점인정(1급) : 25점

⬢ 공무원(통계직 6~9급) 시험 시 가산점 부여(1급) : 5%

⬢ 검정기준(1급)
- 종합적인 조사계획을 수립할 수 있는 능력의 유무
- 표본을 추출하는 방식을 결정할 수 있는 능력의 유무
- 조사목적에 적합한 조사방법, 통계기법을 선택·결정·활용할 수 있는 능력의 유무
- 조사보고서 작성업무를 총괄적으로 기획하고 관리할 수 있는 능력의 유무

⬢ 시험출제방법

구 분	시험출제방법	문항수	시험시간
1차 필기	객관식 4지 택일형	100문항	2시간 30분
2차 실기	작업형	–	4시간 정도

시험과목

구 분	시험과목	주요 항목	
1차 필기	고급 조사방법론 I (30문항)	• 과학적 연구의 개념 • 자료수집방법	• 조사설계 • 조사의 이용
	고급 조사방법론 II (30문항)	• 개념과 측정 • 표본설계	• 측정의 타당성과 신뢰성 • 자료의 처리
	고급통계처리 및 분석 (40문항)	• 추 정 • 분산분석 • 다변량분석 • 빅데이터통계	• 가설검정 • 회귀분석 • 비모수통계 · 교차분석

시험일정(2024년 기준)

구 분	필기원서접수	필기시험	필기합격발표	실기원서접수	실기시험	최종합격자발표
정기기사 3회	06.18~06.21	07.05~07.27	08.07	09.10~09.13	10.19~11.08	12.11

※ 시험일정은 해마다 변경될 수 있으므로 시행처인 한국산업인력공단의 확정공고를 확인하시기 바랍니다.

검정현황

연 도	필 기			실 기		
	응시(명)	합격(명)	합격률(%)	응시(명)	합격(명)	합격률(%)
2023	103	78	75.7	106	52	49.1
2022	140	93	66.4	111	25	22.5
2021	150	107	71.3	125	72	57.6
2020	93	58	62.4	84	12	14.3
2019	131	83	63.4	96	26	27.1
2018	129	74	57.4	100	14	14.0
2017	104	77	74.0	107	25	23.4
2016	123	83	67.5	108	34	31.5
2015	117	76	65.0	99	15	15.2

이 책의 구성과 특징 STRUCTURES

빨리보는 간단한 키워드

2003년부터 최근까지의 기출문제를 철저히 분석하여 핵심 키워드만 정리했습니다. 기출문제 풀이 전 빠르게 핵심만 다시 짚어볼 수 있습니다.

핵심 내용 수록

암기해야 할 내용이 많은 조사방법론의 핵심 내용을 꼼꼼히 수록했습니다.

빨리보는 간단한 키워드

제1과목 고급 조사방법론 Ⅰ

01 과학적 연구의 개념

| 지식의 획득 방법 |

관습에 의한 방법	사회적인 습관이나 전통적인 관습을 의심 없이 그대로 수용하는 방법
신비에 의한 방법	신, 예언자, 초자연적인 존재로부터 지식을 습득하는 방법
권위에 의한 방법	주장하고자 하는 내용에 설득력을 높이기 위해 권위자나 전문가의 의견을 인용하는 방법
직관에 의한 방법	가설설정 및 추론의 과정을 거치지 않은 채 확실한 명제를 토대로 지식을 습득하는 방법
과학에 의한 방법	문제에 대한 정의에서 자료를 수집·분석하여 결론을 도출하는 일련의 체계적인 과정을 통해 지식을 습득하는 방법

| 연역적 방법과 귀납적 방법 |

연역적 방법과 귀납적 방법은 상호보완적인 관계를 형성한다.

연역적 방법	귀납적 방법
• 가설이나 명제의 세계에서 출발 • 일반적인 것으로부터 특수한 것을 추론해 내는 방법 • 구체적인 대상이나 현상에 대한 관찰에 일정한 지침을 제공 • 이론 → 가설설정 → 조작화 → 가설관찰 → 가설검정	• 현실의 경험세계에서 출발 • 관찰로부터 시작해서 일반적인 이론이나 결론에 도달하는 방법 • 경험적인 관찰을 통해 기존의 이론을 보충 또는 수정 • 주제선정 → 관찰 → 경험적 일반화 → 결론

| 지식추구 방식의 한계 |

선별적 관찰	특성 패턴이 존재한다고 결론짓고 그런 패턴과 일치하는 것에만 주의를 기울이고 일치하지 않는 것은 무시함으로써 생기는 오류
부정확한 관찰	사물이나 현상을 주의 깊게 관찰하지 못함으로써 생기는 오류
과도한 일반화	몇 개의 비슷한 관찰 결과만을 토대로 이를 일반적 패턴의 증거로 생각함으로써 생기는 오류
비논리적 추론	논리적 인과관계를 무시한 채 아무런 근거도 없이 결론을 지어버림으로써 생기는 오류
신비화	이해할 수 없는 현상을 초자연적이거나 혹은 신비한 원인들로 돌림으로써 생기는 오류
시기상조적 결론	과도한 일반화, 선별적 관찰, 비논리적 추론 등의 결과로 이미 결론을 내린 문제에 대해서는 더 이상의 탐구 활동을 중단함으로써 생기는 오류

제3과목 고급통계처리 및 분석

01 상관분석 및 분포론

상관계수 계산

피어슨 상관계수	$r = \dfrac{Cov(X,Y)}{S_X S_Y} = \dfrac{\sum (X_i - \overline{X})(Y_i - \overline{Y})}{\sqrt{\sum (X_i - \overline{X})^2} \sqrt{\sum (Y_i - \overline{Y})^2}}$ $= \dfrac{\sum X_i Y_i - n\overline{X}\,\overline{Y}}{\sqrt{\sum X_i^2 - n\overline{X}^2} \sqrt{\sum Y_i^2 - n\overline{Y}^2}}$
스피어만 순위상관계수	$r_s = 1 - \dfrac{6\sum_{i=1}^{n} d_i^2}{n^3 - n}$ 여기서, $\sum_{i=1}^{n} d_i^2 = \sum_{i=1}^{n}(X_i - Y_i)^2$: 순위에 대한 편차제곱합
켄달의 타우	P는 x_i를 크기순으로 나열하였을 때 (x_i, y_i)의 짝 중에서 y_i가 크기순으로 나열되어있는 짝의 수라 하고, Q는 크기의 역순으로 나열되어있는 짝의 수라 하면 $S = P - Q$으로 표현한다. 만약 동순위가 하나도 없다면 $\tau = \dfrac{S}{\frac{1}{2}n(n-1)}$ 이 된다.

사회통계 공식

복잡한 사회통계 공식을 한눈에 볼 수 있도록 정리했습니다. 준비기간이 짧다면 빨간키로 빠르게 공식만 암기하세요.

상관계수의 성질

① 상관계수는 항상 -1과 1 사이의 값을 갖는다.
② 상관계수는 단위가 없는 수이며 측정단위에 영향을 받지 않는다.
③ 두 변수의 선형관계가 강해질수록 상관계수는 1 또는 -1에 근접하게 된다.
④ 상관계수의 부호는 공분산 및 회귀직선의 기울기 부호와 항상 같다.
⑤ 두 확률변수가 서로 독립이면 공분산과 상관계수는 0이지만, 공분산과 상관계수가 0이라고 해서 두 확률변수가 서로 독립인 것은 아니다.
⑥ 단순회귀에서 상관계수는 결정계수의 양의 제곱근이다.
⑦ 상관계수는 변수들 간의 선형관계를 나타내는 것이지 인과관계를 나타내는 것은 아니다.
⑧ 상관계수가 0이면 변수 간에 선형 관련성이 없는 것이고 곡선의 관련성은 있을 수 있다.
⑨ X와 Y의 상관계수 값과 Y와 X의 상관계수 값은 서로 같다.
⑩ $r = b\dfrac{s_x}{s_y} = b\dfrac{\sqrt{\sum(x_i - \overline{x})^2}}{\sqrt{\sum(y_i - \overline{y})^2}}$ 여기서 회귀선의 기울기 $b = \dfrac{\sum(x_i - \overline{x})(y_i - \overline{y})}{\sum(x_i - \overline{x})^2}$
⑪ 단순선형회귀분석에서 변수들을 표준화한 표준화계수(b)는 상관계수와 같다.
⑫ 임의의 상수 a, b에 대하여 Y를 $Y = a + bX$와 같이 X의 선형변환으로 표현할 수 있다면, $b > 0$일 때 상관계수는 1이고, $b < 0$일 때 상관계수는 -1이 된다.
⑬ 임의의 상수 a, b, c, d에 대하여 X, Y의 상관계수는 $a + bX, c + dY$의 상관계수와 $bd > 0$일 때 동일하며, $bd < 0$일 때 부호만 바뀐다.

나만의 노트 활용

빨간키는 학습 후 스스로 정리한 이론을 더하여 여러분 자신만의 노트로 활용할 수도 있습니다.

이 책의 구성과 특징 STRUCTURES

단원별 기출문제

2003년부터 최근까지 총 19개년의 단원별 기출문제를 수록했습니다. 사회조사분석사 시험은 출제되었던 문제가 반복출제되는 경우가 많기 때문에 기출문제를 많이 풀어보는 것이 중요합니다.

제3과목 고급통계처리 및 분석

01 상관분석 및 분포론

01
두 확률변수 X_1, X_2의 평균과 분산이 모두 0과 1이고 공분산이 r이라 하면 두 확률변수를 하나의 선형형태인 주성분으로 축약할 경우 이 선형형태로 모든 변이가 잘 설명될 때의 r값은? 04 21
① 0 근방
② 0.5 근방
③ 1 근방
④ $-\infty$ 혹은 ∞ 근방

해설
공분산(Covariance)
X_1과 X_2의 상관계수 $\rho = Corr(X_1, X_2) = \dfrac{Cov(X_1, X_2)}{\sigma_{X_1}\sigma_{X_2}}$ 이다. X_1과 X_2의 분산이 각각 1이므로, 공분산이 1이 되면 완전 선형관계에 있다.

02
상관계수에 관한 설명으로 틀린 것은? 05
① 직선에 가까울수록 상관계수 r은 1 또는 -1에 가까워진다.
② 상관계수가 $r = 1$이면 완전 상관으로 X와 Y 값이 일치한다.
③ 상관계수 r은 -1로부터 +1까지 범위의 값을 취한다.
④ 단순회귀에서 결정계수는 상관계수의 제곱과 같다.

해설
상관계수의 성질
X와 Y값이 일치하면 상관계수는 1이 되지만 상관계수가 1이라고 해서 X와 Y가 일치하는 것은 아니다.
∵ X와 $Y = 2X$의 상관계수 또한 1이 된다.

03
다음 중 두 변수 간의 상관계수가 1이 되는 경우에 해당하는 것은? 11
① 한 고등학교에서 수험생들의 수학능력시험 점수와 내신 성적
② 지난 한 달 동안 기온을 섭씨로 잰 온도 값과 화씨로 잰 온도 값
③ 학급 학생들의 키와 몸무게
④ 지난달 매일의 주가지수와 환율

01 ③ 02 ② 03 ② **정답**

49

모비율을 추정할 때 오차가 0.2를 넘지 않을 확률이 최소한 95%가 되도록 하려면 표본의 크기가 최소한 얼마가 되어야 하는가? (단, $z_{0.025}=1.96$) 11 16 21

① 30 ② 25
③ 45 ④ 35

해설
모비율의 추정에 필요한 표본크기 결정

모비율 p에 대한 $100(1-\alpha)\%$ 신뢰구간은 $\hat{p} \pm z_{\frac{\alpha}{2}}\sqrt{\frac{\hat{p}(1-\hat{p})}{n}}$ 이다.

여기서 $\sqrt{\frac{\hat{p}(1-\hat{p})}{n}}$ 을 표준오차라 하고, $z_{\frac{\alpha}{2}}\sqrt{\frac{\hat{p}(1-\hat{p})}{n}}$ 을 추정오차(오차한계)라 하며, 추정오차가 d 이내가 되도록 하려면 $z_{\frac{\alpha}{2}}\sqrt{\hat{p}(1-\hat{p})/n}=d$로부터, $n=\hat{p}(1-\hat{p})\left(\frac{z_{\frac{\alpha}{2}}}{d}\right)^2$ 에 의하여 표본의 크기 n을 결정할 수 있다. 모비율 p에 대한 사전정보가 없는 경우에는 보수적인 방법으로 $\hat{p}(1-\hat{p})$을 최대로 해주는 $\hat{p}=\frac{1}{2}$을 대입하여 표본크기를 결정한다.

$$\therefore n \geq \hat{p}(1-\hat{p})\left[\frac{z_{\frac{\alpha}{2}}}{d}\right]^2 = 0.5 \times 0.5 \times \left(\frac{1.96}{0.2}\right)^2 = 24.01$$

50

어떤 고교의 흡연자 비율을 추정하려고 한다. 95%의 확신을 갖고 추정오차가 0.05 이내가 되도록 하려고 할 때, 필요한 최소의 표본크기는 얼마인가? (단, 근처 고교의 예로 보아 흡연자 비율은 0.3 정도일 것으로 예상된다) 16 20

① 323 ② 337
③ 542 ④ 1000

해설
모비율의 추정에 필요한 표본크기 결정

모비율 p에 대한 $100(1-\alpha)\%$ 신뢰구간은 $\hat{p} \pm z_{\frac{\alpha}{2}}\sqrt{\frac{\hat{p}(1-\hat{p})}{n}}$ 이다.

여기서 $\sqrt{\frac{\hat{p}(1-\hat{p})}{n}}$ 을 표준오차라 하고, $z_{\frac{\alpha}{2}}\sqrt{\frac{\hat{p}(1-\hat{p})}{n}}$ 을 추정오차(오차한계)라 하며, 추정오차가 d 이내가 되도록 하려면 $z_{\frac{\alpha}{2}}\sqrt{\hat{p}(1-\hat{p})/n}=d$로부터, $n=\hat{p}(1-\hat{p})\left(\frac{z_{\frac{\alpha}{2}}}{d}\right)^2$ 에 의하여 표본의 크기 n을 결정할 수 있다. $\hat{p}=0.3$을 대입하여 표본크기를 결정한다.

$$\therefore n \geq \hat{p}(1-\hat{p})\left[\frac{z_{\frac{\alpha}{2}}}{d}\right]^2 = 0.3 \times 0.7 \times \left(\frac{1.96}{0.05}\right)^2 \approx 322.69$$

정답 49 ② 50 ①

이 책의 목차 CONTENTS

제1편 빨리보는 간단한 키워드

1. 제1과목 고급 조사방법론 Ⅰ ·· **002**
2. 제2과목 고급 조사방법론 Ⅱ ·· **027**
3. 제3과목 고급통계처리 및 분석 ·· **044**

제2편 단원별 기출문제해설

1. 제1과목 고급 조사방법론 Ⅰ
   1) 과학적 연구의 개념 ··· **068**
   2) 조사설계 ·· **107**
   3) 자료수집방법 ··· **166**
   4) 조사의 이용 ··· **233**

2. 제2과목 고급 조사방법론 Ⅱ
   1) 개념과 측정 ··· **240**
   2) 측정의 타당성과 신뢰성 ··· **276**
   3) 표본설계 ·· **314**
   4) 자료의 처리 ··· **371**

3. 제3과목 고급통계처리 및 분석
   1) 상관분석 및 분포론 ·· **390**
   2) 추정 및 검정 ··· **408**
   3) 범주형 자료분석 및 분산분석 ·· **467**
   4) 회귀분석 ·· **502**
   5) 비모수검정 및 다변량분석 ··· **544**

제3편 부록

1. 표준정규분포표 ·· **624**
2. $t-$분포표 ·· **625**
3. χ^2분포표 ·· **626**
4. $F-$분포표 ··· **627**
5. 로마자 표기법 ·· **630**

참고문헌

제1편

빨리보는 간단한 키워드

제1과목	고급 조사방법론 Ⅰ
제2과목	고급 조사방법론 Ⅱ
제3과목	고급통계처리 및 분석

빨리보는 간단한 키워드

제1과목 고급 조사방법론 I

01 과학적 연구의 개념

지식의 획득 방법

관습에 의한 방법	사회적인 습관이나 전통적인 관습을 의심 없이 그대로 수용하는 방법
신비에 의한 방법	신, 예언자, 초자연적인 존재로부터 지식을 습득하는 방법
권위에 의한 방법	주장하고자 하는 내용에 설득력을 높이기 위해 권위자나 전문가의 의견을 인용하는 방법
직관에 의한 방법	가설설정 및 추론의 과정을 거치지 않은 채 확실한 명제를 토대로 지식을 습득하는 방법
과학에 의한 방법	문제에 대한 정의에서 자료를 수집·분석하여 결론을 도출하는 일련의 체계적인 과정을 통해 지식을 습득하는 방법

연역적 방법과 귀납적 방법

연역적 방법과 귀납적 방법은 상호보완적인 관계를 형성한다.

연역적 방법	귀납적 방법
• 가설이나 명제의 세계에서 출발 • 일반적인 것으로부터 특수한 것을 추론해 내는 방법 • 구체적인 대상이나 현상에 대한 관찰에 일정한 지침을 제공 • 이론 → 가설설정 → 조작화 → 가설관찰 → 가설검정	• 현실의 경험세계에서 출발 • 관찰로부터 시작해서 일반적인 이론이나 결론에 도달하는 방법 • 경험적 관찰을 통해 기존의 이론을 보충 또는 수정 • 주제선정 → 관찰 → 경험적 일반화 → 결론

지식추구 방식의 한계

선별적 관찰	특정 패턴이 존재한다고 결론짓고 그런 패턴과 일치하는 것에만 주의를 기울이고 일치하지 않는 것은 무시함으로써 생기는 오류
부정확한 관찰	사물이나 현상을 주의 깊게 관찰하지 못함으로써 생기는 오류
과도한 일반화	몇 개의 비슷한 관찰 결과만을 토대로 이를 일반적 패턴의 증거로 생각함으로써 생기는 오류
비논리적 추론	논리적 인과관계를 무시한 채 아무런 근거도 없이 결론을 지어버림으로써 생기는 오류
신비화	이해할 수 없는 현상을 초자연적이거나 혹은 신비한 원인들로 돌림으로써 생기는 오류
시기상조적 결론	과도한 일반화, 선별적 관찰, 비논리적 추론 등의 결과로 이미 결론을 내린 문제에 대해서는 더 이상의 탐구 활동을 중단함으로써 생기는 오류

탐구의 조기 종결	연구결과의 의미가 부정적인 영향을 줄 수 있다고 예측되는 경우 연구를 신중히 검토하지 않고 결론을 내거나 속임수를 사용하여 종료함으로써 생기는 오류
사후가설설정	사실을 관찰하면서 자신의 추론을 뒤쫓아 가설이 옳다고 입증하려고 하는 경우에 생기는 오류

조사연구 설계과정

연구문제 결정 → 가설설정 → 연구설계 → 표집방법 결정 → 예비조사 → 자료의 코딩 → 자료의 통계분석 → 연구결과 해석

조사연구윤리

자발적 참여문제	연구의 자발적 참여가 윤리적일 수 있으나 객관성을 저해할 수 있다. 또한 사회과학은 윤리문제로 실험이 불가능한 경우도 있다.
참여자의 문제	사회연구는 자발적 참여자건 비자발적 참여자건 간에 이들에게 심리적·육체적 피해를 끼쳐서는 안 된다.
익명성	연구자가 응답자의 응답을 확인할 수 없는 상황에서 응답자는 익명으로 생각할 수 있으며, 연구자는 자료의 비밀성을 유지하기 위하여 모든 조치를 취하지 않으면 안 된다.
책임문제	연구결과에 대한 비난이나 이익은 단독연구인 경우 책임사가, 공동연구인 경우 공동연구자가 나누어 책임을 진다.
조사방법의 문제	원하는 결과를 도출하기 위해서 조사방법을 변경해서는 안 된다.
고지의 문제	조사결과가 조사 의뢰자에게 불리한 내용이라 해서 고지하지 않으면 안 된다.
비밀보장 문제	연구대상자에 대한 비밀보장은 연구필요상 확보되어야 한다.
개인의 사생활에 대한 침해	질문지나 면접에서 매우 사생활적인 질문을 하게 되는 경우, 참여자의 승낙 없이 그의 자료를 제3자로부터 인수하는 등의 경우에 개인의 사생활에 대한 침해 가능성이 크다.
타목적을 위한 자료의 사용문제	자료를 타목적에 사용하기 위해서는 연구계약에 이에 관한 사항을 사전에 명기할 필요가 있다.

연구문제의 적절성

연구범위의 적절성	한정된 범위 내에서의 구체적 조사를 한다.
조사의 실행가능성	조사 수행능력 고려 및 자원체계의 존재여부를 파악한다.
검증가능성	과학적인 방법은 검증할 수 있는 의문들에 한해서 답을 제시한다.
효율성	다른 사회과학조사들보다 실용성에 더욱 큰 관심을 가진다.
명확성	연구문제는 가능한 명백하고 확실한 것이어야 한다.
연관성	두 개 이상의 변수들 간의 관계를 서술해야 한다.
독창성	연구문제는 기존의 연구로 설명되지 않은 새로운 것이어야 한다.
윤리성	윤리적인 범위 내에서 선택해야 한다.
현실성	문제해결을 위한 시간, 비용, 인력 등을 고려하여 선택해야 한다.

사회과학과 자연과학

사회과학	자연과학
• 추론을 가능하게 하는 조건에 보다 많은 관심을 보임 • 인간의 행위를 연구대상으로 함 • 사회문화적 특성에 영향을 받음 • 자연과학에 비해 일반화가 용이하지 않음 • 사고의 가능성이 제한되고 명확한 결론을 내리기 어려움 • 가치판단은 복잡하고 불가분의 것임 • 사람과 사람간의 의사소통에 비중을 둠 • 연구자 개인의 심리상태, 개성 내지 가치관, 세계관 등에 영향을 받음	• 인과관계에 관심을 둠 • 객관의 세계를 연구대상으로 함 • 사회문화적 특성에 영향을 받지 않음 • 사회과학에 비해 비교적 일반화가 용이함 • 사고의 가능성이 무한정하고 명확한 결론을 얻을 수 있음 • 가치는 선험적으로 단순하고 자명함 • 미래에 대한 예측을 포함함 • 연구자의 개성이나 사회적 지위에 의해 영향을 받지 않음

Paul Lazarsfeld(1959)의 사회과학연구의 인과성 판단 기준

① 원인변수는 결과변수에 시간적으로 선행하여야 한다.
② 인과관계상에 있는 두 변수는 경험적으로 상관관계가 있어야 한다.
③ 경험적으로 상관관계에 있는 두 변수가 제3의 변수에 의해서 동시에 설명되지 않아야 한다.

과학적 조사(연구) 절차

문제정립 → 가설구성 → 조사설계 → 자료수집 → 자료분석 → 보고서 작성

과학적 연구의 기초개념

개 념	가설과 이론의 구성요소로 보편적인 관념 안에서 특정 현상을 나타내는 추상적 표현
변 수	실증적인 검증과정에서 개념을 측정 가능한 형태로 변화시킨 것
패러다임	사람들의 견해와 사고방식을 근본적으로 규정하는 인식의 체계 또는 틀을 의미
가 설	두 개 이상의 변수들 간의 관계에 대한 진술이며, 아직 검증되지 않은 사실
이 론	어떤 특정 현상을 논리적으로 설명하고 예측하려는 진술

이론의 역할

① 과학의 주요 방향 결정
② 현상의 개념화 및 분류화
③ 기존 지식의 요약
④ 사실의 설명 및 예측
⑤ 지식의 확장 및 결함 지적

과학적 방법론에 관한 칼 포퍼(Karl Popper)의 이론

반증 가능성의 원리	어떤 이론의 진리를 검증할 수는 없어도 단 한 가지 반례만으로도 그 이론은 비판된다고 보는 원리
인간의 오류 가능성	실수나 착오가 인간 이성의 정상적인 모습이며, 실수와 그것의 수정을 통해서만 지식을 증진시킬 수 있다고 보는 견해
귀납적 방법론 반박	귀납적 방법론을 바탕으로 반복적 활동을 강조하는 과학교육이 원리적으로 불가능하며 바람직하지 않다고 보는 견해
비판적 합리주의	인간은 자신의 실수와 오류에 대해서 자발적 자기비판과 타인의 비판을 통해 좀 더 학습되어 간다고 보는 견해

과학적 연구의 왈라스(Wallace) 모형

Wallace의 모형에 의하면, 이론에서 가설이 만들어지고, 가설은 관찰을 가능하게 하며, 관찰을 통하여 일반화가 이루어지고, 일반화를 거쳐 이론이 수정되는 순환과정이 되풀이되며, 분명한 시발점과 종착점이 없으므로 연구자는 어느 단계에서 연구를 시작해도 무방하다.

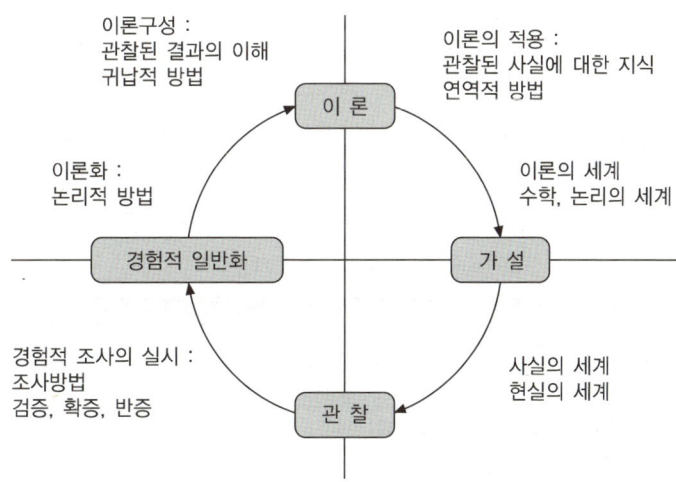

과학적 연구의 특징

논리성	과학적 연구는 합리적, 논리적 사고에 의존한다.
인과성	모든 현상은 자연 발생적인 것이 아니라 항상 원인으로 인하여 결과가 나타난다는 것이다.
일반성	경험을 통해 얻은 구체적인 사실을 바탕으로 보편적인 원리를 추구한다.
간결성	최소한의 설명변수를 이용해 최대한의 설명력을 얻고자 한다.
구체성	구체적으로 검정하고자 하는 개념을 정확히 측정한다.
경험적 검증가능성	과학적 연구는 경험적으로 검증 가능한 것이어야 한다.
상호주관성 (간주관성)	연구자 간 시각이 다르더라도 동일한 절차와 방법을 수행하면 동일한 결과가 나올 수 있어야 한다.
수정가능성	새로운 이론에 의해 언제든지 수정 가능하다.
효용성	궁극적 진리의 추구와 더불어 효용성도 추구한다.
체계성	내용의 전개과정이나 조사과정이 일정한 틀, 순서, 원칙에 입각하여 진행되어야 한다.
객관성	표준화된 도구와 절차 등을 통해 누구나 납득할 수 있는 결과가 도출되어야 한다.
재생가능성	일정한 절차와 방법을 되풀이했을 때, 누구나 동일한 결과를 얻을 수 있는 가능성이다.
변화가능성	기존의 신념이나 연구결과는 언제든지 비판되고 수정될 수 있다.

가설설정 시 기본조건

명확성	가설은 추상적인 개념상의 정의든 조작적 정의든 그 뜻이 명확해야 한다.
가치중립성	가설을 설정하는 연구자의 주관이 개입되어서는 안 된다.
구체성	가설은 추상적인 의미를 담고 있어서는 안되며 구체적인 성질의 것이어야 한다.
검증가능성	가설은 경험적으로 검증 가능해야 한다.
간결성	가설은 논리적으로 간결해야 한다.
광역성	가설은 광범위한 범위에 적용 가능해야 한다.
계량화	가설은 계량화가 가능해야 한다.
연구문제해결	가설의 핵심은 연구문제를 해결하는 것이다.

분석단위의 요건

적합성	분석단위는 연구목적에 적합해야 한다.
명료성	분석단위는 모든 사람에게 동일한 의미로 명확하고 객관적으로 정의되어야 한다.
측정가능성	분석단위는 측정 가능해야 한다.
비교가능성	분석단위는 사실관계 규명을 위해 시간이나 장소의 비교가 가능해야 한다.

분석단위의 종류

개인	사회과학조사연구에서 가장 전형적인 분석단위
집단	사회집단을 연구할 경우의 분석단위
프로그램	정책평가연구를 진행할 때의 분석단위
조직 또는 제도	기업, 학교 등을 연구할 경우의 분석단위
지역사회, 지방정부, 국가	중앙정부, 지방자치단체 등을 연구할 경우의 분석단위
사회적 생성물	문화적 요소, 사회적 상호작용을 연구할 경우의 분석단위

표집단위, 관찰단위, 분석단위

표집단위	표본을 추출하는 단위
관찰단위	해당 내용을 조사하기 위해 접촉하는 단위
분석단위	해당 내용을 분석하기 위한 단위

분석단위로 인한 오류

지나친 일반화	한두 개의 고립된 사건에 근거해서 일반적인 결론을 내리고 그것을 서로 관계없는 상황에 적용하는 오류
개인주의적 오류	분석단위를 개인에 두고 얻어진 연구의 결과를 집단에 적용함으로써 발생하는 오류
생태학적 오류	분석단위를 집단에 두고 얻어진 연구의 결과를 개인에 적용함으로써 발생하는 오류
환원주의적 오류	넓은 범위의 인간의 사회적 행위를 이해하는 데 필요한 변수 또는 개념의 종류를 지나치게 한정시킴으로써 발생하는 오류로 조사할 개념이나 변수를 설정하는 과정에서 발생한다.
의도적 오류	일을 진행하는 중에 더 좋은 아이디어가 발생하거나, 일을 추진하는 사람이 미숙해서 본래 의도와는 달리 엉뚱한 결과가 나오는 오류
인과관계 도치	원인과 결과를 반대로 해석한 오류

02 조사설계

과학적 연구의 유형

설명적 연구	기술적 연구결과의 축적을 토대로 어떤 사실과의 관계를 파악하여 인과관계를 규명하거나 미래를 예측하는 연구이다.
실험적 연구	인과관계에 대한 가설을 검정하기 위해 변수를 조작, 통제하여 그 조작의 효과를 관찰하는 연구이다.
기술적 연구	현상을 정확하게 기술하는 것을 주목적으로 발생빈도와 비율을 파악할 때 실시하며 두 개 이상 변수 간의 상관관계를 기술할 때 적용하는 연구이다.
인과적 연구	일정한 현상을 낳게 하는 근본원인이 무엇이냐를 중점적으로 검토해 보는 연구로서 한 결과에 대한 그 원인을 밝히는 데 목적이 있다.
탐색적 연구	연구문제에 대한 사전지식이 부족하거나 개념을 보다 분명히 하기 위해 조사설계를 확정하기 이전에 예비적으로 실시하는 연구이다.

기술적 연구의 특성

① 현상을 정확하게 기술하는 것이 주목적
② 변수들 간의 관련성(상관관계) 파악
③ 특정 상황의 발생빈도와 비율을 파악
④ 서베이를 통한 자료수집
⑤ 선행연구가 없어 모집단에 대한 특성을 파악하고자 할 때 실시
⑥ 표본조사의 기본 목적인 모집단의 모수를 추정하기 위한 조사

양적연구와 질적연구

양적연구	질적연구
• 사회현상의 사실이나 원인들을 탐구	• 경험의 본질에 대한 풍부한 기술
• 일반화 가능	• 일반화 불가능
• 구조화된 양적자료수집	• 비구조화된 질적자료수집
• 원인과 결과의 구분이 가능	• 원인과 결과의 구분이 불가능
• 객관적	• 주관적
• 대규모 분석에 유리	• 소규모 분석에 유리
• 확률적 표집방법 사용	• 비확률적 표집방법 사용
• 연구방법을 우선시	• 연구주제를 우선시
• 논리실증주의적 입장을 취함	• 현상학적 입장을 취함

질적연구의 엄밀성을 높이기 위한 방법

① 다원화(다각적 접근방법)
② 연구자와 동료집단 간의 조언과 검토
③ 예외적 사례 분석
④ 연구대상 및 결과에 대한 참여자의 재확인
⑤ 지속적인 참여와 끊임없는 관찰
⑥ 외부자문가들의 평가

혼합연구(Mixed Method)의 특징

혼합연구는 질적연구와 양적연구를 결합 보완한 접근방법이다.
① 다양한 연구 패러다임을 수용할 수 있어야 한다.
② 양적연구뿐만 아니라 질적연구 모두에 대한 전문적 지식이 필요하다.
③ 양적연구의 결과에서 질적연구가 시작될 수 있고, 질적연구의 결과에서 양적연구가 시작될 수도 있다.
④ 연구자에 따라 두 가지 연구방법의 비중은 상이할 수 있다.
⑤ 두 가지 연구방법의 결과는 서로 상반될 수도 있다.

횡단연구와 종단연구

횡단연구	종단연구
• 일정 시점을 기준으로 모든 관련 변수에 대한 자료를 수집하는 연구이다. • 측정이 한 번 이루어진다. • 종단연구에 비해 상대적으로 시간과 비용이 적게 든다. • 대규모 서베이에 적합하다. • 연구대상이 지리적으로 넓게 분포되어 있고 연구대상의 수가 많으며, 많은 변수에 대한 자료를 수집해야 할 경우 적합하다. • 정태적인 성격을 띠는 연구이다. • 시간의 흐름에 따라 변화의 추이를 파악하기 어려워 변수들 간의 인과관계를 확인하는데 한계가 있다. • 어떤 현상의 진행과정이나 변화를 측정하지 못한다.	• 하나의 연구대상을 일정한 시간 간격을 두고 관찰하여 그 대상의 변화를 파악하는 연구이다. • 측정이 반복적으로 이루어진다. • 횡단연구에 비해 상대적으로 시간과 비용이 많이 든다. • 현장조사에 적합하다. • 연구대상을 서로 다른 시점에서 동일 대상자를 추적해 조사해야 하므로 표본의 크기가 작을수록 좋다. • 동태적인 성격을 띠는 연구이다. • 시간의 흐름에 따라 변화의 추이를 파악하지만 변수들 간의 인과관계보다는 상관관계에 관심을 갖는다. • 어떤 현상의 진행과정이나 변화를 측정할 수 있다.

종단연구의 유형

패널연구	동일집단(패널)이 시간의 흐름에 따라 어떻게 변화하는지를 연구하는 방법
추세연구	시간의 흐름에 따라 전체 모집단 내의 변화를 연구
코호트연구	동일한 특색이나 행동 양식을 공유하는 동류집단(코호트)이 시간의 흐름에 따라 어떻게 변화하는지를 연구
사건사연구	특정 대상이 특정 시간에 다른 대상보다 특정 사건을 경험하게 될 위험이 더 높은가를 설명하기 위한 연구

패널연구의 특성

① 특정 조사대상을 선정해 반복적으로 조사함
② 연구기간이 길어지면 패널 소실현상이 일어날 수 있음
③ 각 기간 동안의 변화를 측정할 수 있음
④ 상대적으로 많은 자료를 획득할 수 있음
⑤ 동일인의 변화를 추적하기 때문에 코호트연구에 비해 정밀한 연구가 가능함
⑥ 초기 연구비용이 비교적 많이 듦

코호트연구의 특성

① 시기효과, 연령효과, 상황효과를 모두 고려해야 함
② 동류 코호트와 서로 다른 코호트와의 비교가 가능함

코호트연구의 종류

① 예고적 코호트연구, 전향적 코호트연구(Prospective Cohort Study) : 코호트가 정의된 시점에서 앞으로 발생하는 자료를 이용하는 연구
② 회고적 코호트연구, 후향적 코호트연구(Retrospective Cohort Study) : 이미 작성되어 있는 자료를 이용하는 연구

실험적 연구의 특성

① 조사상황의 엄격한 통제하에서 연구대상에 대한 무작위추출이 가능하다.
② 하나 이상의 독립변수의 조작이 용이하다.
③ 실험이 정밀하고 반복적 실험이 가능하다.
④ 실험결과의 외적타당도가 낮아 일반화 가능성이 낮다.
⑤ 독립변수 및 외생변수의 통제로 조사결과를 확신할 수 있게 되어 내적타당도가 높다.
⑥ 독립변수 및 외생변수의 통제가 가능하여 인과관계 검증에 적합하다.

사례조사(Case Study)의 장·단점

특정 사례를 연구대상 문제와 관련하여 가능한 모든 각도에서 종합적인 연구를 실시함으로써 연구문제와 관련된 연관성을 찾아내는 조사방법이다.

사례조사의 장점	사례조사의 단점
• 연구대상에 대한 문제의 원인을 밝혀 줄 수 있다. • 탐색적 조사로 활용될 수 있다. • 연구대상에 대해 구체적이고 상세하게 연구하는데 유용하다. • 본조사에 앞서 예비조사로 활용할 수 있다.	• 대표성이 불분명하여 조사결과의 일반화 가능성이 낮다. • 조사변수에 대한 조사의 폭과 깊이가 불분명하다. • 다른 연구와 같은 변수에 대해 관찰이 이루어지지 않기 때문에 비교가 불가능하다.

※ 시간의 흐름에 따라 일정기간 동안 조사하는 종단적 방법이며, 종래에는 질적연구에 치우쳤지만 근래에 양적 연구의 속성을 동시에 지니는 전체적(Holistic) 조사방법으로 평가되고 있다.

개입적 연구와 비개입적 연구

개입적 연구	연구자가 현상관찰에 개입하는 연구로 설문조사, 현장연구, 사례연구 등이 있다.
비개입적 연구	연구자가 현상관찰에 개입하지 않는 연구로 내용분석, 기존 통계자료 분석, 역사 비교분석 등이 있다.

실험설계의 핵심요소

외생변수의 통제	외생변수는 종속변수에 영향을 미칠 수 있는 변수로서 외생변수를 통제하지 않으면 독립변수와 종속변수 사이의 인과관계를 파악하는데 문제가 발생된다.
독립변수의 조작	연구자가 의도적으로 어떤 한 집단에는 독립변수를 발생시키고 다른 집단에는 발생하지 않도록 한 후 독립변수의 조작이 종속변수에 미치는 영향을 관찰한다.
실험대상의 무작위화	연구대상을 실험집단과 통제집단으로 나눌 때 가능한 두 집단의 차이가 적도록 무작위로 할당한다.
종속변수의 비교	실험집단과 통제집단 간의 종속변수를 비교하거나 실험 전후의 종속변수를 비교하여 두 변수 간에 차이가 있는지 알아본다.

실험집단과 통제집단을 무작위(Randomization)배정

① 외생변수의 통제
② 경쟁가설을 제거
③ 실험집단과 통제집단의 동등성 유지
④ 실험의 타당도를 저해하는 요인을 예방 또는 제거
⑤ 실험효과의 정확한 분리

실험실 실험연구의 특징

실험실 실험은 실험자가 실험목적을 위해 인위적으로 연구 상황을 구성하고 실험을 실시하는 연구방법이다.
① 조사상황의 엄격한 통제하에서 연구대상에 대한 무작위추출이 가능하다.
② 하나 이상의 독립변수의 조작이 용이하다.
③ 실험이 정밀하고 반복적 실험이 가능하다.
④ 실험결과의 외적타당도가 낮아 일반화 가능성이 낮다.
⑤ 독립변수 및 외생변수의 통제로 조사결과를 확신할 수 있게 되어 내적타당도가 높다.
⑥ 독립변수 및 외생변수의 통제가 가능하여 인과관계 검증에 적합하다.

실험실 실험설계의 장·단점

실험실 실험은 실험자가 실험목적을 위해 인위적으로 연구 상황을 구성하고 실험을 실시하는 연구방법이다.
① 실험실 실험의 장점
  • 완전한 통제를 할 가능성이 있다.
  • 연구대상에 대한 무작위추출이 가능하다.
  • 독립변수의 조작이 용이하다.
  • 반복적 실험이 가능하다.

② 실험실 실험의 단점
- 독립변수의 영향력이 부족하다.
- 결과를 부정확하게 해석하려는 경향이 많다.
- 내적타당도는 갖는다고 해도 외적타당도를 결여하는 경우가 있다.
- 실험적 조사상황이 인위적이다.

밀(Mill)의 실험설계에 대한 기본 논리

일치법	관찰하는 모든 현상에서 항상 한 가지 요소 또는 조건이 발견된다면, 그 현상과 요소는 인과적으로 연결된다.
차이법	서로 상이한 결과가 나타나는 점을 비교하여, 그 결과로 나타나는 현상을 제고하지 않고서는 배제될 수 없는 선행조건이 있다면, 이는 그 현상의 원인이다.
간접적 차이법	만약 특정 현상이 발생하는 둘 이상의 사례에서 하나의 공통요소만을 가지고 있고, 그 현상이 발생하지 않는 둘 이상의 사례에서 그러한 공통요소가 없다는 점 외에 공통사항이 없다면, 그 요소는 그러한 특정 현상의 원인이다.
잔여법(잉여법)	특정 현상에서 귀납적 방법의 적용으로 인과관계가 이미 밝혀진 부분을 제외할 때, 그 현상에서의 나머지 부분은 나머지 선행요인의 결과이다.
동시변화법	어떤 현상이 변화할 때마다 다른 현상에 특정한 방법으로 변화가 발생한다면 그 현상은 다른 현상의 원인 또는 결과이거나, 일정한 인과관계의 과정으로 연결되어 있다.

실험설계의 종류

원시실험설계 (전실험설계)	무작위할당에 의해 연구대상을 나누지 않고 비교집단 간의 동질성이 없으며 독립변수의 조작에 따른 변화의 관찰이 제한된 경우에 실시하는 설계
순수실험설계 (진실험설계)	실험대상의 무작위화, 실험변수의 조작 및 외생변수의 통제 등 실험적 조건을 갖춘 설계
유사실험설계 (준실험설계)	무작위할당에 의해 실험집단과 통제집단을 동등하게 할 수 없는 경우, 무작위할당 대신 실험집단과 유사한 비교집단을 구성하여 실험하는 설계
사후실험설계	독립변수의 조작 없이 변수들 간의 관계를 검증하고자 할 때 이용되는 설계로서 중요한 변수의 발견이나 변수들 간의 관계를 밝히기 위한 사전적인 연구인 탐색연구나 가설의 검증을 위해 이용하는 설계

원시실험설계(전실험설계)의 종류

단일집단 사후설계	통제집단을 따로 두지 않고 어느 하나의 실험집단에만 실험을 실시한 후, 어느 정도 시간이 지난 후에 이 실험의 효과를 측정하는 설계
단일집단 사전사후설계	통제집단 없이 실험집단만을 대상으로 실험을 실시하기 전에 관찰하고 실험을 실시한 후 관찰하여 실험이 전과 실험이후의 차이를 측정하는 설계
정태적 집단비교설계	실험집단과 통제집단을 임의적으로 선정한 후 실험집단에는 실험조치를 가하는 반면 통제집단에는 이를 가하지 않은 상태로 그 결과를 비교하는 방법

순수실험설계(진실험설계)의 종류

통제집단 전후비교설계	무작위할당으로 실험집단과 통제집단을 구분한 후 실험집단에 대해서는 독립변수 조작을 가하고 통제집단에 대해서는 아무런 조작을 가하지 않고 두 집단 간의 차이를 전후로 비교하는 방법
통제집단 사후비교설계	통제집단 전후비교의 단점을 보완하기 위해 실험대상자를 무작위로 할당하고 사전검사 없이 실험집단에 대해서는 조작을 가하고 통제집단에 대해서는 아무런 조작을 가하지 않고 그 결과를 서로 비교하는 방법
솔로몬 4집단설계	4개의 무작위 집단을 선정하여 사전측정을 한 2개 집단 중 하나와 사전측정을 하지 않은 2개의 집단 중 하나를 실험집단으로 하며, 나머지 2개의 집단을 통제집단으로 하여 비교하는 방법
요인설계	둘 이상의 독립변수와 하나의 종속변수의 관계 및 독립변수 간의 상호작용관계를 교차분석을 통해 확인하려는 방법

솔로몬 4집단설계의 특징

① 통제집단 사후설계와 통제집단 사전사후설계를 결합한 형태로 가장 이상적인 설계
② 사전측정의 영향과 독립변수의 영향 간 상호작용 효과를 통제하기 위한 실험설계방식
③ 무작위화를 통해 4개 집단에 피험자가 배정
④ 사전검사의 영향을 제거하여 내적타당도를 높일 수 있음
⑤ 사전검사와 실험처치의 상호작용의 영향을 배제하여 외적타당도를 높일 수 있음

유사실험설계(준실험설계)의 종류

단절적 시계열설계	여러 시점에서 관찰되는 자료를 통하여 실험변수의 효과를 추정하는 방법
복수시계열설계	단절적 시계열설계에 하나 또는 그 이상의 통제집단을 추가하는 방법
회귀불연속설계	대상을 실험집단과 통제집단으로 배정한 후 이들 집단에 대해 회귀분석을 함으로써 그로 인해 나타나는 불연속의 정도를 실험조치의 효과로 간주하는 방법
비동일 통제집단설계	통제집단 전후비교설계와 유사하지만 무작위할당에 의해 실험집단과 통제집단이 선택되지 않는 방법

유사실험설계의 장·단점

유사실험설계의 장점	유사실험설계의 단점
• 실제상황에서 이루어지므로 다른 상황에 대한 일반화 가능성이 높다. • 일상생활과 동일한 상황에서 수행되므로 이론적 검증 및 현실문제 해결에 유용하다. • 복잡한 사회적, 심리적 영향과 과정변화 연구에 적합하다.	• 현장상황에서는 대상의 무작위화와 독립변수의 조작화가 어려운 경우가 많다. • 측정과 외생변수의 통제가 어려우므로 연구결과의 정밀도가 떨어진다. • 실제상황에서의 실험이므로 독립변수의 효과와 외생변수의 효과를 분리해서 파악하기 어렵다.

실험설계의 정확성

실험설계의 정확성은 다음과 같은 순으로 높다.

원시실험설계(단일집단 사후설계, 단일집단 사전사후설계, 정태적 집단비교설계)

⇓

유사실험설계(단절적 시계열설계, 복수시계열설계, 회귀불연속설계, 비동일 통제집단설계)

⇓

순수실험설계(통제집단 전후비교설계, 통제집단 사후비교설계, 솔로몬 4집단설계, 요인설계)

사후실험설계의 장·단점

독립변수의 조작 없이 변수들 간의 관계를 검증하고자 할 때 이용되는 설계로서 중요한 변수의 발견이나 변수들 간의 관계를 밝히기 위한 사전적인 연구인 탐색연구나 가설의 검증을 위해 이용된다.

사후실험설계의 장점	사후실험설계의 단점
• 이론을 근거로 도출한 가설을 현실상황에서 검증 • 광범위한 대상으로부터 자료수집 가능 • 실험설계에 비해 다양한 변수를 연구 • 인위성의 개입이 없고 매우 현실적	• 독립변수의 조작이 불가능하여 명확한 인과관계의 검증이 불가능 • 측정의 정확성이 낮음 • 대상의 무작위화가 불가능 • 결과해석상 임의성 • 주관성의 문제

실험설계 종류에 따른 모형

실험설계의 종류	모 형	내 용
단일집단 사후설계	$\quad\quad X \quad O_1$	실험효과 측정곤란
단일집단 사전사후설계	$O_0 \quad X \quad O_1$	사전사후 차이($O_1 - O_0$)로 실험효과측정
정태적 집단비교설계	실험집단 : $\quad X \quad O_1$ 통제집단 : $\quad\quad\quad O_3$	실험집단과 통제집단의 차이로 실험효과측정($E = O_1 - O_3$)
솔로몬 4집단설계	실험집단 : $O_0 \quad X \quad O_1$ 통제집단 : $O_0 \quad\quad O_3$ 실험집단 : $\quad\quad X \quad O_1$ 통제집단 : $\quad\quad\quad O_3$	네 집단 사이의 차이로 실험효과측정
통제집단 사후비교설계	실험집단 : $(R) \quad X \quad O_1$ 통제집단 : $(R) \quad\quad O_3$	실험집단과 통제집단의 차이로 실험효과측정($E = O_1 - O_3$)
통제집단 전후비교설계	실험집단 : $(R) \quad O_0 \quad X \quad O_1$ 통제집단 : $(R) \quad O_2 \quad\quad O_3$	두 집단 사이의 차이로 실험효과측정($E = (O_1 - O_3) - (O_0 - O_2)$)

X : 실험실시 시점, O_0, O_2 : 실험이전 관찰시점, O_1, O_3 : 실험이후 관찰시점, (R) : 무작위배정

실험설계 비교

구 분	원시실험설계	순수실험설계	유사실험설계	사후실험설계
대상의 무작위화	불가능	가 능	불가능	불가능
독립변수의 조작가능성	불가능	가 능	일부가능	불가능
외생변수의 통제정도	불가능	가 능	일부가능	불가능
측정(시기, 대상)통제	불가능	가 능	가 능	불가능

내용분석의 장·단점

기록화된 것을 중심으로 그 연구대상에 대한 필요 자료를 수집, 분석함으로써 객관적이고 체계적이며 계량적인 방법으로 분석하는 방법이다.

내용분석의 장점	내용분석의 단점
• 2차 자료를 이용하므로 비용과 시간이 절약된다. • 설문조사나 현지조사 등에 비해 안전도가 높고 재조사가 쉽다. • 장기간에 걸쳐서 발생하는 과정을 연구할 수 있어 역사적 연구에 적용 가능하다. • 피조사자가 반작용(Reactivity)을 일으키지 않으며, 연구조사자가 연구대상에 영향을 미치지 않는다. • 다른 조사에 비해 실패할 경우 위험부담이 적다.	• 기록된 자료만 다룰 수 있어 자료의 입수가 제한적이다. • 분류범주의 타당성 확보가 곤란하다. • 복잡한 변수가 작용하는 경우 신뢰도가 낮을 수 있다. • 양적분석이지만 모집단의 파악이 어렵다. • 자료의 입수가 제한되어 있는 경우가 종종 발생한다.

03 자료수집방법

1차 자료, 2차 자료, 3차 자료

1차 자료	연구자가 현재 수행중인 조사연구의 목적을 달성하기 위해 직접 수집하는 자료로 설문지, 면접법, 관찰법 등으로 수집하는 자료
2차 자료	다른 목적을 위해 이미 수집된 자료로서 연구자가 자신이 수행중인 연구문제를 해결하기 위해 사용하는 자료
3차 자료	동일한 연구문제에 대하여 방대하게 축적된 경험적 연구논문들을 기반으로 하여 그 논문들을 대상으로 분석하는 연구를 종합연구라 하며, 이 종합연구를 수행하기 위한 기초자료로서 3차 자료는 기존 문헌을 분석하는 방법인 메타분석과 관련된 자료

2차 자료의 장·단점

2차 자료의 장점	2차 자료의 단점
• 1차 자료의 수집에 따른 시간, 노력, 비용을 절감할 수 있다. • 직접적이고 즉각적인 사용이 가능하다. • 국제비교나 종단적 비교가 가능하다. • 공신력 있는 기관에서 수집한 자료는 신뢰도와 타당도가 높다.	• 연구의 분석단위나 조작적 정의가 다른 경우 사용이 곤란하다. • 일반적으로 신뢰도와 타당도가 낮다. • 시간이 경과하여 시의적절하지 못한 정보일 수 있다. • 연구에 필요한 2차 자료의 소재를 파악하기 어렵다.

예비조사와 사전조사

예비조사	사전조사
• 연구의 가설을 명백히 하기 위해 실시 • 본 연구를 진행하기에 앞서 실시 • 문헌조사, 경험자조사, 현지답사, 특례분석(소수사례분석) 등	• 설문지의 개선할 사항을 찾아내기 위해 실시 • 설문지 초안 작성 후, 본조사 실시 전 실시 • 본조사에서 실시하는 것과 똑같은 절차와 방법으로 실시

사전조사의 목적

① 질문어구의 구성
  - 중요한 응답항목을 누락하지는 않았는지 검토
  - 응답이 어느 한쪽으로 치우치게 나타나는지 검토
  - "모른다" 등과 같이 판단유보범주의 응답이 많은지 검토
  - 무응답 또는 "기타"에 대한 응답이 많은지 검토
  - 질문의 순서가 바뀌었을 때 응답한 내용에 변화가 나타나는지 검토

② 본조사에 필요한 자료수집
  - 면접장소
  - 조사에 걸리는 시간
  - 현지조사에서 필요한 협조사항
  - 기타 조사상의 애로점 및 타개방법

사전조사의 검토사항

① 중요한 응답항목을 누락하지는 않았는지 검토
② 응답이 어느 한쪽으로 치우치게 나타나는지 검토
③ "모른다" 등과 같이 판단유보범주의 응답이 많은지 검토
④ 무응답 또는 "기타"에 대한 응답이 많은지 검토
⑤ 질문의 순서가 바뀌었을 때 응답한 내용에 변화가 나타나는지 검토
⑥ 응답시간이 적절한지 검토
⑦ 쉬운 용어사용으로 질문을 정확하게 이해하는지 검토

서베이연구(Survey Study)의 장·단점

대인면접법, 우편, 전화, 패널 등을 이용하여 응답자로 하여금 연구주제와 관련된 질문에 답하게 하는 것으로 체계적, 계획적으로 실증적인 자료를 수집·분석하는 조사설계 방법이다.

서베이연구의 장점	서베이연구의 단점
• 대규모 모집단 연구에 적합하다. • 현실을 그대로 반영한 자료를 얻을 수 있다. • 한 번의 조사로 다양한 주제에 대한 연구가 가능하다. • 규모가 커서 직접적 관찰이 불가능한 집단 특성을 기술하는 데 적합하다. • 수집된 자료의 표준화가 용이하다.	• 특정 주제에 대한 단편적인 정보, 의견 등을 파악하여 전체적인 사회적 맥락 파악에는 제한된다. • 응답자의 심리상태를 알 수 없으므로 피상적인 결과가 나타나기 쉽다. • 외생변수의 통제가 불가능하므로 타당성이 결여될 수 있다. • 태도를 측정하는 것 자체가 응답에 영향을 미칠 수 있다.

문헌조사의 목적

문헌조사는 해당 연구와 관련된 연구현황을 파악하기 위해 각종 문헌을 조사하는 것이다.
① 연구문제를 구체적으로 한정시킨다.
② 연구문제의 해결을 위한 새로운 접근방법을 알 수 있다.
③ 조사설계에서의 잘못을 피할 수 있다.
④ 연구수행에 관한 새로운 아이디어를 찾을 수 있다.

전화조사의 장·단점

전화조사의 장점	전화조사의 단점
• 면접조사에 비해 시간과 비용이 적게 든다. • 우편조사에 비해 타인의 참여를 줄일 수 있다. • 면접이 어려운 사람의 경우에 유리하다. • 면접조사에 비해 타당도가 높다. • 조사자들에 대한 관리 감독이 용이하다. • 표본추출이 용이하다. • 컴퓨터 지원(CATI 조사 ; Computer Assisted Telephone Interviewing)이 가능하다.	• 보조도구를 사용할 수 없다. • 면접조사에 비해 심층면접을 하기 곤란하다. • 모집단이 불완전하여 신뢰도에 문제가 발생할 수 있다. • 질문의 길이와 내용을 제한받는다. • 비대면적 상황이 응답을 왜곡시킬 수 있다. • 시간적 제약을 많이 받는다. • 응답자에 대한 통제에 어려움이 있다.

우편조사의 장·단점

우편조사의 장점	우편조사의 단점
• 면접조사에 비해 비용이 적게 든다. • 광범위한 지역에 걸쳐 조사가 가능하다. • 응답자의 익명성이 보장된다. • 면접자의 영향을 받지 않는다. • 접근이 어려운 사람들을 대상으로 조사가 가능하다.	• 질문지 회수율이 낮아 대표성이 없어 일반화하는 데 곤란하다. • 질문 문항들이 간단하고 직설적이어야 한다. • 응답자 본인이 직접 기술한 것인지 다른 사람이 기술한 것인지 알 수 없다. • 응답자에 대한 통제가 어렵다. • 문맹자에게 사용할 수 없다.

우편조사의 응답률에 영향을 미치는 요인

① 응답집단의 동질성 : 조사자는 특정한 응답집단의 경우 응답률이 높다는 사실을 인식함으로써 모집단과 표본 추출방법에 대해 보다 세심하게 검토할 필요가 있다.
② 질문지의 형식과 우송방법 : 질문지 종이의 질과 문항의 간격 등의 인쇄술, 종이의 색깔, 표지설명의 길이와 유형 등의 형식이 응답률에 영향을 미친다.
③ 표지편지(Cover Letter) : 연구자는 표지편지에 연구주관기관, 연구의 목적, 연락처, 응답의 필요성, 응답내용에 대한 비밀보장 등의 메시지를 표현함으로써 응답자의 응답을 유인할 수 있다.
④ 우송유형 : 반송봉투가 필요 없는 봉투겸용 우편(자기우편)설문지를 이용한다.
⑤ 인센티브(Incentive) : 사례품이나 사례금 등 약간의 인센티브(Incentive)를 준다.
⑥ 예고편지 : 조사에 앞서 예고편지(안내문 등)를 발송한다.
⑦ 추가우송 : 격려문과 함께 설문지를 다시 동봉하여 추적우편(Follow-up-mailing)을 실시한다.

우편조사 시 응답률을 높이는 방법

① 반송용 우표 및 봉투를 동봉한다.
② 반송봉투가 필요 없는 봉투겸용 우편(자기우편)설문지를 이용한다.
③ 격려문과 함께 설문지를 다시 동봉하여 추적우편(Follow-up-mailing)을 실시한다.
④ 사례품이나 사례금 등 약간의 인센티브(Incentive)를 준다.
⑤ 조사에 앞서 예고편지(안내문 등)를 발송한다.
⑥ 설문지 표지에 조사기관 및 조사의 중요성에 대해 설명하여 응답자가 응답하도록 동기를 부여한다.

온라인조사의 장·단점

온라인조사의 장점	온라인조사의 단점
• 오프라인(Off-line)조사에 비해 시간과 비용이 적게 든다. • 멀티미디어 자료의 활용 등 다양한 형태의 조사가 가능하다. • 특수계층의 응답자에게도 적용 가능하다. • 면접원의 편향을 통제할 수 있다. • 응답자가 편리한 시간에 편리한 방법으로 참여할 수 있다.	• 컴퓨터와 인터넷을 사용할 수 있는 사람만을 대상으로 하기 때문에 표본의 대표성에 문제가 있다. • 응답률이 낮다. • 복잡한 질문이나 질문의 양이 많은 경우에 자발적 참여가 어렵다. • 모집단의 정의가 어렵다. • 컴퓨터 운영체계 또는 사용 브라우저에 따라 호환성에 제한이 있다.

자료수집방법 비교

기 준	면접조사	전화조사	우편조사	전자조사
비 용	높 다	중 간	낮 다	없 다
면접자 편향	높 다	낮 다	없 다	없 다
시간소요	높 다	중 간	낮 다	낮 다
익명성	낮 다	낮 다	높 다	높 다
응답률	높 다	중 간	낮 다	낮 다
응답자 통제	높 다	중 간	없 다	없 다

개방형 질문과 폐쇄형 질문의 특징

개방형 질문	폐쇄형 질문
• 복합적인 질문을 하기에 유리하다. • 응답유형에 대한 사전지식이 부족할 때 사용한다. • 응답에 대한 제한을 받지 않으므로 새로운 사실을 발견할 가능성이 크다. • 본조사에 사용될 조사표 작성 시 폐쇄형 질문의 응답유형을 결정할 수 있게 해준다. • 응답을 분류하고 코딩하는 데 어렵다. • 응답자가 어느 정도의 교육수준을 갖추어야 한다. • 폐쇄형 질문에 비해 상대적으로 응답률이 낮다. • 결과를 분석하여 설문지를 완성하기까지 많은 시간과 비용이 소요된다. • 탐색적으로 사용할 수 있다.	• 자료의 기록 및 코딩이 용이하다. • 응답 관련 오류가 적다. • 사적인 질문 또는 응답하기 곤란한 질문에 용이하다. • 조사자의 편견개입을 방지할 수 있다. • 응답자의 의견을 충분히 반영시킬 수 없다. • 질문의 순서가 바뀌었을 때 응답한 내용에 변화가 나타날 수 있다. • 응답자 생각과 달리 응답범주가 획일화되어 있어 편향이 발생할 수 있다. • 조사자가 적절한 응답지를 제시하기가 어렵다.

질문지의 구성요건

응답자의 파악자료	응답자의 주소, 성명, 전화번호, 응답자의 인구특성, 사회경제적 특성변수(직업 등)들을 파악한다.
응답자의 협조요구	질문지가 작성된 동기와 용도를 밝힘으로써 응답자의 참여의식을 높이고, 응답사항의 비밀보장을 통해서 응답자의 협조를 얻는다.
지시사항	조사의 목적, 조사자료의 이용 정도와 방법, 응답자나 면접원이 지켜야 할 사항 등을 포함한다.
필요정보의 유형	질문지의 가장 핵심적인 사항으로서 얻고자하는 정보의 내용이나, 분석방법에 적합한 유형으로 필요 정보를 얻을 수 있도록 구성한다.
응답자의 분류에 관한 자료	실문시의 내용 또는 응답지의 특성에 따라 응답자를 여러 가지로 분류할 필요가 있을 때는 분류자료를 수집한다.

질문지 작성 절차

필요한 정보 결정 → 자료수집방법 결정 → 개별항목 내용결정 → 질문형태 결정 → 개별항목 완성 → 질문순서 결정 → 질문지 외형 결정 → 질문지 사전조사 → 질문지 완성

질문지 작성 시 유의사항

포괄성	응답자가 응답 가능한 항목을 모두 제시한다.
상호배제성	응답범주의 중복을 회피하여야 한다.
단순성	하나의 질문항목으로 두 가지 질문을 해서는 안 된다.
우선순위배정	응답항목이 많은 경우 응답자에게 모든 응답이 해당될 수 있으므로 중요한 순위에 따라 응답하도록 제시하는 것이 유용하다.
균형성	질문항목과 응답범주는 연구자의 임의적인 가정으로 어느 한쪽으로 치우침이 없도록 작성해야 한다.
명확성	가능한 뜻이 애매한 단어와 상이한 단어의 사용은 회피하고 쉽고 명확한 단어를 사용한다.
가치중립성	연구자의 주관이 개입되어 특정응답을 유도하거나 암시하는 질문을 해서는 안 된다.
쉬운 단어사용	단어는 일반적이고 직설적이며 핵심적인 단어를 사용해야 하며 응답자의 교육수준을 고려하여 전문적이고 학술적인 단어 또는 외래어를 되도록 피하도록 한다.
간결성	질문내용이 지나치게 길어지면 응답자로 하여금 혼란을 초래할 수 있으며 응답률을 떨어트릴 수 있으므로 질문은 간결하게 한다.

질문항목의 내용

사실에 관한 질문	응답자의 배경, 환경, 습관 등의 정보를 얻기 위한 질문으로 인구통계학적 질문, 사회경제적 질문, 사회경제적 배경에 관한 질문
행동에 관한 질문	응답자에게 현재 하고 있거나 과거에 한 적이 있는 행동에 대해 묻는 질문
의견이나 태도에 관한 질문	특정 주제에 대한 개인의 성향, 편견, 이념, 두려움, 확신 등을 말로 표현한 의견에 관한 질문
지식에 관한 질문	특정 주제에 대하여 가지고 있는 지식과 그 정도 또는 정보의 정확성 등을 결정하기 위하여 사용되는 질문

질문지 문항 배열 시 유의사항

① 질문항목의 배열은 일반적인 내용에서 구체적인 내용 순으로 구성하는 것이 바람직하며 사실적인 실태나 형태를 묻는 질문에서 이미지 평가나 태도를 묻는 질문 순으로 깔때기(Funnel) 흐름에 따라 질문을 배열하는 것이 바람직하다.
② 답변이 용이한 질문은 질문지 전반부에 배치하고 연령, 직업 등과 같이 민감한 내용의 질문은 질문지의 후반부에 배치한다.
③ 도입부 질문은 분석에 사용하지 않고 폐기할지라도 응답자의 흥미를 유발하여 친밀감(Rapport)을 형성하도록 한다.
④ 문항이 담고 있는 내용의 범위가 넓은 것에서부터 좁아지도록 문항을 배열한다.
⑤ 유사한 질문항목들은 주제별로 모아서 배열한다.
⑥ 앞에 있는 질문의 내용이 뒤에 올 질문의 응답에 연상작용을 주는 경우는 떨어트려 배열한다.

간접질문방법

투사법	특정 주제에 대해 직접적으로 질문하지 않고 단어, 문장, 이야기, 그림 등 간접적인 자극을 제공해 응답자가 자신의 신념과 감정을 이러한 자극에 자유롭게 투사하게 함으로써 진솔한 반응을 표현하게 하는 방법 예 단어연상법, 만화완성법, 문장완성법, 그림묘사법 등
오류선택법	틀린 답을 여러 개 제시해 놓고 응답자로 하여금 선택하게 하여 응답자의 태도를 파악하는 방법
단어연상법	응답자에게 미완성된 문장 등을 제시해 놓은 후 그것을 빠른 속도로 완성하도록 하는 방법
정보검사법	어떤 주제에 대해 개인이 가지고 있는 정보의 양과 종류가 그 개인의 태도를 결정한다고 보고, 그 개인이 가지고 있는 정보의 양과 종류를 파악하여 응답자의 태도를 찾아내는 방법

표준화된 질문지의 특성

① 복잡한 주제를 다루는데 피상적으로 보인다.
② 중요함에도 불구하고 누락되는 응답범주들이 있을 수 있다.
③ 사회생활의 맥락을 다루기 어렵다(전체 생활상황에 대한 느낌을 발전시키지 못한다).
④ 인위성에 빠질 수 있다(응답을 유도하거나 강요할 수 있다).
⑤ 표준화된 질문지는 주로 양적분석에 사용되며 많은 사람을 대상으로 조사하기에 용이하다.

깔때기(Funnel)형 배열

① 질문항목의 배열은 일반적인 내용에서 구체적인 내용 순으로 구성하는 것이 바람직하며 사실적인 실태나 형태를 묻는 질문에서 이미지 평가나 태도를 묻는 질문 순으로 진행하는 것이 바람직하다.
② 답변이 용이한 질문은 질문지 전반부에 배치하고 연령, 직업 등과 같이 민감한 내용의 질문은 질문지의 후반부에 배치한다.

참여관찰

관찰자가 관찰대상 집단 내부에 들어가 구성원의 일원으로 참여하면서 관찰하는 방법이다.

완전참여자	관찰대상자들에게는 관찰자가 알려져 있지 않기 때문에 관찰대상자들은 그들을 관찰하고 있는 사람이 있다는 사실조차 알지 못하는 관찰자
관찰자로서의 참여자	관찰대상자들에게도 관찰자가 명백히 알려져 있을 뿐 아니라 실제로 관찰자도 관찰대상자와 혼연일체가 되어 같이 활동하고 생활하는 관찰자
참여자로서의 관찰자	관찰대상자들에게 관찰자가 그들의 행동을 관찰하고 있다는 사실이 알려져 있지만 관찰자가 직접 이들 관찰대상자들과 한 몸이 되어 행동하지는 않는 관찰자
완전관찰자	관찰대상자들에게 관찰자가 직접 참여하지 않고 완전히 제3자의 입장에서 있는 그대로를 기술하는 관찰자

참여관찰의 장·단점

참여관찰의 장점	참여관찰의 단점
• 조사연구설계를 수정할 수 있어 연구에 유연성이 있다. • 어린이와 같이 언어구사력이 떨어지는 집단에 효과적이다. • 자연스러운 상황에서 관찰하므로 자료가 세밀하고 정교하다.	• 관찰자는 관찰대상의 행위가 발생할 때까지 기다려야 한다. • 어떤 업무를 수행하면서 관찰해야 하므로 관찰활동에 제약이 있다. • 동조현상으로 인한 객관성을 잃을 때가 있다. • 관찰자의 주관이 개제되어 일반화 가능성이 낮을 수 있다.

관찰법의 분류

자연적 관찰과 인위적 관찰	관찰하고자 하는 사건의 발생이 자연적인가 또는 연구자가 실험을 하기 위해 인위적으로 만들었는가의 여부에 따른 분류하는 것을 말한다.
공개적 관찰과 비공개적 관찰	공개적 관찰은 피관찰자가 관찰 사실을 알고 있는 경우이고, 비공개적 관찰은 피관찰자가 관찰 사실을 모르고 있는 경우이다.
체계적 관찰과 비체계적 관찰	체계적인 관찰은 관찰자가 관찰 상황에 전혀 개입하지 않거나 최소한의 개입을 하는 경우인 반면 비체계적인 관찰은 자연관찰이라고도 하고 관찰 상황에 참여하는 경우를 말한다.
직접적 관찰과 간접적 관찰	직접적 관찰은 실제 상황을 보고 직접 관찰한 것인 반면 간접적 관찰은 글이나 그림 또는 기존 응답물의 자료로 분석하는 것을 말한다.
구조적 관찰과 비구조적 관찰	구조적 관찰은 관찰에 앞서 관찰할 행동을 적을 기록지를 만들어 놓고 시작하는 경우인 반면 비구조적 관찰은 특정한 양식이 없이 관찰한 내용을 모두 기록하는 경우를 말한다.

관찰에서 지각과정상의 오류 감소 방법

① 객관적인 관찰 도구를 사용한다.
② 혼란을 초래하는 영향을 통제한다.
③ 관찰기간을 짧게 잡는다.
④ 보다 큰 단위를 관찰한다.
⑤ 가능한 관찰단위를 명세화한다.
⑥ 훈련을 통해 관찰기술을 향상시킨다.
⑦ 복수의 관찰자가 관찰한다.

관찰조사의 타당성을 높이는 방법

① 관찰자를 충분히 훈련한다.
② 사실과 해석을 구분하여 기록하도록 한다.
③ 관찰자를 여러 명으로 한다.
④ 유사한 내용은 동일한 용어로 처리하도록 한다.
⑤ 기록을 정기적으로 점검한다.

면접의 종류

표준화면접 (구조화된 면접)	엄격히 정해진 면접조사표에 의하여 모든 응답자에게 동일한 질문순서와 동일한 질문내용에 따라 면접하는 방식
비표준화면접 (비구조화된 면접)	면접자가 면접조사표의 질문내용, 형식, 순서를 미리 정하지 않은 채 면접상황에 따라 자유롭게 응답자와 상호작용을 통해 자료를 수집하는 방식
준표준화면접 (반구조화된 면접)	일정한 수의 중요한 질문은 표준화하고 그 외의 질문은 비표준화하는 방식
비지시적 면접	면접자가 어떤 지정된 방법 및 절차에 의해 응답자를 면접하는 것이 아니고, 응답자로 하여금 어떠한 응답을 하든지 간에 공포감이 없이 자유로운 상황에서 응답할 수 있는 분위기를 마련해준 다음 면접하는 방식

면접방법

심층면접 (Intensive Interview)	어떤 주제나 현상에 대해 1명의 응답자와 일대일 면접을 통해 자유롭게 이야기하면서 응답자의 잠재된 동기, 신념, 태도 등을 발견하는 방법
표적집단면접 (Focus Group Interview)	전문적인 지식을 가진 면접진행자가 소수의 집단을 대상으로 특정 주제에 대해 자유롭게 토론을 하도록 하여 필요한 정보를 얻는 방법
임상면접 (Clinical Interview)	특정 경험 대신 개인의 생활사 전체를 통한 동기, 감정을 찾아내기 위해 융통성 있는 질문을 하는 방법
구조적 면접 (Structured Interview)	엄격히 정해진 면접조사표에 의하여 모든 응답자에게 동일한 질문순서와 동일한 질문내용에 따라 면접하는 방법

면접법의 장·단점

면접법의 장점	면접법의 단점
• 면접자가 자료를 직접 기입하므로 응답률이 높다. • 비언어적 행위를 현장에서 직접 관찰할 수 있다. • 개별적으로 진행되는 응답환경을 표준화할 수 있다. • 응답자에게 면접의 동기부여를 할 수 있고 면접에 응하도록 분위기를 조성할 수 있다.	• 시간과 비용이 많이 든다. • 조사 외적인 요인으로부터 오류가 개입될 가능성이 있다. • 응답자의 익명성이 결여되어 정확한 내용을 도출하기 어렵다.

표준화면접의 장·단점

표준화면접의 장점	표준화면접의 단점
• 면접결과의 수치화가 용이하다. • 측정이 용이하다. • 신뢰도가 높다. • 언어구성의 오류가 적다. • 반복적 연구가 가능하다.	• 새로운 사실 및 아이디어의 발견 가능성이 낮다. • 의미의 표준화가 어렵다. • 면접상황에 대한 적응도가 낮다. • 융통성이 없고 타당도가 낮다. • 특정 분야의 깊이 있는 측정을 도모할 수 없다.

비표준화면접의 장·단점

비표준화면접의 장점	비표준화면접의 단점
• 면접상황에 대한 적응도가 높다. • 면접결과의 타당도가 높다. • 새로운 사실의 발견가능성이 높다. • 면접의 신축성이 높다.	• 면접결과에 대한 비교 분석이 어렵다. • 면접결과의 신뢰도가 낮다. • 면접결과를 처리하기가 용이하지 않다. • 반복적인 면접이 불가능하다.

면접 시 유의사항

① 면접자는 중립적인 태도로 엄숙하고 진지하게 면접에 임한다.
② 면접자는 응답자와 친밀감(Rapport)을 형성해야 한다.
③ 면접자의 신분을 밝혀 피면접자의 불안감을 해소시킨다.
④ 피면접자에게 면접목적과 피면접자의 신변 및 비밀이 보장됨을 주지시킨다.
⑤ 면접상황에 따라 면접방식을 융통성 있게 조정한다.
⑥ 면접자는 객관적 입장에서 견지한다.
⑦ 면접과 관련된 내용을 자세하게 기록한다.
⑧ 피면접자가 "모른다"는 응답을 하는 경우 그 이유를 알아본다.

대인면접법의 특징

① 비언어적 행위의 관찰이 가능하다.
② 대리응답의 가능성이 낮다.
③ 질문과정에서의 유연성이 높다.
④ 응답환경을 구조화하기 쉽다.
⑤ 응답의 허위여부를 확인할 수 있다.
⑥ 질문지 회수율이 높다.
⑦ 질문지가 약간 길어도 좋다.
⑧ 보조도구를 사용할 수 있다.

집단조사(Group Survey)의 장·단점

연구대상자를 개별적으로 만나서 조사하는 것이 아니라 집단적으로 모아놓고 질문지를 배부하여 응답자가 직접 기입하게 하는 방식이다.

집단조사의 장점	집단조사의 단점
• 조사자가 많이 필요하지 않아 비용과 시간이 절약된다. • 조사의 설명이나 조건을 똑같이 할 수 있어 동일성 확보가 가능하다. • 필요시 응답자와 직접 대화할 수 있어 질문에 대한 오류를 줄일 수 있다.	• 응답자들을 집합시킨다는 것이 쉽지 않으므로 특수한 조사에만 가능하다. • 응답자들의 개인별 차이를 무시함으로써 조사 자체에 타당도가 낮아지기 쉽다. • 응답자들이 한 장소에 모여 있어 통제가 용이하지 않다.

사회적으로 바람직하게 보이려는 편향의 감소 방법

① 질문지 작성 시 사회적 규범을 나타내는 단어를 표현하지 않고 가능한 우회적 단어를 사용한다.
② 응답자의 비밀을 철저히 보호해준다.
③ 설문조사 이외의 관찰이나 기계적 장치 등을 이용한다.
④ 조사자가 객관적인 지침에 따라 조사할 수 있도록 교육에 만전을 기한다.
⑤ 면접조사보다는 조사자의 영향을 줄일 수 있는 집단조사 또는 우편조사를 실시한다.

응답의 편향 유형

근자효과, 최신효과 (Recency Effect)	응답항목의 순서 중에서 나중에 제시한 항목일수록 기억이 잘 나 선택할 확률이 높아지는 현상으로 나중의 인상이 가장 큰 영향을 미친다는 심리이론
수위효과, 초두효과 (Primacy Effect)	응답항목의 순서 중에서 처음에 제시한 항목일수록 기억이 잘 나 선택할 확률이 높아지는 현상으로 첫인상이 가장 큰 영향을 미친다는 심리이론
집중효과 (Concentration Effect)	대상의 평가에 있어서 가장 무난하고 원만한 응답항목으로 집중하려는 경향
악대마차효과 (Bandwagon Effect)	다수가 어떤 방향으로 생각하고 행동하니까 본인도 거기에 따르게 되는 경향
후광효과 (Halo Effect)	처음 문항에 대해 좋게 또는 나쁘게 평가한 것을 다음 문항에 대해서도 계속 좋게 또는 나쁘게 평가하는 경향
관대화효과 (Leniency Effect)	실제의 능력이나 실적에 비해 관대하게 평정하려는 경향
대비효과 (Contrast Effect)	자신의 특성과 대비되는 특징을 상대방에게서 찾아내어 그것을 부각시키려는 경향
겸양효과 (Si, Senor Effect)	면접자의 감정을 거스르지 않게 하기 위해 자신의 생각은 접어두고 면접자의 눈치를 보아가며 비위를 맞추는 경향
습관성 효과 (Habit Effect)	응답자들이 질문내용을 신중하게 검토한 후 응답을 하기보다는 무성의하게 습관적으로 "예" 또는 "그렇다"는 응답만 되풀이 하는 경향
체면치례효과 (Ego-threat Effect)	유행이나 시대에 뒤떨어진다는 소리를 듣지 않기 위해서 그릇된 답변을 하게 되는 경향

04 조사의 이용

연구보고서 작성의 기본원칙

① 가장 중요한 것부터 앞에 배치한다.
② 이론적, 개념적 연구문제를 한 번 더 상기시킨다.
③ 방법적 절차, 조작, 변수정의 및 측정 등을 자세히 기술한다.
④ 연구결과는 간단명료하게 밝히고 도표, 그림, 통계적 유의도 등으로 해명한다.
⑤ 연구가설을 정당화하기 위한 통계적 결과치는 명확히 밝힌다.
⑥ 가급적 전문용어 사용을 피하고 일반적인 용어를 사용한다.
⑦ 자료수집방법 및 자료분석방법에 대해 설명한다.

연구보고서 내용

표 지	보고서의 얼굴과 같은 것으로 조사명, 조사기관 등을 표시한다.
목 차	조사의 내용을 한눈에 파악할 수 있도록 주요 내용을 표기한다.
조사개요	조사 착수 이전에 설계된 조사설계의 내용을 기술하는 부분으로 조사배경, 조사목적, 조사대상, 조사방법, 표본수, 표본추출방법, 조사기간, 표본오차, 조사내용 등을 구체적으로 기술한다.
조사결과 요약	조사결과의 내용을 간략하게 기술하여 보고서의 주요 내용을 빠르게 파악할 수 있도록 한다.
조사결과(본론)	조사를 통해 파악된 내용이나 특이성을 구체적으로 언급하고, 응답자의 성별, 연령별, 학력별, 소득별 등에 따라 조사결과가 어떻게 차이가 나는지 기술한다.
결론 및 제안	조사결과를 해석하여 조사책임자 및 담당자들의 전문적인 식견을 바탕으로 개선할 사항이나 방향성을 언급한다.
부 록	조사에 활용된 설문지(조사표)와 결과표를 이해하기 쉽게 작성하여 별첨한다.

제2과목 고급 조사방법론 II

01 개념과 측정

정의의 종류

개념적 정의 (사전적 정의)	연구대상이 되는 사람 또는 사물의 형태 및 속성, 다양한 사회적 현상들을 개념적으로 정의하는 것
조작적 정의	추상적인 개념들을 경험적, 실증적으로 측정이 가능하도록 구체화한 것
재개념화	주된 개념에 대한 정리, 분석을 통해 개념을 보다 명백히 재규정하는 것
실질적 정의	한 용어가 갖는 어의상의 뜻을 전제로 그 용어가 대표하고 있는 개념 또는 실제 현상의 본질적 성격, 속성을 그대로 나타내는 것
명목적 정의	어떤 개념을 나타내는 용어에 대하여 그 개념이 전제로 하는 본래의 실질적인 내용, 속성의 문제를 고려하지 않고 연구자가 일정한 조건을 약정하고 그에 따라 용어의 뜻을 규정하는 것

측정과 척도

측 정	추상적인 개념을 경험적 성격의 변수로 바꾸어 양적으로 분석하기 위해 일정한 규칙에 따라 사물이나 현상에 수치를 부여하는 과정
척 도	자료를 수량화하기 위해 사용되는 일종의 측정도구

측정(Measurement)

① 측정이란 사물이나 시간과 같은 목적물의 속성에 가치를 부여하는 것이다.
② 측정에 있어서 체계적 오차는 타당도와 관련이 있고, 비체계적 오차는 신뢰도와 관련이 있다.
③ 측정의 타당도 측정방법으로 요인분석법이 활용된다.
④ 측정항목을 늘리면 신뢰도는 높아진다.
⑤ 측정의 과정 : 개념적 정의 → 조작적 정의 → 변수의 측정
⑥ 추상적, 이론적 세계를 경험적 세계와 연결시키는 수단

척도(Scale)

① 척도란 측정대상에 부여하는 가치들의 체계이다.
② 척도의 수준(Level of Measurement)과 측정의 형태(Types of Scale)는 일반적으로 동일한 의미로 사용된다.
③ 동일한 속성 또는 개념을 하위척도로 측정할 때보다 상위척도로 측정할 때 더 많은 양의 정보를 얻을 수 있으며, 적용 가능한 분석방법이 넓어진다.
④ 상위척도는 하위척도가 가지고 있는 특성을 모두 포함하여 가지고 있다.
⑤ 척도는 측정오류를 줄일 수 있다.

척도의 종류

척도	비교방법	자료의 형태	통계기법	적용 예
명목척도 (범주척도)	확인, 분류	질적자료	최빈수, 도수	성별분류, 종교분류
순위척도 (서열척도)	순위비교	순위, 등급	중위수, 백분위수, 스피어만의 순위상관계수	후보자 선호 순위, 학교 성적 석차
구간척도 (등간척도)	간격비교	양적자료	평균, 표준편차, 피어슨의 적률상관계수	온도, 주가지수, 지능지수(IQ),
비율척도 (비례척도)	절대적 크기비교	양적자료	기하평균, 변동계수	무게, 소득, 나이, 투표율

명목척도 구성을 위한 측정 조건

포괄성	변수들의 카테고리는 모든 응답 가능한 범주를 포함하도록 해야 한다.
상호배타성	변수들의 카테고리는 분석의 단위가 이중적으로 할당되지 않도록 유지한다.
분류체계의 일관성	분류체계는 일관성 있게 논리적이어야 한다.
실증적 원칙	유사한 분석의 단위들은 동일한 카테고리에 할당하고 상이한 분석단위들은 상이한 카테고리에 할당한다.

변수의 종류

매개변수	시간적으로 독립변수 다음에 위치하며 독립변수의 결과인 동시에 종속변수의 원인이 되는 변수이다.
구성변수	하나의 포괄적 개념은 다수의 하위개념으로 구성되는데 구성변수는 포괄적 개념의 하위개념이다.
억제변수 (억압변수)	두 변수 간에 관계가 존재하지만 어떤 변수의 방해에 의해 두 변수 간의 관계를 약화시키거나 소멸시키는 변수이다.
왜곡변수	두 변수 간의 관계를 어떤 식으로든 왜곡시키는 제3의 변수이다. 특히 두 개의 변수 간의 관계를 정반대의 관계로 나타나게 한다는 점에서 억제변수와 차이가 있다.
외적변수 (허위, 외재변수)	독립변수와 종속변수가 실제로 인과관계가 없는데 어떤 제3의 변수를 포함시켜 분석하면 인과관계가 있는 것처럼 보이는 변수이다.
선행변수	인과관계에서 독립변수에 앞서면서 독립변수에 대해 유효한 영향력을 행사하는 변수이다.
통제변수	독립변수와 종속변수 간의 관계를 명확히 파악하기 위해 그 관계에 영향을 미칠 수 있는 제3의 변수를 통제하는 변수이다.
독립변수 (원인, 설명변수)	다른 변수에 영향을 주는 변수이다.
종속변수 (반응, 결과변수)	다른 변수의 영향을 받는 변수이다.

외생변수 통제방법

제 거	외생변수가 될 가능성이 있는 요인을 실험대상에서 제거하여 외생변수의 영향을 실험상황에 개입하지 않도록 한다.
균형화	실험집단과 통제집단의 동질성을 확보하기 위한 방법으로 균형화가 이루어진 후 두 집단 사이에 나타나는 종속변수의 수준 차이는 독립변수만에 의한 효과로 간주한다.
상 쇄	하나의 실험집단에 두 개 이상의 실험변수가 가해질 때 사용하는 방법으로 외생변수의 작용 강도를 다른 상황에 대해서 다른 실험을 실시하여 비교함으로써 외생변수의 영향을 통제한다.
무작위화	조사대상을 모집단에서 무작위로 추출함으로써 연구자가 조작하는 독립변수 이외의 모든 변수들에 대한 영향력을 동일하게 하여 동질적인 집단으로 만들어 준다.

척도의 구성

평정척도	평가자나 응답자에게 단일 연속선상의 어느 한 점에 응답하게 하여 측정대상의 속성을 구별하는 접근법으로 각 문항에 응답한 평정값을 모두 합하거나 평균값을 구해 평가가 이루어지는 척도이다.
총화평정척도 (리커트척도)	• 응답자가 여러 질문항목에 대해 응답한 값들을 합산하여 결과를 얻는 척도이다. • 하나의 개념을 측정하기 위해 여러 개의 질문항목을 이용하는 척도이므로 질문항목 간의 내적일관성이 높아야 한다. • 내적일관성 검증을 위해 크론바흐 알파계수가 이용된다.
누적척도 (거트만척도)	• 척도를 구성하고 있는 문항들이 내용의 강도에 따라 일관성 있게 서열화되어 있고 단일차원적이며 누적적인 척도이다. • 누적적이란 강한 태도를 나타내는 문항에 긍정적인 견해를 표현한 응답자는 약한 태도를 나타내는 문항에 대해서도 긍정적일 것이라는 논리를 적용하여 문항을 배열하는 것이다. • 거트만척도의 일관성을 검증하기 위해 재생계수가 이용된다.
등현등간척도 (서스톤척도)	각 문항이 척도상의 어디에 위치할 것인가를 평가자로 하여금 판단케 한 다음 연구자가 대표적인 문항을 선정하여 척도를 구성하는 방법이다.
보가더스척도	• 서열척도의 일종으로 소수민족, 사회계급, 사회적 가치 등에 대한 사회적 거리감의 정도를 측정하기 위해 단일연속성을 가진 문항들로 척도를 구성한다. • 대체로 개인, 집단, 종족 등과 같은 일정한 대상에 대하여 느끼는 친밀감, 무관심, 혐오감, 갈등관계, 협조 정도 등을 측정하는데 사용된다. • 소시오메트리척도가 개인을 중심으로 집단 내에 있어서의 개인 간의 친근 관계를 측정하는데 반하여 보가더스척도는 주로 집단 간의 친근 관계를 측정하는데 사용된다.
소시오메트리척도	• 소집단 내의 구성원들 사이에 가지는 호감과 반감을 측정하여 그 빈도와 강도에 따라 집단구조를 이해하는 척도이다. • 집단 내 구성원 간의 거리를 측정하는 척도라는 점에서 집단 간의 거리를 측정하는 보가더스척도와 구별된다. • 사회적거리척도는 보가더스척도와 소시오메트리척도로 나뉜다.
어의구별척도 (의미분화척도)	일직선으로 도표화된 척도의 양극단에 서로 상반되는 형용사를 배열하여 양극단 사이에서 부시이를 사용하여 해당 속성에 대한 평가를 하는 척도로 하나의 개념을 주고 응답자로 하여금 여러 가지 의미의 차원에서 이 개념을 평가하도록 한다.
스타펠척도	• 하나의 수식어만을 평가 기준으로 제시하며 중간값(0)이 없는 −5에서 +5 사이의 10점 척도로 측정하는 방법이다. • 의미구별척도와 유사하나 상반되는 형용사적 표현을 만들 필요가 없다.

평정척도 구성 원칙

① 응답범주들이 상호배타적이어야 한다.
② 응답범주들이 응답 가능한 상황을 모두 포함하고 있어야 한다.
③ 응답범주의 수가 서로 균형을 이루어야 한다.
④ 응답범주들이 논리적 연관성을 가지고 있어야 한다.
⑤ 평정척도에서 응답범주의 수는 4, 5, 7, 9점 척도를 주로 사용한다.

총화평정척도(리커트척도)의 특징

① 총화평정척도는 리커트척도라고도 한다.
② 예비적 문항의 선정단계를 거쳐서 최종의 척도를 구성하는 이중단계를 거친다.
③ 적은 문항으로도 높은 타당도를 얻을 수 있어서 매우 경제적이다.
④ 응답 카테고리가 명백하게 서열화되어 응답자에게 혼란을 주지 않는다.
⑤ 응답자료에서 지표를 추출하여 구성하는 체계적이고 세련된 기법이다.
⑥ 여러 개의 문항으로 응답자의 태도를 측정하고 해당 항목에 대한 측정치를 합산하여 평가대상자의 태도점수를 얻어내는 척도이다.
⑦ 리커트척도의 구성절차는 '질문문항에 대한 응답범주를 작성 → 응답범주에 대한 가중치 부여 → 응답자로부터 응답을 얻어낸 후 총합을 계산 → 척도 문항 분석'으로 이중단계로 되어 있다.
⑧ 리커트척도는 서스톤척도에 비해 평가자를 많이 사용하지 않으므로 척도구성이 간단하고, 평가자의 주관이 개입될 가능성이 적다.
⑨ 리커트척도는 각 문항별 응답범주가 상호 대칭되는 명백한 서열형태를 이루어야 하며 3점, 4점, 5점, 7점, 9점, 11점 척도 등을 사용한다.
⑩ 리커트척도는 요인분석을 통해 각 문항들이 하나의 요인으로 묶이는가를 확인하여 단일차원성을 검증하며, 신뢰도 분석을 통해 각 문항들과 전체 척도와의 일관성을 검증한다.

서스톤척도의 특징

① 평가자들에 의해 많은 질문문항들 가운데 측정 변수와 보다 직접적으로 연관된 문항들이 선정됨으로써 문항의 선정이 비교적 정확하다.
② 척도에 포함되는 질문문항들을 정리하여 가능한 한 간격을 같도록 한다는 점에서 일반적인 서열적 척도보다 한 수준 높은 등간척도 수준을 유지한다.
③ 총화평정척도와 서스톤척도는 새로운 사실의 발견을 위해 주로 사용된다.

척도구성방법

① 비교척도(Comparative Scaling) : 자극대상을 직접 비교해서 응답을 구하는 척도
   예 쌍대비교법, 순위법, 고정총합법, 항목순위법, 비율분할법 등
② 비비교척도(Non-comparative Scaling) : 자극대상 간의 직접 비교가 필요 없는 응답을 구하는 척도
   예 연속평정법, 항목평정법, 등급법, 어의차이척도법, 스타펠척도법, 리커트형태척도법 등

자료수집적 측면에서 척도의 구분

① 차이 발생법 : 쌍대비교법, 순위법, 항목순위법
② 양적 판단법 : 직접판단법, 비율분할법, 고정총합척도법
③ 등급법

척도와 지수

① 지수는 개별 속성들에 할당된 점수를 합산하여 구성한다.
② 척도 : 어떤 문항은 측정하고자 하는 변수의 정도를 상대적으로 더 약하게 나타내고 다른 문항은 좀 더 강하게 나타낸다는 사실을 인식한 가운데 응답의 유형에 점수를 부여하여 구성한다.
③ 척도와 지수는 변수에 대한 서열측정이다.
④ 척도와 지수는 변수의 합성측정이다.
⑤ 지수점수는 문항들 간의 강도를 고려하지 않기 때문에 척도점수가 더 많은 정보를 가지고 있다.
⑥ 지수는 개별 속성들에 할당된 점수를 합산해서 구성한다.

02 측정의 타당성과 신뢰성

측정오류의 발생원인

① 측정시점에 따른 측정대상자의 상태 변화 : 측정대상자의 심리적 특성이 일시적으로 변화하여 발생
② 측정이 이루어지는 환경요인의 변화 : 측정이 이루어지는 환경이 특이한 경우 발생
③ 측정도구의 불완전성 : 측정도구 자체의 결함이나 부정확성으로 인해 발생
④ 측정도구와 측정대상자의 상호작용 : 측정도구에 대한 익숙도 또는 반응형태 등으로 인해 발생
⑤ 측정자와 측정대상자 간의 상호작용 : 측정자의 신분 또는 태도 등의 차이로 인해 발생

측정오류의 분류

체계적 오차	편향(Bias)이라고도 하며 어떠한 영향이 측정대상에 체계적으로 미침으로써 일정한 방향성을 갖는 오차로 측정의 타당성과 관련이 있다.
비체계적 오차	무작위오차라고도 하며 측정과정에서 우연적 또는 일시적으로 발생하는 불규칙적인 오차로 측정의 신뢰성과 관련이 있다.

체계적 오차 발생원인

① 사회적으로 바람직하게 보이려는 편향(Social Desirability Bias) : 질문자의 의도에 맞추어 자신의 생각과는 무관하게 본인이나 본인 소속집단을 우월하게 보이기 위해 응답하는 경우의 편향
② 문화적 편견(Cultural Bias) : 다수 의견을 자신의 문화적 규범이나 가치관으로 생각하려는 경우의 편향
③ 위약효과(Placebo Effect) : 약효가 전혀 없는 거짓약을 진짜 약으로 가장하여 환자에게 복용하도록 했을 때, 환자의 병세가 호전되는 효과
④ 효손효과(Hawthorne Effect) : 실험집단의 구성원들이 비교집단에 비하여 관찰을 받고 있다는 사실을 인식할 때 평소와는 다른 행동을 보임으로써 효과가 왜곡되는 현상
⑤ 고정반응(응답군)에 의한 편향 : 일정한 유형의 문항을 반복적으로 물어보면 같은 응답을 반복하는 현상

비체계적 오차 발생원인

① 표본의 대표성 결여
② 측정자에 의한 오류 : 측정자의 감정상태, 건강상태, 성별, 외모, 말투 등에 의해 측정결과에 영향을 미치는 오류
③ 비측정자에 의한 오류 : 응답자의 기분, 긴장상태, 피로, 지식 등에 의해 측정결과에 영향을 미치는 오류
④ 측정환경에 의한 오류 : 측정시간, 장소, 분위기 등에 의해 측정결과에 영향을 미치는 오류
⑤ 측정도구에 의한 오류 : 측정도구에 대한 적응 및 사전교육의 유무, 측정방법의 불완전성에 의해 측정결과에 영향을 미치는 오류

신뢰도와 타당도

신뢰도	측정도구가 측정하고자 하는 현상을 일관성 있게 측정하는 능력으로 어떤 측정도구를 동일한 현상에 반복 적용하여 동일한 결과를 얻게 되는 정도를 의미한다.
타당도	측정도구가 측정하고자 하는 개념이나 속성을 얼마나 실제에 정확히 측정하고 있는가 하는 정도를 의미한다.

신뢰도와 타당도의 상호관계

① 타당도가 높은 측정은 높은 신뢰도를 확보할 수 있다.
② 신뢰도가 높다고 해서 반드시 타당도가 높은 것은 아니다.
③ 타당도가 낮다고 해서 반드시 신뢰도가 낮은 것은 아니다.
④ 신뢰도가 높고 타당도가 낮은 측정도 있다.
⑤ 신뢰도가 낮고 타당도가 높은 측정은 없다.
⑥ 신뢰도가 낮은 측정은 항상 타당도가 낮다.
⑦ 신뢰도와 타당도 간의 관계는 비대칭적이다.
⑧ 타당도를 측정하는 것이 신뢰도를 측정하는 것보다 어렵다.
⑨ 신뢰도는 경험적 문제이며 타당도는 이론적 문제이다.
⑩ 타당도는 편향(Bias)과 관련이 있고 신뢰도는 분산(Variance)과 관련이 있다.

⑪ 타당도는 측정오차와 관련이 있고 신뢰도는 확률오차와 관련이 있다.
⑫ 타당도 문제는 주로 측정도구 작성과정에서 발생되며, 신뢰도는 주로 자료수집과정에서 발생한다.

내적타당도와 외적타당도

내적타당도	종속변수의 변화가 독립변수에 의한 것인지, 아니면 다른 조건에 의한 것인지 판별하는 기준이다.
외적타당도	연구를 통해 얻은 결과가 다른 상황, 다른 경우, 다른 시간의 조건에서도 일반화할 수 있는 정도를 의미한다.

타당도를 높이기 위한 대상자 배정방안

무작위배정	대상자들이 실험집단에 배정될 확률과 통제집단에 배정될 확률을 동일하게 보장하는 방법
짝짓기 (Matching)	대상자들에게 관찰될 여러 개의 변수를 고려할 때 실험집단과 통제집단으로 배정될 확률이 가장 가까운 대상자끼리 짝지어 배정한 후, 남은 대상자들 중에서 실험집단과 통제집단으로 배정될 확률이 가장 가까운 대상자끼리 짝지어 배정하는 방법을 남은 대상자들이 모두 짝지어질 때까지 반복하는 방법
통계적 통제	통제해야 할 변수들을 독립변수로 간주하여 실험설계에 포함하는 방법

내적타당도 저해 요인

우발적 사건 (역사요인)	조사설계 이전 또는 설계과정에서 전혀 예기치 못했거나 예기할 수 없었던 상황이 타당도를 해치게 된다.
선별효과 (선택요인)	실험집단으로 선정된 집단과 통제집단으로 선정된 집단이 여러 측면에서 현저한 차이가 나는 경우 타당도를 해치게 된다.
실험효과 (검사요인)	측정이 반복됨으로써 얻어지는 학습효과로 인해 실험대상의 반응에 영향을 미치는 경우 타당도를 해치게 된다.
조사도구효과	자료를 수집하는 데 사용되는 도구(질문지, 조사표, 조사원, 조사방법)가 달라지는 경우 측정결과에 영향을 미쳐 타당도를 해치게 된다.
성숙효과 (성장요인)	실험기간 중에 실험집단의 육체적 또는 심리적 특성이 변화함으로써 실험결과에 영향을 미쳐 타당도를 해치게 된다.
시멸효과 (상실요인)	실험대상의 일부가 사망, 기타 사유로 사멸 또는 추적조사가 불가능하게 될 때 실험결과에 영향을 미쳐 타당도를 해치게 된다.
통계적 회귀	사전측정에서 극단적인 값을 얻은 경우 이를 여러 번 반복 측정하게 되면 평균치로 근사하게 되는 경향으로 타당도를 해치게 된다.
실험변수의 확산	실험집단 간의 사전 의사소통으로 인해 실험의 오차가 발생할 수 있다.
인과방향의 모호성	독립변수와 종속변수 사이의 선후관계가 모호한 경우와 같이 인과적 시간과 순서의 모호함으로 타당도를 해치게 된다.
실험목적에 대한 예상	실험대상들이 실험과정에서 실험목적을 파악하고 조사자가 의도하는 방향으로 행동하여 타당도를 해치게 된다.

외적타당도 저해 요인

① 실험상황의 반동효과
② 실험대상자 선정과 실험처리 간의 상호작용
③ 다중실험처리 간의 간섭(방해)
④ 자료수집상황에서의 반응효과

타당도의 평가

개념타당도 (구성타당도)	측정도구가 실제로 무엇을 측정하였는가 또는 조사자가 측정하고자 하는 추상적인 개념이 측정도구에 의해 제대로 측정되었는가의 정도로 이론적 구조하에서 변수들 간의 관계를 밝히는데 중점을 두고 평가한다.
기준타당도 (경험적 타당도)	하나의 측정도구를 사용하여 측정한 결과를 다른 기준 또는 외부변수에 의한 측정결과와 비교하여 이들 간의 관련성의 정도를 통하여 타당도를 파악한다.
내용타당도 (논리적 타당도)	측정의 내용이 측정하고자 하는 속성의 내용을 잘 대표하고 있는가를 전문가의 논리적 사고에 입각하여 판단하는 주관적인 타당도이다.
안면타당도 (액면, 표면타당도)	검사문항을 전문가가 아닌 일반인들이 읽고 그 검사가 얼마나 타당해 보이는가를 평가하는 방법이다.

개념타당도의 구분

이해타당도	특정 개념에 대해 이론적 구성을 토대로 어느 정도 체계적, 논리적으로 이해하고 있는가를 나타내는 타당도
수렴타당도	동일한 개념을 측정하기 위해 서로 다른 측정방법을 사용하여 측정으로 얻은 측정치들 간에 상관관계가 높아야함을 전제로 하는 타당도
판별타당도	서로 다른 개념들을 측정했을 때 얻어진 측정문항들의 결과 간에 상관관계가 낮아야 함을 전제로 하는 타당도

개념타당성(Construct Validity) 저해 요인

① 변인에 대한 단일 조작적 편향 : 한 가지 상황만 가지고 큰 개념을 대변
② 한 가지 측정방법만을 사용 : 내담자의 반응 경향성으로 인한 결과 왜곡
③ 피험자가 평가받는다는 것을 의식
④ 구성개념에 대한 세심한 조작화 결여 : 추상적 개념에서 구체적 개념으로 조작 결여
⑤ 피험자가 가설을 추측
⑥ 연구자의 기대
⑦ 변인의 수준을 일부만 적용
⑧ 여러 처치들 간의 상호작용
⑨ 검사와 처치 간의 상호작용

기준타당도의 구분

동시적 타당도	새로운 검사를 제작했을 때 새로 제작한 검사의 타당도를 위해 기존에 타당도를 보장받고 있는 검사와의 유사성 또는 연관성에 의해 검정하는 타당도
예측적 타당도	어떠한 행위가 일어날 것이라고 예측한 것과 실제 대상자 또는 집단이 나타낸 행위 간의 관계를 측정하는 타당도

기준에 의한 타당성의 문제점

① 기준 측정도구의 개발이 곤란하다.
② 기준으로 사용하는 속성의 정의가 곤란하다.
③ 측정에 소요되는 비용이 과다하다.

측정에 있어서 신뢰도를 높이는 방법

① 측정항목을 증가시킨다.
② 유사하거나 동일한 질문을 2회 이상 시행한다.
③ 애매모호한 문구를 사용하지 않아 측정도구의 모호성을 제거한다.
④ 신뢰성이 인정된 기존의 측정도구를 사용한다.
⑤ 면접자들은 일관적인 면접방식과 태도를 유지한다.
⑥ 조사대상이 잘 모르거나 관심이 없는 내용의 측정은 피한다.

신뢰도 평가방법

재검사법	동일한 상황에서 동일한 측정도구로 동일한 대상에게 일정한 시간을 두고 측정하여 그 결과를 비교하는 방법이다.
반분법	척도의 질문을 무작위적으로 반씩 나누어 둘로 만든 후 이 두 부분을 따로 떼어서 적용하는 것이 아니라 내용적으로만 갈라놓고 실제로는 본래의 척도를 그대로 적용하는 방법이다.
복수양식법	유사한 형태의 두 개 이상의 측정도구를 이용하여 동일한 대상에 차례로 적용한 후 그 결과를 비교하는 방법이다.
내적일관성법	여러 개의 항목을 이용하여 동일한 개념을 측정하고자 할 때 신뢰도를 저해하는 요인을 제거한 후 신뢰도를 향상시키는 방법이다.

반분법의 특징

① 측정도구가 경험적으로 단일지향적이어야 한다.
② 양분된 각 측정도구의 항목수는 그 자체가 각각 완전한 척도를 이룰 수 있도록 충분히 많아야 한다.
③ 어떻게 반분하느냐에 따라 다른 결과를 얻을 수 있다.
④ 재조사법과 같이 두 번 조사할 필요가 없다.
⑤ 복수양식법과 같이 두 개의 척도를 만들 필요가 없다.

크론바흐 알파(Cronbach's Alpha)

여러 개의 항목을 이용하여 동일한 개념을 측정하고자 할 때 신뢰도를 저해하는 요인을 제거한 후 신뢰도를 향상시키는 방법이 내적일관성 방법이며 문항 상호 간에 어느 정도 일관성을 가지고 있는가를 측정할 때 크론바흐 알파계수를 이용한다.

① 내적일관성 분석법에 따라 신뢰도를 측정하는 척도이다.
② 신뢰도가 낮은 경우 신뢰도를 저해하는 항목을 찾을 수 있다.
③ 크론바흐 알파값은 0~1의 값을 가지며, 값이 클수록 신뢰도가 높다.
④ 크론바흐 알파값은 0.6 이상이 되어야 만족할 만한 수준이며, 0.8~0.9 정도면 신뢰도가 높은 것으로 본다.
⑤ 신뢰도 계수를 구할 수 있으므로 현실적으로 가장 많이 사용된다.
⑥ 문항의 수가 적을수록 크론바흐 알파값은 작아진다.
⑦ 문항 간의 평균상관계수가 높을수록 크론바흐 알파값도 커진다.

03 표본설계

표본추출의 주요 용어

용어	설명
모집단(Population)	관심의 대상이 되는 모든 개체의 집합
목표모집단(Target Population)	조사목적에 의해 개념적으로 규정한 모집단
조사모집단(Sampled Population)	통계조사가 가능한 모집단으로 표본을 추출하기 위해 규정한 모집단
표본(Sample)	모집단의 일부분으로 모집단을 가장 잘 대표할 수 있는 일부
표본추출틀(Sampling Frame)	표본을 추출하기 위해 사용되는 표본추출단위가 수록된 목록
조사단위(Element)	기본단위(Elementary Unit) 또는 관찰단위라고도 하며 조사의 대상이 되는 가장 최소의 단위
표본추출단위(Sampling Unit)	모집단에서 표본을 추출하기 위해 설정한 조사단위들의 집합
전수조사(Census)	모집단의 전부를 조사하는 방법으로 Census를 통계청에서는 총조사로 번역하고, ~총조사는 모두 전수조사임 예 인구주택총조사, 농림어업총조사, 사업체총조사 등
표본조사(Sample Survey)	모집단의 일부를 조사함으로써 모집단 전체의 특성을 추정하는 방법
모수(Parameter)	모집단을 대표하는 수치화된 특정한 값
통계량(Statistic)	표본의 특성값
추정량(Estimator)	모집단의 모수를 추정하기 위해 사용되는 통계량
비표본오차(Nonsample Error)	• 표본오차를 제외한 모든 오차 • 면접, 조사표 구성방법의 오류, 조사관의 자질, 조사표 작성 및 집계 과정에서 나타나는 오차 • 비표본오차는 전수조사와 표본조사 모두에서 발생함
표본오차(Sample Error)	• 모집단으로부터 표본을 추출하여 조사한 자료를 근거로 얻은 결과를 모집단 전체에 대해 일반화하기 때문에 필연적으로 발생하는 오차 • 표본의 크기를 증가시킴으로써 표본오차를 감소시킬 수 있음 • 표본오차는 표본조사에서 발생되며 전수조사의 표본오차는 0임 • 표본오차는 신뢰수준이 결정되면 계산할 수 있음

표준오차(Standard Error)	추정량의 표준편차 예 표본평균의 표준오차 $SE(\overline{X}) = \dfrac{\sigma}{\sqrt{n}}$ 표본비율의 표준오차 $SE(\hat{p}) = \sqrt{\dfrac{p(1-p)}{n}}$

표본설계과정

모집단의 확정 → 표본추출틀 결정 → 표본추출방법 결정 → 표본크기 결정 → 표본추출

표집틀 구성의 평가요소

포괄성 (Comprehensiveness)	표집틀이 연구하고자 하는 전체 모집단 중 얼마나 많은 부분을 포함하고 있는가 하는 문제이다.
효율성 (Efficiency)	가능한 한 조사자가 원하는 대상만을 표집틀 속에 포함시켜야 한다.
추출확률 (Probability of Selection)	모집단에서 개별요소가 추출될 수 있는 확률이 동일한가를 알아보고, 동일하지 않은 경우 이를 조정할 수 있어야 한다.

표본추출틀 오류

포함오차 (Coverage Error)	표집틀에는 있지만 목표모집단에는 없는 표본 요소들로 인해 일어나는 오차
불포함오차 (Noncoverage Error)	목표모집단에는 있지만 표집틀에는 없는 표본 요소들로 인해 일어나는 오차

확률표본추출방법과 비확률표본추출방법

확률표본추출방법	비확률표본추출방법
• 연구대상이 표본으로 추출될 확률이 알려져 있을 때 • 무작위적 표본추출 • 모수추정에 편의가 없음 • 분석결과의 일반화가 가능 • 표본오차의 추정 가능 • 시간과 비용이 많이 듦	• 연구대상이 표본으로 추출될 확률이 알려져 있지 않을 때 • 작위적 표본추출 • 모수추정에 편의가 있음 • 분석결과의 일반화에 제약 • 표본오차의 추정 불가능 • 시간과 비용이 적게 듦

확률표본추출방법의 종류

단순무작위추출 (Simple Random Sampling)	크기 N인 모집단으로부터 크기 n인 표본을 추출할 때 $\binom{N}{n}$가지의 모든 가능한 표본이 동일한 확률로 추출하는 방법
층화추출 (Stratified Sampling)	모집단을 비슷한 성질을 갖는 2개 이상의 동질적인 층(Stratum)으로 구분하고, 각 층으로부터 단순무작위추출방법을 적용하여 표본을 추출하는 방법
집락(군집)추출 (Cluster Sampling)	모집단을 조사단위 또는 집계단위를 모은 군집(Cluster)으로 나누고 이들 군집들 중에서 일부의 군집을 추출한 후 추출된 군집에서 일부 또는 전부를 표본으로 추출하는 방법
계통추출 (Systematic Sampling)	모집단 요소의 목록표를 이용하여 최초의 표본단위만 무작위로 추출하고, 나머지는 일정한 간격을 두고 표본을 추출하는 방법
지역추출 (Area Sampling)	집락추출법의 일종으로 집락이 지역인 경우의 집락추출법

비확률표본추출방법의 종류

유의표집 (Purposive Sampling)	모집단의 특성에 대해서 조사자가 정확히 알고 있는 경우에 제한적으로 사용하는 방법으로 조사자의 주관적 판단에 따라 표본을 추출하는 방법
할당표집 (Quota Sampling)	모집단이 여러 가지 특성으로 구성되어 있는 경우 각 특성에 따라 층을 구성한 다음 층별 크기에 비례하여 표본을 배분하거나 동일한 크기의 표본을 조사원이 그 층 내에서 직접 선정하여 조사하는 방법
편의표집 (Convenience Sampling)	모집단에 대한 정보가 전혀 없거나 모집단의 구성요소들 간의 차이가 별로 없다고 판단될 때 표본선정의 편리성에 기준을 두고 조사자가 마음대로 표본을 선정하는 방법 예 길거리에서 만난 사람을 대상으로 표본조사를 하는 경우
가용표본추출 (Available Sampling)	조사에 쉽게 동원할 수 있는 표본을 대상으로 표본을 추출하는 방법 예 연구자의 가족이나 친척, 친구, 이웃 등을 표본으로 이용하는 경우
눈덩이표집 (Snowball Sampling)	눈덩이를 굴리면 커지는 것처럼 소수의 응답자를 찾은 다음 이들과 비슷한 사람들을 소개받아 가는 식으로 표본을 추출하는 방법 예 마약중독자, 불법체류자 등과 같은 표본을 찾기 힘든 경우 한두 명을 조사한 후 비슷한 환경의 사람을 소개받아 조사하는 경우

비확률표본추출방법을 사용하는 경우

① 모집단을 규정지을 수 없는 경우 유익하다.
② 표본의 규모가 매우 작은 경우 유익하다.
③ 표집오차가 큰 문제가 되지 않을 경우 유익하다.
④ 조사 초기단계에서 문제에 대한 대략적인 정보가 필요한 경우 유익하다.
⑤ 과거의 사건들에 대해 연구하거나 또는 현재의 경우라도 조사의 대상이 매우 비협조적인 경우 유리하다.
⑥ 적절한 표본추출방법이 없을 경우 유익하다.

단순무작위추출법(Simple Random Sampling)의 장·단점

크기 N인 모집단으로부터 크기 n인 표본을 추출할 때 $\binom{N}{n}$가지의 모든 가능한 표본이 동일한 확률로 추출하는 방법이다.

단순무작위추출법의 장점	단순무작위추출법의 단점
• 모집단에 대한 사전지식이 필요 없다. • 추출확률이 동일하기 때문에 표본의 대표성이 높다. • 표본오차의 계산이 용이하다. • 확률표본추출방법 중 가장 적용이 용이하다. • 다른 확률표본추출방법과 결합하여 사용할 수 있다.	• 모집단에 대한 정보를 활용할 수 없다. • 동일한 표본크기에서 층화추출법보다 표본오차가 크다. • 비교적 표본의 크기가 커야 한다. • 표집틀 작성이 어렵다.

층화표본추출법의 특징

① 표본추출단위는 구성요소이다.
② 층 내는 동질적이고 층 간은 이질적이다.
③ 동질적인 집단에서의 표집오차가 이질적인 집단에서의 오차보다 작다는 데 논리적인 근거를 둔다.
④ 모집단의 특수성을 고려하기 때문에 표본의 편중을 줄일 수 있다.
⑤ 단순무작위표집과 같은 표본의 무작위성이 확보되면서 불필요한 분산을 줄여준다.
⑥ 모집단의 성격이 동질적이든 아니든 골고루 추출하기 위해 이용된다.

층화추출에서 표본배정방법

① 네이만배정 : 층화추출에서 추출단위당 비용이 모든 층에 동일한 경우의 표본배정방법
② 비례배정 : 각 층의 크기인 N_h는 알 수 있으나 층 내 변동에 대해 정보가 전혀 없을 때 표본크기 n을 각층의 크기인 N_h에 비례하여 배정하는 방법
③ 최적배정 : 분산고정하에 비용을 최소화하거나 비용고정하에 분산을 최소화하기 위한 표본배정방법
④ 균등배정 : 모든 층의 크기를 동일하게 배정하는 방법

비비례층화표본추출법을 이용하는 경우

① 비비례층화표본추출법은 층화된 하위집단의 규모와 관계없이 동일하거나 의도적으로 각 층에 상이한 비율을 주어 표본의 수를 조정하고자 하는 표집방법이다.
② 모집단의 특성보다는 각 층이 대표하는 부분집단의 특성을 보고자 할 때 많이 사용된다.
③ 모집단을 구성하는 어떤 특성을 갖는 요소의 수는 적지만, 분석에 있어서 그 특성이 중요한 의미를 지닐 경우 표본의 유효성을 높이고자 할 때 주로 이용한다.
④ 모집단의 구성과 관계없이 표본비율을 차등 적용하므로 표본의 불균형성의 문제가 발생하지만, 이는 가중치를 부여하는 방법 등을 통해 극복할 수 있다.
⑤ 층화된 집단들을 비슷한 표본들로 비교하고 싶을 때 이용한다.

집락(군집)표본추출법의 특징

① 표본추출단위는 집락이다.
② 집락 내는 이질적이고 집락 간은 동질적이다.
③ 집락 내부가 모집단이 지닌 특성의 분포와 정확히 일치하면 가장 이상적이다.
④ 시간과 비용을 줄일 수 있다.
⑤ 전체 모집단의 목록표(Frame)를 작성할 필요가 없다.
⑥ 선정된 각 군집은 다른 조사의 표본으로도 사용될 수 있다.

계통(체계적)표본추출법의 특징

① 무작위표집에 비하여 표본추출이 용이하고 편리하다.
② 모집단의 단위들이 고르게 분산되어 있지 않고 어떠한 유형(주기성)을 가지고 배열되어 있으면 표본의 대표성에 문제가 발생한다.
③ 적절한 보조변수를 이용하면 모집단의 구성 비율을 잘 반영하는 표본을 얻을 수 있다.
④ 순서 모집단(Ordered Population)의 경우 추정량의 분산이 무작위표집보다 더 작아져서 효율적이다.

할당표본추출법의 특징

① 확률표본추출방법의 층화추출법과 유사하며, 마지막 표본의 선정이 랜덤하게 선정되지 않고 조사원의 주관에 의해서 선정된다는 차이점이 있다.
② 할당표본추출은 모집단에 대한 사전지식에 기초한다.
③ 비확률표본추출이기 때문에 분석결과의 일반화에 제약이 따른다.
④ 무작위표집보다 적은 비용으로 표본을 추출할 수 있다.

중심극한정리

표본의 크기($n \geq 30$)가 커짐에 따라 모집단의 분포와 관계없이 표본평균 $\overline{X}$의 분포는 기대값이 모평균 μ이고, 분산이 $\dfrac{\sigma^2}{n}$ 인 정규분포에 근사한다.

$$\overline{X} \sim N\left(\mu,\ \frac{\sigma^2}{n}\right),\ n \to \infty$$

표본크기 결정요인

① 모집단의 성격(모집단의 이질성 여부)
② 표본추출방법
③ 통계분석 기법
④ 변수 및 범주의 수
⑤ 허용오차의 크기
⑥ 소요시간, 비용, 인력(조사원)
⑦ 조사목적의 실현 가능성
⑧ 조사가설의 내용
⑨ 신뢰수준
⑩ 모집단의 표준편차

표본크기 결정

모평균의 추정	$X_1, X_2, \cdots, X_n$ 이 평균이 μ, 분산이 σ^2 인 모집단에서의 확률표본일 때 모평균 μ 의 $100(1-\alpha)\%$ 신뢰구간은 $\overline{X} \pm z_{\frac{\alpha}{2}} \frac{\sigma}{\sqrt{n}}$ 이다. 여기서 $\frac{\sigma}{\sqrt{n}}$ 을 표준오차라 하고, $z_{\frac{\alpha}{2}} \frac{\sigma}{\sqrt{n}}$ 을 추정오차(오차한계)라 하며, 추정오차가 d 이내가 되도록 하려면 $z_{\frac{\alpha}{2}} \frac{\sigma}{\sqrt{n}} = d$ 로부터, $n = \left(\frac{z_{\frac{\alpha}{2}} \times \sigma}{d}\right)^2$ 에 의하여 표본의 크기 n 을 결정할 수 있다.
모비율의 추정	모비율 p 에 대한 $100(1-\alpha)\%$ 신뢰구간은 $\hat{p} \pm z_{\frac{\alpha}{2}} \sqrt{\frac{\hat{p}(1-\hat{p})}{n}}$ 이다. 여기서 $\sqrt{\frac{\hat{p}(1-\hat{p})}{n}}$ 을 표준오차라 하고, $z_{\frac{\alpha}{2}} \sqrt{\frac{\hat{p}(1-\hat{p})}{n}}$ 을 추정오차(오차한계)라 하며, 추정오차가 d 이내가 되도록 하려면 $z_{\frac{\alpha}{2}} \sqrt{\hat{p}(1-\hat{p})/n} = d$ 로부터, $n = \hat{p}(1-\hat{p}) \left(\frac{z_{\frac{\alpha}{2}}}{d}\right)^2$ 에 의하여 표본의 크기 n 을 결정할 수 있다.

표본오차의 특징

① 모집단을 대표할 수 있는 전형적인 구성요소를 선택하지 못함으로써 발생하는 오차이다.
② 표본의 통계치와 모집단의 모수 간의 차이가 표본오차이다.
③ 표본조사에서 표본오차를 전혀 없게 할 수는 없다.
④ 각 조사연구에서 오차의 범위를 제시해 준다.
⑤ 표본의 크기를 증가시키면 표본오차는 감소한다.
⑥ 확률표본추출은 비확률표본추출보다 표본오차가 작다.
⑦ 신뢰수준이 높을수록 표본오차는 커진다.

04 자료의 처리

부호화(Coding) 시 고려사항

부호화(Coding)란 자료를 분석하기 위해 각각의 정보단위들에 대해 변수이름을 지정하고, 각 변수값들에 대해 숫자 또는 기호와 같이 특정 부호를 할당하는 과정이다.
① 질문지의 질문순서와 부호의 순서는 되도록이면 일치하도록 한다.
② 지역/산업/직업/계열/학과코드 등에 대해 공식적인 분류코드(통계청, OES 등)를 이용한 분류가 필요하다.
③ 개방형 질문의 응답에 대한 명확한 분류가 힘들 경우 가급적 많이 세분화한다.
④ 모든 항목들은 숫자로만 입력하도록 하고 결측치는 별도 숫자로 처리한다.
⑤ 부호화 구조를 설계할 때는 사용할 통계분석 방법을 항상 염두해 두어야 한다.
⑥ 무응답과 "모르겠다"의 응답을 구분하여 명확히 해야 한다.
⑦ 부호화 시 자유형식보다 고정형식으로 코딩하는 것이 바람직하다.

코드북(Code Book)

조사항목에 대한 응답을 분류하기 위해 붙이는 문자 또는 숫자로 부호화(Coding)한 안내서를 말한다.
예) 통계청 가계동향조사 항목분류집
   통계청 어가경제조사 부호표 및 어업 조업 모식도
   통계청 농가경제조사 및 농축산물생산비조사 항목분류집

코드북의 용도

① 범주형으로 응답한 자료를 양적자료화하는 데 활용
② 응답자료를 컴퓨터 입력에 활용
③ 조사결과의 분석에 활용

코드북 작성 원칙

① 코드범주의 포괄성 : 코딩되는 모든 정보는 반드시 어떤 범주에 속해야 한다.
② 코드범주의 상호배타성 : 코딩되는 모든 정보는 반드시 한 가지 범주에만 속해야 한다.
③ 변수의 위치 : 변수의 위치와 각각의 변수가 가질 수 있는 일련의 속성들에 코드를 부여한다.
④ 변수의 정의 : 각 변수에 대한 완전한 정의를 포함하고 있어야 한다.
⑤ 변수의 속성 : 각 변수의 속성은 수치값을 가지고 있어야 한다.
⑥ 카테고리 결정 : 부호화된 응답을 세분하기보다는 카테고리를 줄이는 것이 쉬우므로 카테고리가 적은 것보다는 많은 것이 유리하다.

결측값 처리 방법

평균대체	전체 표본을 몇 개의 대체 층으로 분류한 뒤 각층에서의 응답자 평균값을 그 층에 속한 모든 결측값에 대체하는 방법
유사자료대체	전체 표본을 대체 층으로 나눈 뒤 각층 내에서 응답 자료를 순서대로 정리하여 결측값이 있는 경우 그 결측값 바로 이전의 응답을 결측값 대신 대체하는 방법
외부자료대체	결측값을 기존에 실시된 표본조사에서 유사한 항목의 응답값으로 대체하는 방법
조사단위대체	무응답된 대상을 표본으로 추출되지 않은 다른 대상으로 대체하는 방법
회귀대체	무응답이 있는 항목 y에 응답이 있는 y의 보조변수 $x_1, x_2, \cdots, x_k$를 회귀모형에 적합하는 방법
이월대체	조사시점 순서로 표본정렬 후 무응답 t시점의 항목 y_i에 가장 가까운 과거 u시점 응답값 y_u를 회귀모형에 적합하여 무응답을 대체하는 방법
랜덤대체	대체층 내에서 대체값을 확률추출에 의해 랜덤하게 선택하여 결측값에 대체하는 방법
베이지안대체	결측값의 추정을 위해 추정모수에 사전정보를 부가하여 사후정보를 얻는 방법
복합대체	여러 가지 방법을 혼합하여 얻은 값으로 대체하는 방법

데이터베이스의 논리적 연계 방식

① 관계적 접근방식(Relational Approach) : 데이터베이스를 테이블(Table)의 집합으로 표현하여 접근하는 방식
② 위계적 접근방식(Hierarchical Approach) : 데이터베이스를 트리(Tree) 구조로 표현하여 접근하는 방식
③ 연결망 접근방식(Network Approach) : 데이터베이스를 그래프(Graph) 구조로 표현하여 접근하는 방식

시계열분석의 변동요인

추세변동	대체로 10년 이상 동일방향으로 상승 또는 하강 경향을 나타내는 요소로서 경제성장, 인구증가, 신자원 및 기술개발 등으로 인하여 발생하는 장기변동
순환변동	전체 경제활동의 확장, 수축의 순환과정을 부단히 반복하는 주기적인 변동
계절변동	12개월을 주기로 하여 변동하는 것으로서 농업생산의 계절성, 계절적인 기온의 변화와 이에 따른 생활관습의 변화 등에 따라서 매년 반복 발생되는 경제현상
불규칙변동	추세, 순환, 계절변동으로는 설명되지 않는 변동으로 천재지변, 파업, 전쟁 및 급격한 경제정책의 변화 등 사회적 변화에 의하여 일어나는 극히 단기적이고 불규칙적인 비회귀 경제변동

제3과목 고급통계처리 및 분석

01 상관분석 및 분포론

상관계수 계산

피어슨 상관계수	$r = \dfrac{Cov(X,Y)}{S_X S_Y} = \dfrac{\sum(X_i - \overline{X})(Y_i - \overline{Y})}{\sqrt{\sum(X_i - \overline{X})^2}\sqrt{\sum(Y_i - \overline{Y})^2}}$ $= \dfrac{\sum X_i Y_i - n\overline{X}\,\overline{Y}}{\sqrt{\sum X_i^2 - n\overline{X}^2}\sqrt{\sum Y_i^2 - n\overline{Y}^2}}$
스피어만 순위상관계수	$r_s = 1 - \dfrac{6\sum_{i=1}^{n} d_i^2}{n^3 - n}$ 여기서, $\sum_{i=1}^{n} d_i^2 = \sum_{i=1}^{n}(X_i - Y_i)^2$: 순위에 대한 편차제곱합
켄달의 타우	P는 x_i를 크기순으로 나열하였을 때 (x_i, y_i)의 짝 중에서 y_i가 크기순으로 나열되어있는 짝의 수라 하고, Q는 크기의 역순으로 나열되어있는 짝의 수라 하면 $S = P - Q$으로 표현한다. 만약 동순위가 하나도 없다면 $\tau = \dfrac{S}{\frac{1}{2}n(n-1)}$ 이 된다.

상관계수의 성질

① 상관계수는 항상 -1과 1 사이의 값을 갖는다.
② 상관계수는 단위가 없는 수이며 측정단위에 영향을 받지 않는다.
③ 두 변수의 선형관계가 강해질수록 상관계수는 1 또는 -1에 근접하게 된다.
④ 상관계수의 부호는 공분산 및 회귀직선의 기울기 부호와 항상 같다.
⑤ 두 확률변수가 서로 독립이면 공분산과 상관계수는 0이지만, 공분산과 상관계수가 0이라고 해서 두 확률변수가 서로 독립인 것은 아니다.
⑥ 단순회귀에서 상관계수는 결정계수의 양의 제곱근이다.
⑦ 상관계수는 변수들 간의 선형관계를 나타내는 것이지 인과관계를 나타내는 것은 아니다.
⑧ 상관계수가 0이면 변수 간에 선형 관련성이 없는 것이지 곡선의 관련성은 있을 수 있다.
⑨ X와 Y의 상관계수 값과 Y와 X의 상관계수 값은 서로 같다.
⑩ $r = b\dfrac{s_x}{s_y} = b\dfrac{\sqrt{\sum(x_i - \overline{x})^2}}{\sqrt{\sum(y_i - \overline{y})^2}}$ 여기서 회귀선의 기울기 $b = \dfrac{\sum(x_i - \overline{x})(y_i - \overline{y})}{\sum(x_i - \overline{x})^2}$
⑪ 단순선형회귀분석에서 변수들을 표준화한 표준계수(b)는 상관계수와 같다.
⑫ 임의의 상수 a, b에 대하여 Y를 $Y = a + bX$와 같이 X의 선형변환으로 표현할 수 있다면, $b > 0$일 때 상관계수는 1이고, $b < 0$일 때 상관계수는 -1이 된다.
⑬ 임의의 상수 a, b, c, d에 대하여 X, Y의 상관계수는 $a + bX$, $c + dY$의 상관계수와 $bd > 0$일 때 동일하며, $bd < 0$일 때 부호만 바뀐다.

⑭ 상관계수에서 자료를 절단할 때 윗부분(제3사분위값) 또는 아랫부분(제1사분위값)을 절단하면 상관계수는 낮아지고, 중간부분(IQR)을 절단하면 상관계수는 높아진다.
⑮ 두 변수 간 상관계수의 유의확률과 단순선형회귀분석에서 독립변수의 회귀계수(b) 검정의 유의확률은 같다.
⑯ X와 Y의 표본표준편차가 같다면 상관계수와 단순선형회귀선의 기울기는 같다.
⑰ 상관계수의 크기는 두 변수 사이의 선형 연관관계의 강도를 나타내며 상관계수의 부호($+/-$)는 선형관계의 방향을 나타낸다.
⑱ 상관계수가 ± 1이면 완전한 선형관계에 있다고 하고 모든 관측값들은 일직선상에 놓이게 된다.
⑲ 변수 X와 Y 간의 두 회귀식이 $Y=bX+a$, $X=cY+d$이면 결정계수 $r^2=bc$이 성립한다.
⑳ 모든 자료를 표준화(Standardization)시켰을 때 표준화된 자료로부터 계산된 표본공분산행렬은 원자료의 표본상관행렬과 일치한다.
㉑ 단순회귀분석에서 Y와 $\hat{Y}$의 표본상관계수의 제곱은 Y와 X의 표본상관계수의 제곱과 같다.

$$\therefore \frac{[\sum(Y_i-\overline{Y})(\hat{Y}_i-\overline{Y})]^2}{\sum(Y_i-\overline{Y})^2 \sum(\hat{Y}_i-\overline{Y})^2} = \frac{[\sum(Y_i-\overline{Y})(a+bX_i-a-b\overline{X})]^2}{\sum(Y_i-\overline{Y})^2 \sum(a+bX_i-a-b\overline{X})^2}$$

$$= \frac{b^2[\sum(Y_i-\overline{Y})(X_i-\overline{X})]^2}{b^2\sum(Y_i-\overline{Y})^2 \sum(X_i-\overline{X})^2} = \frac{[\sum(Y_i-\overline{Y})(X_i-\overline{X})]^2}{\sum(Y_i-\overline{Y})^2 \sum(X_i-\overline{X})^2}$$

이항분포의 정규근사

이항분포 $B(n,p)$에서 $np>5$, $n(1-p)>5$이면, 이항분포 $B(n,p)$는 정규분포 $N(np, npq)$에 근사한다.

$$B(n,p) = P(a<X<b) \approx P\left(\frac{a-np}{\sqrt{npq}} < \frac{X-np}{\sqrt{npq}} < \frac{b-np}{\sqrt{npq}}\right)$$

이변량 정규분포에서 조건부 분포의 기대값과 분산

① $E(Y|x) = \mu_2 + \rho\left(\dfrac{\sigma_2}{\sigma_1}\right)(x-\mu_1)$ ② $V(Y|x) = \sigma_2^2(1-\rho^2)$

③ $E(X|y) = \mu_1 + \rho\left(\dfrac{\sigma_1}{\sigma_2}\right)(y-\mu_2)$ ④ $V(X|y) = \sigma_1^2(1-\rho^2)$

χ^2 분포와 F 분포

χ^2 분포	• 모분산(σ^2)이 특정한 값을 갖는지 여부를 검정하는 데 사용되는 분포이다. • 기대도수와 관찰도수가 일치하는지에 대한 적합도 검정, 분할표 분석에서 두 변수 간 연관성 검정을 하는 데 주로 사용된다.
F 분포	• 두 집단의 모분산의 비(σ_2^2/σ_1^2) 검정에 사용된다. • 분산분석표에 사용된다.

χ^2 분포의 특성

① 자유도가 n인 카이제곱분포는 다음과 같이 표현한다. $\Rightarrow X \sim \chi^2_{(n)}$
② $Z \sim N(0, 1)$을 따를 때 $Z^2 \sim \chi^2_{(1)}$을 따른다.
③ $Z_1, \cdots, Z_n$이 $N(0, 1)$에서의 확률표본일 때, $Y = Z_1^2 + \cdots + Z_n^2$은 $\chi^2_{(n)}$을 따른다.
④ $X_1, \cdots, X_n$이 $N(\mu, \sigma^2)$에서의 확률표본일 때, $Y = \sum_{i=1}^{n}\left(\dfrac{X_i - \mu}{\sigma}\right)^2$은 $\chi^2_{(n)}$을 따른다.
⑤ $X_1, \cdots, X_n$이 $N(\mu, \sigma^2)$에서의 확률표본이고, $\overline{X} = \dfrac{1}{n}\sum_{i=1}^{n}X_i$, $S^2 = \dfrac{1}{n-1}\sum_{i=1}^{n}(X_i - \overline{X})^2$으로 정의한다면, $\overline{X}$와 S^2은 서로 독립이며, $Y = \sum_{i=1}^{n}\left(\dfrac{X_i - \overline{X}}{\sigma}\right)^2$은 $\chi^2_{(n-1)}$을 따른다.

F 분포의 특성

① 자유도가 m, n인 F분포는 다음과 같이 표현한다. $\Rightarrow X \sim F(m, n)$
② F 분포의 정의는 $F = \dfrac{U/m}{V/n} \sim F(m, n)$이고, 여기서 U는 자유도가 m인 카이제곱(χ^2)분포를 따르고, V는 자유도가 n인 카이제곱(χ^2)분포를 따르는 분포이다. 또한, U와 V는 상호 독립이다.
③ X가 $F(m, n)$을 따를 때 $\dfrac{1}{X}$의 분포는 $F(n, m)$을 따른다.

02 추정 및 검정

바람직한 추정량의 성질

불편성	모수 θ의 추정량을 $\hat{\theta}$으로 나타낼 때, $\hat{\theta}$의 기대값이 θ가 되는 성질 즉, $E(\hat{\theta}) = \theta$이면 추정량 $\hat{\theta}$은 모수 θ의 불편추정량이다.
일치성	표본의 크기가 커짐에 따라 확률적으로 추정량이 모수에 가깝게 수렴하는 성질
충분성	추정량이 모수에 대하여 가능한 많은 표본정보를 내포하고 있는 성질
효율성(최소분산성)	추정량 $\hat{\theta}$이 불편이고, 그 $\hat{\theta}$의 분산이 다른 추정량의 분산보다 작다는 성질

평균제곱오차(MSE ; Mean Square Error)의 효율비교

① $MSE(\hat{\theta}) = E(\hat{\theta} - \mu)^2 + (\mu - \theta)^2$이므로 추정량 $\hat{\theta}$의 MSE는 추정량의 분산과 편향의 제곱의 합으로 이루어져 있다.
② 두 추정량의 효율을 비교하기 위해서는 추정량의 분산과 편향을 동시에 고려하여 추정량의 분산도 작고 편향도 작은 추정량이 다른 추정량에 비해 더 효율이 높다.

적률법과 최대가능도추정법

적률법	모집단의 r차적률을 $\mu_r = E(X^r)$, $r = 1, 2, \cdots$이라 하고 표본의 r차적률을 $\hat{\mu}_r = \frac{1}{n}\sum X_i^r$, $r = 1, 2, \cdots$이라 할 때 모집단의 적률과 표본의 적률을 같다($\mu_r = \hat{\mu}_r$, $r = 1, 2, \cdots$)고 놓고 해당 모수에 대해 추정량을 구하는 방법
최대가능도추정법	n개의 관측값 $x_1, \cdots, x_n$에 대한 결합밀도함수인 가능도함수(우도함수)를 다음과 같이 정의한다. $$L(\theta) = L(\theta\ ;\ x) = \prod_{i=1}^{n} f(x_i\ ;\ \theta) = f(x_1, \cdots, x_n\ ;\ \theta)$$ 여기서 $f(x_i\ ;\ \theta)$은 θ가 주어졌을 때 x의 함수를 의미하며 $L(\theta\ ;\ x)$은 x가 주어졌을 때 θ의 함수를 의미한다. 가능도함수 $L(\theta)$를 θ의 함수로 간주할 때 $L(\theta)$를 최대로 하는 θ의 값 $\hat{\theta}$을 구하는 방법

최대가능도추정량(Maximum Likelihood Estimator)의 성질

① 최대가능도추정량은 존재하지 않을 수 있다.
② 최대가능도추정량은 유일하지 않을 수 있다. 즉, 2개 이상이 존재할 수 있다.
③ 최대가능도추정량이 유일하게 존재하면 충분통계량의 함수이다.
④ 최대가능도추정량이 존재할 때 반드시 불편성의 성질을 가지는 것은 아니다.
⑤ 최대가능도추정량은 점근적(Asymptotically) 불편추정량이다.
⑥ 최대가능도추정량은 일치추정량이다.
⑦ 최대가능도추정량의 불변성(Invariance Property) : $X_1, \cdots, X_n \sim f(x\ ;\ \theta)$에 대해 $\hat{\theta}$이 θ의 최대가능도추정량이면, $g(\hat{\theta})$은 $g(\theta)$의 최대가능도추정량이다.

95% 신뢰수준의 의미

① 신뢰수준 95%라 함은, 똑같은 연구를 똑같은 방법으로 100번 반복해서 신뢰구간을 구하는 경우, 그중 적어도 95번은 그 구간 안에 모평균이 포함될 것임을 의미한다.
② 모평균의 위치를 맞추지 못하는 실수는 5% 이상 되지 않는다는 의미이다.
③ 구간 추정값이 모수에 대해 얼마나 잘 설명하는가를 표시하는 확률값이다.

신뢰구간

대표본($n \geq 30$)에서 모분산 σ^2을 알 경우 모평균 μ에 대한 $100(1-\alpha)\%$ 신뢰구간
$\left(\overline{X} - z_{\frac{\alpha}{2}}\frac{\sigma}{\sqrt{n}},\ \overline{X} + z_{\frac{\alpha}{2}}\frac{\sigma}{\sqrt{n}}\right)$
대표본($n \geq 30$)에서 모분산 σ^2을 모를 경우 모평균 μ에 대한 $100(1-\alpha)\%$ 신뢰구간
$\left(\overline{X} - z_{\frac{\alpha}{2}}\frac{S}{\sqrt{n}},\ \overline{X} + z_{\frac{\alpha}{2}}\frac{S}{\sqrt{n}}\right)$

소표본($n<30$)에서 모분산 σ^2을 모를 경우 모평균 μ에 대한 $100(1-\alpha)\%$ 신뢰구간

$$\left(\overline{X} - t_{\frac{\alpha}{2},(n-1)}\frac{S}{\sqrt{n}},\ \overline{X} + t_{\frac{\alpha}{2},(n-1)}\frac{S}{\sqrt{n}}\right)$$

대표본($np>5,\ nq>5$)에서 모비율 p에 대한 $100(1-\alpha)\%$ 신뢰구간

$$\left(\hat{p} - z_{\frac{\alpha}{2}}\sqrt{\frac{\hat{p}(1-\hat{p})}{n}},\ \hat{p} + z_{\frac{\alpha}{2}}\sqrt{\frac{\hat{p}(1-\hat{p})}{n}}\right)$$

대표본에서 두 모분산을 알고 있을 경우 두 모평균의 차 $\mu_1 - \mu_2$에 대한 $100(1-\alpha)\%$ 신뢰구간

$$\left((\overline{X_1} - \overline{X_2}) - z_{\frac{\alpha}{2}}\sqrt{\frac{\sigma_1^2}{n_1} + \frac{\sigma_2^2}{n_2}},\ (\overline{X_1} - \overline{X_2}) + z_{\frac{\alpha}{2}}\sqrt{\frac{\sigma_1^2}{n_1} + \frac{\sigma_2^2}{n_2}}\right)$$

대표본에서 두 모분산을 모르고 있을 경우 두 모평균의 차 $\mu_1 - \mu_2$에 대한 $100(1-\alpha)\%$ 신뢰구간

$$\left((\overline{X_1} - \overline{X_2}) - z_{\frac{\alpha}{2}}\sqrt{\frac{S_1^2}{n_1} + \frac{S_2^2}{n_2}},\ (\overline{X_1} - \overline{X_2}) + z_{\frac{\alpha}{2}}\sqrt{\frac{S_1^2}{n_1} + \frac{S_2^2}{n_2}}\right)$$

소표본에서 두 모분산을 모르지만 같다는 것은 알고 있을 경우 두 모평균의 차 $\mu_1 - \mu_2$에 대한 $100(1-\alpha)\%$ 신뢰구간

$$\left((\overline{X_1} - \overline{X_2}) - t_{\frac{\alpha}{2},(n_1+n_2-2)}S_p\sqrt{\frac{1}{n_1} + \frac{1}{n_2}},\ (\overline{X_1} - \overline{X_2}) + t_{\frac{\alpha}{2},(n_1+n_2-2)}S_p\sqrt{\frac{1}{n_1} + \frac{1}{n_2}}\right)$$

대표본에서 대응표본인 경우의 대응된 두 모평균의 차 $\mu_1 - \mu_2$에 대한 $100(1-\alpha)\%$ 신뢰구간

$$\left(\overline{D} - z_{\frac{\alpha}{2}}\frac{S_D}{\sqrt{n}},\ \overline{D} + z_{\frac{\alpha}{2}}\frac{S_D}{\sqrt{n}}\right)$$

소표본에서 대응표본인 경우의 대응된 두 모평균의 차 $\mu_1 - \mu_2$에 대한 $100(1-\alpha)\%$ 신뢰구간

$$\left(\overline{D} - t_{\frac{\alpha}{2},(n-1)}\frac{S_D}{\sqrt{n}},\ \overline{D} + t_{\frac{\alpha}{2},(n-1)}\frac{S_D}{\sqrt{n}}\right)$$

대표본에서 두 모비율의 차 $p_1 - p_2$에 대한 $100(1-\alpha)\%$ 신뢰구간

$$\left(\hat{p}_1 - \hat{p}_2 - z_{\frac{\alpha}{2}}\sqrt{\frac{\hat{p}_1(1-\hat{p}_1)}{n_1} + \frac{\hat{p}_2(1-\hat{p}_2)}{n_2}},\ \hat{p}_1 - \hat{p}_2 + z_{\frac{\alpha}{2}}\sqrt{\frac{\hat{p}_1(1-\hat{p}_1)}{n_1} + \frac{\hat{p}_2(1-\hat{p}_2)}{n_2}}\right)$$

모분산 σ^2에 대한 $100(1-\alpha)\%$ 신뢰구간

$$\left(\frac{(n-1)S^2}{\chi^2_{\frac{\alpha}{2},\ n-1}},\ \frac{(n-1)S^2}{\chi^2_{1-\frac{\alpha}{2},\ n-1}}\right)$$

모분산의 비 σ_2^2/σ_1^2에 대한 $100(1-\alpha)\%$ 신뢰구간

$$\left(F_{1-\frac{\alpha}{2},\ m-1,\ n-1}\frac{S_2^2}{S_1^2},\ F_{\frac{\alpha}{2},\ m-1,\ n-1}\frac{S_2^2}{S_1^2}\right)$$

모분산의 비 σ_1^2/σ_2^2에 대한 $100(1-\alpha)\%$ 신뢰구간

$$\left(\frac{1}{F_{\frac{\alpha}{2},\ m-1,\ n-1}}\frac{S_1^2}{S_2^2},\ \frac{1}{F_{1-\frac{\alpha}{2},\ m-1,\ n-1}}\frac{S_1^2}{S_2^2}\right)$$

두 모평균의 차에 대한 신뢰구간

① 소표본의 경우 모집단에 대한 정규분포의 가정이 필요하다.
② 소표본의 경우 모집단에 대한 등분산 가정을 해야만 합동분산을 이용한다.
③ 소표본의 경우 모집단에 대한 분산들을 모르고, 등분산 가정이 성립하지 않은 경우 베렌스-피셔(Behrens-Fisher)의 문제라고 한다.
④ 대표본의 경우 정규성 가정 없이 정규분포를 이용할 수 있다.

합동표본분산(Pooled Sample Variance)

$$S_p^2 = \frac{(n_1-1)s_1^2 + (n_2-1)s_2^2}{(n_1+n_2-2)}$$

가설검정의 주요 용어

귀무가설(H_0)	새로운 주장이 타당한 것으로 볼 수 없을 때는 저절로 원상이나 현재 믿어지는 가설로 돌아가게 되는데 이 가설을 귀무가설이라 한다.
대립가설(H_1)	연구가설로서 새로운 주장을 의미한다.
제1종의 오류	귀무가설(H_0)이 참일 때 대립가설(H_1)을 채택하는 오류이다.
제2종의 오류	대립가설(H_1)이 참일 때 귀무가설(H_0)을 채택하는 오류이다.
검정통계량	가설검정에서 기각역을 결정하는 기준이 되는 통계량이다.
기각역	귀무가설(H_0)을 기각시키는 검정통계량의 관측값의 영역이다.
유의수준(α)	귀무가설이 참인데도 이를 잘못 기각하는 오류를 범할 확률의 최대허용한계이다.
유의확률(p값)	• 귀무가설을 기각시킬 수 있는 최소의 유의수준이다. • 귀무가설이 사실이라는 전제하에 검정통계량이 귀무가설을 얼마만큼 설명해 주고 있는가를 나타낸다. • p값은 귀무가설이 사실일 확률이라고 생각해도 무난하다.
검정력	검정력$(1-\beta)$은 전체 확률에서 제2종의 오류를 범할 확률을 뺀 값이다.
검정력함수	귀무가설(H_0)을 기각시킬 확률을 모수 θ의 함수로 나타낸 것으로 수식으로 표현하면 $\pi(\theta) = P[H_0$를 기각$\mid \theta]$이 된다.

제1종 오류와 제2종 오류를 범할 확률

오류	범할 확률
제1종 오류	$\alpha = P($제1종의 오류$) = P(H_1$ 채택 $\mid H_0$ 사실$)$
제2종 오류	$\beta = P($제2종의 오류$) = P(H_0$ 채택 $\mid H_1$ 사실$)$

제1종 오류와 제2종 오류의 관계

① 제1종 오류를 줄이면 제2종 오류가 커지고 제2종 오류를 줄이면 제1종 오류가 커진다.
② 제1종 오류와 제2종 오류는 반비례 관계에 있다.
③ 제1종 오류를 고정시킨 상태에서 표본의 크기를 증가시키면 제2종 오류를 감소시킬 수 있다.
④ 제1종 오류를 고정시킨 상태에서 모표준편차를 감소시키면 제2종 오류는 감소한다.
⑤ 제1종 오류는 제2종 오류보다 중요하다.
⑥ 제1종 오류는 모표준편차, 표본크기와 관계가 없다.
⑦ 제1종 오류를 범할 확률의 한계(유의수준)를 미리 정하고 이 조건을 만족하는 검정(검정통계량, 기각역)들 중 제2종 오류를 범할 확률이 최소가 되는 검정을 택한다.

검정력 계산

검정력	$1-\beta = 1 - P(H_0 \text{ 채택} \mid H_1 \text{ 사실}) = P(H_0 \text{ 기각} \mid H_1 \text{ 사실})$

유의확률(p값)

① 귀무가설을 기각시킬 수 있는 최소의 유의수준
② 귀무가설이 사실이라는 전제하에 검정통계량이 귀무가설을 얼마만큼 설명해 주고 있는가를 나타낸다.
③ p값은 귀무가설이 사실일 확률이라고 생각해도 무난하다.
④ 유의확률 p값이 작을수록 더욱 확신을 가지고 귀무가설을 기각할 수 있다.
⑤ 유의수준 $\alpha > p-value$이면 귀무가설(H_0)을 기각하고 유의수준 $\alpha < p-value$이면 귀무가설(H_0)을 채택한다.

검정형태에 따른 p값의 계산

가설의 종류	p값의 계산
$H_0 : \mu = \mu_0,\ H_1 : \mu > \mu_0$	$P(\overline{X} > \overline{x}_{obs})$
$H_0 : \mu = \mu_0,\ H_1 : \mu < \mu_0$	$P(\overline{X} < \overline{x}_{obs})$
$H_0 : \mu = \mu_0,\ H_1 : \mu \neq \mu_0$	$P(|\overline{X}| > |\overline{x}_{obs}|)$

여기서 $\overline{x}_{obs}$는 표본으로부터 관측된 표본평균을 나타낸다.

가설검정 절차에 따른 검정방법 및 검정통계량

검 정	귀무가설	검정통계량	검정방법
모분산 σ^2을 알고 있을 경우 모평균 μ의 검정	$H_0 : \mu = \mu_0$	$Z = \dfrac{\overline{X} - \mu}{\sigma/\sqrt{n}} \sim N(0, 1)$	단일표본 Z-검정
모분산 σ^2을 모르고 있을 경우 모평균 μ의 검정	$H_0 : \mu = \mu_0$	$t = \dfrac{\overline{X} - \mu}{S/\sqrt{n}} \sim t_{n-1}$	단일표본 t-검정
표본비율 $\hat{p}$에 의하여 모비율 p의 검정	$H_0 : p = p_0$	$Z = \dfrac{\hat{p} - p_0}{\sqrt{p_0(1-p_0)/n}} \sim N(0, 1)$	표본비율 Z-검정
대표본에서 두 모분산을 알고 있는 경우 두 모평균의 차 $\mu_1 - \mu_2$에 대한 검정	$H_0 : \mu_1 = \mu_2$	$Z = \dfrac{\overline{X}_1 - \overline{X}_2 - (\mu_1 - \mu_2)}{\sqrt{\dfrac{\sigma_1^2}{n_1} + \dfrac{\sigma_2^2}{n_2}}} \sim N(0, 1)$	독립표본 Z-검정
대표본에서 두 모분산을 모르고 있는 경우 두 모평균의 차 $\mu_1 - \mu_2$에 대한 검정	$H_0 : \mu_1 = \mu_2$	$Z = \dfrac{\overline{X}_1 - \overline{X}_2 - (\mu_1 - \mu_2)}{\sqrt{\dfrac{S_1^2}{n_1} + \dfrac{S_2^2}{n_2}}} \sim N(0, 1)$	독립표본 Z-검정
소표본에서 두 모분산을 모르지만 같다는 것을 아는 경우 두 모평균의 차 $\mu_1 - \mu_2$에 대한 검정	$H_0 : \mu_1 = \mu_2$	$t = \dfrac{\overline{X}_1 - \overline{X}_2 - (\mu_1 - \mu_2)}{S_p\sqrt{\dfrac{1}{n_1} + \dfrac{1}{n_2}}} \sim t_{n_1 + n_2 - 2}$	독립표본 t-검정
대응표본인 경우 두 집단 간의 차이 D에 관한 검정	$H_0 : \mu_1 - \mu_2 = 0$	$t = \dfrac{\overline{D}}{S_D/\sqrt{n}} \sim t_{n-1}$	대응표본 t-검정
두 모비율 차 $p_1 - p_2$에 대한 검정	$H_0 : p_1 = p_2$	$Z = \dfrac{\hat{p}_1 - \hat{p}_2}{\sqrt{\hat{p}(1-\hat{p})\left(\dfrac{1}{n_1} + \dfrac{1}{n_2}\right)}} \sim N(0, 1)$ 합동표본비율 $\hat{p} = \dfrac{x_1 + x_2}{n_1 + n_2}$	모비율 차 Z-검정
모분산 σ^2에 대한 검정	$H_0 : \sigma^2 = \sigma_0^2$	$\chi^2 = \dfrac{(n-1)S^2}{\sigma_0^2} \sim \chi^2_{(n-1)}$	모분산 χ^2-검정
모분산 비 $\sigma_1^2 = \sigma_2^2$에 대한 검정	$H_0 : \sigma_1^2 = \sigma_2^2$ $H_1 : \sigma_1^2 > \sigma_2^2$ or $H_1 : \sigma_1^2 \neq \sigma_2^2$	$F = \dfrac{S_1^2/\sigma_1^2}{S_2^2/\sigma_2^2} = \dfrac{S_1^2}{S_2^2} \sim F_{(n_1-1,\ n_2-1)}$	모분산 비 F-검정
모분산 비 $\sigma_1^2 = \sigma_2^2$에 대한 검정	$H_0 : \sigma_1^2 = \sigma_2^2$ $H_1 : \sigma_1^2 < \sigma_2^2$	$F = \dfrac{S_2^2/\sigma_2^2}{S_1^2/\sigma_1^2} = \dfrac{S_2^2}{S_1^2} \sim F_{(n_2-1,\ n_1-1)}$	모분산 비 F-검정

모비율 차(p_1-p_2)를 검정하기 위한 검정통계량은 모비율 차 신뢰구간 추정에 사용한 각각의 표본비율에 대한 표준오차 $\sqrt{\dfrac{\hat{p}_1(1-\hat{p}_1)}{n_1}+\dfrac{\hat{p}_2(1-\hat{p}_2)}{n_2}}$ 을 사용하지 않고, 합동표본비율을 이용한 표준오차 $\sqrt{\hat{p}(1-\hat{p})\left(\dfrac{1}{n_1}+\dfrac{1}{n_2}\right)}$ 를 사용하는 것이 일반적이다. 하지만, 실제적으로 각각의 표본비율에 대한 표준오차를 이용하는 경우와 합동표본비율을 이용한 표준오차를 이용하는 경우 검정통계량 값은 차이가 크지 않다.

대립가설 형태에 따라 검정통계량 값과 기각역

기본 가정	귀무가설	검정통계량	대립가설	기각역
σ^2 기지	$\mu=\mu_0$	$Z=\dfrac{\overline{X}-\mu_0}{\sigma/\sqrt{n}}$	$\mu\neq\mu_0$	$|z_0|\geq z_{\alpha/2}$
			$\mu>\mu_0$	$z_0\geq z_\alpha$
			$\mu<\mu_0$	$z_0\leq -z_\alpha$
σ^2 미지	$\mu=\mu_0$	$t=\dfrac{\overline{X}-\mu_0}{S/\sqrt{n}}$	$\mu\neq\mu_0$	$|t_0|\geq t_{\alpha/2}$
			$\mu>\mu_0$	$t_0\geq t_\alpha$
			$\mu<\mu_0$	$t_0\leq -t_\alpha$
$np_0\geq 5$, $np_0(1-p_0)\geq 5$	$p=p_0$	$Z=\dfrac{\hat{p}-p_0}{\sqrt{p_0(1-p_0)/n}}$	$p\neq p_0$	$|z_0|\geq z_{\alpha/2}$
			$p>p_0$	$z_0\geq z_\alpha$
			$p<p_0$	$z_0\leq -z_\alpha$
$\sigma_1^2,\ \sigma_2^2$ 기지	$\mu_1=\mu_2$	$Z=\dfrac{\overline{X}_1-\overline{X}_2}{\sqrt{\dfrac{\sigma_1^2}{n_1}+\dfrac{\sigma_2^2}{n_2}}}$	$\mu_1\neq\mu_2$	$|z_0|\geq z_{\alpha/2}$
			$\mu_1>\mu_2$	$z_0\geq z_\alpha$
			$\mu_1<\mu_2$	$z_0\leq -z_\alpha$
$S_1^2,\ S_2^2$ 기지	$\mu_1=\mu_2$	$Z=\dfrac{\overline{X}_1-\overline{X}_2}{\sqrt{\dfrac{S_1^2}{n_1}+\dfrac{S_2^2}{n_2}}}$	$\mu_1\neq\mu_2$	$|z_0|\geq z_{\alpha/2}$
			$\mu_1>\mu_2$	$z_0\geq z_\alpha$
			$\mu_1<\mu_2$	$z_0\leq -z_\alpha$
$\sigma_1^2,\ \sigma_2^2$ 미지, $\sigma_1^2=\sigma_2^2$	$\mu_1=\mu_2$	$t=\dfrac{\overline{X}_1-\overline{X}_2}{S_p\sqrt{\dfrac{1}{n_1}+\dfrac{1}{n_2}}}$	$\mu_1\neq\mu_2$	$|t_0|\geq t_{\alpha/2}$
			$\mu_1>\mu_2$	$t_0\geq t_\alpha$
			$\mu_1<\mu_2$	$t_0\leq -t_\alpha$
$\sigma_1^2,\ \sigma_2^2$ 기지	$\mu_1-\mu_2=0$	$t=\dfrac{\overline{D}}{S_D/\sqrt{n}}$	$\mu_1-\mu_2\neq 0$	$|t_0|\geq t_{\alpha/2}$
			$\mu_1-\mu_2>0$	$t_0\geq t_\alpha$
			$\mu_1-\mu_2<0$	$t_0\leq -t_\alpha$
$n_1,\ n_2$가 상당히 큼	$p_1=p_2$	$Z=\dfrac{\hat{p}_1-\hat{p}_2}{\sqrt{\hat{p}(1-\hat{p})\left(\dfrac{1}{n_1}+\dfrac{1}{n_2}\right)}}$ 합동표본비율 $\hat{p}=\dfrac{x_1+x_2}{n_1+n_2}$	$p_1\neq p_2$	$|z_0|\geq z_{\alpha/2}$
			$p_1>p_2$	$z_0\geq z_\alpha$
			$p_1<p_2$	$z_0\leq -z_\alpha$

σ^2 기지	$\sigma^2 = \sigma_0^2$	$\chi^2 = \dfrac{(n-1)S^2}{\sigma_0^2}$	$\sigma^2 \neq \sigma_0^2$	$\chi_0^2 \geq \chi_{\alpha/2}^2$ 또는 $\chi_0^2 \leq \chi_{1-\alpha/2}^2$
			$\sigma^2 > \sigma_0^2$	$\chi_0^2 \geq \chi_\alpha^2$
			$\sigma^2 < \sigma_0^2$	$\chi_0^2 \leq \chi_{1-\alpha}^2$
$\sigma_1^2,\ \sigma_2^2$ 미지	$\sigma_1^2 = \sigma_2^2$	$F = \dfrac{S_1^2/\sigma_1^2}{S_2^2/\sigma_2^2} = \dfrac{S_1^2}{S_2^2}$	$\sigma_1^2 \neq \sigma_2^2$	$f_0 \geq f_{\alpha/2,\,n_1-1,\,n_2-1}$ 또는 $f_0 \leq f_{1-\alpha/2,\,n_1-1,\,n_2-1}$
			$\sigma_1^2 > \sigma_2^2$	$f_0 \geq f_{\alpha,\,n_1-1,\,n_2-1}$
		$F = \dfrac{S_2^2/\sigma_2^2}{S_1^2/\sigma_1^2} = \dfrac{S_2^2}{S_1^2}$	$\sigma_1^2 < \sigma_2^2$	$f_0 \geq f_{\alpha,\,n_2-1,\,n_1-1}$

독립표본 t 검정과 대응표본 t 검정의 차이 비교

독립표본 t 검정	대응표본 t 검정
• 조사대상 개체가 다름 • 두 표본의 숫자가 다를 수 있음 • 다른 집단을 비교하는 경우에 사용함 • 두 표본이 서로 독립임	• 조사대상 개체가 같음 • 반드시 짝을 이룸 • 전후 개념이 있는 경우가 많음 • 두 표본이 서로 독립이 아님

독립표본 t 검정과 대응표본 t 검정의 적용 예

독립표본 t 검정	• 도시지역과 시골지역의 평균 가족 수에 차이가 있는지 비교 • 흑인과 백인 간의 지능지수에 차이가 있는지 비교 • 대졸사원의 남녀 간 월별 초임에 차이가 있는지 비교
대응표본 t 검정	• 동일한 운전자에게 기존 휘발유와 새로 개발한 휘발유의 평균 주행거리에 차이가 있는지 비교 • 10명의 학생들에게 새로운 교육법을 실시하여 이전 성적과 새로운 교육법을 실시한 이후의 성적 비교 • 오른발에는 새로 만든 운동화, 왼발에는 기존 운동화를 신고 운동화의 마모도가 같은지 비교

검정결과 분석

검정통계량 값	검정통계량 값이 기각치보다 더 극단적인 값을 가지면 귀무가설(H_0)을 기각
유의확률 ($p-value$)	• 유의수준 $\alpha > p-value$이면 귀무가설(H_0)을 기각 • 유의수준 $\alpha < p-value$이면 귀무가설(H_0)을 채택

03 범주형 자료분석 및 분산분석

카이제곱 적합성검정과 독립성검정

χ^2 적합성검정	• 단일표본에서 한 변수의 범주 값에 따라 기대빈도와 관측빈도 간에 유의한 차이가 있는지를 검정 • 귀무가설(H_0) : $p_1 = \pi_1, \cdots, p_k = \pi_k$ • 검정통계량 : $\chi^2 = \sum_{i=1}^{k} \frac{(O_i - E_i)^2}{E_i} \sim \chi^2_{(k-1)}$
χ^2 독립성검정	• 두 범주형 변수 간에 서로 연관성이 있는지(종속인지) 없는지(독립인지)를 검정 • 귀무가설(H_0) : 두 변수는 서로 독립이다(두 변수는 서로 연관성이 없다). • 검정통계량 : $\chi^2 = \sum_{i=1}^{r} \sum_{j=1}^{c} \frac{(O_{ij} - E_{ij})^2}{E_{ij}} \sim \chi^2_{(r-1)(c-1)}$

카이제곱 적합성검정과 독립성검정의 적용 예

χ^2 적합성검정	• 주사위를 던지는 실험에서 나오는 눈의 수가 동일한지 검정 • 멘델의 법칙에 의하면 어떤 종류의 완두콩을 색깔과 모양에 따라 노랗고 둥근형, 노랗고 뾰족한 형, 초록색에 둥근형, 초록색에 뾰족한 형의 네 가지로 구분할 때 각 종류에 속할 비율이 9 : 3 : 3 : 1이다. 멘델의 이론이 적합한지 검정 • 세 개의 문이 있을 때 쥐들이 한 마리씩 문을 통과하는 실험에서 쥐들의 문에 대한 선호도가 같은지 검정
χ^2 독립성검정	• 음주(음주자와 비음주자)와 흡연(흡연가와 비흡연가) 사이에 연관성이 있는지를 검정 • 성별(남성과 여성)과 흡연(흡연가와 비흡연가) 사이에 연관성이 있는지를 검정 • 혈압(고혈압, 정상, 저혈압)과 몸무게(비만, 정상, 저체중) 사이에 연관성이 있는지를 검정

교차분석에서 연관성 측도

① 명목척도의 연관성 측도 : 분할계수, 파이, Cramer의 V, 람다, 불확실성 계수
② 순서척도의 연관성 측도 : 감마, Somers의 d, Kendall의 타우-b, Kendall의 타우-c
③ 명목척도 대 등간척도 : 에타

일원배치 분산분석표(집단의 수가 k개인 경우)

요인	제곱합(SS)	자유도	평균제곱(MS)	검정통계량 F	$p-value$
집단 간	$SSB = \sum_i \sum_j (\bar{x}_{i.} - \bar{\bar{x}})^2$	$k-1$	$MSB = \frac{SSB}{k-1}$	$F = \frac{MSB}{MSW}$	
집단 내	$SSW = \sum_i \sum_j (x_{ij} - \bar{x}_{i.})^2$	$n-k$	$MSW = \frac{SSW}{n-k}$		
합계	$SST = \sum_i \sum_j (x_{ij} - \bar{\bar{x}})^2$	$n-1$			

반복이 없는 이원배치법 분산분석표(집단의 수가 l, m개이고 반복이 없는 경우)

요 인	제곱합(SS)	자유도($\varnothing$)	평균제곱(MS)	F	$p-value$
A	S_A	$l-1$	$V_A = \dfrac{S_A}{l-1}$	$F = \dfrac{V_A}{V_E}$	
B	S_B	$m-1$	$V_B = \dfrac{S_B}{m-1}$	$F = \dfrac{V_B}{V_E}$	
E	S_E	$(l-1)(m-1)$	$V_E = \dfrac{S_E}{(l-1)(m-1)}$		
T	S_T	$lm-1$			

난괴법(확률화 블록 계획법 ; Randomized Block Design)의 가정

1인자는 모수인자이고, 1인자는 변량인자인 반복이 없는 이원배치법으로 구조모형은 다음과 같다.

$$x_{ij} = \mu + \alpha_i + b_j + e_{ij}$$
$$e_{ij} \sim N(0, \sigma_E^2) \text{이고 서로 독립}$$
$$b_j \sim N(0, \sigma_B^2) \text{이고 서로 독립}$$
$$Cov(e_{ij}, b_j) = 0$$

반복이 있는 이원배치법 분산분석표(집단의 수가 l, m개이고 반복이 r회인 경우)

요 인	제곱합(SS)	자유도($\varnothing$)	평균제곱(MS)	F	$p-value$
A	S_A	$l-1$	$V_A = \dfrac{S_A}{l-1}$	$F = \dfrac{V_A}{V_E}$	
B	S_B	$m-1$	$V_B = \dfrac{S_B}{m-1}$	$F = \dfrac{V_B}{V_E}$	
$A \times B$	$S_{A \times B}$	$(l-1)(m-1)$	$V_{A \times B} = \dfrac{S_{A \times B}}{(l-1)(m-1)}$	$F = \dfrac{V_{A \times B}}{V_E}$	
E	S_E	$lm(r-1)$	$V_E = \dfrac{S_E}{lm(r-1)}$		
T	S_T	$lmr-1$			

반복이 있는 이원배치 혼합모형(집단의 수가 l, m개이고 반복이 r회인 경우)

요 인	제곱합(SS)	자유도($\varnothing$)	평균제곱(MS)	$E(V)$	F
A	S_A	$l-1$	V_A	$\sigma_E^2 + r\sigma_{A\times B}^2 + mr\sigma_A^2$	$V_A / V_{A\times B}$
B	S_B	$m-1$	V_B	$\sigma_E^2 + lr\sigma_B^2$	V_B / V_E
$A\times B$	$S_{A\times B}$	$(l-1)(m-1)$	$V_{A\times B}$	$\sigma_E^2 + r\sigma_{A\times B}^2$	$V_{A\times B} / V_E$
E	S_E	$lm(r-1)$	V_E	σ_E^2	
T	S_T	$lmr-1$			

반복이 있는 이원배치 혼합모형(A가 모수인자, B가 변량인자)의 경우 요인 A의 효과를 검정하기 위한 F검정통계량은 $F = \dfrac{V_A}{V_{A\times B}}$ 이다.

∵ $E(V_A) = \sigma_E^2 + r\sigma_{A\times B}^2 + mr\sigma_A^2$, $E(V_{A\times B}) = \sigma_E^2 + r\sigma_{A\times B}^2$ 이므로 귀무가설 $H_0 : \sigma_A^2 = 0$이 성립된다면 $E(V_A)$이 $E(V_{A\times B})$에 나타나기 때문이다.

등분산 가정에 따른 다중비교

등분산인 경우	최소유의차(LSD), Tukey의 HSD, SNK, Scheffe 방법 이용
등분산이 아닌 경우	Games-Howell, Tamhane의 T2, Dunnett의 T3, Dunnett의 C 방법 이용

04 회귀분석

회귀모형의 기본 가정

정규성	오차항은 평균이 0이고 분산이 σ^2인 정규분포를 따른다.
독립성	오차항은 서로 독립이다.
등분산성	오차항의 분산은 동일하다.

회귀모형의 기본 가정 검토

정규성	정규확률도표(P-P plot)를 그려서 점들이 거의 일직선상에 위치하면 정규성을 만족한다.
독립성	더빈-왓슨(Durbin-Watson)통계량을 이용하여 자기상관성을 검토한다.
등분산성	잔차들의 산점도를 그려서 0을 중심으로 랜덤하게 분포하면 등분산성을 만족한다.

단순회귀계수

회귀직선의 기울기	$b = \dfrac{\sum(x_i - \overline{x})(y_i - \overline{y})}{\sum(x_i - \overline{x})^2} = \dfrac{\sum x_i y_i - n\overline{x}\,\overline{y}}{\sum x_i^2 - n\overline{x}^2}$
회귀직선의 절편	$a = \overline{y} - b\overline{x}$

결정계수(Coefficient of Determination)의 성질

① 결정계수의 범위는 $0 \leq R^2 \leq 1$이다.
② 회귀모형에 설명변수를 추가하면 R^2값은 증가한다. 하지만, 새 모형이 이전의 모형보다 반드시 우월하게 되는 것은 아니다.
③ 결정계수가 1에 가까울수록 추정된 회귀식이 의미가 있고 0에 가까울수록 추정된 회귀식은 의미가 없다.
④ 단순선형회귀에서는 상관계수 r의 제곱값이 결정계수가 된다.
⑤ $r = b\dfrac{s_x}{s_y} = b\sqrt{\dfrac{\sum(x_i - \overline{x})^2}{\sum(y_i - \overline{y})^2}}$, 여기서 $b = \dfrac{\sum(x_i - \overline{x})(y_i - \overline{y})}{\sum(x_i - \overline{x})^2}$
⑥ $SSR = b^2 S_{xx}$, 여기서 $S_{xx} = \sum(x_i - \overline{x})^2$
⑦ $SSE = SST(1 - r^2)$, 즉, $\sum(y_i - \hat{y_i})^2 - \sum(y_i - \overline{y})^2(1 - r^2)$

단순회귀모형의 분산분석표

요 인	제곱합	자유도	평균제곱	검정통계량 F	$p-value$
회 귀	SSR	1	$SSR/1 = MSR$	$F = MSR/MSE$	
잔 차	SSE	$n-2$	$SSE/n-2 = MSE$		
합 계	SST	$n-1$			

잔차의 특성

잔차는 오차의 추정값으로 $e_i = y_i - \hat{y} =$ 관측값 $-$ 예측값이다.

① $\sum e_i = 0$
② $\sum y_i = \sum \hat{y_i}$
③ $\sum x_i e_i = 0$
④ $\sum \hat{y_i} e_i = 0$

단순회귀계수의 분포

σ^2을 알 경우	σ^2을 모를 경우
• b의 분포는 $b \sim N\left(\beta, \dfrac{\sigma^2}{S_{XX}}\right)$	• b의 분포는 $b \sim t_{n-2}\left(\beta, \dfrac{MSE}{S_{XX}}\right)$
• a의 분포는 $a \sim N\left(\alpha, \sigma^2\left(\dfrac{1}{n} + \dfrac{\overline{x}^2}{S_{XX}}\right)\right)$	• a의 분포는 $a \sim t_{n-2}\left(\alpha, MSE\left(\dfrac{1}{n} + \dfrac{\overline{x}^2}{S_{XX}}\right)\right)$

수정결정계수($adj\ R^2$)

결정계수는 제곱합들의 비율로서 독립변수의 수가 증가함에 따라 결정계수도 커지는 단점을 보완하기 위해서 수정결정계수는 각 제곱합들의 평균값으로 나누어 준 것의 비율이다.

$$adj\ R^2 = \frac{SSE/(n-k-1)}{SST/(n-1)} = 1 - \frac{n-1}{n-k-1}(1-R^2)$$

다중회귀모형의 분산분석표

요 인	제곱합	자유도	평균제곱	검정통계량 F	$p-value$
회 귀	SSR	k	$SSR/k = MSR$	$F = MSR/MSE$	
잔 차	SSE	$n-k-1$	$SSE/n-k-1 = MSE$		
합 계	SST	$n-1$			

변수선택

입력방식	모든 독립변수를 고려하여 회귀분석을 실행하는 방법
후진제거법	모든 변수를 모형에 포함시킨 후 중요하지 않은 변수부터 차례대로 제외시키는 방법
전진선택법	후진제거법과 반대로 고려하는 변수 중에 설명력이 가장 큰 변수부터 차례대로 모형에 추가하는 방법
단계적 선택법	후진제거법은 모형에서 한번 제거한 변수는 다시 모형에 포함시킬 수 없고, 전진선택법 또한 모형에 한번 포함된 변수는 다른 변수와의 상관관계에 관계없이 항상 포함된다. 이러한 단점을 보완하여 다른 변수와의 상관관계를 고려하여 이미 모형에 포함된 변수라도 다른 변수와의 관계에 의해서 설명력이 없는 변수는 제거하면서 최적의 변수를 선택하는 방법

변수선택 판정기준

① 잔차평균제곱 $MSE_p = \dfrac{SSE_p}{n-p-1} \Rightarrow MSE_p$를 최소로 하는 p 선택

② 결정계수 $R_p^2 = 1 - \dfrac{SSE_p}{SST} \Rightarrow R_p^2$의 증가가 둔화되는 시점에서 p 선택

③ 수정결정계수 $R_{ap}^2 = 1 - (n-1)(1-R_p^2)/(n-p-1) \Rightarrow R_p^2$ 의 단점을 보완

④ 총제곱오차(맬로우의 C_p) $C_p = \dfrac{SSE_p}{\hat{\sigma}^2} + 2(p+1) - n \Rightarrow C_p$ 값을 최소화하는 p 선택

다중공선성 존재여부 판단

상관관계	독립변수들 간의 상관계수가 0.9 이상이면 다중공선성이 있다고 판단한다.
공차한계	• 공차한계$(1-R_i^2)$가 0.1 이하이면 다중공선성이 있다고 판단한다. • R_i^2은 독립변수 X_i를 종속변수 Y로 설정하고 다른 독립변수들을 이용하여 회귀분석을 한 경우의 결정계수(R^2)이다.
분산팽창요인(VIF)	공차한계의 역수로서 분산팽창요인이 10 이상일 경우 다중공선성이 있다고 판단한다.

다중공선성 해결 방안

① 능형회귀(Ridge Regression)
② 주성분회귀(Principle Component Regression)
③ 잠복근 회귀(Latent Root Regression)
④ 독립변수들 간에 상관계수가 높은(선형관계가 강한) 변수 제거
⑤ 독립변수를 더 넓은 범위에서 관측

회귀분석에서 기본 가정이 충족되지 않을 경우 대책

① 오차의 정규성, 독립성, 등분산성을 검토한다.
② 다중공선성이 존재하는지 확인한다.
③ 자료값을 변환하여 필요한 회귀가정에 더욱더 부합되도록 한다.
④ 이상점(극단치)을 찾아내어 처리한다.

부분 $F-$검정(Partial $F-$Test)에서 추가제곱합의 성질(모형에 X_3 추가)

① $SST = SSR(F) + SSE(F) = SSR(R) + SSE(R)$
② $SSR(F) - SSR(R) = SSE(R) - SSE(F)$
③ $SS(X_3 \mid X_1, X_2) = SSR(X_1, X_2, X_3) - SSR(X_1, X_2)$
④ $SS(X_3 \mid X_1, X_2) = SSE(X_1, X_2) - SSE(X_1, X_2, X_3)$
⑤ $SS(X_2, X_3 \mid X_1) = SSR(X_1, X_2, X_3) - SSR(X_1)$
⑥ $SS(X_2, X_3 \mid X_1) = SSE(X_1) - SSE(X_1, X_2, X_3)$

자료의 유형에 따른 분석방법의 결정

독립변수(설명변수)	종속변수(반응변수)	분석방법
범주형	범주형	카이제곱 검정, 로짓
범주형	연속형	t-검정, 분산분석
연속형	범주형	로지스틱 회귀
연속형	연속형	상관분석, 회귀분석

05 비모수검정 및 다변량 분석

비모수적 검정방법

데이터의 구조	명목척도	순서척도
일표본	카이제곱(Chi-square) 검정, 런(Run) 검정, 이항(Binomial) 검정	Kolmogorov-Smirnov 검정
K-표본	Cochran Q 검정	Friedman 검정, Kendall의 일치계수 검정
독립 2-표본	카이제곱(Chi-square) 검정	Mann-Whitney 검정, Moses 검정, Kolmogorov-Smirnov 검정, Wald-Wolfowitz 검정
독립 K-표본	카이제곱(Chi-square) 검정	중앙값 검정, Kruskal-Wallis 검정
대응 2-표본	McNemar 검정	부호검정, Wilcoxon 부호순위 검정

일표본 위치모수 검정과 이표본 위치모수 비교검정

일표본 위치모수 검정	이표본 위치모수 비교검정
• 부호검정 • 윌콕슨 부호순위 검정	• 중앙값 검정 • 윌콕슨 순위합 검정 • Mann-Whitney 검정 • Van der Waerden 검정

런 검정과 부호검정

런 검정 (Run Test)	• 주어진 표본이 단순임의추출된 것인지를 검정하고 때로는 두 개의 표본이 동일한 분포로부터 나온 것인지를 검정하는 비모수적 방법이다. • 귀무가설(H_0) : 주어진 표본은 단순임의추출된 것이다. • 검정통계량 계산 : r 은 런의 총수이다.
부호검정 (Sign Test)	• 측정값의 여러 가지 짝들을 비교함으로써 얻어진 차이를 기초로 하여 차의 중앙값에 대한 가설을 검정하는 데 사용된다. • 귀무가설(H_0) : +와 -의 발생확률이 동일하다. • 검정통계량 계산 ① $X_i - Y_i > 0$이면 플러스를 기록하고 $X_i - Y_i < 0$이면 마이너스를 기록한다. ② 만약 $X_i - Y_i = 0$이면 이 측정값의 쌍은 분석에서 제외한다. ③ 검정통계량은 +와 - 중 대립가설의 방향을 고려하여 선택한다.

윌콕슨 부호순위 검정, 윌콕슨 순위합 검정, 맨-휘트니 검정

윌콕슨 부호순위 검정 (Wilcoxon Signed Rank Test)	• 부호검정은 차 $D_i = X_i - Y_i$의 부호만을 분석하였을 뿐 차이의 크기를 무시한 단점이 있다. 이에 순위(Rank)를 결부시켜 부호와 크기를 고려한 방법이다. • 귀무가설(H_0) : +와 -의 발생확률이 동일하다. • 검정통계량 계산 ① $D_i = X_i - Y_i$을 계산한다. ② 만약 $X_i - Y_i = 0$이면 이 측정값의 쌍은 분석에서 제외한다. 따라서 표본크기 n도 줄어든다. ③ 계산된 차이의 절대값($|D_i|$)을 가장 작은 것부터 가장 큰 순서로 순위를 매긴다. ④ $|D_i|$의 순위가 같다면 같은 순위에 있는 것의 평균을 순위에 할당한다. ⑤ 구한 순위에 D_i의 부호를 붙여 순위를 다시 계산한다. ⑥ 플러스 부호를 가진 순위의 합계와 마이너스 부호를 가진 순위의 합계를 구해 대립가설의 방향에 따라 검정통계량(W)을 결정한다.
윌콕슨 순위합 검정 (Wilcoxon Rank Sum Test)	• 서로 독립인 확률표본 X와 Y를 혼합하여 혼합표본을 만든 후 순위 합을 검정통계량으로 사용하는 검정 방법이다. • 모수적 방법의 독립표본 T검정에 대응된다. • 귀무가설(H_0) : 두 그룹 간의 순위는 동일하다. • 검정통계량 계산 ① X와 Y의 혼합표본에서 대립가설의 방향에 따라 X 또는 Y의 순위 합을 계산한다. ② 동순위의 경우 평균값을 사용한다.
맨-휘트니 검정 (Mann-Whitney Test)	• 서로 독립인 확률표본 X와 Y를 혼합하여 혼합표본을 만든 후 X의 순위 합에서 $\dfrac{n_1(n_1+1)}{2}$을 뺀 값을 검정통계량으로 사용하는 방법 • 모수적 방법의 독립표본 T검정에 대응된다. • 귀무가설(H_0) : 두 그룹 간의 순위는 동일하다. • 윌콕슨 순위합 검정과 검정통계량만 다를 뿐 결과는 동일하다.

모수적 방법과 비모수적 방법의 분석방법 비교

모수적 방법	비모수적 방법
독립표본 T 검정	Mann-Whitney 검정, Wilcoxon 순위합 검정, Kolmogorov-Smirnov 검정, Wald-Wolfowitz 검정
대응표본 T 검정	부호검정, Wilcoxon 부호순위 검정
분산분석	중앙값 검정, Kruskal-Wallis 검정
피어슨 상관계수	스피어만 순위상관계수, 켄달의 타우

요인, 군집, 판별분석

요인분석	각 변수들이 가지고 있는 공통적인 요인을 찾아내는 기법으로 여러 개의 변수로 설명하는 것을 소수의 요인으로 축약하여 거의 동일한(정보의 손실을 최소화) 효과를 얻으므로 자료의 차원을 축소하는 기법이다.
군집분석	다변량자료를 각 특성의 유사성에 따라 여러 집락으로 나누는 통계적 분석기법이다. 즉, 각 개체나 변수가 미리 정해진 기준에 맞추어 각 집락 내에 비슷한 것들끼리 모이도록 분류하는 분류분석이다.
판별분석	두 개 이상의 모집단으로부터 추출된 표본들이 섞여 있을 때 각 케이스(Case)들이 어느 모집단에서 추출됐는지를 판별(Discriminate)하기 위한 함수를 만들어서 판별작업을 실시하는 분류분석이다.

요인분석에서 요인수 결정방법

분산비율기준	총분산에서 요인이 설명해 주는 정도를 기준으로 적정한 값을 선택한다.
스크리 도표	스크리 도표를 그려 보아 직선의 기울기가 완만해지기 시작할 때의 값을 요인의 개수로 정한다.
고유값 기준	고유값 λ_i의 크기가 1 이상인 요인들의 수만큼을 추출한다.
사전정의	연구자가 사전에 요인수를 결정한다.

요인분석에서 요인회전 방법

요인분석에서 요인을 회전하는 이유는 요인들에 대한 결과해석이 용이하도록 하기 위함이며, 요인회전 전과 요인회전 후의 각 요인의 설명력은 변화하지만 전체 설명력은 변하지 않는다.

직교회전	추출하는 요인들의 축이 90도가 되도록 회전하는 방법(예 Varimax, Quartimax, Equimax 방법 등)
사각회전	요인들의 축이 직각이 아닌 사각으로 요인들 간에 약간의 연관성을 갖게 하는 방법(예 Oblimin, Covarimin, Quartimin, Biquartimin 방법 등)

요인분석에서 Heywood 상황을 발생시키는 요인

① 좋지 않은 공통성에 관한 선험(Prior) 추측값
② 너무 많은 혹은 너무 적은 개수의 인자
③ 안정적인 추정량을 얻기에는 충분치 못한 자료
④ 인자모형 자체가 주어진 자료에 적합하지 않은 경우

계층적 군집분석과 비계층적 군집분석

계층적 군집분석	비계층적 군집분석
• 병합적(Agglomerative) 방법과 분할적(Division) 방법 • 비계층적 군집분석에 비해 계산 속도가 느림 • 소량의 데이터의 군집분석에 유용	• K-평균 군집방법 • 계층적 군집분석에 비해 계산 속도가 빠름 • 대량의 데이터의 군집분석에 유용

계층적 군집분석에서 거리측정방법

거리측정	거리측정방법
가장 가까운 항목	단일연결법(Single Linkage Method, 최단연결법)
가장 먼 항목	완전연결법(Complete Linkage Method, 최장연결법)
중심적 군집화	중심연결법(Centroid Linkage Method)
집단 간 연결	그룹 간 평균연결법(Between-groups Linkage Method)
집단 내 연결	그룹 내 평균연결법(Within-groups Linkage Method)
군집 간 거리계산	WARD의 방법

군집분석에서 거리의 측도

민코우스키 거리	$\left[\sum_{k=1}^{p}\|x_{ik}-x_{jk}\|^m\right]^{\frac{1}{m}}, m>0$
맨하튼 거리 (도시블록거리)	• 차원이 1일 경우의 민코우스키 거리 • $\sum_{i=1}^{p}\|x_{i1}-x_{i2}\|$
유클리드 거리	• 차원이 2일 경우의 민코우스키 거리 • $\sqrt{\sum_{i=1}^{p}(x_{i1}-x_{i2})^2}$
제곱유클리드 거리	$\sum_{i=1}^{p}(x_{ik}-x_{jk})^2$
마하라노비스 거리	$(x-\overline{y})^T C^{-1}(x-\overline{y})$, 여기서 C는 x와 y의 공분산이다.
체비쉐프의 거리	$\max(\|X_{i1}-X_{i2}\|)$

판별분석에서 판별함수의 개수 선택방법

① 고유값으로부터 결정
② Wilk's Lambda(Λ)로부터 결정
③ 정준상관분석에 의한 결정

여러 가지 검정통계량

Box-M	판별분석에서 공분산행렬의 동일성 검정
Wilk's Lambda	판별분석에서 정준판별함수의 유의성 검정
Hosmer-Lemeshow	로지스틱 회귀모형의 적합성 검정
KMO(Kaiser-Meyer-Olkin)	요인분석에서 표본의 적합도 측정
Barttlett	요인분석에서 상관행렬이 단위행렬인지 검정

제 2 편
단원별 기출문제해설

제1과목 고급 조사방법론 Ⅰ
제2과목 고급 조사방법론 Ⅱ
제3과목 고급통계처리 및 분석

사회조사분석사 1급 필기 기출문제해설 한권으로 끝내기
www.sdedu.co.kr

제1과목

고급 조사방법론 I

01 과학적 연구의 개념
02 조사설계
03 자료수집방법
04 조사의 이용

제1과목 고급 조사방법론 I

01 과학적 연구의 개념

01

지식의 획득 방법(Approaches to Knowledge) 중 "누가 말했는가?"를 가장 중시하는 것은? 03 07

① 권위적 방법(Authoritarian Mode)
② 신비적 방법(Mystical Mode)
③ 선험적 방법(A Priori Mode)
④ 과학적 방법(Scientific Mode)

해설

지식의 획득 방법
- 권위에 의한 방법 : 주장하고자 하는 내용에 설득력을 높이기 위해 권위자나 전문가의 의견을 인용하는 방법
- 관습에 의한 방법 : 사회적인 습관이나 전통적인 관습을 의심 없이 그대로 수용하는 방법
- 직관에 의한 방법 : 가설설정 및 추론의 과정을 거치지 않은 채 확실한 명제를 토대로 지식을 습득하는 방법
- 신비에 의한 방법 : 신, 예언자, 초자연적인 존재로부터 지식을 습득하는 방법
- 과학에 의한 방법 : 문제에 대한 정의에서 자료를 수집·분석하여 결론을 도출하는 일련의 체계적인 과정을 통해 지식을 습득하는 방법

02

과학적 연구방법에 관한 설명으로 틀린 것은? 11 14

① 연역적 논리는 일반적 사실에서 특수한 사실을 이끌어 내는 방법이다.
② 귀납적 논리는 경험을 통해 이론에 도달하는 방법이다.
③ 과학적 지식은 연역과 귀납적 논리의 순환과정을 통해 발전한다.
④ 엄격한 실증주의적 가설형성에는 연역적 방법보다 귀납적 방법이 적절하다.

해설

실증주의적 접근은 이미 일반화된 가설을 가지고 객관적으로 구체화시켜 조직화하고 관찰을 구조화하여 가설을 검증하는 연역적 접근을 한다.

03

다음 중 귀납법에 관한 설명으로 틀린 것은? 10 15

① 귀납적 논리의 마지막 단계에서는 가설과 관찰결과를 비교하게 된다.
② 관찰된 사실 중에서 공통적인 유형을 객관적으로 증명하기 위하여 통계적 분석이 요구된다.
③ 특수한(Specific) 사실을 전제로 하여 일반적(General) 진리 또는 원리로서의 결론을 내리는 방법이다.
④ 경험적 세계에서 관찰된 많은 사실들이 공통적인 유형으로 전개되는 것을 발견하고 이들의 유형을 객관적인 수준에서 증명하는 것이다.

해설
연역적 방법과 귀납적 방법
- 연역적 방법 : 일반적인 것으로부터 특수한 것을 추론해 내는 방법
  논리적 전개는 이론 → 가설설정 → 조작화 → 가설관찰 → 가설검정 순으로 이루어진다.
- 귀납적 방법 : 관찰로부터 시작해서 일반적인 이론이나 결론에 도달하는 방법
  논리적 전개는 주제선정 → 관찰 → 경험적 일반화 → 결론 순으로 이루어진다.

04

과학적 연구의 논리체계에 대한 설명으로 틀린 것은? 19

① 귀납법은 이론에서부터 출발한다.
② 연역법은 일반적 사실에서 특수 사실을 도출한다.
③ 귀납법은 관찰을 통해 일정 패턴을 발견하고 잠정적 결론을 내리는 것이다.
④ 연역법은 경험적으로 증명되지 않더라도 논리적으로 추론할 수 있다.

해설
연역적 방법과 귀납적 방법

연역적 방법	귀납적 방법
• 가설이나 명제의 세계에서 출발	• 현실의 경험세계에서 출발
• 일반적인 것으로부터 특수한 것을 추론해 내는 방법	• 관찰로부터 시작해서 일반적인 이론이나 결론에 도달하는 방법
• 구체적인 대상이나 현상에 대한 관찰에 일정한 지침을 제공	• 경험적인 관찰을 통해 기존의 이론을 보충 또는 수정
• 이론 → 가설설정 → 조작화 → 가설관찰 → 가설검정	• 주제선정 → 관찰 → 경험적 일반화 → 결론

정답 03 ① 04 ①

05

다음에서 설명하는 과학적 접근방법(A → B → C)은 무엇인가?

> A : 열심히 공부하면 성적은 향상된다.
> B : 철수는 열심히 공부한다.
> C : 그러므로 철수의 성적은 향상된다.

① 귀납법
② 연역법
③ 논리적 실증주의
④ 반증주의

[해설]

04번 문제 해설 참고

06

귀납법에 의거하여 추론하는 과정을 바르게 나열한 것은?

① 잠정적 결론 → 관찰 → 규칙성 발견
② 규칙성 발견 → 관찰 → 잠정적 결론
③ 관찰 → 규칙성 발견 → 잠정적 결론
④ 잠정적 결론 → 규칙성 발견 → 관찰

[해설]

연역적 연구와 귀납적 연구의 논리 전개 절차
• 연역적 연구의 논리 전개 절차 : 가설설정 → 조작화 → 관찰·경험 → 검증
• 귀납적 연구의 논리 전개 절차 : 주제선정 → 관찰 → 유형의 발견 → 임시결론(이론)

07

다음은 어떤 추론에 해당하는가? 08

> 김교수는 자신의 첫 강의에서 수업시간에 맨 앞줄에 앉은 학생들 대부분이 A학점을 받은 사실에 주목했다. 또 그 후 수년간 강의에서도 그러한 결과를 계속 발견하였다. 그러한 관찰에 근거하여 김교수는 수업시간에 맨 앞줄에 앉은 학생들 대부분은 우등생이라는 판단을 내렸다.

① 연역적 추론
② 귀납적 추론
③ 확률적 추론
④ 결정론적 추론

해설

연역적 방법과 귀납적 방법
- 연역적 방법 : 일반적인 것으로부터 특수한 것을 추론해 내는 방법
  논리적 전개는 이론 → 가설설정 → 조작화 → 가설관찰 → 가설검정 순으로 이루어진다.
- 귀납적 방법 : 관찰로부터 시작해서 일반적인 이론이나 결론에 도달하는 방법
  논리적 전개는 주제선정 → 관찰 → 경험적 일반화 → 결론 순으로 이루어진다.

08

사회과학의 이론과 조사에 대한 설명으로 적합하지 않은 것은? 21

① 논리체계에는 연역적 방법과 귀납적 방법이 있다.
② 이론은 논리적인 측면을 조사하는 관찰적 측면을 다룬다.
③ 사회과학은 논리, 관찰, 이론의 세 요소로 구성되어 있다.
④ 관찰, 실증적 일반화 이론으로 이어지는 과정이 연역적 방법이다.

해설

귀납적 방법
- 현실의 경험세계에서 출발
- 관찰로부터 시작해서 일반적인 이론이나 결론에 도달하는 방법
- 경험적인 관찰을 통해 기존의 이론을 보충 또는 수정
- 주제선정 → 관찰 → 경험적 일반화 → 결론

정답 07 ② 08 ④

09

다음 중 연역적 연구방법의 과정을 바르게 나열한 것은? 13

① 이론적 이해 → 가설 → 조작화 → 측정 → 가설검증
② 이론적 이해 → 조작화 → 측정 → 가설 → 가설검증
③ 관찰 → 유형 발견 → 잠정적 결론
④ 관찰 → 잠정적 결론 → 일반화

해설

연역적 연구와 귀납적 연구의 논리 전개 절차
- 연역적 연구의 논리 전개 절차 : 가설설정 → 조작화 → 관찰·경험 → 검증
- 귀납적 연구의 논리 전개 절차 : 주제선정 → 관찰 → 유형의 발견 → 임시결론(이론)

10

법칙정립적 설명에 관하여, Lazarsfeld(1959)는 변수들 간의 인과관계를 설정하기 위한 세 가지 기준을 제시하였다. 이와 관련하여 다음 중 사회과학연구에서 인과성을 판단하는 기준이라고 보기 어려운 것은? 05

① 시간적으로 원인은 결과에 선행하여야 한다.
② 두 변수는 경험적으로 상호 관련되어 있어야 한다.
③ 두 변수 간에 완전한 상관관계가 존재하여야 한다.
④ 두 변수의 관계는 다른 제3변수에 의해 결과된 것이 아니어야 한다.

해설

Paul Lazarsfeld(1959)의 사회과학연구의 인과성 판단 기준
- 원인변수는 결과변수에 시간적으로 선행하여야 한다.
- 인과관계상에 있는 두 변수는 경험적으로 상관관계가 있어야 한다.
- 경험적으로 상관관계에 있는 두 변수가 제3의 변수에 의해서 동시에 설명되지 않아야 한다.

11

법칙정립적 인과관계의 판단 기준과 거리가 먼 것은? [20]

① 두 변수 사이에 상관관계가 있어야 한다.
② 시간적으로 원인이 결과에 우선하여 발생해야 한다.
③ 예외를 발견함으로써 인과관계를 부정할 수 있다.
④ 결과가 제3의 변수에 의해 설명되어서는 안 된다.

해설

사회과학연구의 인과관계 판단 기준
예외가 있다고 해서 인과관계를 부정할 수는 없으며, 이상치나 특이값과 같이 예외적인 자료가 있는 경우 적절한 통계기법을 찾아 보정할 수 있다.

12

가설 → 조작화 → 관찰 → 검증을 거치는 과학적 연구방법은? [05]

① 연역적 연구(Deductional Studies)
② 귀납적 연구(Inductional Studies)
③ 탐색적 연구(Exploratory Studies)
④ 기술적 연구(Descriptive Studies)

해설

연역적 연구와 귀납적 연구의 논리 전개 절차
- 연역적 연구의 논리 전개 절차 : 가설설정 → 조작화 → 관찰·경험 → 검증
- 귀납적 연구의 논리 전개 절차 : 주제선정 → 관찰 → 유형의 발견 → 임시결론(이론)

13

현장기반이론(Ground Theory)에 대한 설명 중 맞는 것은? [21]

① 현장기반이론은 가설을 가진 상태에서 자료를 수집한다.
② 현장기반이론은 관찰을 통해 가설을 도출하는 이론을 사용하는 가설검증과 유사한 방식을 취한다.
③ 현장기반이론은 전개되는 관찰늘을 지속적으로 비교함으로써 이론을 산출하는 연역적 접근을 가진다.
④ 현장기반이론은 약간의 실증주의적 견해를 가지고 있기 때문에, 현장기반이론가들은 질적인 연구에 양적인 방법론을 곁들인 혼합 방법을 사용하는 데 매우 개방적이다.

해설

현장기반이론
현장기반이론은 현장이 기반이 되기 때문에 가설을 가진 상태가 아닌 현장 그대로의 상태에서 관찰을 통해 자료를 수집한다. 따라서 귀납적 방법(관찰로부터 시작해서 일반적인 이론이나 결론에 도달하는 방법)의 방식을 취한다.

14

다음은 어떤 오류에 해당하는가? 08 13

> 주사위 게임에서 A는 홀수, B는 짝수를 매번 예측하였는데, A가 5번 연속으로 졌다. 6번째 게임에서는 A가 이길 확률, 즉 홀수가 나올 확률이 크다고 생각한다.

① 부정확한 관찰
② 과잉 일반화
③ 선별적 관찰
④ 비논리적 추론

해설

지식추구 방식의 한계
- 비논리적 추론 : 논리적 인과관계를 무시한 채 아무런 근거도 없이 결론을 지어버림으로써 생기는 오류
- 선별적 관찰 : 특정 패턴이 존재한다고 결론짓고 그런 패턴과 일치하는 것에만 주의를 기울이고 일치하지 않는 것은 무시함으로써 생기는 오류
- 부정확한 관찰 : 사물이나 현상을 주의 깊게 관찰하지 못함으로써 생기는 오류
- 과도한 일반화 : 몇 개의 비슷한 관찰 결과만을 토대로 이를 일반적 패턴의 증거로 생각함으로써 생기는 오류
- 신비화 : 이해할 수 없는 현상을 초자연적이거나 혹은 신비한 원인들로 돌림으로써 생기는 오류
- 시기상조적 결론 : 과도한 일반화, 선별적 관찰, 비논리적 추론 등의 결과로 이미 결론을 내린 문제에 대해서는 더 이상의 탐구 활동을 중단함으로써 생기는 오류
- 탐구의 조기 종결 : 연구결과의 의미가 부정적인 영향을 줄 수 있다고 예측되는 경우 연구를 신중히 검토하지 않고 결론을 내거나 속임수를 사용하여 종료
- 사후가설 설정 : 사실을 관찰하면서 자신의 추론을 뒤쫓아 가설이 옳다고 입증하려고 하는 경우

15

다음은 조사연구를 설계하고 진행할 때 가져야하는 여러 가지 절차를 무작위로 나열해 놓은 것이다. 이러한 절차들을 올바른 순서로 재배열한 것은? 09

> A. 연구설계   B. 연구문제 결정   C. 가설설정   D. 표집방법 결정
> E. 연구결과 해석   F. 자료의 코딩   G. 자료의 통계분석   H. 예비조사

① C → B → A → D → F → H → E → G
② C → B → D → A → H → F → E → G
③ B → C → A → D → H → F → G → E
④ B → C → D → A → F → H → G → E

해설

조사연구 설계과정
연구문제 결정 → 가설설정 → 연구설계 → 표집방법 결정 → 예비조사 → 자료의 코딩 → 자료의 통계분석 → 연구결과 해석

16

다음의 조사윤리 중 일반화에 대한 과학적 필요와 충돌할 수 있는 것은?

① 자발적 참여
② 익명성
③ 비밀보장
④ 응답자에 피해주지 않기

해설

조사연구 윤리
- 자발적 참여문제 : 연구의 자발적 참여가 윤리적일 수 있으나 객관성을 저해할 수 있다. 또한 사회과학은 윤리문제로 실험이 불가능한 경우도 있다.
- 참여자의 문제 : 사회연구는 자발적 참여자건 비자발적 참여자건 간에 이들에게 심리적·육체적 피해를 끼쳐서는 안 된다.
- 개인의 사생활에 대한 침해 : 질문지나 면접에서 매우 사생활적인 질문을 하게 되는 경우, 참여자의 승낙 없이 그의 자료를 제3자로부터 인수하는 등의 경우에 개인의 사생활에 대한 침해 가능성이 크다.
- 익명성 : 연구자가 응답자의 응답을 확인할 수 없는 상황에서 응답자는 익명으로 생각할 수 있으며, 연구자는 자료의 비밀성을 유지하기 위하여 모든 조치를 취하지 않으면 안 된다.
- 비밀보장 문제 : 연구대상자에 대한 비밀보장은 연구필요싱 확보되어야 한다.
- 타목적을 위한 자료의 사용문제 : 자료를 타목적에 사용하기 위해서는 연구계약에 이에 관한 사항을 사전에 명기할 필요가 있다.
- 책임문제 : 연구결과에 대한 비난이나 이익은 단독연구인 경우 책임자가, 공동연구인 경우 공동연구자가 나누어 책임을 진다.
- 조사방법의 문제 : 원하는 결과를 도출하기 위해서 조사방법을 변경해서는 안 된다.
- 고지의 문제 : 조사결과가 조사의뢰자에게 불리한 내용이라 해서 고지하지 않으면 안 된다.

17

연구와 관련된 윤리적 고려사항에 대한 설명으로 틀린 것은?

① 연구에서 부정적 결과가 얻어졌더라도, 분석과 관련이 있으면 보고해야 된다.
② 실험설계에서는 연구대상이 실험에 참여함으로써 얻을 수 있는 혜택보다 불이익이 커도 된다.
③ 연구결과로 얻은 자료는 개인의 사생활이 권리와 자유를 침해하지 않도록 비밀이 보장되어야 한다.
④ 연구자는 연구대상에게 연구의 목적과 예상되는 위험이나 불편함 등을 설명하고 연구 참여에 대한 동의를 얻어야 한다.

해설

연구의 필요에 의해 인간에 대한 조작이 불가피한 경우 이로 인한 위험보다 연구결과로부터의 잠재적 이익이 커야 연구활동이 용인된다.

정답 16 ① 17 ②

18

조사윤리를 준수하기 위한 활동과 가장 거리가 먼 것은? [19]

① 조사참여자의 익명성을 보장하였다.
② 조사참여를 통해 받을 혜택을 조사 후에 알려주었다.
③ 정신 장애인을 대상으로 한 연구에서 연구대상과 보호자로부터 동의를 구했다.
④ 조사과정 중 본인이 원하면 언제라도 중단할 수 있음을 알려주었다.

해설
조사참여를 통해 받을 혜택은 조사시작 전에 고지할 수 있으며 이는 조사윤리에는 해당되지 않는다.

19

조사윤리에 대한 설명으로 옳지 않은 것은? [20]

① 조사자는 응답자 등의 자료원을 보호해야 한다.
② 응답자에게 막연한 설명을 하면서 면접에 동의하도록 유도해서는 안 된다.
③ 응답자에게 정신적 부담을 주어서는 안 된다.
④ 응답자에게 도움이 된다면 어떤 자료를 수집해도 상관없다.

해설
조사연구 윤리
자료수집의 경우 응답자에게 도움이 된다고 해서 어떤 자료라도 모두 수집한다면 응답자 개인의 사생활에 대한 침해 가능성이 있다.

20

조사대상자를 보호하기 위한, 즉 윤리적 측면을 고려한 조사자의 행동으로 올바르지 못한 것은? [21]

① 조사에 응하겠다는 동의서(Informed Consent)를 받아 둔다.
② 연구로 인해 발생할 수 있는 피해가능성에 대한 충분한 설명이 주어져야 한다.
③ 조사대상자가 동물인 경우 IRB(Internal Review Board)에서 승인을 받을 필요는 없다.
④ 응답자 개인의 사생활이 보장됨, 응답자 이름은 익명처리 됨을 조사 전에 명확히 알려준다.

해설

③ IRB는 인간을 대상으로 하는 생의학 연구를 검토하고 모니터링하도록 공식적으로 지정된 그룹으로 FDA 규정에 따라 연구를 승인, 수정, 거부할 권한을 가진다. 최근 들어 인간뿐만 아니라 동물을 대상으로 하는 임상시험에까지 확대되고 있다.

윤리적 측면을 고려한 조사자의 행동

- 자발적 참여문제 : 연구의 자발적 참여가 윤리적일 수 있으나 객관성을 저해할 수 있다. 또한 사회과학은 윤리문제로 실험이 불가능한 경우도 있다.
- 참여자의 문제 : 사회연구는 자발적 참여자건 비자발적 참여자건 간에 이들에게 심리적·육체적 피해를 끼쳐서는 안 된다.
- 개인의 사생활에 대한 침해 : 질문지나 면접에서 매우 사생활적인 질문을 하게 되는 경우, 참여자의 승낙 없이 그의 자료를 제3자로부터 인수하는 등의 경우에 개인의 사생활에 대한 침해 가능성이 크다.
- 익명성 : 연구자가 응답자의 응답을 확인할 수 없는 상황에서 응답자는 익명으로 생각할 수 있으며, 연구자는 자료의 비밀성을 유지하기 위하여 모든 조치를 취하지 않으면 안 된다.

21

조사자가 특정인의 응답을 규명할 수 있지만 본질적으로 공개하지 않을 것이라고 약속할 때 보장되는 조사윤리는? [04]

① 공개성
② 비밀성
③ 익명성
④ 자발적인 참여

해설

② 비밀보장 문제 : 연구대상자에 대한 비밀보장은 연구필요상 확보되어야 한다.
① 고지의 문제 : 조사결과가 조사의뢰자에게 불리한 내용이라 해서 고지하지 않으면 안 된다.
③ 익명성 : 연구자가 응답자의 응답을 확인할 수 없는 상황에서 응답자는 익명으로 생각할 수 있으며, 연구자는 자료의 비밀성을 유지하기 위하여 모든 조치를 취하지 않으면 안 된다.
④ 자발적 참여문제 : 연구의 자발적 참여가 윤리적일 수 있으나 객관성을 저해할 수 있다. 또한 사회과학은 윤리문제로 실험이 불가능한 경우도 있다.

22

조사시행 시 응답자, 조사의뢰자, 조사자에 대한 윤리로 옳은 것은? 11 16

① 익명으로 조사를 실시하는 경우는 개별 응답내용의 외부노출이 허용될 수 있다.
② 개인정보를 보호하기 위해 응답내용을 숫자나 부호화하고 코딩된 자료를 통합하여 분석한다.
③ 가급적 원하는 결과가 나올 수 있도록 조사방법을 선택한다.
④ 조사의뢰자에게 불리한 내용은 알리지 않는다.

해설

조사연구 윤리
개인정보를 보호하기 위해 응답내용을 숫자나 부호화하고 코딩된 자료를 통합하여 분석하는 것은 비밀보장 문제에 해당한다.

23

조사연구자의 연구윤리란 무엇인가? 05

① 자료를 객관적으로 조사하고 분석하는 행동철학이다.
② 자료를 조사연구자의 주관에 따라서 취사선택하는 행동철학이다.
③ 자료를 과학적으로 조사하면서 연구대상자의 인권과 사생활 등을 보호할 연구자의 행동철학이다.
④ 연구결과를 간주관주의(Intersubjectivity)로 해석할 수 있는 연구자의 행동철학이다.

해설

조사연구 윤리
조사연구 윤리란 자발적 참여문제, 참여자의 문제, 개인의 사생활에 대한 침해, 익명성, 비밀보장 문제, 타목적을 위한 자료의 사용문제, 책임문제, 조사방법의 문제, 고지의 문제 등을 모두 포함한 행동철학이다.

24

다음 중 조사윤리에 대한 설명으로 틀린 것은? 07 08

① 조사자는 조사결과에 대한 일반인들의 해석에도 관심을 가져야 한다.
② 조사자는 조사의뢰자의 사업정보 및 조사결과에 관한 정보를 비밀로 해야 한다.
③ 조사자는 어떤 경우에도 조사대상자의 익명성을 보호해야 한다.
④ 조사자는 조사결과를 발표할 때, 조사의뢰자를 밝혀야 한다.

해설

조사대상자에 대한 익명성 보장
연구결과에서 얻은 자료는 개인의 사생활이 침해되지 않도록 비밀이 보장되어야 하는 것이 원칙이다. 하지만 공개토론 등 공개적인 상황에서 자료를 얻었을 경우에나 본인의 승낙을 받았을 경우에는 예외적으로 조사대상자의 신분을 밝힐 수 있다.

25

연구문제의 해결가능성을 평가하기 위한 기준과 가장 거리가 먼 것은? 11 17

① 실증적으로 검증이 가능한 주제이어야 한다.
② 학문적 공헌도와 실질적 효용성이 있어야 한다.
③ 연구문제가 명료하고 구조화되어야 한다.
④ 자료획득, 시간과 비용 및 연구대상자 확보 등과 같은 문제들을 해결할 수 있어야 한다.

해설

연구문제 선정의 적절성
- 연구범위의 적절성 : 한정된 범위 내에서 구체적으로 조사해야 한다.
- 조사의 실행가능성 : 조사수행능력을 고려하고 자원체계의 존재여부를 파악해야 한다.
- 검증가능성 : 과학적인 방법은 검증할 수 있는 의문들에 한해서 답을 제시한다.
- 효율성 : 다른 사회과학 조사들보다 실용성에 더욱 큰 관심을 가진다.
- 명확성 : 연구문제는 가능한 명백하고 확실한 것이어야 한다.
- 연관성 : 두 개 이상의 변수들 간의 관계를 서술해야 한다.
- 독창성 : 연구문제는 기존의 연구로 설명되지 않은 새로운 것이어야 한다.
- 현실성 : 문제해결을 위한 시간, 비용, 인력 등을 고려하여 선택해야 한다.
- 윤리성 : 연구문제는 윤리적인 범위 내에서 선택해야 한다.

26

적절한 조사연구의 문제가 되기 위한 고려요인으로 적합하지 않은 것은? [07]

① 연구범위의 적절성
② 조사의 실행가능성
③ 검증가능성
④ 조사문제의 이론 적합성

해설

연구문제 선정의 적절성
연구문제 선정에 있어서 해당 조사가 어떤 정해진 이론에 적합한지는 고려하지 않는다.

27

연구문제의 선정에 있어서 옳지 않은 것은? [20]

① 이론적으로 또는 실용적으로 가치가 있는 주제이어야 한다.
② 새롭고 참신한 문제를 제기하는 것이 좋다.
③ 연구문제를 선정하고 문헌고찰을 한 후 연구가설을 제시하고 해결한다.
④ 모든 연구에 있어서 가설설정은 꼭 필요하다.

해설

④ 모든 연구에 있어서 가설설정이 전제되는 것은 아니다. 예를 들어, 연구 중 귀납법을 시행하는 것은 가설설정이 전제되지 않는다.

연구문제 선정의 적절성
- 효율성 : 다른 사회과학 조사들보다 실용성에 더욱 큰 관심을 가진다.
- 독창성 : 연구문제는 기존의 연구로 설명되지 않은 새로운 것이어야 한다.
- 연구범위의 적절성 : 한정된 범위 내에서 구체적으로 조사해야 한다.
- 조사의 실행가능성 : 조사 수행능력을 고려하고 자원체계의 존재여부를 파악해야 한다.
- 현실성 : 문제 해결을 위한 시간, 비용, 인력 등을 고려하여 선택해야 한다.

28

과학적 연구의 연구문제에 대한 설명으로 가장 적합한 것은? [15]

① 우수한 연구문제는 윤리적 규제로부터 자유롭다.
② 독창적인 생각에 의존하여 일상생활에서 발생하는 가치관과 관련이 있어야 한다.
③ 연구문제를 선정하기 어려우면 연구를 진행하면서 문제를 찾아내는 것이 원칙이다.
④ 기존 연구로는 충분히 설명되지 않는 연구문제를 선정하는 것이 좋다.

해설

연구문제 선정의 적절성
- 윤리성 : 연구문제는 윤리적인 범위 내에서 선택해야 한다.
- 연구범위의 적절성 : 한정된 범위 내에서의 구체적으로 조사해야 한다.
- 과학적 연구절차에서 연구문제를 선정하는 것이 가장 우선시된다.
- 독창성 : 연구문제는 기존의 연구로 설명되지 않은 새로운 것이어야 한다.

29

사회과학과 자연과학의 성격에 대한 비교로 옳지 않은 것은? [08]

① 사회과학은 객관의 세계를 연구대상으로 하고, 자연과학은 인간의 행위를 연구대상으로 한다.
② 사회과학에서의 가치판단은 복잡하고 불가분의 것인데 반해, 자연과학에서의 가치는 선험적으로 단순하고 자명하다.
③ 사회과학은 사람과 사람 간의 의사소통에 보다 비중을 두고, 자연과학은 미래에 대한 예측까지를 포함한다.
④ 사회과학에서는 사회적 관습이 인간의 행동을 규제하기도 하는데 반해, 자연과학은 법칙이 지배한다.

해설

사회과학과 자연과학 비교

사회과학	자연과학
• 추론을 가능하게 하는 조건에 보다 많은 관심	• 인과관계에 관심
• 인간의 행위를 연구대상으로 함	• 객관의 세계를 연구대상으로 함
• 사회문화적 특성에 영향을 받음	• 사회문화적 특성에 영향을 받지 않음
• 자연과학에 비해 일반화가 용이하지 않음	• 사회과학에 비해 비교적 일반화가 용이함
• 사고의 가능성이 제한되고 명확한 결론을 내리기 어려움	• 사고의 가능성이 무한정하고 명확한 결론을 얻을 수 있음
• 인간의 형태와 사고를 대상으로 함	• 동식물이나 자연현상 등을 대상으로 함
• 새로운 이론이라도 기존의 이론과는 단절되지 않은 성격을 가짐	• 기존의 이론과는 전혀 다른 새로운 이론이 빈번히 대두됨
• 연구자 개인의 심리상태, 개성 내지 가치관, 세계관 등에 영향을 받음	• 연구자의 개성이나 사회적 지위에 의해 영향을 받지 않음

30

인과관계에 대한 설명으로 옳지 않은 것은? 04 20

① 한 사건의 영향으로 다른 사건이 발생하는 것을 의미한다.
② 인과관계의 추론은 과학적 방법으로 수집된 정보를 바탕으로 이루어진다.
③ 과학이란 원인과 결과 간의 관계를 규명하는 활동이라 할 수 있다.
④ 사회과학은 순환론적 인과관계를 규명하고자 한다.

해설
사회과학
사회과학은 일반화가 용이하지 않고, 범위와 주제 자체가 포괄적이다. 또한 결과에 영향을 끼치는 변수가 다양하기 때문에 순환론적 인과관계를 규명하고자 한다는 것은 옳지 않다.

31

사회과학연구의 일반적인 특징에 관한 설명으로 틀린 것은? 12

① 자연과학에 비해 연구대상에 대한 통제와 조작이 어렵다.
② 연구자의 가치관에 의해 영향을 많이 받는다.
③ 자연과학에 비해 연구결과를 객관화하기 어렵다.
④ 사회문화적 영향을 많이 받지 않는다.

해설
자연과학과 비교한 사회과학의 특징
- 사회과학은 사회문화적 특성에 영향을 받는다.
- 사회과학은 인간의 행위를 연구대상으로 하므로 동식물이나 자연현상 등을 연구대상으로 하는 자연과학보다 통제와 조작이 어렵다.
- 사회과학은 연구자 개인의 심리상태, 개성 내지 가치관, 세계관 등에 영향을 받는다.
- 사회과학은 자연과학에 비해 일반화가 용이하지 않다.

32

사회과학연구의 특징과 가장 거리가 먼 것은? 18

① 단순한 믿음이나 철학이 아닌 이론에 관심
② 사회적 규칙성을 찾으려는 의도
③ 집합체가 아니라 개인에 대한 관심
④ 변수에 대한 관심

해설

사회과학의 특징
- 설명 또는 해석을 위주로 이론에 관심
- 사회현상의 규칙성을 찾는 것이 목적
- 개인, 개별적인 행동이 아니라 집합체로서의 인간과 인간의 행동을 연구
- 변수에 의한 설명
- 반복적 실험이 어려움
- 주관성과 특수성을 인정
- 사회현상에 대한 관심

33

과학적 조사의 일반적인 절차를 바르게 나열한 것은? 10 12

A. 문제의 제기   B. 보고서 작성   C. 조사설계
D. 자료의 수집   E. 자료분석, 해석 및 이용

① A → D → C → D → B
② A → C → D → E → B
③ A → E → D → C → B
④ A → C → E → D → B

해설

과학적 조사 절차
문제정립 → 가설구성 → 조사설계 → 자료수집 → 자료분석, 해석 및 이용 → 보고서 작성

34

과학적 연구의 기초개념에 대한 설명으로 틀린 것은? 04 11 14

① 개념(Concept)은 가설과 이론의 구성요소로 보편적인 관념 안에서 특정 현상을 나타내는 추상적 표현이다.
② 변수(Variable)는 실증적인 검증과정에서 개념을 측정 가능한 형태로 변화시킨 것이다.
③ 패러다임(Paradigm)은 두 개 이상의 변수들 간의 관계에 대한 진술이며, 아직 검증되지 않은 사실이다.
④ 이론(Theory)이란 어떤 특정 현상을 논리적으로 설명하고 예측하려는 진술을 말한다.

해설
과학적 연구의 기초개념
- 패러다임 : 사람들의 견해와 사고방식을 근본적으로 규정하는 인식의 체계 또는 틀을 의미한다.
- 가설 : 두 개 이상의 변수들 간의 관계에 대한 진술이며, 아직 검증되지 않은 사실이다.

35

과학적 연구에서 이론의 역할을 모두 고른 것은? 18

ㄱ. 연구의 주요 방향을 결정하는 토대가 된다.
ㄴ. 현상을 개념화하고 분류하도록 한다.
ㄷ. 지식을 확장시킨다.
ㄹ. 지식의 결함을 지적해 준다.

① ㄱ, ㄴ, ㄷ
② ㄱ, ㄷ, ㄹ
③ ㄴ, ㄹ
④ ㄱ, ㄴ, ㄷ, ㄹ

해설
이론의 역할
- 과학의 주요 방향 결정
- 현상의 개념화 및 분류화
- 기존 지식의 요약
- 사실의 설명 및 예측
- 지식의 확장 및 결함 지적

36

과학적 방법론에 관한 칼 포퍼(Karl Popper)의 이론과 거리가 먼 것은? 04 14

① 반증(Falsification)가능성
② 인간의 오류 가능성 중시
③ 귀납적 이론 구성 전략
④ 비판적 합리주의

해설

과학적 방법론에 관한 칼 포퍼(Karl Popper)의 이론
- 반증 가능성의 원리 : 어떤 이론의 진리를 검증할 수는 없어도 단 한 가지 반례만으로도 그 이론은 비판된다고 보는 원리
- 인간의 오류 가능성 : 실수나 착오가 인간 이성의 정상적인 모습이며, 실수와 그것의 수정을 통해서만 지식을 증진시킬 수 있다고 보는 견해
- 귀납적 방법론 반박 : 귀납적 방법론을 바탕으로 반복적 활동을 강조하는 과학교육이 원리적으로 불가능하며 바람직하지 않다고 지적하는 견해
- 비판적 합리주의 : 인간은 자신의 실수와 오류에 대해서 자발적 자기비판과 타인의 비판을 통해 좀 더 학습되어 간다고 보는 견해

37

Popper의 과학적 방법론과 관계없는 것은? 12

① 이론의 비교가능성
② 인과적 명제에 대한 반증의 논리
③ 이론의 경쟁을 위한 자료수집의 강조
④ 귀납논리에 의한 이론 성립의 가능성

해설

과학적 방법론에 관한 칼 포퍼(Karl Popper)의 이론
칼 포퍼(Karl Popper)는 귀납적 방법론에 의한 이론 성립은 원리적으로 불가능하며 바람직하지 않다고 귀납논리에 의한 이론 성립의 가능성을 부정했다.

38

이론, 가설, 관찰, 일반화, 이론으로 과학을 묘사하는 Wallace 모형의 특징으로 옳은 것은? 11 16

① 과학은 일반적으로 이론에서 출발한다.
② 과학은 일반적으로 가설에서 출발한다.
③ 과학은 일반적으로 관찰에서 출발한다.
④ 과학은 어느 곳에서나 출발할 수 있다.

해설

Wallace 모형
Wallace의 모형에 의하면, 이론에서 가설이 만들어지고, 가설은 관찰을 가능하게 하며, 관찰을 통하여 일반화가 이루어지고, 일반화를 거쳐 이론이 수정되는 순환과정이 되풀이되며, 분명한 시발점과 종착점이 없으므로 연구자는 어느 단계에서 연구를 시작해도 무방하다.

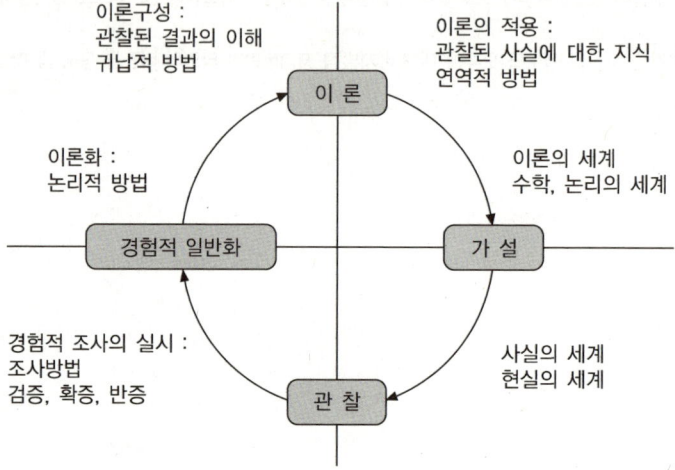

39

과학적 연구의 특징으로 볼 수 없는 것은? 07

① 논리적 사고에 의존한다.
② 간결한 것을 추구한다.
③ 일반적인 것을 추구한다.
④ 연구과정이 동일해도 결론이 다를 수 있다.

해설

과학적 연구의 특징
- 상호주관성(간주관성) : 연구자 간 시각이 다르더라도 동일한 절차와 방법을 수행하면 동일한 결과가 나올 수 있어야 한다.
- 논리성 : 과학적 연구는 합리적, 논리적 사고에 의존한다.
- 인과성 : 모든 현상은 자연 발생적인 것이 아니라 항상 원인으로 인하여 결과가 나타난다는 것이다.
- 일반성 : 경험을 통해 얻은 구체적인 사실을 바탕으로 보편적인 원리를 추구한다.
- 간결성 : 최소한의 설명변수를 이용해 최대한의 설명력을 얻고자 한다.
- 구체성 : 구체적으로 검정하고자 하는 개념을 정확히 측정한다.
- 경험적 검증가능성 : 과학적 연구는 경험적으로 검증 가능한 것이어야 한다.
- 수정가능성 : 새로운 이론에 의해 언제든지 수정 가능하다.
- 효용성 : 궁극적 진리의 추구와 더불어 효용성도 추구한다.
- 체계성 : 내용의 전개과정이나 조사과정이 일정한 틀, 순서, 원칙에 입각하여 진행되어야 한다.
- 객관성 : 표준화된 도구와 절차 등을 통해 누구나 납득할 수 있는 결과가 도출되어야 한다.
- 재생가능성 : 일정한 절차와 방법을 되풀이했을 때, 누구나 동일한 결과를 얻을 수 있는 가능성이다.
- 변화가능성 : 기존의 신념이나 연구결과는 언제든지 비판되고 수정될 수 있다.

40

과학적 접근방법이 가져야 할 특징과 가장 거리가 먼 것은? 14

① 논리적 체계성
② 비계량성
③ 상호주관성
④ 경험적 실증성

해설

과학적 연구의 특징
비계량성이 아닌 표준화된 도구와 절차 등을 통해 누구나 납득할 수 있는 결과가 도출되도록 객관성을 갖는다.

정답 39 ④ 40 ②

41

사회조사의 과학적인 연구방법의 특징으로 볼 수 없는 것은? [21]

① 과학적
② 합리적
③ 추상적
④ 논리적

해설

과학적 연구방법의 특징은 추상적인 것이 아니라 과학적, 객관적, 합리적, 논리적, 구체적인 것이다.

42

과학적 조사에 대한 설명과 가장 거리가 먼 것은? [15] [19]

① 연구결과에 대해 잠정적이다.
② 인과관계의 규명을 추구한다.
③ 조사자의 규범적 판단에 의거한다.
④ 일정한 규칙과 절차를 통해 이루어진다.

해설

③ 과학적 조사는 정의의 조작화를 통해 검증하고자 하는 개념을 정확히 측정하고 정의해야 하는 것이지 조사자의 규범적 판단에 의해 정의하는 것은 아니다.

과학적 연구의 특징
- 변화가능성 : 기존의 신념이나 연구결과는 언제든지 비판되고 수정될 수 있다.
- 인과성 : 모든 현상은 자연 발생적인 것이 아니라 항상 원인으로 인하여 결과가 나타난다는 것이다.
- 체계성 : 내용의 전개과정이나 조사과정이 일정한 틀, 순서, 원칙에 입각하여 진행되어야 한다.

43

과학적 방법에 대한 설명으로 틀린 것은? [18] [21]

① 잠정적이지 않은 지식을 추구한다.
② 철학이나 신념보다는 이론에 기반한다.
③ 현상의 규칙성에 대한 관심이 높다.
④ 허위화(Falsification)의 가능성에 대해 개방적이어야 한다.

해설

과학적 연구의 특징
과학적 방법을 통해 추구하는 지식은 절대적인 지식이 아니라 잠정적인 지식이다. 현재의 어떤 현상을 가장 잘 설명하는 이론일지라도 이는 잠정적일 뿐 그 현상을 보다 더 잘 설명할 수 있는 이론이 출현한다면 파기될 가능성이 항상 존재한다.

41 ③ 42 ③ 43 ①

44

사회과학에서 과학성에 대한 설명으로 가장 적합한 것은?

① 사회과학의 이론은 검증을 거친 과학이라는 의미이다.
② 사회현실을 주관적으로 설명한다는 의미이다.
③ 사회현실을 추상적으로 기술한다는 의미이다.
④ 타인의 경험세계를 설명한다는 의미이다.

해설

사회과학의 과학성
사회과학이 과학성을 확보하기 위해서는 사회현상을 일반적으로 설명할 수 있고 이론에 대한 검증이 가능하며 사회현상에 대한 객관적 입장과 함께 가치관에 대한 상대적 상호주관성을 인정하여야 하며 이론의 수정이 가능하여야 한다.

45

다음 (   )에 알맞은 것은?

> 과학에서 (ㄱ)는(은) 과학자 공동체의 모든 사람의 동의가 아니라 그 문제에 대해 관심을 가지고 이해할 수 있는 사람들 간의 동의를 의미한다. 다시 말해, 일부가 자기들끼리 동의한 것이라는 의미에서 (ㄴ)(이)라고 한다.

① ㄱ : 일반화   ㄴ : 결정주의
② ㄱ : 객관성   ㄴ : 상호주관성
③ ㄱ : 이론   ㄴ : 내적한계
④ ㄱ : 패러다임   ㄴ : 내적타당성

해설

과학의 객관성과 상호주관성
과학은 개별 과학자들의 입장에서 보면 주관적이지만 대다수의 과학자들이 서로 합리적으로 수용할 수 있는 경우 객관적 성격을 가지게 되며, 이를 다른 관점에서 상호주관성(Intersubjectivity)이라 한다.

정답 44 ① 45 ②

46

가설이 되기 위한 조건이 아닌 것은?

① 검증될 수 있어야 한다.
② 구체적이고 분명해야 한다.
③ 문제를 해결해 줄 수 있어야 한다.
④ 가치판단에 관한 것이어야 한다.

해설

가설설정 시 기본조건
- 명확성 : 가설은 추상적인 개념상의 정의이든 조작적 정의이든 그 뜻이 명확해야 한다.
- 가치중립성 : 가설을 설정하는 연구자의 주관이 개입되어서는 안 된다.
- 구체성 : 가설은 추상적인 의미를 담고 있어서는 안 되며 구체적인 성질의 것이어야 한다.
- 검증가능성 : 가설은 경험적으로 검증 가능해야 한다.
- 간결성 : 가설은 논리적으로 간결해야 한다.
- 광역성 : 가설은 광범위한 범위에 적용 가능해야 한다.
- 계량화 : 가설은 계량화가 가능해야 한다.
- 연구문제 해결 : 가설의 핵심은 연구문제를 해결하는 것이다.

47

연구가설에 대한 설명으로 틀린 것은?

① 연구가설은 검증할 수 있어야 한다.
② 연구가설은 간결하기보다는 심도 있어야 한다.
③ 너무 당연한 결과는 연구가설로서 부적당하다.
④ 연구가설은 일반적으로 두 변수 간의 관계를 서술한 문장이다.

해설

연구가설의 적합성
가설은 경험적으로 검증 가능해야 하며, 논리적으로 간결해야 한다. 가설은 검증되지 않은 두 개 이상의 변수 간의 관계를 검증 가능한 형태로 서술해 놓은 것으로 너무 당연한 결과는 연구가설로 적절하지 않다.

48

가설에 대한 설명과 가장 거리가 먼 것은?

① 추상적이기보다는 구체적이어야 한다.
② 2개 이상의 변수들 간의 관계를 서술한 것이다.
③ 이론이나 선행연구에 기초해서 도출될 수 있다.
④ 사용되는 변수의 수에 따라 귀무가설과 대립가설로 구분된다.

해설

단순가설과 복합가설
사용되는 변수의 수에 따라 단순가설과 복합가설로 구분된다. 단순가설은 사용되는 변수의 수가 하나 또는 두 개이며, 복합가설은 다수의 변수를 갖는 가설이다.

46 ④ 47 ② 48 ④

49

가설구성 시 고려사항이 아닌 것은? 13

① 가설은 동의반복적(Tautological)이어야 한다.
② 동일분야의 다른 가설 및 이론과의 연관성을 가져야 한다.
③ 경험적 검증이 가능하여야 한다.
④ 연구문제에 대한 해답을 제공해 줄 수 있어야 한다.

해설

가설은 동의반복적(Tautological)이어서는 안 된다. 즉, 서로 다른 두 개의 개념이나 변수의 관계로서 수립하여야 한다.

50

다음 중 가설로 적합하지 않은 것은? 12 16

① 부모 간의 불화가 소년범죄를 유발한다.
② 도시 거주자들이 농어촌에 거주하는 사람들보다 더 야당성향을 띤다.
③ 핵가족이 보편화되면서 노인에 대한 존경심은 낮아지고 있다.
④ 기업 경영은 근본적으로 인간이 결정한다.

해설

"기업 경영은 근본적으로 인간이 결정한다."는 너무 당연한 결과로 연구가설로 적절하지 않다.

51

가설에 관한 설명으로 틀린 것은? 12

① 가설은 변수 간의 관계로 표현된다.
② 가설은 검증된 개념을 추상화하는 것이다.
③ 가설은 경험적으로 검증 가능해야 한다.
④ 이론은 가설을 설정하는 데 유용하다.

해설

가설은 추상적인 의미를 담고 있어서는 안 되며 구체적인 성질의 것이어야 한다.

정답 49 ① 50 ④ 51 ②

52

다음 중 가설의 평가기준과 가장 거리가 먼 것은? 11 18 19

① 가설은 논리적으로 간결하여야 한다.
② 가설은 경험적으로 검증할 수 있어야 한다.
③ 가설검증결과는 가능한 한 광범위하게 적용할 수 있어야 한다.
④ 동일 연구분야의 다른 가설이나 이론과 연관이 없어야 한다.

해설
가설은 동일 연구분야의 다른 가설이나 이론과 연관성이 있어야 하며, 기존 연구결과와 전혀 무관하거나 모순된 가설은 적절하지 않다.

53

다음 중 좋은 가설의 기준이 아닌 것은? 08

① 연구조사가 이루어진 후 연구결과가 학문적 의의를 나타낼 수 있어야 한다.
② 가설은 경험적 준거대상이 있는 것이어야 하며, 이는 실제 경험적으로 취급될 수 있는 용어나 현상과 주관적 내용이 개입되어야 한다.
③ 필요한 조작이나 개념규정이 특성화되어 있어야 하며, 물론 누구나 그것을 반복할 수 있어야 한다.
④ 실제로 사용하게 될 기술 및 방법과 관련성이 있도록 정립되어야 한다.

해설
가설설정의 가치중립성
가설은 아직 진실 여부가 확인되지 않은 사실로서 경험적인 검증이 가능해야 하며, 실증적인 확인을 위해 구체적이어야 하며, 설정하는 연구자의 주관이 개입되어서는 안 된다.

54

경험적 검증을 위한 작업가설(Working Hypothesis)이 갖추어야 할 기본적인 요건으로 바람직하지 않은 것은? 06 17

① 작업가설 속에 포함되는 모든 변수들은 조작적으로 명확하게 정의해야 한다.
② 작업가설은 가급적 연구자의 편견이 스며들지 않도록 가치중립적으로 표현되어야 한다.
③ 단순히 관계의 유무만을 서술하기보다는 관계의 방향까지도 명시해야 한다.
④ 가설에서 설정하는 문제는 가능하면 여러 현상을 포함하도록 일반적으로 서술해야 한다.

해설
가설설정 시 조사문제
가설설정 시 조사문제는 여러 현상을 포함하도록 하는 것이 아니라 구체적이고, 가설의 실증적 검증이 이루어질 수 있도록 한다.

55

가설을 그 목적에 따라 구분할 때 설명적 가설에 관한 설명으로 옳은 것은? 13 19

① 어떠한 사실을 묘사하기 위한 가설이다.
② 변수들 간의 인과관계를 표현하는 가설이다.
③ 현상의 발생빈도를 묘사하기 위한 가설이다.
④ 당위적 진술의 타당성을 말하는 가설이다.

해설

연구목적에 따른 가설 분류
- 설명적 가설 : 변수들 간의 인과관계를 규명하기 위한 가설
- 기술적 가설 : 어떤 현상의 정확한 사실(빈도 등)을 묘사하기 위한 가설

56

분석단위의 요건이 아닌 것은? 04 06

① 분석단위는 측정 가능해야 한다.
② 분석단위는 연구주제의 목적에 적합해야 한다.
③ 분석단위는 시간이나 장소의 비교가 가능해야 한다.
④ 사회과학의 경우 분석단위는 개인만이 될 수 있다.

해설

④ 분석단위의 종류에는 개인, 집단, 프로그램, 조직 또는 제도, 지역사회, 지방정부, 국가, 사회적 생성물 등이 있다.

분석단위의 요건
- 적합성 : 분석단위는 연구목적에 적합해야 한다.
- 명료성 : 분석단위는 모든 사람에게 동일한 의미로 명확하고 객관적으로 정의되어야 한다.
- 측정가능성 : 분석단위는 측정 가능해야 한다.
- 비교가능성 : 분석단위는 사실관계 규명을 위해 시간이나 장소의 비교가 가능해야 한다.

정답 55 ② 56 ④

57

분석단위에 관한 설명으로 틀린 것은? [16]

① 공식적인 사회조직도 분석단위가 된다.
② 지역주민들의 욕구조사를 실시할 경우 분석단위는 개인이다.
③ 분석단위는 조사문제의 선정에 영향을 미친다.
④ 사회적 가공물(Social Artifacts)은 분석단위가 될 수 없다.

해설

분석단위의 종류
- 개인 : 사회과학 조사연구에서 가장 전형적인 분석단위
- 집단 : 사회집단을 연구할 경우의 분석단위
- 프로그램 : 정책평가연구를 진행할 때의 분석단위
- 조직 또는 제도 : 기업, 학교 등을 연구할 경우의 분석단위
- 지역사회, 지방정부, 국가 : 중앙정부, 지방자치단체 등을 연구할 경우의 분석단위
- 사회적 생성물(가공물) : 문화적 요소, 사회적 상호작용을 연구할 경우의 분석단위

58

다음 사례에 관한 설명으로 가장 적합하지 않은 것은? [09]

> 중소기업과 대기업의 기업문화를 비교하기 위해 중소기업 30개 회사와 대기업 30개 회사에 대해 각 회사별로 50명의 직원을 무작위 선정하여 개인별로 직장 생활과 직장에 대한 태도에 대한 자료를 수집하였다. 각 회사별로 50명의 표본자료를 통합하여 60개 레코드로 된 기업문화 Data를 얻어 중소기업과 대기업 간의 기업문화를 비교하였다.

① 측정단위는 개인수준과 조직수준 모두 포함되어 있다.
② 개인수준에서 측정된 자료를 통합함으로써 측정단위를 조직수준으로 전환하였다.
③ 분석단위와 측정단위가 계층화된 계층모델(Hierarchical Modeling)연구에 해당된다.
④ 자료를 개인별로 측정하여 자료를 얻었으므로 분석단위는 개인이다.

해설

해당 내용을 분석하기 위한 단위로서 중소기업과 대기업의 기업문화를 비교하기 때문에 분석단위는 기업이 된다.

59

북한의 폐쇄적인 외교정책을 파악하기 위해 정치학자들은 자주 노동신문 사설에 대한 단어별, 문장별, 문단별 또는 전체 사설별 내용분석을 실시하고, 그 결과를 취합하여 전체 정책흐름을 파악하려고 한다. 이런 내용분석 연구에서 가장 중요한 것은? 05 07

① 분석단위의 결정
② 분석대상의 결정
③ 분석주체의 결정
④ 분석객체의 결정

해설

분석단위 결정
분석단위는 연구문제를 형성하는 기초이며, 분석단위가 달라짐에 따라 수집해야 할 자료의 종류가 달라지고 분석결과의 해석상 의미가 달라지므로 내용분석에서 분석단위의 결정은 중요하다.

60

다음 중 분석단위에 대한 설명으로 틀린 것은? 08

① 급여를 많이 주는 기업체일수록 생산성이 높다는 결과를 바탕으로 고임금 종업원이 생산성이 높다는 결론을 내렸다면 생태학적 오류를 범한 것이다.
② 급여를 많이 받는 종업원일수록 생산성이 높다는 결과를 바탕으로 고임금 기업체가 생산성이 높다는 결론을 내렸다면 개인주의적 오류를 범한 것이다.
③ 분석단위를 둘러싼 혼란은 오류화 가능성을 저해한다는 점에서 문제시된다.
④ 분석단위를 둘러싼 혼란은 결과해석의 타당성을 저해한다는 점에서 문제시된다.

해설

분석단위를 둘러싼 혼란은 오류화 가능성을 증가시킨다.

61

다음 중 분석단위(Unit of Analysis)가 개인인 것은? 06 13

① 미국 공화낭원과 민주당원의 동성애 합법화에 대한 태도
② 가구주의 교육 수준에 따른 평균 자녀 수
③ 정치적 견해에 대한 부부 간 견해 차이
④ 기업 규모에 따른 소수민족집단 종업원의 비율

해설

① 공화당원과 민주당원의 동성애 합법화에 대한 태도 : 개인
② 가구주의 교육 수준에 따른 평균 자녀 수 : 집단
③ 정치적 견해에 대한 부부 간 견해 차이 : 집단
④ 기업 규모에 따른 소수민족집단 종업원의 비율 : 집단

62

다음 중 개인이 분석단위가 되는 연구는? 04

① 무역량과 1인당 GNP 간의 상관관계에 관한 연구
② 천주교 신자의 비율과 인구 100명당 자살율과의 상관관계에 관한 연구
③ 주당 음주 횟수와 성적 간의 상관관계에 관한 연구
④ 국민 1인당 연 담배 소비량과 국민 1인당 GNP 간의 상관관계에 관한 연구

해설

③ 주당 음주 횟수와 성적 간의 상관관계에 관한 연구 : 개인
① 무역량과 1인당 GNP 간의 상관관계에 관한 연구 : 국가
② 천주교 신자의 비율과 인구 100명당 자살율과의 상관관계에 관한 연구 : 집단
④ 국민 1인당 연 담배 소비량과 국민 1인당 GNP 간의 상관관계에 관한 연구 : 국가

63

A시 조사 가구구성원들의 소비행태를 조사연구하기 위해 먼저 동을 선정하고 각 동에서 가구들을 선정한 다음 최적으로 가구주를 대상으로 설문 면접 조사하는 방식을 사용한다고 하자. 이 조사설계에 대한 설명으로 올바른 것은? 06

① 관찰단위와 분석단위가 일치하지 않는다.
② 최종 표집단위는 가구이다.
③ 가구주가 분석단위이다.
④ 가구구성원이 관찰단위이다.

해설

표집단위, 관찰단위, 분석단위
- 표집단위 : 표본을 추출하는 단위(동, 가구, 가구주)
- 관찰단위 : 해당 내용을 조사하기 위해 접촉하는 단위(가구주)
- 분석단위 : 해당 내용을 분석하기 위한 단위(가구구성원)

64

TV 프로그램의 등장인물들을 중심으로 그들이 어떤 직업을 갖고 있는지에 대한 내용분석이 이루어졌다. 이것의 분석단위(Unit of Analysis)는? 06 10 17

① TV
② 프로그램
③ 등장인물
④ 직업

해설

분석단위는 해당 내용을 분석하기 위한 단위로 TV 프로그램의 등장인물에 대한 직업을 분석하기 때문에 등장인물이 분석단위가 된다.

65

다음 사례의 분석단위로 옳은 것은? 09

> 실업율과 범죄율의 관계를 알아보기 위해서 A지역의 1980년에서 2000년까지의 월별 실업율과 범죄율을 구하여 이 변수들 간의 교차분석을 실시하였다.

① 개인(Individual)
② 집단(Group)
③ 지역(Region)
④ 월(Month)

해설

해당 내용을 분석하기 위한 단위로서 실업율과 범죄율의 관계를 알아보기 위해 월별 실업율과 범죄율을 구하였으므로 분석단위는 월(Month)이 된다.

66

연구주제와 분석단위의 연결이 틀린 것은? 12

① 사회복지지출의 국가 간 비교 – 국가
② 변호사의 직무만족도에 미치는 영향 – 개인
③ 지역에 따른 재정자립도의 차이 – 지역
④ 직원 구성에서의 리서치 회사 유형별 차이 – 개인

해설

직원 구성에서의 리서치 회사 유형별 차이의 분석단위는 회사이다.

67

다음 사례의 분석단위는? 15

> A 선임연구원은 56개의 마을에서 이혼율과 가족 내 여성의 지위에 대한 자료를 수집하였다. 이 자료를 통해 이혼율이 높은 마을일수록 가족 내 여성의 지위가 높아진다는 가설을 검증하였다.

① 이혼율
② 여성의 지위
③ 가 족
④ 마 을

해설

분석단위(Unit of Analysis)
분석단위는 해당 내용을 분석하기 위한 단위로, 보다 큰 집단을 기술하거나 추상적인 현상을 설명하기 위해 수집하는 자료의 단위이다. 즉, 56개의 마을에 대한 자료를 분석하기 때문에 마을이 분석단위가 된다.

정답 65 ④ 66 ④ 67 ④

68

다음 연구에 대한 설명으로 틀린 것은? [18]

> 우리나라 17개 시·도에서 2012년부터 2017년까지 매년 수집한 자료를 이용하여 '청년실업률이 범죄율에 미치는 영향과 추세'를 분석하였다.

① 분석단위는 개인이다.
② 양적인 자료를 분석한 연구이다.
③ 독립변수는 청년실업률이다.
④ 종속변수는 비율척도이다.

해설

분석단위
- 분석단위 : 시·도
- 독립변수 : 청년실업률
- 종속변수 : 범죄율

69

다음은 보고서 내용의 일부이다. 이 연구의 분석단위는? [20]

> 20%의 가구는 편부모를 두고 있으며,
> 50%의 가구는 2명의 자녀를 두고 있고,
> 20%의 가구는 자녀가 없다.

① 개 인
② 집 단
③ 공식적 사회조직
④ 사회적 가공물

해설

② 이 연구의 분석단위는 가구(집단)이다.

분석단위의 종류
- 개인 : 사회과학 조사연구에서 가장 전형적인 분석단위
- 집단 : 사회집단을 연구할 경우의 분석단위
- 프로그램 : 정책평가연구를 진행할 때의 분석단위
- 조직 또는 제도 : 기업, 학교 등을 연구할 경우의 분석단위
- 지역사회, 지방정부, 국가 : 중앙정부, 지방자치단체 등을 연구할 경우의 분석단위
- 사회적 생성물(가공물) : 문화적 요소, 사회적 상호작용을 연구할 경우의 분석단위

70

다음과 가장 관련이 깊은 개념은?

> △△시의 모든 구(區)에 대해서 구 단위 주민투표를 통해 갑이라는 사회복지관련 법안에 대한 지지도를 조사한 결과 주민들의 평균연령이 낮은 구가 평균연령이 높은 구에 비해 갑에 대한 지지도가 높은 것으로 나타났다. 이러한 결과에 비추어 볼 때, 나이가 젊은 사람들이 나이가 많은 사람들에 비해 갑에 대한 지지도가 높다고 단정할 수 있다.

① 지나친 일반화(Overgeneralization)
② 개인주의적 오류(Individualistic Fallacy)
③ 환원주의(Reductionism)
④ 생태학적 오류(Ecological Fallacy)

해설

④ 생태학적 오류 : 분석단위를 집단에 두고 얻어진 연구의 결과를 개인에 적용함으로써 발생하는 오류이다.
① 지나친 일반화 : 한 두 개의 고립된 사건에 근거해서 일반적인 결론을 내리고 그것을 서로 관계없는 상황에 적용하는 오류이다.
② 개인주의적 오류 : 분석단위를 개인에 두고 얻어진 연구의 결과를 집단에 적용함으로써 발생하는 오류이다.
③ 환원주의적 오류 : 넓은 범위의 인간의 사회적 행위를 이해하는 데 필요한 변수 또는 개념의 종류를 지나치게 한정시킴으로써 발생하는 오류로 조사할 개념이나 변수를 설정하는 과정에서 발생한다.

71

집단이나 다른 집합체의 조사에 근거하여 얻어진 결과를 분석단위로서의 개인들에 대한 성격을 규정하기 위해 적용하는 데 따르는 위험성을 의미하는 것은?

① 구성적 오류
② 생태학적 오류
③ 환원주의 오류
④ 개인주의적 오류

해설

생태학적 오류는 분석단위를 집단에 두고 얻어진 연구의 결과를 개인에 적용함으로써 발생하는 오류이다.

정답 70 ④ 71 ②

72

OO시에서 가구 소득이 가장 높은 A구, 중간 수준인 B구, 가장 낮은 C구를 대상으로 주민들의 기부 참여율을 조사한 결과 A구, B구, C구 순으로 나타났다. 이 조사 결과를 바탕으로 가구 소득이 높은 사람들이 가구 소득이 낮은 사람들보다 자선행위 참여성향이 높다고 해석한다면 어떤 문제가 발생할 수 있는가? 05

① 개인주의적 오류
② 생태학적 오류
③ 환원주의적 오류
④ 표본프레임 설정의 오류

해설

① 개인주의적 오류 : 분석단위를 개인에 두고 얻어진 연구의 결과를 집단에 적용함으로써 발생하는 오류이다.
③ 환원주의적 오류 : 넓은 범위의 인간의 사회적 행위를 이해하는 데 필요한 변수 또는 개념의 종류를 지나치게 한정시킴으로써 발생하는 오류로 조사할 개념이나 변수를 설정하는 과정에서 발생한다.

73

투표행위에 대한 연구에서 각 선거구별로 유권자의 연령과 무소속 후보의 득표율을 조사한 결과 젊은 유권자의 비율이 높은 선거구일수록 무소속 후보의 득표율이 높은 것으로 나타났다. 이 발견을 토대로 한 연구자는 젊은층이 노년층에 비해 무소속 후보에 투표할 가능성이 높다는 결론을 내렸을 때 이것은 어떤 잘못된 추론에 해당하는가? 06

① 과잉 일반화
② 생태학적 오류
③ 개인주의적 오류
④ 환원주의적 오류

해설

분석단위로 인한 오류
• 과도한 일반화 : 몇 개의 비슷한 관찰 결과만을 토대로 이를 일반적 패턴의 증거로 생각함으로써 생기는 오류이다.
• 생태학적 오류 : 분석단위를 집단에 두고 얻어진 연구의 결과를 개인에 적용함으로써 발생하는 오류이다.
• 개인주의적 오류 : 분석단위를 개인에 두고 얻어진 연구의 결과를 집단에 적용함으로써 발생하는 오류이다.
• 환원주의적 오류 : 넓은 범위의 인간의 사회적 행위를 이해하는 데 필요한 변수 또는 개념의 종류를 지나치게 한정시킴으로써 발생하는 오류로 조사할 개념이나 변수를 설정하는 과정에서 발생한다.

74

한 연구자는 어떤 유형의 노조가 왕성한 활동을 하는지를 조사하였다. 그 결과 자연과학을 전공한 노동자들에 비해 인문사회과학을 전공한 노동자들의 비율이 높은 노조에서 그 비율이 낮은 노조보다 더 적극적인 노조활동을 벌이는 것을 발견하였다. 다음 중 생태학적 오류에 속하는 것은? 06

① 인문사회과학 전공 노동자들이 자연과학 전공 노동자들 보다 노조활동의 참여에 더 적극적이다.
② 전체 노동자 가운데 인문사회과학을 전공한 노동자들의 비율이 높을수록 노조는 왕성한 노조활동을 한다.
③ 노조는 노조활동을 촉진시킨다.
④ 사회는 노조활동을 촉진시킨다.

해설

생태학적 오류(Ecological Fallacy)
분석단위를 집단(전체 노동자)에 두고 얻어진 연구의 결과를 개인(인문사회과학을 전공한 노동자)에 적용함으로써 발생하는 오류이다.

75

다음 중 집합단위의 자료를 바탕으로 개인의 특성을 추리할 때 저지를 수 있는 오류는? 10 11

① 의도적 오류(Intentional Fallacy)
② 생태학적 오류(Ecological Fallacy)
③ 일반화 오류(Generalization Fallacy)
④ 개인주의적 오류(Individual Fallacy)

해설

① 의도적 오류 : 일을 진행하는 중에 더 좋은 아이디어가 발생하거나, 일을 추진하는 사람이 미숙해서 본래 의도와는 달리 엉뚱한 결과가 나오는 오류이다.
③ 지나친 일반화 : 한 두개의 고립된 사건에 근거해서 일반적인 결론을 내리고 그것을 서로 관계없는 상황에 적용하는 오류이다.
④ 개인주의적 오류 : 분석단위를 개인에 두고 얻어진 연구의 결과를 집단에 적용함으로써 발생하는 오류이다.

76

A 도시에서는 젊은 사람들이 많아 진보적인 정치의식이 높은 반면, B 도시에서는 나이 많은 사람들이 많아 보수적인 정치의식이 높은 것으로 조사되었다. 따라서 나이 많은 사람에 비해 젊은 사람들이 보수적 정치의식보다는 진보적 정치의식이 높다고 해석하는 경우에 발생할 수 있는 오류는? 12

① 개인주의적 오류
② 생태학적 오류
③ 통계학적 오류
④ 비체계적 오류

해설

① 개인주의적 오류 : 분석단위를 개인에 두고 얻어진 연구의 결과를 집단에 적용함으로써 발생하는 오류이다.
③ 환원주의적 오류 : 넓은 범위의 인간의 사회적 행위를 이해하는 데 필요한 변수 또는 개념의 종류를 지나치게 한정시킴으로써 발생하는 오류로 조사할 개념이나 변수를 설정하는 과정에서 발생한다.

정답 74 ② 75 ② 76 ②

77

다음 설명에 나타난 오류는?

> 연구자는 상대적으로 젊은 유권자를 가진 선거구가 나이 든 유권자를 가진 선거구보다 여성후보에게 더 많은 비율로 투표한 결과에 기초해 연령이 여성후보를 지지하는 데 영향을 미친다고 결론지었다.

① 환원주의적 오류(Reductionism Fallacy) ② 생태학적 오류(Ecological Fallacy)
③ 개인주의적 오류(Individualistic Fallacy) ④ 개념화 오류(Conceptualization Fallacy)

해설
① 환원주의적 오류 : 넓은 범위의 인간의 사회적 행위를 이해하는 데 필요한 변수 또는 개념의 종류를 지나치게 한정시킴으로써 발생하는 오류로 조사할 개념이나 변수를 설정하는 과정에서 발생한다.
③ 개인주의적 오류 : 분석단위를 개인에 두고 얻어진 연구의 결과를 집단에 적용함으로써 발생하는 오류이다.

78

Burkheim은 종교와 자살행위가 깊은 관계를 가지고 있다는 점을 보여주기 위한 바바리아와 프러시아 지방의 분석에서, 그 지역의 개신교도의 비율이 높을수록 그리고 가톨릭 신자의 비율이 낮을수록 평균자살건수가 증가한다는 연구결과를 제시하였다. 그런데 이를 바탕으로 개신교도가 가톨릭 신자보다 자살을 할 경향이 높다고 해석하는 경우 어떤 오류를 저지를 가능성이 있는가?

① 합성오류 ② 생태학적 오류
③ 개인주의적 오류 ④ 환원주의적 오류

해설
① 합성오류 : 개인적으로는 타당한 행동을 모두 다 같이 할 경우 전체적으로는 부정적인 결과가 발생하는 오류이다.
③ 개인주의적 오류 : 분석단위를 개인에 두고 얻어진 연구의 결과를 집단에 적용함으로써 발생하는 오류이다.
④ 환원주의적 오류 : 넓은 범위의 인간의 사회적 행위를 이해하는 데 필요한 변수 또는 개념의 종류를 지나치게 한정시킴으로써 발생하는 오류로 조사할 개념이나 변수를 설정하는 과정에서 발생한다.

79

개신교 국가가 카톨릭 국가보다 자살율이 높다는 사실에서 개신교 신도가 카톨릭 신도보다 자살율이 높다는 결론을 도출할 수 없다는 것은 무엇을 설명하기 위함인가?

① 축소주의 ② 개인주의적 오류
③ 생태학적 오류 ④ 정규화의 오류

해설
생태학적 오류
분석단위를 집단에 두고 얻어진 연구의 결과를 개인에 적용함으로써 발생하는 오류이다.

80

다음은 무슨 오류에 대한 설명인가? 04

> Robinson은 문자해득률과 출생지 사이의 관계에 초점을 맞추어 1930년대 미국의 여러 지역을 비교하였다. 그는 해외출생지의 거주비율이 높은 지역이 낮은 지역에 비하여 문자해득률이 높다는 사실을 발견하였다. 그러나 그가 후속연구에서 거주 지역을 고려하지 않고 개인적인 수준에서 같은 관계를 분석했을 때에 정반대의 결과가 나타났다. 즉, 미국 내 출생지의 문자해득률이 해외출생자의 문자해득률보다 높았던 것이다.

① 개인주의적 오류(Individualistic Fallacy)
② 생태적 오류(Ecological Fallacy)
③ 환원주의적 오류(Reductionism)
④ 변수선정과 관련된 환원주의적 오류

해설
① 개인주의적 오류 : 분석단위를 개인에 두고 얻어진 연구의 결과를 집단에 적용함으로써 발생하는 오류이다.
③・④ 환원주의적 오류 : 넓은 범위의 인간의 사회적 행위를 이해하는 데 필요한 변수 또는 개념의 종류를 지나치게 한정시킴으로써 발생하는 오류로 조사할 개념이나 변수를 설정하는 과정에서 발생한다.

81

친복지적 가치에 동의하는 사람들의 비율을 복지체제의 발전정도를 나타내는 지표로 사용할 때 발생하는 오류는? 19

① 환원주의적 오류
② 생태학적 오류
③ 통계학적 오류
④ 비체계적 오류

해설
환원주의적 오류(Reductionism)
넓은 범위의 인간의 사회적 행위를 이해하는 데 필요한 변수 또는 개념의 종류를 지나치게 한정시킴으로써 발생하는 오류로 조사할 개념이나 변수를 설정하는 과정에서 발생한다.

82

환원주의(Reductionism)로 인한 잘못은 다음 중 어느 때 일어나는가? 03

① 연구목적을 설정하는 과정에서
② 질적(Qualitative)연구와 양적(Quantitative)연구를 비교하는 과정에서
③ 조사할 개념이나 변수를 설정하는 과정에서
④ 시간의 흐름에 따른 변동을 연구하는 과정에서

해설
81번 문제 해설 참고

정답 80 ② 81 ① 82 ③

83

다음 주장과 가장 관련이 깊은 오류는? 05

> 범죄의 원인은 범죄자가 반사회적 인성을 갖고 있기 때문이며, 이러한 반사회적 인성은 태아의 발생단계에서의 신경심리학적 결손에 기인한다.

① 생태학적 오류(Ecological Fallacy)　　② 환원주의적 오류(Reductionism Fallacy)
③ 동어반복적 오류(Tautological Fallacy)　　④ 모델설정의 오류(Specification Error)

해설
① 생태학적 오류 : 분석단위를 집단에 두고 얻어진 연구의 결과를 개인에 적용함으로써 발생하는 오류이다.
③ 동어반복적 오류 : 결론이 전제 속에 함축되어 있는 것을 단순히 해명하는 데 그치거나 전제를 단순히 재진술하는 오류이다.
④ 모델설정의 오류(특정화 오차) : 조사표 항목이 의미하는 개념, 목적, 구성요소 등이 조사에서 측정해야 할 개념, 목적, 구성요소 등과 서로 다른 경우 발생한다.

84

최근의 어려운 한국경제에 대하여 어떤 학자가 국민의 가치관과 규범변화라는 사회학적 변수만으로 설명하였다면, 이는 어떤 오류에 해당하는가? 07

① 생태학적 오류　　② 개인주의적 오류
③ 환원주의 오류　　④ 도치된 인과관계

해설
① 생태학적 오류 : 분석단위를 집단에 두고 얻어진 연구의 결과를 개인에 적용함으로써 발생하는 오류이다.
② 개인주의적 오류 : 분석단위를 개인에 두고 얻어진 연구의 결과를 집단에 적용함으로써 발생하는 오류이다.
④ 인과관계의 도치 : 원인과 결과를 반대로 해석한 오류이다.

85

다음은 어떤 개념에 대한 설명인가? 09

> 조사를 통해 발견한 개인들이 가진 어떤 태도나 행위에 대한 일반적인 패턴을 바탕으로 집단이나 사회의 성격을 규정하는 과정에서 발생하기 쉬운 오류

① 개인주의적 오류(Individualistic Fallacy)　　② 환원주의(Reductionism)
③ 지나친 일반화(Over Generalization)　　④ 생태학적 오류(Ecological Fallacy)

해설
개인주의적 오류는 분석단위를 개인에 두고 얻어진 연구의 결과를 집단에 적용함으로써 발생하는 오류이다.

86

소위 개인주의적 오류(Individualistic Fallacy)에 해당되지 않는 것은? 14 21

① 외국인 관광객을 보고, 그(녀)가 소속한 나라의 민족성을 추론한다.
② 신입사원을 보고, 그(녀)가 졸업한 대학의 학풍을 추론한다.
③ 어떤 학생의 수학능력시험 성적을 보고, 그(녀)가 다니는 학교의 학력을 추론한다.
④ 전국 여론조사 결과를 보고, 일반국민의 지지도를 추론한다.

해설

개인주의적 오류와 생태학적 오류
- 개인주의적 오류 : 분석단위를 개인에 두고 얻어진 연구의 결과를 집단에 적용함으로써 발생하는 오류이다.
- 생태학적 오류 : 분석단위를 집단에 두고 얻어진 연구의 결과를 개인에 적용함으로써 발생하는 오류이다.

87

분석단위와 관련하여 주의해야 할 사항과 가장 거리가 먼 것은? 09

① 생태학적 오류(Ecological Fallacy)
② 개인주의적 오류(Individualistic Fallacy)
③ 무작위적 오차(Random Error)
④ 환원주의(Reductionism)

해설

분석단위로 인한 오류
- 지나친 일반화 : 한 두개의 고립된 사건에 근거해서 일반적인 결론을 내리고 그것을 서로 관계없는 상황에 적용하는 오류이다.
- 개인주의적 오류 : 분석단위를 개인에 두고 얻어진 연구의 결과를 집단에 적용함으로써 발생하는 오류이다.
- 환원주의적 오류 : 넓은 범위의 인간의 사회적 행위를 이해하는 데 필요한 변수 또는 개념의 종류를 지나치게 한정시킴으로써 발생하는 오류로 조사할 개념이나 변수를 설정하는 과정에서 발생한다.
- 생태학적 오류 : 분석단위를 집단에 두고 얻어진 연구의 결과를 개인에 적용함으로써 발생하는 오류이다.

정답 86 ④ 87 ③

88

2차 대전 중 독일이 저지른 인체실험에 대한 재판 끝에 채택된 인간에 대한 과학적인 연구는 윤리적이며 도덕적이어야 한다는 내용의 윤리강령(Ethical Code)은? 06

① The Berlin Code
② The London Code
③ The Nuremberg Code
④ The Paris code

해설

뉘른베르크 강령(The Nuremberg Code)
2차 대전 후 열린 전범재판인 뉘른베르크 재판(1946년 10월부터 1947년 8월) 이후 만들어진 강령으로 인간을 대상으로 하는 연구의 기본원칙을 담은 최초의 강령이다.

89

조사원의 선정에 관한 설명으로 틀린 것은? 07 10

① 조사원은 신뢰감을 줄 수 있는 사람이어야 한다.
② 조사원은 응답자와 무관하게 선정해야 한다.
③ 조사원은 조사내용을 고려하여 선정해야 한다.
④ 조사원은 열성과 끈기가 있는 사람이어야 한다.

해설

조사원이 응답자와 개인적 친분 또는 유대관계가 있다고 할지라도 조사원에 대한 충분한 교육을 통해서 조사의 목적과 조사진행 절차를 완전히 숙지하게 하여 양질의 정보를 수집할 수 있다.

90

조사원 선정에 대한 설명으로 틀린 것은? 15

① 신뢰감을 줄 수 있는 사람이어야 한다.
② 응답자의 학력, 소득수준 등은 고려할 필요가 없다.
③ 조사내용을 고려하여 선정해야 한다.
④ 가능한 한 조사내용을 이해하고 있어야 한다.

해설

조사원과 응답자의 사회적 거리(성, 연령, 학력, 경제적 수준 등)가 멀다면 어떤 형태의 통계조사건 바람직한 결과를 도출해 낼 수 없게 된다.

02 조사설계

01
설명적 연구(Explanatory Research)에 대한 설명과 가장 거리가 먼 것은?
① 가설을 검증하려는 조사이다.
② 실험조사설계 형태로 이루어지는 조사이다.
③ 변수 간의 인과관계를 규명하려는 조사이다.
④ 특정 현상을 사실적으로 묘사하려는 조사이다.

해설
특정 현상을 사실적으로 묘사하려는 조사는 기술적 연구에 해당된다.

02
청소년의 학업 성취도 향상에 영향을 주는 변인들의 상호작용을 알아보는 연구는?
① 예측(Prediction) 연구
② 기술(Description) 연구
③ 설명적(Explanation) 연구
④ 두 변수간의 가설검증(Hypothesis Test) 연구

해설
설명적(Explanation) 연구
설명적 연구는 기술적 연구 결과의 축적을 토대로 어떤 사실과의 관계를 파악하여 인과관계를 규명하거나 미래를 예측하는 연구이다.

03
탐색조사라 볼 수 없는 것은?
① 문헌조사
② 인과조사
③ 사례조사
④ 전문가 의견조사

해설
② 탐색적 조사는 예비조사(Pilot Study)의 하나로 사용될 수 있으며 예비조사에는 문헌조사, 경험자조사, 현지답사, 특례분석(소수사례분석) 등이 있다.

탐색적 조사와 인과적 조사
- 인과적 조사 : 일정한 현상을 낳게 하는 근본원인이 무엇이냐를 중점적으로 검토해보는 조사로서 한 결과에 대한 그 원인을 밝히는 데 목적이 있다.
- 탐색적 조사 : 연구문제에 대한 사전지식이 부족하거나 개념을 보다 분명히 하기 위해 조사설계를 확정하기 이전에 예비적으로 실시하는 조사이다.

정답 01 ④ 02 ③ 03 ②

04

다음 사례에 가장 적합한 조사방법은? 18

> A 소프트웨어 개발업체는 청소년을 대상으로 새로운 게임을 제작하려고 한다. 게임이 청소년들에게 얼마나 호응을 받을 수 있는지를 조사하기 전에 청소년들이 많이 하는 게임의 종류와 소프트웨어 판매량 등을 알아보려고 한다.

① 탐색조사
② 종단조사
③ 인과조사
④ 횡단조사

해설

탐색적 조사(Exploratory Research)
연구문제에 대한 사전지식이 부족하거나 개념을 보다 분명히 하기 위해 조사설계를 확정하기 이전에 예비적으로 실시하는 연구이다.

05

탐색적 조사(Exploratory Research)에 대한 설명으로 가장 적합한 것은? 15 19

① 현상에 관한 기술이 주목적이다.
② 질문지 작성 후 질문지를 검토하기 위해 실시하는 조사이다.
③ 사실 간의 인과관계를 규명하고자 할 때 사용하는 조사이다.
④ 사전지식이 부족한 경우 본조사에 포함될 내용을 얻기 위해 실시하는 조사이다.

해설

04번 문제 해설 참고

06

탐색적 조사에 관한 설명으로 틀린 것은? 13

① 예비조사(Pilot Study)의 하나로 사용될 수 있다.
② 잘 알지 못하는 영역에 대해 개략적 정보를 얻기 위해 실시한다.
③ 사실과의 인과관계를 규명하기 위해 실시한다.
④ 연구문제에 대한 사전지식이 부족할 경우 실시한다.

해설

탐색적 조사와 인과적 조사
- 탐색적 조사 : 연구문제에 대한 사전지식이 부족하거나 개념을 보다 분명히 하기 위해 조사설계를 확정하기 이전에 예비적으로 실시하는 조사이다.
- 인과적 조사 : 일정한 현상을 낳게 하는 근본원인이 무엇이냐를 중점적으로 검토해보는 조사로서 한 결과에 대한 그 원인을 밝히는 데 목적이 있다.

07

특정 상황 내에 있는 여러 변수들의 특성 및 발생빈도의 파악 및 관련 변수들 간의 상호관계 정도를 분석하기 위한 연구방법은? 03

① 설명적 연구
② 실험적 연구
③ 기술적 연구
④ 인과적 연구

해설

과학적 연구의 유형
- 설명적 연구 : 기술적 연구결과의 축적을 토대로 어떤 사실과의 관계를 파악하여 인과관계를 규명하거나 미래를 예측하는 연구
- 실험적 연구 : 인과관계에 대한 가설을 검정하기 위해 변수를 조작, 통제하여 그 조작의 효과를 관찰하는 연구
- 기술적 연구 : 현상을 정확하게 기술하는 것을 주목적으로 발생빈도와 비율을 파악할 때 실시하며 두 개 이상 변수 간의 상관관계를 기술할 때 적용하는 연구
- 인과적 연구 : 일정한 현상을 낳게 하는 근본원인이 무엇이냐를 중점적으로 검토해보는 연구로서 한 결과에 대한 그 원인을 밝히는 데 목적이 있다.
- 탐색적 연구 : 연구문제에 대한 사전지식이 부족하거나 개념을 보다 분명히 하기 위해 조사설계를 확정하기 이전에 예비적으로 실시하는 연구

08

기술조사(Descriptive Research)의 특성이 아닌 것은? 04 17

① 변수의 분포와 특성 조사
② 변수들 간의 관련성 파악
③ 서베이를 통한 자료수집
④ 인과관계의 규명

해설

기술적 연구의 특성
- 현상을 정확하게 기술하는 것이 주목적
- 변수들 간의 관련성(상관관계) 파악
- 특정 상황의 발생빈도와 비율을 파악
- 서베이를 통한 자료수집
- 선행연구가 없어 모집단에 대한 특성을 파악하고자 할 때 실시
- 표본조사의 기본 목적인 모집단의 모수를 추정하기 위한 조사

정답 07 ③ 08 ④

09

기술조사(Descriptive Research)에 대한 설명으로 틀린 것은?

① 일반적으로 표본조사로 실시된다.
② 특정 대상의 행동 양식을 살펴보고자 할 때 실시된다.
③ 선행연구가 없어 모집단의 특성을 파악하고자 할 때 실시된다.
④ 모집단의 현상이나 상태에 대한 원인을 설명하고자 할 때 실시한다.

해설

④ 설명적 조사는 기술조사 결과의 축적을 토대로 어떤 사실과의 관계를 파악하여 인과관계를 규명하거나 미래를 예측하는 조사이다.

기술적 연구의 특성
- 현상을 정확하게 기술하는 것이 주목적
- 변수들 간의 관련성(상관관계) 파악
- 특정 상황의 발생빈도와 비율을 파악
- 서베이를 통한 자료수집
- 선행연구가 없어 모집단에 대한 특성을 파악하고자 할 때 실시
- 표본조사의 기본 목적인 모집단의 모수를 추정하기 위한 조사

10

기술조사(Descriptive Research)에 대한 설명으로 틀린 것은?

① 탐색조사보다 더 많은 사전 지식을 가지고 있어야 한다.
② 특정 대상의 행동 양식을 살펴보고자 할 때 실시된다.
③ 모집단의 현상이나 상태에 대한 원인을 설명하고자 할 때 실시한다.
④ 효율적 기술조사는 의사결정과 관련된 문제를 명확히 하고 확실한 조사목적을 결정하고 난 후 실시해야 한다.

해설

09번 문제 해설 참고

11

다음은 여러 가지 언명을 나열한 것이다. 이중 가설적 성격을 지닌 언명(Statement)은?

① 공기의 양이 변하지 않는 한 온도의 증가는 압력의 증가를 유발한다.
② 불균형한 인식구조 때문에 생긴 심리적 긴장상태는 그 구조를 바꾸는 세력을 만들어 낸다.
③ 상류계급의 사람은 다른 사회계급의 구성원보다 더 영향력을 발휘한다.
④ 조직의 계승률이 변하지 않으면 조직규모의 증대는 구조 및 절차의 증대를 가져온다.

해설

① 기술적 성격을 지닌 언명 : 어떠한 사실을 묘사하기 위한 언명
②·④ 설명적 성격을 지닌 언명 : 인과관계를 규명하기 위한 언명

12

현지연구(Field Research)의 단점으로 가장 적합한 것은? [21]

① 조사자가 관찰대상에 영향을 줄 수 있다.
② 관찰대상을 조사자의 틀에 억지로 맞추려 할 가능성이 있다.
③ 표준화된 방법에 의존하기 때문에 깊이 있는 조사가 어렵다.
④ 인위적으로 통제된 환경에서 대상을 관찰하기 때문에 조사결과가 실제 상황과 다를 수 있다.

해설

현장조사, 현지연구(Field Survey)
연구문제를 설정하거나 가설을 형성하기 위해 현장에 나가 직접 면접을 통해 자료를 수집하는 방법이므로 조사자가 관찰대상에 직접적인 영향을 줄 수 있다.

13

다음 중 조사계획을 세울 때 포함하여야 할 사항으로 적합하지 않은 것은? [04]

① 조사목적
② 조사일정
③ 조사대상
④ 조사주체

해설

조사기획 단계
조사설계는 연구문제에 나타난 이론이나 가설들을 경험적으로 검증하기 위한 전반적인 틀을 설계하는 것으로 조사기획 단계에서는 조사목적, 조사대상, 가능한 표본추출틀, 표본크기 결정, 자료수집방법 결정, 조사일정과 비용 등을 계획한다.

14

양적연구방법의 특징에 대한 설명으로 적절한 것은? [20]

① 깊이 있는 이해목적
② 새로운 현상의 연구목적
③ 원인이 결과를 낳는지 입증하기 위한 연구
④ 개별사례연구

해설

깊이 있는 이해목적, 새로운 현상의 연구목적, 개별사례연구는 질적연구방법의 특징이다.

15

질적연구방법에 관한 설명으로 옳은 것은?

① 일반화 가능성이 높다.
② 경험의 본질적 의미를 탐구한다.
③ 구조화 면접을 많이 활용한다.
④ 자료수집단계와 자료분석단계가 분명히 구분된다.

해설

양적연구와 질적연구

양적연구	질적연구
• 사회현상의 사실이나 원인들을 탐구	• 경험의 본질에 대한 풍부한 기술
• 일반화 가능	• 일반화 불가능
• 구조화된 양적자료수집	• 비구조화된 질적자료수집
• 원인과 결과의 구분이 가능	• 원인과 결과의 구분이 불가능
• 객관적	• 주관적
• 대규모 분석에 유리	• 소규모 분석에 유리
• 확률적 표집방법 사용	• 비확률적 표집방법 사용
• 연구방법을 우선시	• 연구주제를 우선시
• 논리실증주의적 입장을 취함	• 현상학적 입장을 취함

16

질적조사 내용과 가장 거리가 먼 것은?

① 면접녹취록을 분석하여 근거이론을 형성하는 것
② 조사자의 관찰기록에서 주요한 맥락을 파악하는 것
③ 설문지 조사에서 조사대상자의 응답빈도를 측정하는 것
④ 설문조사의 자유응답에 대한 응답자의 주관적인 생각을 해석하는 것

해설

설문지 조사에서 조사대상자의 응답빈도를 측정하는 것은 구조화된 양적자료를 수집하는 것으로 객관적이므로 양적연구에 해당한다.

17

양적방법과 비교할 때 질적방법의 특성이 아닌 것은?

① 많은 사례를 통해 일정 규칙발견을 추구한다.
② 행위자의 관점을 중시한다.
③ 개별사례를 중시한다.
④ 일반화의 문제가 있다.

해설

질적연구
많은 사례를 통해 일정 규칙발견을 추구하는 방법은 양적연구 방법이며, 질적연구 방법은 일반화가 가능하지 않다.

18

질적연구 내용과 가장 거리가 먼 것은?

① 면접녹취록을 분석하여 근거이론을 형성하는 것
② 연구자의 관찰기록에서 주요한 맥락을 파악하는 것
③ 단일사례연구에서 조사대상자의 행동빈도를 측정하는 것
④ 설문조사의 자유응답에 대한 응답자의 주관적인 생각을 해석하는 것

해설

단일사례연구에서 조사대상자의 행동빈도를 측정하는 것은 양적연구 내용에 해당된다.

19

질적연구(Qualitative Research)의 일반적 특성으로 옳은 것은?

① 강제된 측정과 통제된 측정을 이용한다.
② 사회현상의 사실이나 원인들을 탐구하는 논리실증주의의 입장을 취한다.
③ 실증적·자료의 분석을 통해 가설검증을 시도할 뿐만 아니라 연역적 추론을 추구한다.
④ 행위자 자신의 준거의 틀에 입각하여 인간의 행태를 이해하는 데 관심을 갖는 현상학적 입장을 취한다.

해설
양적연구
양적연구는 사회현상의 사실이나 원인들을 탐구하는 논리실증주의의 입장을 취한다.

20

질적연구방법의 일반적 특징과 거리가 가장 먼 것은?

① 연구과정에서 수정이 불가능하다.
② 연구자의 편견이 개입될 여지가 있다.
③ 소규모 분석에 유리하고 자료분석 시간이 많이 소요된다.
④ 주관적 동기의 이해와 의미해석을 하는 현상학직·해석학적 입장이다.

해설
질적연구방법은 연구과정에서 수정될 수 있으며 반복되고 환류된다.

21

다음 중 질적연구의 특성과 가장 거리가 먼 것은? [18]

① 연구자들의 경험이나 구체적인 관찰로부터 시작한다.
② 이론으로부터 도출된 특정한 패턴이나 관계들을 검증한다.
③ 통계적인 절차나 대표성이 중시되지 않는다.
④ 현상학적 인식론에 바탕을 둔다.

해설
가설과 이론으로부터 출발하여 특정한 패턴이나 관계를 검정하는 것은 양적연구이다.

22

질적연구방법에 대한 설명으로 틀린 것은? [18] [21]

① 근거이론의 목적은 사람, 사건 및 현상에 대한 이론의 생성이다.
② 문화기술지(Ethnography)는 특정 문화를 이해하기 위한 방법, 과정 및 결과이다.
③ 현상학은 개인의 주관적인 경험의 본질과 의미에 초점을 둔다.
④ 부정적 사례(Negative Case)의 목적은 연구자가 편견에 빠지지 않게 동료집단이 감시기제로서의 역할을 하는 것이다.

해설
부정적 사례분석의 목적은 연구조사자가 부정적인 사례를 찾아보는 것으로 질적연구의 신뢰성을 검증하는 데 있다.

23

질적연구방법의 엄밀성(Rigorousness)을 높이기 위한 방법과 가장 거리가 먼 것은? [13] [16] [20]

① 다각적 방법(Triangulation)의 활용
② 예외적인 사례의 분석
③ 연구자와 연구대상 간의 공식적 관계 유지
④ 연구대상을 통한 재확인

해설
질적연구의 엄밀성을 높이기 위한 방법
- 다원화(다각적 접근방법)
- 연구자와 동료집단 간의 조언과 검토
- 예외적 사례 분석
- 연구대상 및 결과에 대한 참여자의 재확인
- 지속적인 참여와 끊임없는 관찰
- 외부자문가들의 평가

24

양적연구와 질적연구를 통합한 혼합연구방법(Mixed Method)에 대한 설명으로 틀린 것은? 19

① 다양한 패러다임을 수용할 수 있어야 한다.
② 질적연구결과에서 양적연구가 시작될 수 없다.
③ 질적연구결과와 양적연구결과는 상반될 수 있다.
④ 주제에 따라 두 가지 연구방법의 비중은 상이할 수 있다.

해설

혼합연구(Mixed Method)의 특징
- 질적연구와 양적연구를 결합 보완한 접근방법이다.
- 다양한 연구 패러다임을 수용할 수 있어야 한다.
- 양적연구뿐만 아니라 질적연구 모두에 대한 전문적 지식이 필요하다.
- 양적연구의 결과에서 질적연구가 시작될 수 있고, 질적연구의 결과에서 양적연구가 시작될 수도 있다.
- 연구자에 따라 두 가지 연구방법의 비중은 상이할 수 있다.
- 두 가지 연구방법의 결과는 서로 상반될 수도 있다.

25

질적연구방법과 양적연구방법을 통합하는 혼합연구(Mixed Method)에 관한 옳은 설명을 모두 고른 것은? 13 17 20

ㄱ. 질적연구결과와 양적연구결과가 서로 보완적 관계를 갖는다.
ㄴ. 다각화(Triangulation)를 할 수 있다.
ㄷ. 양적연구결과의 심층적 의미를 파악할 수 있다.
ㄹ. 연구순서상 질적연구보다 양적연구를 먼저 시행해야만 한다.

① ㄱ, ㄴ, ㄷ
② ㄱ, ㄷ
③ ㄷ, ㄹ
④ ㄱ, ㄴ, ㄷ, ㄹ

해설

24번 문제 해설 참고

26

다음 중 횡단연구(Cross-sectional Study)의 단점을 바르게 지적한 것은? 03

① 대규모의 서베이가 어렵다.
② 변수들 간의 인과관계를 확인하기 어렵다.
③ 많은 수의 변수들을 측정하기 어렵다.
④ 자료축적에 많은 시간이 걸린다.

해설

횡단연구(Cross-sectional Study)의 장·단점
- 횡단연구의 장점
  - 종단연구에 비해 상대적으로 시간과 비용이 적게 든다.
  - 대규모 서베이에 적합하다.
  - 연구대상이 지리적으로 넓게 분포되어 있고 연구대상의 수가 많으며, 많은 변수에 대한 자료를 수집해야 할 경우 적합하다.
- 횡단연구의 단점
  - 시간의 흐름에 따라 변화의 추이를 파악하기 어려워 변수들 간의 인과관계를 확인하는 데 한계가 있다.
  - 어떤 현상의 진행과정이나 변화를 측정하지 못한다.

27

다음 중 자료의 형태가 횡단연구에 적합한 것은? 04

① 우리나라의 1950년부터 2002년까지 연간 GNP 성장률
② 2003년 3월 1일 현재 우리나라 4년제 대학교의 대학교별 재학생 수
③ 2차대전 이후 전 세계에서 지출한 연도별 국방비 총액
④ A씨가 취직한 이후 5년간 월별 저금액수

해설

①, ③, ④는 하나의 연구대상을 일정기간 동안 관찰하여 그 대상의 변화를 파악하는 데 초점을 둔 종단연구이며, ②는 일정 시점을 기준으로 모든 관련 변수에 대한 자료를 수집하는 횡단연구이다.

28

횡단연구(Cross-sectional Study)에 대한 설명으로 타당하지 않은 것은? 04

① 실험적 개입을 통한 차이가 아니라 이미 존재하는 집단 간 차이가 연구의 중심이 된다.
② 인과관계(Causal Relationship)설정에서 사전적 추리(A Priori Reasoning)보다 사후석 추리(Ad Hoc Reasoning)가 적합하다.
③ 제3의 변수에 대한 통제는 자료수집단계에서보다 자료분석단계에서 통계적 절차를 통해 시도된다.
④ 성(Gender), 인종과 같은 고정된 변수를 독립변수로 사용하면 인과관계의 방향을 설정할 수 있다.

해설

횡단연구는 시간의 흐름에 따라 변화의 추이를 파악하기 어려워 변수들 간의 인과관계를 확인하는 데 한계가 있다.

정답 26 ② 27 ② 28 ②

29

다음 중 동일시점에서 공간적으로 상이한 집단에서 나타나는 변이를 포착하여 그 원인을 설명하려고 시도하는 분석 방법은? 05

① 종단면적연구(Longitudinal Study)
② 시계열연구(Time-series Study)
③ 횡단면적연구(Cross-sectional Study)
④ 동일집단반복연구(Panel Study)

해설
횡단연구(Cross-sectional Study)
일정 시점을 기준으로 모든 관련 변수에 대한 자료를 수집하는 연구이다.

30

어느 한 특정 시점을 선택해 개인들의 표본을 상이한 연령 집단별로 비교한 연구방법은? 06

① 세대연구(Cohort Study)
② 패널연구(Panel Study)
③ 횡단연구(Cross-sectional Study)
④ 추세연구(Trend Study)

해설
29번 문제 해설 참고

31

조사연구를 크게 종단적 연구와 횡단적 연구로 분류할 때 다음 조사연구 중 성격상 다른 하나는? 08 13 17

① 경향성(Trend)
② 동류집단(Cohort)
③ 인구조사(Census)
④ 패널(Panel)

해설
추세(Trend)연구, 동류집단(Cohort)연구, 패널(Panel)연구는 종단적 연구이고, 인구조사(Census)는 횡단적 연구이다.

29 ③ 30 ③ 31 ③

32

다음 중 횡단면적 연구에 해당하는 것은? 08 12

① 어느 대학에서 금년도 신입생 전원을 대상으로 키와 몸무게를 잰 후 이들 간의 상관관계를 알아보았다.
② 30년 역사를 지닌 어느 대학은 매년 신입생 전원을 대상으로 장래 희망하는 직업을 물어보는 조사를 한다.
③ 금년에 개교한 어느 대학은 금년 신입생을 대상으로 장래 희망하는 직업을 물어본 후 내년에도 그들을 대상으로 같은 내용의 조사를 할 예정이다.
④ 어느 대학의 연구소에서는 10년 단위로 4.19세대 1,000명을 뽑아 그들의 의식 변화를 조사한다.

해설
②는 추세연구, ③은 패널연구, ④는 코호트연구에 해당한다.

33

다음 중 횡단적 연구의 특성과 거리가 먼 것은? 10

① 비용이 적게 든다.
② 광범위한 주제를 한꺼번에 조사할 수 있다.
③ 인과관계의 추리가 어렵다.
④ 표본유지가 어렵다.

해설
종단연구(Longitudinal Study)
종단연구는 오랜 기간 동안 동일한 집단의 연구대상자들을 대상으로 연구하는 방법으로 시간의 경과에 따라 연구대상자들의 사망, 실종 등의 이유로 표본탈락이 발생할 수 있어 표본유지에 어려움이 있다.

34

다음 중 횡단연구에 관한 설명으로 틀린 것은? 11

① 동일한 연구시기에 자료를 수집하는 방법이다.
② 정태적인 성격이라고 할 수 있다.
③ 자료수집 대상자는 동일집단이어야 한다.
④ 표본의 크기가 상대적으로 크다.

해설
종단연구인 추세연구, 코호트연구, 패널연구는 동일집단을 시간의 변화에 따라 연구하는 조사이다.

정답 32 ① 33 ④ 34 ③

35

횡단(Cross-sectional)연구의 단점으로 가장 적합한 것은?

① 대규모의 서베이가 어렵다.
② 변수들 간의 인과관계를 확인하기 어렵다.
③ 구조화된 설문지를 활용하기 어렵다.
④ 자료축적에 많은 시간이 걸린다.

해설

횡단연구(Cross-sectional Study)의 장·단점
일정 시점을 기준으로 모든 관련 변수에 대한 자료를 수집하는 연구이다.
• 횡단연구의 장점
 – 종단연구에 비해 상대적으로 시간과 비용이 적게 든다.
 – 대규모 서베이에 적합하다.
 – 연구대상이 지리적으로 넓게 분포되어 있고 연구대상의 수가 많으며, 많은 변수에 대한 자료를 수집해야 할 경우 적합하다.
• 횡단연구의 단점
 – 시간의 흐름에 따라 변화의 추이를 파악하기 어려워 변수들 간의 인과관계를 확인하는 데 한계가 있다.
 – 어떤 현상의 진행과정이나 변화를 측정하지 못한다.

36

횡단적 조사설계(Cross-sectional Design)의 장점이 아닌 것은?

① 변수 간의 인과적 관계 추론
② 현안 쟁점에 대한 신속한 조사
③ 광범위하고 다양한 자료수집의 용이
④ 분석결과의 통계적 기술

해설

35번 문제 해설 참고

37

다음 중 작년도 OECD 국가 간 사회보장지출을 비교분석할 때 가장 적합한 연구형태는?

① 종단연구 ② 패널연구
③ 횡단연구 ④ 경향연구

해설

횡단연구(Cross-sectional Study)
일정 시점을 기준으로 모든 관련 변수에 대한 자료를 수집하는 연구로 연구대상이 지리적으로 넓게 분포되어 있고 연구대상의 수가 많으며, 많은 변수에 대한 자료를 수집해야 할 경우 유용하다. 기준시점이 작년도이고 연구대상이 OECD 국가 간 사회보장지출을 비교하므로 지리적으로 넓게 분포되어 있어 횡단연구를 하는 것이 적합하다.

38

횡단연구(Cross-sectional Study)에 대한 설명으로 틀린 것은?

① 한 번의 조사로 끝나는 표본조사가 대표적이다.
② 이미 존재하는 각 집단의 차이를 주로 분석한다.
③ 시간적 선후가 없으므로 어떤 경우의 인과관계 방향도 설정할 수 없다.
④ 변수에 대한 통제는 자료수집단계에서 뿐만 아니라, 자료수집 후 분석단계에서도 가능하다.

해설

시간적 선후가 없으므로 변수들 간의 인과관계를 확인하는 데 한계가 있지만 특수한 경우에 있어 인과관계 방향은 설정할 수 있다.

39

다음 사례에 해당하는 연구의 유형은?

> 세대 간에 가치관이 어떻게 다른지를 알아보기 위해 우리나라 국민들 중에서 10대 100명, 20대 100명, 30대 100명, 40대 100명, 50대 100명을 무선적으로 추출하여 가치관을 조사하는 동일한 설문지를 사용하여 그들의 가치관을 조사하였다.

① 횡단연구 ② 종단연구
③ 추세연구 ④ 코호트연구

해설

한 시점에서 연령대별 가치관이 어떻게 다른지를 파악하기 위한 횡단연구에 해당된다.

정답 37 ③ 38 ③ 39 ①

40

우리나라 현행 인구센서스의 특징에 해당되지 않는 것은? 04

① 각종 경상조사 표본틀(Sampling Frame)의 기초자료로 활용
② 외국인을 조사대상에서 제외
③ 5년 주기로 시행
④ 표본조사 병행

해설

인구주택총조사(Population and Housing Census)
1925년 이래 매 5년마다 실시하며 조사대상은 대한민국 영토 내에 상주하는 모든 내·외국인과 그들이 사는 거처이다.

41

종단조사의 특성에 해당되지 않는 것은? 08 14

① 동일한 현상에 대해 시간을 달리하여 반복적으로 측정한다.
② 패널을 이용해서 실시하는 경우가 많다.
③ 변화분석이나 추세분석에 유용하다.
④ 광범위한 대상에 대해 표본조사를 실시한다.

해설

횡단연구의 특징
횡단연구는 연구대상이 지리적으로 넓게 분포되어 있고 연구대상의 수가 많으며, 많은 변수에 대한 자료를 수집해야 할 경우 유용하다. 횡단연구의 유형에는 언론기관의 여론조사, 인구주택총조사와 같은 현황조사를 위한 설계, 어떤 변수와 다른 변수와의 관련성을 파악하기 위한 상관적 연구설계 등이 있다.

42

종단연구에 대한 설명으로 옳지 않은 것은? 20

① 종단연구는 횡단연구에 비해 표본의 크기가 상대적으로 크다.
② 장기간의 연구시기를 필요로 한다.
③ 패널연구와 동향연구가 대표적이다.
④ 연구대상자의 특성과 조건이 연구기간 동안 같아야 한다.

> 해설

종단연구(Longitudinal Study)
- 하나의 연구대상을 일정한 시간 간격을 두고 관찰하여 그 대상의 변화를 파악하는 연구이다.
- 측정이 반복적으로 이루어진다.
- 횡단연구에 비해 상대적으로 시간과 비용이 많이 든다.
- 현장조사에 적합하다.
- 연구대상을 서로 다른 시점에서 동일 대상자를 추적해 조사해야 하므로 표본의 크기가 작을수록 좋다.
- 동태적인 성격을 띠는 연구이다.
- 시간의 흐름에 따라 변화의 추이를 파악하지만 변수들 간의 인과관계보다는 상관관계에 관심을 갖는다.
- 어떤 현상의 진행과정이나 변화를 측정할 수 있다.

43

종단연구(Longitudinal Study)에 대한 설명으로 옳지 않은 것은? 04 07

① 횡단연구와는 대조적으로 동일한 현상을 긴 기간 동안 관찰할 수 있도록 설계된다.
② 종단연구에는 추세연구, 코호트연구, 패널연구 등이 있다.
③ 대규모 조사에 종단연구는 더욱 힘들 수 있다.
④ 직접적 관찰과 심층면접을 병행하는 현장조사는 종단연구가 아니다.

> 해설

현장조사, 현지연구(Field Survey)
연구문제를 설정하거나 가설을 형성하기 위해 현장에 나가 직접 면접을 통해 자료를 수집하는 방법으로 현장조사는 횡단연구이면서 종단연구이다.

44

종단자료가 아닌 횡단자료를 사용하여 아버지가 어릴 적 성장한 곳(독립변수 혹은 원인변수)과 아들의 교육수준(종속변수 혹은 결과변수) 사이의 인과관계를 추론할 때 발생할 수 있는 문제점에 관한 설명으로 옳은 것은? 13

① 횡단자료를 사용했기 때문에 독립변수와 종속변수의 시간적 순서가 문제가 된다.
② 분석단위에서 성장한 곳은 거시인 반면 개인의 교육수준은 미시이므로 생태학적 오류가 문제이다.
③ 분석단위에서 성장한 곳은 거시인 반면 개인의 교육수준은 미시이므로 개인주의적 오류가 발생할 수 있다.
④ 모형특정화(Model Specification)가 문제가 될 수 있다.

> 해설

모형특정화 문제
종단연구는 하나의 연구대상을 일정한 시간 간격을 두고 관찰하여 그 대상의 변화를 파악하는 연구이고, 횡단연구는 일정 시점을 기준으로 모든 관련 변수에 대한 자료를 수집하는 연구이므로 종단자료가 아닌 횡단자료를 사용하는 경우 모형특정화 문제가 발생할 수 있다.

45

종단연구(Longitudinal Study)에 대한 설명과 가장 거리가 먼 것은?

① 코호트연구나 패널연구는 동일한 사람들을 시간을 두고 관찰한다는 점에서 같다.
② 직접관찰은 대개 종단연구이다.
③ 변화분석이나 추세분석에 유용하다.
④ 광범위한 대상에 대해 표본조사를 실시한다.

해설
코호트연구와 패널연구
- 코호트연구 : 동일한 특색이나 행동양식을 공유하는 동류집단(코호트)이 시간의 흐름에 따라 어떻게 변화하는지를 연구
  예) 2005년에 고엽제 피해자에 대해 조사하고 2010년 고엽제 피해자에 대해 조사한다. 단, 2005년에 조사한 고엽제 피해자가 2010년에 조사한 고엽제 피해자와 동일할 필요는 없다.
- 패널연구 : 동일집단(패널)이 시간의 흐름에 따라 어떻게 변화하는지를 연구
  예) 2005년에 고엽제 피해자에 대해 조사하고 2010년 고엽제 피해자에 대해 조사한다. 단, 2005년에 조사한 고엽제 피해자와 2010년에 조사한 고엽제 피해자와 반드시 동일하다.

46

다음 중 종단연구의 대표적인 유형이 아닌 것은?

① 경향연구
② 동류집단연구
③ 패널연구
④ 정태적 집단비교연구

해설
④ 정태적 집단비교연구는 전실험설계이다.

종단연구의 유형
경향연구(Trend Study), 동류집단연구(Cohort Study), 패널연구(Panel Study)

47

대학생들이 학년이 올라감에 따라 정치참여에 대한 관심도가 어떻게 달라지는지를 알아보고자 할 때 가장 적합한 조사방법은?

① 횡단조사
② 종단조사
③ 탐색조사
④ 인과조사

해설
종단연구(Longitudinal Study)
종단연구는 하나의 연구대상을 일정한 시간 간격을 두고 관찰하여 그 대상의 변화를 파악하는 연구이다. 종단연구의 유형으로는 패널연구, 추세연구, 코호트연구, 사건사연구 등이 있다.

48

다음 중 패널연구와 동류집단연구 간의 공통점은? 04

① 표집의 회수
② 독립변인에 대한 종속변인의 변화와 총체적 변화에 대한 정보 동시 습득 가능
③ 분석단위
④ 동일한 집단을 따라가며 조사

해설

패널조사와 코호트조사
- 유사점
  - 한 연구대상을 일정기간 동안 관찰하여 그 대상의 변화를 파악하는 데 초점을 두는 종단조사방법이다.
  - 둘 이상의 시점에서 분석단위를 연구하며 어떤 연구대상의 동태적 변화 및 발전과정의 연구에 사용한다.
- 차이점
  패널연구는 연구대상이 고정된 반면 코호트연구는 연구대상이 대학교 4학년 학생들처럼 같은 시간동안 동일한 경험의 특징을 갖는다.

49

다음 사례의 연구유형으로 옳은 것은? 03 08

> 한국인의 경제활동을 이해하기 위해 전국의 5개 고등학교를 선택하고 작년에 이 학교들을 졸업한 졸업생 전체 2,000명의 경제활동을 매년 조사할 연구계획을 수립하였다.

① 횡단연구
② 추세연구
③ 동류집단 연구
④ 패널연구

해설

횡단연구와 종단연구
- 횡단연구 : 어느 한 시점을 기준으로 관찰하여 자료를 수집하는 연구
- 종단연구 : 하나의 연구대상을 일정한 시간 간격을 두고 관찰하여 그 대상이 변화를 파악하는 연구
  - 추세연구 : 시간의 흐름에 따라 전체 모집단 내의 변화를 연구
    예 우리나라의 1950년부터 2012년까지의 연간 GNP 성장률
  - 코호트연구 : 동일한 특색이나 행동 양식을 공유하는 동류집단(코호트)이 시간의 흐름에 따라 어떻게 변화하는지를 연구
    예 2005년에 고엽제 피해자에 대해 조사하고 2010년 고엽제 피해자에 대해 조사한다. 단, 2005년에 조사한 고엽제 피해자가 2010년에 조사한 고엽제 피해자와 동일할 필요는 없다.
  - 패널연구 : 동일집단(패널)이 시간의 흐름에 따라 어떻게 변화하는지를 연구
    예 2005년에 고엽제 피해자에 대해 조사하고 2010년 고엽제 피해자에 대해 조사한다. 단, 2005년에 조사한 고엽제 피해자와 2010년에 조사한 고엽제 피해자와 반드시 동일하다.

정답 48 ④ 49 ④

50

사회적 변화를 개인 행위자 수준에서 파악하는 데 가장 적합한 조사방법은? 05 20

① 추세연구
② 패널조사
③ 코호트조사
④ 실험연구

해설

패널연구(Panel Study)
동일집단(패널)이 시간의 흐름에 따라 어떻게 변화하는지를 연구하는 방법으로 패널의 개인구성원이 거주지를 옮기더라도 계속 추적 조사한다.

51

패널조사에 대한 설명으로 옳지 않은 것은? 05

① 특정 조사대상을 선정해 반복적으로 조사를 한다.
② 표본의 변질이 일어나지 않는다.
③ 각 기간 동안의 변화를 측정할 수 있다.
④ 상대적으로 많은 자료를 획득할 수 있다.

해설

연구기간이 오래 진행된다면 연구대상이 손실(사망 등)된다는 점이 패널연구의 문제점이다.

52

일정 시점에서 대한민국 성인을 모집단으로 성별, 연령층, 지역, 소득, 학력별로 정당에 대한 지지율을 알아보고자 한다. 이와 같은 조사목적을 달성하기 위하여 조사를 실시할 때 가장 관련이 없는 것은? 07 09

① 표본조사
② 패널조사
③ 교차분석
④ 관계분석

해설

패널연구는 일정 시점을 기준으로 모든 관련 변수에 대한 자료를 수집하는 횡단연구가 아니다.

53

초등학교 입학 전후의 가정환경이 청소년기나 성인기의 범죄에 중요한 원인이 된다는 것을 증명하기 위해 가장 적합한 조사는? 10 15

① 패널조사
② 시계열조사
③ 추세(경향)조사
④ 코호트(동류집단)조사

[해설]
패널연구(Panel Study)
동일집단(패널)이 시간의 흐름에 따라 어떻게 변화하는지를 연구하는 방법으로 패널의 개인구성원이 거주지를 옮기더라도 계속 추적조사한다.

54

선거기간 동안 매월 동일한 표본의 유권자들을 인터뷰하여 누구에게 투표할 의사가 있는지를 조사하는 것처럼, 동일한 사람들을 대상으로 여러 시점에 걸쳐 조사하는 연구방법은? 10 17

① 패널(Panel)연구
② 횡단연구
③ 코호트(Cohort)연구
④ 추세연구

[해설]
53번 문제 해설 참고

55

다음 사례에 해당하는 연구방법은? 18

> 2002~2011년 A대학 경영·경제대학 학과별 수식입학지 35명을 대상자로 선정하여, 3개월 단위로 6번의 향후 경제전망에 인식조사를 하였다.

① 패널연구　　　　　　　　② 추세연구
③ 횡단연구　　　　　　　　④ 코호트연구

[해설]
53번 문제 해설 참고

56

종단연구(Longitudinal Study)의 하나로 각 시점 마다 동일한 사람들을 조사하는 방법은? 11 14

① 코호트연구(Cohort Study)
② 패널연구(Panel Study)
③ 추세연구(Trend Study)
④ 시계열연구(Time-series Study)

해설

패널연구(Panel Study)
동일집단(패널)이 시간의 흐름에 따라 어떻게 변화하는지를 연구하는 방법으로 패널의 개인구성원이 거주지를 옮기더라도 계속 추적조사한다.

57

동일한 표본을 대상으로 복수의 시점에서 반복적으로 조사연구하는 방법은? 12

① 패널연구
② 추세연구
③ 횡단연구
④ 코호트연구

해설

56번 문제 해설 참고

58

패널자료를 이용하여 빈곤이 대학진학에 미치는 영향을 연구하고자 할 때 적합한 조사방법은? 13 18

① 탐색적 조사 - 횡단적 조사 - 양적조사
② 기술적 조사 - 횡단적 조사 - 질적조사
③ 기술적 조사 - 종단적 조사 - 양적조사
④ 설명적 조사 - 종단적 조사 - 양적조사

해설

조사방법 선택
패널자료를 이용하기 때문에 종단적 연구이며, 빈곤이 대학진학에 미치는 영향(인과관계)을 파악하기 위한 양적연구이고, 기술적 연구결과의 축적을 토대로 어떤 사실과의 관계를 파악하여 인과관계를 규명하기 위한 설명적 연구이다.

56 ② 57 ① 58 ④

59

교체패널조사(Rotating Panel Survey)가 비교체패널조사(Nonrotating Panel Survey)에 비해 가지는 단점은? 04

① 패널 손실(Panel Loss)
② 모집단 특성 변화의 파악
③ 개인별 통시적 합계자료(Aggregate Data for Individuals Across Time)
④ 패널 추적 비용

> **해설**
> 교체패널조사, 회전패널조사, 연동표본조사(Rotating Panel Survey)
> 경제활동인구조사 또는 가계동향조사와 같이 시점의 변화에 따라 일정 비율의 부표본(Sub-sample)을 표본에서 제외시키고 새로운 부표본으로 표본을 대체하는 조사방법이다. 즉, 교체패널조사는 일정 비율의 부표본을 일정 주기로 대체하기 때문에 개인별 통시적 합계자료는 의미가 적다.

60

교체패널조사(Rotating Panel Survey)와 비교체패널조사(Non-rotating Panel Survey)의 비교설명으로 틀린 것은? 07 00

① 교체패널조사가 비교체패널조사보다 패널을 추적하는 비용을 줄일 수 있다.
② 교체패널조사가 비교체패널조사보다 패널소실(Panel Attrition)이 적다.
③ 비교체패널조사가 교체패널조사보다 모집단의 특성 변화를 더 용이하게 파악할 수 있다.
④ 비교체패널조사가 교체패널조사보다 개인별 통시적 자료 확보에 유리하다.

> **해설**
> 교체패널조사는 일정 비율의 부표본을 일정 주기로 대체하기 때문에 비교체패널조사보다 모집단의 특성 변화를 잘 파악할 수 있다.

정답 59 ③ 60 ③

61

시계열연구 또는 종단면적 연구에서 표본수를 상실하게 되는 경우는? 06

① 통제변수(Control Variable)를 포함하는 경우
② 조절변수(Moderating Variable)를 포함하는 경우
③ 시차변수(Lagged Variable)를 포함하는 경우
④ 매개변수(Mediating Variable)를 포함하는 경우

해설

시차변수(Lagged Variable)
연구모형에 시차변수를 포함하는 경우 연구대상자 중에서 일정 수가 탈락하여 표본수가 감소되며, 어떤 특성을 가진 사람이 탈락되었냐가 중요한 요인으로 작용한다.

62

패널연구와 코호트연구에 대한 비교설명으로 틀린 것은? 06

① 패널연구에서는 응답자 일부가 다음 조사에서 응답할 수 없게 되는 패널 소실(Panel Attrition)현상이 일어나는 단점이 있다.
② 패널연구는 동일인의 변화를 추적하기 때문에 코호트연구에 비해 정밀한 연구가 가능하다.
③ 코호트연구는 동일 코호트의 변화를 추적하기 때문에 서로 다른 코호트들 사이의 차이를 보여주지 못한다.
④ 코호트연구에서는 시기(Period)효과, 연령(Age)효과, 상황(Cohort)효과를 모두 고려해야 한다.

해설

코호트연구는 동일한 특색이나 행동 양식을 공유하는 동류집단(코호트)이 시간의 흐름에 따라 어떻게 변화하는지를 연구하는 것으로 동류집단과 서로 다른 집단과의 비교가 가능하다.

63

다음 중 코호트조사(Cohort Analysis)에 대한 설명으로 틀린 것은? 09 19

① 코호트란 특정 시기에 태어났거나 동일 시점에 특정한 사건을 경험한 사람을 일컫는 말이다.
② 코호트조사의 모집단은 변할 수 있다.
③ 코호트조사는 종단조사이다.
④ 조사시점마다 샘플로 선정된 조사대상은 변할 수 있다.

해설

코호트조사(Cohort Analysis)
특정 시기에 태어났거나 동일 시점에 특정한 사건을 경험한 사람들을 두 번 이상의 다른 시기에 걸쳐서 비교·연구하는 방법으로 표본으로 선정된 조사대상은 변할 수 있으나 모집단은 변하지 않는다.

64

최근 발생한 강진을 경험한 영남지역 주민을 대상으로 내년부터 반기별로 5년간 100명씩 새로운 표집을 통해 조사하여 결과를 비교하는 연구를 계획하고 있다. 이와 같은 연구를 무엇이라고 하는가? [16]

① 코호트연구(Cohort Study)
② 패널연구(Panel Study)
③ 횡단연구(Cross-Sectional Study)
④ 섹션연구(Section Study)

해설

코호트연구(Cohort Study)
동일한 특색이나 행동 양식을 공유하는 동류집단(코호트)이 시간의 흐름에 따라 어떻게 변화하는지를 연구하는 것으로 동류집단과 서로 다른 집단과의 비교가 가능하다.

65

한 연구자가 환경보호에 대한 인식이 갈수록 높아지고 있다는 사실을 발견하였다고 가정하자. 이 연구자는 이것이 시대에 따른 변화인지 아니면 환경의식이 상대적으로 높은 젊은 세대가 모집단에서 차지하는 비율이 높아지기 때문인지를 확인하려고 한다. 시간과 연구비용을 고려하지 않을 때 이 목적을 달성하기 위한 가장 좋은 연구방법은? [05] [07]

① 횡단연구
② 추세연구
③ 동류집단연구
④ 사건사연구

해설

64번 문제 해설 참고

66

어떤 연구자가 10년 간격으로 같은 연령층의 이혼율을 조사하였다. 이 조사방법에 대한 설명으로 맞는 것은? [21]

① 매번 표본(Sample)도 동일하고 모집단도 동일하다.
② 매번 표본(Sample)은 바뀌지만 동일한 모집단을 대표한다.
③ 매번 동일한 모집단을 조사하여 분석결과는 동일하다.
④ 매번 모집단(Population)의 구성원은 바뀌지만 동일한 모집단을 대표한다.

해설

코호트연구(Cohort Study)
10년 간격으로 같은 연령층의 이혼율을 조사하기 때문에, 예를 들어 30대의 이혼율을 조사한다는 가정하에, 10년이 지나면 해당 모집단은 나이가 10살 증가하게 되어 40대가 된다. 따라서 10년 간격으로 조사할 시 매번 모집단의 구성원은 바뀌지만, 30대의 이혼율을 조사한다는 동일한 모집단을 대표하는 것은 같다.

정답 64 ① 65 ③ 66 ④

67

다음의 설명과 가장 관계가 깊은 종단적 설계는? 07

> 1972년 ○○시 △△구에서 출생한 모든 사람들의 명단을 동사무소에서 얻어서 이들의 지금까지의 범죄경력을 연단위로 조사함

① 패널연구(Panel Study)
② 추세연구(Trend Study)
③ 예고적 코호트연구(Prospective Cohort Study)
④ 회고적 코호트연구(Retrospective Cohort Study)

해설
코호트연구의 종류
- 예고적 코호트연구, 전향적 코호트연구(Prospective Cohort Study) : 코호트가 정의된 시점에서 앞으로 발생하는 자료를 이용하는 연구
- 회고적 코호트연구, 후향적 코호트연구(Retrospective Cohort Study) : 이미 작성되어 있는 자료를 이용하는 연구

68

조사유형에 대한 설명으로 가장 적합한 것은? 15

① 횡단(Cross-sectional)조사는 조사대상을 두 번 이상 연속적으로 관찰하거나 자료를 수집하는 조사이다.
② 코호트(Cohort)조사는 집단구성원의 모집단이 동일하고 조사시점마다 샘플로 선정된 조사대상도 동일하다.
③ 추세(Trend)조사는 다른 시점의 반복측정을 통해 얻은 시계열자료를 이용하는 조사이다.
④ 패널(Panel)조사는 각각 다른 시기와 서로 다른 대상이지만 일정한 연령집단을 조사하는 것이다.

해설
③ 추세연구 : 시간의 흐름에 따라 전체 모집단 내의 변화를 연구
① 횡단연구 : 어느 한 시점을 기준으로 관찰하여 자료를 수집하는 연구
② 코호트연구 : 동일한 특색이나 행동 양식을 공유하는 동류집단(코호트)이 시간의 흐름에 따라 어떻게 변화하는지를 연구
④ 패널연구 : 동일집단(패널)이 시간의 흐름에 따라 어떻게 변화하는지를 연구

69

다음 중 총변화(Gross Change)는 알 수 있으나 순변화(Net Change)를 알아보기 어렵고, 개별적인 변화의 역동성을 알 수 없다는 단점을 갖는 연구방법은? 03 21

① 세대연구(Cohort Study)
② 패널연구(Panel Study)
③ 횡단연구(Cross-Sectional Study)
④ 추세연구(Trend Study)

해설
추세연구, 추이연구(Trend Study)
시간의 흐름에 따라 전체 모집단 내의 변화를 연구하는 것으로 구성원은 변하지만 동일한 모집단에서 상이한 표본을 상이한 시점에 조사하기 때문에 개별적인 변화는 알 수 없다.

70

다음 중 추세(Trend)연구를 설명하는 내용으로 적합한 것은? 05

① 동일한 모집단의 다른 대상으로부터 시점을 달리하여 여러 번 자료를 수집하는 경우
② 같은 대상으로부터 시점을 달리하여 여러 번 자료를 수집하는 경우
③ 서로 다른 분석단위를 대상으로 한 번 이상 자료를 수집하지만 그 분석단위가 공통점을 가질 경우
④ 같은 대상으로부터 한 번의 시점에 자료를 수집하는 경우

해설
69번 문제 해설 참고

71

패널(Panel)을 사용하지 않고 국민의 정치성향을 매해 반복 조사하는 국민의식조사와 같은 방식의 조사설계에 대한 설명으로 적합하지 않은 것은? 03 05 16

① 소수집단에 대한 축석된 표본의 확보가 가능하다.
② 특정 시점의 모집단에 대한 추정이 정확하다.
③ 동일한 표본단위(Sampling Units)를 사용하지 않는다.
④ 대표적인 조사로 영국의 General Household Survey 등이 있다.

해설
영국의 일반가구조사(General Household Survey)
영국의 일반가구조사는 1971년 이래 매년 실시되는 가구표본조사이며 표본단위(Sampling Units)는 가구(Household)로 동일하다.

정답 69 ④ 70 ① 71 ③

72

사례연구방법에 관한 옳은 설명을 모두 고른 것은? 08 13 15 17 20

> ㄱ. 질적이다.
> ㄴ. 현상주의적이다.
> ㄷ. 전체적(Holistic)이다.
> ㄹ. 맥락(Context)과 과정(Process)의 기술이다.

① ㄱ, ㄴ
② ㄱ, ㄷ
③ ㄱ, ㄴ, ㄹ
④ ㄱ, ㄴ, ㄷ, ㄹ

해설

사례조사(Case Study)
특정 사례를 연구대상 문제와 관련하여 가능한 모든 각도에서 종합적인 연구를 실시함으로써 연구문제와 관련된 연관성을 찾아내는 조사방법이다.
- 조사대상의 특징적 변화와 영향요인들 간의 인과관계를 파악하는 데 유용하다.
- 소수의 사례를 심층적으로 다룸으로써 연구대상에 대한 종합적인 분석이 가능하다.
- 시간의 흐름에 따라 일정기간 동안 조사하는 종단적 방법이며, 종래에는 질적연구에 치우쳤지만 근래에 양적연구의 속성을 동시에 지니는 전체적 조사방법으로 평가되고 있다.

73

사례조사(Case Study)에 대한 설명으로 틀린 것은? 06 09

① 본조사의 예비조사로 활용가능하다.
② 연구대상의 동태적 분석이 가능하다.
③ 조사대상의 특성을 포괄적으로 연구할 수 있다.
④ 조사 변수의 폭과 깊이 파악이 용이하다.

해설

사례조사(Case Study)의 장·단점
- 사례조사의 장점
  - 연구대상에 대한 문제의 원인을 밝혀 줄 수 있다.
  - 탐색적 조사로 활용될 수 있다.
  - 연구대상에 대해 구체적이고 상세하게 연구하는 데 유용하다.
  - 본조사에 앞서 예비조사로 활용할 수 있다.
- 사례조사의 단점
  - 대표성이 불분명하여 조사결과의 일반화 가능성이 낮다.
  - 조사 변수에 대한 조사의 폭과 깊이가 불분명하다.
  - 다른 연구와 같은 변수에 대해 관찰이 이루어지지 않기 때문에 비교가 불가능하다.

74

문헌조사(Literature Review)의 목적과 가장 거리가 먼 것은? [11]

① 해당 분야의 연구현황을 파악한다.
② 문제해결을 위한 방법을 탐색한다.
③ 연구의 이론적 기초를 제시한다.
④ 구체적 연구가설을 제시한다.

해설

문헌조사(Literature Review)의 목적
문헌조사는 해당 연구와 관련된 연구현황을 파악하기 위해 각종 문헌을 조사하는 것이다.
• 연구문제를 구체적으로 한정시킨다.
• 연구문제의 해결을 위한 새로운 접근방법을 알 수 있다.
• 조사설계에서의 잘못을 피할 수 있다.
• 연구수행에 관한 새로운 아이디어를 찾을 수 있다.

75

다음 중 짝지어진 내용이 옳지 않은 것은? [03] [05]

① 개별사례모델 - 단일사례기법 - 질적조사방법에 치중
② 보편법칙모델 - 일반화 - 양적조사방법에 치중
③ 질적조사방법 - 인간경험에 대한 깊은 이해목적
④ 해석주의 - 인과관계중시

해설

해석주의(Interpretivism)
이론적인 면과 실질적인 면 사이에 어떠한 일치점 등을 발견하게 하며, 특히 각 연구에 있어서 그들 가설의 상호연관성(≠ 인과관계)을 중시하는 성격을 갖는다.

76

조사연구의 목적과 관련된 설명으로 맞는 것은? 21

① 원인과 결과를 추론할 때 – 묘사를 목적으로 하는 연구실시
② 앞으로 발생될 현상을 예측할 때 – 기술을 목적으로 하는 연구실시
③ 모집단의 특성을 정확하게 드러내야 할 때 – 설명을 목적으로 하는 연구실시
④ 연구주제에 대한 내용이 별로 알려진 것이 없을 때 – 탐색을 목적으로 하는 연구실시

해설

과학적 연구의 유형

설명적 연구	기술적 연구결과의 축적을 토대로 어떤 사실과의 관계를 파악하여 인과관계를 규명하거나 미래를 예측하는 연구
실험적 연구	인과관계에 대한 가설을 검정하기 위해 변수를 조작, 통제하여 그 조작의 효과를 관찰하는 연구
기술적 연구	현상을 정확하게 기술하는 것을 주목적으로 발생빈도와 비율을 파악할 때 실시하며 두 개 이상 변수 간의 상관관계를 기술할 때 적용하는 연구
인과적 연구	일정한 현상을 낳게 하는 근본원인이 무엇이냐를 중점적으로 검토해보고 한 결과에 대한 그 원인을 밝히는 데 목적이 있는 연구
탐색적 연구	연구문제에 대한 사전지식이 부족하거나 개념을 보다 분명히 하기 위해 조사설계를 확정하기 이전에 예비적으로 실시하는 연구

77

실험설계의 내용에 대한 설명으로 맞지 않는 것은? 03

① 독립변수의 조작이 가능하여야 한다.
② 인과적 추론을 위해 통계학적 분석방법을 사용한다.
③ 비교를 위한 통제집단이 확보되어야 한다.
④ 외부변수의 영향력을 배제할 수 있어야 한다.

해설

실험설계의 조건

- 외생변수의 통제 : 외생변수는 종속변수에 영향을 미칠 수 있는 변수로서 외생변수를 통제하지 않으면 독립변수와 종속변수 사이의 인과관계를 파악하는 데 문제가 발생된다.
- 독립변수의 조작 : 연구자가 의도적으로 어떤 한 집단에는 독립변수를 발생시키고 다른 집단에는 발생하지 않도록 한 후 독립변수의 조작이 종속변수에 미치는 영향을 관찰한다.
- 실험대상의 무작위화 : 연구대상을 실험집단과 통제집단으로 나눌 때 가능한 두 집단의 차이가 적도록 무작위로 할당한다.
- 종속변수의 비교 : 실험집단과 통제집단 간의 종속변수를 비교하거나 실험전후의 종속변수를 비교하여 두 변수 간에 차이가 있는지 알아본다.

78

조사설계에 대한 설명 중 옳지 않은 것은? 03

① 조사문제에 대한 해석을 가능한 객관적이며 정확하게 경제적으로 강구할 수 있도록 고안된 것이다.
② 가설형태로 기술될 수 있고, 또 실제 그렇게 기술하는 것이 일반적이다.
③ 조사설계는 설정된 그대로 수정 없이 시행해야 하는 고도의 구체적인 계획이다.
④ 무엇을 관찰 및 분석해야 하는가 하는 방향을 암시해 주는 것이다.

해설

조사설계의 특징
- 조사문제에 대한 명확한 답을 제공하며 조사과정상에서 발생하는 분산이나 일탈을 방지한다.
- 조사문제의 선정에 있어서 가설의 요건과 기능, 종류, 평가기준 등을 이해해야 한다.
- 조사에 있어서 실제적인 요인들을 고려하여 연구의 방향을 제시하는 청사진이다.
- 조사과정 전체에 대한 일종의 가이드라인 역할을 수행하므로 수정과 보완이 가능하다.

79

다음 중 비개입적 연구(Unobtrusive Research)가 아닌 것은? 10 15

① 내용분석
② 기존 통계자료 분석
③ 역사 비교분석
④ 현장연구

해설

개입적 연구와 비개입적 연구
- 개입적 연구 : 연구자가 현상관찰에 개입하는 연구로 설문조사, 현장연구, 사례연구 등이 있다.
- 비개입적 연구 : 연구자가 현상관찰에 개입하지 않는 연구로 내용분석, 역사 비교분석 등이 있다.

80

실험설계의 구성요소와 가장 거리가 먼 것은? 04

① 종속변수의 조작
② 외생변수의 통제
③ 실험대상의 무작위 할당
④ 경쟁가설의 배제

해설

실험설계의 핵심요소
- 외생변수의 통제 : 외생변수는 종속변수에 영향을 미칠 수 있는 변수로서 외생변수를 통제하지 않으면 독립변수와 종속변수 사이의 인과관계를 파악하는 데 문제가 발생된다.
- 독립변수의 조작 : 연구자가 의도적으로 어떤 한 집단에는 독립변수를 발생시키고 다른 집단에는 발생하지 않도록 한 후 독립변수의 조작이 종속변수에 미치는 영향을 관찰한다.
- 실험대상의 무작위화 : 연구대상을 실험집단과 통제집단으로 나눌 때 가능한 두 집단의 차이가 적도록 무작위로 할당한다.
- 종속변수의 비교 : 실험집단과 통제집단 간의 종속변수를 비교하거나 실험전후의 종속변수를 비교하여 두 변수 간에 차이가 있는지 알아본다.

정답 78 ③ 79 ④ 80 ①

81

실험설계를 위한 세 가지 기본적인 조건이 아닌 것은? 05

① 실험변수(독립변수 혹은 원인변수)의 조작
② 모수에 대한 추론 검증
③ 실험대상자들에 대한 무작위 할당
④ 외생변수의 통제

해설

실험설계의 핵심요소
- 독립변수의 조작 : 연구자가 의도적으로 어떤 한 집단에는 독립변수를 발생시키고 다른 집단에는 발생하지 않도록 한 후 독립변수의 조작이 종속변수에 미치는 영향을 관찰한다.
- 실험대상의 무작위 할당 : 연구대상을 실험집단과 통제집단으로 나눌 때 가능한 두 집단의 차이가 적도록 무작위로 할당한다.
- 외생변수의 통제 : 외생변수는 종속변수에 영향을 미칠 수 있는 변수로서 외생변수를 통제하지 않으면 독립변수와 종속변수 사이의 인과관계를 파악하는 데 문제가 발생된다.
- 종속변수의 비교 : 실험집단과 통제집단 간의 종속변수를 비교하거나 실험 전후의 종속변수를 비교하여 두 변수 간에 차이가 있는지 알아본다.

82

실험디자인의 요건과 가장 거리가 먼 것은? 13

① 무작위할당
② 독립변수 조작
③ 종속변수 비교
④ 자연적 환경

해설

81번 문제 해설 참고

83

실험설계의 기본조건과 가장 거리가 먼 것은? 14

① 독립변수의 조작
② 실험대상자의 무작위화
③ 경쟁가설의 수용
④ 외부변수의 통제

해설

81번 문제 해설 참고

84

실험설계를 비실험설계와 구분시키는 요건이 아닌 것은? 05 09

① 실험변수의 조작
② 외생변수
③ 확률표집
④ 실험대상의 무작위화(난선화)

해설

81번 문제 해설 참고

85

새로운 광고카피의 수용자효과에 대해 실험실 실험연구를 통하여 연구하려고 할 때 가장 크게 고려하지 않아도 되는 것은? 05 08

① 실험실 환경의 가외변인 통제
② 독립변인에 대한 실험처치의 통제
③ 실험집단과 통제집단의 피실험자 배분
④ 실험자와 피실험자 사이의 친밀감

> [해설]
> 면접법이 아니므로 실험자와 피실험자 사이의 친밀감(Rapport)은 고려하지 않아도 된다.

86

존 스튜어트 밀(Mill)은 현상 또는 변인들 간의 인과관계를 추론하기 위한 세 가지 방법을 제안하였다. 다음 중 인과관계를 추론하기 위한 세 가지 방법에 속하지 않는 것은? 06 10 13 20

① 일반화(Generalization) 방법
② 일치(Agreement) 방법
③ 차이(Difference) 방법
④ 동시변화(Concomitant Variation) 방법

> [해설]
> **밀(Mill)의 실험설계에 대한 기본 논리**
> - 일치법 : 관찰하는 모든 현상에서 항상 한 가지 요소 또는 조건이 발견된다면, 그 현상과 요소는 인과적으로 연결된다.
> - 차이법 : 서로 상이한 결과가 나타나는 점을 비교하여, 그 결과로 나타나는 현상을 제고하지 않고서는 배제될 수 없는 선행조건이 있다면, 이는 그 현상의 원인이다.
> - 간접적 차이법 : 만약 특정 현상이 발생하는 둘 이상의 사례에서 하나의 공통요소만을 가지고 있고, 그 현상이 발생하지 않는 둘 이상의 사례에서 그러한 공통요소가 없다는 점 외에 공통사항이 없다면, 그 요소는 그러한 특정 현상의 원인이다.
> - 잔여법(잉여법) : 특정 현상에서 귀납적 방법의 적용으로 인과관계가 이미 밝혀진 부문을 제외할 때, 그 현상에서의 나머지 부분은 나머지 선행요인의 결과이다.
> - 동시변화법 : 어떤 현상이 변화할 때마다 다른 현상에 특정한 방법으로 변화가 발생한다면 그 현상은 다른 현상의 원인 또는 결과이거나, 일정한 인과관계의 과정으로 연결되어 있다.

87

실험설계를 통한 연구에서 짝맞추기(Matching)란?

① 사전시험(Pretest)집단과 사후시험(Posttest)집단의 피실험자(Subject)들을 연결시키는 것
② 유사한 쌍(Pair)들을 추출하여 그 쌍들 가운데 하나는 실험집단에 다른 하나는 통제집단에 무작위로 할당하는 것
③ 독립변수에 대한 쌍들과 종속변수에 대한 쌍들을 연결시키는 것
④ 남자집단과 여자집단을 비교하여 비슷한 특성을 가진 쌍들을 찾아내는 것

해설

타당도를 높이기 위한 대상자 배정방안
- 무작위 배정(Random Assignment) : 대상자들이 실험집단에 배정될 확률과 통제집단에 배정될 확률을 동일하게 보장하는 방법이다.
- 짝짓기(Matching) : 대상자들에게 관찰될 여러 개의 변수를 고려할 때 실험집단과 통제집단으로 배정될 확률이 가장 가까운 대상자끼리 짝지어 배정한 후 남은 대상자 중에서 실험집단과 통제집단으로 배정될 확률이 가장 가까운 대상자끼리 짝지어 배정하는 방법을 남은 대상자들이 모두 짝지어질 때까지 반복하는 방법이다.
- 통계적 통제 : 통제해야 할 변수들을 독립변수로 간주하여 실험설계에 포함하는 방법이다.

88

다음은 무엇에 관한 설명인가?

> 실험연구에서 피험자에게 일련번호를 부여한 후 짝수 번호를 가진 피험자들을 실험집단에 홀수 번호를 가진 피험자들을 통제집단에 배정하였다.

① 무작위표본추출
② 무작위화
③ 짝맞추기
④ 이중 눈가림 실험

해설

실험대상의 무작위화
연구대상을 실험집단과 통제집단으로 나눌 때 가능한 두 집단의 차이가 적도록 무작위로 할당한다.

89

다음 중 실험설계의 특징이 아닌 것은? 10 21

① 실험의 내적타당도를 확보하기 위한 노력이다.
② 실험의 검증력을 극대화하고자 하는 시도이다.
③ 연구가설의 진위여부를 확인하는 구조화된 절차이다.
④ 조직적 상황을 최대한 배제하고 자연적 상황을 유지해야 하는 표준화된 절차이다.

해설
④ 실험설계는 조사대상에 대한 여러 변수 간의 인과관계를 인위적으로 실험상황을 명백하게 규정하고 외부변수를 통제함은 물론 그 상황에서 주요 독립변수를 조작하여 종속변수를 관찰함으로써 그 효과를 파악하는 설계이다.

실험설계의 특징
- 실험의 내적타당도를 확보하기 위한 노력이다.
- 실험의 검증력을 극대화하고자 하는 시도이다.
- 연구가설의 진위여부를 확인하는 구조화된 절차이다.
- 새로운 가설이나 연구문제를 발견하는데 기여한다.

90

다음 중 실험계획을 위한 기본요소가 아닌 것은? 06

① 변수(Variable)
② 가설(Hypothesis)
③ 내용타당성(Content Validity)
④ 조작적 정의(Operational Definition)

해설
실험설계의 기본요소
- 변 수
- 가 설
- 변수들 간의 상호작용
- 조작적 정의와 측정
- 실험설계의 기본모형
- 내적타당성과 외적타당성
- 외생변수의 유형
- 외생변수의 통제방법

91

실험실(Laboratory) 실험설계를 통한 연구의 단점은? 07

① 외적타당도를 확보하기 어렵다.
② 인관관계(Causation)를 명확히 알 수 있다.
③ 기존 이론을 정교화하는데 연구결과를 이용할 수 있다.
④ 연구조건이 명확하여 연구과정을 쉽게 반복할 수 있다.

해설

실험실 실험연구의 특징
실험실 실험은 실험자가 실험목적을 위해 인위적으로 연구상황을 구성하고 실험을 실시하는 연구이다.
- 조사상황의 엄격한 통제하에서 연구대상에 대한 무작위추출이 가능하다.
- 하나 이상의 독립변수의 조작이 용이하다.
- 실험이 정밀하고 반복적 실험이 가능하다.
- 실험결과의 외적타당도가 낮아 일반화 가능성이 낮다.
- 독립변수 및 외생변수의 통제로 조사결과를 확신할 수 있게 되어 내적타당도가 높다.
- 독립변수 및 외생변수의 통제가 가능하여 인과관계 검증에 적합하다.

92

실험실(Laboratory) 실험설계가 가지는 특성 또는 장점과 가장 거리가 먼 것은? 09 18

① 내적타당성이 높다.
② 일반화 가능성이 높다.
③ 외생변수의 철저한 통제가 가능하다.
④ 인과관계 검증에 적합하다.

해설

실험실 실험연구의 단점
실험실 실험은 실험자가 실험목적을 위해 인위적으로 연구상황을 구성하고 실험을 실시하는 연구로서 실험결과의 외적타당도가 낮아 일반화 가능성이 낮다.

93

다음 중 연구방법과 그 장점이 바르게 짝지어진 것은? 09

① 실험 – 인과관계의 확인이 용이하다.
② 참여관찰 – 일반화 가능성이 크다.
③ 내용분석 – 측정의 타당도가 높다.
④ 조사연구 – 현상에 대한 심층적인 이해가 용이하다.

> **해설**
> ① 실험조사 : 독립변수의 효과를 측정하거나, 독립변수가 종속변수에 영향을 미치는 인과관계에 대한 가설을 검증하는 조사방법이다.
> ② 참여관찰 : 관찰자가 관찰대상집단 내부로 침투하여 구성원의 하나가 되어 그들과 함께 생활하거나 활동하면서 관찰하는 조사방법으로 동조현상으로 인해 객관성을 잃거나 관찰자의 주관적인 가치가 개입됨으로써 관찰결과의 일반화 가능성이 적다.
> ③ 내용분석 : 기록화된 것을 중심으로 그 연구대상에 대한 필요 자료를 수집, 분석함으로써 객관적이고 체계적이며 계량적인 방법으로 분석하는 방법으로 분류범주의 타당성 확보가 곤란하다.
> ④ 조사연구 : 어떤 현상이나 사실을 있는 그대로 기술하는 연구방법으로 현상에 대한 심층적인 분석에는 한계가 있다.

94

다양한 실험적 방법에 대한 설명으로 틀린 것은? 21

① 통제집단 전후비교방법의 문제는 검사의 실험적 처리 간의 상호작용 효과가 발생할 수 있다.
② 솔로몬 4개 집단비교방법은 완벽한 실험설계방법으로 시간과 비용이 적게 드는 장점이 있어 가장 많이 사용된다.
③ 영화관람 전 아동들의 태도를 측정하고 영화관람 후 다시 측정하여 그 차이를 비교하는 방법이 단일집단 전후비교방법이다.
④ 통제집단 후비교방법은 한 집단에는 실험적 처치를 가하고 다른 집단에는 실험적 처치를 하지 않고 그 결과를 비교하는 것이다.

> **해설**
> **실험설계의 종류**
> • 통제집단 전후비교 : 무작위할당으로 실험집단과 통제집단을 구분한 후 실험집단에 대해서는 독립변수 조작을 가하고 통제집단에 대해서는 아무런 조작을 가하지 않고 두 집단 간의 차이를 전후로 비교하는 방법이다.
> • 솔로몬 4집단설계 : 4개의 무작위 집단을 선정하여 사전측정을 한 2개 집단 중 하나와 사전측정을 하지 않은 2개의 집단 중 하나를 실험집단으로 하며, 나머지 2개의 집단을 통제집단으로 하여 비교하는 방법이다. 통제집단 사후설계와 통제집단 사전사후 실험설계를 결합한 형태로 가장 이상적인 설계이다. 하지만 4개의 집단을 무작위로 선정하는 데 어려움이 있고 비용이 많이 들어 현실적으로 이용하는 데 한계가 있다.
> • 단일집단 사전사후설계 : 통제집단이 없이 실험집단만을 대상으로 실험을 실시하기 전에 관찰하고 실험을 실시한 후 관찰하여 실험이전과 실험이후의 차이를 측정하는 설계이다.
> • 통제집단 사후비교 : 통제집단 전후비교의 단점을 보완하기 위해 실험대상자를 무작위로 할당하고 사전검사 없이 실험집단에 대해서는 조작을 가하고 통제집단에 대해서는 아무런 조작을 가하지 않고 그 결과를 서로 비교하는 방법이다.

95

다음 중 실험설계에 대한 설명으로 틀린 것은? [08]

① 일반적으로 실험에서 피험자집단이 더 큰 모집단을 대표해야 한다는 요구는 실험집단과 통제집단이 서로 유사해야 한다는 요구보다 상대적으로 덜 중요하다.
② 피험자들을 실험집단과 통제집단에 무작위적으로 적절히 배정했다면 굳이 사전조사를 할 필요가 없다.
③ 고전적 실험은 실험집단과 통제집단에 대한 사전조사와 사후조사를 통해 독립변수가 종속변수에 미치는 영향을 검증한다.
④ 캠벨과 스텐리가 제시한 3가지 형태의 사전실험설계는 각각 진짜 실험설계가 가지는 모든 요건들을 가지고 있다.

해설

원시실험설계(전실험설계, 사전실험설계)
- 무작위할당에 의해 연구대상을 나누지 않고 비교집단 간의 동질성이 없으며 독립변수의 조작에 따른 변화의 관찰이 제한된 경우에 실시하는 설계이다.
- 캠벨과 스텐리는 3가지 형태의 원시실험연구설계(단일집단 사후조사, 단일집단 사전사후조사, 정적집단 비교)를 제안하였다.
- 실험설계의 과학적 기준을 충족시키지 못한다는 의미에서 원시실험설계라고 한다.

96

다음은 어떤 조사설계에 해당하는가? [03] [06] [09] [12] [20]

> 슈퍼마켓에 상이한 색상으로 포장된 동일한 제품을 진열해 놓고 1주일간 판매를 하고 포장의 색상이 판매에 미치는 영향을 분석하는 조사를 실시하였다.

① 원시실험설계(Pre-experimental Design)
② 순수실험설계(True Experimental Design)
③ 유사실험설계(Quasi-experimental Design)
④ 사후실험설계(Ex-post Facto Research Design)

해설

③ 상이한 색상으로 포장된 동일한 제품은 무작위할당에 의해 실험집단과 통제집단이 선택되지 않았다.

실험설계의 종류
- 원시실험설계(전실험설계, 사전실험설계) : 무작위할당에 의해 연구대상을 나누지 않고 비교집단 간의 동질성이 없으며 독립변수의 조작에 따른 변화의 관찰이 제한된 경우에 실시하는 설계
- 순수실험설계(진실험설계) : 실험대상의 무작위화, 실험변수의 조작 및 외생변수의 통제 등 실험적 조건을 갖춘 설계
- 유사실험설계(준실험설계) : 무작위할당에 의해 실험집단과 통제집단을 동등하게 할 수 없는 경우, 무작위할당 대신 실험집단과 유사한 비교집단을 구성하여 실험하는 설계
- 사후실험설계 : 독립변수의 조작 없이 변수들 간의 관계를 검증하고자 할 때, 중요한 변수의 발견이나 변수들 간의 관계를 밝히기 위한 사전적인 연구인 탐색연구나 가설의 검증을 위해 이용하는 설계

정답 95 ④ 96 ③

97

다음의 연구설계로 가장 적합한 것은? 03 09 16

> 고등학교 교육이 소득에 미치는 효과를 알아보기 위해 중학교 졸업자 500명과 고등학교 졸업자 500명을 임의로 선정하여 이들의 소득을 비교하였다.

① 정적 집단비교(Static-group Comparison)
② 통제집단 사전사후측정설계(Pretest-posttest Control Group Design)
③ 통제집단 사후측정설계(Posttest Only Control Group Design)
④ 사후실험설계(Ex-post Facto Research Design)

해설

④ 중학교 졸업자 500명과 고등학교 졸업자 500명을 임의로 선정하여 이들의 소득을 비교하였으므로 독립변수의 조작 없이 변수들 간의 관계를 검증하는 사후실험설계에 해당한다.

실험설계의 종류
- 정태적 집단비교 : 실험집단과 통제집단을 임의적으로 선정한 후 실험집단에는 실험조치를 가하는 반면 통제집단에는 이를 가하지 않은 상태로 그 결과를 비교하는 방법
- 통제집단 전후비교(Before-after Control Group Design) : 무작위할당으로 실험집단과 통제집단을 구분한 후 실험집단에 대해서는 독립변수 조작을 가하고 통제집단에 대해서는 아무런 조작을 가하지 않고 두 집단 간의 차이를 전후로 비교하는 방법
- 통제집단 사후비교(After Only Control Group Design) : 통제집단 전후비교의 단점을 보완하기 위해 실험대상자를 무작위로 할당하고 사전검사 없이 실험집단에 대해서는 조작을 가하고 통제집단에 대해서는 아무런 조작을 가하지 않고 그 결과를 서로 비교하는 방법
- 사후실험설계 : 독립변수의 조작 없이 변수들 간의 관계를 검증하고자 할 때, 중요한 변수의 발견이나 변수들 간의 관계를 밝히기 위한 사전적인 연구인 탐색연구나 가설의 검증을 위해 이용하는 설계

98

다음에서 설명하는 실험설계의 형태는? 03 07

> - 실험집단에 대하여 사전조사를 실시한다.
> - 실험집단에 대하여 실험자극을 부여한 다음 종속변수를 측정한다.
> - 통제집단은 구성하지 않는다.

① 단일집단 사후조사(One-shot Case Study)
② 단일집단 사전사후조사설계(One-group Pretest-posttest Design)
③ 정적 집단비교(Static-group Comparison)
④ 솔로몬 4집단설계(Solomon Four-group Design)

해설

② 단일집단 사전사후설계 : 통제집단이 없이 실험집단만을 대상으로 실험을 실시하기 전에 관찰하고 실험을 실시한 후 관찰하여 실험이전과 실험이후의 차이를 측정하는 설계
① 단일집단 사후설계 : 통제집단을 따로 두지 않고 어느 하나의 실험집단에만 실험을 실시한 후 어느 정도 시간이 지난 후에 이 실험의 효과를 측정하는 설계

③ 정태적 집단비교 : 실험집단과 통제집단을 임의적으로 선정한 후 실험집단에는 실험조치를 가하는 반면 통제집단에는 이를 가하지 않은 상태로 그 결과를 비교하는 방법
④ 솔로몬 4집단설계 : 4개의 무작위 집단을 선정하여 사전측정을 한 2개 집단 중 하나와 사전측정을 하지 않은 2개의 집단 중 하나를 실험집단으로 하며, 나머지 2개의 집단을 통제집단으로 하여 비교하는 방법. 통제집단 사후설계와 통제집단 사전사후 실험설계를 결합한 형태로 가장 이상적인 설계

99

유사실험설계가 순수실험설계에 대하여 우월성을 가지는 영역은? 03 07

① 조사결과의 일반화 정도
② 독립변수의 조작가능성 정도
③ 외생변수의 통제 정도
④ 조사상황의 가공성(인위성) 정도

해설

유사실험설계(Quasi Experimental Design)의 장·단점
무작위할당에 의해 실험집단과 통제집단을 동등하게 할 수 없는 경우, 무작위할당 대신 실험집단과 유사한 비교집단을 구성하여 실험하는 설계이다.
• 유사실험설계의 장점
 - 실제상황에서 이루어지므로 다른 상황에 대한 일반화 가능성이 높다.
 - 일상생활과 동일한 상황에서 수행되므로 이론적 검증 및 현실문제 해결에 유용하다.
 - 복잡한 사회적, 심리적 영향과 과정변화 연구에 적합하다.
• 유사실험설계의 단점
 - 현장상황에서는 대상의 무작위화와 독립변수의 조작화가 어려운 경우가 많다.
 - 측정과 외생변수의 통제가 어려우므로 연구결과의 정밀도가 떨어진다.
 - 실제상황에서의 실험이므로 독립변수의 효과와 외생변수의 효과를 분리해서 파악하기 어렵다.

100

어떤 학교의 교장 선생님은 학교 처벌이 학생들의 흡연을 줄이는지를 알아보기 위해 다음의 실험방식을 취했다. 흡연 학생들을 무작위로 실험집단과 통제집단에 할당하였다. 그 다음 실험집단에 할당된 학생들은 일주일간 정학을 시키고, 통제집단에 할당된 학생들은 처벌하지 않고 그냥 훈방하였다. 이때 사용된 실험방식은? 04

① 의사실험(Quasi Experiment)
② 단일집단 사전사후측정(One-group Pretest-posttest Design)
③ 집단비교설계(Static-group Comparison)
④ 순수실험(True Experiment)

해설

순수실험설계
순수실험설계 중 통제집단 전후비교는 무작위할당으로 실험집단과 통제집단을 구분한 후 실험집단에 대해서는 독립변수 조작을 가하고 통제집단에 대해서는 아무런 조작을 가하지 않고 두 집단 간의 차이를 전후로 비교하는 방법이다.

101

다음 중 연구설계에 관한 설명 중 옳은 것은? 04

① 실험적 설계(Experimental Design)란 실험실에서 하는 연구설계만을 의미한다.
② 전실험적 설계(Pre-experimental Design)란 실험설계 전에 실시하는 설계를 의미한다.
③ 준실험적 설계(Quasi-experimental Design)란 실험적 설계와 전실험적 설계의 중간적인 성격을 갖는다.
④ 실험적 설계(Experimental Design)는 자연과학보다는 사회과학에서 더 많이 쓰이고 있다.

해설

원시실험설계와 유사실험설계
- 원시실험설계(전실험설계, 사전실험설계) : 무작위할당에 의해 연구대상을 나누지 않고 비교집단 간의 동질성이 없으며 독립변수의 조작에 따른 변화의 관찰이 제한된 경우에 실시하는 설계
- 유사실험설계(준실험설계) : 무작위할당에 의해 실험집단과 통제집단을 동등하게 할 수 없는 경우, 무작위할당 대신 실험집단과 유사한 비교집단을 구성하여 실험하는 설계로서 실험적설계와 전실험적설계의 중간적인 성격을 갖는다.

102

다음 두 종류의 실험설계에 관한 내용 중 틀린 것은? 04 18

(a) 통제집단 사전사후측정실험설계
  실험집단(EG) : (R) O_0 X O_1
  통제집단(CG) : (R) O_2 O_3
(b) 통제집단 사후측정실험설계
  실험집단(EG) : (R) X O_0
  통제집단(CG) : (R) O_1
(단, R : randomization의 약자, X : 실험변수, $O_0 \sim O_3$: 실험결과 변수의 측정)

① (a)와 (b) 모두는 실험집단과 통제집단에 대한 무작위화를 통해 외생변수가 두 집단에 동일하게 작용할 것이라는 가정을 전제로 하고 있다.
② (a)는 (b)에 비해 시험효과(Testing Effect)를 통제하는 데 더 효과적이다.
③ (a)의 실험효과는 $(O_1 - O_0) - (O_3 - O_2)$ 이고 (b)의 실험효과는 $(O_0 - O_1)$ 이다.
④ (a)와 (b)를 합한 것이 솔로몬 4집단 실험설계이다.

해설

통제집단 사후측정실험설계의 특징
- 사전측정을 하지 않으므로 시험효과의 개입을 방지한다.
- 시간과 비용이 절약된다.
- 사전측정을 하지 않아 최초의 상태가 동질적인지 정확히 알지 못한다.

103

다음 중 순수실험설계가 아닌 것은? 04

① 무작위화 구획설계(Randomized Block Design)
② 솔로몬 4집단설계
③ 반복측정 요인설계
④ 회귀-불연속설계

해설

순수실험설계와 유사실험설계의 종류
- 순수실험설계 : 통제집단 사전사후비교설계, 통제집단 사후비교설계, 솔로몬 4집단설계, 요인설계, 무작위화 구획설계(난괴법)
- 유사실험설계 : 비동일 통제집단설계, 단순시계열설계, 복수시계열설계, 회귀불연속설계

104

A대학은 학생들에게 대학교에 재학하는 동안 장학금을 수여한 것이 학생들이 대학교를 졸업하여 사회에서 이룬 성취도에 미친 영향에 대해 알아보고자 한다. 이때 가장 적절한 실험설계방법은? 05

① 단절적 시계열설계
② 사후테스트 비교집단설계
③ 회귀불연속설계
④ 솔로몬설계

해설

③ 실험집단을 장학금을 받은 학생, 통제집단을 장학금을 받지 못한 학생으로 배정한 후 회귀분석을 실시한 후 배정변수에 의해 처치가 결정되지 않았다면 사회에서 이룬 성취도는 배정변수 임계치 근처에서 난질이 일어나지 않고 연속일 것이다.

실험설계의 유형
- 단절적 시계열설계 : 여러 시점에서 관찰되는 자료를 통하여 실험변수의 효과를 추정하는 방법
- 회귀불연속설계 : 대상을 실험집단과 통제집단으로 배정한 후 이들 집단에 대해 회귀분석을 함으로써 그로 인해 나타나는 불연속의 정도를 실험조치의 효과로 간주하는 방법
- 솔로몬 4집단설계 : 4개의 무작위 집단을 선정하여 사전측정을 한 2개 집단 중 하나와 사전측정을 하지 않은 2개의 집단 중 하나를 실험집단으로 하며, 나머지 2개의 집단을 통제집단으로 하여 비교하는 방법. 통제집단 사후설계와 통제집단 사전사후실험설계를 결합한 형태로 가장 이상적인 설계

105

여러 개의 독립변수가 동시에 종속변수에 영향을 미칠 때 하나의 독립변수만의 효과를 가지고 이를 일반화시킨다면 인과관계의 외적타당성에 문제가 있게 된다. 이러한 문제를 제거하기 위한 조사설계방법은? 06

① 플래시보 통제집단설계(Placebo Control Group Design)
② 블록실험설계(Block Design)
③ 요인설계(Factorial Design)
④ 솔로몬 4집단 실험설계(Solomon Four-group Design)

해설
요인설계(Factorial Design)
둘 이상의 독립변수와 하나의 종속변수의 관계 및 독립변수 간의 상호작용관계를 교차분석을 통해 확인하려는 설계로 순수실험설계(진실험설계)에 해당된다.

106

인과적 추론이 비교적 가능한 준실험설계의 방법으로 적절하지 않은 것은? 06

① 비동질적 통제집단설계
② 단일집단 사후측정설계
③ 단절적 시계열설계
④ 회귀-불연속설계

해설
실험설계의 종류
- 유사실험설계(준실험설계) : 비동질적 통제집단설계, 단절적 시계열설계, 복수시계열설계, 회귀불연속설계
- 순수실험설계(진실험설계) : 통제집단 전후비교설계, 통제집단 후비교설계, 솔로몬 4집단설계, 요인설계
- 전실험설계 : 1회 사례연구, 단일집단 전후검사설계, 정태적 집단비교설계

107

새로운 교수법이 학생들의 성적 향상에 끼치는 영향을 알아보기 위해 사전사후검사 통제집단(Pretest-posttest Control Group) 실험연구를 설계할 때 필요한 최소 집단의 수는? 06 15 18

① 2개
② 4개
③ 6개
④ 8개

해설
통제집단 전후비교(Before-after Control Group Design)
무작위할당으로 실험집단과 통제집단을 구분한 후 실험집단에 대해서는 독립변수 조작을 가하고 통제집단에 대해서는 아무런 조작을 가하지 않고 두 집단 간의 차이를 전후로 비교하는 방법으로 최소 집단의 수는 2개이다.

108

외국인 근로자가 한국 경제에 기여한 바에 대한 학습이 외국인 근로자에 대한 편견을 줄일 것이라는 가정 하에, 이 가설을 과학적으로 검증하기로 하고 고전적인 실험적 방법을 사용하기로 하였다고 하자. 이 경우 실험설계에 대한 설명 중 적합하지 않은 것은? 07

① 외국인 근로자에 대한 편견은 종속변수이고, 학습은 독립변수이다.
② 학습 참여 집단이 실험집단이 되고, 학습 비참여 집단은 통제집단이 된다.
③ 원칙적으로 학습 비참여 집단에 대해서도 사전조사와 사후조사를 실시하여야 한다.
④ 실험집단과 통제집단의 구성에 있어 실험자극의 유무 이외에 다른 변인들을 고려해서는 안 된다.

해설
통제집단 전후비교는 검사요인을 통제할 수 없으며, 외부변수의 작용이 개입될 여지가 많다.

109

다음 중 통제집단 사전사후측정설계의 내적타당도를 저해하는 것은? 08

① 역사요인 효과
② 성숙요인 효과
③ 회귀요인 효과
④ 측정과 처리의 상호작용 효과

해설
통제집단 전후비교(Before-after Control Group Design)의 장·단점
무작위할당으로 실험집단과 통제집단을 구분한 후 실험집단에 대해서는 독립변수 조작을 가하고 통제집단에 대해서는 아무런 조작을 가하지 않고 두 집단 간의 차이를 전후로 비교하는 방법이다.
- 통제집단 전후비교의 장점 : 사전측정이 포함되므로 두 집단의 동질성이 검증될 수 있다.
- 통제집단 전후비교의 단점
  - 검사요인을 통제할 수 없다.
  - 검사 또는 사전측정과 처리의 상호작용 효과가 발생한다.

110

다음은 무엇을 설명한 것인가? 06 13

> 사전검사 도구와 사후검사 도구를 각각 다른 종류로 선택하였을 때 나타날 수 있는 효과

① 개입효과의 확산(Diffusion)효과
② 통계적 회귀(Statistical Regression)
③ 도구효과(Instrumentation)
④ 성숙효과(Maturation)

해설

조사도구효과(Instrumentation)
자료를 수집하는 데 사용되는 도구(질문지, 조사표, 조사원, 조사방법)가 달라지는 경우 측정결과에 영향을 미쳐 타당도를 해치게 되는 효과이다.

111

다음은 무엇에 관한 설명인가? 09 11

> - 실험집단에 대하여 사전조사를 실시한다.
> - 실험집단에 대하여 실험자극을 부여한 다음 종속변수를 측정한다.
> - 통제집단은 구성하지 않는다.

① 단일집단 사후조사(One-shot Case Study)
② 솔로몬 4집단설계(Solomon Four-group Design)
③ 정적 집단비교(Static-group Comparison)
④ 단일집단 사전사후조사설계(One-group Pretest-posttest Design)

해설

④ 단일집단 사전사후조사설계 : 통제집단이 없이 실험집단만을 대상으로 실험을 실시하기 전에 관찰하고 실험을 실시한 후 관찰하여 실험이전과 실험이후의 차이를 측정하는 설계
① 단일집단 사후조사 : 통제집단을 따로 두지 않고 어느 하나의 실험집단에만 실험을 실시한 후 어느 정도 시간이 지난 후에 이 실험의 효과를 측정하는 설계
② 솔로몬 4집단설계 : 4개의 무작위 집단을 선정하여 사전측정을 한 2개 집단 중 하나와 사전측정을 하지 않은 2개의 집단 중 하나를 실험집단으로 하며, 나머지 2개의 집단을 통제집단으로 하여 비교하는 방법. 동제집난 사후설계와 통제집단 사전사후 실험설계를 결합한 형태로 가장 이상적인 설계
③ 정태적 집단비교 : 실험집단과 통제집단을 임의적으로 선정한 후 실험집단에는 실험조치를 가하는 반면 통제집단에는 이를 가하지 않은 상태로 그 결과를 비교하는 방법

112

다음 중 순수실험설계와 가장 거리가 먼 것은?

① 독립변수와 종속변수의 조작
② 조사대상의 무작위 추출
③ 측정시기 통제
④ 측정대상 통제

해설

순수실험설계, 진실험설계(True Experimental Design)
순수실험설계는 실험대상의 무작위화, 실험변수(독립변수)의 조작, 외생변수의 통제, 측정시기 및 대상 통제 등 실험적 조건을 갖춘 설계유형이다.

113

순수실험설계(True Experimental Design)의 특징이 아닌 것은?

① 독립변수의 조작
② 외생변수의 통제
③ 비동질 통제집단의 설정
④ 실험집단과 통제집단에 대한 무작위 할당

해설

112번 문제 해설 참고

114

순수실험설계(True Experimental Design)에 대한 설명과 가장 거리가 먼 것은?

① 순수실험설계는 통제집단이 필요하다.
② 순수실험설계는 내적타당도의 저해요인을 통제할 수 없다.
③ 순수실험설계는 독립변수의 조작이 가능하다.
④ 순수실험설계는 무작위 할당이 이루어진다.

해설

순수실험설계, 진실험설계(True Experimental Design)
순수실험설계는 실험대상의 무작위화, 실험변수(독립변수)의 조작, 외생변수의 통제, 측정시기 및 대상 통제 등 실험적 조건을 갖춘 설계유형이다.

115

순수실험설계의 구성요소와 가장 거리가 먼 것은?

① 종속변수의 조작
② 외생변수의 통제
③ 실험대상의 무작위 할당
④ 측정시기 및 대상 통제

해설

114번 문제 해설 참고

116

다음 중 순수실험설계(True Experimental Design)가 아닌 것은?

① 통제집단 사후측정설계(Posttest Only Control Group Design)
② 솔로몬 4집단설계(Solomon Four-Group Design)
③ 요인설계(Factorial Design)
④ 회귀-불연속 설계(Regression-Discontinuity Design)

해설

순수실험설계와 유사실험설계의 종류
• 순수실험설계 : 통제집단 사전사후비교설계, 통제집단 사후비교설계, 솔로몬 4집단설계, 요인설계, 무작위화 구획설계(난괴법)
• 유사실험설계 : 비동일 통제집단설계, 단순시계열설계, 복수시계열설계, 회귀불연속설계

정답 114 ② 115 ① 116 ④

117

실험집단과 통제집단을 무작위(Randomization)배정하는 이유와 가장 거리가 먼 것은? 09

① 외생변수의 통제
② 두 집단의 동등성 유지
③ 실험결과의 일반화
④ 실험효과의 정확한 분리

해설

무작위(Randomization)배정
- 외생변수의 통제와 경쟁가설을 제거
- 실험집단과 통제집단의 동등성 유지
- 실험의 타당도를 저해하는 요인을 예방 또는 제거
- 실험효과의 정확한 분리

118

사후실험설계(Ex-post Facto Research Design)의 특징으로 틀린 것은? 10 20

① 가설의 실제적 가치 및 현실성을 높일 수 있다.
② 분석 및 해석에 있어 편파적이거나 근시안적 관점에서 벗어날 수 있다.
③ 순수실험설계에 비하여 변수들 간의 인과관계를 명확히 밝힐 수 있다.
④ 조사의 과정 및 결과가 객관적이며 조사를 위해 투입되는 시간과 비용을 줄일 수 있다.

해설

사후실험설계(Ex-post Facto Research Design)의 장·단점
독립변수의 조작 없이 변수들 간의 관계를 검증하고자 할 때 이용되는 설계로서 중요한 변수의 발견이나 변수들 간의 관계를 밝히기 위한 사전적인 연구인 탐색연구나 가설의 검증을 위해 이용된다.
- 사후실험설계의 장점
  - 이론을 근거로 도출한 가설을 현실상황에서 검증
  - 광범위한 대상으로부터 자료수집이 가능
  - 실험설계에 비해 다양한 변수를 연구
  - 인위성의 개입이 없고 매우 현실적
- 사후실험설계의 단점
  - 독립변수의 조작이 불가능하여 명확한 인과관계의 검증이 불가능
  - 측정의 정확성이 낮음
  - 대상의 무작위화가 불가능
  - 결과해석상 임의성
  - 주관성의 문제

119

서울시민들의 교통질서 수준을 알아보기 위하여 밤늦은 시간에 횡단보도를 건너는 행인이 없어도 얼마나 교통신호를 잘 지켜서 정지선에 서는지를 알아보는 조사를 하려고 한다. 이러한 연구를 하기 위하여 가장 적합하지 않은 방법은? 10 18

① 관찰법
② 실험실 실험법
③ 면접법
④ 설문조사법

해설

실험실 실험법
실험실 실험은 실험자가 실험목적을 위해 인위적으로 연구 상황을 구성하고 실험을 실시하는 연구 방법이다.

120

다음 중 외생변수를 통제하는 데 가장 효과적인 실험설계는? 11

① 현장실험설계
② 순수실험설계
③ 솔로몬 4집단설계
④ 통제집단 사전사후설계

해설

솔로몬 4집단설계(Solomon Four-group Design)
4개의 무작위 집단을 선정하여 사전측정 한 2개 집단 중 하나와 사전측정을 하지 않은 2개의 집단 중 하나를 실험집단으로 하며, 나머지 2개의 집단을 통제집단으로 하여 비교하는 방법으로 통제집단 사후설계와 통제집단 사전사후실험설계를 결합한 형태로 가장 이상적인 설계이다. 가장 이상적인 설계유형으로 사전검사의 영향을 제거하여 내적타당도를 높일 수 있는 동시에, 사전검사와 실험처치의 상호작용의 영향을 배제하여 외적타당도를 높일 수 있다.

121

솔로몬 4집단설계(Solomon Four-group Design)에 관한 설명으로 틀린 것은? 12

① 내적타당도 저해요인을 통제할 수 있다.
② 3개의 실험집단과 1개의 통제집단으로 구성되어 있다.
③ 사전검사와 실험적 처리 간의 상호작용을 통제할 수 있다.
④ 통제집단 사전사후측정설계와 통제집단 사후측정설계를 합친 형태이다.

해설

솔로몬 4집단설계의 특징
- 통제집단 사후설계와 통제집단 사전사후실험설계를 결합한 형태로 가장 이상적인 설계
- 사전측정의 영향과 독립변수의 영향 간 상호작용 효과를 통제하기 위한 실험설계방식
- 무작위화를 통해 4개 집단에 피험자가 배정
- 사전검사의 영향을 제거하여 내적타당도를 높일 수 있음
- 사전검사와 실험처치의 상호작용의 영향을 배제하여 외적타당도를 높일 수 있음

122

솔로몬 연구설계에 대한 설명과 가장 거리가 먼 것은? 15

① 4개의 집단으로 구성한다.
② 사후측정만 하는 집단은 2개이다.
③ 검사와 개입의 상호작용 효과를 도출할 수 있다.
④ 통제집단 사전사후검사설계와 비동일 비교집단설계를 합한 형태이다.

해설

121번 문제 해설 참고

123

다음 중 솔로몬식 4집단 비교에 대한 설명으로 틀린 것은? 08

① 사전측정의 영향과 독립변수의 영향 간 상호작용 효과를 통제하기 위한 실험설계방식이다.
② 무작위화를 통해 4개 집단에 피험자가 배정된다.
③ 4개의 집단 모두에 대해 사전조사와 사후조사를 실시한다.
④ 실험의 내적·외적타당도에 영향을 미치는 요인들을 통제하는 데 가장 유리한 설계방식으로 간주된다.

해설

솔로몬 4집단설계(Solomon Four-group Design)
4개의 무작위 집단을 선정하여 사전측정을 한 2개 집단 중 하나와 사전측정을 하지 않은 2개의 집단 중 하나를 실험집단으로 하며, 나머지 2개의 집단을 통제집단으로 하여 비교하는 방법으로 통제집단 사후설계와 통제집단 사전사후실험설계를 결합한 형태로 가장 이상적인 설계이다.

124

실험설계를 구분한 다음 표의 ( )안에 알맞은 것은?

구 분	사전실험설계	순수실험설계	유사실험설계	사후실험설계
대상의 무작위화	불가능	가능	불가능	(D)
독립변수의 조작가능성	불가능	(B)	일부가능	불가능
외생변수의 통제정도	(A)	가능	(C)	불가능
측정(시기, 대상)통제	불가능	가능	가능	불가능

① A : 불가능, B : 가능, C : 일부가능, D : 불가능
② A : 불가능, B : 일부가능, C : 가능, D : 가능
③ A : 가능, B : 가능, C : 불가능, D : 불가능
④ A : 가능, B : 불가능, C : 일부가능, D : 가능

해설

실험설계 비교

구 분	사전실험설계	순수실험설계	유사실험설계	사후실험설계
대상의 무작위화	불가능	가능	불가능	불가능
독립변수의 조작가능성	불가능	가능	일부가능	불가능
외생변수의 통제정도	불가능	가능	일부가능	불가능
측정(시기, 대상)통제	불가능	가능	가능	불가능

125

다음은 어떤 실험설계에 대한 설명인가? 13

> 실험설계 중 가장 전형적인 설계로서 그 과정은 첫째, 무작위로 연구대상 집단을 실험·통제 두 집단으로 할당한다. 둘째, 개입하기 전에 실험집단과 통제집단을 측정하고 비교한다. 셋째, 실험집단은 개입을 하고 통제집단은 개입하지 않는다. 넷째, 실험집단과 통제집단의 사전과 사후의 측정결과를 비교한다.

① 통제집단 사전사후측정설계(Pretest-Posttest Control Group Design)
② 다중집단 실험설계(Multiple Group Experimental Design)
③ 솔로몬 4집단설계(Solomon Four-Group Design)
④ 단일집단 전후비교설계(One Group Pretest-Posttest Design)

해설

통제집단 사전사후측정설계(Pretest-Posttest Control Group Design)
무작위할당으로 실험집단과 통제집단을 구분한 후 실험집단에 대해서는 독립변수 조작을 가하고 통제집단에 대해서는 아무런 조작을 가하지 않고 두 집단 간의 차이를 전후로 비교하는 방법

126

조사설계 중 인과적 추론의 정확성이 낮은 설계부터 높은 설계로 나열된 것으로 가장 적합한 것은? 14 17

① 통제집단 사후설계 - 단일집단 사후설계 - 솔로몬 4집단설계 - 단절적 시계열설계
② 단일집단 사후설계 - 통제집단 사후설계 - 단절적 시계열설계 - 솔로몬 4집단설계
③ 단절적 시계열설계 - 단일집단 사후설계 - 솔로몬 4집단설계 - 동세집단 사후설계
④ 단일집단 사후설계 - 단절적 시계열설계 - 통제집단 사후설계 - 솔로몬 4집단설계

해설

실험설계의 정확성
실험설계의 정확성은 원시실험설계(단일집단 사후설계, 단일집단 사전사후설계, 정태적 집단비교) < 유사실험설계(단절적 시계열설계, 복수시계열설계, 회귀불연속설계, 비동일 통제집단설계) < 순수실험설계(통제집단 전후비교, 통제집단 사후비교, 솔로몬 4집단설계, 요인설계) 순으로 높다.

127

통제집단 사후측정설계(Posttest-only Control Group Design)를 이용하여 교정프로그램의 효과를 측정하기로 하였다. 그러나 여건이 허락지 않아 난선화의 과정을 생략하였다면 어떤 설계와 가까운가? 15 19

① 단일집단 사전사후측정설계(One Group Pretest-Posttest Design)
② 사후실험설계(Ex-post Facto Research Design)
③ 집단비교설계(Static-group Comparison)
④ 단일 사례연구(One Shot Study)

해설

정태적 집단비교설계(Static-group Comparison)
정태적 집단비교설계는 실험집단과 통제집단을 임의적으로 선정한 후 실험집단에는 실험조치를 가하는 반면 통제집단에는 이를 가하지 않은 상태로 그 결과를 비교하는 방법으로 통제집단 사후측정설계에서 무작위할당을 제외한 형태이다.

128

다음의 그림이 설명하고 있는 연구디자인은? 16

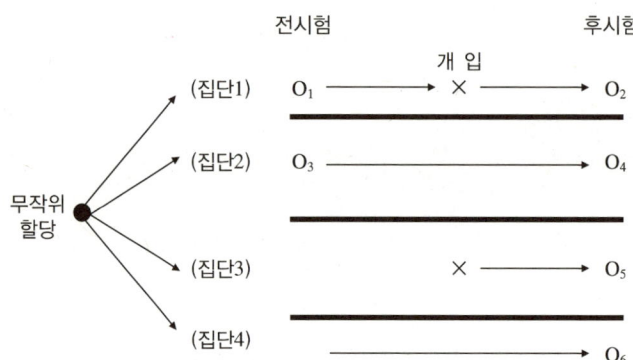

① 상호교체 단절적 시계열설계(Interrupted Time-series with Switching Replications)
② 통제-시계열설계(Control-time Series Design)
③ 솔로몬 4집단설계(Solomon Four-group Design)
④ 통제집단 사후측정설계(Posttest Only Control Group Design)

해설

솔로몬 4집단설계(Solomon Four-group Design)
4개의 무작위 집단을 선정하여 사전측정을 한 2개 집단 중 하나와 사전측정을 하지 않은 2개의 집단 중 하나를 실험집단으로 하며, 나머지 2개의 집단을 통제집단으로 하여 비교하는 방법으로 통제집단 사후설계와 통제집단 사전사후실험설계를 결합한 형태로 가장 이상적인 설계이다.

129

어떤 연구를 진행한 결과 호손(Hawthorne)효과가 발생했을 경우, 이후 연구에서 연구결과의 정확성을 높이기 위해 취해야 할 조치로 가장 적합한 것은? 18

① 대상자수의 증가
② 실험자극의 강화
③ 통제집단 추가
④ 신뢰도분석 강화

> [해설]
> **호손효과 제거 방법**
> 호손효과(Hawthorne Effect)는 실험대상자들이 지켜보고 있다는 사실을 의식함으로써 그들의 전형적인 것과 다르게 행동하는 현상을 의미한다. 호손효과의 제거 방법으로는 통제집단을 추가하여 대조군 실험을 하거나, 집단을 3가지(실제 약복용, 미복용, 위약 복용)로 분류하여 위약효과 실험을 실시한다.

130

실험연구에서는 연구결과가 왜곡되는 것을 방지하기 위해 연구대상자가 연구에 참여하기 전에 그 연구의 목적을 알려주지 않는 것이 일반적이다. 그러나 연구가 끝난 후에 그들에게 진실을 말함으로써 애초에 어쩔 수 없이 속인 것을 설명해 준다. 이러한 절차를 무엇이라 부르는가? 04

① 고지된 동의(Informed Consent)
② 사후설명(Debriefing)
③ 사후조사
④ 비밀유지보장

> [해설]
> ② 사후설명 : 연구종료 시 연구에 대한 실제 목적을 설명하는 것
> ① 고지된 동의 : 실험연구에 참여하는 참여자에게 감수해야 할 사항, 거부할 수 있는 권리, 시간설정 등에 관해 동의를 구하는 것
> ③ 사후조사 : 본조사 후 결과에 대한 포함오차(Coverage Error)와 내용오차(Content Error)를 평가하기 위해 실시하는 조사

131

내용분석의 장점으로 타당하지 않은 것은? 04 07 10 19

① 연구대상의 반응성(Reactivity)문제를 해결하는 데 도움이 된다.
② 주로 단기적 과정에 국한된 자료를 대상으로 한다.
③ 면접설문조사에 비하여 시간과 돈이 적게 든다.
④ 설문조사나 현지조사 등에 비해 재조사를 쉽게 할 수 있다.

해설

내용분석(Content Analysis)의 장·단점
기록화된 것을 중심으로 그 연구대상에 대한 필요 자료를 수집, 분석함으로써 객관적이고 체계적이며 계량적인 방법으로 분석하는 방법이다.
• 내용분석의 장점
 - 2차 자료를 이용함으로 비용과 시간이 절약된다.
 - 설문조사나 현지조사 등에 비해 안전도가 높고 재조사가 쉽다.
 - 장기간에 걸쳐서 발생하는 과정을 연구할 수 있어 역사적 연구에 적용 가능하다.
 - 피조사자가 반작용(Reactivity)을 일으키지 않으며, 연구조사자가 연구대상에 영향을 미치지 않는다.
 - 다른 조사에 비해 실패할 경우 위험부담이 적다.
• 내용분석의 단점
 - 기록된 자료만 다룰 수 있어 자료의 입수가 제한적이다(근래에는 만화, 사진, 그림 등으로 확대).
 - 분류범주의 타당성 확보가 곤란하다.
 - 복잡한 변수가 작용하는 경우 신뢰도가 낮을 수 있다.
 - 양적분석이지만 모집단의 파악이 어렵다.

132

내용분석(Content Analysis)의 장점이 아닌 것은? 04 11 14

① 서베이조사에 비해 시간과 비용 측면에서 경제적이다.
② 다른 조사방법에 비해 연구계획을 부분적으로 수정하고 반복하는 것이 용이하다.
③ 이미 기록된 내용을 분석하므로 높은 타당도를 확보할 수 있다.
④ 분석대상에 어떠한 영향도 가하지 않는 비개입적 조사방법이다.

해설

131번 문제 해설 참고

133

다음 중 연구대상에 비교적 영향을 미치지 않으며, 연구를 잘못 수행했다고 하더라도 다시 연구를 반복할 수 있어 비교적 안전한 연구방법은? 05 18

① 참여관찰
② 비참여관찰
③ 내용분석
④ 면접조사

해설

131번 문제 해설 참고

134

내용분석에 관한 설명으로 틀린 것은? 14

① 카테고리의 빈도여부는 중요하지 않다.
② 내용분석에서 분석결과의 객관성은 대단히 중요하다.
③ 내용분석도 양적분석이나 모집단 파악이 어렵다는 단점이 있다.
④ 2002년 월드컵이 한국 국가 이미지에 미친 영향을 언론에 보도된 자료를 이용하여 내용분석할 수 있다.

해설

Kaplan과 Goldsen의 내용분석 정의에 의하면 어느 내용에 관련된 가설에 대하여 적절한 자료를 얻을 수 있도록 고안된 하나의 카테고리 체계를 이용하여 그 일단의 내용을 수량적으로 분류하는 것이 목적이다.

135

내용분석에 관한 설명으로 틀린 것은? 12 17

① 반응성의 문제가 발생할 수 있다.
② 종단적 분석이 가능하다.
③ 양적분석과 질적분석이 모두 가능하다.
④ 다양한 의사전달 기록 자료를 대상으로 한다.

해설

내용분석(Content Analysis)의 장·단점
기록화된 것을 중심으로 그 연구대상에 대한 필요 자료를 수집, 분석함으로써 객관적이고 체계적이며 계량적인 방법으로 분석하는 방법이다.
• 내용분석의 장점
  - 2차 자료를 이용함으로 비용과 시간이 절약된다.
  - 설문조사나 현지조사 등에 비해 안전도가 높고 재조사가 쉽다.
  - 장기간에 걸쳐서 발생하는 과정을 연구할 수 있어 역사적 연구에 적용 가능하다.
  - 피조사자가 반작용(반응성)을 일으키지 않으며, 연구조사자가 연구대상에 영향을 미치지 않는다.
  - 다른 조사에 비해 실패할 경우 위험부담이 적다.
• 내용분석의 단점
  - 기록된 자료만 다룰 수 있어 자료의 입수가 제한적이다(근래에는 만화, 사진, 그림 등으로 확대).
  - 분류범주의 타당성 확보가 곤란하다.
  - 복잡한 변수가 작용하는 경우 신뢰도가 낮을 수 있다.
  - 양적분석이지만 모집단의 파악이 어렵다.

136

내용분석의 특징에 관한 설명으로 틀린 것은? 13

① 조사반응성은 문제되지 않는다.
② 시공간의 제약이 덜하다.
③ 분석상의 실수를 쉽게 보완할 수 있다.
④ 문서기록 자료만이 분석대상이 된다.

해설

135번 문제 해설 참고

137

내용분석법의 특징으로 바르게 짝지어진 것은? 15

ㄱ. 장기간에 걸쳐 일어난 과정에 대한 연구가 불가능하다.
ㄴ. 연구가 실패했을 때 재시행이 용이하다.
ㄷ. 기록되지 않은 자료에 대해서도 연구가 가능하다.
ㄹ. 연구대상에게 조사로 인한 반응을 일으키지 않는다.

① ㄱ, ㄷ
② ㄱ, ㄹ
③ ㄴ, ㄷ
④ ㄴ, ㄹ

[해설]

135번 문제 해설 참고

138

내용분석법의 설명으로 틀린 것은? 20

① 연구중간에 연구수정이 용이하다.
② 이미 사망한 사람의 연구가 가능하다.
③ 수량화 작업이 불가능하다.
④ 코딩(Coding)하는 사람에 따라 내용에 대한 분석이 다를 수 있기 때문에 분석의 신뢰성에 문제가 발생할 수 있다.

[해설]

내용분석이라해서 수량화 작업이 불가능한 것은 아니다.

정답 137 ④ 138 ③

03 자료수집방법

01

다음 중 2차 자료(Secondary Data)가 아닌 것은? `09` `12` `20`

① 정부가 발행한 통계연보에서 수집한 자료
② 신문에서 나온 것을 수집한 자료
③ 은행 등의 기관에서 발행된 것을 수집한 자료
④ 표본조사에서 수집된 자료

해설

④ 표본조사에서 수집된 자료는 1차 자료이다.

1차 자료와 2차 자료
- 1차 자료 : 연구자가 현재 수행 중인 조사연구의 목적을 달성하기 위해 직접 수집하는 자료로 설문지, 면접법, 관찰법 등으로 수집하는 자료
- 2차 자료 : 다른 목적을 위해 이미 수집된 자료로서 연구자가 자신이 수행 중인 연구문제를 해결하기 위해 사용하는 자료

02

연구자 자신이 자료를 수집하는 대신에 다른 연구기관이나 개인 연구자가 수집한 2차 자료를 사용하는 경우에 대한 설명으로 옳지 않은 것은? `05` `09`

① 시간과 비용을 절약할 수 있다.
② 국제비교나 종단적 비교가 가능하다.
③ 자신의 연구목적에 맞게 변수를 선정 및 조작을 할 수 있다.
④ 공신력 있는 기관에서 수집한 자료는 신뢰성과 타당성이 높다.

해설

2차 자료(Secondary Data)의 장·단점
수행 중인 조사목적에 도움을 줄 수 있는 기존의 모든 자료로 조사자가 현재의 조사목적을 위하여 직접 자료를 수집하거나 작성한 1차 자료를 제외한 모든 자료를 말한다.
- 2차 자료의 장점
  - 1차 자료의 수집에 따른 시간, 노력, 비용을 절감할 수 있다.
  - 직접적이고 즉각적인 사용이 가능하다.
  - 국제비교나 종단적 비교가 가능하다.
  - 공신력 있는 기관에서 수집한 자료는 신뢰도와 타당도가 높다.
- 2차 자료의 단점
  - 연구의 분석단위나 조작적 정의가 다른 경우 사용이 곤란하다.
  - 일반적으로 신뢰도와 타당도가 낮다.
  - 시간이 경과하여 시의적절하지 못한 정보일 수 있다.
  - 연구에 필요한 2차 자료의 소재를 파악하기 어렵다.

03

2차 자료에 대한 설명으로 옳은 것은? 16

① 연구문제에 적합한 자료를 직접 수집한 것이다.
② 자료의 정확성을 평가하기 용이하다.
③ 최근의 정보만을 대상으로 하기에 연구문제와 관련성이 높다.
④ 자료수집의 경제성이 높다.

해설
02번 문제 해설 참고

04

다음 중 2차 자료의 장점과 가장 거리가 먼 것은? 10 21

① 적은 비용
② 신속성
③ 작은 노력
④ 시의적절성

해설
02번 문제 해설 참고

05

다음 중 2차 자료의 장점에 해당되는 것은? 06 08

① 당면조사에 적합한 자료
② 자료의 정확성 평가
③ 자료의 시효
④ 자료수집의 경제성

해설
02번 문제 해설 참고

정답 03 ④ 04 ④ 05 ④

06

자료에 대한 설명으로 옳은 것은? 19

① 1차 자료는 도서관 자료, 연구문헌자료 등을 통해 수집된다.
② 의사소통방법과 관찰법은 대표적인 2차 자료 수집방법에 해당된다.
③ 1차 자료는 2차 자료에 비해 인력과 시간, 비용이 절감된다는 장점이 있다.
④ 2차 자료는 당면한 조사문제 해결에 적합한 정보를 충분히 제공하지 못할 수 있다.

해설

1차 자료와 2차 자료
1차 자료는 당면한 조사문제 해결에 적합한 정보를 제공하지만 2차 자료는 당면한 조사문제 해결에 적합한 정보를 충분히 제공하지 못할 수 있다.

07

다음 중 2차 자료를 활용한 분석 또는 조사과정이 아닌 것은? 11 18

① 정부기관에서 발행한 통계연보를 통해 도시별 정보화 수준을 조사했다.
② 연구소에서 수집한 패널자료를 통해 청소년의 성장과정을 분석했다.
③ 인터넷을 통해 설문조사를 실시하여 정당선호도를 분석했다.
④ 조사기관에서 조사한 자료를 통해 소비자구매조사를 했다.

해설

정당선호도를 분석하기 위해 인터넷을 통해 설문조사를 실시하여 얻은 자료는 1차 자료에 해당된다.

08

2차 자료(Secondary Data)에 관한 설명으로 가장 적합한 것은? 14

① 다른 사람이 다른 목적을 위하여 수집한 자료를 이용하는 것이다.
② 2차 자료는 어떠한 경우에도 이용해서는 안 된다.
③ 면접을 통하여 얻은 자료를 말한다.
④ 관찰을 통하여 얻은 자료를 말한다.

해설

2차 자료(Secondary Data)
수행 중인 조사목적에 도움을 줄 수 있는 기존의 모든 자료로 조사자가 현재의 조사목적을 위하여 직접 자료를 수집하거나 작성한 1차 자료를 제외한 모든 자료를 말한다. 1차 자료는 면접과 관찰 등을 통해서 얻어진다.

09

설문지의 특성과 관련된 내용 중 잘못된 것은? 03 07

① 2차 자료의 수집 수단
② 측정도구의 집합
③ 조사결과의 비교가능성 제고
④ 조작적 정의의 집합

해설

1차 자료와 2차 자료
- 1차 자료 : 연구자가 현재 수행 중인 조사연구의 목적을 달성하기 위해 직접 수집하는 자료로 설문지, 면접법, 관찰법 등으로 수집하는 자료
- 2차 자료 : 다른 목적을 위해 이미 수집된 자료로서 연구자가 자신이 수행 중인 연구문제를 해결하기 위해 사용하는 자료

10

다음 중 자료에 관한 설명으로 옳은 것은? 08

① 1차 자료는 연구자의 연구목적과는 다른 목적을 위하여 독창적으로 수집된 자료를 말한다.
② 2차 자료는 연구자가 현재 진행 중인 조사연구의 목적을 달성하기 위하여 직접 수집하는 자료를 말한다.
③ 3차 자료는 메타분석과 깊은 관련을 갖는다.
④ 2차 자료나 3차 자료는 쓰지 않는 것이 좋다.

해설

3차 자료(Third Data)
동일한 연구문제에 대하여 방대하게 축적된 경험적 연구논문들을 기반으로 하여 그 논문들을 대상으로 분석하는 연구를 종합연구라 하며, 이 종합연구를 수행하기 위한 기초자료를 3차 자료라 한다. 3차 자료는 기존 문헌을 분석하는 방법인 메타분석과 관련이 있다.

11

자료수집을 위한 조사원 및 실사관리 내용 중 올바른 경우는? 05

① 어린 아이에 대한 조사는 가능한 젊은 조사원이 바람직하다.
② 설문조사의 신뢰성 검증을 위한 설문의 비율은 조사원 개인별 능력에 따라 다르게 한다.
③ 확률표출로 조사를 하는 경우 조사원에게 반드시 응답자의 주소 또는 연락처를 제공해 주어야 한다.
④ 상업적 조사의 경우 조사를 의뢰한 기업을 설문조사 전에 응답자에게 알려주어야 한다.

해설

표본명부
확률표본추출법에 의해 추출된 표본은 조사원에게 응답자의 주소 및 연락처가 포함된 표본명부를 제공해 주어야 조사가 가능하다.

12

질문지를 작성한 후 시행되는 사전조사(Pre-test)와 관계가 없는 것은? 04 11 18

① 본조사를 위해 표집된 표본 가운데 일정한 수의 응답자를 조사대상으로 삼는다.
② 본조사와 면접방식이나 진행절차를 동일하게 한다.
③ 응답자들이 잘못 이해하는 질문이 있는가에 유의한다.
④ 응답범주에 제시되지 않는 응답을 기록해 둔다.

해설

사전검사, 사전조사(Pre-test)
• 사전검사는 본조사의 축소판이라 할 수 있으며, 본조사에 들어가기에 앞서 본조사에서 실시하는 것과 똑같은 방법과 절차로 질문지가 잘 구성되어 있는지를 시험해보는 것이다.
• 모집단과 대체로 유사하다고 판단되는 소규모 표본을 대상으로 질문문항들의 타당성을 검사하는 과정이다.

13

질문지를 작성한 후 실시되는 사전조사에 관한 설명으로 틀린 것은?

① 본조사 수행에 필요한 정보를 수집할 수 있다.
② 질문지의 언어구성상 문제를 수정하는 데 도움이 된다.
③ 본조사의 핵심문항으로 구성된 약식 설문지로 실시한다.
④ 조사주제의 전문적인 지식을 가지고 있는 전문가 집단에게도 사전조사를 실시한다.

해설

12번 문제 해설 참고

14

다음 중 질문지 작성과정 시 사전조사(Pre-test)에서 검토해야 하는 사항을 모두 고른 것은?

> ㄱ. 질문과 응답의 내용이 일관성이 있는가
> ㄴ. 용어가 불명확한가
> ㄷ. 중복되거나 '모른다'하는 응답이 많은가
> ㄹ. 응답시간이 오래 걸리는가

① ㄱ, ㄴ, ㄷ
② ㄱ, ㄷ, ㄹ
③ ㄴ, ㄹ
④ ㄱ, ㄴ, ㄷ, ㄹ

해설

사전조사의 검토사항
• 중요한 응답항목을 누락하지는 않았는지 검토
• 응답이 어느 한쪽으로 치우치게 나타나는지 검토
• "모른다" 등과 같이 판단유보범주의 응답이 많은지 검토
• 무응답 또는 "기타"에 대한 응답이 많은지 검토
• 질문의 순서가 바뀌었을 때 응답한 내용에 변화가 나타나는지 검토
• 응답시간이 적절한지 검토
• 쉬운 용어사용으로 질문을 정확하게 이해하는지 검토

정답 13 ③ 14 ④

15

질문지의 초안이 작성된 후 사전검사(Pre-test)를 시행하는 이유와 가장 거리가 먼 것은? 09 12 19

① 부적절한 설문문항이 있는지 파악한다.
② 설문에 이해하기 어려운 부분이 있는지 확인한다.
③ 설문에 필요한 소요시간을 확인한다.
④ 응답자에게 설문조사 전에 중요한 정보를 제공한다.

[해설]

사전검사, 사전조사(Pre-test)의 목적
사전검사는 본조사의 축소판이라 할 수 있으며 본조사에 들어가기에 앞서 본조사에서 실시하는 것과 똑같은 방법과 절차로 질문지가 잘 구성되어 있는지를 시험해보는 것이다.
- 질문어구의 구성
  - 중요한 응답항목을 누락하지는 않았는지 검토
  - 응답이 어느 한쪽으로 치우치게 나타나는지 검토
  - "모른다" 등과 같이 판단유보범주의 응답이 많은지 검토
  - 무응답 또는 "기타"에 대한 응답이 많은지 검토
  - 질문의 순서가 바뀌었을 때 응답한 내용에 변화가 나타나는지 검토
- 본조사에 필요한 자료수집
  - 면접장소
  - 조사에 걸리는 시간
  - 현지조사에서 필요한 협조사항
  - 기타 조사상의 애로점 및 타개방법

16

다음 중 서베이연구의 단점이 아닌 것은? 03

① 일반적으로 좀 더 큰 사회적 맥락을 거의 다루지 못한다.
② 일반적으로 사회적 행동을 측정하기 어렵다.
③ 일반적으로 타당도는 높은 반면 신뢰도가 낮다.
④ 태도의 측정 자체가 응답에 영향을 줄 수 있다.

[해설]

서베이연구(Survey Study)의 장·단점
- 서베이연구의 의의 : 대인면접법, 우편, 전화, 패널 등을 이용하여 응답자로 하여금 연구주제와 관련된 질문에 답하게 하는 것으로 체계적, 계획적으로 실증적인 자료를 수집·분석하는 조사설계 방법이다.
- 서베이연구의 장점
  - 대규모 모집단 연구에 적합
  - 현실을 그대로 반영한 자료를 얻을 수 있음
  - 한 번의 조사로 다양한 주제에 대한 연구가 가능
  - 규모가 커서 직접적 관찰이 불가능한 집단 특성을 기술하는 데 적합
  - 수집된 자료의 표준화가 용이

- 서베이연구의 단점
  - 특정 주제에 대한 단편적인 정보, 의견 등을 파악하여 전체적인 사회적 맥락 파악에는 제한
  - 응답자의 심리상태를 알 수 없으므로 피상적인 결과가 나타나기 쉬움
  - 외생변수의 통제가 불가능하므로 타당성이 결여될 수 있음
  - 태도를 측정하는 것 자체가 응답에 영향을 미칠 수 있음

17

설문조사가 갖는 한계에 대한 설명으로 틀린 것은? 06

① 설문지를 이용한 서베이조사는 광범위한 자료를 얻기보다는 심층조사에 적합하다.
② 서베이조사에서 수집된 자료의 정확성은 표본오차 범위 내에서의 정확도를 의미한다.
③ 서베이조사에서는 새로운 변수의 등장을 사전에 파악하기 곤란하다.
④ 서베이조사결과란 것은 단지 기억되는 과거의 행위, 또는 예상적이거나 가상적인 행위에 대한 자기보고만을 수집한 것이다.

해설

16번 문제 해설 참고

18

서베이조사와 현장조사의 일반적인 비교설명으로 옳은 것은? 08 13

① 서베이조사는 현장조사보다 타당도와 신뢰도가 높다.
② 현장조사는 서베이조사보다 타당도와 신뢰도가 높다.
③ 서베이조사는 현장조사보다 타당도는 높고, 신뢰도는 낮다.
④ 현장조사는 서베이조사보다 타당도는 높고, 신뢰도는 낮다.

해설

현장조사와 서베이조사 비교
서베이조사는 현장조사와 비교했을 때 실제현상을 측정하는 데 한계가 있으므로 인위성의 문제가 발생하고, 현장조사에 비해 타당도가 낮으며 신뢰도는 높다.

정답 17 ① 18 ④

19

다음 중 현지조사(Field Research)의 단점은? 10 14

① 조사자가 관찰대상에 영향을 줄 수 있다.
② 표준화된 방법에 의존하기 때문에 깊이 있는 조사가 어렵다.
③ 관찰대상을 조사자의 틀에 억지로 맞추려 할 가능성이 있다.
④ 인위적으로 통제된 환경에서 대상을 관찰하기 때문에 조사결과가 실제 상황과 다를 수 있다.

해설
현지조사, 현장조사(Field Research)의 특징
연구문제를 설정하거나 가설을 형성하기 위해 현장에 나가 직접 면접을 통해 자료를 수집하는 방법이다.
• 조사자의 개인적인 성향에 따른 조사결과의 상이성 가능성이 크다.
• 현지의 영향요인에 대해 실험조작을 가하지 않고 그대로 조사한다.

20

다음 중 본격적인 조사작업을 실시하기 이전에 그 분야에 필요한 예비지식을 얻기 위한 기초조사라고 볼 수 없는 것은? 20

① 문헌조사　　　　　　　　　② 전문가 의견조사
③ 사전검사　　　　　　　　　④ 표본조사

해설
예비조사
• 연구의 가설을 명백히 하기 위해 실시한다.
• 본연구를 진행하기에 앞서 실시한다.
• 문헌조사, 경험자조사, 현지답사, 특례분석(소수사례분석) 등이 있다.

21

전화면접에 선택된 전화번호를 갖는 가구원 중 면접대상자를 누구로 삼을 것인가를 결정할 때 이용할 수 있는 방법과 거리가 먼 것은? 05

① 키시(Kish) 표　　　　　　　② 생일법
③ 트로달/카터 수정표 혹은 CNU 선정표　　　　　　　④ 난수표

해설
전화조사에서 표본의 대표성문제 해결 방안
• 전화번호부는 일반적으로 가구별로 기입된 구성요소 목록이므로 추출된 가구에서 개인을 랜덤하게 선정하는 방법(Kish 표, Trodahl-Carter-Bryant(T-C-B) 수정표, Hagen-Collier 방법, Birthday 방법)을 이용한다.
• 난수표를 사용하는 경우 많은 재통화(Call-back)가 요구되고 재통화 성공률이 낮아 비용과 시간 측면에서 비효율적이다(허명회 외 2006, 전화조사를 위한 시간균형할당표본추출).

보충설명(조사방법의 이해, 통계청 통계교육원, 2006, 9)

① **Kish 방법**

Kish에 의해 개발된 방법으로서 직접개별면접에서 표준화된 가장 엄격한 응답자 선정방법인데 전화조사에서도 사용할 수 있다. 이는 먼저 가족관계와 가족구성원의 성, 연령을 파악하여 번호를 정한 다음, 주어진 응답자 선정의 기준표에 따라 응답자를 선정하는 방법이다.

예를 들어 한 가정에 부부, 성인인 아들과 딸, 할아버지가 있다고 가정하자. 이 경우에 할아버지가 1이 되며, 남편이 2, 아들이 3, 부인이 4, 그리고 딸이 5가 된다. 따라서 질문지가 만약 Kish 표에 의해 D라면 가족이 5명이기 때문에 최종 응답 대상자는 4번 즉, 부인이 되는 것이다.

〈 Kish 표의 예시 〉

할당비율	질문지 유형	가족수					
		1	2	3	4	5	6 이상
		선택할 성인 번호					
1/6	A	1	1	1	1	1	1
1/12	B1	1	1	1	1	2	2
1/12	B2	1	1	1	2	2	2
1/6	C	1	1	2	2	3	3
1/6	D	1	2	2	3	4	4
1/12	E1	1	2	3	3	3	5
1/12	E2	1	2	3	4	5	5
1/6	F	1	2	3	4	5	6

② **Trodahl-Carter-Bryant(T-C-B) 방법**

T-C-B 방법은 조사원에게 응답자 선정을 위해 다음의 두 가지 질문을 하게한다.
- 당신을 포함하여 __ 세 이상인 사람이 몇 명입니까?
- 이들 중 여자는 몇 명입니까?

이 두 질문의 결과와 미리 준비된 선정기준표를 이용해서 응답한다. 그러나 이러한 응답자 선정방법을 사용할 때는 조사원이 응답자에게 그러한 질문을 하는 목적을 설명해야 한다. 표준화된 설명문의 예를 소개하면 다음과 같다.

"지금 제가 가지고 있는 응답자 선정표에 따라 선생님 댁의 가족 중 한사람과 면접을 하게 됩니다. 그분은 여자일 수도 있고 남자일 수도 있습니다. 이러한 방법을 사용해야만 응답자의 남녀비율이 맞아 조사가 정확하게 됩니다."

③ **Hagen과 Collier 방법**

Kish 방법을 이용할 때 개인이 침해당하고 있다는 느낌이 드는 측면을 수정·보완한 것이 T-C-B 방법이라면, Hagen과 Collier가 개발한 방법은 T-C-B 방법보다도 침해당하고 있다는 느낌을 더욱 줄인 방법이다. 이 방법은 복잡한 과정을 생략하고 네 가지 유형(가장 나이가 어린 여자/가장 나이든 여자/가장 나이가 어린 남자/가장 나이든 남자) 중 한 가지 유형의 응답자를 조사원이 접촉하도록 질문지에 표시를 하는 방법이다.

예로서, 응답자의 질문지에 '가장 나이 든 남자'라고 쓰여 있으면 가족 중에서 가장 나이 든 사람과 면접을 해야 한다.

④ **Birthday 방법**

이 방법도 일반적으로 사용하는 방법으로 가구 내에서 가장 최근에 생일을 지낸 사람을 찾거나 앞으로 가장 생일이 빨리 들어오는 사람을 찾는 방법으로 이론적으로는 무작위 표본추출방법이다.

이 방법은 응답자를 침해한다는 느낌도 들지 않고, 시간도 많이 소모되지 않으며, 조사원이 사용하기 쉽다는 장점이 있으나, 완전한 무작위성을 왜곡시킬 우려가 있다는 지적도 있다.

22

국민들의 관심도가 높은 부동산 가격 억제 정책이 오후 9시에 전격 발표되었다. 다음날 조간신문에 이 정책에 대한 국민들의 지지율만을 발표하려고 한다. 표본규모를 전국적으로 1,000명을 정확하게 채워서 조사하려고 할 때 가장 적합한 자료수집방법은? 05 11

① 대인면접조사
② 전화조사
③ 우편조사
④ 온라인조사

해설

전화조사의 특징
전화조사는 대인면접조사, 우편조사, 온라인조사에 비해 신속한 조사결과를 얻을 수 있다.

23

어떤 면에서 전화조사가 면접조사에 비해 장점이 있는가? 03

① 보다 깊은 조사
② 보다 긴 조사시간
③ 보다 큰 타당도
④ 보다 큰 친밀한 관계

해설

전화조사의 장점
- 면접조사에 비해 시간과 비용이 적게 든다.
- 우편조사에 비해 타인의 참여를 줄일 수 있다.
- 면접이 어려운 사람의 경우에 유리하다.
- 면접조사에 비해 타당도가 높다.
- 조사자들에 대한 관리 감독이 용이하다.
- 표본추출이 용이하다.
- 컴퓨터 지원(CATI 조사 ; Computer Assisted Telephone Interviewing)이 가능하다.
- 예 통계청 : 가축동향조사, 집세조사, 어업생산동향조사, 어류양식동향조사 등

24

전화조사의 장점과 가장 거리가 먼 것은? 12

① 시간과 비용을 절약할 수 있다.
② 컴퓨터 지원이 가능하다.
③ 조사자들에 대한 감독이 용이하다.
④ 질문의 길이와 내용을 제한받지 않는다.

해설

23번 문제 해설 참고

25

모 회사에서 새로이 출시될 예정인 제품의 디자인에 대해 어느 정도 호감이 있는지를 조사할 때 옳지 않은 것은? 07

① 시장 출시에 맞춰 조사를 신속히 하기 위해 전화조사를 사용한다.
② 우편조사와 면접조사가 적합하다.
③ 시각적인 자료의 활용이 중요하다.
④ 의미분화척도를 사용한다.

해설

전화조사의 단점 중 하나는 보조도구를 사용할 수 없다는 것이다. 새로이 출시될 예정인 제품의 디자인에 대한 호감도 조사이므로 시각적인 자료인 보조도구를 사용하여 조사하는 것이 적절하다.

26

다음 중 전화를 사용하여 자료를 수집하는 전화서베이방법의 장점과 가장 거리가 먼 것은? 09

① 빠른 시간 내에 자료를 수집할 수 있다.
② 저렴한 비용으로 많은 사람으로부터 자료를 얻을 수 있다.
③ 직접 얼굴을 대면하지 않기 때문에 민감한 문제에 대한 질문이 가능하다.
④ 연구자가 알고자 하는 다양한 문제에 대하여 시간적 길이의 제한 없이 여러 가지 질문을 할 수 있다.

해설
전화조사의 장·단점

전화조사의 장점	전화조사의 단점
• 면접조사에 비해 시간과 비용이 적게 든다. • 우편조사에 비해 타인의 참여를 줄일 수 있다. • 면접이 어려운 사람의 경우에 유리하다. • 면접조사에 비해 타당도가 높다. • 조사자들에 대한 관리 감독이 용이하다. • 표본추출이 용이하다. • 컴퓨터 지원(CATI 조사 ; Computer Assisted Telephone Interviewing)이 가능하다.	• 보조도구를 사용할 수 없다. • 면접조사에 비해 심층면접을 하기 곤란하다. • 모집단이 불완전하여 신뢰도에 문제가 발생할 수 있다. • 질문의 길이와 내용을 제한받는다. • 비대면적 상황이 응답을 왜곡시킬 수 있다. • 시간적 제약을 많이 받는다. • 응답자에 대한 통제에 어려움이 있다.

27

설문지의 보조도구의 사용이 가장 제한적인 조사방법은? 20

① 전화조사
② 우편조사
③ 집단조사
④ 면접조사

해설
26번 문제 해설 참고

28

전화조사와 우편조사의 비교 설명으로 틀린 것은? 16 17

① 전화조사는 우편조사에 비해 신속히 이루어진다.
② 전화조사에서는 우편조사에 비해 면접원의 개인차에 의한 오류를 줄일 수 있다.
③ 전화조사에서는 우편조사에 비해 응답자가 이해하지 못할 때 추가적인 설명이 가능하다.
④ 전화조사는 우편조사에 비해 질문의 내용을 단순하고 짧게 해야 한다.

해설
우편조사는 전화조사에 비해 면접원의 개인차에 의한 오류를 줄일 수 있다.

29

최근에 등장한 조사방법으로 전화조사를 대체할 수 있다고 판단되는 것은? 07

① 우편조사
② 모바일조사
③ 면접조사
④ 배포조사

해설
모바일조사(Mobile Survey)
표본으로 추출된 응답 대상자에게 모바일폰으로 SMS를 전송하여 조사내용을 고지하고 SMS를 받은 응답 대상자는 통화버튼을 눌러 문자메세지와 같이 보내준 Callback 번호로 응답 서버에 접속하여 정해진 설문 절차에 따라 응답하는 방법이다.
예 통계청 2012년 사교육비조사

30

우편조사와 비교한 면접조사의 특징으로 틀린 것은? 11

① 응답환경을 표준화할 수 있다.
② 개별적 상황에 높은 신축성과 적응성을 갖는다.
③ 응답자의 환경조건이나 개인적인 자료를 얻을 수 있다.
④ 응답자를 표집한 결과가 지역적으로 넓게 분포된 경우 효율·효과적으로 자료를 수집할 수 있다.

해설
우편조사의 장점 중 하나는 응답자를 표집한 결과가 지역적으로 넓게 분포된 경우 효율·효과적으로 자료를 수집할 수 있다는 것이다.

31

우편조사의 회수율을 높이기 위한 방법과 가장 거리가 먼 것은? [16]

① 회신용 우표를 설문지에 동봉한다.
② 응답자 협조의 중요성을 설득적으로 설명한다.
③ 가능한 한 질문지의 글자 크기를 줄여 설문지가 짧아보이게 한다.
④ 설문지를 발송한 후에 이를 환기시키는 서신을 보낸다.

> **해설**
> **우편조사 시 응답률을 높이는 방법**
> - 반송용 우표 및 봉투를 동봉한다.
> - 반송봉투가 필요 없는 봉투겸용 우편(자기우편)설문지를 이용한다.
> - 격려문과 함께 설문지를 다시 동봉하여 추적우편(Follow-up-mailing)을 실시한다.
> - 사례품이나 사례금 등 약간의 인센티브(Incentive)를 준다.
> - 조사에 앞서 예고편지(안내문 등)를 발송한다.
> - 설문지 표지에 조사기관 및 조사의 중요성에 대해 설명하여 응답자가 응답하도록 동기를 부여한다.

32

우편조사의 응답률에 영향을 미치는 요인과 가장 거리가 먼 것은? [10]

① 응답집단의 동질성
② 응답자의 지역적 범위
③ 질문지의 양식 및 우송방법
④ 연구주관기관 및 지원 단체의 성격

> **해설**
> **우편조사의 응답률에 영향을 미치는 요인**
> - 응답집단의 동질성 : 조사자는 특정한 응답집단의 경우 응답률이 높다는 사실을 인식함으로써 모집단과 표본추출방법에 대해 보다 세심하게 검토할 필요가 있다.
> - 질문지의 형식과 우송방법 : 질문지 종이의 질과 문항의 간격 등의 인쇄술, 종이의 색깔, 표지설명의 길이와 유형 등의 형식이 응답률에 영향을 미친다.
> - 표지편지(Cover Letter) : 연구자는 표지편지에 연구주관기관, 연구의 목적, 연락처, 응답의 필요성, 응답내용에 대한 비밀보장 등의 메시지를 표현함으로써 응답자의 응답을 유인할 수 있다.
> - 우송유형 : 반송봉투가 필요 없는 봉투겸용 우편(자기우편)설문지를 이용한다.
> - 인센티브(Incentive) : 사례품이나 사례금 등 약간의 인센티브(Incentive)를 준다.
> - 예고편지 : 조사에 앞서 예고편지(안내문 등)를 발송한다.
> - 추가우송 : 격려문과 함께 설문지를 다시 동봉하여 추적우편(Follow-up-mailing)을 실시한다.

33

우편조사의 특성과 가장 거리가 먼 것은? 10

① 회수율이 낮은 경우 표본의 대표성을 확보하기 어렵다.
② 표본으로 추출된 대상자가 직접 응답했는지 확인하기 어렵다.
③ 응답자에 대한 익명성과 비밀유지에 대한 확신을 부여하기 쉽다.
④ 일반적으로 조사에 필요한 시간이 전화조사보다는 길지만 면접조사보다는 짧다.

해설

자료수집방법 비교

기 준	면접조사	전화조사	우편조사	전자조사
비 용	높 다	중 간	낮 다	없 다
면접자 편향	높 다	낮 다	없 다	없 다
시간소요	높 다	중 간	낮 다	낮 다
익명성	낮 다	낮 다	높 다	높 다
응답률	높 다	중 간	낮 다	낮 다
응답자 통제	높 다	중 간	없 다	없 다

34

우편조사의 회수율이 떨어지는 단점을 보완하기 위한 방법과 가장 거리가 먼 것은? 08

① 회송용 봉투를 동봉한다.
② 봉투가 필요 없는 자기우편 설문지 형식을 사용한다.
③ 추적우편(Follow-up-mailing)을 실시한다.
④ 설문문항을 체계적으로 배열한다.

해설

우편조사 시 응답률을 높이는 방법
- 반송용 우표 및 봉투를 동봉한다.
- 반송봉투가 필요 없는 봉투겸용 우편(자기우편)설문지를 이용한다.
- 격려문과 함께 설문지를 다시 동봉하여 추적우편(Follow-up-mailing)을 실시한다.
- 사례품이나 사례금 등 약간의 인센티브(Incentive)를 준다.
- 조사에 앞서 예고편지(안내문 등)를 발송한다.
- 설문지 표지에 조사기관 및 조사의 중요성에 대해 설명하여 응답자가 응답하도록 동기를 부여한다.

35

우편조사와 면접조사의 비교 설명으로 틀린 것은? [16]

① 우편조사에 비해 면접조사는 자연스럽고 즉각적인 응답을 얻어내기가 상대적으로 용이하다.
② 우편조사에 비해 면접조사는 개방형 질문을 활용하기가 어렵다.
③ 우편조사에 비해 면접조사는 정확하고 완벽한 응답을 유도하기가 용이하다.
④ 우편조사에 비해 면접조사는 구조화된 질문지 외에 추가 정보를 획득할 가능성이 높다.

[해설]
면접조사는 우편조사에 비해 개방형 질문을 활용하기 용이하다.

36

우편조사의 장점으로 맞는 것은? [21]

① 면접조사에 비해서 비용이 적게 든다.
② 면접조사에 비해서 익명성이 보장된다.
③ 회수율이 면접조사에 비해 현저히 높다.
④ 당사자가 아닌 타인의 응답가능성이 없다.

[해설]
자료수집방법 비교

기 준	면접조사	전화조사	우편조사	전자조사
비 용	높 다	중 간	낮 다	없 다
면접자 편향	높 다	낮 다	없 다	없 다
시간소요	높 다	중 간	낮 다	낮 다
익명성	낮 다	낮 다	높 다	높 다
응답률	높 다	중 간	낮 다	낮 다
응답자 통제	높 다	중 간	없 다	없 다

37

면접조사와 비교한 우편설문조사의 특징으로 틀린 것은? [19]

① 설문구성이 제한적이다.
② 심층규명(Probing)이 어렵다.
③ 응답자에 대한 접근성이 낮다.
④ 응답자에 대한 통제가 어렵다.

[해설]
우편조사의 장점 중 하나는 응답자에 대한 접근성이 높음으로 응답자를 표집한 결과가 지역적으로 넓게 분포된 경우 효율·효과적으로 자료를 수집할 수 있다.

38

다음 중 우편조사를 위한 질문지의 조사안내문에 포함해야 할 내용과 가장 거리가 먼 것은? 19

① 조사실시 기관명
② 연구자의 연락처
③ 응답에 대한 비밀유지
④ 표본의 규모와 응답자의 범위

해설

표지편지(Cover Letter)
연구자는 표지편지에 연구주관기관, 연구의 목적, 연락처, 응답의 필요성, 응답내용에 대한 비밀보장 등의 메시지를 표현함으로써 응답자의 응답을 유인할 수 있다.

39

이메일(E-mail)을 활용한 온라인조사의 장점이 아닌 것은? 07 10 14

① 면접원 편향 통제
② 신속성
③ 조사 모집단 규정의 명확성
④ 저렴한 비용

해설

전자우편조사(E-mail Survey)의 장·단점
- 전자우편조사의 장점
  - 오프라인(Off-line)조사에 비해 시간과 비용이 적게 든다.
  - 특수계층의 응답자에게도 적용 가능하다.
  - 면접원의 편향을 통제할 수 있다.
- 전자우편조사의 단점
  - 컴퓨터와 인터넷을 사용할 수 있는 사람만을 대상으로 하기 때문에 표본의 대표성에 문제가 있다.
  - 응답률이 낮다.
  - 복잡한 질문이나 질문의 양이 많은 경우에 자발적 참여가 어렵다.
  - 모집단의 정의가 어렵다.

정답 38 ④ 39 ③

40

다음 온라인사회조사(Online Survey)에 관한 설명으로 옳지 않은 것은? [03]

① 인터넷조사나 PC 통신망을 이용한 조사들이 모두 포함된다.
② 오프라인(Off-line)조사에 비해 짧은 시일 내에 비교적 저렴한 비용으로 실시할 수 있다.
③ 조사대상자의 대표성을 확보하기가 쉽고, 다양한 집단을 대상으로 할 수 있다.
④ 온라인조사 방법 중 전자우편조사(E-mail Survey)는 빠른 응답을 얻을 수 있다.

해설

온라인조사의 장·단점

온라인조사의 장점	온라인조사의 단점
• 오프라인(Off-line)조사에 비해 시간과 비용이 적게 든다. • 멀티미디어 자료의 활용 등 다양한 형태의 조사가 가능하다. • 특수계층의 응답자에게도 적용 가능하다. • 면접원의 편향을 통제할 수 있다. • 응답자가 편리한 시간에 편리한 방법으로 참여할 수 있다.	• 컴퓨터와 인터넷을 사용할 수 있는 사람만을 대상으로 하기 때문에 표본의 대표성에 문제가 있다. • 응답률이 낮다. • 복잡한 질문이나 질문의 양이 많은 경우에 자발적 참여가 어렵다. • 모집단의 정의가 어렵다. • 컴퓨터 운영체계 또는 사용 브라우저에 따라 호환성에 제한이 있다.

41

온라인조사의 최대 쟁점은? [20]

① 표본의 대표성
② 복수응답의 가능성
③ 유인요소
④ 질문지 설계 및 작성

해설
40번 문제 해설 참고

42

온라인조사의 대표적인 단점에 해당하는 것은? [16]

① 작은 표본크기
② 낮은 표본대표성
③ 높은 비용
④ 긴 조사기간

해설
40번 문제 해설 참고

43

면접조사와 비교한 온라인(On-line)조사의 특징에 관한 설명으로 틀린 것은? 12

① 자료수집기간이 단기적이다.
② 비용이 많이 든다.
③ 응답상황을 통제하기 어렵다.
④ 복합적인 질문이 용이하지 않다.

해설
자료수집방법 비교

기 준	면접조사	전화조사	우편조사	전자조사
비 용	높 다	중 간	낮 다	없 다
면접자 편향	높 다	낮 다	없 다	없 다
시간소요	높 다	중 간	낮 다	낮 다
익명성	낮 다	낮 다	높 다	높 다
응답률	높 다	중 간	낮 다	낮 다
응답자 통제	높 다	중 간	없 다	없 다

44

다음 중 인터넷조사에 대한 설명으로 옳지 않은 것은? 06

① 응답자의 익명성이 보장되기 때문에 성실한 응답을 얻을 수 있다.
② 인력, 시간, 비용을 절약할 수 있다.
③ 조사대상 표본집단이 대표성을 보장하기 어렵다.
④ 동기유발을 이끌 수 있는 방안을 제시해야 응답률을 높일 수 있다.

해설
온라인조사의 장·단점

온라인조사의 장점	온라인조사의 단점
• 오프라인(Off-line)조사에 비해 시간과 비용이 적게 든다. • 멀티미디어 자료의 활용 등 다양한 형태의 조사가 가능하다. • 특수계층의 응답자에게도 적용 가능하다. • 면접원의 편향을 통제할 수 있다. • 응답자가 편리한 시간에 편리한 방법으로 참여할 수 있다.	• 컴퓨터와 인터넷을 사용할 수 있는 사람만을 대상으로 하기 때문에 표본의 대표성에 문제가 있다. • 응답률이 낮다. • 복잡한 질문이나 질문의 양이 많은 경우에 자발적 참여가 어렵다. • 모집단의 정의가 어렵다. • 컴퓨터 운영체계 또는 사용 브라우저에 따라 호환성에 제한이 있다.

정답 43 ② 44 ①

45

다음 중 인터넷 여론조사의 장점이 아닌 것은? 08

① 표본의 대표성이 보장된다.
② 빠르고 신속한 조사가 가능하다.
③ 응답자가 스스로 편리한 시간에 편리한 방법으로 참여할 수 있다.
④ 멀티미디어 기능을 사용한 조사가 가능하다.

해설

44번 문제 해설 참고

46

다음이 설명하고 있는 자료수집방법은? 09

- 설문발송과 회수에 따른 비용이 전혀 들지 않는다.
- 인터뷰 요원을 유지하는 데 따른 비용도 필요치 않다.
- 회수되는 설문자료들에 대한 데이터 입력이 자동으로 이루어질 수 있게 되므로 자료입력에 따른 시간과 경비가 따로 들지 않는다.
- 설문에 응하는 응답자들의 입장에서도 자신들이 편한 시간대를 선택하여 응답할 수 있으므로 응답의 질을 높일 수 있다.

① 우편조사
② 전화조사
③ 대인 인터뷰
④ 전자서베이

해설

전자설문조사(Electronic Survey)의 장·단점
인터넷, 모바일 등과 같은 전자통신망을 통하여 조사하는 방법이다.
- 전자설문조사의 장점
  - 설문발송, 회수, 면접요원 채용 등의 비용이 들지 않는다.
  - 광범위한 지역을 대상으로 조사가 가능하다.
  - 자료입력이 자동으로 이루어지기 때문에 편리하다.
- 전자설문조사의 단점
  - 컴퓨터와 인터넷을 사용할 수 있는 사람만을 대상으로 하기 때문에 표본의 대표성에 문제가 있다.
  - 응답률이 낮다.
  - 복잡한 질문이나 질문의 양이 많은 경우에 자발적 참여가 어렵다.
  - 모집단의 정의가 어렵다.
  - 컴퓨터 운영체계 또는 사용 브라우저에 따라 호환성에 제한이 있다.

47

인터넷조사에는 패널의 PC에서 로그데이터를 수집하는 패널로그 측정방식(Audience Centric Measurement)과 웹 서버 단에서 로그를 분석하는 서버로그 측정방식(Site Centric Measurement)이 있다. 패널로그 측정방식이 서버로그 측정방식에 비해 갖는 장점이 아닌 것은? 04

① 인구통계적 분석 용이
② 방문자 적은 사이트에 대한 분석 용이
③ 동일한 기준으로 다양한 사이트 분석 가능
④ 시간이 적게 듦

해설

인터넷 웹로그 추적 조사(Internet Weblog Follow-up Survey)
- 패널로그 측정방식(ACM ; Audience Centric Measurement) : 인터넷 이용자의 컴퓨터에 웹로그를 추적할 수 있는 프로그램을 설치하여 각 이용자들의 웹로그를 수집하여 분석하는 방법
  - 패널정보와 함께 분석하는 것이 가능
  - 타 경쟁 사이트 이용형태를 함께 분석하는 것이 가능
  - 특정 사이트만을 심층적으로 분석하는 것은 서버로그 측정방식에 비해 취약
  - 방문자 수가 많은 사이트에 대한 분석 용이
- 서버로그 측정방식(Site Centric Measurement) : 특정 사이트 방문자의 이용기록을 분석하는 방법
  - 특정 사이트의 이용형태를 정확하게 분석할 수 있음
  - 방문자의 인구통계학적인 특성을 반영하여 분석하기 어려움
  - 타 경쟁 사이트 방문자의 이용형태와의 비교가 어려움

48

면접자의 영향을 통제할 수 있는 가능성이 높은 순서에 따라 조사방법을 배열할 때, 다음 중 순서가 올바르게 배열된 것은 어느 것인가? 03

① 우편조사(고) ← 전화조사(중) ← 대인면담(저)
② 전화조사(고) ← 대인면담(중) ← 우편조사(저)
③ 대인면담(고) ← 우편조사(중) ← 전화조사(저)
④ 전화조사(고) ← 우편조사(중) ← 대인면담(저)

해설

조사방법에 따른 면접자의 영향력 통제
우편조사는 면접자의 영향을 전혀 받지 않고, 전화조사는 면접자의 외모나 차림새 등의 편견에 대한 영향을 받지 않으며 대인면담은 면접자의 영향을 가장 많이 받는다.

49

다음 자료수집방법 중 비교표의 ( )에 들어갈 알맞은 것은? 08

기 준	개별면접조사	전화조사	우편조사
비 용	(A)	중 간	낮 다
면접자 편향	중 간	(B)	없 다
시간소요	높 다	중 간	낮 다
익명성	낮 다	낮 다	(C)

① A : 높다,   B : 낮다,   C : 높다
② A : 낮다,   B : 낮다,   C : 높다
③ A : 높다,   B : 높다,   C : 높다
④ A : 낮다,   B : 높다,   C : 높다

해설

자료수집방법 비교

기 준	면접조사	전화조사	우편조사	전자조사
비 용	높 다	중 간	낮 다	없 다
면접자 편향	높 다	낮 다	없 다	없 다
시간소요	높 다	중 간	낮 다	낮 다
익명성	낮 다	낮 다	높 다	높 다
응답률	높 다	중 간	낮 다	낮 다
응답자 통제	높 다	중 간	없 다	없 다

50

자료수집방법에 관한 설명으로 옳은 것은? 11 15

① 2차 자료는 조사자가 직접 조사하여 수집하는 자료이다.
② 투사법은 응답자가 조사의 목적을 모르는 상태에서 다양한 심리적 의사소통법을 이용하여 자료를 수집하는 방법이다.
③ 서베이법은 응답자의 행동과 태도를 조사자가 관찰하고 기록함으로써 정보를 수집하는 방법이다.
④ 표적집단면접법은 고정된 표본을 대상으로 시간경과에 따라 여러 차례 반복적으로 측정하는 조사이다.

해설

투사법
- 개인적인 요구, 감정, 동기, 가치관 등이 밖으로 표출될 수 있도록 고안된 자극을 피검사자에게 제시함으로써 나타난 반응을 분석하여 인성을 측정하는 방법
- 어떤 대상에 투영된 내용을 검토하여 그 사람의 경험, 성격적 특성, 정신 내부의 상태를 파악하는 방법
- 특별한 긴장이나 경계심을 일으키지 않고 자유로운 반응을 나타내게 하여 개인의 욕구, 관심, 감정, 성격 등을 측정하려는 방법

51

자료수집에 관한 옳은 설명을 모두 고른 것은? 13

> ㄱ. 배포조사는 불분명한 질문내용에 대해 보충설명을 할 수 있다.
> ㄴ. 집합조사는 짧은 시간 내에 많은 사람을 조사할 수 있다.
> ㄷ. 전화조사는 많은 내용을 조사할 수 있다.
> ㄹ. 우편조사는 조사의 익명성을 보장할 수 있다.

① ㄱ, ㄴ, ㄷ
② ㄱ, ㄷ
③ ㄴ, ㄹ
④ ㄱ, ㄴ, ㄷ, ㄹ

해설

ㄱ. 배포조사는 설문지를 직장 또는 가정에 전달하고 응답자가 직접 기입하게 한 후 나중에 설문지를 회수하는 방법으로 다른 사람의 개입이나 방해를 받지 않고 응답하므로 불분명한 질문내용에 대해 보충설명을 할 수 없다.
ㄷ. 전화조사는 질문의 길이와 내용에 제약을 받기 때문에 심층적인 면접을 할 수 없다.

52

다음 중 쌍렬식 질문(Double-barreled Question)의 예가 아닌 것은? 03 08

① 귀하는 스크린 쿼터제도가 폐지되어야 한다고 생각하십니까?
② 정부는 북한에 대한 지원을 중단하고 그 돈을 서민을 위한 복지확충을 위해 사용해야 한다고 생각하십니까?
③ 한국정부는 미국과 중국과의 우호관계유지를 외교정책의 최우선 과제로 삼아야 한다고 생각하십니까?
④ 귀하는 로또복권이나 경마처럼 사행심을 조장하는 제도들이 폐지되어야 한다고 생각하십니까?

해설

쌍렬식 질문(Double-barreled Question)
하나의 질문 안에 물어보는 질문이 여러 개인 경우를 쌍렬식 질문이라 한다.

정답 51 ③ 52 ①

53

다음 중 연구자가 몇 개의 개념이나 문항에 대한 상대적인 인식에 관심을 가질 때 적절한 설문유형은? 03

① 빈칸채우기(Fill-in-the-blank)식 질문
② 순위매기기(Rank Ordering Technique)식 질문
③ 이분법적 설문(Dichotomous Response)
④ 어의차(Semantical Differential)척도식 질문

해설

순위매기기식(Rank Ordering Technique) 질문
여러 개의 응답범주를 나열해 놓고 그 중에서 중요성 또는 선호 등을 고려하여 우선순위에 따라 응답하는 질문으로 순위를 매김으로서 최소한 상대적인 순위에 대한 정보를 알 수 있다.

54

A 평생교육원에 다니고 있는 교육생들을 대상으로 질문지를 이용하여 전수조사를 하려고 한다. 연령, 성별, 직업 등과 같은 인구통계적 특성에 대한 질문의 위치로 가장 바람직한 곳은? 04

① 인사말과 지시문 사이
② 질문지의 시작 위치
③ 질문지의 중간 위치
④ 질문지의 맨 뒤

해설

답변이 용이한 질문은 질문지 전반부에 배치하고 연령, 직업 등과 같이 민감한 내용의 질문은 질문지의 후반부에 배치한다.

55

다음 중 자기기입식 질문지 문항을 배열하는 요령으로 옳은 것은? 08

① 문항의 순서를 무작위화 한다.
② 인구학적 자료에 대한 요청을 질문지의 앞쪽에 배치한다.
③ 민감한 영역의 문항은 가급적 앞쪽에 배치한다.
④ 일반적인 것을 먼저 묻고 특수한 것은 나중에 질문한다.

해설

질문항목 배열 시 유의사항
깔때기(Funnel) 흐름에 따라 질문을 배열한다. 질문항목의 배열은 일반적인 내용에서 구체적인 내용 순으로 구성하는 것이 바람직하며 사실적인 실태나 형태를 묻는 질문에서 이미지 평가나 태도를 묻는 질문 순으로 진행하는 것이 바람직하다.

56

질문지의 문항을 배열하는 과정에서 고려해야 할 내용이 아닌 것은? 04

① 자기기입식 설문지의 경우 인적사항(인구사회학적 자료)에 대한 질문은 설문지의 후반부에 배열하는 것이 좋다.
② 면접설문조사의 경우 인적사항(인구사회학적 자료)을 설문지의 뒷부분에 배열하는 것이 효과적이다.
③ 자기기입식 설문지의 경우 심각하게 고려하여 응답하여야 하는 질문은 앞부분에 배열하는 것이 좋다.
④ 첫 번째 질문은 응답자의 흥미를 유발할 수 있는 것이어야 한다.

해설
55번 문제 해설 참고

57

질문문항의 배열에서 깔때기형 배열이란? 04

① 처음부터 어려운 질문을 하는 방법이다.
② 글자 수가 많은 문항을 먼저 질문하는 방법이다.
③ 쉽고 일반적인 것부터 시작해서 점점 구체적이고 어려운 내용을 질문하는 방법이다.
④ 구체적이고 개별적인 질문부터 시작해서 점차적으로 일반적인 내용을 질문하는 방법이다.

해설
깔때기(Funnel)형 배열
질문항목의 배열은 일반적인 내용에서 구체적인 내용 순으로 구성하는 것이 바람직하며 사실적인 실태나 형태를 묻는 질문에서 이미지 평가나 태도를 묻는 질문 순으로 진행하는 것이 바람직하다.

정답 56 ③ 57 ③

58

다음에 제시된 질문들 중 문항작성원칙에 위배되지 않는 질문은? 04 17

① 귀하께서는 현재 근무하고 있는 회사의 임금수준과 동료관계에 대해 만족하고 계십니까?
② 환경부에 따르면 쓰레기 분리수거를 하면 자원재활용에 상당한 도움을 줄 수 있다고 합니다. 이러한 상황을 고려할 때 귀하는 쓰레기 분리수거를 찬성하십니까? 반대하십니까?
③ 귀하께서 가장 선호하는 TV 프로그램은?
④ 정장과 캐주얼 의상을 파는 상점들에는 경쟁이 치열합니까?

해설
① 단순성 위배 : 질문지 작성 시 하나의 질문항목으로 두 가지 질문을 하거나 하나의 질문항목에 대해 응답항목이 중복되어서는 안 된다.
② 가치중립성 위배 : 연구자의 주관이 개입되어 특정 응답을 유도하거나 암시하는 질문을 해서는 안 된다.
④ 명확성 위배 : 질문지 작성 시 가능한 뜻이 애매한 단어와 상이한 단어의 사용은 회피하고 쉽고 명확한 단어를 사용한다.

59

질문지 구성 문항 중 가장 적절한 질문형식은? 05 20

① 재난발생의 일차적 책임은 개인, 기업, 정부 중에서 어디에 있다고 생각하십니까?
　　① 개 인　　② 기 업　　③ 정 부
② 귀하는 현재 근무하는 회사의 임금수준이나 직업조건에 대해 만족하십니까?
　　① 예　　② 아니오
③ 서울시에 따르면 차량 5부제 실시가 교통혼잡 개선에 상당한 도움을 줄 수 있습니다. 이러한 상황을 고려할 때 귀하는 차량 5부제 도입에 찬성하십니까?
　　① 예　　② 아니오　　③ 모르겠다
④ 귀하는 아직도 자신의 부인을 때리는 남편이 있다고 생각하십니까?
　　① 예　　② 아니오　　③ 모르겠다

해설
① 응답범주의 포괄성 위배 : 응답자가 응답 가능한 항목을 모두 제시해 주어야 한다.
② 단순성 위배 : 질문지 작성 시 하나의 질문항목으로 두 가지 질문을 해서는 안 된다.
③ 가치중립성 위배 : 연구자의 주관이 개입되어 특정 응답을 유도하거나 암시하는 질문을 해서는 안 된다.

60

찬성-반대의 차원에서 응답자의 반응을 측정하기 위해 리커트형으로 질문하는 방식은? 04

① 여과형 질문
② 찬부식 질문
③ 척도형 질문
④ 개방형 질문

해설

찬부식 질문과 리커트 척도형 질문
- 찬부식 질문 : 보통 〈찬성, 반대〉, 〈좋다, 나쁘다〉, 〈공평, 불공평〉과 같이 간단한 문제나 찬, 반 양론에 대해 물어보는 질문
- 리커트 척도형 질문(평정식 질문) : 어떤 질문에 대한 대답의 강도를 요구하는 질문으로 어떤 질문에 대해 강도가 다른 대답을 나열하여 응답자의 의견을 표시하는 방법

61

고학력 집단에 대한 조사에서 자원봉사에 대한 참여가 실제보다 많게 나오거나, 역술에 대한 의존 정도가 실제보다 낮게 나오는 것과 같은 사회적 당위의 문제를 해결하기 위해 사용하는 설문조사방법은? 04 08 13 18

① 고학력 집단에 대한 가중표집
② 동일한 응답자에 대한 반복 조사
③ 비구조화된 설문지를 바탕으로 한 심층면접
④ 자기기입식(Self-administered Form) 설문방식 사용

해설

자기기입식 설문조사의 장점
- 면접조사에 비해 비용이 적게 들고, 시간이 덜 걸린다.
- 완전한 익명성을 보장하면 민감한 쟁점을 다루는 데 효과적이다.
- 면접에서와 같은 면접자의 편견이 개입될 우려가 없다.
- 피조사자가 충분한 시간을 갖고 솔직하게 답변할 수 있다.

62

통계청에서 실행하는 조사 중 자기기입식 조사방식을 원칙으로 하는 조사는? 05

① 전국사업체 기초통계조사
② 경제활동인구조사
③ 도시가계조사
④ 사회통계조사

해설

도시가계조사는 조사원이 해당 가구에 일계부를 배부하고 응답자로 하여금 수입과 지출 내역 등을 스스로 기입하게 하는 자기기입식 조사방법이다.

63

다음 중 설문조사로 가장 해결하기 어려운 연구주제는? 05 09 20

① CCTV 설치 여부와 범죄와의 관계
② 비행친구와 사귀는 것과 범죄와의 관계
③ 실업률과 범죄율과의 관계
④ 처벌의 두려움과 범죄와의 관계

해설

설문조사
조사대상자들에게 측정하고자 하는 것을 물어서 자료를 수집하는 방법으로 실업률과 범죄율은 통계수치로 표본을 추출하여 추출된 표본으로부터 측정하고자 하는 것을 물어서 자료를 수집하는 방법인 설문조사에는 적합하지 않다.

64

"귀하의 부모님은 이메일을 사용하십니까?"라고 묻고 "예" 혹은 "아니오" 중 응답을 선택하도록 하였을 때, 질문지 작성의 원칙에서 지켜지지 못한 것은? 05 14

① 간결성(질문은 짧게)
② 명확성(질문 자체로서 의미가 명확히 전달)
③ 단순성(복합적인 질문은 피함)
④ 가치중립성(특정 대답을 유도해서는 안 됨)

해설

질문지 작성 시 하나의 질문항목으로 두 가지 질문을 하거나 하나의 질문항목에 대해 응답항목이 중복되어서는 안 된다. 하나의 질문으로 부모님(아버지, 어머니)에 관해 물은 복합적인 질문에 해당된다.

65

적절한 질문배열의 원칙에 해당되지 않는 것은? 05

① 질문은 논리적인 순서에 따라 배열한다.
② 응답자의 관심을 끌 수 있는 문항을 앞에 배열한다.
③ 비슷한 형태의 질문을 연이어 묻는다.
④ 일반적인 것을 먼저 묻고 특수한 것을 나중에 묻는다.

해설

동일한 척도항목들은 모아서 배열하지만, 응답의 신뢰도를 묻는 질문문항(비슷한 형태의 질문)들은 분리시켜야 한다.

66

다음 중 질문의 응답범주에 대한 설명으로 적합한 것은? 05 20

> 한 연구자는 응답자에게 종교를 묻는 질문에서 아래의 응답 범주들을 사용하였다.
> ① 기독교 ② 천주교 ③ 이슬람교 ④ 불교 ⑤ 원불교 ⑥ 천도교 ⑦ 기타종교

① 포괄적이면서 상호배타적이다.
② 포괄적이지 않지만 상호배타적이다.
③ 포괄적이지만 상호배타적은 아니다.
④ 포괄적이지도 상호배타적이지도 않다.

해설
응답범주에 기타종교를 포함하였지만 종교가 없는 무교를 포함하지 않았기 때문에 응답범주의 포괄성에 위배된다.

67

설문의 개별항목 완성 시 주의해야 할 사항이 아닌 것은? 06

① 응답자가 대답하기 곤란한 질문들에 대해서는 직접적인 질문을 피해야 한다.
② 대답을 유도하는 질문을 해서는 안 된다.
③ 응답항목 간의 내용이 중복되어도 상관없다.
④ 하나의 항목으로 두 가지 내용을 질문해서는 안 된다.

해설
질문지 작성원칙
- 간접질문 : 응답자가 대답하기 곤란한 질문들에 대해서는 직접적인 질문을 피하도록 한다.
- 가치중립성 : 연구자의 주관이 개입되어 특정 응답을 유도하거나 암시하는 질문을 해서는 안 된다.
- 단순성 : 질문지 작성 시 하나의 질문항목으로 두 가지 질문을 하거나 하나의 질문항목에 대해 응답항목이 중복되어서는 안 된다.

68

질문순서의 결정에 있어 고려해야 할 사항이 아닌 것은? 06 12

① 첫 번째 질문은 가능한 쉽게 응답할 수 있고 흥미를 유발할 수 있는 것이어야 한다.
② 응답자에 관련된 인적사항에 대한 질문은 가능한 앞에 하여야 한다.
③ 질문항목 간의 관계를 고려하여야 한다.
④ 응답자가 심각하게 고려하여 응답하여야 하는 성질의 질문은 위치선정에 주의해야 한다.

해설
답변이 용이한 질문은 질문지 전반부에 배치하고 연령, 직업 등과 같이 민감한 내용의 질문은 질문지의 후반부에 배치한다.

69

질문지의 일반적인 구성내용에 해당되지 않는 것은? 06 09

① 연구의 구체적 목적
② 응답자에 대한 협조요청
③ 응답자의 분류를 위한 자료
④ 필요한 정보의 습득

해설

① 연구문제의 정립 단계에서 연구자는 해당 연구에서 취급하고자 하는 주제, 연구의 구체적 목적, 연구의 실제적 중요성 및 이론적 의의 등에 대해 명백한 구상을 가지고 이를 논리적으로 정립해야 한다.

질문지의 구성
- 응답자의 파악자료 : 응답자의 주소, 성명, 전화번호, 응답자의 인구특성, 사회경제적 특성변수(직업 등)들을 파악한다.
- 응답자의 협조요구 : 질문지가 작성된 동기와 용도를 밝힘으로써 응답자의 참여의식을 높이고, 응답사항의 비밀보장을 통해서 응답자의 협조를 얻는다.
- 지시사항 : 조사의 목적, 조사자료의 이용 정도와 방법, 응답자나 면접원이 지켜야 할 사항 등을 포함한다.
- 필요정보의 유형 : 질문지의 가장 핵심적인 사항으로서 얻고자 하는 정보의 내용이나, 분석방법에 적합한 유형으로 필요정보를 얻을 수 있도록 구성한다.
- 응답자의 분류에 관한 자료 : 질문지의 내용 또는 응답자의 특성에 따라 응답자를 여러 가지로 분류할 필요가 있을 때는 분류자료를 수집한다.

70

자기기입식 조사에서 질문지의 문항형식에 대한 설명으로 틀린 것은? 06

① 단어보다는 완성된 문장을 사용한다.
② 척도문항에서 긍정적인 범주와 부정적인 범주의 수를 일치시킨다.
③ 기존의 통계자료와 비교 가능한 범주를 사용한다.
④ 무응답을 줄이기 위해 개방형 질문을 사용한다.

해설

개방형 질문의 단점
- 응답을 분류하고 코딩하는데 어렵다
- 응답자가 어느 정도의 교육수준을 갖추어야 한다.
- 폐쇄형 질문에 비해 상대적으로 응답률이 낮다.
- 결과를 분석하여 설문지를 완성하기까지 많은 시간이 소요된다.

71

다음은 어떤 조사에서 직장 동료와의 관계에 대한 의견을 묻는 설문 예이다. 이때 측정의 개념화와 조작화에서 어떤 원칙에 위반되고 있는가? 06 14

> 직장 동료들과의 관계는 명확한 선을 긋는 것이 필요하다.
> (　) 매우 찬성　　　　　　　　　　(　) 종종 찬성
> (　) 가끔 반대　　　　　　　　　　(　) 매우 반대

① 포괄성의 원칙
② 상호배타성의 원칙
③ 보편성의 원칙
④ 명료성의 원칙

해설

상호배제성, 상호배타성(Mutual Exclusiveness)
응답범주는 서로 중복됨이 없이 각 응답항목이 상호배타적이어야 한다. 위의 응답범주에서 종종 찬성과 가끔 반대는 동일한 의미이므로 상호배제성에 위배된다.

72

질문지의 물리적 외형에 관한 설명으로 틀린 것은? 07

① 좀 빠듯하게 보여도 분량을 줄이는 것이 중요하다.
② 질문지 관리를 쉽게 할 수 있도록 만들어야 한다.
③ 질문지를 중요한 것으로 느낄 수 있도록 만들어야 한다.
④ 응답하기 쉽도록 질문문항들을 배치해야 한다.

해설

질문지 외형 결정
- 시각적인 효과를 고려하여 여백을 많이 두는 것이 좋다.
- 응답자들이 질문지를 중요한 것으로 인지하여 자발적인 협조를 할 수 있도록 질문지의 형태를 결정한다.
- 질문지의 관리를 쉽게 할 수 있도록 외형을 결정한다.
- 응답하기 쉽도록 문항을 배치한다.

73

다음의 설문지 문항들 중 잘못 작성된 것은? 07 09

① 귀하가 현재 살고 있는 집의 주거형태는?
　① 아파트　　　② 단독주택　　　③ 연립주택　　　④ 기 타
② 귀하의 자녀는 몇 명입니까?
　① 없 다.　　　② 1명　　　③ 2명　　　④ 3명 이상
③ 귀하의 월평균 수입은 어느 정도입니까?
　① 100만 원 미만　　　② 100만 원~200만 원 미만
　③ 200만 원~300만 원 미만　　　④ 300만 원 이상
④ 귀하의 나이는?
　① 20세 미만　　　② 20세~30세　　　③ 30세~40세　　　④ 40세 이상

해설

응답범주는 서로 중복됨이 없이 각 응답항목이 상호배타적이어야 한다. 위의 응답범주에서 30세와 40세가 서로 중복되어 상호배제성에 위배된다.

74

A시의 공무원들에 대하여 약 2주간 컴퓨터 통계 프로그램교육(엑셀, SPSS)을 실시한 후, 그 효과를 서베이 방법을 통해 분석한다고 하자. 연구자는 교육을 받은 응답자들이 교육내용을 직무수행에 어떻게 활용하는지, 그리고 이와 관련된 현황을 파악하기 위한 질문서를 작성하여야 한다. 이때, 질문유형은 필요로 하는 정보의 종류에 따라 실시, 의견 또는 태도, 행동, 지식 등으로 구분된다. 다음 중 질문항목의 유형이 잘못 연결된 것은? 07

① 교육(엑셀, SPSS) 여부 – 사실
② 직무수행에 미치는 영향(5점 척도) – 의견 또는 태도
③ 활용빈도(5점 척도) – 의견 또는 태도
④ 활용의 유형(개방형 질문 : 응답을 토대로 범주 설정) – 행동

해설

③ 활용빈도(5점 척도) – 행동

75

개방형 질문과 폐쇄형 질문에 대한 설명으로 옳은 것은? 08 21

① 폐쇄형 질문에서는 응답자가 질문의 의도를 잘못 이해하거나 잘못 기재한 것을 찾아낼 수 있다.
② 개방형 질문에서는 응답자가 어느 정도의 교육수준을 갖추어야 한다.
③ 폐쇄형 질문에서는 응답자들이 동일한 선택항목을 택했을 때 그들의 느낌과 견해가 동일하다.
④ 개방형 질문은 민감한 주제여서 응답을 주저하거나 개인의 사생활과 관련된 문제에 적합하다.

해설

개방형 질문과 폐쇄형 질문의 장 · 단점
① 개방형 질문 : 응답자가 질문에 대해 자유롭게 응답할 수 있는 질문이다.
　㉠ 개방형 질문의 장점
　　• 복합적인 질문을 하기에 유리하다.
　　• 응답유형에 대한 사전지식이 부족할 때 사용한다.
　　• 응답에 대한 제한을 받지 않으므로 새로운 사실을 발견할 가능성이 크다.
　　• 본조사에 사용될 조사표 작성 시 폐쇄형 질문의 응답유형을 결정할 수 있게 해준다.
　㉡ 개방형 질문의 단점
　　• 응답을 분류하고 코딩하는데 어렵다.
　　• 응답자가 어느 정도의 교육수준을 갖추어야 한다.
　　• 폐쇄형 질문에 비해 상대적으로 응답률이 낮다.
　　• 결과를 분석하여 설문지를 완성하기까지 많은 시간과 비용이 소요된다.
② 폐쇄형 질문 : 사전에 응답 선택항목을 연구자가 제시해 놓고 그중에서 택하게 하는 질문이다.
　㉠ 폐쇄형 질문의 장점
　　• 자료의 기록 및 코딩이 용이하다.
　　• 응답 관련 오류가 적다.
　　• 사적인 질문 또는 응답하기 곤란한 질문에 용이하다.
　　• 조사자의 편견개입을 방지할 수 있다.
　㉡ 폐쇄형 질문의 단점
　　• 응답자의 의견을 충분히 반영시킬 수 없다.
　　• 질문의 순서가 바뀌었을 때 응답한 내용에 변화가 나타날 수 있다.
　　• 응답자 생각과 달리 응답범주가 획일화되어 있어 편향이 발생할 수 있다.
　　• 조사자가 적절한 응답지를 제시하기가 어렵다.

76

다음 중 개방형 질문과 비교하여 폐쇄형 질문이 가지는 장점과 가장 거리가 먼 것은? 09

① 자료의 기록 및 코딩이 용이하다.
② 응답 관련 오류가 적다.
③ 사적 질문 또는 응답하기 곤란한 질문을 하기에 용이하다.
④ 복합적인 질문을 하기에 유리하다.

해설

75번 문제 해설 참고

정답 75 ② 76 ④

77

다음 중 면접조사의 질문과정에서 일반적으로 유의해야 할 사항으로 틀린 것은? 08 21

① 응답자가 답변을 쉽게 할 수 있도록 질문에 대해 가능한 많은 설명을 해주어야 한다.
② 면접원이 질문을 다 읽기 전에 응답자가 응답하지 않도록 해야 한다.
③ 응답자가 응답에 확신이 없는 경우 응답항목의 반복을 통해 확답을 끌어내야 한다.
④ 불명확한 응답을 주어진 응답범주 속에 끼워 넣지 않도록 해야 한다.

해설
① 질문은 가능한 간결하고 명확하게 한다.

78

다음 중 선다식 질문에 대한 설명으로 옳은 것은? 08

① 개방형 질문의 일종이다.
② 응답의 항목은 총망라되어야 한다.
③ 응답에서 질문의 강도를 알아내려는 방법이다.
④ 응답항목은 반드시 하나만을 선택한다.

해설
응답자가 응답 가능한 항목을 모두 제시해 주어야 한다.

79

다음의 분류조건을 가장 잘 충족하고 있는 것은? 08 12

- 상호배타적이어야 한다.
- 모든 대상을 총망라하여야 한다.

① 우리나라 사람을 대도시 거주자와 중소도시 거주자로 분류
② 대학생을 남학생과 여학생으로 분류
③ 공무원을 9급 공무원, 8급 공무원, 7급 공무원, 6급 공무원으로 분류
④ 여가를 즐기는 방법을 골프를 치는 것과 테니스를 치는 것으로 분류

해설
①, ③, ④는 응답자가 응답 가능한 항목을 모두 제시해 주어야 한다는 응답항목의 포괄성에 위배된다.

80

질문지의 내용선정에 관한 설명으로 가장 적합하지 않은 것은?

① 응답자가 기억할 수 있는 내용을 포함하는 것이 좋다.
② 응답자가 정확하게 응답할 수 있는 내용을 포함하는 것이 좋다.
③ 응답자가 흥미가 있어 하는 내용은 모두 포함하는 것이 좋다.
④ 응답자가 즉시 응답할 수 있는 내용을 포함하는 것이 좋다.

해설
질문지의 내용은 연구자가 흥미가 있어 하는 내용(분석하고자 하는 내용)을 모두 포함하여 선정한다.

81

다음 중 표준화된 질문지에 의한 사회조사의 단점과 가장 거리가 먼 것은?

① 표준화된 질문지를 사용하기 때문에 중요함에도 불구하고 누락되는 응답범주들이 있다.
② 사회적인 삶의 맥락을 다루기가 어렵다.
③ 조사자가 인위적으로 응답을 유도하거나 강요할 수 있다.
④ 조사내용에 질적인 깊이가 있지만 많은 사람을 대상으로 조사하기가 쉽지 않다.

해설
④ 표준화된 질문지는 주로 양적분석에 사용되며 많은 사람을 대상으로 조사하기에 용이하다.

표준화된 질문지의 단점
- 복잡한 주제를 다루는데 피상적으로 보인다.
- 중요함에도 불구하고 누락되는 응답범주들이 있을 수 있다.
- 사회생활의 맥락을 다루기가 어렵다(전체 생활상황에 대한 느낌을 발전시키지 못한다).
- 인위성에 빠질 수 있다(응답을 유도하거나 강요할 수 있다).

정답 80 ③ 81 ④

82

고등학교 청소년들의 약물남용 실태와 원인을 질문지를 이용하여 조사하려고 한다. 질문지의 순서에 관한 설명으로 틀린 것은? 10

① 가장 중요한 주제인 약물사용을 했는지 여부를 첫 질문으로 한다.
② 부모의 학력이나 이혼여부, 가족수입 등의 개인 배경질문은 마지막 부분에 한다.
③ 가정환경 조사항목으로 과거 학창시절을 질문할 경우에는 과거부터 현재 순서로 질문하는 것이 바람직하다.
④ 가정, 학교생활, 친구관계에 관한 질문을 하려고 할 때 한꺼번에 질문하기보다는 주제별로 구분하여 질문지를 작성하는 것이 보다 바람직하다.

해설

질문항목 배열 시 유의사항
깔때기(Funnel) 흐름에 따라 질문을 배열한다. 질문항목의 배열은 일반적인 내용에서 구체적인 내용 순으로 구성하는 것이 바람직하며 사실적인 실태나 형태를 묻는 질문에서 이미지 평가나 태도를 묻는 질문 순으로 진행하는 것이 바람직하다.

83

질문지의 개별항목 완성 시 유의해야 할 사항과 가장 거리가 먼 것은? 10

① 가능한 한 쉽고 의미가 명확하게 구분되는 단어를 이용한다.
② 다지선다형 응답에 있어서는 가능한 응답을 모두 제시해 주어야 한다.
③ 응답항목들 간의 내용이 유사하고 동질성을 띄어야 한다.
④ 연구자 임의로 응답자들에 대한 가정을 하여서는 안 된다.

해설

질문지 작성 시 유의사항
- 응답범주의 포괄성 : 응답자가 응답 가능한 항목을 모두 제시해야 한다.
- 응답범주의 상호배제성(상호배타성) : 응답범주의 중복을 회피해야 한다.
- 단순성 : 하나의 질문항목으로 두 가지 질문을 하거나 하나의 질문항목에 대해 응답항목이 중복되어서는 안 된다.
- 우선순위배정 : 응답항목이 많은 경우 응답자에게 모든 응답이 해당될 수 있으므로 중요한 순위에 따라 응답하도록 제시하는 것이 유용하다.
- 균형성 : 질문항목과 응답범주는 연구자의 임의적인 가정으로 어느 한쪽으로 치우침이 없도록 작성해야 한다.
- 명확성 : 가능한 뜻이 애매한 단어와 상이한 단어의 사용은 회피하고, 쉽고 명확한 단어를 사용한다.
- 가치중립성 : 연구자의 주관이 개입되어 특정 응답을 유도하거나 암시하는 질문을 해서는 안 된다.
- 쉬운 단어사용 : 단어는 일반적이고 직설적이며 핵심적인 단어를 사용해야 하며 응답자의 교육수준을 고려하여 전문적이고 학술적인 단어 또는 외래어를 되도록 피하도록 한다.
- 간결성 : 질문내용이 지나치게 길어지면 응답자로 하여금 혼란을 초래할 수 있으며 응답률을 떨어트릴 수 있으므로 질문은 간결하게 한다.

84

질문지 작성 시 질문의 순서배열에 관한 설명으로 틀린 것은? 10

① 응답자의 인적사항에 대한 질문은 가능한 먼저 한다.
② 질문이 담고 있는 내용의 범위가 넓은 것에서부터 점차 좁아지도록 배열한다.
③ 응답자가 흥미를 느낄만한 것을 먼저 질문한다.
④ 시간적으로 먼저 일어난 것을 먼저 질문하고, 나중에 일어난 것을 나중에 질문한다.

해설

답변이 용이한 질문은 질문지 전반부에 배치하고 연령, 직업 등과 같이 민감한 내용의 질문은 질문지의 후반부에 배치한다.

85

다음은 질문지 작성의 일반적인 절차를 나열한 것이다. ( ) 안에 들어갈 가장 알맞은 것은? 10 14

> 필요한 정보 결정 → (A) → (B) → (C) → 개별항목 완성 → (D) → 질문지 외형 결정 → 질문지 사전조사 → 질문지 완성

① A : 질문형태 결정, B : 질문순서 결정, C : 개별항목 내용결정, D : 자료수집방법 결정
② A : 자료수집방법 결정, B : 개별항목 내용결정, C : 질문형태 결정, D : 질문순서 결정
③ A : 개별항목 내용결정, B : 질문형태 결정, C : 질문순서 결정, D : 자료수집방법 결정
④ A : 자료수집방법 결정, B : 질문순서 결정, C : 개별항목 내용결정, D : 질문형태 결정

해설

질문지 작성 절차
필요한 정보 결정 → 자료수집방법 결정 → 개별항목 내용결정 → 질문형태 결정 → 개별항목 완성 → 질문순서 결정 → 질문지 외형 결정 → 질문지 사전조사 → 질문지 완성

정답 84 ① 85 ②

86

다음 중 표본조사에서 질문지를 통해 본질을 파악하기 어려운 자료는? 11

① 미성년자가 담배를 피우는 행위에 대한 태도
② 한국 정치인들의 능력에 대한 태도
③ 현재의 직업을 선택하게 된 동기
④ 만약 도둑이 집에 침범할 때 실제 대응하는 행동

> 해설

질문항목의 내용
- 사실에 관한 질문 : 응답자의 배경, 환경, 습관 등의 정보를 얻기 위한 질문으로 인구통계학적 질문, 사회경제적 질문, 사회경제적 배경에 관한 질문
- 행동에 관한 질문 : 응답자에게 현재 하고 있거나 과거에 한 적이 있는 행동에 대해 묻는 질문
- 의견이나 태도에 관한 질문 : 특정 주제에 대한 개인의 성향, 편견, 이념, 두려움, 확신 등을 말로 표현한 의견에 관한 질문
- 지식에 관한 질문 : 특정 주제에 대하여 가지고 있는 지식과 그 정도 또는 정보의 정확성 등을 결정하기 위하여 사용되는 질문

87

질문지 조사에서 자유응답형 질문문항의 장점이 아닌 것은? 11

① 탐색조사에 유리하다.
② 조사비용이 낮아진다.
③ 질적연구에 유리하다.
④ 응답범주가 넓은 경우 유리하다.

> 해설

개방형 질문(Open-ended Questions)의 장·단점
응답자가 질문에 대해 자유롭게 응답할 수 있는 질문이다.
- 개방형 질문의 장점
  - 복합적인 질문을 하기에 유리하다.
  - 응답유형에 대한 사전지식이 부족할 때 사용한다.
  - 응답에 대한 제한을 받지 않으므로 새로운 사실을 발견할 가능성이 크다.
  - 본조사에 사용될 조사표 작성 시 폐쇄형 질문의 응답유형을 결정할 수 있게 해준다.
- 개방형 질문의 단점
  - 응답을 분류하고 코딩하는데 어렵다.
  - 응답자가 어느 정도의 교육수준을 갖추어야 한다.
  - 폐쇄형 질문에 비해 상대적으로 응답률이 낮다.
  - 결과를 분석하여 설문지를 완성하기까지 많은 시간과 비용이 소요된다.

88

질문지의 질문항목을 배치할 때 유의해야 할 사항과 가장 거리가 먼 것은? [11]

① 민감한 문제나 주관식 문제들은 질문지 앞쪽에 배치한다.
② 개연성 질문들(Contingency Questions)은 그에 적합한 순서대로 정리한다.
③ 고정반응(Response Set)을 막기 위해 항목들을 적절하게 배치한다.
④ 신뢰도를 측정하기 위해 도입되는 문제 짝(Pair)들은 분리하여 배치한다.

해설
질문항목 배열 시 유의사항
깔때기(Funnel) 흐름에 따라 질문을 배열한다. 질문항목의 배열은 일반적인 내용에서 구체적인 내용 순으로 구성하는 것이 바람직하며 사실적인 실태나 형태를 묻는 질문에서 이미지 평가나 태도를 묻는 질문 순으로 진행하는 것이 바람직하다.

89

다음 질문문항에 관한 설명으로 옳은 것은? [12]

> "귀하께서는 어떤 정당을 지지하십니까?"
> _____ A 정당 _____ B 정당 _____ C 정당

① 척도의 구성이 포괄적(Collectively Exhaustive)이면서도 상호배타적(Mutually Exclusive)이다.
② 척도의 구성이 포괄적(Collectively Exhaustive)이지만 상호배타적(Mutually Exclusive)이지 않다.
③ 척도의 구성이 포괄적(Collectively Exhaustive)이지 않지만 상호배타적(Mutually Exclusive)이다.
④ 척도의 구성이 포괄적(Collectively Exhaustive)이지 않고 상호배타적(Mutually Exclusive)이지도 않다.

해설
응답범주의 포괄성
응답범주에 기타정당 및 무소속을 포함하지 않았기 때문에 응답범주의 포괄성에 위배되며, 각 정당에 중복이 없으므로 상호배타적이다.

정답 88 ① 89 ③

90

다음 중 질문지의 개별문항으로 가장 적합한 것은?

> ㄱ. 귀하께서는 현재 근무하고 있는 회사의 장래성과 동료관계에 대해 만족하고 계십니까?
> ㄴ. 환경부에 따르면 쓰레기 분리수거를 하면 자원재활용에 상당한 도움을 줄 수 있다고 합니다. 이러한 상황을 고려할 때 귀하는 쓰레기 분리수거를 찬성하십니까? 반대하십니까?
> ㄷ. 귀하께서는 작년에 제주도에 가보신 적이 있으십니까?
> ㄹ. 귀하는 지난 선거 때 투표하셨습니까?

① ㄱ
② ㄴ
③ ㄷ
④ ㄹ

해설

ㄱ. 단순성 위배 : 하나의 질문항목으로 두 가지 질문을 하거나 하나의 질문항목에 대해 응답항목이 중복되어서는 안 된다.
ㄴ. 가치중립성 위배 : 연구자의 주관이 개입되어 특정 응답을 유도하거나 암시하는 질문을 해서는 안 된다.
ㄹ. 명확성 위배 : 가능한 뜻이 애매한 단어와 상이한 단어의 사용은 회피하고, 쉽고 명확한 단어를 사용한다. 지난 선거가 어떤 선거(대선, 보궐선거)인지 명확하지 않다.

91

설문지의 회수율 모니터링에 관한 설명으로 틀린 것은?

① 추가설문지 발송시기를 예측한다.
② 비응답자들의 추가응답률을 높이는 데 활용한다.
③ 모니터링을 중단하는 시점은 회수율이 50%인 때이다.
④ 여러 시점에서 회수된 설문지를 분석하면 표본추출의 편향을 추정할 수 있다.

해설

설문지에 대한 적절한 회수율의 통계학적 기준은 없으며 높을수록 좋다. 하지만, 입증된 응답왜곡이 없는지가 높은 회수율보다 더 중요하다.

92

설문지 작성 시 유의사항과 가장 거리가 먼 것은?

① 설문의 수준이 응답자에 적합한가
② 응답범주가 상호배타적인가
③ 설문의 순서가 적절한가
④ 이중의미의 설문이 적절히 배치되는가

해설

명확성의 원칙

질문지 작성 시 가능한 뜻이 애매한 단어와 상이한 단어의 사용은 회피하고, 쉽고 명확한 단어를 사용한다. 예를 들어 "귀하의 배는 어떻다고 생각하십니까?"라는 질문은 어떤 배(과일, 신체부위, 선박)인지 명확한 설명이 없어 명확성에 위배된다.

93

질문문항의 작성 시 사용되는 개방형 질문과 폐쇄형 질문에 대한 설명과 가장 거리가 먼 것은? 14

① 개방형 질문은 폐쇄형 질문에 비해 심층적이고 질적인 조사에 더 적합하다.
② 폐쇄형 질문을 사용하면 코딩 작업이 용이하다.
③ 개방형 질문은 응답에 통일성을 부여하는 장점을 가진다.
④ 폐쇄형 질문의 응답범주는 상호배제적이여야 하고 응답범주들은 모든 경우를 다 포괄해야 한다.

해설

폐쇄형 질문의 장점
- 자료의 기록 및 코딩이 용이하다.
- 응답 관련 오류가 적다.
- 사적인 질문 또는 응답하기 곤란한 질문에 용이하다.
- 조사자의 편견개입을 방지할 수 있다.
- 응답에 통일성을 기할 수 있다.

94

다음 설문문항이 위반하고 있는 문항구성의 원칙으로 바르게 짝지어진 것은? 15

> Q. 귀하는 일주일에 몇 번이나 외식을 하십니까?
> 1. 하루에 1번
> 2. 일주일에 2번 이상
> 3. 일주일에 3번 이상
> 4. 일주일에 7번 미만

① 상호배제성, 포괄성
② 개방성, 명료성
③ 명료성, 포괄성
④ 개방성, 상호배제성

해설

상호배제성과 포괄성
- 일주일에 2번 이상 외식을 하는 경우에는 3번 이상과 7번 미만이 포함되어 있기 때문에 상호배제성에 위배된다.
- 응답범주에 일주일에 한 번도 외식을 하지 않는 경우가 포함되어 있지 않기 때문에 포괄성에 위배된다.

95

질문지의 어구 구성 시 주의할 점으로 틀린 것은? 15

① 질문의 준거틀은 명백하고 모든 응답자에게 동일한 의미로 사용되어야 한다.
② 질문 내에 어떤 가정이나 암시가 있어서는 안 된다.
③ 유명인이나 악명 높은 사람의 이름은 그냥 써도 상관없다.
④ 질문용어는 가치중립적인 것을 사용해야 한다.

> [해설]
> 유명인이나 악명 높은 사람의 이름을 그대로 사용할 경우 사생활 침해 및 명예훼손 등의 문제가 발생할 여지가 있다.

96

질문지 작성에서 질문의 순서결정 시 고려할 사항으로 틀린 것은? 15

① 첫 질문은 간단하고 흥미 있는 질문이 좋다.
② 개인의 태도, 의견을 묻는 질문부터 시작해서 객관적인 사실을 묻는 질문으로 배열하는 것이 좋다.
③ 시간의 흐름에 따라 오래된 것부터 최근의 것으로 배열하는 것이 좋다.
④ 간단한 항목에서 복잡한 항목으로 넘어가는 것이 좋다.

> [해설]
> 객관적인 사실을 묻는 질문을 전반부에 배치하고 개인의 태도, 의견을 묻는 질문을 후반부에 배치한다.

97

질문지의 겉표지(Cover Letter)에 포함되어야 할 내용으로 적합하지 않은 것은? 15

① 조사의 목적
② 조사기관
③ 조사하고자 하는 변수 간의 관계
④ 조사결과의 용도

> [해설]
> **표지편지(Cover letter)**
> • 표지편지의 기능 : 응답자에게 조사에 참여하는 동기를 부여하고 응답에 대한 협조를 구함으로써 응답률을 제고시키는 역할을 한다.
> • 표지편지의 내용
>   – 조사기관, 조사목적, 응답이유, 비밀보장을 밝힌다.
>   – 회송방법 및 회송 시 보상에 대한 사항을 언급한다.

정답: 95 ③ 96 ② 97 ③

98

질문지 작성 시 일반적으로 주의할 사항에 대한 설명으로 틀린 것은? 16

① 질문은 짧을수록 좋고, 부연설명이나 단어의 중복된 사용은 피해야 한다.
② 질문은 그 자체로서 의미가 명확히 전달될 수 있도록 언어구성을 하고, 모호한 질문은 피하여야 한다.
③ 일반인을 대상으로 하는 사회조사에서는 중간수준의 교육을 받은 사람이 사용하는 언어를 사용하여야 한다.
④ 진술은 가치중립적이어야 하며, 응답의 선택범주에 모든 가능한 대안을 제시하여야 한다.

해설

질문지 작성 시 유의사항
- 간결성 : 질문내용이 지나치게 길어지면 응답자로 하여금 혼란을 초래할 수 있으며 응답률을 떨어트릴 수 있으므로 질문은 간결하게 한다.
- 명확성 : 가능한 뜻이 애매한 단어와 상이한 단어의 사용은 회피하고 쉽고 명확한 단어를 사용한다.
- 쉬운 단어사용 : 난어는 일반적이고 직설적이며 핵심적인 단어를 사용해야 하며 응답자의 교육수준을 고려하여 전문적이고 학술적인 단어 또는 외래어를 되도록 피하도록 한다.
- 균형성 : 질문항목과 응답범주는 연구자의 임의적인 가정으로 어느 한쪽으로 치우침이 없도록 작성해야 한다.
- 가치중립성 : 연구자의 주관이 개입되어 특정 응답을 유도하거나 암시하는 질문을 해서는 안 된다.

99

설문지 문항배열 시 주의할 사항에 대한 설명으로 틀린 것은? 16

① 질문의 순서는 응답자로 하여금 자발적으로 조사에 응하도록 하는 데 중요한 영향을 미친다.
② 시작하는 질문은 응답자의 흥미를 유발하는 것으로 쉽게 대답할 수 있는 것으로 한다.
③ 문항이 담고 있는 내용의 범위가 넓은 것에서부터 좁아지도록 문항을 배열한다.
④ 앞에 있는 질문의 내용이 뒤에 올 질문의 응답에 연상작용을 주는 경우는 연이어 듣는다.

해설

질문지 문항배열 시 유의사항
- 질문항목의 배열은 일반적인 내용에서 구체적인 내용 순으로 구성하는 것이 바람직하며 사실적인 실태나 형태를 묻는 질문에서 이미지 평가나 태도를 묻는 질문 순으로 깔때기(Funnel) 흐름에 따라 질문을 배열하는 것이 바람직하다.
- 답변이 용이한 질문은 질문지 전반부에 배치하고 연령, 직업 등과 같이 민감한 내용의 질문은 질문지의 후반부에 배치한다.
- 도입부 질문은 분석에 사용하지 않고 폐기할지라도 응답자의 흥미를 유발하여 친밀감(Rapport)을 형성하도록 한다.
- 문항이 담고 있는 내용의 범위가 넓은 것에서부터 좁아지도록 문항을 배열한다.
- 유사한 질문항목들은 주제별로 모아서 배열한다.
- 앞에 있는 질문의 내용이 뒤에 올 질문의 응답에 연상작용을 주는 경우는 떨어트려 배열한다.

100

설문지의 구성요건에 해당하지 않는 것은? 21

① 지시사항
② 코딩 가이드
③ 질문지 고유번호
④ 협조요청을 위한 내용과 감사의 표시

해설

② 코딩 가이드는 설문지가 아닌 자료정리 시 필요한 사항이다.

질문지의 구성요건
설문지의 표지 및 구성내용으로는 설문지의 주제, 응답자에 대한 익명 보호, 지시사항, 질문지 고유번호, 협조요청을 위한 내용과 감사의 표시 등이 있다.

응답자의 파악자료	응답자의 주소, 성명, 전화번호, 응답자의 인구특성, 사회경제적 특성 변수(직업 등)들을 파악한다.
응답자의 협조요구	질문지가 작성된 동기와 용도를 밝힘으로써 응답자의 참여의식을 높이고, 응답사항의 비밀보장을 통해서 응답자의 협조를 얻는다.
지시사항	조사의 목적, 조사자료의 이용 정도와 방법, 응답자나 면접원이 지켜야 할 사항 등을 포함한다.
필요정보의 유형	질문지의 가장 핵심적인 사항으로서 얻고자 하는 정보의 내용이나, 분석방법에 적합한 유형으로 필요 정보를 얻을 수 있도록 구성한다.
응답자의 분류에 관한 자료	질문지의 내용 또는 응답자의 특성에 따라 응답자를 여러 가지로 분류할 필요가 있을 때는 분류자료를 수집한다.

101

다음 중 표준화된 질문지에 의한 사회조사의 단점과 가장 거리가 먼 것은? 17

ㄱ. 질적이다.
ㄴ. 현상주의적이다.
ㄷ. 전체적(Holistic)이다.
ㄹ. 맥락(Context)과 과정(Process)의 기술이다.

① 표준화된 질문지를 사용하기 때문에 중요함에도 불구하고 누락되는 응답범주들이 있다.
② 사회적인 삶의 맥락을 다루기가 어렵다.
③ 조사자가 인위적으로 응답을 유도하거나 강요할 수 있다.
④ 조사내용에 질적인 깊이가 있지만 많은 사람을 대상으로 조사하기가 쉽지 않다.

해설

④ 표준화된 질문지는 주로 양적분석에 사용되며 많은 사람을 대상으로 조사하기에 용이하다.

표준화된 질문지의 단점
- 복잡한 주제를 다루는데 피상적으로 보인다.
- 중요함에도 불구하고 누락되는 응답범주들이 있을 수 있다.
- 사회생활의 맥락을 다루기가 어렵다(전체 생활상황에 대한 느낌을 발전시키지 못한다).
- 인위성에 빠질 수 있다(응답을 유도하거나 강요할 수 있다).

102

다음 질문항목의 문제점으로 가장 적합한 것은?

> 귀하께서는 현금 서비스 받으신 돈을 주로 어느 용도에 사용하십니까?
> ① 생활비   ② 교육비   ③ 의료비   ④ 신용카드 대금결제
> ⑤ 부채청산   ⑥ 기타(   )

① 가능한 한 쉽고 의미가 명확하게 구분되는 단어를 사용한다.
② 가능한 응답을 모두 제시해 주어야 한다.
③ 응답항목들 간의 내용이 중복되어서는 안 된다.
④ 하나의 항목으로 두 가지 내용의 질문을 하여서는 안 된다.

해설

응답범주의 상호배제성
응답의 범주는 서로 중복되어서는 안 된다. 위의 응답은 신용카드로 생활비, 교육비, 의료비 등을 지출할 수 있으므로 서로 중복된 응답범주를 가진다.

103

질문지 작성 시 질문순서에 대한 설명으로 틀린 것은?

① 포괄적 질문부터 실시하고, 세부적인 질문은 나중에 배치한다.
② 인구 통계적 변수나 개인적 질문(성별, 학력 등)은 맨 앞에 배치한다.
③ 흥미나 관심을 끌 수 있는 질문부터 배치한다.
④ 다른 문항에 영향을 미칠 수 있는 질문들 사이의 간격을 멀리 떨어뜨려 놓는다.

해설

인구 통계적 변수나 개인적 질문(성별, 학력 등)과 같이 민감한 질문의 경우 질문지 맨 뒤에 배치한다.

104

다음 질문에 대해 5점 척도(1 = 매우 불만족, 5 = 매우 만족)로 응답할 경우 이는 어떤 유형의 질문인가?

> 우리 회사가 귀하에게 제공한 서비스의 양과 종류에 대해서 만족하는 정도를 평가해 주시기 바랍니다.

① 수반형 질문
② 유도성 질문
③ 행렬질문
④ 복수응답유발형 질문

해설

질문지 작성 시 하나의 질문항목으로 두 가지 질문을 해서는 안 되지만 서비스의 양과 종류에 대해 질문하였으므로 복수응답을 유발한 질문이다.

105

질문항목의 순서를 결정하는 방법으로 틀린 것은?

① 응답자에게 민감한 질문(연령, 학력, 직업, 소득 등)은 가능한 한 나중에 해야 한다.
② 첫 번째 질문은 가능한 한 쉽게 응답할 수 있고 흥미를 유발할 수 있는 것이어야 한다.
③ 앞의 질문이 다음 질문 내용에 영향을 미칠 경우 가능한 한 함께 배치하는 것이 필요하다.
④ 문항이 담고 있는 내용의 범위가 넓은 것에서부터 점차 좁아지도록 문항을 배열하는 것이 좋다.

해설

설문지 문항배열 시 유의사항
- 질문항목의 배열은 일반적인 내용에서 구체적인 내용 순으로 구성하는 것이 바람직하며 사실적인 실태나 형태를 묻는 질문에서 이미지 평가나 태도를 묻는 질문 순으로 깔때기(Funnel) 흐름에 따라 질문을 배열하는 것이 바람직하다.
- 답변이 용이한 질문은 질문지 전반부에 배치하고 연령, 직업 등과 같이 민감한 내용의 질문은 질문지의 후반부에 배치한다.
- 도입부 질문은 분석에 사용하지 않고 폐기할지라도 응답자의 흥미를 유발하여 친밀감(Rapport)을 형성하도록 한다.
- 문항이 담고 있는 내용의 범위가 넓은 것에서부터 좁아지도록 문항을 배열한다.
- 유사한 질문항목들은 주제별로 모아서 배열한다.
- 앞에 있는 질문의 내용이 뒤에 올 질문의 응답에 연상작용을 주는 경우는 떨어트려 배열한다.

106

질문지 작성에 대한 설명으로 틀린 것은? 19

① 폐쇄형 질문의 응답범주는 포괄적(Exhaustive)이어야 한다.
② 응답자의 이해능력을 고려하여 문항이 작성되어야 한다.
③ 이중질문(Double-barreled Question)은 배제되어야 한다.
④ 폐쇄형 질문의 응답범주는 상호배타적(Mutually Exclusive)이지 않아야 한다.

[해설]
폐쇄형 질문의 응답범주는 상호배제적이어야 하고 응답범주들은 모든 경우를 다 포괄해야 한다.

107

개방형 질문을 사용하는 경우가 아닌 것은? 20

① 약물남용의 다양한 이용 동기를 알고 싶을 때
② 직업의 종류를 알고 싶을 때
③ 무응답을 줄이려고 할 때
④ 탐색조사를 할 때

[해설]
개방형 질문
- 복합적인 질문을 하기에 유리하다.
- 응답유형에 대한 사전지식이 부족할 때 사용한다.
- 응답에 대한 제한을 받지 않으므로 새로운 사실을 발견할 가능성이 크다.
- 본조사에 사용될 조사표 작성 시 폐쇄형 질문의 응답유형을 결정할 수 있게 해준다.
- 응답을 분류하고 코딩하는데 어렵다.
- 응답자가 어느 정도의 교육수준을 갖추어야 한다.
- 폐쇄형 질문에 비해 상대적으로 응답률이 낮다.
- 결과를 분석하여 설문지를 완성하기까지 많은 시간과 비용이 소요된다.

108

질문지 설계에서 유의사항이 아닌 것은? [20]

① 회수율의 고려
② 선도형 등의 유도형 질문회피
③ 이중목적 질문의 사용으로 신뢰성 확보
④ 사생활정보의 보호

해설

질문지 작성 시 유의사항

포괄성	응답자가 응답 가능한 항목을 모두 제시한다.
상호배제성	응답범주의 중복을 회피해야 한다.
단순성	하나의 질문항목으로 두 가지 질문을 해서는 안 된다.
우선순위배정	응답항목이 많은 경우 응답자에게 모든 응답이 해당될 수 있으므로 중요한 순위에 따라 응답하도록 제시하는 것이 유용하다.
균형성	질문항목과 응답범주는 연구자의 임의적인 가정으로 어느 한쪽으로 치우침이 없도록 작성해야 한다.
명확성	가능한 뜻이 애매한 단어와 상이한 단어의 사용은 회피하고 쉽고 명확한 단어를 사용한다.
가치중립성	연구자의 주관이 개입되어 특정 응답을 유도하거나 암시하는 질문을 해서는 안 된다.
쉬운 단어사용	단어는 일반적이고 직설적이며 핵심적인 단어를 사용해야 하며 응답자의 교육수준을 고려하여 전문적이고 학술적인 단어 또는 외래어를 되도록 피하도록 한다.
간결성	질문내용이 지나치게 길어지면 응답자로 하여금 혼란을 초래할 수 있으며 응답률을 떨어트릴 수 있으므로 질문은 간결하게 한다.

109

질문지에 포함시키는 질문에는 구조화된 질문(Structured Question)도 있고 비구조화된 질문(Unstructured Question)도 있다. 비구조화된 질문으로 구성하는 것이 적합한 경우는? [21]

① 표본으로 추출된 지역들에서 응답자의 거주지를 알고 싶을 때
② 월수입을 99만 원 이하, 100~199만 원 등 몇 가지 축약적 범주로 분석하고 싶을 때
③ 한국의 미래에 대해 국민들이 가지고 있는 전망을 있는 그대로 모두 파악하고 싶을 때
④ 공산주의를 싫어하는지 이유들을 알고 있으면서 상대적으로 더욱 중요하게 생각하고 있는 이유를 파악하고 싶을 때

해설

비구조화된 질문(Unstructured Question)

비구조화된 질문은 때로 개방형 질문이라고도 하며 주로 질적연구에 사용된다. 비구조화된 질문을 구성하는 경우는 응답유형에 대한 사전지식이 부족할 때 응답에 대한 제한이 없이 응답자가 생각하는 그대로를 모두 파악하기 위함이다.

110

비대면 질문지법의 장점과 가장 거리가 먼 것은? 17 21

① 조사자의 주관이 개입될 소지가 제한되어 있다.
② 시간적 여유가 있기 때문에 심사숙고한 응답을 얻을 수 있다.
③ 보다 넓은 범위에 걸쳐 보다 쉽게 응답자에게 접근할 수 있다.
④ 무응답처리를 쉽게 통제할 수 있다.

해설

면접조사
면접조사의 경우 질문의 내용을 응답자가 이해하지 못한 경우 면접자가 설명해 줄 수 있으므로 응답의 오류를 줄일 수 있으며 면접자가 자료를 직접 기입하므로 응답률이 매우 높다.

111

참여관찰의 장점을 모두 고른 것은? 05 15 20

> ㄱ. 반복연구가 가능하기 때문에 일반화의 가능성이 높은 편이다.
> ㄴ. 자연스러운 상태에서의 관찰이기 때문에 연구대상의 심층적인 차원을 이해할 수 있다.
> ㄷ. 연구설계의 과정에서 융통성이 높다.
> ㄹ. 연구결과를 사회행동 일반에 적용할 수 있는 일반화의 가능성이 높다.

① ㄱ
② ㄱ, ㄹ
③ ㄴ, ㄷ
④ ㄴ, ㄷ, ㄹ

해설

참여관찰(Participant Observation)의 장·단점
관찰자가 관찰대상 집단 내부에 들어가 구성원의 일원으로 참여하면서 관찰하는 방법이다.
- 참여관찰의 장점
  - 조사연구 설계를 수정할 수 있어 연구에 유연성이 있다.
  - 어린이와 같이 언어구사력이 떨어지는 집단에 효과적이다.
  - 자연스러운 상황에서 관찰하므로 자료가 세밀하고 정교하다.
- 참여관찰의 단점
  - 관찰자는 관찰대상의 행위가 발생할 때까지 기다려야 한다.
  - 어떤 업무를 수행하면서 관찰해야 하므로 관찰활동에 제약이 있다.
  - 동조현상으로 인한 객관성을 잃을 때가 있다.
  - 관찰자의 주관이 개제되어 일반화 가능성이 낮을 수 있다.

112

관찰자의 활동이 처음에 공개적으로 알려지고, 따라서 사람들로부터 어느 정도 공개적으로 지원을 받는 조사자의 참여수준은? 08 11

① 완전참여자
② 관찰자로서의 참여자
③ 참여자로서의 관찰자
④ 완전관찰자

해설

③ 참여자로서의 관찰자 : 관찰대상자들에게 관찰자가 그들의 행동을 관찰하고 있다는 사실이 알려져 있지만 관찰자가 직접 이들 관찰대상자들과 한 몸이 되어 행동하지는 않는 관찰자
① 완전참여자 : 관찰대상자들에게는 관찰자가 알려져 있지 않기 때문에 관찰대상자들은 그들을 관찰하고 있는 사람이 있다는 사실조차 알지 못하는 관찰자
② 관찰자로서의 참여자 : 관찰대상자들에게도 관찰자가 명백히 알려져 있을 뿐 아니라 실제로 관찰자도 관찰대상자와 혼연일체가 되어 같이 활동하고 생활하는 관찰자
④ 완전관찰자 : 관찰대상자들에게 관찰자가 직접 참여하지 않고 완전히 제3자의 입장에서 있는 그대로를 기술하는 관찰자

113

관찰을 통한 자료수집 시 지각과정에서 나타나는 오류를 감소하기 위한 방안으로 틀린 것은? 10 17

① 보다 큰 단위의 관찰을 한다.
② 객관적인 관찰 도구를 사용한다.
③ 관찰기간을 될 수 있는 한 길게 잡는다.
④ 가능한 한 관찰단위를 명세화해야 한다.

해설

관찰에서 지각과정상의 오류 감소 방법
- 객관적인 관찰 도구를 사용한다.
- 혼란을 초래하는 영향을 통제한다.
- 관찰기간을 짧게 잡는다.
- 보다 큰 단위를 관찰한다.
- 가능한 관찰단위를 명세화한다.
- 훈련을 통해 관찰기술을 향상시킨다.
- 복수의 관찰자가 관찰한다.

114

관찰을 통한 자료수집 시 지각과정에서 나타나는 오류를 감소하기 위한 방안을 모두 고른 것은?

> ㄱ. 객관적인 관찰 도구를 사용한다.
> ㄴ. 보다 큰 단위의 관찰을 한다.
> ㄷ. 관찰기간을 될 수 있는 한 짧게 잡는다.
> ㄹ. 외부 상황의 개입여지를 없애야 한다.

① ㄱ, ㄴ, ㄷ
② ㄱ, ㄷ, ㄹ
③ ㄴ, ㄹ
④ ㄱ, ㄴ, ㄷ, ㄹ

해설
113번 문제 해설 참고

115

관찰법(Observation Method)의 분류기준에 관한 설명으로 틀린 것은?

① 관찰이 일어나는 상황이 인공적인지 여부에 따라 자연적/인위적 관찰로 나누어진다.
② 피관찰자가 관찰사실을 알고 있는가 여부에 따라 공개적/비공개적 관찰로 나누어진다.
③ 관찰시기가 행동발생과 일치하는가 여부에 따라 체계적/비체계적 관찰로 나누어진다.
④ 관찰주체 또는 도구가 무엇인가에 따라 인간의 직접적/기계를 이용한 관찰로 나누어진다.

해설
관찰의 종류
- 자연적 관찰과 인위적 관찰 : 관찰하고자 하는 사건의 발생이 자연적인가 또는 연구자가 실험을 하기 위해 인위적으로 만들었는지의 여부에 따른 분류를 말한다.
- 공개적 관찰과 비공개적 관찰 : 공개적 관찰은 피관찰자가 관찰사실을 알고 있는 경우이고, 비공개적 관찰은 피관찰자가 관찰사실을 모르고 있는 경우이다.
- 체계적 관찰과 비체계적 관찰 : 체계적인 관찰은 관찰자가 관찰상황에 전혀 개입하지 않거나 최소한의 개입을 하는 경우인 반면 비체계적인 관찰은 자연관찰이라고도 하고 관찰상황에 참여하는 경우를 말한다.
- 직접적 관찰과 간접적 관찰 : 직접적 관찰은 실제 상황을 보고 직접 관찰한 것인 반면 간접적 관찰은 글이나 그림 또는 기존 응답물의 자료로 분석하는 것을 말한다.
- 구조적 관찰과 비구조적 관찰 : 구조적 관찰은 관찰에 앞서 관찰할 행동을 적을 기록지를 만들어 놓고 시작하는 경우인 반면 비구조적 관찰은 특정한 양식이 없이 관찰한 내용을 모두 기록하는 경우를 말한다.

116

참여관찰의 장점으로 옳은 것은? 13

① 단기간의 횡단적 관찰에 유용한 방법이다.
② 비참여관찰에 비해 윤리적·도덕적인 문제가 적다.
③ 관찰에서 얻은 결과에 대해 자료의 표준화가 용이하다.
④ 관찰대상자들 간의 미묘한 감정관계, 자연적 상태를 관찰할 수 있다.

해설

참여관찰(Participant Observation)의 장·단점
관찰자가 관찰대상 집단 내부에 들어가 구성원의 일원으로 참여하면서 관찰하는 방법이다.
- 참여관찰의 장점
  - 조사연구 설계를 수정할 수 있어 연구에 유연성이 있다.
  - 어린이와 같이 언어구사력이 떨어지는 집단에 효과적이다.
  - 자연스러운 상황에서 관찰하므로 자료가 세밀하고 정교하다.
- 참여관찰의 단점
  - 관찰자는 관찰대상의 행위가 발생할 때까지 기다려야 한다.
  - 어떤 업무를 수행하면서 관찰해야 하므로 관찰활동에 제약이 있다.
  - 동조현상으로 인한 객관성을 잃을 때가 있다.
  - 관찰자의 주관이 개제되어 일반화 가능성이 낮을 수 있다.

117

관찰조사의 타당성을 높이는 방법과 가장 거리가 먼 것은? 13 17

① 관찰자 선발과 훈련에 충분한 시간이 주어져야 한다.
② 사실과 해석을 명확히 구분하여 기록한다.
③ 다중의 관찰자에 의한 관찰은 피해야 한다.
④ 유사한 상황에 대해서는 동일한 용어로 기록한다.

해설

관찰조사의 타당성을 높이는 방법
- 관찰자를 충분히 훈련한다.
- 사실과 해석을 구분하여 기록하도록 한다.
- 관찰자를 여러 명으로 한다.
- 유사한 내용은 동일한 용어로 처리하도록 한다.
- 기록을 정기적으로 점검한다.

118

관찰조사에서 자기 자신을 완전히 감추어 버리거나, 완전히 공개적으로 관찰하는 조사자의 참여수준은? 16 20

① 완전참여자
② 관찰자로서의 참여자
③ 참여자로서의 관찰자
④ 완전관찰자

해설
④ 완전관찰자 : 관찰대상자들에게 관찰자가 직접 참여하지 않고 완전히 제3자의 입장에서 있는 그대로를 기술하는 관찰자
① 완전참여자 : 관찰대상자들에게는 관찰자가 알려져 있지 않기 때문에 관찰대상자들은 그들을 관찰하고 있는 사람이 있다는 사실조차 알지 못하는 관찰자
② 관찰자로서의 참여자 : 관찰대상자들에게도 관찰자가 명백히 알려져 있을 뿐 아니라 실제로 관찰자도 관찰대상자와 혼연일체가 되어 같이 활동하고 생활하는 관찰자
③ 참여자로서의 관찰자 : 관찰대상자들에게 관찰자가 그들의 행동을 관찰하고 있다는 사실이 알려져 있지만 관찰자가 직접 이들 관찰대상자들과 한 몸이 되어 행동하지는 않는 관찰자

119

관찰법에 대한 설명으로 틀린 것은? 16

① 응답자가 응답하고자 하는 마음의 상태에 의해 조사결과가 좌우되지 않는다.
② 행동으로 나타나는 것을 관찰하므로 응답과정에서 생길 수 있는 오류가 많이 늘어나게 된다.
③ 응답자가 자신의 느낌이나 태도를 정확히 모르고 있는 경우에도 조사가 가능하다.
④ 응답자가 정확히 인식하고 있지 못한 문제와 같은 경우에는 관찰법을 사용하는 것이 효과적이다.

해설
행동으로 나타나는 것을 관찰하므로 응답과정에서 생길 수 있는 오류를 감소할 수 있다.

120

관찰을 통한 자료수집을 위해 관찰양식을 작성할 때 결정해야 하는 사항과 가장 거리가 먼 것은? 18

① 관찰대상자
② 관찰통계
③ 관찰시기
④ 관찰장소

해설
관찰양식 작성 시 결정사항으로는 관찰일시와 장소, 프로그램명, 관찰대상자, 관찰자, 관찰목표, 관찰내용요약, 관찰평가요약, 특이사항 등이 있다.

121

다음 중 면접원이 지켜야 할 태도로 바람직하지 않은 것은? 05

① 개방적 질문에 대한 응답이 지나치게 길거나 짧은 경우에는 응답자의 참된 의도를 정확히 추정하여 기술하여야 한다.
② 응답자가 질문을 제대로 이해하지 못할 경우에는 질문의 내용을 보다 자세하게 설명해 주어야 한다.
③ 면접원은 질문을 할 뿐만 아니라 동시에 응답자를 관찰할 수도 있다.
④ 응답자가 부적절하거나 불충분한 답을 한 경우에는 추가로 질문하여 보다 정확한 응답을 얻도록 하여야 한다.

해설

면접원의 태도
응답자의 응답이 지나치게 길어지거나 다른 방향으로 이탈하는 경우 응답 분위기를 깨지 않는 범위에서 적절히 조절하는 것이 필요하다.

122

면접조사 시 응답자가 면접자의 영향으로부터 벗어나 완전히 자유로운 상황에서 응답하는 방식은? 03 06

① 표준화면접(Standardized Interview)
② 비표준화면접(Unstandardized Interview)
③ 준표준화면접(Semi-standardized Interview)
④ 비지시적 면접(Non-directive Interview)

해설

④ 비지시적 면접 : 면접자가 어떤 지정된 방법 및 절차에 의해 응답자를 면접하는 것이 아니고, 응답자로 하여금 어떠한 응답을 하든지 간에 공포감이 없이 자유로운 상황에서 응답할 수 있는 분위기를 마련해준 다음 면접하는 방식
① 표준화면접(구조화된 면접) : 엄격히 정해진 면접조사표에 의하여 모든 응답자에게 동일한 질문순서와 동일한 질문내용에 따라 면접하는 방식
② 비표준화면접(비구조화된 면접) : 면접자가 면접조사표의 질문내용, 형식, 순서를 미리 정하지 않은 채 면접상황에 따라 자유롭게 응답자와 상호작용을 통해 자료를 수집하는 방식
③ 준표준화면접(반구조화된 면접) : 일정 수의 중요한 질문은 표준화하고 그 외의 질문은 비표준화하는 방식

정답 121 ① 122 ④

123

면접조사의 종류 중 비표준화면접(Unstandardized Interview)의 장점으로 옳은 것은? 06 17

① 면접결과의 처리가 용이하다.
② 면접결과의 비교가능성이 크다.
③ 신뢰도가 높다.
④ 새로운 사실의 발견가능성이 높다.

해설

비표준화면접, 비구조화된 면접(Non-standardized Interview)의 장·단점
면접자가 면접조사표의 질문내용, 형식, 순서를 미리 정하지 않은 채 면접상황에 따라 자유롭게 응답자와 상호작용을 통해 자료를 수집하는 방식이다.
- 비표준화면접의 장점
  - 면접상황에 대한 적응도가 높다.
  - 면접결과의 타당도가 높다.
  - 새로운 사실의 발견가능성이 높다.
  - 면접의 신축성이 높다.
- 비표준화면접의 단점
  - 면접결과에 대한 비교 분석이 어렵다.
  - 면접결과의 신뢰도가 낮다.
  - 면접결과를 처리하기가 용이하지 않다.
  - 반복적인 면접이 불가능하다.

124

표준화된 면접의 기법에 대한 설명으로 틀린 것은? 06 19

① 설문지에 적혀있는 그대로 정확하게 읽는다.
② 개방형 질문에서만 캐묻기(Probing)를 사용하고 폐쇄형 질문에서는 캐묻기를 사용하지 않는다.
③ 응답자가 개방형 질문에서 제공한 응답을 충실히 기록해야 한다.
④ 면접자는 면접 전 응답자에게 설문조사를 간단히 소개하고, 응답자가 무엇을 해야 하는가를 간단히 설명한다.

해설

폐쇄형 질문에서도 응답자가 응답을 꺼리거나 불충분한 응답을 할 경우 캐묻기(Probing)기법을 사용하여 충분한 응답을 얻도록 한다.

정답 123 ④ 124 ②

125

다음 중 표준화면접의 장점과 가장 거리가 먼 것은? 10 15

① 신뢰도가 높다.
② 타당도가 높다.
③ 정보의 비교가 가능하다.
④ 면접결과의 수치화가 용이하다.

해설

표준화면접(Standardized Interview)의 장·단점
엄격히 정해진 면접조사표에 의하여 모든 응답자에게 동일한 질문순서와 동일한 질문내용에 따라 면접하는 방식이다.
- 표준화면접의 장점
  - 면접결과의 수치화, 측정이 용이하다.
  - 측정이 용이하다.
  - 신뢰도가 높다.
  - 언어구성의 오류가 적다.
  - 반복적 연구가 가능하다.
- 표준화면접의 단점
  - 새로운 사실 및 아이디어의 발견 가능성이 낮다.
  - 의미의 표준화가 어렵다.
  - 면접상황에 대한 적응도가 낮다.
  - 융통성이 없고 타당도가 낮다.
  - 특정 분야의 깊이 있는 측정을 도모할 수 없다.

126

비표준화면접과 비교한 표준화면접의 장점으로 옳은 것은? 12

① 신뢰도가 높다.
② 타당도가 높다.
③ 불분명한 경우 보충질문을 할 수 있다.
④ 미개척분야에서 가설을 설정하는 데 유용하다.

해설

125번 문제 해설 참고

127

어떤 주제나 현상에 대한 예비적인 정보를 수집하는 데 주로 사용되며, 핵심주제에 대해 비교적 소수의 응답자가 상대적으로 자유로운 토론을 하는 면접법을 무엇이라 하는가? 03 07

① 심층면접(Intensive Interview)
② 표적집단면접(Focus Group Interview)
③ 임상면접(Clinical Interview)
④ 구조적 면접(Structured Interview)

해설
② 표적집단면접(Focus Group Interview) : 전문적인 지식을 가진 면접진행자가 소수의 집단을 대상으로 특정 주제에 대해 자유롭게 토론을 하도록 하여 필요한 정보를 얻는 방법
① 심층면접(Intensive Interview) : 어떤 주제나 현상에 대해 1명의 응답자와 일대일 면접을 통해 자유롭게 이야기하면서 응답자의 잠재된 동기, 신념, 태도 등을 발견하는 방법
③ 임상면접(Clinical Interview) : 특정 경험 대신 개인의 생활사 전체를 통한 동기, 감정을 찾아내기 위해 융통성 있는 질문을 하는 방법
④ 구조적 면접(Structured Interview) : 엄격히 정해진 면접조사표에 의하여 모든 응답자에게 동일한 질문순서와 동일한 질문내용에 따라 면접하는 방법

128

어떤 주제에 대한 응답자의 동기, 신념, 태도, 등을 알아내기 위해 응답자가 자신의 느낌이나 믿음을 자세히 표현하거나 자유롭게 이야기하도록 유도하는 자료수집방법으로 가장 적절한 것은?

① 대인면접법 ② 심층면접
③ 전화면접 ④ 인터넷조사법

해설
심층면접(Intensive Interview)
어떤 주제나 현상에 대해 1명의 응답자와 일대일 면접을 통해 자유롭게 이야기하면서 응답자의 잠재된 동기, 신념, 태도 등을 발견하는 방법이다.

129

현장면접조사에서 준수해야 할 원칙으로 옳지 않은 것은?

① 면접 도중 자리를 옮기거나 휴식을 취하지 말고 일단 시작한 면접은 끝내도록 한다.
② 개방형 질문에 대한 응답내용은 응답자가 대답한 내용 그대로를 기록한다.
③ 질문항목의 순서를 바꾸어서는 안 된다.
④ 대상자가 말할 때는 가급적 미소를 짓거나, 놀라움을 표시해 친근감을 표시한다.

해설
면접자는 중립적인 태도로 엄숙하고 진지하게 면접에 임해야 하며 응답자의 응답을 주의 깊게 듣고 응답에 대해 지나친 찬성 또는 반대의 태도를 보여서는 안 된다.

130

면접질문 시 면접자의 태도와 방식으로 적절하지 않은 것은? 10 17

① 모든 응답자에게 동일한 질문을 하는 것이 원칙이다.
② 질문에 자기의 의견을 어느 정도 드러내야 한다.
③ 질문할 때는 가급적 마주보고 대화식으로 하는 것이 바람직하다.
④ 질문은 질문지의 순서대로 해야 한다.

해설
면접 시 유의사항
• 면접자는 중립적인 태도로 엄숙하고 진지하게 면접에 임한다.
• 면접자는 응답자와 친밀감(Rapport)을 형성해야 한다.
• 면접자의 신분을 밝혀 피면접자의 불안감을 해소시킨다.
• 피면접자에게 면접목적과 피면접자의 신변 및 비밀이 보장됨을 주지시킨다.
• 면접상황에 따라 면접방식을 융통성 있게 조정한다.
• 면접자는 객관적 입장에서 견지한다.
• 면접과 관련된 내용을 자세하게 기록한다.
• 피면접자가 "모른다"는 응답을 하는 경우 그 이유를 알아본다.

131

면접실시와 관련된 설명 중 틀린 것은? 04

① 면접자는 응답자와 친밀감을 구축해야 한다.
② 면접과 관련된 내용을 자세하게 기록한다.
③ 면접자는 주관적 입장을 견지한다.
④ 피면접자가 "모른다"는 응답을 하는 경우 그 이유를 알아본다.

해설
③ 면접자는 객관적 입장에서 견지한다.

132

면접조사원이 면접을 진행하는 데 필요한 전략으로 옳은 것은? 11 14

① 면접조사원의 편견이 조사 과정에 영향을 미치는 것을 방지하기 위해 연구목적을 알려 주지 않는다.
② 자율적으로 조사할 수 있도록 면접조사원의 재량권을 극대화 한다.
③ 응답하기 미묘한 질문에 대하여 응답자가 응답하지 않으려고 할 때는 바로 다음 질문으로 넘어가 면접시간을 단축하도록 교육한다.
④ 면접조사원 교육과정에서 상황별 역할연습을 실시한다.

해설
④ 면접상황에 따라 면접방식을 융통성있게 조정한다.

133

면접조사원이 면접을 진행하는 데 필요한 조사전략과 가장 거리가 먼 것은? 12 18

① 응답자가 질문과 벗어난 불필요한 말을 할 때는 질문과 관련된 화제로 겸손하게 유도한다.
② 어떤 질문에 대하여 응답자가 '모르겠다'고 응답하는 경우는 생각할 여유를 주어서 다시 한번 응답할 기회를 준다.
③ 조사를 실시하기 전에 조사목적을 이야기하고 응답자가 편안하게 이야기할 수 있도록 공감대를 형성한다.
④ 응답하기 미묘한 질문에 대하여 응답자가 응답하지 않으려고 할 때는 바로 다음 질문으로 넘어간다.

해설
응답하기 미묘한 질문에 대하여 응답자가 응답하지 않으려고 할 때는 간접질문을 통해 응답을 얻어내거나 다시 면접의 내용을 친절하고 구체적으로 설명하여 면접에 응할 수 있도록 한다.

134

질문지법과 비교할 때 면접법이 갖는 장점이 아닌 것은? 15

① 높은 응답률
② 비언어적 행위와 관찰
③ 통계적인 이점
④ 응답환경의 통제

해설
면접법의 장·단점
- 면접법의 장점
  - 면접자가 자료를 직접 기입하므로 응답률이 높다.
  - 비언어적 행위를 현장에서 직접 관찰할 수 있다.
  - 개별적으로 진행되는 응답환경을 표준화할 수 있다.
  - 응답자에게 면접의 동기부여를 할 수 있고 면접에 응하도록 분위기를 조성할 수 있다.
- 면접법의 단점
  - 시간과 비용이 많이 든다.
  - 조사 외적인 요인으로부터 오류가 개입될 가능성이 있다.
  - 응답자의 익명성이 결여되어 정확한 내용을 도출하기 어렵다.

정답 133 ④ 134 ③

135

서베이(Survey)에서 우편설문법과 비교한 대인면접법의 특성으로 틀린 것은? [18]

① 비언어적 행위의 관찰이 가능하다.
② 대리응답의 가능성이 낮다.
③ 질문과정에서의 유연성이 높다.
④ 응답환경을 구조화하기 어렵다.

해설

대인면접법의 특징
- 비언어적 행위의 관찰이 가능하다.
- 대리응답의 가능성이 낮다.
- 질문과정에서의 유연성이 높다.
- 응답환경을 구조화하기 쉽다.
- 응답의 허위여부를 확인할 수 있다.
- 질문지 회수율이 높다.
- 질문지가 약간 길어도 좋다.
- 보조도구를 사용할 수 있다.

136

캐어묻기(Probing)가 유용하게 사용될 수 있는 곳은? [20]

① 우편조사
② 자동화된 전화조사
③ 면접조사
④ 온라인조사

해설

캐어묻기(Probing)
응답자의 대답이 불충분할 경우보다 충분한 응답을 얻어내기 위해 재차 질문하는 기술로서 면접조사에 유용하게 사용될 수 있다.

137

질적현장연구의 하나인 초점집단인터뷰(Focus Group Interview)의 장점이 아닌 것은? 05

① 사회환경에서 일어나는 실제의 생활을 포착하는 사회적으로 지향된 연구방법이다.
② 일반적으로 높은 타당도를 가지고 있다.
③ 비용면에서 유리하다.
④ 집단들이 소규모이며 모이기가 쉽다.

해설

표적집단면접(Focus Group Interview)
- 전문적인 지식을 가진 면접진행자가 소수의 집단을 대상으로 특정 주제에 대해 자유롭게 토론을 하도록 하여 필요한 정보를 얻는 방법이다.
- 표적집단면접의 응답자들은 대부분이 지원자로 구성되어 있기 때문에 모이기가 어렵다.

138

다음 중 집단조사의 특징으로 틀린 것은? 12 16 21

① 응답자가 질문을 오해하여 발생하는 오류를 줄일 수 있다.
② 개별조사에 비해 응답자의 통제가 용이하다.
③ 집단적 상황이 응답을 왜곡시킬 수 있다.
④ 집단의 규범에 동의하려는 경향이 발생할 수 있다.

해설

집단조사(Group Survey)의 장·단점
연구대상자를 개별적으로 만나서 조사하는 것이 아니라 집단적으로 모아놓고 질문지를 배부하여 응답자가 직접 기입하게 하는 방식이다.
- 집단조사의 장점
  - 조사자가 많이 필요하지 않아 비용과 시간이 절약된다.
  - 조사의 설명이나 조건을 똑같이 할 수 있어 동일성 확보가 가능하다.
  - 필요시 응답자와 직접 대화할 수 있어 질문에 대한 오류를 줄일 수 있다.
- 집단조사의 단점
  - 응답자들을 집합시킨다는 것이 쉽지 않으므로 특수한 조사에만 가능하다.
  - 응답자들의 개인별 차이를 무시함으로써 조사 자체에 타당도가 낮아지기 쉽다.
  - 응답자들이 한 장소에 모여 있어 통제가 용이하지 않다.

정답 137 ④ 138 ②

139
집단조사의 장점으로 보기 어려운 것은? 03 09 13

① 조사원의 수가 적어 비용, 시간이 절약된다.
② 동일성 확보가 가능하다.
③ 응답자들에 대한 통제가 용이하다.
④ 필요시 응답자와 직접 대화할 수 있다.

해설
138번 문제 해설 참고

140
간접질문방법에 포함되지 않는 것은? 14

① 투사법　　　　　　　　② 집단화방법
③ 오류선택법　　　　　　④ 단어연상법

해설
② 집단화방법 : 비체계적오차의 처리방법으로 수집된 자료의 오차가 커서 몇 개의 사례를 묶어서 동일한 값으로 취급하는 방법

간접질문방법
- 투사법 : 특정 주제에 대해 직접적으로 질문하지 않고 단어, 문장, 이야기, 그림 등 간접적인 자극을 제공해 응답자가 자신의 신념과 감정을 이러한 자극에 자유롭게 투사하게 함으로써 진솔한 반응을 표현하게 하는 방법
- 오류선택법 : 틀린 답을 여러 개 제시해 놓고 응답자로 하여금 선택하게 하여 응답자의 태도를 파악하는 방법
- 단어연상법 : 특정 단어를 제시하고 떠오르는 연상 내용을 적거나 말하게 하는 방법

141
조사대상이 되는 사람들의 태도, 감정, 동기, 욕망 등을 노출하도록 유도하여 연구에 필요한 자료를 수집하는 방법은? 10

① Q-sort 법　　　　　　② 투사법
③ 유도법　　　　　　　　④ 관찰법

해설
투사법
- 개인적인 요구, 감정, 동기, 가치관 등이 밖으로 표출될 수 있도록 고안된 자극을 피검사자에게 제시함으로써 나타난 반응을 분석하여 인성을 측정하는 방법
- 어떤 대상에 투영된 내용을 검토하여 그 사람의 경험, 성격적 특성, 정신 내부의 상태를 파악하는 방법
- 특별한 긴장이나 경계심을 일으키지 않고 자유로운 반응을 나타내게 하여 개인의 욕구, 관심, 감정, 성격 등을 측정하려는 방법

142

비체계적-비공개적 의사소통으로 다양한 동기유발 방법을 사용하여 응답자 내면의 신념이나 태도 등을 조사하는 자료수집방법은? 11 18

① 설문지법
② 현지조사법
③ 단어연상법
④ 표적집단면접법

해설

단어연상법(Word Association Method)
- 투사적 검사의 일종으로 특정의 자극 단어에 대해 피험자가 자신의 마음에 떠오르는 것을 표현하도록 하여 이 반응을 분석하는 검사
- 구조화되거나 또는 정형화되지 않은 애매한 자극을 제시함으로써 응답자의 무한히 다양한 반응을 유도 분석하는 심리검사

143

사회조사에서는 여러 가지 이유로 사실과 다른 응답을 하는 경우가 있을 수 있다. 여기에는 의도적으로 과장하거나 축소하여 응답할 수도 있고, 의도적인 것은 아니지만 기억이 확실하지 않아 사실과 다른 응답을 하는 경우도 있을 수 있다. 다음 중 비의도적 이유에 의해 정확한 관찰을 어렵게 하는 요인이 아닌 것은? 06 08 16

① 전진 압축오차(Forward Telescoping Error)
② 최근성 편향(Recency Bias)
③ 응답자 집합(Response Set)의 영향
④ 사회적 소망성(Social Desirability)

해설

④ 사회적으로 바람직하게 보이려는 편향(Social Desirability Bias) : 질문자의 의도에 맞추어 자신의 생각과는 무관하게 본인이나 본인 소속집단을 우월하게 보이기 위해 응답하는 경우의 편향이다.
① 전진 압축오차(Forward Telescoping Error) : 사건은 기억하지만 사건이 면접시점보다 더 가까운 시점에 일어난 것으로 잘못 기억하여 나타나는 오류이다.
② 최근성 편향(Recency Bias) : 과거의 자료나 경험보다 최근 자료나 경험에 더 큰 비중을 두는데서 오는 편향이다.
③ 응답자 집합(Response Set)의 영향 : 응답자들이 앞의 몇 문항에 대해 응답한 수준으로 다음 문항에 대해서도 비슷한 수준으로 응답하는 편향으로 연속반응의 함정이라고도 한다.

144

A 리서치 회사에서 입사면접대상자의 팀워크 능력을 보기 위한 성격검사를 실시했을 때, 대상자들이 그 회사에 취직하기 위해 좋은 인상을 받을 수 있는 응답만을 선택할 경우 발생할 수 있는 오류는? 11 15 18

① 사회적 바람직성(Social Desirability)
② 문화적 편견(Cultural Bias)
③ 위약효과(Placebo Effect)
④ 효손효과(Hawthorne Effect)

해설

① 사회적으로 바람직하게 보이려는 편향(Social Desirability Bias) : 질문자의 의도에 맞추어 자신의 생각과는 무관하게 본인이나 본인 소속집단을 우월하게 보이기 위해 응답하는 경우의 편향이다.
② 문화적 편견(Cultural Bias) : 다수 의견을 자신의 문화적 규범이나 가치관으로 생각하려는 경우의 편향이다.
③ 위약효과(Placebo Effect) : 약효가 전혀 없는 거짓약을 진짜 약으로 가장하여 환자에게 복용하도록 했을 때, 환자의 병세가 호전되는 효과이다.
④ 효손효과(Hawthorne Effect) : 실험집단의 구성원들이 비교집단에 비하여 관찰을 받고 있다는 사실을 인식할 때 평소와는 다른 행동을 보임으로써 효과가 왜곡되는 현상이다.

145

'귀하는 소득에 비해 과도하게 신용카드를 사용하고 계십니까?'라는 질문에 관련된 문제는? 16 21

① 사회적 바람직성(Socially Desirable)
② 포괄성(Collectively Exhaustive)
③ 상호배타성(Mutually Exclusive)
④ 중심 집중화 현상(Central tendency)

해설

사회적으로 바람직하게 보이려는 편향(Social Desirability Bias)
질문자의 의도에 맞추어 자신의 생각과는 무관하게 본인이나 본인 소속집단을 우월하게 보이기 위해 응답하는 경우의 편향이다.

146

민감한 주제에 대해 응답자들이 사실을 보고하기보다는 사회적으로 바람직하게 보이려는 편의(Social Desirability Bias)를 취할 수 있는데 이를 줄일 수 있는 방법은? 21

① 가치판단을 최대화한다.
② 정확성의 중요성을 최소화한다.
③ 면접조사보다 집단조사 또는 우편조사를 실시한다.
④ 편의의 방향성과 무관하게 과소보고(Underreport)를 줄이는 데 최선을 다한다.

해설
사회적으로 바람직하게 보이려는 편향의 감소 방법
- 질문지 작성 시 사회적 규범을 나타내는 단어를 표현하지 않고 가능한 우회적 단어를 사용한다.
- 응답자의 비밀을 철저히 보호해준다.
- 설문조사 이외의 관찰이나 기계적 장치 등을 이용한다.
- 조사자가 객관적인 지침에 따라 조사할 수 있도록 교육에 만전을 기한다.
- 면접조사보다는 조사자의 영향을 줄일 수 있는 집단조사 또는 우편조사를 실시한다.

147

어느 대학교 4학년 재학생 5,000명을 대상으로 가장 선호하는 직업을 다음과 같이 물어보았더니 응답자의 99%가 1)번에 답하였다고 가정하자.

> 졸업 후 가장 선호하는 직업은 다음 중 어느 것입니까?
> 1) 교 직   2) 회사원   3) 공무원   4) 자영업   5) 직업군인   6) 기술자   7) 기타 _____

많은 대학생들이 장래의 직업으로 교직을 선호한다는 점이 현실임을 감안하더라도 교직이라는 직업에 응답자의 99%가 응답한 것은 다음 중 어느 것과 가장 밀접한 관련을 갖는다고 볼 수 있는가? 03 06

① 근자효과(Recency Effect)
② 수위효과(Primacy Effect)
③ 집중효과(Concentration Effect)
④ 분산효과(Dispersion Effect)

해설
응답의 편향 유형
- 수위효과, 초두효과(Primacy Effect) : 응답항목의 순서 중에서 처음에 제시한 항목일수록 기억이 잘 나 선택할 확률이 높아지는 현상으로 첫인상이 가장 큰 영향을 미친다는 심리이론
- 근자효과, 최신효과(Recency Effect) : 응답항목의 순서 중에서 나중에 제시한 항목일수록 기억이 잘 나 선택할 확률이 높아지는 현상으로 나중의 인상이 가장 큰 영향을 미친다는 심리이론
- 집중효과(Concentration Effect) : 대상의 평가에 있어서 가장 무난하고 원만한 응답항목으로 집중하려는 경향
- 악대마차효과(Bandwagon Effect) : 다수가 어떤 방향으로 생각하고 행동하니까 본인도 거기에 따르게 되는 경향
- 후광효과(Halo Effect) : 처음 문항에 대해 좋게 또는 나쁘게 평가한 것을 다음 문항에 대해서도 계속 좋게 또는 나쁘게 평가하는 경향
- 관대화효과(Leniency Effect) : 실제의 능력이나 실적에 비해 관대하게 평정하려는 경향
- 대비효과(Contrast Effect) : 자신의 특성과 대비되는 특징을 상대방에게서 찾아내어 그것을 부각시키려는 경향
- 겸양효과(Si, Senor Effect) : 면접자의 감정을 거스르지 않게 하기 위해 자신의 생각은 접어두고 면접자의 눈치를 보아가며 비위를 맞추는 경향
- 습관성 효과(Habit Effect) : 응답자들이 질문내용을 신중하게 검토한 후 응답을 하기보다는 무성의하게 습관적으로 "예" 또는 "그렇다"는 응답만 되풀이하는 경향
- 체면치례효과(Ego-Threat Effect) : 유행이나 시대에 뒤떨어진다는 소리를 듣지 않기 위해서 그릇된 답변을 하게 되는 경향

정답 147 ②

148

실제로 전혀 투표할 의사가 없는 응답자들이 특정 후보가 선두를 달리고 있어 이 후보를 지지하겠다고 응답하는 경우 발생되는 효과는? 05 08 17

① 악대마차효과(Bandwagon Effect)
② 습관성 효과(Habit Effect)
③ 후광효과(Halo Effect)
④ 체면치례효과(Ego-threat Effect)

> 해설
> ① 악대마차효과(Bandwagon Effect) : 다수가 어떤 방향으로 생각하고 행동하니까 본인도 거기에 따르게 되는 경향
> ② 습관성 효과(Habit Effect) : 응답자들이 질문내용을 신중하게 검토한 후 응답을 하기보다는 무성의하게 습관적으로 "예" 또는 "그렇다"는 응답만 되풀이하는 경향
> ③ 후광효과(Halo Effect) : 처음 문항에 대해 좋게 또는 나쁘게 평가한 것을 다음 문항에 대해서도 계속 좋게 또는 나쁘게 평가하는 경향
> ④ 체면치례효과(Ego-Threat Effect) : 유행이나 시대에 뒤떨어진다는 소리를 듣지 않기 위해서 그릇된 답변을 하게 되는 경향

149

다음은 20세 이상의 일반 국민을 대상으로 하는 조사연구에 이용될 질문들이다. 이중 "보통이다", "잘 모르겠다"와 같은 판단유보 응답범주가 필요한 것은? 07

① 선생님께서는 요즘 규칙적인 운동을 하십니까?
② 선생님께서는 신용카드로 현금서비스를 사용하신 경험이 있습니까?
③ 선생님께서는 보건복지부가 국회에 제출한 생명윤리 기본법안에 찬성하십니까?
④ 선생님께서는 한국의 이라크 파병에 찬성하십니까?

> 해설
> ③ 응답자가 생명윤리 기본법안이 국회에 제출되었는지 모를수도 있고 알지만 아직 의견형성이 안되어 있을 수도 있기 때문에 "잘 모르겠다"와 같은 판단유보 응답범주를 포함해야 한다.
>
> **판단유보범주**
> 판단유보범주는 "모른다" 등과 같은 응답으로 판단을 보류하거나 의견을 밝히지 않는 응답범주를 의미하며 "모른다"는 의미가 질문의 뜻을 모른다는 것인지, 뜻은 알지만 의견형성이 안되어 있다는 것인지, 응답을 회피하기 위해서 "모른다"고 응답했는지를 알아내야한다. 질문의 뜻을 모를 경우 질문자체가 애매하기 때문이므로 질문을 고쳐야 하며, 의견형성이 안되었을 경우와 응답을 회피하기 위함이면 간접질문을 하여 포함여부를 결정한다.

04 조사의 이용

01

다음 중 연구보고서 작성의 기본원칙으로 옳지 않은 것은? 03 09

① 방법론적인 제약을 제시하는 것이 좋다.
② 연구가설의 입증 혹은 부정을 토대로 정책건의를 한다.
③ 연구보고서의 최종부분에 연구가설에 비추어 결과에 대한 논의를 제시한다.
④ 결과논의에서 연구가설을 정당화하기 위해 도입될 수 있는 문헌적, 경험적 관찰 등이 포함된다.

해설

연구보고서 작성의 기본원칙
- 가장 중요한 것부터 앞에 배치한다.
- 이론적, 개념적 연구문제를 한 번 더 상기시킨다.
- 방법적 절차, 조작, 변수정의 및 측정 등을 자세히 기술한다.
- 연구결과는 간단명료하게 밝히고 도표, 그림, 통계적 유의도 등으로 해명한다.
- 연구가설을 정당화하기 위한 통계적 결과치는 명확히 밝힌다.
- 가급적 전문용어 사용을 피하고 일반적인 용어를 사용한다.
- 자료수집방법 및 자료분석방법에 대해 설명한다.

02

여론조사보고서 작성 시 고려해야 할 사항으로 맞는 것은? 05

① 통계분석이 포함된 경우는 가급적 통계 전문용어를 사용하는 것이 좋다.
② 가능한 한 표나 그림은 사용하지 않는 것이 좋다.
③ 분석결과의 해석 부분만은 객관성보다는 조사자의 경험이나 주관을 반영하는 것이 좋다.
④ 최종보고서 작성 시에도 조사시작 때 작성한 조사계획서상의 조사목적을 충분히 고려해야 한다.

해설

01번 문제 해설 참고

정답 01 ④ 02 ④

03

연구보고서 작성 시 연구방법론에 포함될 내용으로 옳지 않은 것은? 06

① 분석결과의 논의
② 자료수집방법
③ 변수정의 및 측정
④ 자료분석방법

해설

01번 문제 해설 참고

04

다음 중 보고서 작성 시 유의해야 할 사항이 아닌 것은? 07 13

① 보고서를 읽는 사람을 고려해 작성해야 한다.
② 개인의 응답내용이 알려지지 않도록 비밀을 보장해 주어야 한다.
③ 조사한 내용을 모두 다 제시해야 한다.
④ 연구목적에 합당한 중요한 점에 대해서만 집중적으로 다루어야 한다.

해설

보고서에는 조사한 내용을 모두 다 제시하는 것이 아니라 연구결과를 간단명료하게 밝힌다.

05

조사보고서 작성에 관한 설명으로 틀린 것은? 11 14

① 요약보고서를 첨부하여 이해의 편의성을 돕는다.
② 보고서는 완벽성, 정확성, 간결성을 기준으로 작성해야 한다.
③ 통계분석의 결과치는 의미 있는 구간측정치의 형태로 표시하는 것이 바람직하다.
④ 보고서의 신뢰도를 위해 조사대상자의 사적인 응답을 공개하는 것이 바람직하다.

해설

조사대상자의 사적인 응답은 공개하지 않는 것이 원칙이다.

06

보고서 작성 시 고려되어야 할 유의사항과 거리가 먼 것은? [20]

① 데이터 분석의 정확성 여부
② 연구계획이 과학적 절차에 부합하는지 여부
③ 신뢰도와 타당도가 검증된 적합한 도구의 사용 여부
④ 확률표집방법의 활용 여부

해설

표본추출방법에서 확률표집방법/비확률표집방법은 표본으로 추출될 확률에 따라 나뉘는 것으로, 표본추출방법의 활용 여부는 보고서 작성 시 고려해야 할 사항이 아닌 표본추출 시 고려해야 할 사항이라 할 수 있다.

07

모든 조사보고서가 지녀야 할 주요 내용과 거리가 먼 것은? [05]

① 조사를 주관한 조사회사는 명시되었는가?
② 조사에 소요된 비용은 어느 정도인가?
③ 조사의 목적은 무엇인가?
④ 조사의 배경은 무엇인가?

해설

② 조사비용은 조사설계 시 고려하여 책정한다.

조사보고서 내용
- 표지 : 보고서의 얼굴과 같은 것으로 조사명, 조사기관 등을 표기한다.
- 목차 : 조사의 내용을 한눈에 파악할 수 있도록 주요 내용을 표기한다.
- 조사개요 : 조사착수 이전에 설계된 조사설계의 내용을 기술하는 부분으로 조사배경, 조사목적, 조사대상, 조사방법, 표본수, 표본추출방법, 조사기간, 표본오차, 조사내용 등을 구체적으로 기술한다.
- 조사결과 요약 : 조사결과의 내용을 간략하게 기술하여 보고서의 주요 내용을 빠르게 파악할 수 있도록 한다.
- 조사결과(본론) : 조사를 통해 파악된 내용이나 특이성을 구체적으로 언급하고, 응답자의 성별, 연령별, 학력별, 소득별 등에 따라 조사결과가 어떻게 차이가 나는지 기술한다.
- 결론 및 제안 : 조사결과를 해석하여 조사책임자 및 담당자들의 전문적인 식견을 바탕으로 개선할 사항이나 방향성을 언급한다.
- 부록 : 조사에 활용된 설문지(조사표)와 결과표를 이해하기 쉽게 작성하여 별첨한다.

08

조사보고서에 포함되어야 할 주요 내용과 가장 거리가 먼 것은? 10 14

① 조사를 주관한 조사회사
② 조사에 소요된 비용
③ 조사목적
④ 조사배경

해설
조사비용은 조사설계 시 고려하여 책정한다.

09

조사보고서의 일반적인 작성지침으로 틀린 것은? 06 19

① 조사연구의 목적과 방법을 분명히 기술한다.
② 조사연구에 관련된 참고문헌과 선행연구들을 빠짐없이 분명하게 제시한다.
③ 조사결과를 해석하고 제시할 때 조사의 한계와 문제점 등을 논의해서는 안 된다.
④ 자료의 수집과 처리방법 등을 정확하고 분명하게 제시한다.

해설
조사결과를 해석하여 조사책임자 및 담당자들의 전문적인 식견을 바탕으로 개선할 사항이나 방향성을 언급한다.

10

다음 중 연구계획서의 주요 항목이 아닌 것은? 08 17

① 연구목적
② 결과와 토론
③ 문헌검토
④ 자료수집방법

해설
연구결과와 결과에 대한 토론은 연구보고서에 작성한다.

11

다음 중 일반적으로 조사연구보고서의 서론 부분에 포함되지 않는 것은? 07 18

① 조사의 이론적 배경
② 연구문제에 대한 기존 연구현황
③ 연구의 필요성
④ 연구가 가지는 한계점과 앞으로의 연구 방향

해설
연구가 가지는 한계점과 앞으로의 연구 방향은 연구보고서 마지막 부분에 수록한다.

12

일반적으로 조사연구보고서의 서론 부분에 포함되지 않는 것은? 12

① 연구의 목적
② 연구의 한계
③ 연구의 범위
④ 연구의 필요성

해설
연구가 가지는 한계점과 앞으로의 연구 방향은 연구보고서 마지막 부분에 수록한다.

13

연구보고서를 통하여 독자(연구자가 의도한 대상집단 또는 준거집단)에게 알려야 할 사항으로 적합하지 않은 것은? 06

① 연구문제
② 연구결과
③ 연구방법
④ 연구비용

해설
조사기획 단계
조사설계는 연구문제에 나타난 이론이나 가설들을 경험적으로 검증하기 위한 전반적인 틀을 설계하는 것으로 조사기획 단계에서는 조사목적, 조사대상, 가능한 표본추출틀, 표본크기 결정, 자료수집방법 결정, 조사일정과 비용 등을 계획한다.

정답 11 ④ 12 ② 13 ④

14

일반적인 보고서 작성순서를 바르게 나열한 것은? 21

① 보고서 제목 → 서론 → 선형연구 → 연구방법 → 연구결과 → 결론 → 요약 → 참고문헌
② 보고서 제목 → 서론 → 선형연구 → 연구방법 → 연구결과 → 요약 → 결론 → 참고문헌
③ 보고서 제목 → 요약 → 서론 → 선형연구 → 연구방법 → 연구결과 → 결론 → 참고문헌
④ 보고서 제목 → 요약 → 서론 → 선형연구 → 연구방법 → 연구결과 → 참고문헌 → 결론

해설

보고서 작성순서
보고서 제목 → 요약 → 서론 → 선형연구 → 연구방법 → 연구결과 → 결론 → 참고문헌

15

사회조사에서 자료해석 시 고려해야 할 사항 중 특별히 고려하지 않아도 되는 것은? 06

① 검정변수 또는 통제변수를 표준화하는 문제
② 검정변수와 독립변인이 통계적으로 상호작용할 가능성을 밝히는 문제
③ 제3의 변인과 종속변인 간의 관계를 밝히는 문제
④ 독립변인들 간의 상대적 중요성을 밝히는 문제

해설

인과관계
인과관계는 독립변수와 종속변수에 영향을 미칠 수 있는 제3의 변수의 영향을 제거한 상태에서 독립변수와 종속변수 간의 관계가 검증되어야 한다.

16

조사자의 조사관리에 관한 설명 중 타당하지 않은 것은? 04

① 조사자는 조사결과를 공표할 때 모집단과 표집틀을 밝힌다.
② 조사자는 연구과제에 적합한 조사기법과 분석방법을 사용한다.
③ 조사의 타당성 검토는 조사대상자의 익명성 보호를 제한한다.
④ 공표된 조사결과에 대한 일반인의 해석에 대해 조사자는 관여하지 않는다.

해설

조사결과 공표 시 준수사항
조사의뢰자와 조사기관 또는 단체명, 피조사자의 선정방법, 표본의 크기, 조사지역, 일시, 방법, 표본 오차율, 응답률, 질문내용 뿐만 아니라 표본의 크기(연령대별·성별 표본의 크기 포함)와 조사된 연령대별, 성별 표본 크기의 오차를 보정한 방법 등을 함께 공표해야 한다.

제2과목

고급 조사방법론 II

01 개념과 측정
02 측정의 타당성과 신뢰성
03 표본설계
04 자료의 처리

제2과목 고급 조사방법론 II

01 개념과 측정

01
개념(Concept)에 관한 설명으로 틀린 것은?
① 개념의 경험적 준거가 정확해야 바람직하다.
② 개념의 이론적 중요성이 높을수록 바람직하다.
③ 경험적 정밀성과 이론적 중요성은 교환관계에 있다.
④ 중범위이론(Middle Range Theory)은 개념의 추상화 정도가 비교적 높다.

해설
④ 중범위이론은 구체적인 수준의 작업가설과 추상화된 수준의 일반적 개념 중간에서 이를 연결하고 활성화시키는 이론으로 장점은 비교적 낮은 추상성을 지니며, 명확히 정의되고 조작화된 개념을 사용할 뿐만 아니라 제한된 범위의 현상들 간의 변수적 관계에 대한 진술들로 이루어져 있다.

개념의 평가기준
개념의 평가기준으로 경험적 정밀성과 이론적 중요성 등이 있다. 경험적 정밀성은 그 용어가 나타내고 있는 경험적 지시물이 얼마나 정확한가를 의미하며, 이론적 중요성은 예측의 강도 또는 정확성, 예측의 일반성, 다른 이론과의 관계 등을 나타낸다. 이 두 가지 평가기준은 서로 교환관계에 있다.

02
추상적 개념을 측정 가능한 형태로 정의하는 것은?
① 개념적 정의
② 조작적 정의
③ 경험적 정의
④ 재개념화

해설
정의의 종류
- 조작적 정의 : 추상적인 개념들을 경험적, 실증적으로 측정이 가능하도록 구체화한 것
- 개념적 정의(사전적 정의) : 연구대상이 되는 사람 또는 사물의 형태 및 속성, 다양한 사회적 현상들을 개념적으로 정의하는 것
- 재개념화 : 주된 개념에 대한 정리, 분석을 통해 개념을 보다 명백히 재규정하는 것
- 실질적 정의 : 한 용어가 갖는 어의상의 뜻을 전제로 그 용어가 대표하고 있는 개념 또는 실제 현상의 본질적 성격, 속성을 그대로 나타내는 것
- 명목적 정의 : 어떤 개념을 나타내는 용어에 대하여 그 개념이 전제로 하는 본래의 실질적인 내용, 속성의 문제를 고려하지 않고 연구자가 일정한 조건을 약정하고 그에 따라 용어의 뜻을 규정하는 것

03

다음 사례는 조사연구의 어떤 과정을 표현하고 있는가? 05 18

> 한 연구자가 스트레스가 불안감에 미치는 영향에 대한 조사연구를 수행 중이다. 먼저 이 연구자는 다양한 사회이론들이 불안감을 어떻게 정의하고 있는지를 검토한 후, 자신의 연구에서 불안감이 의미하는 바가 무엇인지 정확하게 명시한다.

① 개념화
② 조작화
③ 타당성 검사
④ 일반화

해설

개념적 정의와 조작적 정의
- 개념적 정의(사전적 정의) : 연구대상이 되는 사람 또는 사물의 형태 및 속성, 다양한 사회적 현상들을 개념적으로 정의하는 것
- 조작적 정의 : 추상적인 개념들을 경험적, 실증적으로 측정이 가능하도록 구체화한 것

04

개념적 정의와 조작적 정의에 관한 설명으로 틀린 것은? 10 11 19 20 21

① 개념적 정의는 추상적 수준의 정의이다.
② 조작적 정의는 측정을 위해서 불가피하다.
③ 조작적 정의는 인위적이기 때문에 가능한 한 피해야 한다.
④ 개념적 정의와 조작적 정의가 반드시 일치하는 것은 아니다.

해설

조작적 정의는 추상적인 개념들을 경험적, 실증적으로 측정이 가능하도록 구체화한 것이다. 즉, 추상적인 개념을 조작적(임의적, 인위적)으로 정의를 내려 통계분석이 가능하도록 한 것이다.

05

개념을 경험적 수준으로 구체화하는 과정으로 가장 적합한 것은? 14 18

① 개념적 정의 → 변수의 측정 → 조작적 정의
② 개념적 정의 → 조작적 정의 → 변수의 측정
③ 조작적 정의 → 개념적 정의 → 변수의 측정
④ 조작적 정의 → 변수의 측정 → 개념적 정의

해설

측정의 과정
개념적 정의 → 조작적 정의 → 변수의 측정

06

조작적 정의와 가장 거리가 먼 것은? 14

① 도덕 : 경범죄 처벌 횟수
② 맛 : 식사 후 남긴 음식의 무게(g)
③ 빈곤 : 물질적인 결핍 상태
④ 서비스 만족도 : 재이용 의사 유무

해설
빈곤을 물질적인 결핍 상태로 정의하는 것은 개념적 정의이다.

07

다음은 무엇에 관한 설명인가? 11 19

> 연구자가 "신앙심"이라는 개념을 "교회 주일예배 참석 횟수"로 정의하고자 한다.

① 지표화
② 범주화
③ 개념적 정의
④ 조작적 정의

해설
조작적 정의(Operational Definition)
신앙심이란 추상적인 개념을 교회 주일예배 참석 횟수로 정의하여 경험적, 실증적으로 측정이 가능하도록 구체화하였다.

08

조작화의 목적에 대한 설명으로 가장 적합한 것은? 16

① 표본으로부터 자료수집
② 변수들 간 이론적 관계 평가
③ 변수 측정절차 수립
④ 변수들 간의 관계가설 검정

해설
조작적 정의는 추상적인 개념들을 경험적, 실증적으로 측정이 가능하도록 구체화한 것으로 변수의 측정절차 수립이 목적이다.

09

상표애호도를 특정 상표를 구매한 횟수로 측정하는 것처럼 추상적인 개념을 측정하도록 하는 것은?

① 개념의 추상적 정의(Conceptual Definition)
② 개념의 조작적 정의(Operational Definition)
③ 개념의 재정의(Reconceptualization)
④ 개념의 명목적 정의(Nominal Definition)

해설
상표애호도란 추상적인 개념을 특정 상표를 구매한 횟수라는 경험적, 실증적으로 측정이 가능하도록 구체화한 것이다.

10

개념적 정의에 관한 설명으로 틀린 것은?

① 순환적인 정의가 이루어져야 한다.
② 적극적 혹은 긍정적인 표현을 써야 한다.
③ 뜻이 분명해서 누구나 알아들을 수 있는 의미를 공유하는 용어를 써야 한다.
④ 정의하려는 대상이 무엇이든 그것만의 특유한 요소나 성질을 적시해야 한다.

해설
개념적 정의(사전적 정의)
개념적 정의는 추상적 수준의 정의이다. 순환적 정의란 어떤 개념을 다른 동일한 내용의 말로 바꾸어 말했을 뿐이어서, 언뜻 보기에는 정의된 것처럼 보이지만 실제로는 아무런 내용이 없는 거짓 정의이다.

11

조작적 정의에 관한 설명으로 옳은 것은?

① 연구자마다 특정 구성개념에 대한 조작적 정의는 동일해야 한다.
② 특정 개념은 반드시 한 가지의 조작적 정의를 갖는다.
③ 구성개념의 조작적 정의가 구체적일수록 후속 연구에서 재현하기가 어렵다.
④ 추상적인 개념을 구체적인 경험세계와 연결시키는 과정이다.

해설
조작적 정의란 추상적인 개념들을 경험적, 실증적으로 측정이 가능하도록 구체화한 것이다.

12

가설에서 사용되는 변수를 관찰하고 측정할 수 있도록 돕기 위한 구체적인 정의란? 14

① 개념화
② 재개념화
③ 조작화
④ 일반화

해설

정의의 종류
- 조작적 정의 : 추상적인 개념들을 경험적, 실증적으로 측정이 가능하도록 구체화한 것
- 개념적 정의(사전적 정의) : 연구대상이 되는 사람 또는 사물의 형태 및 속성, 다양한 사회적 현상들을 개념적으로 정의하는 것
- 재개념화 : 주된 개념에 대한 정리, 분석을 통해 개념을 보다 명백히 재규정하는 것
- 실질적 정의 : 한 용어가 갖는 어의상의 뜻을 전제로 그 용어가 대표하고 있는 개념 또는 실제 현상의 본질적 성격, 속성을 그대로 나타내는 것
- 명목적 정의 : 어떤 개념을 나타내는 용어에 대하여 그 개념이 전제로 하는 본래의 실질적인 내용, 속성의 문제를 고려하지 않고 연구자가 일정한 조건을 약정하고 그에 따라 용어의 뜻을 규정하는 것

13

다음이 설명하고 있는 이론의 구성요소는 무엇인가? 13 17

> 경험적으로 인지할 수 있는 어떤 대상이나 현상을 대변하는 것이다. 이것은 용어, 단어 혹은 상징으로도 표현되며, 서로 다른 개체들이 가지고 있는 공통성을 나타내는 것이다.

① 변수(Variable)
② 개념(Concept)
③ 서술(Statement)
④ 패러다임(Paradigm)

해설

이론의 기본요소
- 개념(Concept) : 개념은 대상, 대상의 특징, 특정 현상 등을 약속된 언어로 나타낸 추상적 표현으로 경험적으로 인지할 수 있는 어떤 대상이나 현상을 대변하는 것이다. 개념은 용어, 단어 혹은 상징으로도 표현되며, 서로 다른 개체들이 가지고 있는 공통성을 나타내는 것이다.
- 변수(Variable) : 변수는 연구자가 관찰하고자 하는 특성을 대표하는 것으로 동질의 개념을 포함하면서 두 개 이상의 서로 다른 값으로 서로 다른 특성을 표현할 수 있는 상징을 의미한다.
- 서술(Statement) : 서술은 개념과 변수들에 대해 기술한 것이며 정형화된 이론에는 공리, 명제, 가설과 같은 형태의 서술들이 포함되어 있다.
- 패러다임(Paradigm) : 사람들의 견해와 사고방식을 근본적으로 규정하는 인식의 체계 또는 틀을 의미한다.

14

경험의 세계와 추상적인 관념의 세계를 연결시켜 주는 수단으로서 일정한 법칙에 따라 사물이나 사건의 속성에 숫자를 부여하는 과정은?

① 척 도
② 측 정
③ 부호화
④ 조작적 정의

해설

용어정의
- 측정 : 추상적인 개념을 경험적 성격의 변수로 바꾸어 양적으로 분석하기 위해 일정한 규칙에 따라 사물이나 현상에 수치를 부여하는 과정
- 척도 : 자료를 수량화하기 위해 사용되는 일종의 측정도구
- 부호화(코딩) : 질문시의 각 응답항목에 대해 체계적인 숫자나 기호를 부여하는 과정
- 조작적 정의 : 추상적인 개념들을 경험적, 실증적으로 측정이 가능하도록 구체화한 것

15

새로운 측정도구를 사용할 때 측정의 정밀성과 정확성을 추구하는 방안에 대한 설명으로 틀린 것은?

① 새로운 측정도구를 구성하기 전에 현장조사를 통하여 적절한 측정도구를 탐색한다.
② 동일측정을 반복하여 측정결과를 비교함으로써 측정도구의 신뢰도를 높여간다.
③ 측정기준과 측정결과와의 관계에서는 높은 상관성이 나타나지 않도록 한다.
④ 면접자나 코딩자의 면접 또는 코딩기준을 명확히 한다.

해설

측정기준과 측정결과와의 관계에서는 높은 상관성이 나타나도록 한다.

정답 14 ② 15 ③

16

비용과 무응답의 감소를 위해 여러 자료수집방법을 혼용하는 조사(Mixed-mode Survey)에서 측정의 일관성 문제가 발생하는데 이에 대한 설명으로 옳지 않은 것은? 05 07 11

① 사회적 기대에 부응하려는 경향이 우편조사보다 전화조사에서 더 강하게 나타난다.
② 동의하려는 응답편향(Acquiescence)이 자기기입식보다 면접조사에서 더 강하게 나타난다.
③ 질문지 배열순서가 응답에 미치는 효과(Question Order Effects)가 자기기입식보다 전화조사에서 더 강하게 나타난다.
④ 전화조사에서는 처음에 제시된 응답범주를 선택하는 경향(Primacy Effect)이 나타나는 반면, 우편조사에서는 끝에 제시된 응답범주를 선택하는 경향(Recency Effect)이 나타난다.

해설

측정의 일관성 문제
전화조사에서는 응답항목의 순서 중에서 나중에 제시한 항목일수록 기억이 잘 나 선택할 확률이 높아지는 현상인 근자효과(최신효과 ; Recency Effect)가 나타나며, 우편조사에서는 응답항목의 순서 중에서 처음에 제시한 항목일수록 기억이 잘 나 선택할 확률이 높아지는 현상인 수위효과(초두효과 ; Primacy Effect)가 나타난다.

17

측정방법에 따라 측정을 구분할 때, 연구자가 생각하는 특정개념이 자신이 생각하고 있는 조작적 정의에 의한 척도로서 측정되어진다고 가정하고 측정하는 것은? 12 21

① 추론측정(Derived Measurement)
② 임의측정(Measurement by Fiat)
③ 본질측정(Fundamental Measurement)
④ B급 측정(Measurement of B Magnitude)

해설

측정의 종류
- 임의측정 : 일시적으로 어떤 사물의 속성과 측정값 간에 관계가 있다고 가정하고 측정하는 것
- 추론측정(B급 측정) : 어떤 사물이나 사건의 속성이 다른 사물이나 사건의 속성과 관련되어서 나타나는 것을 측정하는 것
- 본질측정(A급 측정) : 어떤 사물의 속성을 표현하는 본질적인 법칙에 따라 숫자를 부여하는 것

18

다음 중 측정에 관한 설명과 가장 거리가 먼 것은? 03 14

① 측정하고자 하는 속성에 따라 사용가능한 수준이 제한되어 있는 경우가 있다.
② 동일한 속성 또는 개념을 하위측정에 비해서 상위측정으로 측정할 때 더 많은 양의 정보를 얻을 수 있다.
③ 경우에 따라서는 하위측정이 가진 특성을 상위측정이 반드시 가지고 있지 못할 수도 있다.
④ 동일한 속성 또는 개념을 상위측정으로 측정한 경우 하위측정에 비해 적용가능한 분석방법의 범위가 넓어진다.

해설
하위척도와 상위척도의 관계
하위척도로 측정할 때에 비해서 상위척도로 측정할 때 더 많은 양의 정보를 얻을 수 있으며, 상위척도는 하위척도가 가지고 있는 특성을 모두 포함하여 가지고 있다.

19

측정에 대한 설명과 가장 거리가 먼 것은? 15

① 측정은 경험적인 대상이나 사건에 대해 규칙에 따라 숫자나 기호를 배정하는 절차이다.
② 이행성 공리가 정당화되면 서열측정이 가능하다.
③ 비율측정은 경험적 의미를 갖는 절대영점을 가진다.
④ 서열척도와 명목척도로 측정된 자료는 모수적 통계분석을 이용한다.

해설
서열척도와 명목척도로 측정된 자료는 비모수적 통계분석을 이용한다.

20

다음의 개념이나 측정 중에서 서열적 자료는? 03 07

① 야구선수의 평균 타율
② TV 프로그램의 시청률 순위
③ kg으로 표시되는 몸무게
④ 인 종

해설
② TV 프로그램의 시청률 순위 : 서열척도
① 야구선수의 평균 타율 : 비율척도
③ kg으로 표시되는 몸무게 : 비율척도
④ 인종 : 명목척도

정답 18 ③ 19 ④ 20 ②

21

사회조사분석사 시험의 난이도를 5점 척도(매우 어렵다, 어렵다, 보통이다, 쉽다, 매우 쉽다)로 측정한다면 이 측정수준은? 21

① 명목수준
② 서열수준
③ 등간수준
④ 비율수준

해설

측정대상을 속성에 따라 구분하는 것뿐만 아니라 서열(순서)을 5점 척도로 표시하였으므로 서열수준의 측정이다.

22

명목척도 구성을 위한 측정범주들에 대한 기본원칙과 가장 거리가 먼 것은? 10

① 선택성
② 배타성
③ 포괄성
④ 연관성(논리적)

해설

명목척도 구성을 위한 측정 조건
- 포괄성 : 변수들의 카테고리는 모든 응답 가능한 범주를 포함하도록 해야 한다.
- 상호배타성 : 변수들의 카테고리는 분석의 단위가 이중적으로 할당되지 않도록 유지한다.
- 분류체계의 일관성 : 분류체계는 일관성 있게 논리적이어야 한다.
- 실증적 원칙 : 유사한 분석의 단위들은 동일한 카테고리에 할당하고 상이한 분석단위들은 상이한 카테고리에 할당한다.

23

다음과 같이 복지관 이용 동기를 측정하였다면 이는 어떤 수준의 측정인가? 13 19

> 복지관을 이용하시는 주된 이유가 무엇입니까?
> 1) 꼭 필요한 도움(상담, 프로그램, 서비스 등)을 받기 위하여
> 2) 여가시간을 활용하기 위하여
> 3) 주변의 권유 때문에
> 4) 친구나 아는 사람들을 만나기 위해서
> 5) 지역사회에 관심이 많고 참여하고 싶어서
> 6) 유용한 정보를 얻을 수 있어서
> 7) 기타(   )

① 명목수준
② 서열수준
③ 등간수준
④ 비율수준

해설

명목척도(범주척도)
측정대상이 몇 개의 상호배타적인 범주로 구분된 것에 부여된 수치를 말한다.

21 ② 22 ① 23 ①

24

측정의 수준과 그 예가 바르게 짝지어진 것은? 12 20

> A. 등간측정 – 장애인의 장애 1, 2, 3등급
> B. 서열측정 – 행정학과 학생의 A, B, C학점
> C. 비율측정 – 섭씨온도

① A, C
② B
③ B, C
④ A, B, C

해설
A. 서열척도 – 장애인의 장애 1, 2, 3등급
C. 등간척도 – 섭씨온도

25

사회조사에서 변수의 측정수준과 관련된 설명으로 옳지 않은 것은? 03

① 명목척도 < 서열척도 < 등간척도 < 비율척도의 순으로 활용할 수 있는 통계적 기법이 다양해진다.
② 태도나 견해에 대한 질문에는 일반적으로 서열척도를 많이 사용한다.
③ 낮은 수준에서 측정된 자료에 대하여 보다 정교한 수준의 자료에 적합한 통계방법을 쓴다면 논리적 오류를 범하게 된다.
④ 평균은 서열척도, 등간척도, 비율척도 등에서 가장 보편적으로 사용되는 중심 집중치이다.

해설
④ 평균은 등간척도 이상의 수준에서 측정된 자료에 사용된다.

척도의 종류

척도	비교방법	자료의 형태	통계기법	적용 예
명목척도 (범주척도)	확인, 분류	질적자료	최빈수, 노수	성별분류, 종교분류
순위척도 (서열척도)	순위비교	순위, 등급	중위수, 백분위수, 스피어만의 순위상관계수	후보자 선호 순위, 학교 성적 석차
구간척도 (등간척도)	간격비교	양적자료	평균, 표준편차, 피어슨의 적률상관계수	온도, 주가지수, 지능지수(IQ)
비율척도 (비례척도)	절대적 크기비교	양적자료	기하평균, 변동계수	무게, 소득, 나이, 투표율

정답 24 ② 25 ④

26

후보자 선호 순위, 학교 성적 석차 및 사회계층 등에 사용되며 중앙값으로 평균을 측정하는 척도는? [20]

① 명목척도
② 서열척도
③ 등간척도
④ 비율척도

[해설]
25번 문제 해설 참고

27

다음 중 주가지수, 지능지수, 온도 등을 측정하는 데 적합한 측정수준은? [03]

① 명목수준의 측정
② 서열수준의 측정
③ 등간수준의 측정
④ 비율수준의 측정

[해설]
등간수준과 비율척도
주가지수, 지능지수, 온도 등은 등간척도로서 절대영점(Absolute Zero Point)을 가지지 않기 때문에 ×, ÷이 불가능하다. 즉, 주가지수가 0이라는 의미는 아무것도 없는 상태(Nothing)가 아니라 0만큼 있는 상태(Something)를 의미한다.

28

측정수준(Measurement Level)과 자료의 형태가 바르게 짝지어진 것은? [09] [16]

① 명목수준(Nominal Level) – kg 단위로 잰 몸무게
② 서열수준(Ordinal Level) – cm 단위로 잰 키
③ 등간수준(Interval Level) – 전공만족도(매우만족 1, 만족 2, 보통 3, 불만족 4, 매우불만족 5)
④ 비율수준(Ratio Level) – 4계절(봄, 여름, 가을, 겨울)

[해설]
①·② 비율척도 – kg 단위로 잰 몸무게, cm 단위로 잰 키
④ 명목척도 – 4계절(봄, 여름, 가을, 겨울)

29

온도계의 수치가 대표적이며, 주로 물가지수나 생산성지수와 같은 지수의 측정에 주로 이용되는 측정의 수준은?

① 명목측정　　　　　　　　　② 서열측정
③ 등간측정　　　　　　　　　④ 비율측정

해설
상대적 영점
온도, 물가지수, 생산성지수는 등간척도로서 절대적 영점이 존재하지 않는다. 즉, 온도가 0이라는 의미는 아무것도 없는 상태가 아닌 상대적으로 0만큼 있는 상태를 의미한다.

30

측정의 수준에 대한 옳은 설명을 모두 고른 것은?

> ㄱ. 서열측정은 측정대상 간 순위관계를 밝혀준다.
> ㄴ. 등간측정은 절대영점이 존재한다.
> ㄷ. 비율측정은 산술평균을 계산할 수 있다.

① ㄱ, ㄴ　　　　　　　　　　② ㄱ, ㄷ
③ ㄴ, ㄷ　　　　　　　　　　④ ㄱ, ㄴ, ㄷ

해설
등간척도는 절대적 영점이 존재하는 것이 아니라 상대적 영점이 존재한다.

31

전문계 고등학교의 졸업생들을 중심으로 취업률을 조사하였을 때 그 척도에 대한 설명으로 옳은 것은?

① 수학적 계산이 불가능하다.
② 덧셈과 뺄셈만이 가능하다.
③ 곱셈과 나눗셈만이 가능하다.
④ 덧셈, 뺄셈, 곱셈, 나눗셈 모두 가능하다.

해설
취업률은 비율척도로서 절대영점(Absolute Zero Point)이 존재하므로 사칙연산이 모두 가능하다.

정답 29 ③　30 ②　31 ④

32

다음 중 비율측정이라고 볼 수 없는 것은? 14 19

① 나 이
② 지능지수(IQ)
③ 소 득
④ 키(신장)

해설

절대적 영점(Absolute Zero Point)
나이, 소득, 신장은 비율척도로서 절대적 영점을 가지고 있기 때문에 0이라는 의미는 아무것도 없는 상태를 의미하며, 지능지수가 0이라는 의미는 상대적 영점으로 0만큼 있는 상태를 의미하므로 등간척도이다.

33

자료의 유형(Type of Data) 중에는 비율(Ratio)과 배수계산이 가능한 자료가 있다. 비율과 배수계산이 가능할 수 있도록 해주는 특성은? 16

① 척도점의 등간격
② 절대영점의 존재
③ 내포된 정보의 양
④ 평균계산의 가능함

해설

비율척도는 절대영점이 존재하기 때문에 비율과 배수계산이 가능하며 등간척도는 상대영점(Relative Zero Point)이 존재한다.

34

각 척도와 관련된 분석방법에 대한 설명 중 옳은 것은? 05

① 명목척도에 의해서 얻어진 척도 값을 이용한 대표적인 분석방법에는 중앙값이 있다.
② 서열척도로 얻어진 자료로 산술평균을 구할 수 있다.
③ 등간척도로부터 얻어진 자료에서 평균의 측정은 기하평균의 산출을 통해 이루어진다.
④ 등간척도보다는 비율척도로부터 얻어진 자료에 더 다양한 통계분석을 적용할 수 있다.

해설

④ 하위척도로 측정할 때에 비해서 상위척도로 측정할 때 더 많은 양의 정보를 얻을 수 있으므로 다양한 통계분석을 적용할 수 있다.

척도의 종류

척 도	비교방법	자료의 형태	통계기법	적용 예
명목척도 (범주척도)	확인, 분류	질적자료	최빈수, 도수	성별분류, 종교분류
순위척도 (서열척도)	순위비교	순위, 등급	중위수, 백분위수, 스피어만의 순위상관계수	후보자 선호 순위, 학교 성적 석차
구간척도 (등간척도)	간격비교	양적자료	평균, 표준편차, 피어슨의 적률상관계수	온도, 주가지수, 지능지수(IQ)
비율척도 (비례척도)	절대적 크기비교	양적자료	기하평균, 변동계수	무게, 소득, 나이, 투표율

35

야구경기에서 아웃(Out)의 수는 어떤 척도로 측정되는가? [18]

① 비율척도(Ratio Scale)
② 서열척도(Ordinal Scale)
③ 등간척도(Interval Scale)
④ 명목척도(Nominal Scale)

해설
아웃(Out)의 경우 0이면 아웃이 없는 것을 의미하므로 절대영점이 존재하는 비율척도이다.

36

비율척도를 적용할 수 있는 측정대상에 해당하는 것은? [20]

① 학교 성적 석차
② 온 도
③ 주가지수
④ 무 게

해설
④ 무게 - 비율척도
① 학교 성적 석차 - 순위척도
②·③ 온도, 주가지수 - 구간척도

정답 35 ① 36 ④

37

측정의 수준에 따라 4가지 종류의 척도로 구분할 때, 가장 적은 정보를 갖는 척도로부터 가장 많은 정보를 갖는 척도를 그 순서대로 나열한 것은? 10 15

① 명목척도 < 비율척도 < 등간척도 < 서열척도
② 서열척도 < 명목척도 < 등간척도 < 비율척도
③ 명목척도 < 서열척도 < 등간척도 < 비율척도
④ 명목척도 < 서열척도 < 비율척도 < 등간척도

해설

명목척도 < 서열척도 < 등간척도 < 비율척도의 순으로 포함하고 있는 정보가 많아 활용할 수 있는 통계적 기법이 다양해진다.

38

변수를 측정하는 방법에 대한 설명으로 옳은 것은? 19

① 명목척도는 양적측정이다.
② 등간척도는 서열의 간격이 균등해야 한다.
③ 서열척도는 등간의 간격을 균등하게 조작시키는 방법이다.
④ 비율척도는 명목, 서열, 등간측정이 동시에 구비될 필요가 없다.

해설

① 명목척도는 질적측정이다.
③ 서열척도는 단순히 순위만 나타내는 것이지 순위의 간격이 동일해야 하는 것은 아니다.
④ 비율척도는 명목, 서열, 등간측정의 성질을 모두 포함할 뿐만 아니라 절대적 영점이 존재하는 척도이다.

39

변수의 측정수준이 바르게 짝지어진 것은? 11 17

① 화씨온도 - 비율척도
② 사회조사분석사 자격증 1, 2급 - 등간변수
③ 10점 만점의 직업만족도 - 비율변수
④ 사회조사분석사 1급 자격시험 응시자 수 - 비율변수

해설

① 화씨온도 - 등간척도
② 사회조사분석사 자격증 1, 2급 - 명목척도
③ 10점 만점의 직업만족도 - 서열척도

37 ③ 38 ② 39 ④

40

측정대상과 척도가 바르게 연결된 것은? 15

① 사회조사분석사 응시자 수 – 등간척도
② 선호하는 색 – 서열척도
③ 섭씨온도 – 비율척도
④ 계절 – 명목척도

해설

① 사회조사분석사 응시자 수 – 비율척도
② 선호하는 색 – 명목척도
③ 섭씨온도 – 등간척도

41

의료직에 종사하는 남성근로자를 대상으로 하는 사회조사에서 변수가 될 수 없는 것은? 10

① 연 령
② 성 별
③ 직업종류
④ 근무시간

해설

변수선정
변수는 두 가지 또는 그 이상의 값으로 경험적으로 분류할 수 있는 개념으로 의료직에 종사하는 남성근로자를 대상으로 한 조사이기 때문에 성별은 변수가 될 수 없다.

42

연속(Continuous)변수와 이산(Discrete)변수에 관한 설명으로 가장 적합한 것은? 14

① 연속변수는 사람, 대상물 또는 사건을 그들 속성이 종류나 성질에 따라 분류하는 것이다.
② 이산변수는 측정한 값들이 척도상에서 무한대로 미분해도 가능하리만큼 연속성을 띤 것으로 거의 무한개의 값을 가질 수 있다.
③ 양적변수는 연속변수와 이산변수로 구분된다.
④ 명목척도, 서열척도는 연속변수와 관련되어 있다.

해설

양적변수는 불량품의 수, 교통사고 건수 등을 나타내는 이산변수와 키, 몸무게 등을 나타내는 연속변수로 구분할 수 있다.

정답 40 ④ 41 ② 42 ③

43

양적으로 측정된 한 변인의 측정값들은 그 속성이 연속적이냐, 비연속적이냐에 따라 연속변수와 비연속변수로 나뉜다. 변인의 측정값이 비연속변수에 해당하는 것은? 15 21

① 키
② 자녀의 수
③ 몸무게
④ 취학률

해설
이산형 변수와 연속형 변수
• 이산형 변수 : 자녀의 수
• 연속형 변수 : 키, 몸무게, 취학률

44

연속변수와 이산변수에 대한 설명으로 가장 적합한 것은? 20

① 연속변수는 사람·대상물 또는 사건을 그들 속성의 종류나 성질에 따라 분류하는 것이다.
② 이산변수는 측정한 값들이 척도상에서 무한대로 미분해도 가능하리만큼 연속성을 띤 것으로 거의 무한개의 값을 가질 수 있다.
③ 가장 단순한 이산변수는 이분(Dichotomous)변수로 단지 특정한 속성이 있느냐 없느냐에 따라 분류되는 것이다.
④ 명목척도·서열척도는 연속변수와 관련되어 있다.

해설
① 이산변수는 사람·대상물 또는 사건을 그들 속성의 종류나 성질에 따라 분류하는 것이다.
② 연속변수는 측정한 값들이 척도상에서 무한대로 미분해도 가능하리만큼 연속성을 띤 것으로 거의 무한개의 값을 가질 수 있다.
④ 명목척도·서열척도는 양적변수(연속변수·이산변수)가 아닌 질적변수와 주로 관련되어 있다.

45

개별속성들에 할당된 점수를 합산하여 구성하는 지수의 구성항목 설정 시 고려할 사항이 아닌 것은? 07 14 17

① 항목들은 지수대상의 개념과 일치하는 내용이어야 한다.
② 동일개념의 항목은 한 차원의 내용이어야 한다.
③ 항목들 간의 서열관계가 명백할수록 좋다.
④ 항목들의 측정결과에는 적절한 분산(Variance) 또는 분포가 나타나는 것이 좋다.

해설
양적자료(Quantitative Data)
점수를 합산하여 구성하는 지수는 등간척도 또는 비율척도로 구성된 양적자료로서 항목 간의 서열을 고려한 서열척도가 아니다.

46

'실업의 결정요인에 관한 연구 : 고용노동부 고용센터 이용자를 중심으로'라는 제목의 논문이 학술지에 게재되었다. 이 논문의 제목에서 알 수 있는 것을 모두 고른 것은? 13

> ㄱ. 종속변수　　ㄴ. 독립변수　　ㄷ. 분석단위　　ㄹ. 표집방법

① ㄱ, ㄷ
② ㄴ, ㄹ
③ ㄱ, ㄴ, ㄷ
④ ㄱ, ㄴ, ㄷ, ㄹ

해설
용어정의
- 종속변수(반응, 결과변수) : 다른 변수의 영향을 받는 변수로 실업이 된다.
- 독립변수(원인, 설명, 예측변수) : 다른 변수에 영향을 주는 변수로 실업의 결정요인이 되며, 이에 대한 설명이 없다.
- 분석단위 : 해당 내용을 분석하기 위한 단위로 고용노동부 고용센터 이용자(개인)이다.
- 표집방법 : 표본을 추출하는 방법으로 이에 대한 언급이 없다.

47

변수에 관한 설명으로 옳은 것을 모두 고른 것은? 14

> ㄱ. 독립변수 : 인과관계에서 다른 변수에 영향을 미치는 변수
> ㄴ. 통제변수 : 독립변수의 영향을 받아 종속변수에 영향을 미치는 변수
> ㄷ. 종속변수 : 독립변수의 영향을 받아 일정한 결과를 나타내는 변수
> ㄹ. 매개변수 : 독립변수와 종속변수에 영향을 미치지 않는 제3의 변수

① ㄱ, ㄴ
② ㄱ, ㄷ
③ ㄴ, ㄷ, ㄹ
④ ㄱ, ㄴ, ㄷ, ㄹ

해설
변수의 종류
- 독립변수(원인, 설명, 예측변수) : 다른 변수에 영향을 주는 변수이다.
- 통제변수 : 독립변수와 종속변수 간의 관계를 명확히 파악하기 위해 그 관계에 영향을 미칠 수 있는 제3의 변수를 통제하는 변수이다.
- 종속변수(반응, 결과변수) : 다른 변수의 영향을 받는 변수이다.
- 매개변수 : 시간적으로 독립변수 다음에 위치하며 독립변수의 결과인 동시에 종속변수의 원인이 되는 변수이다.

48

부모의 양육태도가 아동의 문제해결능력에 미치는 영향에 관한 독립변수는? [21]

① 부 모
② 양육태도
③ 아 동
④ 문제해결능력

해설

독립변수와 종속변수
- 독립변수 : 영향을 끼치는 변수 – 부모의 양육태도
- 종속변수 : 영향을 받는 변수 – 아동의 문제해결능력

49

다음 사례에서 성적은 어떤 변수에 해당되는가? [09] [14]

> 대학교 3학년 학생들인 A, B, C군은 학기말 시험에서 모두 A+를 받았다. 3명의 학생은 수업시간에 맨 앞자리에 앉는 공통점이 있다. 따라서 학생들의 성적은 수업시간 중의 좌석 위치와 중요한 관련성을 가지고 있다고 생각하게 되었다. 이것이 사실인가 확인하기 위해 더 많은 학생들을 관찰하기로 하였다.

① 종속변수
② 매개변수
③ 독립변수
④ 통제변수

해설

독립변수와 종속변수
- 독립변수(원인, 설명, 예측변수) : 다른 변수에 영향을 주는 변수(좌석 위치)
- 종속변수(반응, 결과변수) : 다른 변수의 영향을 받는 변수(성적)

50

다음 (   ) 안에 들어갈 가장 알맞은 것은? [10]

> (   )는 연구자의 주된 관심이 되는 변수를 말하는데, 연구자는 연구결과를 통해 (   )의 변화를 설명하고 예측하려고 한다.

① 종속변수(Dependent Variable)
② 독립변수(Independent Variable)
③ 조절변수(Moderating Variable)
④ 매개변수(Mediating Variable)

해설

종속변수(반응, 결과변수)
다른 변수의 영향을 받는 변수로서 원인에 대한 결과적인 변수이며 실험요인의 영향을 받아서 나타나는 결과변수이다.

정답 48 ② 49 ① 50 ①

51

다음 사례에서 청소년의 나이와 영어실력의 관계는? 12

> 어느 연구자는 청소년들의 나이가 많을수록 영어실력이 높다는 것을 발견하였다. 그러나 조금 깊게 관찰해 보니 평균적으로 나이가 많을수록 지능이 높고 영어실력도 높다는 점을 발견하게 되었다.

① 다중관계(Multiple Relationship)
② 조절관계(Moderating Relationship)
③ 허위관계(Spurious Relationship)
④ 매개관계(Mediating Relationship)

해설

허위관계(Spurious Relationship)
제3의 변인을 통제하였을 때 나머지 두 변인 간의 관계가 사리질 경우 이 관계를 허위관계라고 한다.

52

다음 중 실험연구에서 외생변수(Extraneous Variable)를 통제할 수 있는 방법이 아닌 것은? 06 09

① 피험대상을 처치집단에 무작위적으로 배정한다.
② 외생변인을 연구변인으로 실험설계안에 포함시킨다.
③ 피험대상 집단을 가능하면 이질적으로 한다.
④ 성(Sex)이 외생변인일 경우 남자 혹은 여자만 선택해서 조사한다.

해설

외생변수 통제방법
- 제거 : 외생변수가 될 가능성이 있는 요인을 실험대상에서 제거하여 외생변수의 영향을 실험상황에 개입하지 않도록 한다.
- 균형화 : 실험집단과 통제집단의 동질성을 확보하기 위한 방법으로 균형화가 이루어진 후 두 집단 사이에 나타나는 종속변수의 수준 차이는 독립변수만에 의한 효과로 간주한다.
- 상쇄 : 하나의 실험집단에 두 개 이상의 실험변수가 가해질 때 사용하는 방법으로 외생변수의 작용 강도를 다른 상황에 대해서 다른 실험을 실시하여 비교함으로써 외생변수의 영향을 통제한다.
- 무작위화 : 조사대상을 모집단에서 무작위로 추출함으로써 연구자가 조작하는 독립변수 이외의 모든 변수들에 대한 영향력을 동일하게 하여 동질적인 집단으로 만들어 준다.

53

다음 중 외생변수를 통제하는 방법과 가장 거리가 먼 것은? [11] [21]

① 외생변수의 영향을 받았다고 판단되는 실험대상자를 제거한다.
② 통제집단과 실험집단에 대해서 다른 조사원이 측정한다.
③ 조사대상 표본을 무작위로 선정한다.
④ 측정 시기마다 실험변수의 순서를 다르게 변화시킨다.

해설

52번 문제 해설 참고

54

실험조사에서 독립변수의 조작을 가하기 전에 실시한 측정이 독립변수 자체에 영향을 미치는 현상은? [09] [12]

① 주시험 효과(Main Testing Effect)
② 표본의 편중(Selection Bias)
③ 상호작용 시험효과(Interaction Testing Effect)
④ 우연적 사건(History)

해설

주시험 효과와 상호작용 시험효과
• 주시험 효과 : 처음 측정이 독립변수 처치 후의 측정에 영향을 미치는 현상
• 상호작용 시험효과 : 처음 측정이 독립변수의 처치과정에 영향을 미쳐 결과가 달라지는 현상

55

독립변수와 종속변수의 관계가 표면적으로 인과관계에 있는 것처럼 보이는 경우에도 실제로는 두 변수가 우연히 다른 제3의 변수와 연결됨으로써 마치 인과관계가 있는 듯이 보이는 경우가 있다. 이때 제3의 변수는? [07] [21]

① 외생변수(Exogenous Variable)
② 외적변수(Extraneous Variable)
③ 선행변수(Antecedent Variable)
④ 왜곡변수(Distorter Variable)

해설
② 외적변수(허위변수, 외재변수) : 독립변수와 종속변수가 실제로 인과관계가 없는데 어떤 제3의 변수를 포함시켜 분석하면 인과관계가 있는 것처럼 보이는 변수이다.
① 외생변수 : 설정된 모형 외부에서 결정되는 변수로서 독립변수의 역할만 한다.
③ 선행변수 : 인과관계에서 독립변수에 앞서면서 독립변수에 대해 유효한 영향력을 행사하는 변수이다.
④ 왜곡변수 : 두 변수 간의 관계를 어떤 식으로든 왜곡시키는 제3의 변수이다. 특히 두 개의 변수 간의 관계를 정반대의 관계로 나타나게 한다는 점에서 억제변수와 차이가 있다.

56

누진세에 대한 태도와 소득수준 사이에 통계적으로 유의미한 관계가 나타나지 않다가 교육수준을 통제하자 유의미한 상관관계가 나타났다. 여기에서 교육수준과 같은 검정요인(Test Factor)을 무엇이라 하는가? 04 16

① 매개변수
② 구성변수
③ 억제변수
④ 왜곡변수

해설
③ 억제변수(억압변수) : 두 변수 간에 관계가 존재하지만 어떤 변수의 방해에 의해 두 변수 간의 관계를 약화시키거나 소멸시키는 변수이다.
① 매개변수 : 시간적으로 독립변수 다음에 위치하며 독립변수의 결과인 동시에 종속변수의 원인이 되는 변수이다.
② 구성변수 : 하나의 포괄적 개념은 다수의 하위개념으로 구성되는데 구성변수는 포괄적 개념의 하위개념이다.
④ 왜곡변수 : 두 변수 간의 관계를 어떤 식으로든 왜곡시키는 제3의 변수이다. 특히 두 개의 변수 간의 관계를 정반대의 관계로 나타나게 한다는 점에서 억제변수와 차이가 있다.

57

몸무게가 무거울수록 취업이 잘 되는지를 알아보는 연구에서 몸무게가 취업에 긍정적으로 영향을 미치는 것으로 나타났으나, 남성과 여성 집단으로 나누어 다시 분석한 결과 몸무게와 취업 간의 관계는 없는 것으로 나타났다. 이때 성별은 무슨 변수인가? 11 15

① 매개변수
② 통제변수
③ 독립변수
④ 종속변수

해설
② 통제변수 : 독립변수와 종속변수 간의 관계를 명확히 파악하기 위해 그 관계에 영향을 미칠 수 있는 제3의 변수를 통제하는 변수이다.
① 매개변수 : 시간적으로 독립변수 다음에 위치하며 독립변수의 결과인 동시에 종속변수의 원인이 되는 변수이다.
③ 독립변수(원인, 설명, 예측변수) : 다른 변수에 영향을 주는 변수이다.
④ 종속변수(반응, 결과변수) : 다른 변수의 영향을 받는 변수이다.

58

판매사원이 친절할수록 자동차 영업소의 매출액이 증가한다는 가설을 검증하고자 할 경우, 자동차의 가격 역시 매출에 영향을 미친다면 자동차의 가격은 어떤 변수인가? 12 17

① 종속변수　　　　　　　　　　② 매개변수
③ 조절변수　　　　　　　　　　④ 외생변수

해설

외생변수와 내생변수
- 외생변수 : 설정된 모형 외부에서 결정되는 변수로서 독립변수의 역할만 한다.
- 내생변수 : 설정된 모형 내부에서 결정되는 변수로서 독립변수의 역할을 하면서 종속변수의 역할도 한다.

59

검정요인 중 총체적 개념과 다른 변수와의 관계에 있어서, 총체적 개념을 구성하는 요소들 중 어떤 것이 관찰된 결과에 결정적인 영향을 미치는가 하는 것을 파악하는 데 사용되는 것은? 08

① 억제변수　　　　　　　　　　② 왜곡변수
③ 구성변수　　　　　　　　　　④ 매개변수

해설

③ 구성변수 : 하나의 포괄적 개념은 다수의 하위개념으로 구성되는 데 구성변수는 포괄적 개념의 하위개념이다.
① 억제변수(억압변수) : 두 변수 간에 관계가 존재하지만 어떤 변수의 방해에 의해 두 변수 간의 관계를 약화시키거나 소멸시키는 변수이다.
② 왜곡변수 : 두 변수 간의 관계를 어떤 식으로든 왜곡시키는 제3의 변수이다. 특히 두 개의 변수 간의 관계를 정반대의 관계로 나타나게 한다는 점에서 억제변수와 차이가 있다.
④ 매개변수 : 시간적으로 독립변수 다음에 위치하며 독립변수의 결과인 동시에 종속변수의 원인이 되는 변수이다.

60

연구자가 검정요인(Test Factor)을 연구에 도입하는 가장 큰 이유는? 03 09 10 19

① 일반화 가능성의 증대
② 측정의 신뢰도 향상
③ 측정의 타당도 향상
④ 인과성의 확인

해설

변수분석의 정교화
자료분석과정에서 제3의 변수(검정요인) 등을 통제하여 독립변수와 종속변수 간의 인과관계를 좀 더 분명하게 밝혀주는 작업을 정교화(Elaboration)라 한다.

61

과학적 접근법에서 어떤 결과를 야기한 원인으로 가정한 변수(Variable) 이외에 원인으로 작용할 수 있는 다른 변수를 체계적으로 배제하는 것을 무엇이라고 하는가? `03` `07`

① 객관화   ② 체계화
③ 실 험   ④ 통 제

해설

통제의 의미
- 실험설계에 있어서 독립변수와 종속변수 사이에 관찰된 공동변화에 대해 제3의 변수가 개입되어 해석상의 오류를 야기할 수 있는 가능성을 배제하는 것이다.
- 내적타당성을 확보하고 제3의 변수에 의한 설명을 배제하기 위해 실험집단과 통제집단에 대한 동질성을 확보하는 절차이다.

62

평정척도(Rating Scale)의 구성에 관한 설명으로 틀린 것은? `13`

① 응답범주들이 상호배타적이어야 한다.
② 응답범주의 수를 가능한 한 많도록 한다.
③ 찬반의 응답범주 수가 균형을 이루어야 한다.
④ 응답범주들이 논리적 연관성을 가지고 있어야 한다.

해설

② 평정척도에서 응답범주의 수는 4, 5, 7, 9점 척도를 주로 사용한다.

평정척도 구성 원칙
- 응답범주들이 상호배타적이어야 한다.
- 응답범주들이 응답 가능한 상황을 모두 포함하고 있어야 한다.
- 응답범주의 수가 서로 균형을 이루어야 한다.
- 응답범주들이 논리적 연관성을 가지고 있어야 한다.

63

학생들의 성적을 A, B, C, D나 수, 우, 미, 양, 가와 같이 몇 개의 단계로 구분해서 평가하는 척도는? `15` `19`

① 평정척도   ② 서스톤척도
③ 거트만척도   ④ 보가더스척도

해설

평정척도
평가자나 응답자에게 단일 연속선상의 어느 한 점에 응답하게 하여 측정대상의 속성을 구별하는 접근법으로 각 문항에 응답한 평정값을 모두 합하거나 평균값을 구해 평가가 이루어지는 척도이다. 대표적인 예로 교사가 학생들의 시험결과를 A, B, C, D, F로 평가하는 것이다.

정답 61 ④ 62 ② 63 ①

64

리커트척도(Likert Scale) 구성과 관련한 설명으로 틀린 것은? 04 07 21

① 설문문항은 조사하고자 하는 대상 또는 사회현상과 관련한 여러 진술들로 구성한다.
② 각 문항별 응답범주는 상호 대칭되는 명백한 서열형태의 3점, 4점, 5점 척도로 적절하게 설정한다.
③ 각 문항설정이 타당하다면, 모든 문항들은 상호 간에 높은 상관성이 존재하여야 한다.
④ 각 설문문항들 사이에는 서열순위를 설정해야 한다.

해설

리커트척도는 각 문항별 응답범주가 상호 대칭되는 명백한 서열형태를 이루어야 하며, 각 설문문항들 사이에 서열순위를 설정하는 척도는 거트만척도이다.

65

리커트(Likert)척도에 관한 설명과 가장 거리가 먼 것은? 14

① 적은 문항으로도 높은 타당도를 얻을 수 있어서 매우 경제적이다.
② 응답 카테고리가 명백하게 서열화되어 응답자에게 혼란을 주지 않는다.
③ 응답자료에서 지표를 추출하여 구성하는 체계적이고 세련된 기법이다.
④ 항목의 우호성 또는 비우호성을 평가하기 위해 평가자를 활용하므로 객관적이다.

해설

서스톤척도(Thurstone Scale)
각 문항이 척도상의 어디에 위치할 것인가를 평가자로 하여금 판단케 한 다음 연구자가 대표적인 문항을 선정하여 척도를 구성하는 방법이다.

66

서열측정을 위한 방법으로 단순합산법을 사용하는 대표적인 척도는? 13

① 리커트(Likert)척도
② 거트만(Guttman)척도
③ 서스톤(Thurstone)척도
④ 보가더스(Bogardus)척도

해설

총화평정척도(리커트척도)
응답자가 여러 질문항목에 대해 응답한 값들을 합산하여 결과를 얻는 척도이다.

67

다음 A 연구원이 구성한 척도의 종류는? 08

> A 연구원은 '친환경 태도'라는 개념을 측정하기 위해 '새만금 방조제', '북한산 관통 터널', '청계천 복원', '원자력 발전', '경유자동차 허용', '그린벨트 지역의 축소'의 6가지 항목에 대한 의견을 '매우 찬성'에서 '매우 반대'에 이르는 5점 척도로 응답케 하였다.

① 서스톤척도
② 리커트척도
③ 거트만척도
④ 의미분화척도

해설

리커트척도(Likert Scale)
각 문항별 응답범주가 상호 대칭되는 명백한 서열형태를 이루어야 하며 3점, 4점, 5점, 7점, 9점, 11점 척도 등을 사용한다.

68

다음은 척도구성의 한 방법을 제시하고 있다. 이 방법이 의미하는 것은? 16

> • 측정에 동원된 모든 항목들에 동일한 가치를 부여한다.
> • 개별항목들의 답을 합산하여 측정치가 만들어지고 그것으로 측정대상들에 대한 서열을 매긴다.
> • 다수의 서술형 문제들을 제시하고 그에 대한 응답을 위해 일관적인 잣대를 제시한다.
> • 응답을 위한 잣대는 우선 두 극단으로 나누고(긍정-부정, 혹은 높음-낮음), 그 사이의 간격은 일반적으로 2~7부분으로 나누는데 각 부분 간의 간격은 동일한 것으로 간주한다.

① 명목척도(Nominal Scaling)
② 리커트척도(Likert Scaling)
③ 거트만척도(Guttman Scaling)
④ 등간척도(Interval Scaling)

해설

67번 문제 해설 참고

정답 67 ② 68 ②

69

총화평정척도에 대한 설명으로 틀린 것은? [10]

① 리커트척도라고도 한다.
② 평가자의 주관이 개입될 가능성이 크다.
③ 전체문항에 대한 응답의 총 평점이 태도의 측정치가 된다.
④ 예비적 문항의 선정단계를 거쳐서 최종의 척도를 구성하는 이중단계를 거친다.

해설

② 리커트척도는 서스톤척도에 비해 평가자를 많이 사용하지 않으므로 척도구성이 간단하고, 평가자의 주관이 개입될 가능성이 적다.

총화평정척도(리커트척도)
- 총화평정척도는 리커트척도라고도 한다.
- 여러 개의 문항으로 응답자의 태도를 측정하고 해당 항목에 대한 측정치를 합산하여 평가대상자의 태도점수를 얻어내는 척도이다.
- 리커트척도의 구성절차는 질문문항에 대한 응답범주를 작성 → 응답범주에 대한 가중치 부여 → 응답자로부터 응답을 얻어낸 후 총합을 계산 → 척도문항분석으로 이중단계로 되어 있다.

70

척도에 대한 설명 중 틀린 것은? [20]

① 단일문항보다 척도사용이 측정오류를 줄일 수 있다.
② 리커트척도(Likert Scale)는 명목척도로 널리 사용되고 있다.
③ 거트만척도(Guttman Scale)는 단일차원적이며 동시에 누적적이다.
④ 서스톤척도(Thurstone Scale)는 등간척도라 할 수 있다.

해설

리커트척도는 각 문항별 응답범주가 상호 대칭되는 명백한 서열형태를 이루어야 하며 3점, 4점, 5점, 7점, 9점, 11점 척도 등을 사용한다.

71

다음과 같이 질문에 대한 대답의 강도를 요구하는 질문유형은? [19]

> 귀하는 직장에서 주어진 업무에 만족하십니까?
> ㄱ. 매우 만족   ㄴ. 만 족   ㄷ. 보 통   ㄹ. 불 만   ㅁ. 매우 불만

① 평정식(Rating) 질문
② 찬부식(Dichotomous) 질문
③ 서열식(Ranking) 질문
④ 다항선택식(Multiple Choice) 질문

해설

리커트척도형 질문(평정식 질문)은 어떤 질문에 대한 대답의 강도를 요구하는 질문으로 어떤 질문에 대해 강도가 다른 대답을 나열하여 응답자의 의견을 표시하는 방법이다.

72

리커트척도에서 문항들이 단일차원을 이루는지를 확인할 수 있는 방법은? 11 17

① 회귀분석
② 요인분석
③ 재생계수 계산
④ 구조방정식모형

해설

리커트척도는 요인분석을 통해 각 문항들이 하나의 요인으로 묶이는가를 확인하여 단일차원성을 검증하며, 신뢰도 분석을 통해 각 문항들과 전체 척도와의 일관성을 검증한다.

73

서스톤척도(Thurstone Scale)의 사용이 리커트척도(Likert Scale)의 사용에 비해서 갖는 상대적 장점은? 06

① 측정할 태도와 명시적으로 관련되어 있지 않은 항목도 사용 가능하다.
② 신뢰도가 높다.
③ 항목별로 응답 범위에 따라 더욱 세분화된 정보수집이 가능하다.
④ 개인 태도의 총점이 비교적 명확한 의미를 갖는다.

해설

서스톤척도의 장점
- 평가자들에 의해 많은 질문문항들 가운데 측정변수와 보다 직접적으로 연관된 문항들이 선정됨으로써 문항의 선정이 비교적 정확하다.
- 척도에 포함되는 질문문항들을 정리하여 가능한 한 간격을 같도록 한다는 점에서 일반적인 서열적 척도보다 한 수준 높은 등간척도 수준을 유지한다.

74

서스톤척도는 어떤 측정수준에 해당하는가? 12 17

① 명목측정
② 비율측정
③ 서열측정
④ 등간측정

해설

서스톤척도, 등현등간척도(Equal-appearing-interval Scale)
각 문항이 척도상의 어디에 위치할 것인가를 평가자로 하여금 판단케 한 다음 연구자가 대표적인 문항을 선정하여 척도를 구성하는 방법이다.

정답 72 ② 73 ④ 74 ④

75

척도구성에 대한 설명과 가장 거리가 먼 것은? 15

① 누적척도와 총화평정척도는 문항선정 등에서 평가자 집단을 필요로 하나, 서스톤척도는 평가집단을 필요조건으로 하지 않는다.
② 리커트척도는 척도에 속하는 각 문항들 간에 내적일관성을 가져야 한다.
③ 거트만척도는 단일차원의 가설 또는 개념을 대상으로 하는데 비해, 총화평정척도와 서스톤척도는 그렇지 않다.
④ 총화평정척도와 서스톤척도는 새로운 사실의 발견을 위해 주로 사용되는데 반해, 거트만척도는 주로 가설의 확인을 위해서 사용된다.

해설
74번 문제 해설 참고

76

등간척도의 범주에 해당하는 것은? 21

① 평정척도
② 리커트척도
③ 누적척도
④ 서스톤척도

해설
평정척도, 리커트척도, 누적척도(거트만척도)는 순위척도의 범주에 해당한다.

77

척도유형 중 일종의 사회적 거리척도로서 대개 일정한 대상에 대하여 느끼는 친밀감, 무관심, 혐오감 등을 측정하는 척도는? 05

① 보가더스(Borgadus)척도
② 거트만(Guttman)척도
③ 리커트(Likert)척도
④ 서스턴(Thurstone)척도

해설
보가더스(Borgadus)척도
서열척도의 일종으로 소수민족, 사회계급, 사회적 가치 등에 대한 사회적 거리감의 정도를 측정하기 위해 단일연속성을 가진 문항들로 척도를 구성한다. 대체로 개인, 집단, 종족 등과 같은 일정한 대상에 대하여 느끼는 친밀감, 무관심, 혐오감, 갈등관계, 협조 정도 등을 측정하는데 사용된다. 소시오메트리척도가 개인을 중심으로 집단 내에 있어서의 개인 간의 친근 관계를 측정하는데 반하여 보가더스척도는 주로 집단 간의 친근 관계를 측정하는데 사용된다.

78

다음 중 소시오메트리척도에 관한 설명으로 틀린 것은? [12]

① 통계학에서 다루는 조합의 원리가 적용된다.
② 조사대상인원이 소수일 때 적용이 용이하다.
③ 집단결속력의 정도를 저울질하는 데 사용된다.
④ 조사대상집단 구성원 모두 동질성을 띠어야 한다.

해설

소시오메트리척도
소집단 내의 구성원들 사이에 가지는 호감과 반감을 측정하여 그 빈도와 강도에 따라 집단구조를 이해하는 척도이다. 집단 내 구성원 간의 거리를 측정하는 척도라는 점에서 집단 간의 거리를 측정하는 보가더스척도와 구별된다.

79

소시오메트리척도 사용과 가장 거리가 먼 것은? [16] [20]

① 집단 내 사기
② 조직 내 권력구조
③ 사회적 적응 부조화
④ 시장조사

해설

소시오메트리척도의 용도
소시오메트리척도는 소집단 내의 구성원들 사이에 가지는 호감과 반감을 측정하여 그 빈도와 강도에 따라 집단구조를 이해하는 척도이다. 주로 집단 내 사기, 권력구조, 적응도, 사회적 지위, 응집력, 리더십 측정에 사용된다.

80

다음과 같은 질문을 통해 자료를 수집하는 방식은? [14]

- 당신은 누구와 같이 한 조가 되어 팀 프로젝트를 하고 싶습니까?
- 같은 반 친구들 숲에서 가장 좋아하는 두 사람의 이름은?

① 소시오메트리
② 사이코메트리
③ Q-소트
④ 스캘로그램

해설

소시오메트리척도는 소집단 내의 구성원들 사이에 가지는 호감과 반감을 측정하여 그 빈도와 강도에 따라 집단구조를 이해하는 척도이다.

81

의미분별척도(Semantic Differential Scale)를 사용하는 데 적합하지 않은 것은? 05 11 15

① 정부정책 지지도 조사 ② 정치인 지지도 조사
③ TV 프로그램 인지도 조사 ④ 국가별 호감도 조사

[해설]
정부정책 지지도, 정치인 지지도, 국가별 호감도가 개인에게 주는 주관적인 의미를 여러 가지 의미의 차원에서 평가할 수 있으므로 어의구별척도를 사용하는 데 적합하다.

82

설문의 측정방식을 다음과 같이 만들었다면 어떤 척도를 사용한 것인가? 19

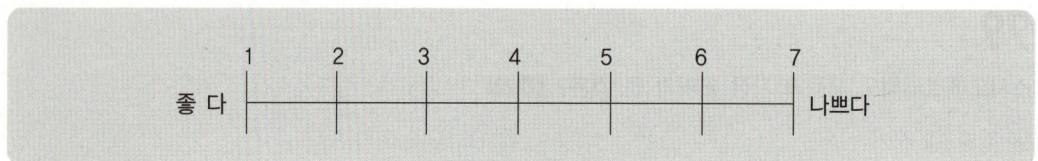

① 리커트척도 ② 서스톤척도
③ 어의차이척도 ④ Q-sort Technique

[해설]
어의차이척도, 어의구별척도, 의미분화척도, 의미분별척도(Semantic Differential Scale)
하나의 사물이나 개념을 여러 가지 의미의 차원에서 측정할 수 있도록 서로 상반되는 형용사를 양극단에 배치하여 측정함으로써 태도의 변화를 좀 더 정확하게 파악하는 방법이다.

83

척도를 구성하는 과정에서 질문문항들이 단일차원을 이루는지를 검증할 수 있는 척도는? 10

① 서스톤척도 ② 리커트척도
③ 거트만척도 ④ 의미분화척도

[해설]
거트만척도(Guttman's Scale)
척도를 구성하고 있는 문항들이 내용의 강도에 따라 일관성 있게 서열화되어 있고 단일차원적이며 누적적인 척도이다. 누적적이란 강한 태도를 나타내는 문항에 긍정적인 견해를 표현한 응답자는 약한 태도를 나타내는 문항에 대해서도 긍정적일 것이라는 논리를 적용하여 문항을 배열하는 것이다.

81 ③ 82 ③ 83 ③

84

거트만척도에서 응답자의 응답이 이상적인 패턴에 얼마나 가까운지를 측정하는 것은? 10 11 16 19

① 스캘로그램 ② 재생가능계수
③ 단일차원계수 ④ 최소오차계수

해설
재생계수는 거트만척도의 일관성을 검증하기 위해 이용된다.

85

다음 중 척도에 관한 설명으로 틀린 것은? 07

① 척도는 측정오류를 줄일 수 있다.
② 리커트척도는 재생계수를 통해 단일차원성과 누적성을 검증할 수 있다.
③ 서스톤척도는 등간척도로 볼 수 있다.
④ 소시오메트리는 집단 내의 구성원 간의 거리를 측정하는 방법이다.

해설
84번 문제 해설 참고

86

거트만(Guttman)척도에 관한 설명으로 옳은 것은? 13

> ㄱ. 척도문항들은 특정 속성이 단일차원성을 지닌다고 가정한다.
> ㄴ. 사회적 거리척도라고도 한다.
> ㄷ. 재생계수(Coefficient of Reproducibility)는 $\left[1-\dfrac{응답의\ 오차수}{(문항수 \times 응답자수)}\right]$ 로 계산한다.
> ㄹ. 자료가 수집되기 전에 구성된다.

① ㄱ, ㄴ ② ㄱ, ㄷ
③ ㄴ, ㄹ ④ ㄷ, ㄹ

해설
ㄱ. 척도를 구성하고 있는 문항들이 내용의 강도에 따라 일관성 있게 서열화되어 있고 단일차원적이며 누적적인 척도이다.
ㄷ. 거트만척도의 일관성을 검증하기 위해 재생계수 $\left[1-\dfrac{응답의\ 오차수}{(문항수 \times 응답자수)}\right]$ 가 이용된다.

87

척도를 구성하는 과정에서 질문문항들이 단일차원을 이루는지 검증할 수 있는 척도는? 18

① 서스톤척도(Thurstone Scale)
② 리커트척도(Likert Scale)
③ 거트만척도(Guttman Scale)
④ 의미분화척도(Semantic Differential Scale)

해설

거트만척도(Guttman's Scale)
척도를 구성하고 있는 문항들이 내용의 강도에 따라 일관성 있게 서열화되어 있고 단일차원적이며 누적적인 척도이다. 누적적이란 강한 태도를 나타내는 문항에 긍정적인 견해를 표현한 응답자는 약한 태도를 나타내는 문항에 대해서도 긍정적일 것이라는 논리를 적용하여 문항을 배열하는 것이다.

88

다음은 어떤 척도에 해당하는가? 12 18

OO자동차는		
5 4 ⋮ 2 1	5 4 ⋮ 2 1	5 4 ⋮ 2 1
고급이다	잔고장이 없다	안전하다
−1 −2 ⋮ −4 −5	−1 −2 ⋮ −4 −5	−1 −2 ⋮ −4 −5

① 스타펠(Stapel)척도
② 서스톤(Thurstone)척도
③ 보가더스(Bogardus)척도
④ 의미분화(Semantic Differential)척도

해설

스타펠척도(Stapel Scale)
하나의 수식어 만을 평가기준으로 제시하며 중간값(0)이 없는 −5에서 +5 사이의 10점 척도로 측정하는 방법이다. 의미구별척도와 유사하나 상반되는 형용사적 표현을 만들 필요가 없다.

89

척도구성방법을 비교척도구성(Comparative Scaling)과 비비교척도구성(Non-comparative Scaling)으로 구분할 때 비교척도구성에 해당하지 않는 것은? 13 17

① 순위법(Rank-order)
② 고정총합법(Constant Sum)
③ 연속평정법(Continuous Rating)
④ 쌍대비교법(Paired Comparison)

해설

척도구성방법
- 비교척도(Comparative Scaling) : 자극대상을 직접 비교해서 응답을 구하는 척도
  [예] 쌍대비교법, 순위법, 고정총합법, 항목순위법, 비율분할법 등
- 비비교척도(Non-comparative Scaling) : 자극대상 간의 직접 비교가 필요 없는 응답을 구하는 척도
  [예] 연속평정법, 항목평정법, 등급법, 어의차이척도법, 스타펠척도법, 리커트형태척도법 등

90

척도구성방법을 비교척도구성(Comparative Scaling)과 비비교척도구성(Non-comparative Scaling)으로 구분할 때 비비교척도구성에 해당하는 것은? 17 19

① 쌍대비교법(Paired Comparison)
② 순위법(Rank-order)
③ 고정총합법(Constant Sum)
④ 항목평정법(Itemized Rating)

해설

89번 문제 해설 참고

91

자료수집적 측면에서 척도를 구분할 때 양적판단법(Quantitative Judgment Method)에 해당하지 않는 것은?

① 쌍대비교법(Paired Comparison)
② 직접판단법(Direct Judgement Method)
③ 비율분할법(Fractionation)
④ 고정총합척도법(Constant Sum Method)

해설
자료수집적 측면에서 척도의 구분
- 차이 발생법 : 쌍대비교법, 순위법, 항목순위법
- 양적판단법 : 직접판단법, 비율분할법, 고정총합척도법
- 등급법

92

척도를 자료수집적 측면에 따른 차이발생법, 등급법, 양적판단법으로 구분할 때 차이발생법에 해당하지 않는 것은?

① 순위법(Ranking)
② 비율분할법(Fractional Method)
③ 쌍대비교법(Paired Comparison)
④ 항목순위법(Ordered Category Sorting)

해설
91번 문제 해설 참고

93

다음 중 척도와 지수에 관한 설명으로 틀린 것은? 08 10 13 16

① 척도와 지수는 변수에 대한 서열측정이다.
② 척도와 지수는 변수의 합성측정이다.
③ 지수점수는 척도점수보다 더 많은 정보를 제공한다.
④ 지수는 개별 속성들에 할당된 점수를 합산해서 구성한다.

해설
③ 지수점수는 문항들 간의 강도를 고려하지 않기 때문에 척도점수가 더 많은 정보를 가지고 있다.

지수와 척도
- 지수 : 개별 속성들에 할당된 점수를 합산하여 구성한다.
- 척도 : 어떤 문항은 측정하고자 하는 변수의 정도를 상대적으로 더 약하게 나타내고 다른 문항은 좀 더 강하게 나타낸다는 사실을 인식한 가운데 응답의 유형에 점수를 부여하여 구성한다.

94

다음 중 척도와 지수에 대한 설명으로 틀린 것은? 20

① 척도와 지수는 변수에 대한 서열측정이다.
② 척도와 지수는 변수의 합성측정이다.
③ 지수는 변수측정에 사용된 문항들 각각의 강도를 고려하기 때문에 척도보다 더 나은 방법이다.
④ 지수는 개별 속성들에 할당된 점수를 합산해서 구성한다.

해설
93번 문제 해설 참고

95

다음 중 척도와 분석방법의 관계에 대하여 잘못 설명된 것은? 05

① 독립변수와 종속변수가 모두 서열척도로 측정되었을 때 카이제곱검증이 가능하다.
② 2개의 독립변수가 3개 이상 범주의 명목척도로 측정되었고, 1개의 종속변수가 등간척도로 측정되었을 경우 다원분산분석(MANOVA)을 할 수 있다.
③ 독립변수가 등간척도로 측정되었고, 종속변수는 3개 이상의 명목척도로 측정되었을 경우 F검정이 가능하다.
④ 독립변수와 종속변수가 모두 비율척도로 측정되었을 때 회귀분석이 가능하다.

해설
독립변수가 명목척도이고 종속변수가 등간척도 이상으로 측정되었을 경우 F검정이 가능하다.

02 측정의 타당성과 신뢰성

01
다음 중 측정 시 발생하는 오차의 원인을 모두 고른 것은? 17 21

> 가. 측정시점에 따른 측정대상자의 상태 변화
> 나. 측정이 이루어지는 환경요인의 변화
> 다. 측정도구의 불완전성
> 라. 측정도구와 측정대상자의 상호작용
> 마. 측정자와 측정대상자의 상호작용

① 가, 나, 라
② 다, 라, 마
③ 가, 나, 다, 마
④ 가, 나, 다, 라, 마

해설
측정오류의 발생원인
- 측정시점에 따른 측정대상자의 상태 변화 : 측정대상자의 심리적 특성이 일시적으로 변화하여 발생
- 측정이 이루어지는 환경요인의 변화 : 측정이 이루어지는 환경이 특이한 경우 발생
- 측정도구의 불완전성 : 측정도구 자체의 결함이나 부정확성으로 인해 발생
- 측정도구와 측정대상자의 상호작용 : 측정도구에 대한 익숙도 또는 반응형태 등으로 인해 발생
- 측정자와 측정대상자 간의 상호작용 : 측정자의 신분 또는 태도 등의 차이로 인해 발생

02
측정 시 발생하는 오차의 원인과 가장 거리가 먼 것은? 19

> ㄱ. 측정시점에 따라 측정대상자의 기분, 피로도 등의 상태 변화
> ㄴ. 측정이 이루어지는 환경적 요인의 변화
> ㄷ. 측정도구의 안정성
> ㄹ. 측정자와 측정대상자 간의 상호작용의 영향

① ㄱ
② ㄴ
③ ㄷ
④ ㄹ

해설
01번 문제 해설 참고

정답 01 ④ 02 ③

03

다음 중 측정 시 발생하는 오차의 원인과 가장 거리가 먼 것은? 12 15

① 측정시점에 따라 측정대상자의 기분, 피로도 등의 상태가 일정하다.
② 측정이 이루어지는 환경적 요인의 변화에 영향을 받는다.
③ 자료수집방법이나 설문지의 내용 등 측정도구가 불안정하여 조사자의 의도가 명확히 전달되지 않는다.
④ 측정도구에 대한 익숙 정도 등 측정도구와 측정대상자들의 상호작용이 발생한다.

해설
측정시점에 따른 측정대상자의 상태 변화 및 측정대상자의 심리적 특성이 일시적으로 변화하여 발생한다.

04

측정오차에 관한 설명으로 틀린 것은? 12 16 19 20

① 측정오차에는 무작위 오차와 체계적 오차가 있다.
② 무작위 오차란 우연히 발생하는 오차이며 신뢰도와 관련된 오차이다.
③ 체계적 오차란 편견이 개입된 경우로서 타당도와 관련된 오차이다.
④ 행동과 연결되지 않는 바람직한 응답만 하려는 경우는 무작위 오차에 해당된다.

해설
④ 사회적으로 바람직하게 보이려는 편향은 체계적 오차에 해당된다.

체계적 오차와 비체계적 오차
- 측정오차 : 체계적 오차 + 비체계적 오차
- 체계적 오차 : 편향(Bias)이라고도 하며 어떠한 영향이 측정대상에 체계적으로 미침으로써 일정한 방향성을 갖는 오차로 측정의 타당성과 관련이 있다.
- 비체계적 오차(무작위 오차) : 측정과정에서 우연적 또는 일시적으로 발생하는 불규칙적인 오차로 측정의 신뢰성과 관련이 있다.

정답 03 ① 04 ④

05

다음 중 비체계적 오차(Random Error)의 발생원인과 가장 거리가 먼 것은? 13 20

① 호손효과
② 표본의 대표성 결여
③ 측정자의 가변성
④ 비측정자의 지식결여

해설

① 호손효과(Hawthorne Effect)는 실험대상자들이 지켜보고 있다는 사실을 의식함으로써 그들의 전형적인 것과 다르게 행동하는 현상을 의미하며 체계적 오차의 발생원인이다.

비체계적 오차의 발생원인
- 표본의 대표성 결여
- 측정자에 의한 오류 : 측정자의 감정상태, 건강상태, 성별, 외모, 말투 등에 의해 측정결과에 영향을 미치는 오류
- 비측정자에 의한 오류 : 응답자의 기분, 긴장상태, 피로, 지식 등에 의해 측정결과에 영향을 미치는 오류
- 측정환경에 의한 오류 : 측정시간, 장소, 분위기 등에 의해 측정결과에 영향을 미치는 오류
- 측정도구에 의한 오류 : 측정도구에 대한 적응 및 사전교육의 유무, 측정방법의 불완전성에 의해 측정결과에 영향을 미치는 오류

06

체계적 오차의 주요 발생원인에 해당되는 것은? 20

① 설문지 문항 수
② 사회적 바람직성
③ 복잡한 응답절차
④ 응답자의 기분

해설

체계적 오차의 발생원인
편향(Bias)이라고도 하며 어떠한 영향이 측정대상에 체계적으로 미침으로써 일정한 방향성을 갖는 오차로 측정의 타당성과 관련이 있다.
- 사회적으로 바람직하게 보이려는 편향(Social Desirability Bias) : 질문자의 의도에 맞추어 자신의 생각과는 무관하게 본인이나 본인 소속집단을 우월하게 보이기 위해 응답하는 경우의 편향
- 문화적 편견(Cultural Bias) : 다수 의견을 자신의 문화적 규범이나 가치관으로 생각하려는 경우의 편향
- 위약효과(Placebo Effect) : 약효가 전혀 없는 거짓약을 진짜 약으로 가장하여 환자에게 복용하도록 했을 때, 환자의 병세가 호전되는 효과
- 호손효과(Hawthorne Effect) : 실험집단의 구성원들이 비교집단에 비하여 관찰을 받고 있다는 사실을 인식할 때 평소와는 다른 행동을 보임으로써 효과가 왜곡되는 현상
- 고정반응(응답군)에 의한 편향 : 일정한 유형의 문항을 반복적으로 물어보면 같은 응답을 반복하는 현상

07

측정과 척도에 관한 다음의 서술 내용 중 틀린 것은? 04 07 09 11 15

① 측정이란 사물이나 시간과 같은 목적물(Objects)의 속성에 가치(Value)를 부여하는 것이다.
② 척도란 측정대상에 부여하는 가치들의 체계이다.
③ 측정에 있어서 체계적 오류(Systematic Error)는 신뢰도와 관련이 있고 무작위 오류(Random Error)는 타당도와 관련이 있다.
④ 일반적으로 측정의 형태(Types of Scale)와 척도의 수준(Levels of Measurement)은 같은 의미로 사용된다.

해설
체계적 오차와 비체계적 오차
- 체계적 오차 : 편향(Bias)이라고도 하며 어떠한 영향이 측정대상에 체계적으로 미침으로써 일정한 방향성을 갖는 오차로 측정의 타당성과 관련이 있다.
- 비체계적 오차(무작위 오차) : 측정과정에서 우연적 또는 일시적으로 발생하는 불규칙적인 오차로 측정의 신뢰성과 관련이 있다.

08

다음 중 조사과정에서 생기는 오류에 대한 설명으로 틀린 것은? 08

① 무응답자의 특성을 추정하여 이에 가중치를 두어 결과를 수정함으로써 무응답 오류를 줄일 수 있다.
② 무응답 오류가 많으면 신뢰성이 떨어진다.
③ 불포함 오류는 적합하지 않은 표본추출법을 사용했을 때 발생하는 오류이다.
④ 조사현장에서의 오류를 줄이기 위해서는 응답자와 비슷한 특성을 지닌 사람을 면접원으로 선발한다.

해설
무응답 오류(Nonresponse Error)
타당도는 측정도구가 측정하고자 하는 개념이나 속성을 얼마나 실제에 정확히 측정하고 있는가 하는 정도로 무응답이 많은 경우 타당도가 떨어진다.

09

특정 측정도구를 사용하여 어떤 사람의 지적 능력을 수차례 조사하였더니 측정결과들이 균일하게 나타났다. 이런 결과는 다음 중 무엇을 가장 잘 가리키는가? 07 21

① 조사자의 높은 신뢰도 ② 조사자의 높은 타당도
③ 측정도구의 높은 신뢰도 ④ 측정도구의 높은 타당도

해설
신뢰도와 타당도
- 신뢰도 : 측정도구가 측정하고자 하는 현상을 일관성 있게 측정하는 능력으로 어떤 측정도구를 동일한 현상에 반복 적용하여 동일한 결과를 얻게 되는 정도를 의미한다.
- 타당도 : 측정도구가 측정하고자 하는 개념이나 속성을 얼마나 실제로 정확히 측정하고 있는가 하는 정도를 의미한다.

정답 07 ③ 08 ② 09 ③

10

신뢰도와 타당도의 관계에 관한 설명으로 틀린 것은? 07

① 신뢰도가 높으면 타당도도 높다.
② 타당도를 측정하는 것이 신뢰도를 측정하는 것보다 어렵다.
③ 신뢰도는 경험적 문제이다.
④ 타당도는 이론적 문제이다.

해설

신뢰도와 타당도의 상호관계
- 타당도가 높은 측정은 높은 신뢰도를 확보할 수 있다.
- 신뢰도가 높다고 해서 반드시 타당도가 높은 것은 아니다.
- 타당도가 낮다고 해서 반드시 신뢰도가 낮은 것은 아니다.
- 신뢰도가 높고 타당도가 낮은 측정도 있다.
- 신뢰도가 낮고 타당도가 높은 측정은 없다.
- 신뢰도가 낮은 측정은 항상 타당도가 낮다.
- 신뢰도와 타당도 간의 관계는 비대칭적이다.
- 타당도를 측정하는 것이 신뢰도를 측정하는 것보다 어렵다.

11

측정의 신뢰도와 타당도에 대한 설명으로 가장 거리가 먼 것은? 15

① 신뢰도가 증가하면 타당도가 높아진다.
② 신뢰도는 타당도에 대한 필요조건이다.
③ 신뢰도는 비체계적 오차와 관련되어 있다.
④ 신뢰도는 측정하려고 하는 값의 총분산에 대한 진실된 분산의 비율이다.

해설

10번 문제 해설 참고

12

다음의 측정과 관련된 설명 중 가장 옳은 것은? 04

① 신뢰도와 타당도 간의 관계는 대칭적이다.
② 측정의 체계적 오차는 신뢰도와 관계된다.
③ 측정의 신뢰도 측정방법으로 요인분석법이 활용된다.
④ 측정항목을 늘리면 신뢰도는 높아진다.

해설
④ 문항 간의 상관관계가 유사한 경우 항목의 수를 늘리면 측정도구의 신뢰도를 높일 수 있다.
① 신뢰도와 타당도 간의 관계는 비대칭적이다.
② 측정의 체계적 오차는 타당도와 관계된다.
③ 측정의 타당도 측정방법으로 요인분석법이 활용된다.

13

다음 측정도구에 관한 설명으로 가장 적합한 것은?

> 인간의 지능지수를 측정하기 위한 측정도구를 개발하여 A 고등학교 3학년 학생들의 지능지수를 여러 번 반복측정 하였다. 그 결과지수는 측정할 때마다 점수가 동일했으나 실제 지능지수와는 차이가 있었다.

① 신뢰도와 타당도가 모두 있다.
② 신뢰도는 있으나 타당도는 없다.
③ 신뢰도는 없으나 타당도는 있다.
④ 신뢰도와 타당도가 모두 없다.

해설
측정할 때마다 점수가 동일하므로 신뢰도는 높으나 실제 지능지수와는 차이가 있으므로 타당도는 낮다.

14

신뢰도와 타당도에 관한 설명으로 옳은 것은?

① 신뢰도의 평가기준은 안정성과 일관성이다.
② 신뢰도는 측정하려는 성질이나 개념을 제대로 측정하고 있는가를 표현하는 것이다.
③ 타당도는 반복하여 측정할 때 유사한 결과가 얻어지는가를 표현하는 것이다.
④ 타당도는 비체계적 측정오차와 관련이 있다.

해설
신뢰도와 타당도
- 신뢰도 : 측정도구가 측정하고자 하는 현상을 일관성 있게 측정하는 능력으로 어떤 측정도구를 동일한 현상에 반복 적용하여 동일한 결과를 얻게 되는 정도를 의미한다.
- 타당도 : 측정도구가 측정하고자 하는 개념이나 속성을 얼마나 실제에 정확히 측정하고 있는가 하는 정도를 의미한다.
- 체계적 오차 : 편향(Bias)이라고도 하며 어떠한 영향이 측정대상에 체계적으로 미침으로써 일정한 방향성을 갖는 오차로 측정의 타당성과 관련이 있다.
- 비체계적 오차 : 측정과정에서 우연적 또는 일시적으로 발생하는 불규칙적인 오차로 측정의 신뢰성과 관련이 있다.

정답 13 ② 14 ①

15

신뢰도와 타당도 간의 관계를 보여주는 다음 그림 중 신뢰도는 있으나 타당도가 떨어지는 것은?

①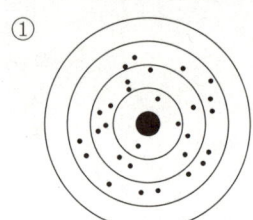

②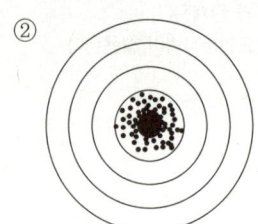

③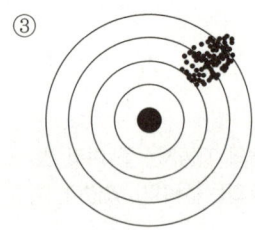

④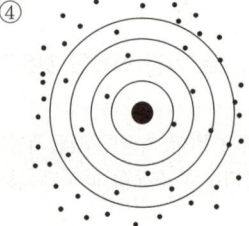

[해설]
14번 문제 해설 참고

16

척도항목 설정의 타당성과 신뢰성에 대한 설명으로 틀린 것은?
① 척도항목들 간의 내적일관성을 검정하기 위하여 항목 간의 상관성 분석을 행할 수 있다.
② 척도항목들의 연속체상의 일관성은 양적인 숫자의 표현으로만 보장된다.
③ 척도항목들은 연속체상의 모든 카테고리에 골고루 배분될 수 있어야 한다.
④ 유사한 항목 또는 복잡한 항목들은 통합하는 것이 바람직하며 이를 위하여 요인분석을 활용할 수 있다.

[해설]
연속체의 각 카테고리는 수적 단위로서만이 아니라 질적인 표현인 말로써도 나타낼 수 있다.

17

인간의 지능지수를 머리 크기로 측정하였다면 이는 어떤 문제와 관련이 있는가?
① 낮은 신뢰성
② 낮은 타당성
③ 낮은 내적일관성
④ 무작위 오류

[해설]
타당도는 측정도구가 측정하고자 하는 개념이나 속성을 얼마나 실제 정확히 측정하고 있는가 하는 정도를 의미하므로, 부적합한 측정도구(머리 크기)로 지능지수를 측정하였으므로 타당성은 낮다.

18

다음 중 연구설계의 타당성에 관한 설명으로 틀린 것은? 03 07

① 내적타당성은 추정된 원인과 결과 사이에 존재하는 인과적 추론의 정확성을 의미한다.
② 외적타당성은 연구의 결과로 밝혀진 독립변수의 효과에 대한 결론을 일반화시킬 수 있는 범위를 의미한다.
③ 내적타당성의 저해요인은 준실험설계나 비실험설계를 사용할 때 다양하게 나타난다.
④ 외적타당성을 강화하기 위해서는 대표적 사례를 연구하는 것이 가장 강력한 방법이다.

해설

내적타당도와 외적타당도
- 내적타당도 : 종속변수의 변화가 독립변수에 의한 것인지, 아니면 다른 조건에 의한 것인지 판별하는 기준이다.
- 외적타당도 : 연구를 통해 얻은 결과가 다른 상황, 다른 경우, 다른 시간의 조건에서도 일반화할 수 있는 정도를 의미한다. 외적타당도를 높이기 위해서는 표본의 대표성을 높이고 연구에 참여하는 대상들이 가능한 평소의 상황과 동일하게 행동하고 반응하도록 해야 한다.

19

타당성에 관한 설명으로 틀린 것은? 05 14

① 내용타당성(Content Validity)이란 측정도구가 측정하고자 하는 속성이나 개념을 측정할 수 있는지에 관한 것이다.
② 이해타당성(Nomological Validity)은 개념타당성(Concept Validity)의 하위 유형 가운데 하나이다.
③ 기준관련타당성(Criterion-related Validity)의 하위 유형에는 예측타당성(Predictive Validity)과 동시타당성(Concurrent Validity)이 있다.
④ 표면타당성(Face Validity)이란 어떤 척도를 통해 얻은 측정결과와 다른 척도 또는 변수 간의 상관관계가 존재하는지에 관한 것이다.

해설

타당도의 평가
- 개념구성타당도(구조적 타당도, 구성타당도) : 측정도구가 실제로 무엇을 측정하였는가 또는 조사자가 측정하고자 하는 추상적인 개념이 측정도구에 의해 제대로 측정되었는가의 정도로 이론적 구조하에서 변수들 간의 관계를 밝히는 데 중점을 두고 평가한다.
  - 이해타당도 : 특정 개념에 대해 이론적 구성을 토대로 어느 정도 체계적, 논리적으로 이해하고 있는가를 나타내는 타당도
  - 수렴타당도(집중타당도) : 동일한 개념을 측정하기 위해 서로 다른 측정방법을 사용하여 측정으로 얻은 측정치들 간에 상관관계가 높아야 함을 전제로 하는 타당도
  - 판별타당도 : 서로 다른 개념들을 측정했을 때 얻어진 측정문항들의 결과 간에 상관관계가 낮아야 함을 전제로 하는 타당도
- 기준타당도(기준관련타당도, 실용적 타당도, 경험적 타당도) : 하나의 측정도구를 사용하여 측정한 결과를 다른 기준 또는 외부변수에 비춘 측정결과와 비교하여 이들 간의 관계성의 정도를 통하여 타당도를 파악한다.
  - 동시적 타당도(일치적 타당도) : 새로운 검사를 제작했을 때 새로 제작한 검사의 타당도를 위해 기존에 타당도를 보장받고 있는 검사와의 유사성 또는 연관성에 의해 타당도를 검정하는 방법
  - 예측적 타당도 : 어떠한 행위가 일어날 것이라고 예측한 것과 실제 대상자 또는 집단이 나타낸 행위 간의 관계를 측정하는 타당도
- 내용타당도(논리적 타당도) : 측정의 내용이 측정하고자 하는 속성의 내용을 잘 대표하고 있는가를 전문가의 논리적 사고에 입각하여 판단하는 주관적인 타당도
- 안면타당도(액면타당도, 표면타당도) : 검사문항을 전문가가 아닌 일반인들이 읽고 그 검사가 얼마나 타당해 보이는가를 평가하는 방법

20

실험설계의 타당성을 높이기 위한 실험집단의 구성과 관련한 설명으로 틀린 것은? 03

① 실험집단을 복수로 구성할 경우 대상자들은 임의(Randomly)할당한다.
② 실험집단과 통제집단에 배분되는 대상자들은 실험변수에 적합하도록 사회적 속성을 달리하여 할당한다.
③ 실험대상자를 선정할 때 자발적 참여자인가 아닌가를 구별하는 것이 필요한 경우도 있다.
④ 실험대상자들 사이의 자유로운 의사소통은 통제하는 것이 바람직하다.

해설

타당도를 높이기 위한 대상자 배정방안
- 무작위 배정 : 대상자들이 실험집단에 배정될 확률과 통제집단에 배정될 확률을 동일하게 보장하는 방법
- 짝짓기 : 대상자들에게 관찰될 여러 개의 변수를 고려할 때 실험집단과 통제집단으로 배정될 확률이 가장 가까운 대상자끼리 짝지어 배정한 후 남은 대상자들 중에서 실험집단과 통제집단으로 배정될 확률이 가장 가까운 대상자끼리 짝지어 배정하는 방법을 남은 대상자들이 모두 짝지어질 때까지 반복하는 방법
- 통계적 통제 : 통제해야 할 변수들을 독립변수로 간주하여 실험설계에 포함하는 방법

21

다음은 무엇에 관한 설명인가? 07 09 15

> 사회현상이나 인간은 다 같이 인위적으로 어떤 실험을 가하지 않더라도 변화를 지속하게 된다. 즉 조사대상 집단의 심리적, 생리적, 인구통계학적, 경제학적 특성은 시간이 지남에 따라 자연히 변화할 수 있다.

① 선별효과(Selection Effect) ② 성숙효과(Maturation Effect)
③ 실험효과(Testing Effect) ④ 조사도구효과(Instrumentation Effect)

해설

② 성숙효과(성장요인) : 실험기간 중에 실험집단의 육체적 또는 심리적 특성이 변화함으로써 실험결과에 영향을 미쳐 타당도를 해치게 된다.
① 선별효과(선택요인) : 실험집단으로 선정된 집단과 통제집단으로 선정된 집단이 여러 측면에서 현저한 차이가 나는 경우 타당도를 해치게 된다.
③ 실험효과(검사요인) : 측정이 반복됨으로써 얻어지는 학습효과로 인해 실험대상의 반응에 영향을 미치는 경우 타당도를 해치게 된다.
④ 조사도구효과 : 자료를 수집하는 데 사용되는 도구(질문지, 조사표, 조사원, 조사방법)가 달라지는 경우 측정결과에 영향을 미쳐 타당도를 해치게 된다.

22

타당도를 저해하는 외생변수 중 다음 사례에 포함되어있는 타당도 저해요인은? [15]

> 학습능력향상 프로그램의 효과를 알아보고자 학생 50명에 대한 학습능력검사(사전검사)를 실시하였다. 이 결과를 근거로 학습능력이 최하위권인 학생 10명을 선정하여 학습능력향상 프로그램을 시행한 후 사후검사를 했더니 10점 만점에 평균 3점이 향상되었다.

① 역사요인(History)
② 실험대상의 소멸(Mortality)
③ 통계적 회귀(Statistical Regression)
④ 선정요인(Selection Bias)

해설

실험설계의 타당도를 저해하는 외생변수의 종류
- 우발적 사건(역사요인) : 조사설계 이전 또는 설계과정에서 전혀 예기치 못했거나 예기할 수 없었던 상황이 타당도를 해치게 된다.
- 사멸효과(상실요인) : 실험대상의 일부가 사망, 기타 사유로 사별 또는 추석조사가 불가능하게 될 때 실험결과에 영향을 미쳐 타당도를 해치게 된다.
- 통계적 회귀 : 사전측정에서 극단적인 값을 얻은 경우 이를 여러 번 반복 측정하게 되면 평균치로 근사하게 되는 경향으로 타당도를 해치게 된다.
- 선별효과(선택요인) : 실험집단으로 선정된 집단과 통제집단으로 선정된 집단이 여러 측면에서 현저한 차이가 나는 경우 타당도를 해치게 된다.

23

실험설계의 타당성을 저해하는 외생변수가 아닌 것은? [16]

① 무작위화(Random Assignment)
② 우연적 사건(History)
③ 실험대상의 소멸(Mortality)
④ 실험변수의 확산(Diffusion)

해설

무작위화(Random Assignment)는 외생변수 통제방법이다.

24

실험설계의 타당성을 저해하는 요인이 아닌 것은? [12]

① 통계적 회귀(Statistical Regression)
② 성숙효과(Maturation Effect)
③ 우연적 사건(History)
④ 무작위화(Randomization)

해설

23번 문제 해설 참고

정답 22 ③ 23 ① 24 ④

25

실험설계 조사의 대표자인 캠벨과 스탠리가 실험조사의 내적타당도를 저하시킬 수 있는 외적요인으로 제시한 것이 아닌 것은? 03

① 피험자 선택과 실험적 변수 간의 상호작용 효과
② 실험자 자체에서 일어나는 성장적 변이과정
③ 실험 도중 여러 가지 이유로 피험자 수가 감소되는 문제
④ 통계적 회귀

해설

내적타당도와 외적타당도 저해요인

- 내적타당도 저해요인
  - 성숙효과(성장요인) : 실험기간 중에 실험집단의 육체적 또는 심리적 특성이 변화함으로써 실험결과에 영향을 미쳐 타당도를 해치게 된다.
  - 사멸효과(상실요인) : 실험대상의 일부가 사망, 기타 사유로 사멸 또는 추적조사가 불가능하게 될 때 실험결과에 영향을 미쳐 타당도를 해치게 된다.
  - 통계적 회귀 : 사전측정에서 극단적인 값을 얻은 경우 이를 여러 번 반복 측정하게 되면 평균치로 근사하게 되는 경향으로 타당도를 해치게 된다.
- 외적타당도 저해요인
  - 실험상황의 반동효과
  - 실험대상자 선정과 실험처리 간의 상호작용
  - 다중실험처리 간의 간섭(방해)
  - 자료수집상황에서의 반응효과

26

실험설계의 타당성을 저해하는 외생변수 중 실험대상으로 측정하고자 하는 결과변수의 수준이 매우 낮은 집단을 선정하였을 때 나타나기 쉬운 것은? 04 07

① 성숙효과
② 시험효과
③ 실험변수의 확산
④ 통계적 회귀

해설

특정 특성이 매우 높거나 낮은 집단을 대상으로 개입하는 경우 사후검사 점수가 반대로 매우 낮거나 높아지는 경향을 보이는 통계적 회귀에 해당한다.

27

다음 사례에서 A 연구원이 고려하지 못한 타당성 저해요인은? `08` `11` `16` `20`

> 어느 중학교 3학년 학생들에게 시험을 실시하여 성적 분포를 분석한 결과 하위 10% 학생들은 고등학교 진학이 어려운 것으로 나타났다. 이에 이들 학생들에게 교육방송을 이용한 특별교육을 시행하였고 그 결과 이들의 평균성적이 50점에서 60점으로 올랐다. 이 결과를 두고 A 연구원은 교육방송을 통한 특별교육의 효과가 매우 크다고 결론지었다.

① 우연적 사건(History)
② 실험대상의 소멸(Mortality)
③ 통계적 회귀(Statistical Regression)
④ 시험효과(Testing Effect)

해설
26번 문제 해설 참고

28

다음에 제시된 진술에서 가장 문제시될 수 있는 실험설계의 내적타당도 저해요인은? `05`

> IMF 사태가 한창이었던 1999년에 강도 및 절도범죄가 기승을 부렸고, 경찰은 이에 대응하여 강한 강·절도범죄 특별 단속을 실시하였고, 그 결과 2000년에는 강도 및 절도범죄가 대폭 줄어들었다.

① 역사요인
② 피험자 선택요인
③ 통계적 회귀요인
④ 성장요인

해설
③ 통계적 회귀 : 사전측정에서 극단적인 값을 얻은 경우 이를 여러 번 반복 측정하게 되면 평균치로 근사하게 되는 경향으로 타당도를 해치게 된다.
① 우발적 사건(역사요인) : 조사설계 이전 또는 설계과정에서 전혀 예기치 못했거나 예기할 수 없었던 상황이 타당도를 해치게 된다.
② 선별효과(선택요인) : 실험집단으로 선정된 집단과 통제집단으로 선정된 집단이 여러 측면에서 현저한 차이가 나는 경우 타당도를 해치게 된다.
④ 성숙효과(성장요인) : 실험기간 중에 실험집단의 육체적 또는 심리적 특성이 변화함으로써 실험결과에 영향을 미쳐 타당도를 해치게 된다.
※ 특정 특성이 매우 높거나 낮은 집단을 대상으로 개입하는 경우 사후검사 점수가 반대로 매우 낮거나 높아지는 경향을 보이는 통계적 회귀에 해당한다.

정답 27 ③ 28 ③

29

행동과학실험실 내에서 수행된 소비자 행동 심리연구의 타당도는? 21

① 내적타당도 : 높다, 외적타당도 : 높다
② 내적타당도 : 높다, 외적타당도 : 낮다
③ 내적타당도 : 낮다, 외적타당도 : 높다
④ 내적타당도 : 낮다, 외적타당도 : 낮다

해설

통제된 실험실 내에서 연구가 이루어지므로, 외부요인에 대한 개입이 낮다. 따라서 내적타당도는 높지만, 실험실 외부에서도 똑같은 조건이 이루어진다는 보장이 없으므로 외적타당도는 낮다.

30

최근 신문사나 방송국의 홈페이지에 간단한 설문조사를 실시하는 경우가 증대하고 있다. 이 조사방식에 대한 설명으로 틀린 것은? 05

① 응답자들이 자발적으로 참여한 조사이기 때문에 모집단을 대표하지 못한다.
② 적극적인 응답자에 의존하기 때문에 모집단을 대표하지 못한다.
③ 관련 정보의 제공과 함께 조사가 이루어지기 때문에 타당도와 신뢰도가 높다.
④ 흥미를 끌기 위한 조사로 객관적인 정보를 얻어낼 수 없다.

해설

불완전한 표본으로 모집단을 대표하지 못하기 때문에 신뢰도와 타당도는 낮으며, 단지 흥미를 끌기 위한 조사로 객관성은 없다.

31

실험설계의 내적·외적타당도의 저해요인과 그 영향에 대한 설명으로 틀린 것은? 05 13 17

① 우연한 사건(History) : 연구자의 의도와는 관계없이 어떤 사건이 발생하여 조사연구의 결과에 영향을 주는 것
② 통계적 회귀(Statistical Regression) : 사전검사에서의 극단적인 결과 점수가 사후검사에서도 지속되는 것
③ 실험대상의 소멸(Mortality) : 실험대상의 이탈로 인해 독립변수의 효과가 왜곡되는 것
④ 시험효과(Testing Effect) : 처음의 측정 경험이 다음 측정에 영향을 주는 것

해설

② 통계적 회귀 : 사전측정에서 극단적인 값을 얻은 경우 이를 여러 번 반복 측정하게 되면 평균치로 근사하게 되는 경향으로 타당도를 해치게 된다.
① 우발적 사건(역사요인 ; History) : 조사설계 이전 또는 설계과정에서 전혀 예기치 못했거나 예기할 수 없었던 상황이 타당도를 해치게 된다.
③ 사멸효과(상실요인 ; Mortality) : 실험대상의 일부가 사망, 기타 사유로 사멸 또는 추적조사가 불가능하게 될 때 실험결과에 영향을 미쳐 타당도를 해치게 된다.
④ 실험효과(검사요인 ; Testing Effect) : 측정이 반복됨으로써 얻어지는 학습효과로 인해 실험대상의 반응에 영향을 미치는 경우 타당도를 해치게 된다.

32

측정이 반복됨으로써 얻어지는 학습효과로 인해 실험대상자의 반응에 영향을 미치는 것은? 10 16

① 우연적 사건(History)
② 성숙효과(Maturation Effect)
③ 인과방향의 모호성(Causal Time-order)
④ 실험효과(Testing Effect)

해설

④ 실험효과(검사요인) : 측정이 반복됨으로써 얻어지는 학습효과로 인해 실험대상의 반응에 영향을 미치는 경우 타당도를 해치게 된다.
① 우발적 사건(역사요인) : 조사설계 이전 또는 설계과정에서 전혀 예기치 못했거나 예기할 수 없었던 상황이 타당도를 해치게 된다.
② 성숙효과(성장요인) : 실험기간 중에 실험집단의 육체적 또는 심리적 특성이 변화함으로써 실험결과에 영향을 미쳐 타당도를 해치게 된다.
③ 인과방향의 모호성 : 독립변수와 종속변수 사이의 선후관계가 모호한 경우와 같이 인과적 시간과 순서의 모호함으로 타당도를 해치게 된다.

33

실험에서 X(독립변인)의 실험조작이 Y(종속변인)에 실제로 변화를 일으킨 정도를 측정하는 척도는?

① 신뢰도 ② 내적타당도
③ 외적타당도 ④ 예측빈도

해설

외적타당도와 내적타당도
- 외적타당도 : 연구를 통해 얻은 결과가 다른 상황, 다른 경우, 다른 시간의 조건에서도 일반화할 수 있는 정도를 의미한다.
- 내적타당도 : 종속변수의 변화가 독립변수에 의한 것인지, 아니면 다른 조건에 의한 것인지 판별하는 기준이다.

34

실험설계에 있어서 인과적 추론의 외적타당성 저해요인으로 가장 적합한 것은?

① 성숙효과 ② 상호작용 시험효과
③ 통계적 회귀 ④ 선별효과

해설

외적타당도를 저해하는 요인
- 실험상황의 반동효과
- 실험대상자 선정과 실험처리 간의 상호작용
- 다중실험처리 간의 간섭(방해)
- 자료수집상황에서의 반응효과

35

조사설계에서 내적타당도를 저해한다는 의미는?

① 양적분석을 한다는 뜻이다.
② 인과관계 추론을 어렵게 만든다는 뜻이다.
③ 사전·사후검사를 비교한다는 뜻이다.
④ 도구효과(Instrumentation)를 배제한다는 뜻이다.

해설

내적타당도
종속변수의 변화가 독립변수에 의한 것인지, 아니면 다른 조건에 의한 것인지 판별하는 기준이다. 연구과정 중 종속변수에서 나타나는 변화가 독립변수의 변화에 의한 것임을 확신할 수 있는 정도로 인과성에 대한 검증능력이 강하면 내적타당도가 높다.

36

실험설계 시 고려해야 할 타당도 저해요인을 모두 고른 것은?

> ㄱ. 역사(History)
> ㄴ. 성숙(Maturation)
> ㄷ. 측정도구요인(Instrumentation)
> ㄹ. 중도탈락(Mortality)

① ㄱ, ㄹ
② ㄱ, ㄴ, ㄷ
③ ㄴ, ㄷ, ㄹ
④ ㄱ, ㄴ, ㄷ, ㄹ

해설

실험설계의 내적타당도 저해요인
- 우발적 사건(역사요인) : 조사설계 이전 또는 설계과정에서 전혀 예기치 못했거나 예기할 수 없었던 상황이 타당도를 해치게 된다.
- 성숙효과(성장요인) : 실험기간 중에 실험집단의 육체적 또는 심리적 특성이 변화함으로써 실험결과에 영향을 미쳐 타당도를 해치게 된다.
- 조사도구효과 : 자료를 수집하는 데 사용되는 도구(질문지, 조사표, 조사원, 조사방법)가 달라지는 경우 측정결과에 영향을 미쳐 타당도를 해치게 된다.
- 사멸효과(상실요인) : 실험대상의 일부가 사망, 기타 사유로 사멸 또는 추적조사가 불가능하게 될 때 실험결과에 영향을 미쳐 타당도를 해치게 된다.

37

Campbell이 제시한 실험조사의 내적타당도를 저해시킬 수 있는 요인이 아닌 것은?

① 통계적 회귀
② 피험자 선택의 편견
③ 실험자 자체에서 일어나는 성장적 변이과정
④ 실험도중 여러 가지 이유로 피험자 수가 감소되는 문제

해설

실험대상자 선정과 실험처리 간의 상호작용은 외적타당도 저해요인이다.

38

내적타당도를 저해하는 요인이 아닌 것은? [21]

① 사전검사효과(Main Testing Effect)
② 통계적 회귀(Statistical Regression)
③ 실험목적에 대한 예상(Demand Artifact)
④ 실험대상의 자기표본선정효과(Self-selection)

해설

실험대상의 자기표본선정효과는 표본추출이 작위적으로 이루어져 나타나는 편향으로 표본추출이 실험대상의 자발성에 의존함으로써 발생하는 오류이다.

39

다음 중 연구설계 시 외적타당도를 위협하는 요소가 아닌 것은? [03]

① 실험대상자 선정과 실험처치 간의 상호작용
② 실험상황의 반동효과
③ 실험처치의 확산 또는 모방
④ 다중실험처치 간의 간섭

해설

실험처치의 확산 또는 모방은 내적타당도 저해요인이다.

40

외적타당도를 높이는 방법으로 가장 적합한 것은? [14]

① 실험조건을 엄격히 한다.
② 상이한 유형의 상황에서 반복적으로 실험연구를 행한다.
③ 사전조사와 사후조사의 시간간격을 좁힌다.
④ 실험대상에 동일한 측정도구를 사용한다.

해설

연구환경과 절차가 일반적인 상황과 동떨어지면 외적타당도가 떨어지므로 상이한 유형의 상황에서 반복적으로 실험연구를 행한다.

41

다음은 무엇에 대한 설명인가? 03 06 10

> 이론적 체계에서 척도가 다른 변수들과 관계하는 방식에 기초한 것이다. 예를 들어, 결혼만족도에 관한 척도를 개발하고 그 타당성을 평가하기 위하여 이론적으로 결혼만족과 관계있는 가정폭력변수를 함께 조사하고 관련성을 따져보는 것이다.

① 개념타당성(Construct Validity)
② 기준관련타당성(Criterion-related Validity)
③ 표면타당성(Face Validity)
④ 내용타당성(Content Validity)

해설

① 개념구성타당도(구조적 타당도, 구성타당도) : 측정도구가 실제로 무엇을 측정하였는가 또는 조사자가 측정하고자 하는 추상적인 개념이 측정도구에 의해 제대로 측정되었는가의 정도로 이론적 구조하에서 변수들 간의 관계를 밝히는 데 중점을 두고 평가한다.
② 기준타당도(기준관련타당도, 실용적 타당도, 경험적 타당도) : 하나의 측정도구를 사용하여 측정한 결과를 다른 기준 또는 외부변수에 의한 측정결과와 비교하여 이들 간의 관련성의 정도를 통하여 타당도를 파악한다.
③ 안면타당도(액면타당도, 표면타당도) : 검사문항을 전문가가 아닌 일반인들이 읽고 그 검사가 얼마나 타당해 보이는가를 평가하는 방법이다.
④ 내용타당도(논리적 타당도) : 측정의 내용이 측정하고자 하는 속성의 내용을 잘 대표하고 있는가를 전문가의 논리적 사고에 입각하여 판단하는 주관적인 타당도

42

다음 (   )에 가장 알맞은 것은? 04 09

> 측정하고자 하는 추상적 개념이 실제 측정도구에 의해 적절하게 측정되었는지의 정도를 (   )이라 하고, 이중 동일개념을 측정하기 위한 측정지표들 간에 상관관계가 높을 때 (   )이 높다고 말할 수 있다.

① 개념구성타당성 - 수렴적 타당성
② 내용타당성 - 수렴적 타당성
③ 개념구성타당성 - 내용타당성
④ 내용타당성 - 개념구성타당성

해설

개념구성타당도(Construct Validity)
개념구성타당도(구조적 타당도, 구성타당도) : 측정도구가 실제로 무엇을 측정하였는가 또는 조사자가 측정하고자 하는 추상적인 개념이 측정도구에 의해 제대로 측정되었는가의 정도로 이론적 구조하에서 변수들 간의 관계를 밝히는 데 중점을 두고 평가한다.
- 이해타당도 : 특정 개념에 대해 이론적 구성을 토대로 어느 정도 체계적, 논리적으로 이해하고 있는가를 나타내는 타당도
- 수렴타당도(집중타당도) : 동일한 개념을 측정하기 위해 서로 다른 측정방법을 사용하여 측정으로 얻은 측정치들 간에 상관관계가 높아야 함을 전제로 하는 타당도
- 판별타당도 : 서로 다른 개념들을 측정했을 때 얻어진 측정문항들의 결과 간에 상관관계가 낮아야 함을 전제로 하는 타당도

43

대학입시시험의 타당도를 판단하기 위한 기준으로 대학에서의 학업적 성과를 설정하여 대입시험점수와의 상관성을 살펴본 결과 별로 상관관계가 없는 것으로 나타났다고 하자. 이때 대학입학시험의 타당도는 어떤 면에서 문제가 있다고 할 수 있는가? 05 08 11

① 내용타당도(Content Validity)
② 구성개념타당도(Construct Validity)
③ 논리적 타당도(Logical Validity)
④ 기준관련타당도(Criterion Validity)

해설

④ 기준타당도(기준관련타당도, 실용적 타당도, 경험적 타당도) : 하나의 측정도구를 사용하여 측정한 결과를 다른 기준 또는 외부변수에 의한 측정결과와 비교하여 이들 간의 관련성의 정도를 통하여 타당도를 파악한다.
①·③ 내용타당도(논리적 타당도) : 측정의 내용이 측정하고자 하는 속성의 내용을 잘 대표하고 있는가를 전문가의 논리적 사고에 입각하여 판단하는 주관적인 타당도
② 개념구성타당도(구조적 타당도, 구성타당도) : 측정도구가 실제로 무엇을 측정하였는가 또는 조사자가 측정하고자 하는 추상적인 개념이 측정도구에 의해 제대로 측정되었는가의 정도로 이론적 구조하에서 변수들 간의 관계를 밝히는 데 중점을 두고 평가한다.

44

다음 중 구성적 타당성에 관한 내용으로 옳은 것은? 08

① 측정도구의 내용이 대표성을 띠고 있으며, 또 내용을 구성하고 있는 요인의 표본이 적합한가를 알아보는 문제이다.
② 측정도구에 의한 측정결과가 대상이 현재 상태를 바르게 나타내고 있느냐의 문제이다.
③ 측정의 기초를 이루고 있는 이론적 구성의 타당성을 문제로 삼기 때문에 다른 유형에 비해 이론적 측면에서 충실하다.
④ 측정결과가 대상의 미래 상태를 바르게 예측할 수 있도록 되어있느냐의 문제이다.

해설

개념구성타당도(구조적 타당도, 구성타당도)
측정도구가 실제로 무엇을 측정하였는가 또는 조사자가 측정하고자 하는 추상적인 개념이 측정도구에 의해 제대로 측정되었는가의 정도로 이론적 구조하에서 변수들 간의 관계를 밝히는 데 중점을 두고 평가한다.

45

공무원 공채 시험을 주관하는 기관이 출제자들에게 지엽적인 문제의 출제를 지양하도록 당부하였다면 무엇을 확보하기 위한 조치로 볼 수 있는가? 08 12 15 18 21

① 개념타당도
② 내용타당도
③ 예측타당도
④ 요인타당도

> [해설]
> **내용타당도(논리적 타당도)**
> 측정의 내용이 측정하고자 하는 속성의 내용을 잘 대표하고 있는가를 나타내는 타당도이다.

46

다음 중 기준관련타당성(Criterion-related Validity)에 해당하지 않는 것은? 10

① 경험적 타당성
② 예측적 타당성
③ 동시적 타당성
④ 이론적 타당성

> [해설]
> **기준타당도(기준관련타당도, 실용적 타당도, 경험적 타당도)**
> 하나의 측정도구를 사용하여 측정한 결과를 다른 기준 또는 외부변수에 의한 측정결과와 비교하여 이들 간의 관련성의 정도를 통하여 타당도를 파악한다.
> - 동시적 타당도(일치적 타당도) : 새로운 검사를 제작했을 때 새로 제작한 검사의 타당도를 위해 기존에 타당도를 보장받고 있는 검사와의 유사성 또는 연관성에 의해 타당도를 검정하는 방법
> - 예측적 타당도 : 어떠한 행위가 일어날 것이라고 예측한 것과 실제 대상자 또는 집단이 나타낸 행위 간의 관계를 측정하는 타당도

정답 45 ② 46 ④

47

다음 중 연구자가 설계한 측정도구 자체가 측정하고자 하는 속성이나 개념을 얼마나 대표할 수 있는지 평가하는 것은? 10 19

① 내용타당성(Content Validity)
② 이해타당성(Nomological Validity)
③ 개념타당성(Construct Validity)
④ 판별타당성(Discriminant Validity)

해설
① 내용타당도(논리적 타당도) : 측정의 내용이 측정하고자 하는 속성의 내용을 잘 대표하고 있는가를 전문가의 논리적 사고에 입각하여 판단하는 주관적인 타당도
② 이해타당도 : 특정 개념에 대해 이론적 구성을 토대로 어느 정도 체계적, 논리적으로 이해하고 있는가를 나타내는 타당도
③ 개념구성타당도(구조적 타당도, 구성타당도) : 측정도구가 실제로 무엇을 측정하였는가 또는 조사자가 측정하고자 하는 추상적인 개념이 측정도구에 의해 제대로 측정되었는가의 정도로 이론적 구조하에서 변수들 간의 관계를 밝히는 데 중점을 두고 평가하는 타당도
④ 판별타당도 : 서로 다른 개념들을 측정했을 때 얻어진 측정문항들의 결과 간에 상관관계가 낮아야 함을 전제로 하는 타당도

48

개인의 사회경제적 지위를 측정하기 위해 직업, 소득, 교육 등을 사용하여 각 측정치들의 상관계수를 통해서 타당성을 평가하는 것은? 10 13 19

① 내용타당성(Content Validity)
② 표면타당성(Face Validity)
③ 개념타당성(Construct Validity)
④ 기준관련타당성(Criterion-related Validity)

해설
④ 기준타당도(기준관련타당도, 실용적 타당도, 경험적 타당도) : 하나의 측정도구를 사용하여 측정한 결과를 다른 기준 또는 외부변수에 의한 측정결과와 비교하여 이들 간의 관련성의 정도를 통하여 타당도를 파악한다.
① 내용타당도(논리적 타당도) : 측정의 내용이 측정하고자 하는 속성의 내용을 잘 대표하고 있는가를 전문가의 논리적 사고에 입각하여 판단하는 주관적인 타당도이다.
② 안면타당도(액면타당도, 표면타당도) : 검사문항을 전문가가 아닌 일반인들이 읽고 그 검사가 얼마나 타당해 보이는가를 평가하는 방법이다.
③ 개념구성타당도(구조적 타당도, 구성타당도) : 측정도구가 실제로 무엇을 측정하였는가 또는 조사자가 측정하고자 하는 추상적인 개념이 측정도구에 의해 제대로 측정되었는가의 정도로 이론적 구조하에서 변수들 간의 관계를 밝히는 데 중점을 두고 평가한다.

49

측정을 받는 일반인들이 측정에 사용된 문항들이 측정하고자 하는 개념을 잘 측정한다고 느끼는 정도를 무엇이라고 하는가? 11 16

① 안면타당성(Face Validity)
② 내용타당성(Content Validity)
③ 개념타당성(Construct Validity)
④ 기준에 의한 타당성(Criterion-related Validity)

해설

① 안면타당도(액면타당도, 표면타당도) : 검사문항을 전문가가 아닌 일반인들이 읽고 그 검사가 얼마나 타당해 보이는가를 평가하는 방법이다.
② 내용타당도(논리적 타당도) : 측정의 내용이 측정하고자 하는 속성의 내용을 잘 대표하고 있는가를 전문가의 논리적 사고에 입각하여 판단하는 주관적인 타당도이다.
③ 개념구성타당도(구조적 타당도, 구성타당도) : 측정도구가 실제로 무엇을 측정하였는가 또는 조사자가 측정하고자 하는 추상적인 개념이 측정도구에 의해 제대로 측정되었는가의 정도로 이론적 구조하에서 변수들 간의 관계를 밝히는 데 중점을 두고 평가한다.
④ 기준타당도(기준관련타당도, 실용적 타당도, 경험적 타당도) : 하나의 측정도구를 사용하여 측정한 결과를 다른 기준 또는 외부변수에 의한 측정결과와 비교하여 이들 간의 관련성의 정도를 통하여 타당도를 파악한다.

50

사회조사 전담공무원 시험의 타당도를 시험점수와 합격 후 업무수행 우수성 간의 관계에 의해 파악한다면, 이는 어느 유형의 타당도인가? 12 15

① 내용타당도
② 집단비교법
③ 구성타당도
④ 예측타당도

해설

예측타당도
어떠한 행위가 일어날 것이라고 예측한 것과 실제 대상자 또는 집단이 나타낸 행위 간의 관계를 측정하는 타당도이다.

51

개념타당성(Construct Validity)을 위협하는 요인과 가장 거리가 먼 것은? [12]

① 변인에 대한 단일 조작적 편향
② 여러 가지 측정방법을 사용함
③ 피험자가 평가받는다는 것을 의식함
④ 구성개념에 대한 세심한 조작화의 결여

해설

개념타당성(Construct Validity) 저해요인
- 변인에 대한 단일 조작적 편향 : 한 가지 상황만 가지고 큰 개념을 대변
- 한 가지 측정방법만을 사용 : 내담자의 반응 경향성으로 인한 결과 왜곡
- 피험자가 평가받는다는 것을 의식함
- 구성개념에 대한 세심한 조작화 결여 : 추상적 개념에서 구체적 개념으로 조작 결여
- 피험자가 가설을 추측함
- 연구자의 기대
- 변인의 수준을 일부만 적용
- 여러 처치들 간의 상호작용
- 검사와 처치 간의 상호작용

52

개념(Construct)타당성의 종류가 아닌 것은? [13]

① 집중(Convergent)타당성
② 이해(Nomological)타당성
③ 판별(Discriminant)타당성
④ 기준관련(Criterion-related)타당성

해설

개념구성타당도(구조적 타당도, 구성타당도)
측정도구가 실제로 무엇을 측정하였는가 또는 조사자가 측정하고자 하는 추상적인 개념이 측정도구에 의해 제대로 측정되었는가의 정도로 이론적 구조하에서 변수들 간의 관계를 밝히는 데 중점을 두고 평가한다.
- 수렴타당도(집중타당도) : 동일한 개념을 측정하기 위해 서로 다른 측정방법을 사용하여 측정으로 얻은 측정치들 간에 상관관계가 높아야 함을 전제로 하는 타당도
- 이해타당도 : 특정 개념에 대해 이론적 구성을 토대로 어느 정도 체계적, 논리적으로 이해하고 있는가를 나타내는 타당도
- 판별타당도 : 서로 다른 개념들을 측정했을 때 얻어진 측정문항들의 결과 간에 상관관계가 낮아야 함을 전제로 하는 타당도

53

개념타당성(Construct Validity)의 종류가 아닌 것은? 14 17 18

① 내용타당성(Content Validity)
② 집중타당성(Convergent Validity)
③ 이해타당성(Nomological Validity)
④ 판별타당성(Discriminant Validity)

해설
52번 문제 해설 참고

54

개념(Construct)타당성에 대한 설명으로 옳은 것을 모두 고른 것은? 15 18

> ㄱ. 통계적 검증을 할 수 있다.
> ㄴ. 개념타당성 측정방법으로 요인분석 등이 있다.
> ㄷ. 이론과 관련하여 측정도구의 타당도를 검증한다.
> ㄹ. 측정에 의해 얻는 측정값 자체보다는 측정하고자 하는 속성에 초점을 맞춘 타당성이다.

① ㄱ, ㄹ
② ㄴ, ㄷ, ㄹ
③ ㄱ, ㄴ, ㄷ
④ ㄱ, ㄴ, ㄷ, ㄹ

해설
개념구성타당도(구조적 타당도, 구성타당도)
측정도구가 실제로 무엇을 측정하였는가 또는 조사자가 측정하고자 하는 추상적인 개념이 측정도구에 의해 제대로 측정되었는가의 정도로 이론적 구조하에서 변수들 간의 관계를 밝히는 데 중점을 두고 평가한다. 개념구성타당도는 응답자료가 계량적 방법에 의해 검정되므로 과학적이고 객관적이다. 평가방법으로 여러 개의 변수로 설명하는 것을 정보의 손실을 최소화하며 소수의 요인으로 축약하는 요인분석을 통해 검토할 수 있다.

55

공무원 채용시험의 타당성을 알아보기 위하여 채용시험성적과 채용 후 근무성적을 비교한 결과 양자 간의 상관계수가 높게 나타났다. 이에 대한 설명이 옳은 것으로 짝지어진 것은? 15 19

> ㄱ. 채용시험의 예측타당성이 높다.
> ㄴ. 동시측정이 불가능하여 채용시험의 타당성을 검증하기 위한 시간적 여유가 필요하다.
> ㄷ. 이때 상관계수는 측정도구의 수렴적 타당성을 추정하기 위한 방법이다.
> ㄹ. 채용시험성적과 근무성적 간에는 인과적 관련성이 존재한다.

① ㄱ, ㄴ
② ㄱ, ㄷ
③ ㄴ, ㄷ
④ ㄴ, ㄹ

해설

예측타당도(Predictive Validity)
예측타당도는 어떠한 행위가 일어날 것이라고 예측한 것과 실제 대상자 또는 집단이 나타낸 행위 간의 관계를 측정하는 타당도이므로 채용시험성적과 채용 후 근무성적 간의 상관계수는 예측타당도를 측정하기 위한 방법이다. 또한, 상관계수는 변수들 간의 선형관계를 나타내는 것이지 인과관계를 나타내는 것은 아니다.

56

척도가 측정하고자 하는 개념 안에 포함된 모든 의미를 포괄하는 정도를 의미하는 것은? 16 20

① 동시타당성(Concurrent Validity)
② 판별타당성(Discriminant Validity)
③ 집중타당성(Convergent Validity)
④ 내용타당성(Content Validity)

해설

④ 내용타당도(논리적 타당도) : 측정의 내용이 측정하고자 하는 속성의 내용을 잘 대표하고 있는가를 전문가의 논리적 사고에 입각하여 판단하는 주관적인 타당도
① 동시타당도 : 새로운 검사를 제작했을 때 새로 제작한 검사의 타당도를 위해 기존에 타당도를 보장받고 있는 검사와의 유사성 또는 연관성에 의해 타당도를 검정하는 방법
② 판별타당도 : 서로 다른 개념들을 측정했을 때 얻어진 측정문항들의 결과 간에 상관관계가 낮아야 함을 전제로 하는 타당도
③ 집중타당도(수렴타당도) : 동일한 개념을 측정하기 위해 서로 다른 측정방법을 사용하여 측정으로 얻은 측정치들 간에 상관관계가 높아야 함을 전제로 하는 타당도

57

개념타당성(Construct Validity)에 관한 설명으로 옳은 것은? 17

① 측정도구의 내용이 대표성을 띠고 있으며, 또 내용을 구성하고 있는 요인의 표본이 적합한가를 알아보는 문제이다.
② 측정도구에 의한 측정결과가 대상이 현재 상태를 바르게 나타내고 있느냐의 문제이다.
③ 측정의 기초를 이루고 있는 이론적 구성의 타당성을 문제로 삼기 때문에 다른 유형에 비해 이론적 측면에서 충실하다.
④ 측정결과가 대상의 미래 상태를 바르게 예측할 수 있도록 되어있느냐의 문제이다.

해설

개념구성타당도(구조적 타당도, 구성타당도)
측정도구가 실제로 무엇을 측정하였는가 또는 조사자가 측정하고자 하는 추상적인 개념이 측정도구에 의해 제대로 측정되었는가의 정도로 이론적 구조하에서 변수들 간의 관계를 밝히는 데 중점을 두고 평가한다.

58

다음 (   )에 알맞은 것은? 17

> A 초등학교는 4학년 수학능력시험의 (   )타당도를 확보하기 위해 수학교사들의 회의를 통해 연산, 논리, 기하 등을 포함하기로 결정하였다.

① 내 용
② 동 시
③ 예 측
④ 판 별

해설

타당도의 평가
- 내용타당도(논리적 타당도) : 측정의 내용이 측정하고자 하는 속성의 내용을 잘 대표하고 있는가를 전문가의 논리적 사고에 입각하여 판단하는 주관적인 타당도
- 동시적 타당도(일치적 타당도) : 새로운 검사를 제작했을 때 새로 제작한 검사의 타당도를 위해 기존에 타당도를 보장받고 있는 검사와의 유사성 또는 연관성에 의해 타당도를 검정하는 방법
- 예측적 타당도 : 어떠한 행위가 일어날 것이라고 예측한 것과 실제 대상자 또는 집단이 나타낸 행위 간의 관계를 측정하는 타당도
- 판별타당도 : 서로 다른 개념들을 측정했을 때 얻어진 측정문항들의 결과 간에 상관관계가 낮아야 함을 전제로 하는 타당도

59

측정의 타당성에 대한 설명으로 틀린 것은? [18]

① 서로 다른 개념을 동일한 측정도구로 각각 측정하는 경우 이들 측정값 간에 상관관계가 낮게 나타나면 판별타당성(차별타당성)이 높다.
② 동일한 개념을 서로 다른 두 개의 측정도구로 측정하는 경우 이들 측정값 간에 상관관계가 높게 나타나면 수렴타당성(집중타당성)이 높다.
③ 측정도구가 얼마나 대표성 있게 측정대상의 개념을 측정하느냐는 조사자의 주관적 평가에 의해 달라지기 쉽다.
④ 수리능력을 평가하는 시험에서 계산문제만 출제되었다면 기준타당성이 낮다.

해설
측정의 내용인 수리능력을 계산문제만으로 잘 대표할 수가 없기 때문에 내용타당성이 낮다.

60

한 연구자가 "신앙심"의 척도를 구성하였다. 이 측정에서는 응답자들이 종교의 중요성과 일상생활에서의 기도와 고백의 가치에 대한 질문에 답하도록 요구되었다. 다음 중 어느 것이 이 척도의 예측타당도를 가장 잘 검증해주는 기준 변인(Criterion Variable)이 될 수 있는가? [20]

① 응답자들에게 그들이 진보적인지 보수적인지 묻는 것
② 응답자들이 교회예배에 얼마나 헌신적으로 참여하는 지를 묻는 것
③ 응답자들에게 공립학교에서의 기도조직을 승인할 것인지의 여부를 묻는 것
④ 응답자들이 자신들의 종파적 선호(기독교, 카톨릭, 불교 등)를 선택하도록 묻는 것

해설
예측타당도는 어떠한 행위가 일어날 것이라고 예측한 것과 실제 대상자 또는 집단이 나타낸 행위 간의 관계를 측정하는 타당도이므로, 다음 보기 중 가장 잘 나타내주는 것은 ②이다. 응답자들이 스스로에게 해당하는 교회예배에 얼마나 헌신적으로 참여하는 지를 묻는 것이 예측타당도를 검증해주는 기준 변인이 될 수 있다.

61

정부의 한 부처에서 기본적인 업무 수행능력이 우수한 사람들을 공직적격성 평가시험을 통해 공무원으로 선발하고자 한다. 이러한 시험에서 가장 중요하게 고려해야 할 것으로 짝지어진 것은? [20]

① 예측타당도 – 내용타당도
② 기준관련타당도 – 내적타당도
③ 내용타당도 – 구성체 타당도
④ 예측타당도 – 기준관련타당도

해설

① 공직적격성 평가시험을 통해 공무원을 선발하는 것으로 내용타당도(논리적 타당도)와 관련이 있음을 알 수 있으며, 앞으로도 업무수행능력이 우수한 사람들일 것으로 기대하기 때문에 예측타당도와 관련이 있다.

내용타당도(논리적 타당도)와 예측타당도

내용타당도(논리적 타당도)	예측타당도
측정의 내용이 측정하고자 하는 속성의 내용을 잘 대표하고 있는가를 나타내는 타당도	어떠한 행위가 일어날 것이라고 예측한 것과 실제 대상자 또는 집단이 나타낸 행위 간의 관계를 측정하는 타당도

62

다음은 무엇에 대한 설명인가? [20]

- 측정되는 개념이 관련을 맺고 있는 개념이나 가정을 토대로, 이론적인 틀 속에서 측정도구의 타당성을 경험적으로 검증하는 방법이다.
- 측정도구에 대한 타당도를 경험적으로 검증하는 고차원적인 방법이다.
- 검증의 방법이 쉽지 않고, 자칫 타당도를 확인하는 작업 자체가 하나의 새로운 연구로 발전하게 될 가능성도 크다.

① 내용타당도
② 구성타당도
③ 기준관련타당도
④ 예측타당도

해설

개념구성타당도(구조적 타당도, 구성타당도)

측정도구가 실제로 무엇을 측정하였는가 또는 조사자가 측정하고자 하는 추상적인 개념이 측정도구에 의해 제대로 측정되었는가의 정도로 이론적 구조하에서 변수들 간의 관계를 밝히는 데 중점을 두고 평가한다.

- 이해타당도 : 특정 개념에 대해 이론적 구성을 토대로 어느 정도 체계적, 논리적으로 이해하고 있는가를 나타내는 타당도
- 수렴타당도(집중타당도) : 동일한 개념을 측정하기 위해 서로 다른 측정방법을 사용하여 측정으로 얻은 측정치들 간에 상관관계가 높아야 함을 전제로 하는 타당도
- 판별타당도 : 서로 다른 개념들을 측정했을 때 얻어진 측정문항들의 결과 간에 상관관계가 낮아야 함을 전제로 하는 타당도

63

측정의 타당도에 대한 설명으로 틀린 것은?

① 측정도구의 신뢰도가 있어도 타당도는 없을 수 있다.
② 개념의 실질적 의미를 충분히 반영하는 정도를 의미한다.
③ 동시타당도와 수렴타당도는 기준관련타당도에 속한다.
④ 다원측정(Triangulation) 원칙의 활용으로 타당도를 높일 수 있다.

해설

동시타당도는 기준관련타당도에 속하며 수렴타당도는 개념타당도에 속한다.

64

신뢰도는 어떠한 과학적 연구의 요건과 가장 관련이 깊은가?

① 검증가능성
② 일반성
③ 반복가능성
④ 논리성

해설

신뢰도
측정도구가 측정하고자 하는 현상을 일관성 있게 측정하는 능력으로 어떤 측정도구를 동일한 현상에 반복 적용하여 동일한 결과를 얻게 되는 정도를 의미한다.

65

신뢰도에 대한 설명으로 옳은 것은?

① 신뢰도란 측정하고자 하는 의미를 제대로 측정했는지를 평가하는 것이다.
② 신뢰도는 내적신뢰도와 외적신뢰도로 구분할 수 있다.
③ 신뢰도는 측정치의 체계적오차의 정도를 의미한다.
④ 신뢰도는 측정수단의 측정오차와 직접적인 관련성을 가진다.

해설

64번 문제 해설 참고

66

측정의 신뢰도에 대한 설명으로 틀린 것은?

① 안정성, 일관성, 의존가능성 등으로 표현될 수 있는 개념이다.
② 반복 측정했을 때 일관성 있는 결과를 얻는 것을 의미한다.
③ 어떤 조사결과가 부정확한 측정 자료에서 우연히 발견된 것이 아니라는 확신을 줄 수 있다.
④ 연구결과와 그 해석을 위한 필요조건일 뿐 아니라 충분조건에 해당한다.

해설

신뢰도가 높다고 해서 좋은 연구결과를 보장하는 것은 아니지만, 신뢰도가 없는 좋은 연구결과는 존재할 수 없다. 즉, 신뢰도는 연구결과와 그 해석에 있어서 충분조건은 아니지만 필요조건에 해당한다.

67

신뢰성(Reliability)에 대한 설명으로 맞는 것은?

① 흔히 요인분석을 통해 측정의 신뢰성을 평가한다.
② 체계적 측정오차(Systematic Measurement Error)와 관련 있다.
③ 조사자가 자기가 측정하고자 하는 바를 얼마나 실제와 가깝게 측정하였는가를 나타낸다.
④ 어떤 조사결과가 부정확한 측정자료에서 우연히 발견된 것이 아니라는 결과에 대한 확신을 줄 수 있다.

해설

신뢰도와 타당도
- 측정의 타당도를 평가하는 방법으로 요인분석법이 활용된다.
- 체계적 오차 : 편향(Bias)이라고도 하며 어떠한 영향이 측정대상에 체계적으로 미침으로써 일정한 방향성을 갖는 오차로 측정의 타당성과 관련이 있다.
- 타당도 : 측정도구가 측정하고자 하는 개념이나 속성을 얼마나 실제에 정확히 측정하고 있는가 하는 정도를 의미한다.
- 신뢰도 : 측정도구가 측정하고자 하는 현상을 일관성 있게 측정하는 능력으로 어떤 측정도구를 동일한 현상에 반복 적용하여 동일한 결과를 얻게 되는 정도를 의미한다.

정답 66 ④ 67 ④

68

신뢰성을 높이는 방법과 가장 거리가 먼 것은? 18

① 측정도구의 모호성을 제거한다.
② 가급적이면 측정항목수를 줄인다.
③ 검증된 측정방법을 사용한다.
④ 조사대상이 잘 모르거나 관심이 없는 내용의 측정은 피한다.

해설

신뢰도를 높이는 방법
- 측정항목을 증가시킨다.
- 유사하거나 동일한 질문을 2회 이상 시행한다.
- 애매모호한 문구를 사용하지 않아 측정도구의 모호성을 제거한다.
- 신뢰성이 인정된 기존의 측정도구를 사용한다.
- 면접자들은 일관적인 면접방식과 태도를 유지한다.
- 조사대상이 잘 모르거나 관심이 없는 내용의 측정은 피한다.

69

측정의 타당도와 신뢰도에 대한 내용 중 옳지 않은 것은? 19

① 측정도구는 측정의 신뢰도와 타당도 모두에 영향을 미친다.
② 측정항목의 모호성을 제거하고, 측정항목의 수를 늘리면 타당도가 높아진다.
③ 상표충성도를 측정해야 하는데 상표선호도를 적정한 경우 측정의 타당도에 문제가 있다.
④ 응답자의 심리적 상태에 따라 정치성향이 다르게 측정되는 경우는 측정의 신뢰도에 문제가 있다.

해설

68번 문제 해설 참고

70

신뢰성을 높일 수 있는 방법이 아닌 것은? 19

① 신뢰성이 있다고 인정된 측정도구를 이용한다.
② 조사자의 면접방식과 태도는 일관성을 유지해야 한다.
③ 조사대상자가 잘 모르거나 전혀 관심이 없는 내용에 대한 측정은 하지 않는다.
④ 응답자의 집중력을 저해하지 않기 위해 동일하거나 유사한 질문은 하지 않는다.

해설

유사하거나 동일한 질문을 2회 이상 시행한다.

71

측정의 신뢰성을 향상시킬 수 있는 방법과 가장 거리가 먼 것은? 13

① 측정항목의 수를 늘린다.
② 측정항목의 모호성을 제거한다.
③ 응답자가 모르는 내용은 측정하지 않는다.
④ 측정도구에 포함된 내용이 측정하고자 하는 내용을 대표할 수 있도록 한다.

[해설]
타당도는 측정도구가 측정하고자 하는 개념이나 속성을 얼마나 실제에 정확히 측정하고 있는가 하는 정도를 의미한다.

72

측정에 있어서 신뢰성을 높이는 방법과 가장 거리가 먼 것은? 14 17

① 측정항목의 수를 늘린다.
② 측정항목의 모호성을 제거한다.
③ 전문가의 의견을 듣고 문항을 만든다.
④ 중요한 질문의 경우 유사한 문항을 반복하여 물어본다.

[해설]
신뢰도를 높이는 방법
- 측정항목을 증가시킨다.
- 유사하거나 동일한 질문을 2회 이상 시행한다.
- 애매모호한 문구를 사용하지 않아 측정도구의 모호성을 제거한다.
- 신뢰성이 인정된 기존의 측정도구를 사용한다.
- 면접자들은 일관적인 면접방식과 태도를 유지한다.
- 조사대상이 잘 모르거나 관심이 없는 내용의 측정은 피한다.

73

신뢰성을 제고하기 위한 방법과 가장 거리가 먼 것은? 16

① 측정항목의 모호성을 제거한다.
② 측정항목의 수를 줄인다.
③ 조사자의 면접방식과 태도에 일관성을 가진다.
④ 이전의 조사에서 이미 신뢰성이 있다고 인정된 측정도구를 이용한다.

[해설]
② 측정항목을 증가시킨다.

정답 71 ④ 72 ③ 73 ②

74

동일한 상황에서 동일한 측정도구를 사용하여 동일한 대상을 일정한 간격을 두고 두 번 이상 측정하여 그 결과를 비교하여 신뢰성을 측정하는 방법은? 10

① 반분법(Split-half Method)
② 재검사법(Test-retest Method)
③ 복수양식법(Parallel-forms Technique)
④ 내적일관성법(Internal Consistency Method)

해설

② 재검사법(Test-retest Method) : 동일한 상황에서 동일한 측정도구로 동일한 대상에게 일정한 시간을 두고 측정하여 그 결과를 비교하는 방법이다.
① 반분법(Split-half Method) : 척도의 질문을 무작위적으로 반씩 나누어 둘로 만든 후 이 두 부분을 따로 떼어서 적용하는 것이 아니라 내용적으로만 갈라놓고 실제로는 본래의 척도를 그대로 적용하는 방법이다.
③ 복수양식법(Multiple Forms Techniques) : 유사한 형태의 두 개 이상의 측정도구를 이용하여 동일한 대상에 차례로 적용한 후 그 결과를 비교하는 방법이다.
④ 내적일관성법(Internal Consistency Method) : 여러 개의 항목을 이용하여 동일한 개념을 측정하고자 할 때 신뢰도를 저해하는 요인을 제거한 후 신뢰도를 향상시키는 방법이다.

75

다음 중 측정의 신뢰도 평가방법과 가장 거리가 먼 것은? 09 18

① 재조사법
② 반분법
③ 판별력법
④ 내적일관성법

해설

신뢰도 평가방법

- 재검사법(Retest Method) : 동일한 상황에서 동일한 측정도구로 동일한 대상에게 일정한 시간을 두고 측정하여 그 결과를 비교하는 방법이다.
- 반분법(Split-half Method) : 척도의 질문을 무작위적으로 반씩 나누어 둘로 만든 후 이 두 부분을 따로 떼어서 적용하는 것이 아니라 내용적으로만 갈라놓고 실제로는 본래의 척도를 그대로 적용하는 방법이다.
- 복수양식법(Multiple Forms Techniques) : 유사한 형태의 두 개 이상의 측정도구를 이용하여 동일한 대상에 차례로 적용한 후 그 결과를 비교하는 방법이다.
- 내적일관성법(Internal Consistency Analysis) : 여러 개의 항목을 이용하여 동일한 개념을 측정하고자 할 때 신뢰도를 저해하는 요인을 제거한 후 신뢰도를 향상시키는 방법이다.

76

척도의 신뢰도를 파악하는 방법이 아닌 것은? 13 19

① 측정점수를 몇 가지 다른 기준과 비교하여 일치되는 정도를 측정한다.
② 여러 평가자들을 통해 얻은 측정결과들 간의 일치도를 비교한다.
③ 한 측정도구의 전체문항들을 반씩 나누어 두 부분 간의 상관성을 측정한다.
④ 하나의 척도를 동일인에 대하여 두 번 이상 반복하여 측정한다.

해설

기준관련타당도
하나의 측정도구를 사용하여 측정한 결과를 다른 기준 또는 외부변수에 의한 측정결과와 비교하여 이들 간의 관련성 정도를 통하여 타당도를 파악한다.

77

다음 중 신뢰도를 측정하는 방법으로 적합하지 않은 것은? 07

① 반분법(Split-half Method)
② 복수양식법(Multiple Forms Techniques)
③ 외적일관성 분석(External Consistency Analysis)
④ 내적일관성 분석(Internal Consistency Analysis)

해설

신뢰도 평가방법
- 재검사법(Retest Method) : 동일한 상황에서 동일한 측정도구로 동일한 대상에게 일정한 시간을 두고 측정하여 그 결과를 비교하는 방법이다.
- 반분법(Split-half Method) : 척도의 질문을 무작위적으로 반씩 나누어 둘로 만든 후 이 두 부분을 따로 떼어서 적용하는 것이 아니라 내용적으로만 갈라놓고 실제로는 본래의 척도를 그대로 적용하는 방법이다.
- 복수양식법(Multiple Forms Techniques) : 유사한 형태의 두 개 이상의 측정도구를 이용하여 동일한 대상에 차례로 적용한 후 그 결과를 비교하는 방법이다.
- 내적일관성법(Internal Consistency Analysis) : 여러 개의 항목을 이용하여 동일한 개념을 측정하고자 할 때 신뢰도를 저해하는 요인을 제거한 후 신뢰도를 향상시키는 방법이다.

78

동일한 개념을 측정하기 위해 여러 개의 항목을 이용할 경우 크론바흐 알파계수를 이용하여 신뢰도를 저해하는 항목을 제외시키는 방법은? 14

① 재검사법
② 복수양식법
③ 반분법
④ 내적일관성법

해설

내적일관성법(Internal Consistency Analysis)
여러 개의 항목을 이용하여 동일한 개념을 측정하고자 할 때 신뢰도를 저해하는 요인을 제거한 후 신뢰도를 향상시키는 방법이다. 내적일관성에 의한 신뢰도 추정은 크론바흐 알파(Cronbach Alpha)값으로 나타낸다.

79

신뢰도의 측정방법에 관한 설명으로 가장 적합한 것은? 14

① 재검사법은 두 측정 간의 간격이 짧을수록 신뢰도가 과소 추정될 수 있다.
② 재검사법은 측정도구 자체를 직접 비교할 수 있다.
③ 반분법에서 전체의 문항을 나누는 방법은 신뢰도계수에 영향을 미치지 않는다.
④ 복수양식법은 체계적 오차가 발생하지 않는다.

해설

신뢰도 평가방법
- 재검사법(Retest Method) : 동일한 상황에서 동일한 측정도구로 동일한 대상에게 일정한 시간을 두고 측정하여 그 결과를 비교하는 방법으로 적용이 매우 간편하며, 측정도구 자체를 직접 비교할 수 있다.
- 반분법(Split-half Method) : 반분법에서는 전체의 문항을 나누는 방법에 따라 문항 간에 상관계수가 모두 일치한다고 볼 수 없으므로 신뢰도계수에 영향을 미친다.
- 복수양식법(Multiple Forms Techniques) : 유사한 형태의 두 개 이상의 측정도구를 이용하여 동일한 대상에 차례로 적용한 후 그 결과를 비교하는 방법이다. 하지만 동일한 현상을 측정하는데 사용될 유사한 측정도구를 개발하는 것이 어렵고, 개발해도 대등한지 여부를 평가할 객관적 방법이 없어 체계적 오차 발생 우려가 있다.

80

측정도구의 신뢰도(Reliability)를 측정하는 방법과 가장 거리가 먼 것은? 17

① 재검사법
② 집단비교법
③ 반분법
④ 복수양식법

해설

신뢰도를 측정하는 방법에는 재검사법, 반분법, 복수양식법, 내적일관성법이 있다.

81

측정도구의 신뢰성 검사방법에 관한 설명으로 틀린 것은? 11 16 21

① 재검사법(Test-retest Method)은 상관관계를 활용한다.
② 재검사법(Test-retest Method)은 측정대상이 동일하다.
③ 복수양식법(Parallel-forms Method)은 측정도구가 동일하다.
④ 반분법(Split-half Method)은 측정도구의 문항을 양분한다.

해설

복수양식법(Parallel-forms Method)
유사한 형태의 두 개 이상의 측정도구를 이용하여 동일한 대상에 차례로 적용한 후 그 결과를 비교하는 방법이다.

82

신뢰성 측정방법인 반분법(Split-half Method)에 관한 설명으로 옳은 것은? 12 20

① 신뢰성 측정을 위해 두 개의 척도를 만들어야 한다.
② 어떻게 반분하느냐에 따라 상관계수가 달라질 수 있다.
③ 첫 번째 조사가 두 번째 조사에 영향을 미칠 수 있다.
④ 신뢰도가 낮을 경우 어떤 문항을 제거해야 할지 알 수 있다.

해설

반분법의 특징
척도의 질문을 무작위적으로 반씩 나누어 둘로 만든 후 이 두 부분을 따로 떼어서 적용하는 것이 아니라 내용적으로만 갈라놓고 실제로는 본래의 척도를 그대로 적용하는 방법이다.
- 측정도구가 경험적으로 단일지향적이어야 한다.
- 양분된 각 측정도구의 항목수는 그 자체가 각각 완전한 척도를 이룰 수 있도록 충분히 많아야 한다.
- 어떻게 반분하느냐에 따라 다른 결과를 얻을 수 있다.
- 재조사법과 같이 두 번 조사할 필요가 없다.
- 복수양식법과 같이 두 개의 척도를 만들 필요가 없다.

83

크론바흐 알파값(Cronbach's Alpha)으로 계산하는 신뢰성 측정유형은? 10 13 20

① 반분법(Split-half Method)
② 재검사법(Test-retest Method)
③ 복수양식법(Parallel-forms Technique)
④ 내적일관성법(Internal Consistency Method)

해설

내적일관성법(Internal Consistency Method)
여러 개의 항목을 이용하여 동일한 개념을 측정하고자 할 때 신뢰도를 저해하는 요인을 제거한 후 신뢰도를 향상시키는 방법이 내적일관성법이며 문항 상호 간에 어느 정도 일관성을 가지고 있는가를 측정할 때 크론바흐 알파계수를 이용한다.

84

신뢰성 측정방법 중 크론바흐 알파(Cronbach's Alpha)에 관한 설명으로 옳은 것은? 11 21

① 한 척도에 여러 개의 크론바흐 알파값이 있다.
② 문항 수가 적을수록 크론바흐 알파값은 커진다.
③ 신뢰성이 낮을 경우 신뢰성을 낮게 하는 문항을 찾아낼 수 있다.
④ 각 문항들이 서로 상관관계가 없다는 논리에 근거하고 있다.

해설

크론바흐 알파(Cronbach's Alpha)
여러 개의 항목을 이용하여 동일한 개념을 측정하고자 할 때 신뢰도를 저해하는 요인을 제거한 후 신뢰도를 향상시키는 방법이 내적일관성법이며 문항 상호 간에 어느 정도 일관성을 가지고 있는가를 측정할 때 크론바흐 알파계수를 이용한다.
• 내적일관성법에 따라 신뢰도를 측정하는 척도이다.
• 신뢰도가 낮은 경우 신뢰도를 저해하는 항목을 찾을 수 있다.
• 크론바흐 알파값은 0~1의 값을 가지며, 값이 클수록 신뢰도가 높다.
• 크론바흐 알파값은 0.6 이상이 되어야 만족할 만한 수준이며, 0.8~0.9 정도면 신뢰도가 높은 것으로 본다.

85

크론바흐의 알파값에 관한 설명으로 가장 적합한 것은? 14 18

① 문항의 수가 증가할수록 크론바흐의 알파값은 커진다.
② 표준화된 크론바흐의 알파값은 -1에서 1까지 이르는 값으로 존재한다.
③ 문항 간의 평균상관계수가 높을수록 크론바흐의 알파값은 작아진다.
④ 크론바흐의 알파값이 낮을수록 신뢰도가 높다고 인정된다.

해설

②·④ 크론바흐 알파값은 0~1의 값을 가지며, 값이 클수록 신뢰도가 높다.
③ 크론바흐 알파값은 항목 제거 시 척도메뉴로서 상관계수의 개념이다.

86

크론바흐 α 계수에 대한 설명으로 틀린 것은? [16]

① 동일한 개념에 대해 여러 개의 항목으로 구성된 척도를 이용하여 측정하고, 개별측정항목과 다른 측정항목들 간의 가능한 모든 반분신뢰성 계수의 평균값이다.
② 이론적으로 0에서 1의 값을 가진다.
③ 문항 간의 일관성에 의하여 단일한 신뢰도 추정 결과를 얻는다.
④ 두 개의 동형검사를 동일 집단에 동시에 시행하므로 시험간격이 문제가 되지 않는다.

해설
④ 대안법(Alternate-form Method)은 두 개의 동형검사를 동일 집단에 동시에 시행하므로 시험간격이 문제가 되지 않아 주시험효과의 영향을 받지 않는다.
① 크론바흐 α계수는 동일한 개념에 대해 여러 개의 항목으로 구성된 척도를 이용하여 측정하고, 개별측정항목과 다른 측정항목들 간의 가능한 모든 반분신뢰성 계수의 평균값을 신뢰도로 추정하는 방법이다.
② 이론적으로 0에서 1의 값을 가지며, 그 값이 클수록 신뢰도는 높다.
③ 동일한 개념을 측정하는 항목인 경우 그 측정결과에 일관성이 있어야 한다.

87

다음 사례의 결론으로 가장 적합하지 않은 것은? [17]

> 한 연구자가 소비성향을 측정하기위해 12개의 문항들을 고안하였고 이 문항들을 이용하여 척도를 구성하기 전에 이 문항의 응답들에 대한 Cronbach's Alpha를 계산하였더니 0.87로 만족할 만한 점수가 나왔다.

① 연구자가 고안한 문항들이 소비성향이라는 개념을 정확히 측정하고 있다.
② 연구자가 고안한 문항들이 내적일관성을 갖고 있다.
③ 연구자가 고안한 문항들은 소비성향을 측정하는 도구로서의 신뢰도가 매우 높다.
④ 연구자가 고안한 문항 간 평균상관관계가 높다.

해설
크론바흐 알파(Cronbach's Alpha)
크론바흐 알파는 신뢰성을 측정하는 방법으로 문항 상호 간에 어느 정도 일관성을 가지고 있는가를 측정하는 것이지 측정도구가 측정하고자 하는 개념이나 속성을 얼마나 실제에 정확히 측정하고 있는가를 나타내는 타당도의 측정방법이 아니다.

정답 86 ④ 87 ①

03 표본설계

01

전수조사(Census)와 표본조사 사이의 관계에 대한 설명으로 틀린 것은? `04` `07` `10` `15`

① 전수조사가 가능해도 비용과 시간을 고려할 때 표본조사가 효율적인 경우가 많다.
② 표본조사는 전수조사의 질을 향상시키는 데 사용될 수 있다.
③ 도서지방이나 산간지방에 대한 정보는 전수조사보다 표본조사를 통해 얻을 수 있다.
④ 일정한 시점에서 신제품광고에 대한 인지도조사는 표본조사로 신속하게 실시하는 것이 좋다.

해설
도서지방이나 산간지방에 대한 정보는 표본조사보다 전수조사를 통해 얻을 수 있다.

02

표본조사와 전수조사의 비교설명으로 틀린 것은? `11`

① 모집단이 클 경우 비표본오차는 전수조사에서 더 문제가 된다.
② 모집단의 파악이 어려운 경우 전수조사는 불가능하다.
③ 표본조사는 전수조사에 비해 비용과 시간 면에서 경제적이다.
④ 모집단의 수가 매우 작을 경우 표본조사가 바람직하다.

해설
모집단의 수가 매우 작을 경우 모집단 전체를 조사하는 전수조사가 바람직하며, 모집단의 수가 매우 큰 경우 비용과 시간을 고려하여 표본조사가 바람직하다.

03

다음 사례 중 표본조사와 가장 거리가 먼 것은? `14`

① 대통령선거 여론조사
② 언론의 국민의식조사
③ 대량생산된 제품의 품질검사
④ 병무청의 징병 신체검사

해설
병무청의 징병 신체검사는 조사대상 집단에 속하는 모든 개체들을 조사하는 전수조사에 해당한다.

04

표본조사에 관한 설명 중 틀린 것은?

① 표본조사란 표본의 특성을 토대로 모집단의 특성을 추정하는 조사방법이다.
② 표본조사는 모집단의 일부를 표본으로 선정하고 선정된 표본에 대해서만 조사를 실시하는 조사방법이다.
③ 표본조사는 일반적으로 전수조사가 어렵거나 불가능할 때 사용한다.
④ 표본조사는 전수조사에 비해 항상 조사의 정확도가 떨어진다.

해설

전수조사와 표본조사
전수조사에서는 비표본오차만이 발생하지만 표본조사에서는 표본오차와 비표본오차가 발생된다. 하지만 전수조사에서 발생하는 비표본오차가 표본조사에서 발생하는 표본조사와 비표본오차의 합보다 클수도 작을수도 있기 때문에 어느 조사의 정확도가 더 높다고 단정지을 수는 없다.

05

다음 중 표본조사의 장점과 가장 거리가 먼 것은?

① 큰 인구집단을 대상으로 유용한 자료를 얻을 수 있다.
② 사회관계의 구조적 성격을 파악하는 데 적합한 방법이다.
③ 짧은 시간과 적은 비용으로 많은 자료를 얻을 수 있다.
④ 사람들의 태도, 의견, 믿음, 동기, 가치관과 같은 자료를 얻는데 적합한 방법이다.

해설

전수조사(Census)
전수조사는 모집단 전체를 조사하여 모집단으로부터 직접 정보를 얻는 방법으로 사회관계의 구조적 성격을 파악하거나 각 조사대상에 대한 개별적인 정보가 필요한 경우 적합하다.

06

표본조사보다 전수조사가 바람직한 경우로 가장 적합한 것은?

① 모집단이 무한히 많은 경우
② 모집단의 정확한 파악이 불가능한 경우
③ 각 조사대상에 대한 개별적인 정보가 필요한 경우
④ 파괴적인 조사(Destruction of Objects)를 요구하는 경우

해설

05번 문제 해설 참고

정답 04 ④ 05 ② 06 ③

07

전수조사와 표본조사에 관한 설명으로 틀린 것을 모두 고른 것은? 16

> ㄱ. 표본조사는 표본통계량으로부터 모집단의 모수를 추정한다.
> ㄴ. 표본통계량과 모수의 차이는 표준편차이다.
> ㄷ. 표본조사는 전수조사에 비해 비표본오차가 작다.
> ㄹ. 조사대상이 오염되어 있는 경우에는 전수조사를 실시한다.

① ㄱ, ㄴ
② ㄱ, ㄹ
③ ㄴ, ㄷ
④ ㄴ, ㄹ

해설
ㄴ. 모수 추정치와 모수의 차이를 표본오차라 한다.
ㄹ. 조사대상이 오염되어 있는 경우에는 표본조사를 실시하는 것이 바람직하다.

08

표집용어에 관한 설명으로 틀린 것은? 13

① 통계치는 모집단의 특성을 요약한 것이다.
② 표집오차는 모집단에서 얻어진 수치와 표본에서 얻어진 수치의 차이이다.
③ 모집단은 일반화하고자 하는 대상들의 집합이다.
④ 표본추출은 모집단에서 표본을 추출하는 과정이다.

해설
모수(Parameter)
모집단을 대표하는 수치화된 특정한 값을 모수라 한다.

09

표본설계과정을 순서대로 나열한 것으로 맞는 것은? 03 04 06 07 09 10 12 15 17 18 21

① 모집단의 확정 → 표본프레임의 결정 → 표본추출방법의 결정 → 표본크기의 결정 → 표본추출
② 표본프레임의 결정 → 모집단의 확정 → 표본크기의 결정 → 표본추출방법의 결정 → 표본추출
③ 표본프레임의 결정 → 모집단의 확정 → 표본추출방법의 결정 → 표본크기의 결정 → 표본추출
④ 모집단의 확정 → 표본크기의 결정 → 표본추출방법의 결정 → 표본프레임의 결정 → 표본추출

해설
표본설계과정
모집단의 확정 → 표본추출틀 결정 → 표본추출방법 결정 → 표본크기 결정 → 표본추출

10

다음 중 표본설계과정에서 가장 먼저 고려해야 할 것은? 08 14

① 표본크기의 결정
② 모집단의 결정
③ 표본추출방법의 결정
④ 표본프레임의 결정

해설
09번 문제 해설 참고

11

다음 중 결혼생활에 대한 만족도를 조사하기 위해 가장 정확하게 규정한 모집단은? 09 14 17

① 전국에 거주하고 있는 50세 이상 성인
② 전국에 거주하고 있는 40세 이상의 여자
③ 서울 거주자 중 결혼을 약속한 20세 이상의 남녀
④ 서울에 거주하고 2005년에 결혼한 남녀

해설
결혼생활에 대한 만족도 조사이므로 모집단은 결혼한 사람이어야 한다.

12

표본조사(Sample Survey)에 대한 설명으로 옳지 않은 것은? 19

① 전수조사가 불가능한 경우에 유용하게 활용된다.
② 비용, 시간 등이 한정적일 때 전수조사보다 선호된다.
③ 센서스(Census)조사의 경우 표본조사가 전수조사보다 적합하다.
④ 표본조사를 실시할 때는 신뢰성을 위해 표본의 정확성을 확보해야 한다.

해설
센서스(Census)
센서스는 총조사를 의미하며 총조사는 전수조사를 실시한다. 대표적인 센서스로는 인구주택총조사, 농어업총조사, 사업체총조사 등이 있다.

정답 10 ② 11 ④ 12 ③

13

다음 중 표본조사에 대한 설명으로 틀린 것은? 09 14

① 표본조사란 연구대상 전체를 대표하는 표본을 추출하여 조사하는 것을 말한다.
② 표집오차를 계산할 수 있다.
③ 부분을 가지고 전체의 특성을 기술할 수 있다.
④ 표본의 크기만 크게 하면 조사결과는 정확하다.

해설

표본조사(Sample Survey)
표본의 크기를 증가시키면 표본오차는 감소하지만 비표본오차가 증가한다. 비표본오차가 증가하면 조사결과의 정도가 떨어진다.

14

다음 중에서 표본조사가 적합하지 않은 경우는? 20

① 라면 신제품 광고에 대한 인지도 조사
② 맥주회사들의 연간 평균 맥주생산량 조사
③ 비표본오차(Non-sampling Error)를 최소화하려고 할 때
④ 소비자물가지수를 위한 상품가격 조사

해설

평균을 구하는 것은 전체를 그 단위 수로 나누는 것이기 때문에, 표본조사가 적합하지 않다.

15

표집틀(Sampling Frame)을 평가하는 주요 요소와 가장 거리가 먼 것은? 10

① 포괄성
② 안정성
③ 효율성
④ 추출확률

해설

표집틀 구성의 평가요소
- 포괄성(Comprehensiveness) : 표집틀이 연구하고자 하는 전체 모집단 중 얼마나 많은 부분을 포함하고 있는가 하는 문제이다.
- 효율성(Efficiency) : 가능한 한 조사자가 원하는 대상만을 표집틀 속에 포함시켜야 한다.
- 추출확률(Probability of Selection) : 모집단에서 개별요소가 추출될 수 있는 확률이 동일한가를 알아보고, 동일하지 않은 경우 이를 조정할 수 있어야 한다.

16

표집(Sampling)에 관련된 용어 설명으로 틀린 것은?

① 표집(Sampling)의 요소와 자료의 분석단위는 때로는 일치하지 않을 수 있다.
② 모집단이란 표본을 통해 대표하려는 전체를 말한다.
③ 연구모집단은 표본이 실제 추출되는 요소들의 집합을 말한다.
④ 표집틀은 모집단과 동일한 표현이다.

해설

표집틀(표본추출틀 ; Sampling Frame)오차
표집틀은 표본을 추출하기 위해 사용되는 표본추출단위가 수록된 목록을 의미하며 일반적으로 모집단과 표집틀이 완벽하게 일치하지 않아 표집틀오차가 발생한다.

17

다음 중 표본프레임이 모집단을 대표하는 가장 이상적인 경우는?

① 모집단과 표본프레임이 일치하는 경우
② 표본프레임이 모집단 내에 포함되는 경우
③ 모집단이 표본프레임 내에 포함되는 경우
④ 모집단이 표본프레임과 일부만 일치하는 경우

해설

이상적인 표본추출틀
가장 이상적인 표본추출틀은 모집단과 정확히 일치하는 경우이며, 모집단과 표본추출틀의 불일치로 인하여 표본추출틀오차가 발생한다.

18

표본추출에 관한 설명으로 틀린 것은?

① 모집단과 표집틀은 반드시 일치해야 한다.
② 표본으로부터 구해진 통계치가 모집단의 모수치와 다른 정도를 표집오차라고 한다.
③ 표본은 모집단을 대표할 수 있어야 한다.
④ 확률표집에서는 표집틀(Sampling Frame)을 구성하는 모든 요소가 표본에 뽑힐 확률이 동일해야 한다.

해설

17번 문제 해설 참고

19

표본프레임과 모집단의 관계에 관한 설명과 가장 거리가 먼 것은? 14

① 모집단과 표본프레임이 일치할 때 : 이 경우는 가장 이상적인 경우로서, 모집단 간의 특성을 표본프레임이 제대로 반영하고 있는 경우이다.
② 모집단이 표본프레임내에 포함될 때 : 표본프레임 내에 속해 있는 구성요소 중에서 모집단에 속해있지 않은 부분이 표본으로 선정될 수 있기 때문에 오차가 발생한다.
③ 모집단과 표본프레임이 일부만이 일치될 때 : 이 경우는 모집단의 일부분만이 표본프레임에 포함되어 있으며, 모집단에 속하지 않은 것들이 포함되어 있는 경우이다. 따라서 표본의 대표성이 가장 높고 선별이나 수정과정도 용이하다.
④ 표본프레임이 모집단 내에 포함될 때 : 이 경우는 규정된 모집단이 표본프레임을 완전히 포함하여 동시에 더 넓은 범위를 가지고 있음으로써 모집단 내에 속해있는 구성 요소 중에서 표본프레임에 속해 있지 않은 부분이 있기 때문에 표본으로 추출될 기회를 상실하게 되는 경우이다.

해설

표본프레임과 모집단의 관계
가장 이상적인 표본추출틀은 모집단과 정확히 일치하는 경우이며, 일반적으로 모집단과 표본추출틀의 불일치로 인하여 표본추출틀 오차가 발생한다. 모집단과 표본프레임이 일부만 일치될 때는 표본의 대표성에 문제가 발생한다.

20

총 학생수가 5,000명인 학교에서 500명을 표집할 때의 표집틀은? 14 16

① 10%
② 50%
③ 80%
④ 100%

해설

표집률(Sampling Ratio)
모집단의 크기를 N이라 하고 표본의 크기를 n이라 할 때 표집률은 $\frac{n}{N} = \frac{500}{5000} = 0.1$이 된다.

21

다음 중 표집틀이 제대로 명기되지 아니한 진술문은? 03

① 이 자료는 △△도 내 국·공립 및 사립 고등학교 3학년에 재학 중인 학생의 부모들을 무작위로 추출한 것이다.
② 표본은 △△시 △△구의 전화번호부에서 무작위로 추출한 500명의 이름으로 구성되어 있다.
③ 자료는 한국, 미국, 일본 세 나라의 외국인 근로자 차별 실태를 비교·분석한 것이다.
④ 자료는 미국 본토 48개 주의 가구에 거주하는 18세 이상 성인들에 대한 확률표본에서 수집한 것이다.

해설
③ 외국인에 대한 정의가 불분명하다. 외국인이란 대한민국 국적을 보유하고 있지 아니한 자를 말하며, 대한민국 국민이 외국국적을 취득한 후 대한민국 국적상실 신고를 하지 않더라도 외국국적을 취득한 날에 외국인으로 간주한다.

22

표집틀(Sampling Frame)에 대한 설명으로 틀린 것은? 05 09 13

① 연구하고자 하는 전체 모집단의 많은 부분을 포함할수록 좋다.
② 모집단의 개별요소가 추출될 수 있는 확률이 동일할수록 좋다.
③ 가능한 표집하고자 하는 대상만이 포함되어야 한다.
④ 연구대상이 되는 표본 전체의 목록을 말한다.

해설

표집틀(표본추출틀 ; Sampling Frame)
- 표집틀 : 표본을 추출하기 위해 사용되는 표본추출단위가 수록된 목록을 의미
- 표본명부 : 연구대상이 되는 표본 전체의 목록

23

표집과정에서 목표모집단의 구성요소를 나타내는 것으로 목표모집단을 구성하는 목록이나 표본으로 선택이 고려되는 요소의 집합을 의미하는 것은? 18

① 관찰단위
② 표집단위
③ 표집프레임
④ 표집요소

해설
22번 문제 해설 참고

정답 21 ③ 22 ④ 23 ③

24

A 고등학교의 학생상담실에서 학생명단에서 뽑은 100명을 대상으로 언어사용실태를 조사하였다. 그런데 실제조사에서는 해당 학생의 담임선생님에 대한 면접을 통해서 조사가 이루어졌다. 이 연구에서 표집단위, 관찰단위, 표집틀은 각각 무엇인가? 07 19

① 학생 – 학생 – 학생명단
② 담임선생님 – 학생 – 교직원명단
③ 학생 – 담임선생님 – 학생명단
④ 담임선생님 – 학생명단 – 학생

해설

표집단위, 관찰단위, 표집틀
- 표집단위 : 표본을 추출하는 단위(학생)
- 관찰단위 : 해당 내용을 조사하기 위해 접촉하는 단위(담임선생님)
- 표집틀 : 표본을 추출하기 위해 사용되는 표본추출단위가 수록된 목록(학생명단)

25

한 연구자가 한국인의 식습관 조사를 위하여 각 가구의 주부를 면접하여 가구구성원들의 식습관에 대한 자료를 수집하였다. 이 연구에서 분석단위 – 관찰단위 – 표집단위는 각각 무엇인가? 20

① 주부 – 가구구성원 – 가구
② 가구구성원 – 주부 – 가구
③ 가구 – 가구구성원 – 주부
④ 가구 – 주부 – 가구구성원

해설

분석단위, 관찰단위, 표집단위
- 분석단위 : 해당 내용을 분석하기 위한 단위(가구구성원)
- 관찰단위 : 해당 내용을 조사하기 위해 접촉하는 단위(주부)
- 표집단위 : 표본을 추출하는 단위(가구)

26

다음 내용에서 표본추출과 관련된 개념과 용어를 짝지은 것으로 가장 거리가 먼 것은? 15 21

> A 회사 사원들 가운데 2013년 3월 현재 사내 상담센터의 서비스를 이용한 경험이 있는 사원들을 대상으로 조사를 실시하였다. 조사는 상담센터 이용자 명부로부터 무작위로 뽑힌 100명을 대상으로 하였다.

① 모집단 – A 회사 전체 사원
② 표집틀 – 사내 상담센터 이용자
③ 관찰단위 – 개인
④ 표본추출단위 – 상담센터

해설

표본추출단위는 표본추출과정에서 표본으로 추출되는 단위를 의미하므로 사원이 된다.

27

유권자 행태분석을 위해서 표본을 추출하고 있다. 선거인 명부나 세대주의 명단을 추출틀로 이용하는 경우 구조적 결함에 당면할 수 있는 경우는? 05

① 표본오차를 크게 하는 경우
② 표본오차를 작게 하는 경우
③ 유권자의 행태가 지역별로 다른 것이 예상되는 경우
④ 최근에 작성된 명단이 아닌 경우

해설

표본추출틀 오류
선거인 명부나 세대주의 명단이 최근에 작성된 명단이 아닌 경우 과소포함(Undercoverage)오차의 발생으로 표본추출틀의 구조적 결함에 해당한다.

28

A 카드사에서 자사의 신용카드 사용자 중 최근 1년 동안 100만 원 이상 구매자들을 모집단으로 하면서 자사카드 소지자 명단을 표본프레임으로 사용하여 전체에서 차지하는 표본추출을 할 때의 표본프레임오류는? 10 13

① 표본프레임이 모집단 내에 포함되는 경우
② 모집단이 표본프레임 내에 포함되는 경우
③ 모집단과 표본프레임의 일부분만이 일치하는 경우
④ 모집단과 표본프레임이 전혀 일치하지 않은 경우

해설

포함오차는 표집틀에는 있지만 목표모집단에는 없는 표본 요소들로 인해 일어나는 오차로, 목표모집단은 A 카드사의 신용카드 사용자 중 최근 1년 동안 100만 원 이상 구매자들이며 표집틀은 A 카드사의 신용카드 소지자이다.

정답 27 ④ 28 ②

29

불포함오류(Noncoverage Error)에 대한 설명으로 가장 적합한 것은? 03 08 15 19

① 표본에 적합한 표집틀(Sampling Frame)을 사용하지 못한 결과로 일어나는 오차이다.
② 목표모집단에는 있지만 표집틀에는 없는 표본요소들로 인해 일어나는 오차이다.
③ 표집틀에는 있지만 목표모집단에는 없는 표본요소들로 인해 일어나는 오차이다.
④ 표본에 적합한 목표모집단(Target Population)을 사용하지 못한 결과로 일어나는 오차이다.

해설

포함오차(Coverage Error)와 불포함오차(Noncoverage Error)
- 목표모집단(Target Population) : 조사목적에 따라 개념적으로 규정한 모집단
- 조사모집단(Sampled Population) : 실제 표본을 추출하기 위해 규정한 모집단
- 포함오차(Coverage Error) : 표집틀에는 있지만 목표모집단에는 없는 표본 요소들로 인해 일어나는 오차
- 불포함오차(Noncoverage Error) : 목표모집단에는 있지만 표집틀에는 없는 표본 요소들로 인해 일어나는 오차

30

다음 사례의 설명으로 옳은 것은? 11 16

> 특정 일간지의 1년 이상 구독자를 모집단으로 규정했을 경우, 정기구독자의 명부를 표본프레임으로 사용한다면 1년 이하의 정기구독자도 표본으로 추출될 가능성이 있으므로 모집단의 대표성이 떨어지게 된다.

① 모집단과 표본프레임이 일치하는 경우이다.
② 표본프레임이 모집단 내에 포함되는 경우이다.
③ 모집단이 표본프레임 내에 포함되는 경우이다.
④ 모집단과 표본프레임이 일부만 일치하는 경우이다.

해설

목표모집단은 특정 일간지의 1년 이상 구독자이고 표집틀은 정기구독자이다.

31

다음 확률표본추출에 관한 설명 중 틀린 것은? 03

① 확률표본추출은 각 표집단위가 추출될 확률을 정확히 알고 있을 때 가능하다.
② 모수에 대한 통계적 추론이 가능하다.
③ 복잡한 사회현상 조사에서는 확률표본추출이 현실적으로 불가능한 경우도 존재한다.
④ 확률표본추출에서는 조사목적상 표본을 의도적으로 구성할 수도 있다.

해설
조사목적상 표본을 의도적으로 구성하는 것은 비확률표본추출방법이다.

32

확률표집과 비교한 비확률표집에 관한 설명으로 틀린 것은? 16 21

① 표집틀이 없는 경우 사용된다.
② 연구자의 편견이 개입될 수 있다.
③ 질적연구에 빈번히 활용되는 방법이다.
④ 연구결과의 일반화가 용이하다.

해설
확률표본추출방법과 비확률표본추출방법 비교

확률표본추출방법	비확률표본추출방법
• 연구대상이 표본으로 추출될 확률이 알려져 있을 때 • 무작위적 표본추출 • 모수추정에 편의가 없음 • 분석결과의 일반화가 가능 • 표본오차의 추정 가능 • 시간과 비용이 많이 듦	• 연구대상이 표본으로 추출될 확률이 알려져 있지 않을 때 • 작위적 표본추출 • 모수추정에 편의가 있음 • 분석결과의 일반화에 제약 • 표본오차의 측정 불가능 • 시간과 비용이 적게 듦

33

어느 특정 지역의 여론조사결과가 전체의 여론을 정확하게 반영하는 결과를 계속 보여주고 있다면 비용절감을 위해 고려할 수 있는 표집방법은? 21

① 비확률표집
② 층화표집
③ 단순무작위표집
④ 계통표집

해설
32번 문제 해설 참고

정답 31 ④ 32 ④ 33 ①

34

다음 중 표집오차의 측정이 가능한 표본추출방법을 모두 고른 것은? 09

> A. 층화표본추출법(Systematic Sampling)
> B. 할당표본추출법(Quota Sampling)
> C. 집락표본추출법(Cluster Sampling)
> D. 단순무작위표본추출법(Random Sampling)

① A, B
② A, B, C
③ A, C, D
④ A, B, C, D

해설

확률표본추출방법(Probability Sampling Method)
표집오차의 측정이 가능한 표본추출방법은 확률표본추출방법으로 단순무작위표본추출, 층화표본추출, 계통표본추출, 집락표본추출 등이 있다.

35

다음 중 확률적 표본추출을 사용하는 표집방법들로만 구성된 것은? 16

① 단순무작위표집(Simple Random Sampling), 할당표집(Quota Sampling), 네트워크표집(Network Sampling)
② 단순무작위표집(Simple Random Sampling), 층화표집(Stratified Random Sampling), 편의표집(Convenience Sampling)
③ 단순무작위표집(Simple Random Sampling), 군집표집(Cluster Sampling), 유의표집(Purposive Sampling)
④ 층화표집(Stratified Random Sampling), 군집표집(Cluster Sampling), 체계적 표집(Systematic Sampling)

해설

확률추출방법과 비확률추출방법의 종류
- 확률추출방법 : 단순무작위표집(Simple Random Sampling), 층화표집(Stratified Sampling), 집락(군집)표집(Cluster Sampling), 계통(체계적)표집(Systematic Sampling)
- 비확률추출방법 : 유의표집(Purposive Sampling), 할당표집(Quota Sampling), 편의표집(Convenience Sampling), 가용표본추출(Available Sampling), 눈덩이표집(Snowball Sampling)

36

다음 중 확률적 표본추출을 사용하는 표집방법들로만 구성된 것은? [19]

> ㄱ. 할당표집(Quota Sampling)
> ㄴ. 층화표집(Stratified Random Sampling)
> ㄷ. 군집표집(Cluster Sampling)
> ㄹ. 체계적표집(Systematic Sampling)
> ㅁ. 단순무작위표집(Simple Random Sampling)
> ㅂ. 판단표집(Judgement Sampling)

① ㄱ, ㄴ, ㅁ
② ㄴ, ㄷ, ㄹ
③ ㄷ, ㅁ, ㅂ
④ ㄹ, ㅁ, ㅂ

해설

35번 문제 해설 참고

37

비확률표본추출방법에 의한 표본과 가장 거리가 먼 것은? [18]

① 군집표본(Cluster Sample)
② 편의표본(Convenience Sample)
③ 의도적 표본(Purposive Sample)
④ 눈덩이표본(Snowball Sample)

해설

35번 문제 해설 참고

38

다음 중 비확률표본추출의 방법이 아닌 것은? 08

① 편의표본추출
② 판단표본추출
③ 할당표본추출
④ 계통표본추출

> [해설]
>
> **표본추출방법의 종류**
> - 확률표본추출법 : 단순무작위추출, 층화추출, 계통추출, 집락추출 등
> - 비확률표본추출법 : 유의추출, 판단추출, 할당추출, 편의추출, 가용표본추출, 눈덩이표본추출 등

39

표본으로부터 얻어낸 자료로 표본오차를 추정할 수 없는 표본추출방법은? 21

① 층화표집
② 군집표집
③ 할당표집
④ 단순무작위표집

> [해설]
>
> 확률표본추출방법은 표본오차의 추정이 가능하며, 대표적으로 단순무작위표집, 층화표집, 군집표집, 계통표집 등이 있다. 할당표집은 비확률표본추출방법으로 표본오차의 추정이 불가능하다.

40

모집단을 추정하는 데 적합한 확률표본추출방법이 아닌 것은? 09 15

① 단순무작위표본추출
② 체계적 표본추출
③ 할당표본추출
④ 층화표본추출

> [해설]
>
> **표본추출방법의 종류**
> - 확률표본추출법 : 단순무작위추출, 층화추출, 계통(체계적)추출, 집락추출 등
> - 비확률표본추출법 : 유의추출, 판단추출, 할당추출, 편의추출, 가용표본추출, 눈덩이표본추출 등

38 ④ 39 ③ 40 ③

41

확률에 따라 표본을 추출하는 방법이 아닌 것은? 11 17

① 군집표집(Cluster Sampling)
② 유의표집(Purposive Sampling)
③ 무작위표집(Simple Random Sampling)
④ 계통표집(Systematic Sampling)

해설

40번 문제 해설 참고

42

일반화 가능성과 표본추출법 사이의 관계에 대한 설명으로 가장 적합하지 않은 것은? 10

① 일반화 가능성이 중요하지 않은 조사라면 비확률표집법을 사용할 수도 있다.
② 일반화 가능성이 중요한 조사일수록 할당표집법보다는 단순무작위표집법을 사용해야 한다.
③ 일반화 가능성이 필요한 조사일수록 층화표집보다는 군집표집법을 사용해야 한다.
④ 일반화 가능성이 중요한 조사일수록 임의표집보다는 계통추출법을 사용해야 한다.

해설

일반화 가능성
- 일반화 가능성이 가장 높은 추출법은 층화추출법이다.
- 비확률추출법(할당추출법, 임의추출법 등)은 표본의 대표성 문제가 제기되어 일반화 가능성이 없다.

43

다음 중 비확률표본추출방법을 사용하는 경우와 가장 거리가 먼 것은? 12 20

① 모집단의 특성이 매우 다양할 경우
② 모집단을 규정지을 수 없는 경우
③ 표집오차가 큰 문제가 되지 않을 경우
④ 본조사에 앞서 탐색적 연구가 필요한 경우

해설

비확률표본추출방법을 사용하는 경우
- 모집단을 규정지을 수 없는 경우 유익하다.
- 표본의 규모가 매우 작은 경우 유익하다.
- 표집오차가 큰 문제가 되지 않을 경우 유익하다.
- 조사 초기단계에서 문제에 대한 대략적인 정보가 필요한 경우 유익하다.
- 과거의 사건들에 대해 연구하거나 또는 현재의 경우라도 조사의 대상이 매우 비협조적인 경우 유익하다.
- 적절한 표본추출방법이 없을 경우 유익하다.

정답 41 ② 42 ③ 43 ①

44

비확률표본추출방법이 아닌 것은? 07

① 편의추출방법(Convenience Techniques)
② 지역추출방법(Area Sampling)
③ 목적추출방법(Purposive Sampling)
④ 눈덩이추출방법(Snowball Sampling)

[해설]
지역추출방법(Area Sampling)
확률표본추출방법 중에서 집락추출법의 일종으로 집락이 지역인 경우의 집락추출법을 지역추출법이라 한다.

45

비확률 샘플링에 의한 표본이 아닌 것은? 12

① 군집표본(Cluster Sample)
② 편의표본(Convenience Sample)
③ 의도적 표본(Purposive Sample)
④ 눈덩이표본(Snowball Sample)

[해설]
군집표본은 확률 샘플링에 의한 표본이다.

46

다음은 어떤 표본추출방법에 대한 설명인가? 07 15

> 모집단을 확정하고 표본프레임을 작성 → 각각의 표본에 고유번호를 부여 → 표본의 크기를 정하고 난수표를 이용하여 추출된 번호를 확정 → 위의 번호에 해당하는 표본을 추출

① 단순무작위표본추출
② 계통표본추출
③ 층화표본추출
④ 군집표본추출

[해설]
단순무작위표본추출
크기 N 인 모집단으로부터 크기 n 인 표본을 추출할 때 $\binom{N}{n}$ 가지의 모든 가능한 표본이 동일한 확률로 추출하는 방법이다. 단순무작위표본추출에서 표본을 추출할 때 난수표, 추첨법, 컴퓨터를 이용한 난수의 추출방법 등을 이용한다.

47

단순무작위표집(Simple Random Sampling)의 장점에 대한 설명으로 틀린 것은?

① 표본프레임의 작성이 쉽다.
② 추출된 표본이 모집단을 잘 대표한다.
③ 모집단에 대한 사전지식을 요하지 않는다.
④ 층화표본추출에 비해 자료의 분류에 있어 오차의 개입이 적다.

> [해설]
> **단순무작위추출법의 장·단점**

단순무작위추출법의 장점	단순무작위추출법의 단점
• 모집단에 대한 사전지식이 필요 없다. • 추출확률이 동일하기 때문에 표본의 대표성이 높다. • 표본오차의 계산이 용이하다. • 확률표본추출방법 중 가장 적용이 용이하다. • 다른 확률표본추출방법과 결합하여 사용할 수 있다.	• 모집단에 대한 정보를 활용할 수 없다. • 동일한 표본크기에서 층화추출법보다 표본오차가 크다. • 비교적 표본의 크기가 커야 한다. • 표집틀 작성이 어렵다.

48

다음 중 단순무작위표집(Simple Random Sampling)에 관한 설명으로 틀린 것은?

① 모집단에 대한 자세한 지식이 불필요하다.
② 항상 대표성을 지닌 표본이 추출된다.
③ 난수표(A Table of Random Number)를 사용하기도 한다.
④ 모집단을 구성하고 있는 모든 실체나 단위가 표본으로 뽑힐 동등한 기회를 가진다.

> [해설]
> 표본의 수가 작은 경우 모집단에서 그 수가 적은 요소는 표본으로 추출될 보장이 없으므로 항시 대표성이 있는 표본이 추출된다고는 볼 수 없다.

49

어떤 모집단에서 단순무작위표집법으로 표본을 50개 추출하였다. 만약 표본의 수를 200개로 늘린다면 어떠한 현상이 발생하는가? 07

① 모평균의 값이 커진다.
② 표본평균과 최빈값의 차이가 작아진다.
③ 추정량의 분산값이 작아진다.
④ 모분산의 값이 커진다.

해설
표본수를 증가시키면 분산 추정치는 작아진다.

50

표본추출법에 대한 설명 중 가장 옳은 것은? 06

① 계통표본추출은 구성요소의 목록이 일정한 주기성을 가져야 한다.
② 집락표본추출은 동질적인 구성요소를 포함하는 여러 개의 집락으로 모집단을 구분한다.
③ 단순무작위표본추출은 표본의 크기가 동일할 경우 층화표본추출보다 표본추출오차가 크다.
④ 편의표본추출 시 표본의 크기가 커지면 표본의 대표성을 확보할 수 있다.

해설
표본의 크기가 동일할 경우 표본오차는 층화표본추출보다 단순무작위표본추출이 크게 나타난다.

51

다음 ( )에 알맞은 것은? 03 18

> 층화(Stratification)표집과 집락(Cluster)표집에서 효율적인 표본을 획득하기 위해서는, 층화표집에서는 하위집단의 요소들을 (ㄱ)으로 만들고 집락표집에서는 (ㄴ)으로 만든다.

① (ㄱ) 동질적, (ㄴ) 동질적
② (ㄱ) 동질적, (ㄴ) 이질적
③ (ㄱ) 이질적, (ㄴ) 동질적
④ (ㄱ) 이질적, (ㄴ) 이질적

해설
층화표집과 집락표집의 특징
- 층화추출법의 특징
  - 표본추출단위는 구성요소이다.
  - 층 내는 동질적이고 층 간은 이질적이다.
- 집락추출법의 특징
  - 표본추출단위는 집락이다.
  - 집락 내는 이질적이고 집락 간은 동질적이다.
  - 집락 내부가 모집단이 지닌 특성의 분포와 정확히 일치하면 가장 이상적이다.

52

다음 중 층화표본추출(Stratified Sampling)방법을 사용하기에 가장 적절한 경우는? 05 07

① 모집단에 대한 사전지식이 없을 경우
② 모집단을 구성하는 하부 집단들의 대표성이 요구되지 않을 경우
③ 동질적 집단 내에서 무작위 표본추출을 하고자 할 경우
④ 모집단을 구성하는 하부 집단들 간 이질성이 크지 않을 경우

해설
층화추출법의 특징
- 표본추출단위는 구성요소이다.
- 층 내는 동질적이고 층 간은 이질적이다.

53

표본추출방법 중 모집단을 일정한 기준에 따라 2개 이상의 동질적인 계층으로 구분하고, 각 계층별로 단순무작위추출방법을 적용하는 것은? 07

① 계통표본추출
② 층화표본추출
③ 집락표본추출
④ 단순무작위표본추출

해설
층화표본추출(Stratification Sampling)
모집단을 비슷한 성질을 갖는 2개 이상의 동질적인 층(Stratum)으로 구분하고, 각 층으로부터 단순무작위추출방법을 적용하여 표본을 추출하는 방법이다.

정답 52 ③ 53 ②

54

다음 상황에서 가장 유용한 확률표본추출방법은? 08 11 17

> 90명의 남학생과 10명의 여학생으로 구성된 학급에서 10명의 대의원을 선출하려는데 대의원회의 성격상 여학생을 반드시 한 명은 포함하여야 한다.

① 할당표본추출
② 단순무작위표본추출
③ 층화표본추출
④ 계통적 표본추출

해설

층화표본추출(비례배분)
남학생과 여학생을 층으로 나눈 후 표본의 크기를 층의 크기에 비례적으로 배분하여 추출하는 방법이다.

55

층화(Stratified)표본추출에 관한 설명으로 틀린 것은? 13

① 비례층화추출법과 불비례층화추출법으로 구분할 수 있다.
② 모집단을 일정 기준에 따라 서로 상이한 집단들로 재구성한다.
③ 동질적인 집단에서의 표집오차가 이질적인 집단에서의 오차보다 작다는 데 논리적인 근거를 둔다.
④ 집단 간에 이질성이 존재하는 경우 무작위표본추출보다 정확하게 모집단을 대표하지 못하는 단점이 있다.

해설
층화추출법에서 층 내는 동질적이고 층 간이 이질적이면 단순무작위추출법보다 표본오차가 작아진다.

56

다음에 해당하는 표본추출방법은? 12

> 성인의 정치의식을 조사하기 위해 소득을 기준으로 최상, 상, 하, 최하로 구분하고, 각 계층이 모집단에서 차지하고 있는 비율에 따라 1,500명의 표본을 4개의 소득계층별로 무작위표본추출하였다.

① 층화표본추출법
② 군집표본추출법
③ 할당표본추출법
④ 편의표본추출법

해설

층화표본추출(Stratified Sampling)
모집단을 비슷한 성질을 갖는 2개 이상의 동질적인 층(Stratum)으로 구분하고, 각 층으로부터 단순무작위추출방법을 적용하여 표본을 추출하는 방법이다.

57

층화표본추출법(Stratified Random Sampling)에 관한 설명으로 틀린 것은? [14]

① 층화기준이나 변수는 분석대상과 밀접한 관계가 있어야 한다.
② 층화기준은 동일 층 안에서는 내적인 동질성이 확보되고, 층 간의 차이는 명확히 하는 것이어야 한다.
③ 층화기준은 가능한 세분하는 것이 효율적인 표본추출이 된다.
④ 층화기준은 정확하고 명백한 것이어야 한다.

해설

층화기준
층화기준이 많은 경우 층의 분류자체도 어려울 뿐만 아니라 일정한 정확성을 확보하기 위해 소요되는 표본의 수까지 증가시켜야 하므로 바람직하지 못하다.

58

다음 중 표본의 크기가 같다고 했을 때 표집오차가 가장 작은 표집방법은? [12]

① 집락표본추출(Cluster Sampling)
② 층화표본추출(Stratified Sampling)
③ 체계적 표본추출(Systematic Sampling)
④ 단순무작위표본추출(Simple Random Sampling)

해설

표본추출법에 따른 표본오차
층화표본추출은 동질적인 집단에서의 표집오차가 이질적인 집단에서의 오차보다 작다는 데 논리적인 근거를 둠으로써 표본의 크기가 같을 경우 표집오차가 가장 작다.

59

층화표집의 장점에 대한 설명으로 틀린 것은? [20]

① 모집단의 특수성을 고려하기 때문에 표본의 편중을 줄일 수 있다.
② 단순무작위표집과 같은 표본의 무작위성이 확보되면서 불필요한 분산을 줄여준다.
③ 모집단의 성격이 동질적이든 아니든 골고루 추출하기 위해 이용된다.
④ 별도의 층화목록(Stratified Lists)이 없어도 이용할 수 있다.

해설

층으로 구분하여 추출하기 때문에, 별도의 층화목록이 필요하다.

정답 57 ③ 58 ② 59 ④

60

층화표본추출방법에 대한 내용으로 가장 적합한 것은? 15

① 프로그램 이용자의 일련번호 목록으로부터 난수표를 이용하여 표집한다.
② 유료, 무료 프로그램별로 이용자를 구분한 후 각각 무작위로 표집한다.
③ OO시에서 구 → 동 → 번지 → 호에 따라 각각 무작위로 표집한다.
④ 아파트 단지 내 모든 세대에 일련번호를 부여한 후 1번부터 20번 중 하나의 번호를 제비뽑기로 선택하여 20세대 간격으로 표집한다.

[해설]
① 프로그램 이용자의 일련번호 목록으로부터 난수표를 이용하여 표집 – 단순임의추출
③ OO시에서 구 → 동 → 번지 → 호에 따라 각각 무작위로 표집 – 군집추출
④ 아파트 단지 내 모든 세대에 일련번호를 부여한 후 1번부터 20번 중 하나의 번호를 제비뽑기로 선택하여 20세대 간격으로 표집 – 계통추출

61

다음 표는 물가당국에서 소비자 물가지수를 측정하기 위하여 선정된 판매점의 종류별 모집단 구성비와 표본의 구성비에 대한 가상적 자료이다.

구 분	모집단 구성비율(%)	표본 구성비율(%)	표본수/모집단수
체인점	25	48	1/39
대형판매점	13	25	1/69
중형판매점	33	18	1/248
소형판매점	29	9	1/360

이에 대한 설명으로 가장 적합하지 않은 것은? 09 18 21

① 비례적 층화추출의 방법을 적용하고 있다.
② 체인점과 대형판매점에서 나타나는 소비자물가지수의 변동폭이 중형이나 소형판매점에의 변동폭보다 클 것으로 추정하고 있다.
③ 사용된 표본추출방법의 근거는 다양한 계층의 많은 소비자들이 많은 양의 다양한 제품을 체인점이나 대형판매점에서 구입하고 있다는 사실에 근거하고 있다.
④ 모집단의 층에 대한 다양성을 이미 알고 있는 경우에는 비례층화추출보다는 할당층화추출방법이 바람직하다.

[해설]
비례적 층화추출법
비례적 층화추출법은 모집단의 구성비율에 비례하도록 표본을 추출하는 방법으로 체인점 25%, 대형판매점 13%, 중형판매점 33%, 소형판매점 29%의 비율로 표본을 추출해야 한다. 소비자물가조사의 조사대상처 선정은 비확률표본추출방법 중 조사자의 주관적인 판단에 의거하여 표본을 선정하는 방법인 유의표본추출(Purposive Sampling)방식으로 선정된다. 현재 통계청에서 실시하는 소비자물가조사는 모집단과 비슷한 구조를 갖도록 표본을 배정하는 할당표본에 가까운 유의표본이라 할 수 있다.

62

A, B, C동에서 표본을 추출하여 D제품의 인식도를 알고자 한다. C동은 지리적으로 떨어져 있어 가계조사비용은 A동이나 B동보다 많이 든다. 이런 경우에 층화표본추출을 설계하는 경우 어떤 배정법에 의해서 표본크기를 결정하는 것이 좋은가? 07

① 네이만배정
② 비례배정
③ 최적배정
④ 할당배정

해설

층화추출에서 표본배정
- 네이만배정 : 층화추출에서 추출단위당 비용이 모든 층에 동일한 경우의 표본배정방법
- 비례배정 : 각 층의 크기인 N_h는 알 수 있으나 층 내 변동에 대해 정보가 전혀 없을 때 표본크기 n을 각층의 크기인 N_h에 비례하여 배정하는 방법
- 최적배정 : 분산고정하에 비용을 최소화하거나 비용고정하에 분산을 최소화하기 위한 표본배정방법
- 균등배정 : 모든 층의 크기를 동일하게 배정하는 방법

63

비비례층화표본추출(Disproportionate Stratified Sampling)이 필요한 경우는? 06

① 특정 변수에 의해 층화된 모집단의 분포를 표본에서 그대로 유지하고 싶을 때
② 층화된 집단들을 비슷한 표본들로 비교하고 싶을 때
③ 대규모 조사 시 다단계 표본추출이 필요할 때
④ 확률 표본추출이 불가능할 때

해설

비비례층화표본추출(Disproportionate Stratified Sampling)
- 층화된 하위집단의 규모와 관계없이 동일하거나 의도적으로 각 층에 상이한 비율을 주어 표본의 수를 조정하고자 하는 표집방법이다.
- 모집단의 특성보다는 각 층이 대표하는 부분집단의 특성을 보고자 할 때 많이 사용된다.
- 모집단을 구성하는 어떤 특성을 갖는 요소의 수는 적지만, 분석에 있어서 그 특성이 중요한 의미를 지닐 경우 표본의 유효성을 높이고자 할 때 주로 이용한다.
- 모집단의 구성과 관계없이 표본비율을 차등 적용하므로 표본의 불균형성의 문제가 발생하지만, 이는 가중치를 부여하는 방법 등을 통해 극복할 수 있다.
- 층화된 집단들을 비슷한 표본들로 비교하고 싶을 때 이용한다.

64

불비례층화표본추출(Disproportionate Stratified Sampling)이 적합한 경우는? [19]

① 대규모 조사 시 다단계 표본추출이 필요할 때
② 층화된 집단들을 비슷한 표본들로 비교하고 싶을 때
③ 조사자가 조사목적에 적합하다고 판단하는 대상을 선택하여 선별하고자 할 때
④ 조사대상이 표본으로 추출될 확률이 알려져 있지 않을 때

해설
63번 문제 해설 참고

65

다음 중 비비례적층화표집(Disproportionate Stratified Sampling)을 이용하기에 가장 적합하지 않은 상황은? [09] [11]

① 각 층의 층 내 표준편차의 차이가 적을 때
② 각 층에 따라서 자료수집에 필요한 경비가 상당한 차이가 있을 때
③ 모집단에 대한 일반화의 관심이 적을 때
④ 특정 하위층을 세밀하게 살펴보고 싶을 때

해설
63번 문제 해설 참고

66

다음 중 군집표집(Cluster Sampling)의 장점이 아닌 것은? [20]

① 시간과 비용을 줄일 수 있다.
② 전체 모집단의 목록표(Frame)를 작성할 필요가 없다.
③ 선정된 각 군집(Cluster)은 다른 조사의 표본으로도 사용될 수 있다.
④ 군집 간이 동질적이면 오차의 개입가능성이 낮아진다.

해설
④ 군집 내는 이질적이고 군집 간은 동질적이면 정도(Precision)가 높다.

군집(집락)추출법
• 표본추출단위는 집락이다.
• 집락 내는 이질적이고 집락 간은 동질적이다.
• 집락 내부가 모집단이 지닌 특성의 분포와 정확히 일치하면 가장 이상적이다.
• 시간과 비용을 줄일 수 있다.
• 전체 모집단의 목록표(Frame)를 작성할 필요가 없다.
• 선정된 각 군집은 다른 조사의 표본으로도 사용될 수 있다.

64 ② 65 ① 66 ④

67

군집표본추출틀을 사용하게 될 때, 각 소집단의 집단 내 분포가 지녀야 할 특성으로 가장 바람직한 것은? 04

① 최대한 동질적이어야 한다.
② 최대한 이질적이어야 한다.
③ 집단 내의 분포는 동질적이더라도 집단 간 차이는 커야 한다.
④ 모집단이 지닌 특성의 분포와 정확히 일치하여야 한다.

해설
집락 내부가 모집단이 지닌 특성의 분포와 정확히 일치하면 가장 이상적이다.

68

군집표본추출(Cluster Sampling)에 관한 다음 설명 중 옳지 않은 것은? 03

① 모집단으로부터 군집 또는 집단을 무작위로 선정한 다음 선정된 군집에서 일정 수의 요소를 표본추출하는 방법이다.
② 표본추출은 표집단위로 선정된 군집에서만 행한다.
③ 하나의 군집은 이질적이고 다양한 모집단의 분포와 비슷하게 구성되는 것이 바람직하다.
④ 표본 군집의 수를 증가시킬수록 신속한 표본추출이 가능하다.

해설
군집(집락)표본추출(Cluster Sampling)
모집단을 조사단위 또는 집계단위를 모은 군집(Cluster)으로 나누고 이들 군집들 중에서 일부의 군집을 추출한 후 추출된 군집에서 일부 또는 전부를 표본으로 추출하는 방법이다.
• 표본추출단위는 집락이다.
• 정도를 높이기 위해서 군집 내부는 이질적이고 군집 간에는 동질적이어야 된다.
• 집락 내부가 모집단이 지닌 특성의 분포와 정확히 일치하면 가장 이상적이다.

69

다음과 같은 표본추출과정을 특징으로 하는 표본추출방법은? 19

- 모집단을 상호배제적인 하위집단으로 나눈다.
- 분류된 하위집단 중에서 표본을 선정할 하위집단을 무작위로 추출한다.
- 선정된 하위집단을 모두 조사대상자로 선정하든지 혹은 그중 일부만을 무작위로 표본으로 선정한다.

① 군집표본추출방법
② 층화표본추출방법
③ 계통표본추출방법
④ 단순무작위표본추출방법

해설

군집(집락)표본추출(Cluster Sampling)
모집단을 조사단위 또는 집계단위를 모은 군집(Cluster)으로 나누고 이들 군집들 중에서 일부의 군집을 추출한 후 추출된 군집에서 일부 또는 전부를 표본으로 추출하는 방법이다.

70

층화표본추출방법과 군집표본추출방법에 대한 설명으로 옳지 않은 것은? 19

① 두 가지 표본추출방법 모두 모집단을 소집단으로 세분화한다.
② 군집표본추출방법에서는 소집단이 모집단을 잘 대표해야 한다.
③ 층화표본추출방법은 비례층화추출방법과 불비례층화추출방법으로 구분된다.
④ 군집표본추출방법은 집단 간의 특성은 이질적이고 집단 내의 특성이 동질적일 때 가장 이상적이다.

해설

군집표본추출법에서 정도를 높이기 위해서는 군집 내부는 이질적이고 군집 간에는 동질적이어야 한다.

71

○○도 사람들의 신문 구독 행위에 대해 조사하려고 한다. 도민에 대한 지식도 별도로 없고 완전한 명부도 가지고 있지 못할 경우 가능한 표본추출방법은? 05

① 단순무작위표본추출
② 체계적 표본추출
③ 층화표본추출
④ 군집표본추출

해설

군집표본추출(Cluster Sampling)
모집단을 여러 개의 군집으로 나누고 이들 군집들 중에서 일부의 군집을 추출한 후 추출된 군집에서 일부 또는 전부를 표본으로 추출하는 방법으로 전체 모집단의 목록표를 작성하지 않아도 되며, 최종군집으로부터 개인들을 추출하므로 최종군집의 목록만 있으면 된다.

72

군집표본추출(Cluster Sampling)에 관한 다음 설명과 가장 거리가 먼 것은? 14

① 각 군집 내의 특성은 동질적인 요소로 구성된다.
② 모집단의 크기가 크거나 층의 표본단위가 많아 목록작성이 어려울 때 유용하다.
③ 각 군집의 사례수가 다를 때 규모비례확률모형을 응용할 수 있다.
④ 단순무작위표본추출법보다 표본오차가 더 커질 가능성이 있다.

해설

군집표본추출법에서 정도를 높이기 위해서는 군집 내부는 이질적이고 군집 간에는 동질적이어야 한다.

73

다음 중 군집표본추출방법을 사용하기에 가장 바람직한 조건은? 06

① 집단 간과 집단 내 모두가 동질적이다.
② 집단 간은 동질적이고 집단 내는 이질적이다.
③ 집단 간과 집단 내 모두가 이질적이다.
④ 집단 간은 이질적이고 집단 내는 동질적이다.

해설

72번 문제 해설 참고

74

집락표본추출(Cluster Sampling)에 관한 설명으로 틀린 것은? 13

① 확률표본추출(Probability Sampling)의 하나로써 표본오차의 크기를 계산할 수 있다.
② 조사자의 필요에 따라서는 집락을 2개 이상의 단계에서 설정할 수도 있다.
③ 집락 내에서는 동질성이 크고 집락 간에는 이질성이 크도록 집락을 설정하면, 표본오차(Sampling Error)와 조사비용을 동시에 줄일 수 있다.
④ 완전한 표본틀(Sampling Frame)이 없는 경우에도 사용가능하며, 비교적 비용이 적게 든다는 장점이 있기 때문에 전국 규모의 조사에 많이 사용된다.

[해설]
집락 내는 이질적이고 집락 간은 동질적이어야 표본오차와 조사비용을 동시에 줄일 수 있다.

75

다음 ( )에 들어갈 가장 알맞은 것은? 08 11 17 21

> 집락표집의 경우에 집락 내부는 (A)으로, 집락 간에는 (B)으로 구성하는 것이 효과적이다.

① A : 동질적, B : 동질적
② A : 동질적, B : 이질적
③ A : 이질적, B : 이질적
④ A : 이질적, B : 동질적

[해설]
집락 내부는 이질적이고 집락 간에는 동질적으로 구성하는 것이 효과적이다.

76

서울시에서 몇 개의 구를 선발하고, 다시 몇 개의 동을 선발한 후 선발된 동에서 몇 가구를 표본추출하였다면, 이에 해당하는 표집방법은? 15

① 할당표집
② 군집표집
③ 무작위표집
④ 층화표집

[해설]
군집(집락)표본추출(Cluster Sampling)
모집단을 조사단위 또는 집계단위를 모은 군집(Cluster)으로 나누고 이들 군집들 중에서 일부의 군집을 추출한 후 추출된 군집에서 일부 또는 전부를 표본으로 추출하는 방법이다.

77

다음 중 계통표집(Systematic Sampling)이 무작위표집(Random Sampling)에 비해 가진 장점이 아닌 것은? 04

① 원칙적으로 무작위표집에 비하여 표본추출이 용이하고 편리하다.
② 명단이 어떠한 유형을 가지고 배열된 경우 특히 편향되지 않는 표본을 얻을 수 있다.
③ 적절한 보조변수를 이용하면 모집단의 구성비율을 잘 반영하는 표본을 얻을 수 있다.
④ 순서 모집단(Ordered Population)의 경우 추정량의 분산이 무작위표집보다 더 작아져서 효율적이다.

해설
모집단의 단위들이 고르게 분산되어 있지 않고 어떠한 유형(주기성)을 가지고 배열되어 있으면 표본의 대표성에 문제가 발생한다.

78

다음 (   )안에 들어갈 알맞은 것은? 09 14

체계적 표집(계통적 표집)을 이용하여 5,000명으로 구성된 모집단으로부터 100명의 표본을 구하기 위해서는 먼저 1과 (A) 사이에서 무작위로 한 명의 표본을 선정한 후 첫 번째 선정된 표본으로부터 모든 (B)번째 표본을 선정한다.

① A : 50, B : 50
② A : 10, B : 50
③ A : 100, B : 50
④ A : 100, B : 100

해설
모집단의 크기가 5,000명이고 표본의 크기가 100명이므로 1~50명 중에서 한 명을 랜덤하게 추출하고 추출된 표본으로부터 매 50번째 표본을 선정하면 100명의 표본을 계통추출하게 된다.

정답 77 ② 78 ①

79

특정 정치인 3명에 대한 국민들의 태도를 전화조사(N = 500)하려고 한다. 총 200,000명이 등재된 전화번호부를 표집틀로 사용할 때, 다음 중 가장 적합하지 않은 방법은? [10]

① 계통적 표집을 이용한다.
② 매 200명마다 한 명씩 뽑는다.
③ 매 400명마다 한 명씩 뽑는다.
④ 매 800명마다 한 명씩 뽑는다.

해설

계통표본추출(Systematic Sampling)
표집틀에 200,000명이 등재되어 있고 표본의 크기가 500명이므로 1~400명 중에서 한 명을 랜덤하게 추출하고 추출된 표본으로부터 매 400번째 표본을 선정하면 500명의 표본을 계통추출하게 된다. 1~800명 중에서 한 명을 랜덤하게 추출하고 추출된 표본으로부터 매 800번째 표본을 선정하면 표본의 크기가 250명이 되어 500명을 표본추출하는 예산의 범위를 초과하지 않지만, 매 200명마다 한 명씩 뽑게 되면 표본의 크기가 1,000명이 되어 500명을 표본추출하는 예산의 범위를 초과하게 된다.

80

5,000명으로 구성된 모집단에서 500명을 뽑아 연구를 하고자 할 때 첫 번째 사람은 무작위로 추출하고 그 다음부터는 목록에서 매 10번째 사람을 뽑아 표본을 구성하는 표본추출방법은? [13] [18] [21]

① 층화(Stratified)표본추출
② 편의(Convenience)표본추출
③ 체계적(Systematic) 표본추출
④ 단순무작위(Simple Random)표본추출

해설

모집단의 크기가 5,000명이고 표본의 크기가 500명이므로 1~10명 중에서 한 명을 랜덤하게 추출하고 추출된 표본으로부터 매 10번째 표본을 선정하면 500명의 표본을 계통추출하게 된다.

81

계통표본추출(Systematic Sampling)에 관한 설명으로 틀린 것은? [17]

① 최초의 표본을 무작위로 선정한다.
② 표집간격이 속성에 영향을 미치는 주기와 일치하는 경우에 적용하는 것이 좋다.
③ 단순무작위표본추출과 비교해 볼 때 층화의 효과를 가져올 수 있다.
④ 1~1,000번의 일련번호 중에서 50개를 계통표집하는 경우 최초 표본으로 20번이 표집될 수도 있다.

해설

모집단의 단위들이 고르게 분산되어 있지 않고 어떠한 유형(주기성)을 가지고 배열되어 있으면 표본의 대표성에 문제가 발생한다.

82

주기성(Periodicity)은 어떤 표본추출방법을 활용할 때 주의해야 할 문제인가? 13

① 단순무작위(Simple Random)표본추출
② 체계적(Systematic) 표본추출
③ 할당(Quota)표본추출
④ 군집(Cluster)표본추출

[해설]
모집단 요소의 목록표를 이용하여 최초의 표본단위만 무작위로 추출하고, 나머지는 일정한 간격을 두고 표본을 추출하는 방법으로 모집단의 단위가 고르게 분산되어 있지 않고 주기성을 띨 때 표본의 대표성에 문제가 발생한다.

83

전화번호부, 방송연감이나 기타 명부를 토대로 표본을 추출할 때 유리한 표본추출방법은? 04 08

① 단순무작위표본추출
② 계통표본추출
③ 층화표본추출
④ 군집표본추출

[해설]
계통표본추출(Systematic Sampling)
모집단 요소의 목록표를 이용하여 최초의 표본단위만 무작위로 추출하고, 나머지는 일정한 간격을 두고 표본을 추출하는 방법으로 전화번호부와 같은 명부를 토대로 표본을 추출할 때 유리한 표본추출방법이다.

84

표본추출법에 관한 설명으로 타당한 것은? 05 08

① 다단계 군집표본추출에서 일차표본추출의 요소는 분석의 단위와 일치한다.
② 체계적 무작위표본추출은 요소의 목록이 표본추출간격과 일치하는 주기성(Periodicity)을 지닐 때 매우 편향된 표본이 뽑힐 수 있다.
③ 난수표는 확률표본추출이 어려울 경우에 사용되는 대안적인 표본추출도구이다.
④ 의도적 표본추출(Purposive Sampling)은 연구주제와 관련된 표본의 질에 관계없이 연구자가 편의대로 표본을 추출하는 것이다.

[해설]
모집단의 단위들이 고르게 분산되어 있지 않고 어떠한 유형(주기성)을 가지고 배열되어 있으면 표본의 대표성에 문제가 발생한다.

정답 82 ② 83 ② 84 ②

85

1,000명을 번호 순서대로 배열한 모집단에서 4번이 처음 무작위로 선정되고 9번, 14번, 19번, … 등이 차례로 체계적(Systematic) 표집을 통해 선정되었다. 이 표집에서 표집간격(ㄱ)과 표본수(ㄴ)가 바르게 짝지어진 것은? [16] [20]

① ㄱ : 4, ㄴ : 200
② ㄱ : 4, ㄴ : 250
③ ㄱ : 5, ㄴ : 200
④ ㄱ : 5, ㄴ : 250

해설

표집간격과 표본수
모집단에서 4번이 처음 무작위로 선정된 후 9번을 뽑았으므로 표집간격은 $9-4=5$가 된다. 표본수는 모집단의 크기를 표본의 크기로 나눈 것으로 $1000/5 = 200$이 된다.

86

다음 사례의 표본추출방법은? [03] [10]

> 연구자가 면접자에게 성, 연령과 같은 인구학적 변수들에 근거하여 모집단의 구성원들을 하위집단으로 나누고, 그 하위집단의 구성비에 비례하여 응답자를 선별하도록 요구하였다. 이를테면, 연구자는 면접자에게 20대 이하에서는 남자 15명과 여자 12명을, 30대에서는 남자 여자 똑같이 14명씩을, 40대 이상에서는 남자 20명과 여자 25명을 면접할 것을 요구한다.

① 층화(Stratification)표집
② 집락(Cluster)표집
③ 유의(Purposive)표집
④ 할당(Quota)표집

해설

할당표본추출(Quota Sampling)
모집단이 여러 가지 특성으로 구성되어있는 경우 각 특성에 따라 층을 구성한 다음 층별 크기에 비례하여 표본을 배분하거나 동일한 크기의 표본을 조사원이 그 층 내에서 직접 선정하여 조사하는 방법이다.
- 확률표본추출방법의 층화추출법과 유사하며, 마지막 표본의 선정이 랜덤하게 선정되지 않고 조사원의 주관에 의해서 선정된다는 차이점이 있다.
- 할당표본추출은 모집단에 대한 사전지식에 기초한다.
- 비확률표본추출이기 때문에 분석결과의 일반화에 제약이 따른다.
- 무작위표집보다 적은 비용으로 표본을 추출할 수 있다.

87

할당표본추출(Quota Sampling)에 관한 설명으로 틀린 것은? 06 12

① 조사내용에 영향을 주는 주요 통제요소를 설정하고, 표본추출 크기는 모집단에서의 해당 요소별 점유 비율에 따라 할당한다.
② 표본추출의 할당비율은 조사자가 임의로 선정할 수 있다.
③ 할당표본추출에 따른 결과의 정확성에 대한 통계적 추론은 가능하다.
④ 무작위표집보다 적은 비용으로 표본을 추출할 수 있다.

해설
86번 문제 해설 참고

88

다음 사례에 해당하는 표집방법은? 16

> 서울의 지역사회체육관에 근무하는 종사자의 직무만족도를 조사하기 위하여 설문조사를 실시하였다. 표본은 서울시 각 구별 체육관 종사자 비율에 따라 결정된 인원수를 작위적으로 모집하였다.

① 눈덩이표집(Snowball Sampling)
② 할당표집(Quota Sampling)
③ 비비례층화표집(Disproportionate Stratified Sampling)
④ 군집표집(Cluster Sampling)

해설
표본을 서울시 각 구별 체육관 종사자 비율에 따라 무작위(Random)으로 표본을 추출하면 비례층화표집법이 되고 작위적으로 표본을 추출하면 할당표집법이 된다.

89

할당표본추출법(Quota Sampling)에 대한 설명과 가장 거리가 먼 것은? [19]

① 최종단계의 표본추출방식을 제외한다면 전체적으로는 층화표본추출법과 유사하다.
② 조사주제와 관련하여 모집단의 동질성이 크면 클수록 그 효과가 극대화된다.
③ 할당량 설정 후 표본 구성요소의 추출에서 조사원에 의한 편견이 개입될 가능성이 있다.
④ 최종단계에서의 표본이 확률적으로 이루어지지 않으므로 비확률표본추출법으로 보아야 한다.

[해설]
할당표본추출법의 특징
- 확률표본추출방법의 층화추출법과 유사하며, 마지막 표본의 선정이 랜덤하게 선정되지 않고 조사원의 주관에 의해서 선정된다는 차이점이 있다.
- 할당표본추출은 모집단에 대한 사전지식에 기초한다.
- 비확률표본추출이기 때문에 분석결과의 일반화에 제약이 따른다.
- 무작위표집보다 적은 비용으로 표본을 추출할 수 있다.

90

2001년 타임지는 한국, 태국, 홍콩, 싱가포르, 필리핀 5개국을 대상으로 혼외정사에 관한 설문조사를 실시한 적이 있다. 타임지는 면접자들로 하여금 질문지를 들고 서울시 여러 지역의 길거리로 나가 응답자를 찾아 설문조사를 실시한 적이 있다. 이때 사용된 표집(Sampling)방법은 무엇인가? [03]

① 무작위표집(Random Sampling)
② 지역표집(Area Sampling)
③ 눈덩이표집(Snowball Sampling)
④ 편의표집(Convenience Sampling)

[해설]
표본추출방법(Sampling Method)
- 무작위표집(Random Sampling) : 크기 N인 모집단으로부터 크기 n인 표본을 추출할 때 $\binom{N}{n}$가지의 모든 가능한 표본을 동일한 확률로 추출하는 방법이다.
- 지역표집(Area Sampling) : 집락추출법의 일종으로 집락이 지역인 경우의 집락추출법을 지역추출법이라 한다.
  [예] 서울 시내를 지역별로 구분하여 선정된 지역에서만 목록을 작성하여 표본을 추출하는 경우
- 눈덩이표집(Snowball Sampling) : 눈덩이를 굴리면 커지는 것처럼 소수의 응답자를 찾은 다음 이들과 비슷한 사람들을 소개받아 가는 식으로 표본을 추출하는 방법이다.
  [예] 마약중독자, 불법체류자 등과 같은 표본을 찾기 힘든 경우 한두 명을 조사한 후 비슷한 환경의 사람을 소개받아 조사하는 경우
- 편의표집(Convenience Sampling) : 모집단에 대한 정보가 전혀 없거나 모집단의 구성요소들 간의 차이가 별로 없다고 판단될 때 표본선정의 편리성에 기준을 두고 조사자가 마음대로 표본을 선정하는 방법이다.
  [예] 길거리에서 만난 사람을 대상으로 표본조사를 하는 경우

91

다음 중 확률표본추출방법을 적용할 수 없는 경우는?

① 전국 세대주(모집단)를 전화번호부로 표집할 경우
② 서울시 거주 유권자(모집단)를 서울역에서 표집할 경우
③ 전국 유권자(모집단)를 선거인 명부로 표집할 경우
④ 전국 대입 수험생(모집단)을 수능시험 응시자 명단으로 표집할 경우

해설
서울시 거주 유권자(모집단)를 서울역에서 조사자가 마음대로 표본을 선정하는 방법은 편의표집에 해당한다.

92

우리나라 평생교육의 실태와 문제점을 파악하고 제도적 개선책을 마련하기 위한 설문조사를 실시하기로 하고, 질문의 적용가능성과 조사도구의 타당성 등을 검토하기 위하여 일차적으로 평생교육 전문가로 판단되는 사람 20명을 골라 이들을 대상으로 사전검사(Pre-test)를 실시하였다고 하자. 이 조사에서 활용한 표본 추출방법은 다음 중 어디에 속하는가?

① 유의표집(Purposive Sampling)
② 할당표집(Quota Sampling)
③ 눈덩이표집(Snowball Sampling)
④ 계통표집(Systematic Sampling)

해설
유의표집(Purposive Sampling)
모집단의 특성에 대해서 조사자가 정확히 알고 있는 경우에 제한적으로 사용하는 방법으로 조사자의 주관적 판단에 따라 표본을 추출하는 방법이다.

93

표본추출에 대한 설명과 가장 거리가 먼 것은?

① 일반적으로 비확률표본추출은 확률표본추출보다 신뢰수준이 낮다.
② 의도적 표본추출은 모집단의 성원을 동질적인 계층으로 집단화해야 한다.
③ 확률표본추출은 비확률표본추출보다 더 대표성이 있는 표본을 선정할 수 있다.
④ 모집단의 특성에 대한 정보가 존재할 경우 할당표집을 사용할 수 있다.

해설
② 모집단의 성원을 동질적인 계층으로 집단화하여 표본을 추출하는 비확률추출방법은 할당추출법이다.

의도적 표본추출, 유의표본추출(Purposive Sampling)
모집단의 특성에 대해서 조사자가 정확히 알고 있는 경우에 제한적으로 사용하는 방법으로 조사자의 주관적 판단에 따라 표본을 추출하는 방법이다.

94

어떤 백화점 출입구에서 가전제품에 대한 만족도 조사를 하고 있다. 이런 조사는 다음 중 어느 것에 해당되는가? `04`

① 무작위표본(Random Sample)조사
② 할당표본(Quota Sample)조사
③ 계통표본(Systematic Sample)조사
④ 가용표본(Available Sample)조사

해설

가용표본추출(Available Sampling)
가용표본추출은 비확률표본추출로서 조사에 쉽게 동원할 수 있는 표본을 대상으로 표본을 추출하는 방법이다.
예 연구자의 가족이나 친척, 친구, 이웃 등을 표본으로 이용하는 경우

95

눈덩이표본추출이 필요한 경우로 가장 적합한 것은? `07` `11`

① 불법체류 노동자
② 수도권지역의 치매노인
③ 섬 주민들
④ 핸드폰 사용자

해설

눈덩이표본추출(Snowball Sampling)
눈덩이를 굴리면 커지는 것처럼 소수의 응답자를 찾은 다음 이들과 비슷한 사람들을 소개받아 가는 식으로 표본을 추출하는 방법이다.
예 마약중독자, 불법체류자 등과 같은 표본을 찾기 힘든 경우 한두 명을 조사한 후 비슷한 환경의 사람을 소개받아 조사하는 경우

96

다음의 표본추출법과 가장 관계가 높은 것은? `04`

> 노숙인, 불법체류자 등과 같이 특정 모집단에서 구성원들을 찾아내기 어려울 때 목표모집단 구성원의 일부에 대한 자료를 수집한 다음, 그들이 알고 있는 다른 구성원들의 정보를 수집할 때 주로 사용하는 표본추출 방법이다.

① 할당표본추출
② 눈덩이표본추출
③ 계통표본추출
④ 단순무작위표집

해설

95번 문제 해설 참고

97

노숙자나 불법체류 노동자처럼 특정 모집단에서 구성원들을 찾아내기가 어려울 때 사용하기에 가장 적합한 표본추출방법은? 07 18

① 할당표본추출
② 눈덩이표본추출
③ 단순무작위표본추출
④ 군집표본추출

해설

95번 문제 해설 참고

98

처음에는 소수의 응답자들을 찾아내어 면접하고, 다음 단계에서는 이들이 소개한 사람들을 면접하는 방식으로 표본크기를 늘려 가는 표본추출방법은? 09 17 20

① 편의표집
② 누적표집
③ 유의표집
④ 눈덩이표집

해설

95번 문제 해설 참고

99

조사대상이 되는 소수의 응답자들을 표집한 후 그 응답자들을 활용하여 유사한 속성의 대상을 소개받아 정보를 표집하는 것은? 19

① 유의표집(Purpose Sampling)
② 연속표집(Sequential Sampling)
③ 눈덩이표집(Snowball Sampling)
④ 단순무작위표집(Simple Random Sampling)

해설

95번 문제 해설 참고

정답 97 ② 98 ④ 99 ③

100

다음 중 표본추출방법에 대한 설명으로 틀린 것은? 09

① 눈덩이표본추출(Snowball Sampling)은 확률통계방법을 사용할 수 있다.
② 편의표본추출(Convenience Sampling)은 쉽게 이용 가능한 대상들을 표본으로 선택한다.
③ 유의표본추출(Purposive Sampling)은 연구자의 주관적 판단과 관계가 높다.
④ 할당표본추출(Quota Sampling)은 모집단을 일정한 수의 범주로 구분한다.

해설

눈덩이표본추출은 눈덩이를 굴리면 커지는 것처럼 소수의 응답자를 찾은 다음 이들과 비슷한 사람들을 소개받아 가는 식으로 표본을 추출하는 방법으로 비확률표본추출방법이다.

101

연구자가 모집단의 성격에 대해서 전혀 정보를 갖고 있지 못하거나, 표본추출프레임이 없을 때 가장 적합한 표본추출방법은? 05 21

① 계통적 표본추출
② 층화표본추출
③ 할당표본추출
④ 눈덩이표본추출

해설

비확률표본추출법(Nonprobability Sampling Method)
모집단의 성격에 대한 정보가 없거나 연구대상이 표본으로 추출될 확률이 알려져 있지 않을 때 작위적으로 표본을 추출하는 방법이다.
- 할당표본추출 : 모집단이 여러 가지 특성으로 구성되어있는 경우 각 특성에 따라 층을 구성한 다음 층별 크기에 비례하여 표본을 배분하거나 동일한 크기의 표본을 조사원이 그 층 내에서 직접 선정하여 조사하는 방법이다. 확률표본추출방법의 층화추출법과 유사하며, 마지막 표본의 선정이 랜덤하게 선정되지 않고 조사원의 주관에 의해서 선정된다는 차이점이 있다. 또한 할당표본추출은 모집단에 대한 사전지식에 기초한다.
- 눈덩이표본추출 : 눈덩이를 굴리면 커지는 것처럼 소수의 응답자를 찾은 다음 이들과 비슷한 사람들을 소개받아 가는 식으로 표본을 추출하는 방법이다.

102

마약을 거래하는 사람들을 대상으로 경찰에 대한 인식을 표본조사하려고 한다. 다음 중 가장 적절한 표집방법은? 06

① 단순무작위표집(Random Sampling)
② 연속표집(Sequential Sampling)
③ 눈덩이표집(Snowball Sampling)
④ 유의표집(Purpose Sampling)

해설

눈덩이표집(Snowball Sampling)
눈덩이를 굴리면 커지는 것처럼 소수의 응답자를 찾은 다음 이들과 비슷한 사람들을 소개받아 가는 식으로 표본을 추출하는 방법이다.

예 마약중독자, 불법체류자 등과 같은 표본을 찾기 힘든 경우 한두 명을 조사한 후 비슷한 환경의 사람을 소개받아 조사하는 경우

103

가출 청소년, 성폭력 피해 청소년 등 특정 모집단의 구성원을 찾기가 어렵거나 표집틀을 구성하는 것이 현실적으로 불가능한 경우에 유용하게 사용될 수 있는 표본추출방법은? 12

① 할당표본추출(Quota Sampling)
② 편의표본추출(Convenience Sampling)
③ 눈덩이표본추출(Snowball Sampling)
④ 군집표본추출(Cluster Sampling)

해설

102번 문제 해설 참고

104

눈덩이표집(Snowball Sampling)에 관한 설명으로 옳은 것은?

> ㄱ. 표본대상들이 쉽게 노출된다.
> ㄴ. 일반화되기 어렵다.
> ㄷ. 표본오차를 알기가 어렵다.
> ㄹ. 서로 독립적인 대상을 추출할 때 용이하다.

① ㄱ, ㄷ
② ㄱ, ㄹ
③ ㄴ, ㄷ
④ ㄴ, ㄹ

해설

눈덩이표집(Snowball Sampling)
눈덩이를 굴리면 커지는 것처럼 소수의 응답자를 찾은 다음 이들과 비슷한 사람들을 소개받아 가는 식으로 표본을 추출하는 방법으로 표본대상들이 쉽게 노출되지 않으며, 서로 독립적이지 않다. 비확률표본추출방법이기 때문에 일반화하기는 어렵고 표본오차를 알 수 없다.

105

해마다 줄어들고 있는 제비의 개체 수를 파악하기 위해 2001년 여름에 200마리의 제비를 잡아서 다리에 태그를 붙였다. 2002년 여름에 50마리의 제비를 잡아서 확인해 본 결과 20마리에서 태그를 발견할 수 있었다. 우리나라의 제비의 개체 수는?

① $200 \times \dfrac{50}{20} = 500$

② $200 \times \dfrac{20}{50} = 80$

③ $200 \times \dfrac{20}{50} - 10 = 70$

④ $200 \times \dfrac{50}{20} - 10 = 490$

해설

포획 재포획 추출법(Capture Recapture Sampling)
$x : 200 = 50 : 20$
$\therefore x = \dfrac{200 \times 50}{20} = 500$

106

여론조사 예측실패의 고전적 사례인 1936년 미국 대통령 선거에서 『Literary Digest』 잡지사가 구독자들을 상대로 실시한 대선 여론조사 결과에서 루스벨트 대통령 당선 예측에 실패한 주된 이유는? 03 06

① Alf Landon 공화당 대통령 후보가 여론조사비를 지원했기 때문이다.
② Franklin Roosevelt 민주당 후보 지지자들이 거짓 응답을 했기 때문이다.
③ 조사대상자인 잡지 구독자들의 표본이 중상류계층 사람들로 집중되어 있었기 때문이다.
④ 당시 여론조사 설문의 표현방식(Wording)이 세련되지 못했기 때문이다.

해설

표본의 대표성
리터러리 다이제스트사는 다이제스트 잡지를 구독하는 사람들을 조사대상으로 전화 여론조사를 하였는데, 그 당시 미국은 1929년의 대공황의 여파가 남아 있어 잡지 구독계층과 전화 소유가정은 거의 대부분 공화당 후보인 랜든을 지지하는 중상류층이었다. 즉, 모집단을 대표하지 못하는 편중된 표본을 추출했기 때문에 예측에 실패하였다.

107

다음 중 우연적으로 추출된 표본들의 평균치들의 분포의 표집분포가 가지는 특징이 아닌 것은? 05 07

① 표본이 클 경우 모집단이 정규분포가 아니더라도 표집분포는 정규분포를 이룬다.
② 표집분포의 분산은 표본이 추출된 모집단의 분산과 같다.
③ 표집분포의 평균은 표본이 추출된 모집단의 평균과 같다.
④ 표본의 크기를 크게 할수록 표집분포의 분산도(Dispersion)는 적어진다.

해설

중심극한정리(Central Limit Theorem)
표본의 크기($n \geq 30$)가 커짐에 따라 모집단의 분포와 관계없이 표본평균 $\overline{X}$의 분포는 기대값이 모평균 μ이고, 분산이 $\dfrac{\sigma^2}{n}$인 정규분포에 근사한다.

$$\overline{X} \sim N\left(\mu,\ \frac{\sigma^2}{n}\right),\ n \to \infty$$

108

표본의 규모 n이 커질수록 평균의 표본분포가 정규분포를 따르게 되는데 그 이유를 무엇으로 설명할 수 있는가? 08

① 최소자승의 원리
② 중심극한정리
③ 베이즈정리(Bayesian Theorem)
④ 회귀경향성

해설

107번 문제 해설 참고

109

여론조사에서 조사기관이 정상적으로 수행할 수 있는 능력 이상으로 대규모의 조사를 하면 오히려 모수 추정에 있어 실패하는 경우가 있는데 이에 대한 설명으로 틀린 것은? 03 19

① 실제로 여론조사에서 그 크기를 추정할 수 있는 오차는 표본오차뿐이다.
② 비표본오차는 정확하게 추정하기가 어렵고 표본오차보다 훨씬 클 수도 있다.
③ 표본수를 증가시키면 비표본오차는 줄어든다.
④ 조사기관의 역량에 맞는 규모의 조사를 수행하는 것이 좋다.

해설

표본수를 증가시키면 표본오차는 감소하지만 비표본오차는 증가한다.

110

표본의 크기와 관련된 설명 중 틀린 것은? 04

① 표본의 크기는 분석할 변수 및 범주와 관련이 없다.
② 표본의 크기가 증가하면 표본오차는 감소한다.
③ 표본의 크기는 모집단의 성격에 따라 영향을 받는다.
④ 표본의 크기는 모수치의 추정 시 신뢰수준의 정도에 영향을 준다.

해설

표본크기 결정요인
- 모집단의 성격(모집단의 이질성 여부)
- 통계분석 기법
- 허용오차의 크기
- 조사목적의 실현 가능성
- 신뢰수준
- 표본추출방법
- 변수 및 범주의 수
- 소요시간, 비용, 인력(조사원)
- 조사가설의 내용
- 모집단의 표준편차

111

표본의 크기를 결정할 때 중요하지 않은 것은? 07 12

① 조사목적의 실현 가능성
② 조사비용의 허용 한계
③ 표집오차의 허용 범위
④ 연구책임자의 리더십 한계

해설

110번 문제 해설 참고

정답 110 ① 111 ④

112

다음 중 표본의 크기에 관한 설명으로 틀린 것은? 09 14

① 모집단의 동질성 정도에 따라 표본의 크기는 영향을 받는다.
② 분석변수의 수가 증가할수록 표본의 크기는 커져야 한다.
③ 표본의 크기가 클수록 표준오차(Standard Error)도 커진다.
④ 표본의 크기는 모수치의 추정 시 신뢰수준의 정도에 영향을 준다.

해설
표본의 크기가 클수록 표준오차는 작아진다.

113

표본의 크기결정을 위한 고려사항과 가장 거리가 먼 것은? 11

① 타당도
② 신뢰수준
③ 오차의 한계
④ 모집단의 표준편차

해설
표본크기 결정요인
- 모집단의 성격(모집단의 이질성 여부)
- 통계분석 기법
- 허용오차의 크기
- 조사목적의 실현 가능성
- 신뢰수준
- 표본추출방법
- 변수 및 범주의 수
- 소요시간, 비용, 인력(조사원)
- 조사가설의 내용
- 모집단의 표준편차

114

표본의 크기를 결정하는데 고려해야 되는 요인과 가장 거리가 먼 것은? 10

① 신뢰도
② 연구책임자의 리더십
③ 모집단의 동질성
④ 수집된 자료가 분석되는 범주의 수

해설
113번 문제 해설 참고

115

표본의 크기를 결정하는 요소가 아닌 것은? 12 16 20

① 조사가설의 내용
② 연구자의 수
③ 조사비용의 한도
④ 모집단의 동질성

해설
113번 문제 해설 참고

116

표본의 크기를 결정함에 있어서 고려할 요인과 거리가 가장 먼 것은? 18

① 분석결과의 일반화 가능성
② 측정수준
③ 조사주제와 관련한 모집단의 동질성
④ 조사의 기간 및 비용

해설
113번 문제 해설 참고

정답 115 ② 116 ②

117

표본의 크기에 대한 설명으로 옳지 않은 것은? [20]

① 표본의 크기가 커질수록 표본오차(Sampling Error)는 줄어든다.
② 잘 선정된 표본이라면 표본의 규모가 반드시 크지 않더라도 모집단을 효율적으로 대표할 수 있다.
③ 모집단의 크기가 클수록, 그리고 모집단의 동질성이 강할수록 표본의 크기는 커져야 한다.
④ 표본의 크기를 결정하는 데는 모집단의 크기, 표본추출방법, 조사를 위해 활용가능한 자원의 양 등이 고려되어야 한다.

해설
모집단의 이질성이 강할수록 표본의 크기는 커져야 한다.

118

표본의 크기에 대한 설명으로 틀린 것은? [21]

① 표본크기가 증가하면 비표집오차가 감소한다.
② 표본크기가 증가하면 자료수집 및 처리에 필요한 비용은 증가한다.
③ 표본의 크기를 결정할 때 모집단의 표준편차 및 표준오차의 허용범위를 고려해야 한다.
④ 표본의 크기를 결정할 때 연구목적이라는 학문적 목적과 시간 및 비용이라는 현실적 기준을 조화시켜야 한다.

해설
표본의 크기가 증가하면 표준오차는 감소하며, 비표본오차는 증가한다.

119

다음 중 표본의 크기 결정에 관한 설명으로 틀린 것은? [08]

① 모집단 요소들 간의 동질성이 고려되어야 한다.
② 표본의 신뢰도 등은 외적요인에 해당된다.
③ 질문의 내용이나 형식 등도 표본크기에 영향을 미친다.
④ 일반적으로 다변량 분석을 하기 위해서는 더 큰 표본이 필요하다.

해설
표본크기 결정요인
- 내적요인 : 신뢰도, 정도
- 외적요인 : 모집단의 성격(모집단의 이질성 여부), 표본추출방법, 통계분석 기법, 변수 및 범주의 수, 소요시간, 비용, 인력(조사원), 조사목적의 실현 가능성, 조사가설의 내용

120

표본크기에 관한 옳은 설명을 모두 고른 것은? 13 16

> ㄱ. 모집단의 특성이 이질적일 경우 동질적일 때보다 표본의 크기가 커야 한다.
> ㄴ. 표본의 크기는 주로 확률표본추출과 관련된 문제이다.
> ㄷ. 한 변수 내에 분석되는 범주의 수가 많을수록 통계적 신뢰성을 높이는 데 필요한 전체표본의 수는 증가한다.
> ㄹ. 조건이 동일하다면 층화표본추출방법은 단순무작위표본추출방법보다 상대적으로 적은 수의 표본을 사용한다.

① ㄱ, ㄴ
② ㄱ, ㄷ, ㄹ
③ ㄴ, ㄷ, ㄹ
④ ㄱ, ㄴ, ㄷ, ㄹ

해설

표본크기 결정
- 모집단의 성격 : 모집단의 특성이 이질적이면 동질적일 때보다 표본의 크기를 크게 한다.
- 표본추출방법 : 표본크기는 주로 확률표본추출법과 관련되며, 동일 조건하에서 층화추출법은 단순임의추출법보다 상대적으로 적은 수의 표본을 사용한다.
- 변수 및 범주의 수 : 변수 및 범주의 수가 많으면 많을수록 표본의 수를 증가시킨다.

121

특정 지역 전체인구의 3/4은 A 구역에, 1/4은 B 구역에 분포되어 있고, A, B 두 구역의 인구가 다 같이 40%가 고졸자이고 60%가 대졸자라고 가정하자. 이들 A, B 두 구역의 할당표본표집의 크기를 1,000명으로 제한한다면, A 구역의 고졸자와 대졸자는 각 몇 명씩 조사해야 하는가? 14 17

① 고졸 100명, 대졸 150명
② 고졸 150명, 대졸 100명
③ 고졸 450명, 대졸 300명
④ 고졸 300명, 대졸 450명

해설

표본크기 결정
- A 구역의 고졸자 표본크기 : $1000 \times \frac{3}{4} \times 0.4 = 300$
- A 구역의 대졸자 표본크기 : $1000 \times \frac{3}{4} \times 0.6 = 450$

122

표본크기를 크게 할 필요가 없는 경우로 가장 적합한 것은?

① 허용오차를 낮추려 할 때
② 모집단이 상대적으로 동질적일 때
③ 종단연구에서 시간경과에 따른 사례탈락 가능성을 고려할 때
④ 동일한 허용오차에서 신뢰수준(Level of Confidence)을 높이려 할 때

해설

신뢰수준을 증가시키면 표본의 크기는 증가하고, 허용오차를 증가시키면 표본의 크기는 감소한다. 모집단이 상대적으로 동질적이라면 적절한 표본크기를 유지하여도 표본의 대표성을 확보할 수 있다.

123

표본크기와 표집오차에 대한 설명으로 틀린 것은?

① 자료수집방법은 표본크기와 관련이 있다.
② 표본크기가 커질수록 모수와 통계치의 유사성이 작아진다.
③ 표집오차가 커질수록 표본이 모집단을 대표하는 정확성이 낮아진다.
④ 동일한 표집오차를 가정한다면, 분석변수가 많아질수록 표본크기는 커져야 한다.

해설

표본의 크기가 커질수록 통계치는 모수에 수렴하므로 유사성은 커진다.

124

보건복지부에서는 매년 초등학교 학생들의 신체 발육상태를 조사 비교하기 위하여 전국 어린이들을 상대로 무작위 표본추출에 의하여 추출된 표본조사를 실시하고 있다. 금년에도 초등학교 6학년 어린이들에 대하여 중점적으로 신체검사를 실시하기로 하였다. 정밀도를 4cm로 하고, 신뢰도를 95.44%(이때의 정규분포 Z - score = 2.0)로 하고자 한다. 그리고 지난해의 자료에 의하면 표준편차는 20cm라고 한다. 표본크기는 얼마가 되어야 하겠는가?

① 90
② 100
③ 110
④ 120

해설

모평균의 추정에 필요한 표본크기 결정

$X_1, X_2, \cdots, X_n$이 평균이 μ, 분산이 σ^2인 모집단에서의 확률표본일 때 모평균 μ의 $100(1-\alpha)\%$ 신뢰구간은 $\overline{X} \pm z_{\frac{\alpha}{2}} \frac{\sigma}{\sqrt{n}}$ 이다. 여기서, $\frac{\sigma}{\sqrt{n}}$을 표준오차라 하고, $z_{\frac{\alpha}{2}} \frac{\sigma}{\sqrt{n}}$을 추정오차(오차한계)라 하며, 추정오차가 d 이내가 되도록 하려면 $z_{\frac{\alpha}{2}} \frac{\sigma}{\sqrt{n}} = d$ 으로부터, $n = \left(\frac{z_{\frac{\alpha}{2}} \times \sigma}{d}\right)^2$에 의하여 표본의 크기 n을 결정할 수 있다.

$$\therefore n \geq \left(\frac{z_{\frac{\alpha}{2}} \times \sigma}{d}\right)^2 = \left(\frac{2 \times 20}{4}\right)^2 = 100$$

125

지역 대학생들의 월 평균 용돈을 조사하였더니 전체 학생들의 표준편차는 5만 원이었다. 표본조사를 통하여 95% 신뢰수준, 표준오차 0.5만 원 이내에서 전체 학생들의 평균 용돈액수를 추정하고자 할 때 필요한 최소 표본수는? 09

① 383
② 385
③ 387
④ 389

해설

모평균의 추정에 필요한 표본크기 결정

$X_1, X_2, \cdots, X_n$이 평균이 μ, 분산이 σ^2인 모집단에서의 확률표본일 때 모평균 μ의 $100(1-\alpha)\%$ 신뢰구간은 $\overline{X} \pm z_{\frac{\alpha}{2}} \frac{\sigma}{\sqrt{n}}$ 이다. 여기서, $\frac{\sigma}{\sqrt{n}}$을 표준오차라 하고, $z_{\frac{\alpha}{2}} \frac{\sigma}{\sqrt{n}}$을 추정오차(오차한계)라 하며, 추정오차가 d 이내가 되도록 하려면 $z_{\frac{\alpha}{2}} \frac{\sigma}{\sqrt{n}} = d$으로부터, $n = \left(\frac{z_{\frac{\alpha}{2}} \times \sigma}{d}\right)^2$에 의하여 표본의 크기 n을 결정할 수 있다.

$$\therefore n \geq \left(\frac{z_{\frac{\alpha}{2}} \times \sigma}{d}\right)^2 = \left(\frac{1.96 \times 5}{0.5}\right)^2 = 384.16$$

126

1968년 Gallup사는 7천만 명의 유권자 중 2,000명의 확률표본을 이용하여 R.Nixon 후보가 43% 지지를 얻을 것으로 예측하였다. 실제 결과는 Nixon 후보가 42%의 지지를 얻었다. 만일 어느 해 우리나라 대통령 선거결과 예측조사에서 P 후보의 지지율이 50%이면 당선이 확실하다고 가정하자. 99%의 신뢰수준에서 2.15%의 정밀도를 유지한다면 요구되는 표본의 크기는? 03

① 7,200명
② 3,600명
③ 1,600명
④ 400명

해설

모비율의 추정에 필요한 표본크기 결정

모비율 p에 대한 $100(1-\alpha)\%$ 신뢰구간은 $\hat{p} \pm z_{\frac{\alpha}{2}}\sqrt{\frac{\hat{p}(1-\hat{p})}{n}}$ 이다.

여기서 $\sqrt{\frac{\hat{p}(1-\hat{p})}{n}}$ 을 표준오차라 하고, $z_{\frac{\alpha}{2}}\sqrt{\frac{\hat{p}(1-\hat{p})}{n}}$ 을 추정오차(오차한계)라 하며, 추정오차가 d 이내가 되도록 하려면 $z_{\frac{\alpha}{2}}\sqrt{\hat{p}(1-\hat{p})/n} = d$ 로부터, $n = \hat{p}(1-\hat{p})\left(\frac{z_{\frac{\alpha}{2}}}{d}\right)^2$ 에 의하여 표본의 크기 n을 결정할 수 있다.

$$\therefore n \geq \hat{p}(1-\hat{p})\left[\frac{z_{\frac{\alpha}{2}}}{d}\right]^2 = 0.5 \times 0.5 \times \left(\frac{2.58}{0.0215}\right)^2 = 3600$$

127

갑, 을, 병 세 연구소가 각기 새만금 간척 사업에 대한 여론조사를 실시한 결과가 다음과 같다. 세 연구소의 표본크기는 모두 1,000명이다. 표집오차(Sampling Error)가 가장 큰 연구소는? 03 21

> 갑 : 찬성 90%, 반대 10%
> 을 : 찬성 50%, 반대 50%
> 병 : 찬성 40%, 반대 60%

① 갑
② 을
③ 병
④ 표본의 크기가 같기 때문에 세 표본의 표집오차는 모두 동일하다.

해설

모비율 p의 표집오차

모비율 p에 대한 $100(1-\alpha)\%$ 신뢰구간은 $\hat{p} \pm z_{\frac{\alpha}{2}} \sqrt{\dfrac{\hat{p}(1-\hat{p})}{n}}$ 이다.

여기서 $\sqrt{\dfrac{\hat{p}(1-\hat{p})}{n}}$ 을 표준오차라 하고, $z_{\frac{\alpha}{2}} \sqrt{\dfrac{\hat{p}(1-\hat{p})}{n}}$ 을 표집오차라 한다.

표본크기 n과 신뢰계수 $z_{\frac{\alpha}{2}}$ 가 고정되어 있기 때문에 표집오차를 최대화하기 위해서는 $\hat{p}(1-\hat{p})$이 최대가 되면 된다.

$f(p) = \hat{p}(1-\hat{p}) = -(\hat{p})^2 + \hat{p}$ 이 최대가 되기 위해서 $f'(p) = -2\hat{p} + 1 = 0$ 인 $\hat{p}$을 구하면 $\hat{p} = 0.5$ 이다.

128

유권자 1,044명을 대상으로 한 대통령선거 후보자 지지율 조사에서 오차한계는 95% 신뢰수준에서 ±3%였다. 이 조사에서 신뢰수준과 표본추출방법은 그대로 두고 추정오차를 1.0%로 낮추려면 표본의 크기를 얼마로 해야 하는가? 03 06

① 6,604
② 7,604
③ 8,604
④ 9,604

해설

모비율의 추정에 필요한 표본크기 결정

모비율 p에 대한 $100(1-\alpha)\%$ 신뢰구간은 $\hat{p} \pm z_{\frac{\alpha}{2}} \sqrt{\dfrac{\hat{p}(1-\hat{p})}{n}}$ 이다.

여기서 $\sqrt{\dfrac{\hat{p}(1-\hat{p})}{n}}$ 을 표준오차라 하고, $z_{\frac{\alpha}{2}} \sqrt{\dfrac{\hat{p}(1-\hat{p})}{n}}$ 을 추정오차(오차한계)라 하며, 추정오차가 d 이내가 되도록 하려면

$z_{\frac{\alpha}{2}} \sqrt{\hat{p}(1-\hat{p})/n} = d$ 로부터, $n \geq \hat{p}(1-\hat{p}) \left(\dfrac{z_{\frac{\alpha}{2}}}{d} \right)^2$ 에 의하여 표본의 크기 n을 결정할 수 있다.

$\therefore n \geq \hat{p}(1-\hat{p}) \left[\dfrac{z_{\frac{\alpha}{2}}}{d} \right]^2 = 0.5 \times 0.5 \times \left(\dfrac{1.96}{0.01} \right)^2 = 9604$

129

A 후보 지지율 50%, B 후보 지지율 45%, 표본 1,000명, 95% 신뢰구간에서 오차 ±3.10이었다. 이 경우 적절한 해석은? `06` `08` `12`

① A 후보의 지지율이 B 후보보다 5% 앞선다.
② A 후보의 실제지지율은 45%, B 후보는 50%로 B가 앞선다.
③ 신뢰구간이 95%이기에 B 후보를 앞지를 가능성은 전혀 없다.
④ A 후보가 B 후보를 완전히 앞서가고 있다고 단정할 수는 없다.

해설

④ A 후보의 지지율에 대한 신뢰구간과 B 후보의 지지율에 대한 신뢰구간이 서로 겹치므로 두 후보 중에 어느 쪽이 더 지지율이 높다고 단정할 수는 없다.

신뢰구간(Confidence Interval)
- A 후보의 지지율에 대한 신뢰구간 : 46.9~53.1%
- B 후보의 지지율에 대한 신뢰구간 : 41.9~48.1%

130

'어떤 학급의 영어성적이 편차가 작다'의 의미는? `08`

① 영어성적이 좋다.
② 영어성적이 나쁘다.
③ 영어성적이 고르다.
④ 영어성적에 관해 판단할 수 없다.

해설

편차(Deviation)
편차가 적다는 의미는 평균을 중심으로 자료가 집중되어 있다는 의미로 영어성적이 평균영어성적을 기준으로 고르게(비슷비슷하게) 분포되어 있음을 의미한다.

131

어느 신문에 대선 후보자들에 대한 지지도에 관한 여론조사 결과가 다음과 같이 나왔을 때의 설명으로 틀린 것은? `11` `16`

> 지지도 조사결과 95%의 신뢰수준에서 A 후보의 지지도는 25.5%, B 후보자에 대한 지지도는 23%, C 후보에 대한 지지도는 15%로 나왔다. 이 조사의 표본오차는 ±3.5%였다.

① A 후보의 지지도가 29%에서 22% 사이에 있을 확률은 100 중 95이다.
② A 후보의 지지도와 B 후보의 지지도는 오차범위 내에 있다.
③ B 후보의 지지도와 C 후보의 지지도는 오차범위 밖에 있다.
④ A 후보가 당선될 확률이 95%이다.

정답 129 ④ 130 ③ 131 ④

해설

오차범위(Error Range)
A 후보의 지지도가 가장 높다고 하여 당선될 확률이 95%라고 말할 수 없으며, 각 후보 지지도에 대한 표본오차를 고려해 오차범위 내에 있는지 밖에 있는지를 파악하여 각 후보의 지지율을 비교한다.

132

표본오차(Sampling Error)와 비표본오차(Non-sampling Error)에 대한 설명으로 옳은 것은? 18

① 확률표본에서는 비표본오차를 비교적 정확하게 측정할 수 있다.
② 표본오차는 타당도와 관계가 있고 비표본오차는 신뢰도와 관계가 있다.
③ 전수조사를 하면 표본오차를 완전히 제거할 수 있으나 비표본오차는 제거할 수 없다.
④ 표본오차는 조사설계 및 질문지 작성에서 발생한다.

해설
전수조사의 표본오차는 0이고, 비표본오차는 전수조사와 표본조사 모두에서 발생한다.

133

표집오차(Sampling Error)에 관한 설명으로 틀린 것은? 17

① 표본의 통계치와 모수 간의 차이를 의미한다.
② 일반적으로 표본규모가 클수록 감소한다.
③ 모집단의 크기에 비례한다.
④ 모집단의 동질성에 영향을 받는다.

해설

표본오차의 특징
- 모집단을 대표할 수 있는 전형적인 구성요소를 선택하지 못함으로써 발생하는 오차이다.
- 표본의 통계치와 모집단의 모수 간의 차이가 표본오차이다.
- 표본조사에서 표본오차를 전혀 없게 할 수는 없다.
- 각 조사연구에서 오차의 범위를 제시해 준다.
- 표본의 크기를 증가시키면 표본오차는 감소한다.
- 확률표본추출은 비확률표본추출보다 표본오차가 작다.
- 신뢰수준이 높을수록 표본오차는 커진다.

134

표본오차에 관한 옳은 설명을 모두 짝지은 것은?

> A. 표본이 클수록 표본오차는 작아진다.
> B. 표본오차란 모집단의 모수와 표본의 통계치 간의 차이를 의미한다.
> C. 확률표집은 비확률표집보다 표본오차가 작다.
> D. 신뢰수준이 높을수록 표본오차는 커진다.

① A, B, C
② A, C
③ B, D
④ A, B, C, D

해설

표본오차의 특징
- 모집단을 대표할 수 있는 전형적인 구성요소를 선택하지 못함으로써 발생하는 오차이다.
- 표본의 통계치와 모집단의 모수 간의 차이가 표본오차이다.
- 표본조사에서 표본오차를 전혀 없게 할 수는 없다.
- 각 조사연구에서 오차의 범위를 제시해 준다.
- 표본의 크기를 증가시키면 표본오차는 감소한다.
- 확률표본추출은 비확률표본추출보다 표본오차가 작다.
- 신뢰수준이 높을수록 표본오차는 커진다.

135

다음 중 표본오차(오차의 한계)를 줄이기 위한 노력이 아닌 것은?

① 표본의 크기를 늘리도록 한다.
② 신뢰수준을 작게 한다.
③ 효율적인 표본추출방법을 선택한다.
④ 모집단 크기를 크게 한다.

해설

표본오차를 감소시키기 위해서는 표본의 크기를 증가시키는 것이지 모집단의 크기를 증가시키는 것이 아니다.

136

표본오차의 크기에 직접적인 영향을 주는 것은?

① 문항의 수
② 변수의 수
③ 표본의 크기
④ 모집단의 크기

해설
표본의 크기를 증가시키면 표본오차는 감소하고, 표본의 크기를 감소시키면 표본오차는 증가한다.

137

사회조사에 있어서 표본조사와 전수조사의 차이점에 대한 비교설명으로 틀린 것은?

① 표본조사보다 전수조사가 더 많은 시간과 비용을 필요로 한다.
② 표본의 대표성이 높을 경우 전수조사보다 표본조사가 더 양질의 자료를 제공하는 경향이 있다.
③ 현지조사(Fieldworks) 과정에서 발생하는 각종 오류는 전수조사보다 표본조사의 경우에 더 많다.
④ 전수조사는 현실적으로 불가능한 경우가 많다.

해설
현지조사(Fieldworks) 과정에서 발생하는 비표본오차는 표본조사보다 전수조사에서 일반적으로 크게 발생한다.

정답 136 ③ 137 ③

138

다음 표의 16대 총선 서울 강동구 선거구별 득표율을 나타낸 것이다. 이 자료를 토대로 다음 선거의 출구조사(Exit Poll)를 위해 선거구를 최소제곱법으로 한 개만 선택하려고 한다. 다음 중 어떤 동을 선택하면 되겠는가? 06 09 12

투표구	선거인구	투표율	득표율	
			한나라당	민주당
고덕2동	14,964	55.1	50.7	42.7
암사1동	17,848	47.9	44.2	48.3
암사2동	4,453	51.3	44.6	48.4
암사3동	11,796	54.9	48.3	44.9
전 체	177,228	56.5	52.1	41.5

① 고덕2동
② 암사1동
③ 암사2동
④ 암사3동

해설

① 한나라당에 대한 전체 득표율이 52.1이고, 민주당에 대한 전체 득표율이 41.5로 각 선거구를 고려할 때 전체 득표율과 고덕2동의 득표율의 편차제곱합이 가장 최소가 된다.

최소제곱법(Least Square Estimation)
실제로 관측된 값과 이론적으로 가정된 기대값의 편차제곱합을 최소로 함으로써 모수를 추정하는 방법이다.

139

출구조사에서 조사대상 선정에 사용되는 최소제곱법에 대한 설명으로 적절한 것은? 18

① 각 선거구의 정치적 성향을 가장 잘 대표하는 지역을 선정하고 여기에서 투표구를 선정한다.
② 투표구를 선정하기 위하여 우선 동질적인 정치성향을 가진 투표구를 몇 개의 층으로 분류한다.
③ 정치상황이 급변하거나, 선거구의 변동이 심할 때 사용될 수 있다.
④ 과거 선거결과를 이용하여 해당 선거구의 전체 투표결과와 각 투표구의 결과를 비교하여 조사대상 투표구를 선정한다.

해설

출구조사에서 조사대상 선정 시 사용되는 최소제곱법
과거 선거결과를 이용하여 해당 선거구 내 전체 투표 결과와 해당 읍/면/동별 투표구 결과를 비교하여 전체 득표율과 해당 읍/면/동별 득표율의 편차제곱합이 최소가 되는 투표구를 선정하는 방법이다.

04 자료의 처리

01

자료항목별로 각 응답에 해당하는 숫자나 기호를 부여하는 과정은?

① 편집(Editing)
② 코딩(Coding)
③ 리코딩(Recoding)
④ 계산(Compute)

해설

부호화(Coding)
부호화(코딩)는 질문지의 각 응답항목에 대해 체계적인 숫자나 기호를 부여하는 과정이다.

02

데이터 처리과정 중 효율적인 전산처리를 위해 편집과정을 거친 모든 응답내용들을 수치화하여 처리용지에 기록하는 과정은?

① 코딩
② 편집
③ 도표화
④ 자료

해설

01번 문제 해설 참고

03

부호화(Coding)에 대한 설명으로 틀린 것은?

① 코딩은 설문지 작성 전에 해야 한다.
② 일정한 지침에 따라 분석 가능한 숫자나 기호로 표현해야 한다.
③ 미취득 자료를 처리할 경우에는 일괄된 하나의 번호를 이용해야 한다.
④ 숫자로 응답된 자료를 처리할 때는 가장 큰 수치를 고려해서 칸을 배정해야 한다.

해설

01번 문제 해설 참고

정답 01 ② 02 ① 03 ①

04

다음 중 변수의 코딩에서 유의할 점이 아닌 것은? 08 11 17

① 가능한 한 변수의 실제값을 부호화한다.
② 각 변수의 실질적인 의미를 잃지 않는 한도 내에서 가능한 큰 숫자를 부여한다.
③ 빈칸을 실질적인 부호로 사용하지 않는다.
④ 각 변수의 응답범위를 자세히 한다.

해설
② 변수의 코딩은 가능한 변수의 실제값을 부호화하며 일반적으로 큰 숫자는 무응답 처리에 사용한다.

변수 코딩(Variable Coding)
- 질문지의 질문순서와 부호의 순서는 될 수 있으면 일치하도록 한다.
- 지역/산업/직업/계열/학과코드 등에 대해 공식적인 분류코드(통계청, OES 등)를 이용한 분류가 필요하다.
- 개방형 질문의 응답에 대한 명확한 분류가 힘들 경우 가급적 많이 세분화한다.
- 모든 항목들은 숫자로만 입력하도록 하고 결측치는 별도 숫자로 처리한다.
- 부호화 구조를 설계할 때는 사용할 통계분석방법을 항상 염두해 두어야 한다.
- 무응답과 "모르겠다"의 응답을 구분하여 명확히 해야 한다.
- 코딩 시 자유형식보다 고정형식으로 코딩하는 것이 바람직하다.

05

코딩 시 주의사항으로 맞지 않는 것은? 05 09 20

① 모든 항목은 숫자로만 입력해야 분석이 용이하다.
② 무응답과 "모르겠다"의 구분을 명확히 해야 한다.
③ 칸을 입력할 때 응답을 고려하여 넉넉하게 칸을 배정하는 것이 좋다.
④ 자유형식보다 고정형식으로 코딩하는 것이 좋다.

해설
부호화(코딩)는 질문지의 각 응답항목에 대해 체계적인 숫자나 기호를 부여하는 과정으로 숫자나 기호에 대해 넉넉하게 칸을 배정할 필요는 없다.

06

코딩 시 고려해야 할 중요 사항과 가장 거리가 먼 것은? 09 13

① 질문순서　　　　　　　　② 분석단위
③ 응답범주에 따른 코딩 종류　　④ 통계분석방법

해설
연구주제에 대한 기존연구들을 검토(문헌검토)한 후 다음 단계로 분석단위를 결정한다.

07

자료의 양화(Quantification)에 관한 설명으로 틀린 것은? 21

① 코딩(Coding)은 질적자료의 정리에는 필요하지 않은 방법이다.
② 자료를 수량화하는 작업은 통계처리분석을 위해서 필요한 과정이다.
③ 코드북이란 변수가 가질 수 있는 속성 각각에 해당하는 코드가 기재된 목록을 말한다.
④ 자료를 입력하는 방법에는 여러 가지가 있으나 컴퓨터를 이용한 자료입력이 일반적이다.

해설

부호화(Coding)
자료를 분석하기 위해 각각의 정보단위들에 대해 변수이름을 지정하고, 각 변수값들에 대해 숫자 또는 기호와 같이 특정부호를 할당하는 과정이며, 코드북은 조사항목에 대한 응답을 분류하기 위해 붙이는 문자 또는 숫자로 부호화(Coding)한 안내서이다.

08

다음은 자료처리를 위한 부호책(Code Book)에 대한 설명이다. 이에 대한 설명으로 적절하지 않은 것은? 03

① 부호책(Code Book)은 질문지를 통해 수집된 자료들을 부호화하여 전산자료로 입력한 것이다.
② 자료를 분석하기 위하여 자료를 유형화하거나 수량화하는 자료처리과정을 부호화(Coding)라고 한다.
③ 부호화를 위해서는 각각의 정보단위들에 대해 변수이름을 지정하고, 각 변수값 들에 대해 숫자나 기호 등 특정부호를 할당한다.
④ 부호책을 바탕으로 부호의 실제 의미를 파악한다.

해설

부호책(Code Book)
조사항목에 대한 응답을 분류하기 위해 붙이는 문자 또는 숫자로 부호화(Coding)한 안내서이다.
예 통계청 가계동향조사 항목분류집
   통계청 어가경제조사 부호표 및 어업 조업모식도
   통계청 농가경제조사 및 농축산물 생산비조사 항목분류집

09

다음은 무엇에 관한 설명인가? 04 07 14

> 조사된 각 변수의 위치와 각 변수가 가질 수 있는 일련의 속성들 하나하나마다 어떤 숫자나 기호를 부여할 것인지를 정리해 놓은 문서

① 질문지(Questionnaire)
② 이전용지(Transfer Sheet)
③ 코드용지(Code Sheet)
④ 코드북(Code Book)

해설

08번 문제 해설 참고

정답 07 ① 08 ① 09 ④

10

수집된 자료의 편집과정에서 주의해야 할 사항과 가장 거리가 먼 것은?
① 자료의 편집과정은 전체자료에 대하여 일관성을 유지하면서 수행되어야 한다.
② 완결되지 않은 응답은 응답자와 다시 접촉하여 완결하거나 결측값(Missing Value)으로 처리한다.
③ 개방형 응답항목은 코딩과정에서 다양한 응답이 분류될 수 있도록 사전에 처리해야 한다.
④ 코드북의 내용에는 문자로 입력된 변수들은 포함되어서는 안 된다.

해설

부호책(Code Book)
조사항목에 대한 응답을 분류하기 위해 붙이는 문자 또는 숫자로 부호화(Coding)한 안내서이다.

11

다음 중 코드책(Code Book)의 용도와 관련이 없는 것은?
① 조사결과의 해석에 활용
② 조사결과의 분석에 활용
③ 조사결과의 컴퓨터 입력에 활용
④ 조사결과의 양적자료화에 활용

해설
① 조사결과의 해석은 통계표(집계표, 결과표) 또는 통계치(결과치)를 이용한다.

부호(코드)책(Code Book)의 용도
- 범주형으로 응답한 자료를 양적자료화하는 데 활용
- 응답자료를 컴퓨터 입력에 활용
- 조사결과의 분석에 활용

12

다음 중 코드북(Code Book)에 반드시 포함되어야 할 내용이 아닌 것은? 03 19

① 변수이름
② 변수정의
③ 변수의 측정수준
④ 데이터에서 변수의 위치

해설

코드북(부호책) 작성 원칙
- 코드범주의 포괄성 : 코딩되는 모든 정보는 반드시 어떤 범주에 속해야 한다.
- 코드범주의 상호배타성 : 코딩되는 모든 정보는 반드시 한 가지 범주에만 속해야 한다.
- 변수의 위치 : 변수의 위치와 각각의 변수가 가질 수 있는 일련의 속성들에 코드를 부여한다.
- 변수의 정의 : 각 변수에 대한 완전한 정의를 포함하고 있어야 한다.
- 변수의 속성 : 각 변수의 속성은 수치값을 가지고 있어야 한다.
- 카테고리 결정 : 부호화된 응답을 세분하기 보다는 카테고리를 줄이는 것이 쉬우므로 카테고리가 적은 것보다는 많은 것이 유리하다.

13

다음 중 일반적으로 코드북에 포함되는 항목과 가장 거리가 먼 것은? 10 13

① 변수명
② 변수값
③ 모집단
④ 자료파일 내의 변수위치

해설

12번 문제 해설 참고

14

자료처리과정에서 제작하는 부호책(Code Book)에 필요하지 않은 것은? 11 16

① 변수이름
② 변수의 유형
③ 변수설명
④ 통계적 유의수준

해설
12번 문제 해설 참고

15

부호책에 포함되어야만 하는 필수적 사안이 아닌 것은? 05

① 질문항목번호가 지정된다.
② 가장자리 부호화(Edge Coding)나 재부호화(Recoding)에 대한 정보가 제공된다.
③ 무응답을 포함한 모든 응답항목을 제시한다.
④ 질문항목번호가 제시된다.

해설
일반적으로 가장자리 부호화(Edge Coding) 지침은 설문지 인쇄 시 미리 각 문항번호의 가장자리에 만들어 둔다.

16

질적조사 자료의 코딩(Coding)에 관한 설명으로 틀린 것은? 12 18

① 최초의 코딩은 분석수준보다 훨씬 높은 수준에서 상세하게 구성하는 것이 바람직하다.
② 코드의 범주는 항상 상호배타적이고 포괄적이어야 한다.
③ 최초의 코딩단계에서 상실된 데이터는 쉽게 복구될 수 있다.
④ 입력 단계에서의 오류는 응답의 분포를 검사함으로써 간단하게 확인할 수 있다.

해설
최초의 코딩단계에서 상실된 데이터는 복구가 불가능할 수 있다.

17

코딩(Coding)에 관한 설명과 가장 거리가 먼 것은?

① 코딩할 때 코드범주의 수는 가능한 작게 해두는 것이 나중에 분석할 때 도움이 된다.
② 코드범주는 상호배제적(Mutually Exclusive)이어야 한다.
③ 코드범주들은 관련된 사항을 모두 포괄해야 한다.
④ 코딩 때는 숫자나 문자를 사용할 수 있다.

해설

코드북(부호책) 작성 원칙
- 코드범주의 포괄성 : 코딩되는 모든 정보는 반드시 어떤 범주에 속해야 한다.
- 코드범주의 상호배타성 : 코딩되는 모든 정보는 반드시 한 가지 범주에만 속해야 한다.
- 변수의 위치 : 변수의 위치와 각각의 변수가 가질 수 있는 일련의 속성들에 코드를 부여한다.
- 변수의 정의 : 각 변수에 대한 완전한 정의를 포함하고 있어야 한다.
- 변수의 속성 : 각 변수의 속성은 수치값을 가지고 있어야 한다.
- 카테고리 결정 : 부호화된 응답을 세분하기보다는 카테고리를 줄이는 것이 쉬우므로 카테고리가 적은 것보다는 많은 것이 유리하다.

18

다음 복수응답문항에 (2), (3)이 체크되었다면, 향후 다양한 분석을 위해 가장 적합한 코딩방법은?

> 지난 10년 동안 귀하가 유죄판결 받은 범죄를 모두 체크하시오.
> (1) 절 도   (2) 폭 행   (3) 강 도
> (4) 강 간   (5) 사 기   (6) 기 타

① 하나의 변수를 만들고, 그 값은 023000으로 코딩한다.
② 하나의 변수를 만들고, 그 값은 011000으로 코딩한다.
③ 각 범죄유형을 대표하는 6개의 변수를 만들고, 두 번째와 세 번째 변수는 1의 값을, 나머지는 0의 값으로 코딩한다.
④ 2가지 범죄유형을 대표하는 3개의 변수를 만들고, 첫 번째 변수는 2, 두 번째 변수는 3, 나머지는 0의 값으로 코딩한다.

해설

코딩방법
질문의 응답항목은 명목형 척도로 6개로 분류되어 있으며 이중 폭행과 절도에 대해 향후 분석을 하기 위해서는 각각의 범죄(폭행, 절도)에 해당하는 경우 1, 그렇지 않은 경우 0으로 코딩한다. 예를 들어 더미변수 회귀분석을 실시하고자 할 경우 폭행범에 대해서 폭행에 1, 나머지 범죄에 대해서는 모두 0으로 코딩함으로써 폭행범에 대한 추정된 회귀식을 구할 수 있다.

19

다음 중 여백 부호화(Edge Coding)에 관한 설명으로 옳지 않은 것은? 05 08

① 폐쇄형 질문항목들(Close-ended Question)을 위해 사용된다.
② 개방형 질문항목들(Open-ended Question)을 위해 사용된다.
③ 별도의 부호화 용지(Coding Sheet)가 필요 없게 만든다.
④ 설문지에 마련된 여백에 응답자의 답을 적어 넣는 방식이다.

해설

여백 부호화(Edge Coding)
여백 부호화(Edge Coding)는 별도의 코드용지 없이 설문지 등의 가장자리 여백에 코딩내용을 기록하였다가 이를 보고 자료를 입력하는 방식으로 폐쇄형 질문 항목에는 사용되지 않는다.

20

자료입력의 방법에 대한 설명으로 적절하지 않은 것은? 04

① 여백코딩(Edge-coding)은 별도의 코드용지 없이 설문지 등의 가장자리 여백에 코딩내용을 기록하였다가 이를 보고 자료를 입력하는 방식이다.
② 최근에는 자료를 코딩하여 코딩된 내용을 전환용지(Transfer Sheet)에 옮겨 기록하는 방법이 널리 쓰인다.
③ 설문지의 자료를 바로 컴퓨터에 직접 입력할 수 있어 시간적 경제적으로 효율성이 높다.
④ 옵티컬 스캔 용지 코딩방법은 특수 코드용지에 연필로 칠하여 이를 스캐너를 통하여 읽어들이고 자료파일을 만드는 방법으로 대량의 정보처리에 유용하다.

해설
자료를 코딩하여 코딩된 내용을 전환용지(Transfer Sheet)에 옮겨 기록하는 방법은 최근에 사용하지 않는다.

21

다음 중 가장 올바른 자료처리 순서는? 04

① 설문 응답내용 검토 - 자료편집 - 코드부호 설정 - 코드북 작성 - 코딩
② 설문 응답내용 검토 - 코드부호 설정 - 자료편집 - 코드북 작성 - 코딩
③ 코드부호 설정 - 설문 응답내용 검토 - 코드북 작성 - 코딩 - 자료편집
④ 코드부호 설정 - 코드북 작성 - 설문 응답내용 검토 - 코딩 - 자료편집

해설

자료처리 순서
설문 응답내용 검토 → 자료편집 → 코드부호 설정 → 코드북 작성 → 코딩 순으로 각 변수에 대한 코드부호를 설정하여 코드북을 작성한 후 코드북에 따라 자료를 코딩한다.

22

자료편집과정에서 발견한 응답되지 않은 설문문항에 관한 다음의 설명 중 틀린 것은? 04 07

① 응답되지 않은 설문문항에 해당하는 변수의 값은 결측값(Missing Value)으로 처리한다.
② 특정 설문문항에 응답하지 않은 사례가 많을 경우 해당 문항에 어떤 구조적인 문제가 있는지를 검토해 본다.
③ 대부분의 사례에서 응답하지 않은 설문문항은 분석에서 제외하는 것이 바람직하다.
④ 특정 설문문항에 대해서 어떤 사례들은 응답한 반면 어떤 사례들은 응답하지 않은 경우, 그 설문문항으로부터는 유용한 정보를 얻는다는 것이 불가능하다.

해설
결측값(Missing Value)
특정 설문문항에 대해서 어떤 사례들에 대해 응답한 반면 어떤 사례들은 응답하지 않은 경우라도 그 설문문항으로부터는 유용한 정보를 얻을 수 없는 것은 아니다.

23

설문자료를 입력하다 보면 응답이 빠진 문항들을 발견할 수 있다. 이럴 경우 총 사례수가 분석하기에 충분하면 제외할 수도 있으나, 그렇지 못할 경우 보완해서 사용해야 한다. 이때 자료를 보완하는 방법으로 옳지 않은 것은? 06 09 11

① 변수의 평균치를 계산하여 누락된 사례의 변수값으로 사용한다.
② 집단 유형 등 일반적 지식의 견지에서 평가해 변수값을 정한다.
③ 빈도분포를 통해 정상분포곡선이 되게 변수값을 정한다.
④ 다변인 회귀분석과 같은 회귀추정을 통해 변수값을 정한다.

해설
결측값 처리방법
- 평균대체(Mean Imputation) : 전체 표본을 몇 개의 대체 층으로 분류한 뒤 각층에서의 응답자 평균값을 그 층에 속한 모든 결측값에 대체하는 방법
- 유사자료대체(Hot-Deck Imputation) : 전체 표본을 대체 층으로 나눈 뒤 각층 내에서 응답자료를 순서대로 정리하여 결측값이 있는 경우 그 결측값 바로 이전의 응답을 결측값 대신 대체하는 방법
- 외부자료대체(Cold-Deck Imputation) : 결측값을 기존에 실시된 표본조사에서 유사한 항목의 응답값으로 대체하는 방법
- 조사단위대체(Substitution) : 무응답된 대상을 표본으로 추출되지 않은 다른 대상으로 대체시키는 방법
- 회귀대체(Regression Imputation) : 무응답이 있는 항목 y에 응답이 있는 y의 보조변수 $x_1, x_2, \cdots, x_k$를 회귀모형에 적합시키는 방법
- 이월대체(Carry-over Imputation) : 조사시점 순서로 표본정렬 후 무응답 t시점의 항목 y_i에 가장 가까운 과거 u시점 응답값 y_u를 회귀모형에 적합시켜 무응답을 대체하는 방법
- 랜덤대체(Random Imputation) : 대체층 내에서 대체값을 확률추출에 의해 랜덤하게 선택하여 결측값에 대체하는 방법
- 베이지안대체(Bayesian Imputation) : 결측값의 추정을 위해 추정모수에 사전정보를 부가하여 사후정보를 얻는 방법
- 복합대체(Composite Imputation) : 여러 가지 방법을 혼합하여 얻은 값으로 대체하는 방법

24

자료처리과정 중 편집에 대한 설명으로 틀린 것은? 08

① 전체자료에 대한 일관성을 유지해야 한다.
② 응답되지 않은 항목은 다른 응답항목을 통해 추정되어서는 안 된다.
③ 자료의 완결성을 확보하는 것이 좋다.
④ 애매모호한 응답은 정당한 판단기준을 가지고 수정할 수 있다.

해설

23번 문제 해설 참고

25

자료의 결측치를 처리하는 방법 중 표본의 수가 많거나, 상대적으로 적은수의 결측치가 존재하고 변수들 사이의 연관성이 높지 않을 경우에 가장 적합한 방법은? 16 19

① 중간값으로 대체
② 임퓨테이션 방법
③ 응답자 제거
④ 결측치 제거

해설

표본의 수가 분석하기에 충분히 많거나, 결측치의 수가 적으며 변수들 사이의 연관성이 높지 않을 경우 일반적으로 결측치를 분석에서 제외한다.

26

서로 다른 복수의 사람들에 의해 입력된 자료를 SPSS Window 프로그램에서 하나로 통합하려 한다. 다음 중 바른 설명은? 04

① 텍스트 파일로 저장되었을 경우에 한해서 가능하다.
② 사례수가 동일하지 않더라도 동일한 변수 목록을 가지고 있으면 가능하다.
③ 사례가 같더라도 전혀 다른 변수 목록을 가진 자료 간의 통합은 불가능하다.
④ 두 개의 자료를 하나로 통합하는 것은 가능하나 셋 이상의 자료를 통합하는 것은 불가능하다.

해설

SPSS의 파일 합치기 기능
여러 개의 파일을 좌우로 연결하여 변수의 수를 늘려가며 하나의 파일로 만들거나, 동일한 변수를 가진 2개 이상의 파일을 상하로 결합하여 하나의 파일로 만들고자 하는 경우에 사용한다.

27

자료손질(Data Cleaning)은 잘못 부호화된 사례들을 찾아내고 자료들이 컴퓨터 작업에 적합한지를 점검하는 작업이다. 다음 중 자료손질방법으로 틀린 것은? 03 07

① 변수들이 고정 열 포맷(Fixed-column Format)으로 되어 있다면 자유 포맷(Free-format)으로 바꾼다.
② 가능하다면 모든 사례에서 각 변수들이 지정된 포맷(Format)대로 배열되어 있는지를 일일이 점검한다.
③ 빈도분포를 이용해 변수들의 부호화를 점검한다.
④ 변수들에 대한 일관성 점검(Consistency Checking)을 한다.

해설

데이터 클리닝(Data Cleaning)
포맷을 통일시키고 데이터가 일관성을 유지하고 있는지를 확인하면서 오류를 찾아내어 수정하는 작업이다. 변수들이 고정 열 포맷으로 되어 있다면 고정 열 포맷으로 포맷을 통일시킨다.

28

데이터 처리 후 여러 가지 에러가 발생하는 경우 코딩에러를 찾아내서 수정하는 것은? 08 10

① 데이터 보완
② 데이터 리코딩
③ 데이터 입력
④ 데이터 클리닝

해설

27번 문제 해설 참고

정답 26 ② 27 ① 28 ④

29

다음 사례에서 연구자가 수행한 작업은? 05 18

> 한 연구자가 만 65세 미만의 한국인을 대상으로 설문조사 연구를 수행한 후 데이터 입력이 제대로 되었는지를 확인하기 위해 모든 변수의 도수분포표를 출력하였다. 여기에서 만 65세 이상의 응답자가 2명이 발견되었고 연구자는 이들을 표본에서 제거하였다.

① 코 딩
② 데이터 마이닝
③ 유효코드 클리닝
④ 상황적 클리닝

해설

유효코드 클리닝(Possible-coding Cleaning)
자료분석에 앞서 범주형 자료에 대해 빈도분석을 실시하여 응답의 범주를 벗어난 이상한 값과 결측값이 있는지를 확인하여 삭제하는 작업이다.

30

조사자료의 설문지에서 성별의 변수값이 남성=1, 여성=2, 무응답=9로 코딩되었다. 자료입력 후 실제로 성별이라는 변수의 코드값 분포가 1, 2, 9로만 이루어져 있는지를 확인하는 작업은? 06

① 개방형 코딩(Open-coding)
② 여백코딩(Edge-coding)
③ 유효코드 클리닝(Possible-coding Cleaning)
④ 상황적 클리닝(Contingency Cleaning)

해설

29번 문제 해설 참고

31

다음 중 코딩과정상의 오류를 찾아내기 위한 분석방법과 가장 거리가 먼 것은? 11 17

① 해당 질문에 대한 응답의 빈도분석
② 해당 질문에 대한 응답의 일관성 분석
③ 해당 질문에 대한 응답의 최대값과 최소값 분석
④ 해당 질문에 대하여 잘못 입력된 응답이 포함된 설문지의 고유번호(ID)를 알아내는 분석

해설

범주형 자료에 대해 응답의 범주를 벗어난 이상한 값 또는 결측값이 있는지를 확인하기 위해 빈도분석 및 최대값과 최소값 분석을 실시한다.

32

설문지에서 혼인 경험을 묻는 문항에 대해서 혼인 경험이 전혀 없다고 응답한 응답자가 이후 문항에서 이혼 경험이 있다고 응답했을 경우 어떤 조치가 필요한 상황인가? [20]

① 유효코드 클리닝
② 상황적 클리닝
③ 사전 부호화(Edge) 코딩
④ 직접(Direct) 코딩

해설

조건적(상황적) 클리닝(Contingency Cleaning)
특정 변수에 대하여 데이터를 가져야만 하는 논리적 조건을 유지하고, 그러한 조건에 위반되는 사례들을 찾아내어 수정하도록 하는 방법이다.

33

데이터 처리 과정 중에서 원래 데이터의 불일치나 불완전한 기입과 같은 오류를 수정하는 과정을 무엇이라고 하는가? [03]

① 코 딩
② 편 집
③ 도표화
④ 자료변환

해설

자료편집(Data Editing ; 자료내용검토, 자료내검)
데이터의 오류, 논리적 불일치성 및 의심스러운 자료를 발견하여 교정하는 과정이다.

34

자료처리를 위한 모든 코딩은 오류를 범할 여지가 있기 때문에 통상 자료를 클리닝(Cleaning)하는 것이 필요하다. 이에 대한 설명으로 옳지 않은 것은? [06]

① 자료처리과정에서 발생하는 부정확하거나 잘못 처리된 코딩은 그냥 무시해버리는 것이 바람직하다.
② 유효코드 클리닝(Possible-code Cleaning) 방법은 데이터파일에서 특정한 속성에 할당된 코드(유효코드)만이 나타나는지를 점검하는 과정이다.
③ 많은 컴퓨터 프로그램이 자료가 입력되면서 오류를 점검할 수 있는 자료입력 검색도구를 제공한다.
④ 조건적(상황적) 클리닝(Contingency Cleaning) 방법은 특정 변수에 대하여 데이터를 가져야만 하는 논리적 조건을 유지하고, 그러한 조건에 위반되는 사례들을 찾아내어 수정하도록 하는 방법이다.

해설

데이터의 오류, 논리적 불일치성 및 의심스러운 자료를 발견하여 교정하는 과정을 자료내검이라 하며, 자료처리과정에서 발생하는 부정확하거나 잘못 처리된 코딩은 수정한다.

35

다년간에 걸친 패널조사의 자료처리에 관한 설명으로 거리가 가장 먼 것은?

① 탈락된 표본의 일반 변수값들은 결측치로 처리된다.
② 같은 문항이면 조사연도가 달라도 변수명은 같아야 한다.
③ 보통 연도별 조사자료들은 ID를 기준으로 연결(Merge)된다.
④ 격년으로 조사되는 문항의 변수명은 연도별로 달라야 한다.

해설

데이터 가공(Data Restructure)
다년간에 걸친 패널조사의 경우 조사연도 또는 몇 회차 조사인지를 반드시 명시해 주어야 하므로 동일한 문항의 질문이라도 변수명은 달라진다.

36

다음 중 데이터베이스 관리에 관심을 가져야 하는 이유가 아닌 것은?

① 설문조사 연구자들이 수집한 자료들이 점점 더 구조적으로 복잡해지기 때문
② 데이터베이스 관리를 잘 이해하면 할수록 통계 소프트웨어를 보다 효율적으로 이용할 수 있기 때문
③ 미시적 차원의 요소들과 거시적 차원의 요소들이 인간의 행위에 미치는 영향을 연구할 필요가 있기 때문
④ 설문조사자가 자료를 보관하는 방식이 연구자가 자료를 사용·분석하고자 하는 방식과 일치해야 하기 때문

해설

수집된 자료들은 연구자가 분석에 용이하도록 자료를 편집·보완한다.

37

다음 중 자료처리(Data Processing)에 해당하는 작업이 아닌 것은?

① 설문 응답 검토
② 코딩(Coding)
③ 자료편집(Editing)
④ 분석단위(Unit of Analysis) 설정

해설

자료처리 순서
설문 응답내용 검토 → 자료편집 → 코드부호 설정 → 코드북 작성 → 코딩 순으로 각 변수에 대한 코드부호를 설정하여 코드북을 작성한 후 코드북에 따라 자료를 코딩한다.

38

거의 모든 변수가 비율척도로 측정된 설문지를 펀칭하여 분석하려고 한다. 자료가 복잡하여 분석기간이 상당히 오래 걸릴 것으로 예상된다. 다음 중 어떤 방법이 가장 효율적인가? 05

① 아스키데이터로 펀칭하여 통계패키지에서 분석
② 아스키데이터로 펀칭하여 통계패키지의 시스템파일로 만들어 분석
③ 스프레드시트형으로 펀칭하여 통계패키지에서 분석
④ 스프레드시트형으로 펀칭하여 통계패키지의 시스템파일로 만들어 분석

해설

분석자료 파일 만들기
변수의 수가 많고 자료가 복잡한 경우 아스키 형식으로 입력하여 통계패키지의 시스템파일로 만들어 분석하기보다는 스프레드시트형으로 입력하여 통계패키지의 시스템파일로 만들어 분석하는 것이 더 효율적이다.

39

다음의 데이터베이스(Database)를 조직화하는 접근방식들 가운데 요소들의 연계(Linkage of Elements) 방식이 다른 것은? 03 07

① 관계적 접근방식(Relational Approach)
② 위계적 접근방식(Hierarchical Approach)
③ 연결망 접근방식(Network Approach)
④ 생애 접근방식(Life History Approach)

해설

데이터베이스의 논리적 연계 방식
- 관계적 접근방식(Relational Approach) : 데이터베이스를 테이블(Table)의 집합으로 표현하여 접근하는 방식
- 위계적 접근방식(Hierarchical Approach) : 데이터베이스를 트리(Tree) 구조로 표현하여 접근하는 방식
- 연결망 접근방식(Network Approach) : 데이터베이스를 그래프(Graph) 구조로 표현하여 접근하는 방식

40

데이터베이스모델 중 망형모델(Network Data Model)에 대한 설명으로 옳은 것은? 06

① 데이터와 데이터 간의 관계를 각기 레코드(Record)와 링크(Link)로 표현하여 그래프 형태로 조직한 것으로 변경이 쉽고 확장성이 무한하다.
② 레코드들이 트리 형태로 조직된 것으로, 간단해서 이해하기 쉽다.
③ 계층형 데이터 모형의 확장된 형태로 레코드 간에 1 대 n 또는 역으로 n 대 1의 대응관계를 만족하는 구조를 가지며 데이터 상호 간의 유연성이 좋다.
④ 데이터와 데이터 간의 관계를 릴레이션의 집합이라고 생각하는 2차원 구조의 테이블의 집단으로 표현한 형태로 다른 DB로의 변환이 용이하다.

해설

망형 데이터베이스 모델
망형 데이터베이스 모델은 계층형 데이터베이스의 문제를 해결하기 위한 시도로 개발되었으며 데이터 엑세스가 빠르고, 계층형 데이터베이스보다 더 복잡한 질의를 만들 수 있게 해준다.

41

자료의 코딩, 변수 정의가 끝난 후 본격적인 분석에 들어가기 전에 잘못 입력된 자료를 찾아 수정하는 자료 클리닝 작업을 수행해야 한다. 대규모 자료일 경우 그 하나하나를 검토하기 어려울 때 유용한 방법은? 06

① 평균분석
② 분산분석
③ 빈도분석
④ 오차분석

해설

빈도분석(Frequency Analysis)
범주형 자료에 대해 응답의 범주를 벗어난 이상한 값 또는 결측값이 있는지를 확인하기 위해 빈도분석을 실시한다.

42

분할표에서 구할 수 있는 통계량 가운데 PRE(오차의 비례적 감소) 원리를 이용하지 않는 것은? 03

① 카이제곱(χ^2)
② 람다(λ)
③ 타우(Tau)
④ 감마(Gamma)

해설

오차의 비례적 감소(PRE ; Proportional Reduction in Error) 원리에 의한 상관계수
- 명목변수들 간의 상관계수 : 분할계수, 파이와 크래머의 V, 람다(λ), 불확실성계수
- 서열변수들 간의 상관계수 : 감마(γ), 소머의 d, 켄달의 타우-b, 켄달의 타우-c

43

다음 상황에 가장 적합한 분석방법은? 09

> A 회사에서 종업원들의 내부 만족도를 조사하기 위해 회사의 여러 가지 측면에 대한 만족도를 묻는 100개의 문항으로 질문지를 구성하여 설문조사를 실시했다. 100개의 질문문항에 대한 종업원들의 응답을 분석하여 종업원들이 회사에 대하여 느끼는 보다 함축된 만족도 차원들을 알아보고자 한다.

① 요인분석
② 판별분석
③ 회귀분석
④ 분산분석

해설

요인분석(Factor Analysis)
각 변수들이 가지고 있는 공통적인 요인을 찾아내는 기법으로 여러 개의 변수로 설명하는 것을 소수의 요인으로 축약하여 거의 동일한(정보의 손실을 최소화) 효과를 얻으므로 자료의 차원을 축소하는 기법이다.

44

다음 표는 어떤 도시의 시장 선거에서 여성후보에 대한 지지율을 분석하기 위하여 여러 가지 자료들을 수집하였는데, 그중에서 연령변수에 따른 지지율을 나타낸 것이다. 이에 대한 자료해석으로 타당한 것은? 03

지 역	평균 연령	지지율
A	높 음	낮 음
B	낮 음	높 음
C	높 음	낮 음
D	낮 음	높 음
E	낮 음	보 통
F	높 음	낮 음

① 젊은 사람들이 나이든 사람에 비해 여성후보에 대한 지지도가 높다.
② 주민들의 평균연령이 높은 지역들 보다는 낮은 지역들에서 여성후보에 대한 지지도가 높다.
③ 평균연령이 높은 지역의 나이 많은 사람들은 여성후보에 대한 지지율 낮다.
④ 평균연령이 낮은 지역에서 젊은 사람들이 여성후보에 대한 지지율이 높다.

해설

통계표 해석
지역별 평균연령이 높은 지역은 여성후보에 대한 지지율이 낮고, 지역별 평균연령이 낮은 지역은 여성후보에 대한 지지율이 높게 나타났다.

정답 43 ① 44 ②

45

다음 중 시계열분석방법이 아닌 것은? 06

① 매 기간의 정기적인 연속을 분석하는 계절변동분석
② 일정한 주기 없이 상하 반복하는 순환변동분석
③ 잔여변동을 분석하는 계속변동분석
④ 계절이나 계속변동 등을 제외한 불규칙변동분석

해설

시계열분석의 변동요인

- 추세변동(Secular Trend) : 대체로 10년 이상 동일방향으로 상승 또는 하강 경향을 나타내는 요소로서 경제성장, 인구증가, 신자원 및 기술개발 등으로 인하여 발생하는 장기변동
- 순환변동(Cyclical Movement) : 전체 경제활동의 확장, 수축의 순환과정을 부단히 반복하는 주기적인 변동
- 계절변동(Seasonal Variation) : 12개월을 주기로 하여 변동하는 것으로서 농업생산의 계절성, 계절적인 기온의 변화와 이에 따른 생활관습의 변화 등에 따라서 매년 반복 발생되는 경제현상
- 불규칙변동(Irregular Fluctuation) : 추세, 순환, 계절변동으로는 설명되지 않는 변동으로 천재지변, 파업, 전쟁 및 급격한 경제정책의 변화 등 사회적 변화에 의하여 일어나는 극히 단기적이고 불규칙적인 비회귀 경제변동

46

아이스크림이나 빙과류의 판매량을 월별로 산출하였다. 이 자료를 분석하는 경우 우선적으로 고려해야만 하는 사항은? 08

① 순환변동
② 불규칙변동
③ 추세변동
④ 계절변동

해설

④ 시계열분석에서 아이스크림이나 빙과류는 여름철 판매량이 급증하기 때문에 자료를 분석할 때 우선적으로 계절적 변동을 고려해야 한다.

계절변동(Seasonal Variation)
12개월을 주기로 하여 변동하는 것으로서 농업생산의 계절성, 계절적인 기온의 변화와 이에 따른 생활관습의 변화 등에 따라서 매년 반복 발생되는 경제현상이다.

제 3과목
고급통계처리 및 분석

01 상관분석 및 분포론
02 추정 및 검정
03 범주형 자료분석 및 분산분석
04 회귀분석
05 비모수검정 및 다변량분석

제 3 과목 고급통계처리 및 분석

01 상관분석 및 분포론

01

두 확률변수 X_1, X_2의 평균과 분산이 모두 0과 1이고 공분산이 r이라 하면 두 확률변수를 하나의 선형형태인 주성분으로 축약할 경우 이 선형형태로 모든 변이가 잘 설명될 때의 r값은? 04 21

① 0 근방
② 0.5 근방
③ 1 근방
④ $-\infty$ 혹은 ∞ 근방

해설

공분산(Covariance)

X_1과 X_2의 상관계수 $\rho = Corr(X_1, X_2) = \dfrac{Cov(X_1, X_2)}{\sigma_{X_1} \sigma_{X_2}}$ 이다. X_1과 X_2의 분산이 각각 1이므로, 공분산이 1이 되면 완전 선형관계에 있다.

02

상관계수에 관한 설명으로 틀린 것은? 05

① 직선에 가까울수록 상관계수 r은 1 또는 -1에 가까워진다.
② 상관계수가 $r=1$이면 완전 상관으로 X와 Y 값이 일치한다.
③ 상관계수 r은 -1로부터 $+1$까지 범위의 값을 취한다.
④ 단순회귀에서 결정계수는 상관계수의 제곱과 같다.

해설

상관계수의 성질

X와 Y 값이 일치하면 상관계수는 1이 되지만 상관계수가 1이라고 해서 X와 Y가 일치하는 것은 아니다.
∵ X와 $Y=2X$의 상관계수 또한 1이 된다.

03

다음 중 두 변수 간의 상관계수가 1이 되는 경우에 해당하는 것은? 11

① 한 고등학교에서 수험생들의 수학능력시험 점수와 내신 성적
② 지난 한 달 동안 기온을 섭씨로 잰 온도 값과 화씨로 잰 온도 값
③ 학급 학생들의 키와 몸무게
④ 지난달 매일의 주가지수와 환율

해설

상관계수의 성질
섭씨를 화씨로 변환하는 식 : °F = °C × 1.8 + 32
임의의 상수 a, b에 대하여 Y를 $Y = a + bX$와 같이 X의 선형변환으로 표현할 수 있다면, $b > 0$일 때 상관계수는 1이고, $b < 0$일 때 상관계수는 −1이 된다.

04

다음 중 상관계수(r)의 특징이 아닌 것은? 06 12

① 표본상관계수의 값은 −1과 1 사이에 존재한다. 즉, $-1 \leq r \leq 1$이다.
② 일반적으로 상관계수는 인과관계를 표현한다.
③ 상관계수는 두 변수 간의 선형성을 나타내는 척도이다.
④ 단순회귀에서 상관계수의 제곱은 결정계수와 같다.

해설
상관계수는 변수들 간의 선형관계를 나타내는 것이지 인과관계를 나타내는 것은 아니다.

05

상관계수 r의 성질이 아닌 것은? 13

① $-1 \leq r \leq 1$
② 두 자료의 직선적인 관계가 없으면 r은 0이다.
③ r이 1에 가까울수록 두 자료의 회귀선의 기울기 값이 크다.
④ r이 음수면 음의 상관관계가 있다.

해설

상관계수와 회귀직선의 기울기
$r = b\dfrac{s_x}{s_y} = b\dfrac{\sqrt{\sum(x_i - \overline{x})^2}}{\sqrt{\sum(y_i - \overline{y})^2}}$, 여기서 회귀선의 기울기 $b = \dfrac{\sum(x_i - \overline{x})(y_i - \overline{y})}{\sum(x_i - \overline{x})^2}$ 이므로 상관계수는 회귀직선의 기울기와 x, y의 표준편차로 나타낼 수 있다.
∴ 상관계수가 1에 가까울수록 회귀직선의 기울기 값이 커진다고는 할 수 없다.

06

상관계수에 대한 설명으로 틀린 것은?

① 두 변수 사이의 선형관계의 정도를 측정한다.
② 상관계수가 음이면 대부분의 관찰값들이 평균점을 중심으로 2 및 4분면에 위치한다.
③ 상관계수 값은 측정단위의 영향을 받지 않는다.
④ 상관계수가 0에 가까우면 두 변수 사이에는 아무런 관계도 없다.

해설

상관계수의 특성
상관계수가 0에 가까우면 두 변수 사이에 선형의 연관성이 없는 것이지 곡선의 연관성은 있을 수 있다.

07

다음 중 두 변수의 상관계수를 계산했을 때 그 값이 가장 의미 있는 경우는?

① 성별과 월급여액
② 직업과 월급여액
③ 근무년수와 월급여액
④ 연령과 지지후보

해설

피어슨 상관계수
성별, 직업, 지지후보는 모두 범주형 자료이며 피어슨 상관계수는 양적자료로 측정된 변수의 선형연관성 여부를 나타내는 통계량이다.

08

X에 대한 Y의 회귀방정식이 $Y=5+0.4X$라 할 때 X와 Y의 표준편차가 각각 3, 2라면 표본상관계수의 값은?

① 0.9
② 0.6
③ 0.5
④ 0.4

해설

상관계수(Correlation Coefficient)
$r = b \dfrac{S_X}{S_Y} = 0.4 \times \dfrac{3}{2} = 0.6$

09

두 변수 X와 Y의 표준편차는 각각 2, 3이고 공분산이 −3인 경우, 두 변수의 상관계수는? `07`

① -0.5
② 0.5
③ $-\sqrt{0.5}$
④ $\sqrt{0.5}$

해설

상관계수(Correlation Coefficient)
$\rho = Corr(X, Y) = \dfrac{Cov(X, Y)}{\sigma_X \sigma_Y} = \dfrac{-3}{2 \times 3} = -0.5$

10

서로 독립인 두 확률변수 X와 Z는 각각 평균이 0, 분산이 1인 표준정규분포를 따른다. $Y = X + kZ$일 때, X와 Y의 상관계수는? `09` `12` `21`

① $\rho_{XY} = 1$
② $\rho_{XY} = \sqrt{\dfrac{1}{k^2}}$
③ $\rho_{XY} = \sqrt{\dfrac{1}{1+k}}$
④ $\rho_{XY} = \sqrt{\dfrac{1}{1+k^2}}$

해설

상관계수(Corrolation Coefficient)
서로 독립인 두 확률변수 $X, Z \sim N(0,1)$이고, $Y = X + kZ$일 때,
$Cov(X, Y) = E[X - E(X)][Y - E(Y)] = E(XY), \because E(Y) = E(X + kZ) = E(X) + kE(Z) = 0$
$E(XY) = E[(X(X + kZ)] = E(X^2 + kXZ) = E(X^2) + kE(XZ) = E(X^2) + kE(X)E(Z), \because X, Z$는 서로 독립
$E(X^2) = V(X) + [E(X)]^2 = 1 + 0^2 = 1, \because V(X) = E(X^2) - [E(X)]^2$
$\therefore \rho_{XY} = \dfrac{Cov(X, Y)}{\sqrt{Var(X)}\sqrt{Var(Y)}} = \dfrac{1}{\sqrt{Var(X)}\sqrt{Var(X + kZ)}}$
$= \dfrac{1}{\sqrt{Var(X)}\sqrt{Var(X) + k^2 Var(Z) + 2k Cov(X, Z)}} = \dfrac{1}{\sqrt{1}\sqrt{1+k^2}} \quad \because Cov(X, Z) = 0$

11

$\hat{y} = 2 + 3x_1 + 4x_2$로 추정된 회귀식을 이용하여 구한 y와 x_1의 상관계수는 얼마인가? [18]

① $\dfrac{2}{2+3+4}$

② $\sqrt{\dfrac{2^2}{2^2+3^2+4^2}}$

③ $\sqrt{\dfrac{3^2}{3^2+4^2}}$

④ 구할 수 없다.

해설

위의 추정된 회귀식만으로는 y와 x_1의 상관계수를 구할 수 없고, x_1과 y의 관측값들이 주어진다면 상관계수를 구할 수 있다.

12

과거의 모상관계수는 0.749였던 x와 y의 두 변수에 대해 모상관계수가 달라졌는지 알아보기 위해 표본의 크기를 100으로 하여 새로 조사하여 표본상관계수를 계산하였더니 $r = 0.838$이다. 이때, 검정통계량 값은 약 얼마인가? [21]

① 0.023

② 0.494

③ 1.119

④ 1.615

해설

모상관계수 검정

모상관계수 ρ에 대한 추론인 상관분석은 표본상관계수 r에 기초한다. 모상관계수 $\rho = 0$을 검정하기 위한 검정통계량은 $t = \dfrac{r - \rho}{\sqrt{1 - r^2/n - 2}} \sim t_{(n-2)}$이다.

$t = \dfrac{r - \rho}{\sqrt{1 - r^2/n - 2}} = \dfrac{0.838 - 0.749}{\sqrt{1 - 0.838^2/98}} = 1.615$

13

표본의 수가 큰 경우에 상관계수의 신뢰구간을 구할 때 표본상관계수 r을 이용하는 변환으로 근사적으로 정규분포를 따르고 그 분산이 $\dfrac{1}{n-3}$이 되는 변환식은?

① $-\dfrac{1}{2}\ln\left(\dfrac{1+r}{1-r}\right)$
② $-\dfrac{1}{2}\ln\left(\dfrac{1-r}{1+r}\right)$
③ $\dfrac{1}{2}\ln\left(\dfrac{1+r}{1-r}\right)$
④ $\dfrac{1}{2}\ln\left(\dfrac{1-r}{1+r}\right)$

해설

상관계수의 신뢰구간

$H_o : \rho = 0$일 경우 $t = \dfrac{r}{\sqrt{\dfrac{1-r^2}{n-2}}} = r\sqrt{\dfrac{n-2}{1-r^2}} \sim t_{n-2}$

n이 충분히 크고, $H_o : \rho \neq 0$일 경우 $z = \dfrac{1}{2}\ln\left(\dfrac{1+r}{1-r}\right) \sim N\left(\dfrac{1}{2}\ln\left(\dfrac{1+\rho}{1-\rho}\right),\ \dfrac{1}{n-3}\right)$

∴ $H_o : \rho \neq 0$을 검정할 때 $\sqrt{n-3}\left(z - \dfrac{1}{2}\ln\left(\dfrac{1+r}{1-r}\right)\right) \sim N(0,\ 1)$을 이용한다.

14

다음 주어진 표는 5명의 학생의 성적순위 X와 체력순위 Y를 나타낸 것이다. X, Y 사이의 스피어만의 순위상관계수는 얼마인가?

구 분	학생1	학생2	학생3	학생4	학생5
학업순위(X)	1	2	3	4	5
체력순위(Y)	3	1	4	2	5

① 0.25
② -0.25
③ 0.5
④ -0.5

해설

스피어만의 순위상관계수(Spearman Rank Correlation Coefficient)

각 순위에 대한 편차제곱합 표

구 분	학생1	학생2	학생3	학생4	학생6
학업순위(X)	1	2	3	4	5
체력순위(Y)	3	1	4	2	5
d_i	-2	1	-1	2	0
d_i^2	4	1	1	4	0

∴ 스피어만의 순위상관계수 : $r_s = 1 - \dfrac{6\sum d_i^2}{n^3 - n} = 1 - \dfrac{6 \times 10}{125 - 5} = 0.5$

15

다음 자료는 A 시에서 지난 1997년부터 2003년까지 7년 동안 매년 7월 한 달 동안 조사한 삼계탕과 오리탕 값의 자료이다. 스피어만 순위상관계수 값은? 04 07

(단위 : 원)

년 도	삼계탕	오리탕
1997	5,500	8,000
1998	5,000	7,500
1999	5,200	7,700
2000	7,000	8,100
2001	7,500	8,500
2002	8,000	8,300
2003	10,000	9,000

① 0.765
② 0.867
③ 0.923
④ 0.964

해설

스피어만의 순위상관계수(Spearman Rank Correlation Coefficient)

각 순위에 대한 편차제곱합 표

년 도	삼계탕	삼계탕 순위	오리탕	오리탕 순위	d_i	d_i^2
1997	5,500	3	8,000	3	0	0
1998	5,000	1	7,500	1	0	0
1999	5,200	2	7,700	2	0	0
2000	7,000	4	8,100	4	0	0
2001	7,500	5	8,500	6	−1	1
2002	8,000	6	8,300	5	1	1
2003	10,000	7	9,000	7	0	0

∴ 스피어만의 순위상관계수 $r_s = 1 - \dfrac{6\sum d_i^2}{n^3 - n} = 1 - \dfrac{6 \times 2}{343 - 7} = 0.9643$

16

어느 대학생들 6명을 임의로 추출하여 통계학 과목과 조사방법론 과목 시험을 치렀다. 그 결과 학생들에 대한 각 과목의 성적순위는 다음과 같다. 이때 학생들의 성적에 대한 스피어만(Spearman) 순위상관계수는?

학 생	A	B	C	D	E	F
통계학 순위	1	3	5	2	4	6
조사방법론 순위	1	2	4	3	5	6

① 0.786
② 0.800
③ 0.886
④ 0.900

해설

스피어만의 순위상관계수(Spearman Rank Correlation Coefficient)

각 순위에 대한 편차제곱합 표

학 생	A	B	C	D	E	F
통계학 순위(X)	1	3	5	2	4	6
조사방법론 순위(Y)	1	2	4	3	5	6
d_i	0	1	1	-1	-1	0
d_i^2	0	1	1	1	1	0

∴ 스피어만의 순위상관계수 $r_s = 1 - \dfrac{6\sum d_i^2}{n^3 - n} = 1 - \dfrac{6 \times 4}{216 - 6} = 0.886$

17

A씨와 B씨에게 선호하는 국내 여행지의 순위를 다음 표와 같이 받았다. 스피어만의 상관계수는?

여행지	서울	경기	강원	충청	전라	경상	제주
A씨	1	3	6	5	7	4	2
B씨	2	6	3	7	5	4	1

① 0.45
② 0.50
③ 0.55
④ 0.60

해설

스피어만의 순위상관계수(Spearman Rank Correlation Coefficient)

각 순위에 대한 편차제곱합 표

여행지	서울	경기	강원	충청	전라	경상	제주
A씨	1	3	6	5	7	4	2
B씨	2	6	3	7	5	4	1
d_i	−1	−3	3	−2	2	0	1
d_i^2	1	9	9	4	4	0	1

∴ 스피어만의 순위상관계수 : $r_s = 1 - \dfrac{6\sum d_i^2}{n^3-n} = 1 - \dfrac{6\times 28}{343-7} = 0.5$

18

다음은 두 인사 책임자가 5명의 후보자에게 준 점수이다. 두 사람의 연관성의 정도를 알기 위한 Spearman의 순위상관계수는?

후보자	1	2	3	4	5
책임자1	4	5	6	5.5	4.5
책임자2	3	7	8	6.5	7.5

① 0.4
② 0.5
③ 0.6
④ 0.7

해설

스피어만의 순위상관계수(Spearman Rank Correlation Coefficient)

각 순위에 대한 편차제곱합 표

후보자	1	2	3	4	5
책임자1 순위	1	3	5	4	2
책임자2 순위	1	3	5	2	4
d_i	0	0	0	2	−2
d_i^2	0	0	0	4	4

∴ 스피어만의 순위상관계수 : $r_s = 1 - \dfrac{6\sum d_i^2}{n^3-n} = 1 - \dfrac{6\times 8}{125-5} = 0.6$

19

다음은 에어콘을 제조하는 다섯 회사에 대하여 품질과 가격을 조사한 순위(Rank)자료이다. 품질과 가격의 스피어만 상관계수를 구하면? [20]

에어콘	A	B	C	D	E
품 질	1	2	3	4	5
가 격	1	2	5	4	3

① 0.4
② 0.5
③ 0.6
④ 0.7

해설

스피어만의 순위상관계수(Spearman Rank Correlation Coefficient)

각 순위에 대한 편차제곱합 표

에어콘	A	B	C	D	E
품 질	1	2	3	4	5
가 격	1	2	5	4	3
d_i	0	0	-2	0	2
d_i^2	0	0	4	0	4

∴ 스피어만의 순위상관계수 $r_s = 1 - \dfrac{6\sum d_i^2}{n^3-n} = 1 - \dfrac{6 \times 8}{125-5} = 0.6$

20

켄달(Kendall)의 타우(τ)에 대한 설명과 가장 거리가 먼 것은? [15]

① 표본의 단조증가 변환에 대한 불변(Invariant)이다.
② 피어슨 상관계수와 마찬가지로 -1과 1 사이의 값을 가진다.
③ 일치(Concordance)와 불일치(Discordance) 확률의 차이를 모수로 가진다.
④ 1 또는 -1에 가까운 값을 가질수록 직선적인 경향이 강하다.

해설

켄달의 타우

피어슨 상관계수는 1 또는 -1에 가까운 값을 가질수록 직선적인 경향이 강하지만, 켄달의 타우와 스피어만의 상관계수는 두 변수에 대한 연관성을 측정하는 통계량이지 선형성(직선적인 관계)을 측정하는 통계량은 아니다.

정답 19 ③ 20 ④

21

켄달의 타우(Kendall's Tau)를 이용해서 다음 두 집단의 독립성을 검정하려고 한다. 이 자료에서 켄달의 타우 검정의 검정통계량은? 07 17

번 호	1	2	3	4	5
X_i	41.9	44.1	44.4	44.7	45.2
Y_i	2.5	4.0	2.6	3.6	2.8

① 0.1
② 0.2
③ 0.3
④ 0.4

해설

켄달의 타우(Kendall's Tau) 계산

켄달의 타우 : $\tau = \dfrac{P-Q}{n(n-1)/2}$

여기서 크기순 짝의 개수 $P : [Rank(X_j) - Rank(X_i)][Rank(Y_j) - Rank(Y_i)] > 0$

크기역순 짝의 개수 $Q : [Rank(X_j) - Rank(X_i)][Rank(Y_j) - Rank(Y_i)] < 0$

$P + Q = n(n-1)/2$

여기서 P는 x_i를 크기순으로 나열하였을 때 (x_i, y_i)의 짝 중에서 y_i가 크기순으로 나열되어있는 짝의 수이고, Q는 크기의 역순으로 나열되어있는 짝의 수이다. 크기순 짝과 크기역순 짝을 구하기 위해서 첫 번째 $(x_i, y_i) = (41.9, 2.5)$을 기준으로 그다음에 있는 4개의 짝을 볼 때 모든 짝의 y값이 2.5보다 크므로 크기순 짝은 4가 되며, 크기역순 짝은 0이 된다. 두 번째 $(x_i, y_i) = (44.1, 4.0)$을 기준으로 그다음에 있는 3개의 짝을 볼 때 모든 짝의 y값이 4.0보다 작으므로 크기순 짝은 0이 되며, 크기역순 짝은 3이 된다. 이 과정을 마지막까지 반복하여 다음의 표를 완성한다.

x_i	y_i	크기순의 짝의 수	크기역순의 짝의 수
41.9	2.5	4	0
44.1	4.0	0	3
44.4	2.6	2	0
44.7	3.6	0	1
45.2	2.8	0	0
		$P = 6$	$Q = 4$

∴ $S = P - Q = 6 - 4 = 2$ 이고, $\tau = \dfrac{S}{\dfrac{1}{2}n(n-1)} = \dfrac{2}{\dfrac{1}{2}(5)(4)} = 0.2$ 가 된다.

22

다음은 두 인사 평가자가 5명의 후보자의 순위를 평가한 표이다. 두 사람의 연관성의 정도를 알기 위한 켄달의 타우 b의 추정치 t는? 12

후보자	1번	2번	3번	4번	5번
평가자1	3	4	1	2	5
평가자2	2	1	4	3	5

① $t = 2$
② $t = -0.2$
③ $t = 5$
④ $t = -0.5$

해설

켄달의 타우(Kendall's Tau) 계산

> 켄달의 타우 $\tau = \dfrac{P-Q}{n(n-1)/2}$
> 여기서 크기순 짝의 개수 $P : [Rank(X_j) - Rank(X_i)][Rank(Y_j) - Rank(Y_i)] > 0$
> 크기역순 짝의 개수 $Q : [Rank(X_j) - Rank(X_i)][Rank(Y_j) - Rank(Y_i)] < 0$
> $P + Q = n(n-1)/2$

여기서 P는 x_i를 크기순으로 나열하였을 때 (x_i, y_i)의 짝 중에서 y_i가 크기순으로 나열되어있는 짝의 수이고, Q는 크기의 역순으로 나열되어있는 짝의 수이다. 크기순 짝과 크기역순 짝을 구하기 위해서 첫 번째 $(x_i, y_i) = (1, 4)$을 기준으로 그다음에 있는 4개의 짝을 볼 때 $(5, 5)$짝의 y값이 4보다 크므로 크기순 짝은 1이 되며, $(2, 3), (3, 2), (4, 1)$짝의 y값이 4보다 작으므로 크기역순 짝은 3이 된다. 두 번째 $(x_i, y_i) = (2, 3)$을 기준으로 그다음에 있는 3개의 짝을 볼 때 $(5, 5)$짝의 y값이 3보다 크므로 크기순 짝은 1이 되며, $(3, 2), (4, 1)$짝의 y값이 3보다 작으므로 크기역순 짝은 2가 된다. 이 과정을 마지막까지 반복하여 다음의 표를 완성한다.

x_i	y_i	크기순의 짝의 수	크기역순의 짝의 수
1	4	1	3
2	3	1	2
3	2	1	1
4	1	1	0
5	5	0	0
		$P = 4$	$Q = 6$

$\therefore S = P - Q = 4 - 6 = -2$이고, $\tau = \dfrac{S}{\frac{1}{2}n(n-1)} = \dfrac{-2}{\frac{1}{2}(5)(4)} = -0.2$가 된다.

정답 22 ②

23

중회귀분석에서 종속변수 y와 독립변수 x의 편상관계수(Partial Correlation Coefficient)에 대한 설명으로 옳은 것은? 15 21

① 편상관계수에 대한 검정은 카이제곱검정으로 수행된다.
② 제어변수가 1개인 두 변수 간의 편상관계수는 모든 변수들 간의 단순상관계수만으로는 구할 수 없다.
③ 독립변수 x와 나머지 독립변수들로 회귀하여 구한 잔차와의 단순상관계수를 말한다.
④ 종속변수 y와 독립변수 x를 나머지 독립변수들로 회귀하여 얻은 잔차들 간의 단순상관계수를 말한다.

해설

편상관계수(Partial Correlation Coefficient)
제어변수 z가 주는 선형효과를 종속변수 y와 독립변수 x에서 각각 제거한 후 남겨진 잔차들 간의 상관계수를 의미한다.

24

세 변수 X, Y, Z 간에 다음과 같은 상관관계가 존재한다고 하자.

$$Corr(X,\ Y) = 0.6,\ Corr(Y,\ Z) = 0.6,\ Corr(X,\ Z) = 0.7$$

이때 X의 선형효과를 제거(Adjust)한 후의 두 변수 Y와 Z의 편상관계수는? 04

① 0.57
② 0.67
③ 0.77
④ 0.87

해설

편상관계수(Partial Correlation Coefficient)
$Corr(X,\ Y) = 0.6,\ Corr(Y,\ Z) = 0.8,\ Corr(X,\ Z) = 0.7$이고,

Y와 Z의 편상관계수 $r_{YZ,X} = \dfrac{r_{YZ} - r_{XY} \cdot r_{XZ}}{\sqrt{(1-r_{XY}^2)(1-r_{XZ}^2)}}$ 이다.

$\therefore r_{YZ,X} = \dfrac{r_{YZ} - r_{XY} \cdot r_{XZ}}{\sqrt{(1-r_{XY}^2)(1-r_{XZ}^2)}} = \dfrac{0.8 - 0.6 \times 0.7}{\sqrt{(1-0.6^2)(1-0.7^2)}} = \dfrac{0.38}{0.5713} = 0.665$

25

해운대 해수욕장에서 하루 동안에 팔린 아이스크림의 양을 X, 방문객 수를 Y라고 하자. 한 달 동안의 관측 결과를 갖고서 표본상관계수를 구하니 −0.3으로 나타났다. 그런데, 아이스크림의 양과 방문객 수는 양의 상관관계가 나타나야 하는데 이상하다는 생각이 들었다. 이런 결과는 해수욕장의 기온(Z)과 관련이 있는데 이를 고려하지 않은 결과이다. 기온을 고려한 상관계수는? (단, X와 Z의 상관계수는 −0.8, Y와 Z의 상관계수는 0.6이다) 06 09 13

① 0.355
② 0.365
③ 0.375
④ 0.385

해설
편상관계수(Partial Correlation Coefficient)

$Corr(X, Y) = r_{XY} = -0.3$, $Corr(Y, Z) = r_{YZ} = 0.6$, $Corr(X, Z) = r_{XZ} = -0.8$이고,

X와 Y의 편상관계수 $r_{XY,Z} = \dfrac{r_{XY} - r_{XZ} \cdot r_{YZ}}{\sqrt{(1-r_{XZ}^2)(1-r_{YZ}^2)}}$ 이다.

$\therefore r_{XY,Z} = \dfrac{r_{XY} - r_{XZ} \cdot r_{YZ}}{\sqrt{(1-r_{XZ}^2)(1-r_{YZ}^2)}} = \dfrac{-0.3 + 0.48}{\sqrt{0.36 \times 0.64}} = \dfrac{0.18}{0.48} = 0.375$

26

전체 재학생 수가 20,000명(남학생 14,000명, 여학생 6,000명)인 어느 대학교 학생들을 대상으로 새로운 졸업자격제도 도입에 대한 찬반 의견을 수렴하고자 한다. 이 학교 남학생 중 600명, 여학생 중 400명을 각각 랜덤하게 추출하여 조사한 결과 남학생과 여학생의 찬성률은 각각 40%, 60%로 나타났다. 이 경우 전체 재학생의 찬성률에 대한 가장 적절한 추정값은? 05 11

① 46%
② 48%
③ 50%
④ 52%

해설
확률의 계산

전체 재학생 중 찬성한 사람 $= (14000 \times 0.4) + (6000 \times 0.6) = 9200$

$\therefore$ 전체 재학생의 찬성률 $= \dfrac{9200}{20000} = 0.46$

27

표본에 대한 설명으로 옳지 않은 것은? [19]

① 표본평균의 기대값은 표본의 크기에 따라 달라진다.
② 신뢰도를 높이려면 신뢰구간의 범위를 늘려야 한다.
③ 표본의 크기가 커질수록 표본평균은 모평균에 가까워지는 경향이 있다.
④ 일반적으로 신뢰구간의 길이는 표본의 크기가 커질수록 작아진다.

[해설]
표본평균의 기대값
표본평균의 기대값은 표본의 크기에 따라 변화하지 않는다. 신뢰구간의 길이는 표본의 크기가 커질수록 작아지고 표준편차가 커질수록 커진다.

28

중심극한정리에 관한 설명으로 틀린 것은? [08] [11]

① 표본평균의 확률분포에 관한 정리이다.
② 표본평균의 평균은 모평균과 같고 분산은 표본의 크기에 역비례한다.
③ 표본평균을 표준화한 확률변수의 확률분포는 표본의 크기에 관계없이 정규분포를 한다.
④ 중심극한정리는 모집단의 분포에 상관없이 성립한다.

[해설]
중심극한정리(Central Limit Theorem)
표본의 크기($n \geq 30$)가 커짐에 따라 모집단의 분포와 관계없이 표본평균 $\overline{X}$의 분포는 기대값이 모평균 μ이고, 분산이 $\dfrac{\sigma^2}{n}$인 정규분포에 근사한다.

$$\overline{X} \sim N\left(\mu, \ \dfrac{\sigma^2}{n}\right), \ n \to \infty$$

29

모집단의 평균이 99이고 표준편차가 10일 때, 크기가 4인 임의표본(Random Sample)의 표본평균의 기대값과 분산은? [13]

① 기대값 = 99, 분산 = 25
② 기대값 = 33, 분산 = 5
③ 기대값 = 33, 분산 = 25
④ 기대값 = 99, 분산 = 5

해설

표본평균의 기대값과 분산

$$E(\overline{X}) = E\left(\frac{X_1+X_2+X_3+X_4}{4}\right) = \frac{1}{4}E(X_1+X_2+X_3+X_4) = \frac{99+99+99+99}{4} = 99$$

$$V(\overline{X}) = V\left(\frac{X_1+X_2+X_3+X_4}{4}\right) = \frac{1}{16}V(X_1+X_2+X_3+X_4) = \frac{100+100+100+100}{16} = 25$$

30

동전을 독립적으로 n회 던져서 앞면이 나오는 횟수를 X라고 할 때, 앞면이 나오는 비율 p의 추정량 $\hat{p} = \dfrac{X}{n}$의 평균제곱(Mean Square Error ; MSE)은?

① $np(1-p)$
② $p(1-p)$
③ $\dfrac{1}{n}p(1-p)$
④ $\dfrac{n-1}{n}p(1-p)$

해설

표본비율 $\hat{p}$의 분산

$$Var(\hat{p}) = Var\left(\frac{X}{n}\right) = \frac{1}{n^2}Var(X) = \frac{1}{n^2} \times np(1-p) = \frac{p(1-p)}{n}$$

31

정부의 남북정책에 대한 찬반을 알아보기 위한 여론조사에서 유권자 n명을 랜덤 추출하여 조사한 결과 그중에서 X명이 찬성한 것으로 나타났을 때 다음 설명 중 틀린 것은? (단, p는 찬성하는 유권자의 모비율)

① $X \sim B(n, p)$이다.
② $\hat{p} = \dfrac{X}{n}$는 모비율 p에 대한 불편추정량(비편향추정량)이다.
③ $np < 5, n(1-p) < 5$이면 근사적으로 $\hat{p} \sim N\left(p, \dfrac{p(1-p)}{n}\right)$이다.
④ $\dfrac{\hat{p}-p}{\sqrt{\hat{p}(1-\hat{p})/n}}$는 근사적으로 표준정규분포를 따른다.

해설

이항분포의 정규근사

이항분포 $B(n, p)$에서 $np > 5$이고 $n(1-p) > 5$이면, 이항분포 $B(n, p)$는 정규분포 $N(np, npq)$에 근사한다.

$\therefore \hat{p} = \dfrac{X}{n} \sim N\left(p, \dfrac{p(1-p)}{n}\right)$

정답 30 ③ 31 ③

32

불량률이 p인 모집단에 대한 귀무가설 $H_0 : p = p_0$를 검정하기 위해 n개의 제품을 랜덤하게 추출하여 조사한 결과 X개가 불량품이었다. $\hat{p}$을 표본비율이라 할 때, 가설검정과 관련한 설명으로 가장 거리가 먼 것은? 14

① 불량률 p의 불편추정량은 X/n이다.
② 표본크기가 작은 경우에는 이항분포를 사용해 검정한다.
③ $np_0 > 5, n(1-p_0) > 5$이면 검정통계량 $Z_0 = \dfrac{\hat{p} - p_0}{\sqrt{p_0(1-p_0)/n}}$를 이용한다.
④ n이 크고 $np_0 < 5$인 경우 X는 정규분포 $N(np_0, np_0(1-p_0))$에 근사한다.

해설
이항분포의 정규근사
$X \sim B(n, p)$일 때 $np > 5$이고 $n(1-p) > 5$이면, 확률변수 X는 정규분포 $N(np, npq)$에 근사한다.
$\therefore \hat{p} = \dfrac{X}{n} \sim N\left(p, \dfrac{p(1-p)}{n}\right)$

33

t-분포와 F-분포의 특성에 대한 설명으로 옳은 것은? 15 20 21

① 자유도가 k인 t-분포의 제곱은 $F(k, 1)$분포와 동일하다.
② $F_{1-\alpha}(k_1, k_2) = 1/F_\alpha(k_2, k_1)$이 성립한다.
③ t-분포와 F-분포는 통상적으로 오른쪽으로 꼬리가 긴 분포이다.
④ $Z \sim N(0, 1)$, $V \sim \chi^2_{(r)}$이고, Z와 V가 독립일 때, $Z/\sqrt{V}$는 자유도가 r인 t-분포를 따른다.

해설
① 자유도가 k인 t-분포는 $t = \dfrac{Z}{\sqrt{U/k}}$으로 정의되며 여기서 $Z \sim N(0, 1)$, $U \sim \chi^2_{(k)}$이다.
  자유도 (m, n)인 F-분포는 $F = \dfrac{U/m}{V/n}$으로 정의되며 여기서 $U \sim \chi^2_{(m)}$, $V \sim \chi^2_{(n)}$이다.
  $\therefore [t_{(k)}]^2 = \left(\dfrac{Z}{\sqrt{U/k}}\right)^2 = \dfrac{Z^2/1}{U/k} = F_{(1, k)}$ $\therefore Z^2 \sim \chi^2_{(1)}$
③ F-분포는 통상적으로 오른쪽으로 꼬리가 긴 분포이지만 t-분포는 좌우 대칭형 분포이다.
④ $Z \sim N(0, 1)$, $V \sim \chi^2_{(r)}$이고, Z와 V가 독립일 때, 자유도가 r인 t-분포는 $Z/\sqrt{V/r}$이다.

34

평균 1이고 분산이 1인 정규분포에서 랜덤하게 얻어진 2개의 자료를 X_1과 X_2라고 할 때, $(X_1 - X_2)^2$의 평균과 분산은 어떻게 되겠는가? 05 07 09

① 평균 = 2, 분산 = 4
② 평균 = 2, 분산 = 8
③ 평균 = 4, 분산 = 4
④ 평균 = 4, 분산 = 8

해설

정규분포와 카이제곱분포의 관계

$X \sim N(\mu, \sigma^2)$ 일 경우, $\frac{(n-1)S^2}{\sigma^2} \sim \chi^2_{(n-1)}$ 을 따르므로, $n=2$이고, $\sigma^2=1$인 경우 $S^2 \sim \chi^2_{(1)}$ 을 따르게 된다.

$S^2 = \frac{1}{(n-1)} \sum_{i=1}^{n} (X_i - \overline{X})^2$ 이므로, $n=2$인 경우

$S^2 = \sum_{i=1}^{2} (X_i - \overline{X})^2 = \left(X_1 - \frac{X_1 + X_2}{2}\right)^2 + \left(X_2 - \frac{X_1 + X_2}{2}\right)^2 = \left(\frac{X_1 - X_2}{2}\right)^2 + \left(\frac{X_2 - X_1}{2}\right)^2 = \frac{(X_1 - X_2)^2}{2} \sim \chi^2_{(1)}$

$\chi^2_{(n)}$의 기대값은 n이고, 분산은 $2n$이므로, 기대값과 분산의 성질을 이용하여 $(X_1 - X_2)^2$의 기대값은 2, 분산은 $2^2 \times 2 = 8$이 된다.

35

이변량 정규분포를 따르는 변수 (X, Y)의 평균이 각각 1, 2이고 분산이 1, 1이며 상관계수가 0.5라고 하자. X의 값이 0인 경우의 Y의 조건부 분포는? 04 10 17

① 평균이 2.5, 분산이 0.75인 t분포
② 평균이 1.5, 분산이 0.75인 t분포
③ 평균이 2.5, 분산이 0.75인 정규분포
④ 평균이 1.5, 분산이 0.75인 정규분포

해설

이변량 정규분포에서 조건부 분포의 기대값과 분산 계산

$E(Y|x) = \mu_2 + \rho\left(\frac{\sigma_2}{\sigma_1}\right)(x - \mu_1) = 2 + 0.5(-1) = 1.5$

$V(Y|x) = \sigma_2^2(1 - \rho^2) = (1 - 0.5^2) = 0.75$

02 추정 및 검정

01

확률표본 $X_1, \cdots, X_n$은 모평균을 $\overline{X} = \sum_{i=1}^{n} X_i/n$으로 추정량을 제시할 수 있다. $\overline{X}$의 표준오차($\overline{X}$의 표준편차)를 추정하고자 할 때 적절한 추정량은? 04 11

① $\sqrt{\sum_{i=1}^{n} (X_i - \overline{X})^2/n-1}$

② $\sqrt{\sum_{i=1}^{n} (X_i - \overline{X})^2/n}$

③ $\sqrt{\sum_{i=1}^{n} (X_i - \overline{X})^2/(n-1)^2}$

④ $\sqrt{\sum_{i=1}^{n} (X_i - \overline{X})^2/((n-1)n)}$

해설

$\overline{X}$의 표준오차 계산

$\hat{\sigma}_{\overline{X}} = \sqrt{\dfrac{S^2}{n}} = \sqrt{\dfrac{\sum_{i=1}^{n}(X_i - \overline{X})^2}{n(n-1)}}$, ∵ $S^2 = \dfrac{\sum_{i=1}^{n}(X_i - \overline{X})^2}{n-1}$

02

추정량의 성질에 대한 설명으로 틀린 것은? 05 08

① 불편성(Unbiasedness)은 추정량의 기댓값이 추정하려는 모수가 된다는 성질이다.
② 표본평균은 항상 모평균의 불편추정량이다.
③ 일치성(Consistency)은 추정량의 분산이 다른 추정량의 분산보다 작다는 성질이다.
④ 표본평균은 일치성을 갖고 있기 때문에 표본이 커질 때 모평균과의 오차가 작아질 확률이 높다.

해설

바람직한 추정량의 성질

- 불편성 : 모수 θ의 추정량을 $\hat{\theta}$으로 나타낼 때, $\hat{\theta}$의 기댓값이 θ가 되는 성질 즉, $E(\hat{\theta}) = \theta$이면 추정량 $\hat{\theta}$은 모수 θ의 불편추정량이다.
- 일치성 : 표본의 크기가 커짐에 따라 확률적으로 추정량이 모수에 가깝게 수렴하는 성질
- 충분성 : 추정량이 모수에 대하여 가능한 많은 표본정보를 내포하고 있는 성질
- 효율성(최소분산성) : 추정량 $\hat{\theta}$이 불편이고, 그 $\hat{\theta}$의 분산이 다른 추정량의 분산보다 작다는 성질

03

추정량에 관한 설명으로 틀린 것은? 13 17

① 불편성(Unbiasedness)은 고정된 표본에 대한 성질이다.
② 편의(Biased)추정량이 불편추정량보다 나은 경우도 있다.
③ 최소분산불편추정량(UMVUE)은 모든 추정량 가운데 분산이 가장 크다.
④ 일치성은 추정량이 가지는 대표본 성질이다.

해설

균일최소분산불편추정량(UMVUE ; Uniformly Minimum Variance Unbiased Estimator)
추정량 중에서 불편이면서 최소분산을 가지는 유일한 추정량을 균일최소분산불편추정량이라 한다. 즉, 균일최소분산불편추정량보다 더 좋은 추정량은 없다.

04

다음 판단의 기준에 해당하는 것은? 13

> 모집단이 표준적인 정규분포를 따를 때 표본평균과 표본중앙값 중에서 표본평균을 사용하는 것이 좀 더 좋은 추정방법을 선택하는 것이 된다.

① 비편향성
② 일치성
③ 효율성
④ 편차 최소성

해설

모집단이 정규분포를 따를 경우 표본평균과 표본중앙값 모두 불편추정량이지만 표본평균의 분산이 표본중앙값의 분산보다 작다.

정답 03 ③ 04 ③

05

시행 횟수 10, 성공의 확률이 p인 이항분포를 따르는 확률변수 X와 시행 횟수 100, 성공의 확률이 p인 이항분포를 따르는 확률변수 Y를 이용하여 p를 추정하고자 한다. p의 두 추정량 $X/10$과 $Y/100$ 중 어느 추정량이 더 좋은 추정량인지에 대한 설명으로 옳은 것은? 09

① 기대값이 같으므로 어느 한 추정량이 더 좋다고 말할 수 없다.
② $X/10$의 표준편차가 더 크므로 $X/10$이 더 좋은 추정량이다.
③ $Y/100$의 표준편차가 더 크므로 $Y/100$이 더 좋은 추정량이다.
④ $Y/100$의 표준편차가 더 작으므로 $Y/100$이 더 좋은 추정량이다.

해설

효율성(최소분산성)

$Var\left(\dfrac{X}{10}\right) = \dfrac{1}{100} Var(X) = \dfrac{1}{100} \times 10p(1-p) = \dfrac{1}{10} p(1-p)$

$Var\left(\dfrac{Y}{100}\right) = \dfrac{1}{10000} Var(Y) = \dfrac{1}{10000} \times 100p(1-p) = \dfrac{1}{100} p(1-p)$

$\therefore \dfrac{1}{10} p(1-p) > \dfrac{1}{100} p(1-p)$ 이므로, $\dfrac{Y}{100}$ 이 더 좋은 추정량이다.

06

모평균 μ의 정규분포로부터 10개의 표본 $X_1, \cdots, X_{10}$을 추출하여 μ를 추정하려 한다. 두 추정치 $\hat{\mu} = \overline{X}$, $\hat{\mu}_2 = \dfrac{X_1 + X_{10}}{2}$를 고려했을 때, $\hat{\mu}_1$이 $\hat{\mu}_2$보다 효율적이라고 할 수 있는 선정기준으로 가장 적합한 것은? 09

① 할당성(Quota)
② 불편성
③ 최소분산성
④ 유일성

해설

효율성(최소분산성)

X_i들이 상호독립인 경우, $X_1, X_2, \cdots, X_{10}$이 모평균 μ인 정규분포로부터 추출되었을 때,

$E(\overline{X}) = E\left(\dfrac{X_1 + X_2 + \cdots + X_{10}}{10}\right) = \dfrac{1}{10} E(X_1 + X_2 + \cdots + X_{10}) = E(X) = \mu$

$E\left(\dfrac{X_1 + X_2}{2}\right) = \dfrac{1}{2} E(X_1 + X_2) = E(X) = \mu$

$\therefore \overline{X}$와 $\dfrac{X_1 + X_2}{2}$은 μ에 대한 불편추정량이다.

$Var(\overline{X}) = Var\left(\dfrac{X_1 + X_2 + \cdots + X_{10}}{10}\right) = \dfrac{1}{100} Var(X_1 + X_2 + \cdots + X_{10}) = \dfrac{1}{10} Var(X) = \dfrac{\sigma^2}{10}$

$Var\left(\dfrac{X_1 + X_2}{2}\right) = \dfrac{1}{4} Var(X_1 + X_2) = \dfrac{2}{4} Var(X) = \dfrac{\sigma^2}{2}$

$\therefore Var(\overline{X}) < Var\left(\dfrac{X_1 + X_2}{2}\right)$

07

다음 중 모평균의 점추정량(Point Estimator)의 성질을 나타내지 않는 것은?

① 불편추정량(Unbiased Estimator)
② 일치추정량(Consistent Estimator)
③ 충분추정량(Sufficient Estimator)
④ 최우추정량(Maximum Likelihood Estimator)

해설

바람직한 추정량
- 바람직한 추정량 : 불편추정량, 일치추정량, 충분추정량, 유효추정량
- 추정방법에 의한 추정량 : 적률추정량, 최우추정량, 최소제곱추정량

08

평균이 μ, 분산이 σ^2 인 분포로부터 크기 n 인 확률표본 $X_1, \cdots, X_n$ 을 얻었을 때 σ^2 에 대한 다음 두 추정량에 대한 설명으로 옳은 것은?

$$S^2 = \frac{1}{n-1}\sum(X_i - \overline{X})^2, \quad \hat{\sigma}^2 = \frac{1}{n}\sum(X_i - \overline{X})^2$$

(단, E 는 기대값, V 는 분산, MSE 는 평균제곱오차, $Bias$ 는 편향(편의)을 의미한다)

① $E(S^2) = \dfrac{n-1}{n}\sigma^2$

② $Bias(\hat{\sigma}^2) = 0$

③ $V(S^2) = \dfrac{2}{n-1}\sigma^4$

④ $MSE(\hat{\sigma}^2) = \dfrac{(n-1)^2}{n^2}\sigma^4$

해설

카이제곱분포의 기대값과 분산

$\chi^2_{(n)}$ 의 기대값은 n 이고, 분산은 $2n$ 이다.

$\dfrac{(n-1)S^2}{\sigma^2} = \dfrac{\sum_{i=1}^{n}(X_i - \overline{X})^2}{\sigma^2} \sim \chi^2_{(n-1)}$ 을 따르므로, $E\left[\dfrac{(n-1)S^2}{\sigma^2}\right] = \dfrac{n-1}{\sigma^2}E(S^2) = n-1$ ∴ $E(S^2) = \sigma^2$

$Var\left[\dfrac{(n-1)S^2}{\sigma^2}\right] = \dfrac{(n-1)^2}{\sigma^4}Var(S^2) = 2(n-1)$ ∴ $Var(S^2) = \dfrac{2}{n-1}\sigma^4$

정답 07 ④ 08 ③

09

모수 θ의 추정량 $\hat{\theta}$에 대하여 $V_1 = \hat{\theta}$의 분산, $V_2 = E(\hat{\theta}) - \theta$로 각각 두면 다음 중 추정량 $\hat{\theta}$의 평균제곱오차(Mean Square Error)에 해당하는 것은? [12]

① $V_1 + V_2$

② $V_1^2 + V_2$

③ $V_1 + V_2^2$

④ $V_1^2 + V_2^2$

해설

평균제곱오차(MSE ; Mean Square Error)

$\mu = E(\hat{\theta})$이라 한다면 다음이 성립한다.

$MSE(\hat{\theta}) = E(\hat{\theta} - \theta)^2 = E(\hat{\theta} - \mu + \mu - \theta)^2 = E(\hat{\theta} - \mu)^2 + 2E(\hat{\theta} - \mu)(\mu - \theta) + E(\mu - \theta)^2$

여기서 μ와 θ는 상수이므로

$MSE(\hat{\theta}) = E(\hat{\theta} - \mu)^2 + 2(\mu - \theta)E(\hat{\theta} - \mu) + (\mu - \theta)^2 = E(\hat{\theta} - \mu)^2 + (\mu - \theta)^2$

$\because E(\hat{\theta}) = \mu$라고 하였으므로 $E(\hat{\theta} - \mu) = 0$이다.

$V_1 = V(\hat{\theta}) = E(\hat{\theta} - \mu)^2$이고 $V_2 = Bias(\hat{\theta}) = E(\hat{\theta}) - \theta = \mu - \theta$이므로, 결과적으로 $MSE(\hat{\theta}) = V_1 + V_2^2$이 된다.

10

최우추정량(Maximum Likelihood Estimator)에 대한 설명으로 틀린 것은? [20]

① 유일(Unique)하게 존재한다.

② 점근적으로 불편성을 만족한다.

③ 점근적으로 정규분포를 따른다.

④ 불변성(Invariance)을 가진다.

해설

최대가능도추정량(Maximum Likelihood Estimator)의 성질

- 최대가능도추정량은 존재하지 않을 수 있다.
- 최대가능도추정량은 유일하지 않을 수 있다. 즉, 2개 이상이 존재할 수 있다.
- 최대가능도추정량이 유일하게 존재하면 충분통계량의 함수이다.
- 최대가능도추정량이 존재할 때 반드시 불편성의 성질을 가지는 것은 아니다.
- 최대가능도추정량은 점근적(Asymptotically) 불편추정량이다.
- 최대가능도추정량은 일치추정량이다.
- 최대가능도추정량의 불변성(Invariance Property) : $X_1, \cdots, X_n \sim pdf\, f(x\,;\,\theta)$에 대해 $\hat{\theta}$이 θ의 최대가능도추정량이면, $g(\hat{\theta})$은 $g(\theta)$의 최대가능도추정량이다.

11

모분산(σ^2)의 추정치를 각각 $S_1^2 = \dfrac{\sum(X_i - \overline{X})^2}{n}$, $S_2^2 = \dfrac{\sum(X_i - \overline{X})^2}{n-1}$ 이라 할 때, 다음 설명 중 틀린 것은? [10] [12] [21]

① S_1^2 과 S_2^2 은 모두 일치추정량이다.

② S_1^2 은 편의추정량이고, S_2^2 은 불편추정량이다.

③ 정규모집단 가정하에서 S_2^2 은 최우추정량(MLE)이다.

④ 정규모집단 가정하에서 nS_1^2/σ^2 은 $\chi^2_{(n-1)}$ 분포를 따른다.

해설

③ $L(\mu, \sigma^2) = \prod_{i=1}^{n} \dfrac{1}{\sqrt{2\pi}\,\sigma} e^{-\dfrac{(X_i-\mu)^2}{2\sigma^2}} = \left(\dfrac{1}{2\pi\sigma^2}\right)^{\dfrac{n}{2}} \exp\left[-\dfrac{1}{2\sigma^2}\sum(X_i-\mu)^2\right]$

$\log L(\mu, \sigma^2) = -\dfrac{n}{2}\log 2\pi - \dfrac{n}{2}\log\sigma^2 - \dfrac{1}{2\sigma^2}\sum(X_i-\mu)^2$

$\dfrac{\partial \log L(\mu, \sigma^2)}{\partial \mu} = \dfrac{1}{\sigma^2}\sum(X_i-\mu)^2$, $\dfrac{\partial \log L(\mu, \sigma^2)}{\partial \sigma^2} = -\dfrac{n}{2}\dfrac{1}{\sigma^2} + \dfrac{1}{2\sigma^4}\sum(X_i-\mu)^2$

$\therefore \hat{\mu}^{M.L.E.} = \dfrac{1}{n}\sum X_i = \overline{X}$, $\widehat{\sigma^2}^{M.L.E.} = \dfrac{\sum(X_i-\overline{X})^2}{n}$

① 모든 최우추정량(MLE)은 실질적으로 일치추정량이다. $\therefore S_1^2$ 은 일치추정량이다.

S_2^2 이 일치추정량이 되기 위해서는 $\lim_{n\to\infty} P(|S_2^2 - \sigma^2| > c) = 0$ 이 성립해야 된다.

$P(|S_2^2 - \sigma^2| > c) \leq \dfrac{E(|S_2^2 - \sigma^2|)}{c}$ by Chebyshev's Inequality

$P(|S_2^2 - \sigma^2| > c) = 0, \because E(S_2^2) = E\left[\dfrac{\sum(X_i-\overline{X})^2}{n-1}\right] = \sigma^2$

$\therefore \lim_{n\to\infty} P(|S_2^2 - \sigma^2| > c) = 0$ 이 성립하기 때문에 S_2^2 은 일치추정량이다.

② $E\left(\dfrac{\sum(X_i-\overline{X})^2}{\sigma^2}\right) = E\left(\dfrac{nS_1^2}{\sigma^2}\right) = n-1$ 이므로, $E(S_1^2) = \dfrac{(n-1)\sigma^2}{n}$ 이 된다.

$\therefore S_1^2$ 은 편의추정량이다.

$E(S_2^2) = E\left[\dfrac{\sum(X_i-\overline{X})^2}{n-1}\right] = \dfrac{1}{n-1}E\left[\sum(X_i-\mu)^2 - n(\overline{X}-\mu)^2\right]$

$= \dfrac{1}{n-1}\left\{\sum E[(X_i-\mu)^2] - nE[(\overline{X}-\mu)^2]\right\} = \dfrac{1}{n-1}\left\{\sum \sigma^2 - n\,Var(\overline{X})\right\}$

$= \dfrac{1}{n-1}\left(n\sigma^2 - n\dfrac{\sigma^2}{n}\right) = \sigma^2$ $\therefore S_2^2$ 은 불편추정량이다.

④ $S_1^2 = \dfrac{\sum(X_i-\overline{X})^2}{n}$ 이면, $nS_1^2 = \sum(X_i-\overline{X})^2 = \sum(X_i-\overline{X}-\mu+\mu)^2 = \sum(X_i-\mu)^2 - n(\mu-\overline{X})^2$

양변을 σ^2 으로 나누어 주면 $\dfrac{nS_1^2}{\sigma^2} = \sum\left(\dfrac{X_i-\mu}{\sigma}\right)^2 - \left(\dfrac{\overline{X}-\mu}{\sigma/\sqrt{n}}\right)^2$ 이 된다.

$\sum\left(\dfrac{X_i-\mu}{\sigma}\right)^2$ 이 $\chi^2_{(n)}$ 이고, $\left(\dfrac{\overline{X}-\mu}{\sigma/\sqrt{n}}\right)^2$ 이 $\chi^2_{(1)}$ 이며 서로 독립이다.

$\therefore \dfrac{nS_1^2}{\sigma^2} \sim \chi^2_{(n-1)}$

정답 11 ③

12

균일분포 $U(0, \theta)$로부터 확률표본을 $X_1, \cdots, X_n$이라 할 때, 모수 θ에 대한 최우추정량(MLE)은? (단 $X_{(n)} = \max(X_1, \cdots, X_n)$이다) 11 14

① $X_{(n)}$

② $\dfrac{n+1}{n} X_{(n)}$

③ $\dfrac{n}{n+1} X_{(n)}$

④ $2\overline{X}$

해설

최우추정량(Maximum Likelihood Estimator)

$X \sim U(0, \theta)$이므로 $f(x;\theta) = \dfrac{1}{\theta}$, 단 $X_{(n)} = \max(X_1, \cdots, X_n)$, $X_{(1)} = \min(X_1, \cdots, X_n)$

$L(\theta) = \prod_{i=1}^{n} f(x;\theta) = \left(\dfrac{1}{\theta}\right)^n \prod_{i=1}^{n} I_{[0,\theta]}(x_i) = \left(\dfrac{1}{\theta}\right)^n I_{[0,\theta]}(x_1) \cdots I_{[0,\theta]}(x_n)$

$= \left(\dfrac{1}{\theta}\right)^n I_{[0,\theta]}(X_{(n)}) \cdot I_{[0, X_{(n)}]}(X_{(1)})$

$L(\theta)$가 최대가 되기 위해서는 θ가 최소가 되어야 한다.
∴ θ의 $M.L.E$는 $X_{(n)}$이다.

13

확률밀도함수(Probability Density Function)가 $f(x) = p(1-p)^x$, $x = 0, 1, 2, \cdots$ 인 기하분포를 따르는 모집단으로부터 추출된 확률표본을 $\{X_1, X_2, \cdots, X_n\}$라 할 때, p의 최대우도추정량(Maximum Likelihood Estimator)은? (단, $\overline{X} = \dfrac{1}{n} \sum_{i=1}^{n} X_i$이다) 11 15

① $\dfrac{1}{\overline{X}+1}$

② $\dfrac{1}{\overline{X}-1}$

③ $\dfrac{1}{\overline{X}}$

④ $\dfrac{1}{2\overline{X}}$

해설

최대우도추정량(Maximum Likelihood Estimator)

$X \sim G(p)$이므로 $f(x) = p(1-p)^x$, $x = 0, 1, 2, \cdots$이다.

$L(p) = \prod_{i=1}^{n} f(x;p) = p^n (1-p)^{\sum x_i}$

$\ln L(p) = n \ln p + \sum x_i \ln(1-p)$

$\dfrac{\partial \ln L(p)}{\partial p} = \dfrac{n}{p} - \dfrac{\sum x_i}{1-p} = 0$

∴ $\hat{p}^{M.L.E.} = \dfrac{n}{n + \sum x_i} = \dfrac{1}{1 + \overline{X}}$

14

$X_1, X_2, \cdots, X_n$을 정규분포 $N(\theta_1, \theta_2)$로부터 취한 크기 n인 임의표본일 때, θ_1과 θ_2의 최우추정량(Maximum Likelihood Estimator)을 각각 구하면? 14 21

① $\hat{\theta}_1 = \sum_{i=1}^{n} \dfrac{X_i}{(n-1)}, \ \hat{\theta}_2 = \sum_{i=1}^{n} \dfrac{(X_i - \overline{X})^2}{(n-1)}$

② $\hat{\theta}_1 = \sum_{i=1}^{n} \dfrac{X_i}{n}, \ \hat{\theta}_2 = \sum_{i=1}^{n} \dfrac{(X_i - \overline{X})^2}{(n-1)}$

③ $\hat{\theta}_1 = \sum_{i=1}^{n} \dfrac{X_i}{n}, \ \hat{\theta}_2 = \sum_{i=1}^{n} \dfrac{(X_i - \overline{X})^2}{n}$

④ $\hat{\theta}_1 = \sum_{i=1}^{n} \dfrac{X_i}{(n-1)}, \ \hat{\theta}_2 = \sum_{i=1}^{n} \dfrac{(X_i - \overline{X})^2}{n}$

해설

최우추정량(Maximum Likelihood Estimator)
n개의 관측값 $x_1, \cdots, x_n$에 대한 결합밀도함수인 우도함수 $L(\theta) = f(\theta; x_1, \cdots, x_n)$을 θ의 함수로 간주할 때 $L(\theta)$를 최대로 하는 θ의 값 $\hat{\theta}$을 구하는 방법이다.

$L(\theta_1, \theta_2) = \prod_{i=1}^{n} \dfrac{1}{\sqrt{2\pi\theta_2}} e^{-\frac{(X_i - \theta_1)^2}{2\theta_2}} = \left(\dfrac{1}{2\pi\theta_2}\right)^{\frac{n}{2}} \exp\left[-\dfrac{1}{2\theta_2} \sum (X_i - \theta_1)^2\right]$

$\log L(\theta_1, \theta_2) = -\dfrac{n}{2} \log 2\pi - \dfrac{n}{2} \log \theta_2 - \dfrac{1}{2\theta_2} \sum (X_i - \theta_1)^2$

$\dfrac{\partial \log L(\theta_1, \theta_2)}{\partial \theta_1} = \dfrac{1}{\theta_2} \sum (X_i - \theta_1), \quad \dfrac{\partial \log L(\theta_1, \theta_2)}{\partial \theta_2} = -\dfrac{n}{2} \dfrac{1}{\theta_2} + \dfrac{1}{2\theta_2^2} \sum (X_i - \theta_1)^2$

$\therefore \hat{\theta}_1^{M.L.E.} = \dfrac{1}{n} \sum X_i = \overline{X}, \ \hat{\theta}_2^{M.L.E.} = \dfrac{\sum (X_i - \overline{X})^2}{n}$

정답 14 ③

15

$X_1, X_2, \cdots, X_n$의 정규분포 $N(\theta_1, \theta_2)$, $-\infty < \theta_1 < \infty$, $0 < \theta_2 < \infty$ 의 랜덤표본일 때, θ_1과 θ_2의 적률추정량(Method of Moment Estimator)으로 옳은 것은? [19]

① $\hat{\theta}_1 = \dfrac{\sum_{i=1}^{n} X_i}{(n-1)}$, $\hat{\theta}_2 = \dfrac{\sum_{i=1}^{n} (X_i - \overline{X})^2}{(n-1)}$

② $\hat{\theta}_1 = \dfrac{\sum_{i=1}^{n} X_i}{n}$, $\hat{\theta}_2 = \dfrac{\sum_{i=1}^{n} (X_i - \overline{X})^2}{(n-1)}$

③ $\hat{\theta}_1 = \dfrac{\sum_{i=1}^{n} X_i}{(n-1)}$, $\hat{\theta}_2 = \dfrac{\sum_{i=1}^{n} (X_i - \overline{X})^2}{n}$

④ $\hat{\theta}_1 = \dfrac{\sum_{i=1}^{n} X_i}{n}$, $\hat{\theta}_2 = \dfrac{\sum_{i=1}^{n} (X_i - \overline{X})^2}{n}$

해설

적률추정량(Method of Moment Estimator)

$X_1, X_2, \cdots, X_n$이 $N(\theta_1, \theta_2)$에서 뽑은 확률표본이므로 $\mu_1 = E(X) = \theta_1$, $\mu_2 = E(X^2) = \theta_2 + [E(X)]^2$이 성립하며, $E(X)$와 $E(X^2)$의 표본적률은 $\hat{\mu}_1 = \dfrac{1}{n}\sum X_i$, $\hat{\mu}_2 = \dfrac{1}{n}\sum X_i^2$ 이므로 $\mu_1 = \hat{\mu}_1$, $\mu_2 = \hat{\mu}_2$라 놓고 이를 θ_1와 θ_2에 대해 풀면 다음과 같은 적률추정량(MME ; Method of Moment Estimator)을 구할 수 있다.

$\hat{\theta}_1^{MME} = \dfrac{1}{n}\sum X_i = \overline{X}$

$\hat{\theta}_2^{MME} = \dfrac{1}{n}\sum X_i^2 - \overline{X}^2 = \dfrac{1}{n}\sum (X_i - \overline{X})^2$

16

항아리 속에 두 가지 색(흰색, 파란색)의 공이 들어 있다. 이중 한 색의 공 개수와 다른 한 색의 공의 개수의 비율은 3:2이다. 이 항아리에서 3개의 공을 복원 추출한 결과 파란색 공이 2개, 흰색 공이 1개 추출되었다. 항아리에서 다시 한 개의 공을 추출할 때, 파란색 공이 추출될 확률 p의 최우추정값(Maximum Likelihood Estimate)은? [18]

① $\dfrac{54}{125}$
② $\dfrac{4}{9}$
③ $\dfrac{3}{5}$
④ $\dfrac{3}{4}$

해설

최대가능도추정치

항아리에서 3개의 공을 복원 추출한 결과 파란색 공이 2개, 흰색 공이 1개 추출되었으므로 이 항아리에는 파란색 공과 흰색 공이 비율이 3:2로 들어 있을 가능성이 크다. 즉, 이 항아리에서 다시 한 개의 공을 추출할 때 파란색 공이 추출될 확률은 $\frac{3}{5}$이다.

17

다음 정리 중 최소분산불편추정량(UMVUE)을 구하는 데 직접 사용되는 정리는? 08 11

① Bonferroni 부등식
② Lehmann-Scheffe 정리
③ Basu 정리
④ Neyman-Pearson 정리

해설

② Lehmann-Scheffe 정리 : $X_1, X_2, \cdots, X_n$을 확률밀도함수 $f(x;\theta)(\theta \in \Omega)$을 갖는 분포로부터 추출한 확률표본이라 하고, $Y = U(x_1, x_2, \cdots, x_n)$을 θ에 대한 완비충분통계량이라 할 때,

$\hat{\eta}^{U.E.}$: any unbiased estimator of $\eta = h(\theta)$

$\hat{\eta}^* = E(\hat{\eta}^{U.E.} | Y)$: UMVUE of $\eta = h(\theta)$

① 본페로니(Bonferroni) 방법 : 분산분석 후 사후분석에서 이용
③ 바수(Basu) 정리 : 완비충분통계량(Complete Sufficient Statistic)과 보조통계량(Ancillary Statistic)이 독립인지를 밝히는 데 이용
④ 네이만-피어슨(Neyman-Pearson) 정리 : 모수의 두 가능한 가정, 즉 귀무가설과 대립가설에 대한 통계적 검정에 관한 정리

18

구간추정에서 95% 신뢰구간에 대한 설명으로 옳은 것은? 07 17 21

① 추정하고자 하는 모수를 포함할 확률이 대략 0.95이다.
② 추정량과 참값의 차이가 0.95이다.
③ 오차의 한계가 0.95이다.
④ 추정량과 참값의 차이가 0.05이다.

해설

신뢰구간의 의미

μ의 95% 신뢰구간의 의미는 신뢰구간을 반복해서 구할 때 전체의 약 95% 정도는 μ를 포함하리라 기대할 수 있다는 뜻이다.

19

나이가 6세인 우리나라 여자아이의 평균키를 추정하기 위하여 100명의 여자아이의 키를 조사하여 95% 신뢰구간을 구했더니 (107.2, 117.1)의 구간을 얻었다. 다음 중 가장 적합한 설명은?

① 100명 중 95명의 키가 (107.2, 117.1) 안에 있다.
② 어떤 여자아이의 키가 (107.2, 117.1) 안에 있을 확률이 0.95이다.
③ 전체 모집단 여자아이의 평균키가 (107.2, 117.1) 안에 있을 확률이 0.95이다.
④ 표본을 계속 추출하여 신뢰구간을 계속 만들면 그중 모평균을 포함하는 구간의 비율이 95%에 가까워진다.

해설

18번 문제 해설 참고

20

정규분포에서 나온 랜덤샘플을 이용하여 모평균 μ에 대한 신뢰구간을 구할 때의 설명으로 틀린 것은?

① 99% 신뢰구간이 95% 신뢰구간에 비해 길다.
② 자료의 수 n에 대하여 신뢰구간의 길이는 $1/n$에 비례하여 짧아진다.
③ 모분산 σ^2을 알고 있으면 정규분포를 이용하여 신뢰구간을 구할 수 있다.
④ 모분산 σ^2을 알지 못하면 t-분포를 이용하여 신뢰구간을 구할 수 있다.

해설

신뢰구간의 길이

신뢰구간의 길이는 $1/\sqrt{n}$에 비례하여 길어진다.

대표본($n \geq 30$)에서 모분산 σ^2을 알 경우 모평균 μ에 대한 $100(1-\alpha)\%$ 신뢰구간
$\left(\overline{X} - z_{\frac{\alpha}{2}} \frac{\sigma}{\sqrt{n}},\ \overline{X} + z_{\frac{\alpha}{2}} \frac{\sigma}{\sqrt{n}} \right)$
소표본($n < 30$)에서 모분산 σ^2을 모를 경우 모평균 μ에 대한 $100(1-\alpha)\%$ 신뢰구간
$\left(\overline{X} - t_{\frac{\alpha}{2},(n-1)} \frac{S}{\sqrt{n}},\ \overline{X} + t_{\frac{\alpha}{2},(n-1)} \frac{S}{\sqrt{n}} \right)$

19 ④ 20 ②

21

$N(\mu, \sigma^2)$인 정규분포에서 $n=36$인 표본을 추출했을 때, 표본평균 $\overline{X}=62.1$, 표본표준편차 $S=14$이었다. 모평균 μ에 대한 90% 양측 신뢰구간은?

① (60.4, 63.7)
② (58.3, 65.9)
③ (57.5, 66.7)
④ (56.7, 67.5)

해설

모평균 μ에 대한 90% 신뢰구간

$$\left(\overline{X} - z_{\frac{\alpha}{2}} \frac{S}{\sqrt{n}},\ \overline{X} + z_{\frac{\alpha}{2}} \frac{S}{\sqrt{n}}\right) \Rightarrow \left(62.1 - 1.645\sqrt{\frac{14^2}{36}},\ 62.1 + 1.645\sqrt{\frac{14^2}{36}}\right) \Rightarrow (58.3,\ 65.9)$$

22

모분산이 225인 정규모집단으로부터 크기 20인 임의표본을 추출하였을 때 표본평균이 64.3이었다. 모평균의 95% 양측 신뢰구간은? (단, $z_{0.025} = 1.96$, $z_{0.05} = 1.645$)

① (23.8, 45.8)
② (23.8, 70.9)
③ (57.7, 70.9)
④ (57.7, 95.8)

해설

모평균 μ에 대한 95% 신뢰구간

$$\left(\overline{X} - z_{\frac{\alpha}{2}} \frac{S}{\sqrt{n}},\ \overline{X} + z_{\frac{\alpha}{2}} \frac{S}{\sqrt{n}}\right) \Rightarrow \left(64.3 - 1.96\sqrt{\frac{225}{20}},\ 64.3 + 1.96\sqrt{\frac{225}{20}}\right) \Rightarrow (57.7,\ 70.9)$$

23

정규분포 $N(\mu, 2.25)$를 따르는 모집단으로부터 추출된 크기 100의 랜덤표본에서 구한 표본평균 $\overline{x}=12.45$인 경우 μ의 95% 신뢰구간의 길이는?

① $2 \times 1.96 \times \dfrac{\sqrt{2.25}}{100}$
② $2 \times 1.96 \times \sqrt{\dfrac{2.25}{100}}$
③ $2 \times 1.96 \times \sqrt{\dfrac{2.25}{10}}$
④ $2 \times 1.96 \times \dfrac{2.25}{100}$

해설

신뢰구간의 길이

μ의 95% 신뢰구간 $= \overline{X} \pm 1.96 \dfrac{\sigma}{\sqrt{n}}$ 이므로, 신뢰구간의 길이는 $2 \times 1.96 \dfrac{\sigma}{\sqrt{n}} = 2 \times 1.96 \times \sqrt{\dfrac{2.25}{100}}$ 이 된다.

정답 21 ② 22 ③ 23 ②

24

정규분포 $N(\mu,\ 2.25^2)$를 따르는 모집단으로부터 추출된 크기 100의 랜덤표본에서 구한 표본평균 $\overline{x} = 12.45$인 경우 μ의 95% 신뢰구간의 길이는? [11]

① $2 \times 1.96 \times \dfrac{\sqrt{2.25}}{100}$ ② $2 \times 1.96 \times \dfrac{2.25}{\sqrt{100}}$

③ $2 \times 1.96 \times \sqrt{\dfrac{2.25}{10}}$ ④ $2 \times 1.96 \times \dfrac{2.25}{100}$

해설

23번 문제 해설 참고

25

정규분포 $N(\mu,\ 5^2)$을 따르는 모집단으로부터 추출된 크기 25의 랜덤표본에서 구한 표본평균이 $\overline{X} = 10$인 경우 μ에 대한 90% 신뢰구간의 길이는? (단, $z_{0.005} = 2.576,\ z_{0.025} = 1.96,\ z_{0.05} = 1.645$) [14]

① 2.564
② 3.29
③ 3.92
④ 5.152

해설

신뢰구간의 길이

μ의 90% 신뢰구간 $= \overline{X} \pm 1.645 \dfrac{\sigma}{\sqrt{n}}$ 이므로, 신뢰구간의 길이는 $2 \times 1.645 \dfrac{\sigma}{\sqrt{n}} = 2 \times 1.645 \times \dfrac{5}{\sqrt{25}} = 3.29$이 된다.

26

$\overline{X}$는 평균이 μ이고 분산이 64인 분포에서 크기 25인 확률표본의 평균이다. 모평균 μ에 대한 95% 근사신뢰구간으로 맞는 것은? (단, 관찰된 표본의 평균은 67.50이고, $z_{0.025} = 1.96,\ z_{0.05} = 1.645$이다) [06 09 12 20]

① (63.36, 71.64)
② (64.36, 70.64)
③ (60.50, 74.5)
④ (63.50, 71.50)

정답 24 ② 25 ② 26 ②

해설
소표본에서 모평균 μ에 대한 95% 근사신뢰구간

소표본($n<30$)에서 모평균 μ에 대한 95% 신뢰구간은 $\left(\overline{X} - t_{\frac{\alpha}{2},(n-1)}\frac{\sigma}{\sqrt{n}},\ \overline{X} + t_{\frac{\alpha}{2},(n-1)}\frac{\sigma}{\sqrt{n}}\right)$이다.

하지만 t분포표가 주어지지 않고 근사신뢰구간을 구하라고 했으므로 정규분포를 이용한다.

$\left(\overline{X} - z_{\frac{\alpha}{2}}\frac{\sigma}{\sqrt{n}},\ \overline{X} + z_{\frac{\alpha}{2}}\frac{\sigma}{\sqrt{n}}\right) \Rightarrow \left(67.5 - 1.96\sqrt{\frac{64}{25}},\ 67.5 + 1.96\sqrt{\frac{64}{25}}\right) \Rightarrow (64.36,\ 70.64)$

27
전국의 고등학교 3학년 남학생들의 키를 알기 위해 1,300명을 조사하였더니 표본평균이 175이며 표본평균의 분산이 25였다. 전국 고등학교 3학년 남학생들의 키의 95% 신뢰구간은? `09`

① (170, 180)
② (165.2, 184.8)
③ (165.1, 184.9)
④ (165, 185)

해설
모평균 μ에 대한 신뢰구간

표본평균의 분산은 $V(\overline{X}) = \frac{S^2}{n}$이다.

$\left(\overline{X} - z_{\frac{\alpha}{2}}\frac{S}{\sqrt{n}},\ \overline{X} + z_{\frac{\alpha}{2}}\frac{S}{\sqrt{n}}\right) \Rightarrow (175 - 1.96\times\sqrt{25},\ 175 + 1.96\times\sqrt{25}) \Rightarrow (165.2,\ 184.8)$

28
새로운 전구를 개발하여 판매하는 회사가 있다. 판매하는 전구 중 36개를 랜덤추출하여 전구의 평균수명을 조사한 결과 평균이 2,200, 표준편차가 96일 때 평균수명에 대한 95% 신뢰구간은? `04` `16`

① $2200 \pm 1.96 \frac{96}{\sqrt{36}}$
② $2200 \pm 1.645 \frac{96}{\sqrt{36}}$
③ $2200 \pm 1.96 \frac{96}{36}$
④ $2200 \pm 1.645 \frac{96}{36}$

해설
모분산 σ^2을 모르고 있는 경우 μ에 대한 $100(1-\alpha)\%$ 신뢰구간 계산

모분산 σ^2을 모르고 있는 경우 μ에 대한 $100(1-\alpha)\%$ 신뢰구간은 $\left(\overline{X} - z_{\frac{\alpha}{2}}\frac{S}{\sqrt{n}},\ \overline{X} + z_{\frac{\alpha}{2}}\frac{S}{\sqrt{n}}\right)$이다.

$\therefore \left(2200 - 1.96\frac{96}{\sqrt{36}},\ 2200 + 1.96\frac{96}{\sqrt{36}}\right)$

29

모평균이 μ인 정규모집단으로부터 크기 16의 확률표본을 취하여 다음의 결과를 얻었다.

$$\sum_{i=1}^{16} x_i/16 = 2, \quad \sum_{i=1}^{16} x_i^2 = 124$$

모분산을 모를 때 모평균 μ에 대한 95% 신뢰구간을 구하면? (단, 표준정규분포와 자유도가 15인 t분포의 97.5 백분위수는 각각 1.96과 2.13이다) 14

① (1.020, 2.980)
② (0.935, 3.065)
③ (−1.920, 5.920)
④ (−2.260, 6.260)

해설

소표본에서 모분산 σ^2을 모르고 있는 경우 μ에 대한 $100(1-\alpha)$% 신뢰구간

소표본에서 모분산 σ^2을 모르고 있는 경우 μ에 대한 $100(1-\alpha)$% 신뢰구간은
$\left(\overline{X} - t_{\frac{\alpha}{2},(n-1)} \frac{S}{\sqrt{n}}, \ \overline{X} + t_{\frac{\alpha}{2},(n-1)} \frac{S}{\sqrt{n}}\right)$ 이다.

$\overline{X} = \dfrac{\sum_{i=1}^{16} x_i}{16} = 2, \ S^2 = \dfrac{\sum_{i=1}^{16}(x_i - \overline{x})^2}{n-1} = \dfrac{\sum_{i=1}^{16} x_i^2 - n\overline{x^2}}{n-1} = \dfrac{124 - 16 \times 4}{15} = 4$ 이므로,

구하고자 하는 신뢰구간은 $\left(2 - 2.13 \dfrac{2}{\sqrt{16}}, \ 2 + 2.13 \dfrac{2}{\sqrt{16}}\right)$ 이 된다.

30

다음 중 모집단 비율의 추론에 대한 설명으로 틀린 것은? 18

① 모평균에 대한 추론의 특수한 경우이다.
② 이항확률의 정규분포근사를 이용할 수 있다.
③ 표본비율은 모비율의 불편추정량이다.
④ 표본의 크기가 작은 경우에는 $t-$검정법을 이용한다.

해설

모비율 추론

모비율 p에 대한 추정은 모집단이 베르누이 분포를 따르는 특수한 경우의 평균(μ)에 대한 추정이나 마찬가지이다. 표본의 크기가 충분히 클 경우($np > 5, nq > 5$) 이항분포의 정규근사를 이용하여 근사적으로 표본비율 $\hat{p} \sim N\left(p, \dfrac{p(1-p)}{n}\right)$의 분포를 따른다. 표본크기가 작은 경우에는 이항분포를 이용한 $p-value$를 계산하여 검정한다.

31

어느 신제품의 선호도를 알아보기 위하여 1,000명의 응답자들을 랜덤하게 추출하여 조사를 실시하였다. 그 결과 700명이 신제품을 선호하는 것으로 나타났다. 선호도에 대한 표준오차의 추정값은? [04]

① $\dfrac{0.7 \times 0.3}{1,000}$

② $\dfrac{\sqrt{0.7 \times 0.3}}{1,000}$

③ $\sqrt{\dfrac{0.7 \times 0.3}{1,000}}$

④ $\dfrac{0.7 \times 0.3}{100}$

해설

모비율 p에 대한 표준오차 추정값

$\hat{\sigma} = \sqrt{\dfrac{\hat{p}\hat{q}}{n}} = \sqrt{\dfrac{0.7 \times 0.3}{1000}}$

32

어느 교육 방송국에서는 청취자들을 대상으로 특정 프로그램에 대한 청취율을 조사하고자 한다. 그 프로그램이 방송되는 시간에 임의로 추출된 1,000명의 청취자들을 조사한 결과 650명이 청취하고 있는 것으로 나타났다. 이 특정 프로그램에 대한 청취율의 95% 신뢰구간은? [03]

① $0.611 < p < 0.689$

② $0.620 < p < 0.680$

③ $0.625 < p < 0.675$

④ $0.635 < p < 0.665$

해설

모비율 p에 대한 신뢰구간

모비율 p에 대한 신뢰구간 : $\hat{p} - z_{\frac{\alpha}{2}}\sqrt{\dfrac{\hat{p}\hat{q}}{n}} < p < \hat{p} + z_{\frac{\alpha}{2}}\sqrt{\dfrac{\hat{p}\hat{q}}{n}}$

$0.65 - 1.96\sqrt{\dfrac{0.65 \times 0.35}{1000}} < p < 0.65 + 1.96\sqrt{\dfrac{0.65 \times 0.35}{1000}} \Rightarrow 0.6204 < p < 0.6796$

정답 31 ③ 32 ②

33

두 모평균의 차이에 대한 신뢰구간을 구하는 과정에 대한 설명으로 틀린 것은? (단, 두 모집단의 분산은 미지이다) 08 16

① 소표본의 경우 모집단에 대한 정규분포의 가정이 필요하다.
② 소표본의 경우 모집단에 대한 등분산의 가정이 요구된다.
③ 대표본의 경우 정규성의 가정 없이 t분포를 이용하여 구할 수 있다.
④ 대표본의 경우 Behrens-Fisher의 문제가 발생하지 않는다.

해설

두 모평균의 차에 대한 신뢰구간
- 소표본의 경우 모집단에 대한 정규분포의 가정이 필요하다.
- 소표본의 경우 모집단에 대한 등분산 가정을 해야만 합동분산을 이용한다.
- 소표본의 경우 모집단에 대한 분산들을 모르고, 등분산 가정이 성립하지 않은 경우 베렌스-피셔(Behrens-Fisher)의 문제라고 한다.
- 대표본의 경우 정규성 가정없이 정규분포를 이용할 수 있다.

34

서로 독립인 두 모집단의 모평균 차이$(\mu_1 - \mu_2)$에 대한 신뢰구간을 구하고자 한다. 다음 중 신뢰구간의 폭(길이)에 영향을 미치지 않는 것은? 03

① 두 모집단의 표본평균 차이 $\overline{X}_1 - \overline{X}_2$
② 두 모집단의 모분산(σ_1^2, σ_2^2)의 크기
③ 두 모집단에서의 표본크기 n_1, n_2
④ 두 모집단의 모분산(σ_1^2, σ_2^2)이 같다고 가정할 수 있는지 여부

해설

신뢰구간의 길이

대표본에서 두 모분산을 알고 있을 경우 신뢰구간은 $(\overline{X}_1 - \overline{X}_2) \pm z_{\frac{\alpha}{2}} \sqrt{\frac{\sigma_1^2}{n_1} + \frac{\sigma_2^2}{n_2}}$ 이다.

즉, 신뢰구간의 폭 $2 \times z_{\frac{\alpha}{2}} \sqrt{\frac{\sigma_1^2}{n_1} + \frac{\sigma_2^2}{n_2}}$ 은 모분산(σ_1^2, σ_2^2)의 크기와 표본크기(n_1, n_2)에 의해 영향을 받으며, 두 모분산을 알고 있지는 않으나 서로 같을 경우 합동분산 S_p^2를 사용하고, 두 모분산을 알고 있지 않고 서로 다른 경우를 베렌스-피셔 (Behrens-Fisher) 문제라 한다.

35

서로 독립인 두 정규모집단 $N(\mu_1, \sigma^2)$과 $N(\mu_2, \sigma^2)$으로부터 각각 n개와 m개의 랜덤표본을 얻어 각 집단의 표본평균 $\overline{X}$, $\overline{Y}$와 표본분산 S_1^2, S_2^2을 얻었다. 이때 두 모평균의 차이에 대한 95% 신뢰구간을 구하면? (단, b는 95% 신뢰도를 만족하는 상수이고, $S_p^2 = \dfrac{(n-1)S_1^2 + (m-1)S_2^2}{n+m-2}$ 이다)

① $\left[(\overline{X} - \overline{Y}) - b \sqrt{S_p \left(\dfrac{1}{n} - \dfrac{1}{m} \right)} ,\ (\overline{X} - \overline{Y}) + b \sqrt{S_p \left(\dfrac{1}{n} - \dfrac{1}{m} \right)} \right]$

② $\left[(\overline{X} - \overline{Y}) - b \sqrt{S_p \left(\dfrac{1}{n} + \dfrac{1}{m} \right)} ,\ (\overline{X} - \overline{Y}) + b \sqrt{S_p \left(\dfrac{1}{n} + \dfrac{1}{m} \right)} \right]$

③ $\left[(\overline{X} - \overline{Y}) - b \sqrt{S_p^2 \left(\dfrac{1}{n} - \dfrac{1}{m} \right)} ,\ (\overline{X} - \overline{Y}) + b \sqrt{S_p^2 \left(\dfrac{1}{n} - \dfrac{1}{m} \right)} \right]$

④ $\left[(\overline{X} - \overline{Y}) - b \sqrt{S_p^2 \left(\dfrac{1}{n} + \dfrac{1}{m} \right)} ,\ (\overline{X} - \overline{Y}) + b \sqrt{S_p^2 \left(\dfrac{1}{n} + \dfrac{1}{m} \right)} \right]$

해설

소표본에서 두 모분산을 모르지만 같다는 것은 알고 있을 경우의 $100(1-\alpha)\%$ 신뢰구간

소표본에서 두 모분산을 모르지만 같다는 것은 알고 있을 경우의 $100(1-\alpha)\%$ 신뢰구간은

$\overline{X_1} - \overline{X_2} \sim t_{n_1 + n_2 - 2} \left(\mu_1 - \mu_2,\ S_p \sqrt{\dfrac{1}{n_1} + \dfrac{1}{n_2}} \right)$ 이다.

여기서, 합동표본분산 $S_p^2 = \dfrac{(n_1 - 1)s_1^2 + (n_2 - 1)s_2^2}{(n_1 + n_2 - 2)}$ 이다.

$\overline{X_1} - \overline{X_2}$를 표준화시킨 t 통계량 $= \dfrac{\overline{X_1} - \overline{X_2} - (\mu_1 - \mu_2)}{S_p \sqrt{\dfrac{1}{n_1} + \dfrac{1}{n_2}}} \sim t_{n_1 + n_2 - 2}$

$\therefore \left((\overline{X_1} - \overline{X_2}) - t_{\frac{\alpha}{2}, (n_1 + n_2 - 2)} S_p \sqrt{\dfrac{1}{n_1} + \dfrac{1}{n_2}},\ (\overline{X_1} - \overline{X_2}) + t_{\frac{\alpha}{2}, (n_1 + n_2 - 2)} S_p \sqrt{\dfrac{1}{n_1} + \dfrac{1}{n_2}} \right)$

정답 35 ④

36

서로 다른 두 종류의 제품 A, B를 비교하여 아래와 같은 실험결과를 얻었다. 제품 A, B에 대한 평균 차이에 대한 95% 신뢰구간의 설명으로 옳은 것은 어느 것인가?

구 분	표본수	표본평균	표본분산
제품 A	50	2800	450
제품 B	100	2500	1600

① $\bar{x}_A - \bar{x}_B$의 95% 신뢰구간은 $(300 - 1.96 \times 5,\ 300 + 1.96 \times 5)$이다.
② $\bar{x}_A - \bar{x}_B$의 95% 신뢰구간은 $(300 - 1.96 \times 7,\ 300 + 1.96 \times 7)$이다.
③ $\mu_A - \mu_B$의 95% 신뢰구간은 $(300 - 1.96 \times 5,\ 300 + 1.96 \times 5)$이다.
④ $\mu_A - \mu_B$의 95% 신뢰구간은 $(300 - 1.96 \times 7,\ 300 + 1.96 \times 7)$이다.

해설

대표본에서 두 모분산을 모르고 있을 경우의 평균차 신뢰구간

대표본에서 두 모분산을 모르고 있을 경우, $\overline{X_1} - \overline{X_2} \sim N\left(\mu_1 - \mu_2,\ \dfrac{S_1^2}{n_1} + \dfrac{S_2^2}{n_2}\right)$을 따른다.

표준화시킨 Z 통계량을 이용하여 $\mu_1 - \mu_2$에 대한 $100(1-\alpha)\%$ 신뢰구간을 구하면

$\left((\overline{X_1} - \overline{X_2}) - z_{\frac{\alpha}{2}}\sqrt{\dfrac{S_1^2}{n_1} + \dfrac{S_2^2}{n_2}},\ (\overline{X_1} - \overline{X_2}) + z_{\frac{\alpha}{2}}\sqrt{\dfrac{S_1^2}{n_1} + \dfrac{S_2^2}{n_2}}\right)$

$\Rightarrow \left((2800 - 2500) - 1.96 \times \sqrt{\dfrac{450}{50} + \dfrac{1600}{100}},\ (2800 - 2500) + 1.96 \times \sqrt{\dfrac{450}{50} + \dfrac{1600}{100}}\right)$

$\Rightarrow (300 - 1.96 \times \sqrt{25},\ 300 + 1.96 \times \sqrt{25})$

37

성공률이 θ인 베르누이 분포로부터 $n = 20$인 확률표본의 결과이다(S는 성공, F는 실패임). θ에 대한 95% 신뢰구간은? (단, $z_{0.025} \fallingdotseq 2$)

$$S\ F\ S\ S\ F\ S\ F\ F\ S\ S\ F\ S\ S\ S\ F\ F\ S\ F\ S\ S$$

① $0.4 - 2\sqrt{\dfrac{0.4 \times 0.6}{20}} \le \theta \le 0.4 + 2\sqrt{\dfrac{0.4 \times 0.6}{20}}$

② $0.6 - 2\sqrt{\dfrac{0.4 \times 0.6}{20}} \le \theta \le 0.6 + 2\sqrt{\dfrac{0.4 \times 0.6}{20}}$

③ $0.4 - 2\sqrt{\dfrac{8 \times 12}{20^2}} \le \theta \le 0.6 + 2\sqrt{\dfrac{8 \times 12}{20^2}}$

④ $0.6 - 2\sqrt{\dfrac{12 \times 8}{20^2}} \le \theta \le 0.6 + 2\sqrt{\dfrac{12 \times 8}{20^2}}$

[해설]
모비율 p에 대한 95% 신뢰구간
$\hat{p} = \dfrac{\sum X_i}{n} = \dfrac{12}{20} = 0.6$이다.

모비율 p에 대한 95% 신뢰구간은 $\left(\hat{p} - z_{\alpha/2}\sqrt{\dfrac{\hat{p}(1-\hat{p})}{n}},\ \hat{p} + z_{\alpha/2}\sqrt{\dfrac{\hat{p}(1-\hat{p})}{n}}\right)$이다.

$\therefore \left(0.6 - 2\sqrt{\dfrac{0.6 \times 0.4}{20}},\ 0.6 + 2\sqrt{\dfrac{0.6 \times 0.4}{20}}\right)$

38

다음 표는 하버드 의과대학에 있는 의사보건연구그룹에서 실시한 아스피린 복용과 심근경색의 관련성에 대한 연구자료로 이 연구는 정기적인 아스피린의 복용이 심장혈관질환의 치사율을 감소시키는지를 알아보기 위하여 5년 동안 실시되었다. 이 연구에 참여한 의사들은 아스피린과 위약(가짜약)을 각각 복용하는 독립된 두 집단으로 구분하였으며, 하루 걸러서 아스피린과 위약을 복용하였고 누가 어떤 약을 복용하는지는 모르는 눈가림법이 이용되었다. 위약과 아스피린을 각각 복용했을 때 심근경색증이 나타날 확률을 각각 θ_1과 θ_2라고 한다면, 다음 중 틀린 것은? 17

처리	심근경색증		합계
	예	아니오	
위약	189	10845	11034
아스피린	104	10933	11037

① $\theta_1 - \theta_2$에 대한 95% 신뢰구간은 $(0.005, 0.011)$이다.
② θ_1과 θ_2의 추정치가 각각 $\hat{\theta}_1 = 0.0171$과 $\hat{\theta}_2 = 0.0094$이고 $\hat{\theta}_1 > \hat{\theta}_2$이기 때문에 아스피린을 복용하는 것이 심장혈관질환의 위험을 감소시킨다고 할 수 있다.
③ 위약을 복용한 그룹이 아스피린을 복용한 그룹보다 심근경색을 일으킬 표본비율이 82%나 높다고 할 수 있다.
④ 표본오즈비가 1.8050이므로 위약복용 그룹의 오즈 추정값이 80.5% 더 높다는 것을 알 수 있다.

[해설]
표본비율과 표본오즈비
θ_1과 θ_2의 추정치는 각각 $\hat{\theta}_1 = \dfrac{189}{11034} = 0.0171$과 $\hat{\theta}_2 = \dfrac{104}{11037} = 0.0094$이다.

모비율의 차 $\theta_1 - \theta_2$에 대한 $100(1-\alpha)\%$ 신뢰구간은 다음과 같다.

$\left(\hat{\theta}_1 - \hat{\theta}_2 - z_{\frac{\alpha}{2}}\sqrt{\dfrac{\hat{\theta}_1(1-\hat{\theta}_1)}{n_1} + \dfrac{\hat{\theta}_2(1-\hat{\theta}_2)}{n_2}},\ \hat{\theta}_1 - \hat{\theta}_2 + z_{\frac{\alpha}{2}}\sqrt{\dfrac{\hat{\theta}_1(1-\hat{\theta}_1)}{n_1} + \dfrac{\hat{\theta}_2(1-\hat{\theta}_2)}{n_2}}\right)$

$\left(0.0077 - 1.96\sqrt{\dfrac{0.0171 \times 0.9829}{11034} + \dfrac{0.0094 \times 0.9906}{11037}},\ 0.0077 + 1.96\sqrt{\dfrac{0.0171 \times 0.9829}{11034} + \dfrac{0.0094 \times 0.9906}{11037}}\right)$

$\therefore\ \theta_1 - \theta_2$에 대한 95% 신뢰구간은 $(0.004685,\ 0.010715)$이다.

$\hat{\theta}_1 = 0.0171$, $\hat{\theta}_2 = 0.0094$이므로 위약을 복용한 그룹이 아스피린을 복용한 그룹보다 심근경색을 일으킬 표본비율이 0.77%만큼 더 높다고 볼 수 있다.

표본오즈비는 $\dfrac{\hat{\theta}_1(1-\hat{\theta}_1)}{\hat{\theta}_2(1-\hat{\theta}_2)} = \dfrac{0.0171 \times 0.9829}{0.0094 \times 0.9906} = 1.8050$이므로 위약복용 그룹의 오즈 추정값이 80.5% 더 높다는 것을 알 수 있다.

[정답] 38 ③

39

정규분포 $N(\mu, \sigma^2)$를 따르는 모집단으로부터 추출된 크기 10인 랜덤표본에서 표본분산 $S^2 = \dfrac{1}{n-1}\sum_{i=1}^{n}(X_i - \overline{X})^2$을 얻었다. 이때 μ를 모른다고 하자. 적당한 상수 a와 $b\,(a<b)$에 대하여 분산 σ^2의 95% 신뢰구간을 구하면? [14]

① $\left(\dfrac{nS^2}{a},\ \dfrac{nS^2}{b}\right)$ 　　　② $\left(\dfrac{nS^2}{b},\ \dfrac{nS^2}{a}\right)$

③ $\left(\dfrac{(n-1)S^2}{a},\ \dfrac{(n-1)S^2}{b}\right)$ 　　　④ $\left(\dfrac{(n-1)S^2}{b},\ \dfrac{(n-1)S^2}{a}\right)$

해설

모분산 σ^2에 대한 $100(1-\alpha)$% 신뢰구간

모분산 σ^2에 대한 $100(1-\alpha)$% 신뢰구간은 $\left(\dfrac{(n-1)S^2}{\chi^2_{\frac{\alpha}{2},\, n-1}},\ \dfrac{(n-1)S^2}{\chi^2_{1-\frac{\alpha}{2},\, n-1}}\right)$이다.

신뢰계수가 95%이고 표본크기가 10이므로 신뢰구간은 $\left(\dfrac{(n-1)S^2}{\chi^2_{0.025,\, 9}},\ \dfrac{(n-1)S^2}{\chi^2_{0.975,\, 9}}\right)$이 된다.

40

다음 표는 A 대학 입학시험에서 인문계열과 자연계열의 지원자 중 임의로 추출한 응시자의 논술고사 성적을 조사하여 정리한 결과이다. 계열별 논술고사 성적이 모두 정규분포를 따른다고 할 때 양 계열 간의 분산비 σ_1^2/σ_2^2에 대한 90% 신뢰구간을 추정하면? (단, 표본분산은 불편분산이며, $F(20, 30 : 0.05) = 1.93$, $F(30, 20 : 0.05) = 2.04$이다) [14]

계 열	표본크기	표본평균	표본분산
인문계열	21	62.5	9.2^2
자연계열	31	60.5	10.4^2

① (0.405, 1.596) 　　　② (0.523, 1.798)
③ (0.523, 2.102) 　　　④ (0.333, 1.689)

해설

분산비에 대한 신뢰구간

분산비 σ_1^2/σ_2^2에 대한 $100(1-\alpha)$%의 신뢰구간은 $\left(\dfrac{1}{F_{\frac{\alpha}{2},\, \varnothing_1,\, \varnothing_2}}\dfrac{S_1^2}{S_2^2},\ \dfrac{1}{F_{1-\frac{\alpha}{2},\, \varnothing_1,\, \varnothing_2}}\dfrac{S_1^2}{S_2^2}\right)$이다.

$\dfrac{1}{F_{1-\frac{\alpha}{2},\, \varnothing_1,\, \varnothing_2}} = F_{\frac{\alpha}{2},\, \varnothing_2,\, \varnothing_1}$ 임을 감안하여 신뢰구간을 구하면

$\left(\dfrac{1}{F_{\frac{\alpha}{2},\, \varnothing_1,\, \varnothing_2}}\dfrac{S_1^2}{S_2^2},\ F_{\frac{\alpha}{2},\, \varnothing_2,\, \varnothing_1}\dfrac{S_1^2}{S_2^2}\right) = \left(\dfrac{1}{1.93}\dfrac{9.2^2}{10.4^2},\ 2.04\dfrac{9.2^2}{10.4^2}\right) = (0.405, 1.596)$

41

고객 만족도의 평균을 추정하기 위하여 표본의 크기를 결정하려고 할 때 고려하지 않아도 되는 것은? [12] [20]

① 총경비
② 허용오차
③ 표준편차
④ 유의확률

해설

표본크기 결정요인
- 모집단의 성격(모집단의 이질성 여부)
- 표본추출방법
- 통계분석 기법
- 변수 및 범주의 수
- 허용오차의 크기
- 소요시간, 비용, 인력(조사원)
- 조사목적의 실현 가능성
- 조사가설의 내용
- 신뢰수준
- 모집단의 표준편차

42

인터넷 평균 사용시간에 대한 신뢰구간을 구하고자 한다. 하루 동안 인터넷을 사용하는 시간은 표준편차 1.5시간인 정규분포를 따른다고 할 때, 하루 평균 인터넷 사용시간에 대한 95% 신뢰구간의 길이가 0.5시간 이하가 되도록 하는데 필요한 최소의 표본크기는 대략적으로 얼마인가? [09] [12]

① 100
② 121
③ 144
④ 169

해설

모평균의 추정에 필요한 표본크기 결정

$X_1, X_2, \cdots, X_n$이 평균이 μ, 분산이 σ^2인 모집단에서의 확률표본일 때 모평균 μ의 $100(1-\alpha)\%$ 신뢰구간은 $\overline{X} \pm z_{\frac{\alpha}{2}} \frac{\sigma}{\sqrt{n}}$

이다. 여기서, $\frac{\sigma}{\sqrt{n}}$을 표준오차라 하고, $z_{\frac{\alpha}{2}} \frac{\sigma}{\sqrt{n}}$을 추정오차(오차한계)라 하며, 추정오차가 d 이내가 되도록 하려면

$z_{\frac{\alpha}{2}} \frac{\sigma}{\sqrt{n}} = d$으로부터, $n = \left(\frac{z_{\frac{\alpha}{2}} \times \sigma}{d}\right)^2$에 의하여 표본의 크기 n을 결정할 수 있다.

$\therefore n \geq \left(\frac{z_{\frac{\alpha}{2}} \times \sigma}{d}\right)^2 = \left(\frac{2 \times 1.5}{0.25}\right)^2 = 144$, $\because$ 신뢰구간의 길이는 $2 \times z_{\frac{\alpha}{2}} \frac{\sigma}{\sqrt{n}} = 0.5$

43

어떤 모집단에 대하여 모평균을 추정할 때 90% 오차의 한계가 25 이내가 되도록 하기 위한 표본의 수를 구하면? (단, 모집단의 표준편차가 70으로 알려져 있다) 11 14

① 20
② 22
③ 24
④ 26

해설

모평균의 추정에 필요한 표본크기 결정

$X_1, X_2, \cdots, X_n$ 이 평균이 μ, 분산이 σ^2 인 모집단에서의 확률표본일 때 모평균 μ의 $100(1-\alpha)\%$ 신뢰구간은 $\overline{X} \pm z_{\frac{\alpha}{2}} \frac{\sigma}{\sqrt{n}}$ 이다. 여기서, $\frac{\sigma}{\sqrt{n}}$ 을 표준오차라 하고, $z_{\frac{\alpha}{2}} \frac{\sigma}{\sqrt{n}}$ 을 추정오차(오차한계)라 하며, 추정오차가 d 이내가 되도록 하려면 $z_{\frac{\alpha}{2}} \frac{\sigma}{\sqrt{n}} = d$ 으로부터, $n = \left(\frac{z_{\frac{\alpha}{2}} \times \sigma}{d} \right)^2$ 에 의하여 표본의 크기 n을 결정할 수 있다.

$\therefore n \geq \left(\frac{z_{\frac{\alpha}{2}} \times \sigma}{d} \right)^2 = \left(\frac{1.645 \times 70}{25} \right)^2 = 21.215$

44

n 개의 표본을 가지고 모평균을 추정하려고 하는데, 과거의 경험에 의해 모표준편차가 $\sigma = 12.7$임을 알고 있다. 만약, 모평균 μ와의 오차가 1.6 이내일 확률이 0.95로 하려면 표본의 크기 n 은? 13

① 153
② 243
③ 352
④ 463

해설

모평균의 추정에 필요한 표본크기 결정

$X_1, X_2, \cdots, X_n$ 이 평균이 μ, 분산이 σ^2 인 모집단에서의 확률표본일 때 모평균 μ의 $100(1-\alpha)\%$ 신뢰구간은 $\overline{X} \pm z_{\frac{\alpha}{2}} \frac{\sigma}{\sqrt{n}}$ 이다. 여기서, $\frac{\sigma}{\sqrt{n}}$ 을 표준오차라 하고, $z_{\frac{\alpha}{2}} \frac{\sigma}{\sqrt{n}}$ 을 추정오차(오차한계)라 하며, 추정오차가 d 이내가 되도록 하려면 $z_{\frac{\alpha}{2}} \frac{\sigma}{\sqrt{n}} = d$ 으로부터, $n = \left(\frac{z_{\frac{\alpha}{2}} \times \sigma}{d} \right)^2$ 에 의하여 표본의 크기 n을 결정할 수 있다.

$\therefore n \geq \left(\frac{z_{\frac{\alpha}{2}} \times \sigma}{d} \right)^2 = \left(\frac{1.96 \times 12.7}{1.6} \right)^2 = 242.036$

45

어느 직업군의 월 평균소득을 조사하고자 한다. 월 소득에 대한 분포는 표준편차가 100만 원인 정규분포를 따른다고 할 때, 월 평균소득에 대한 95% 신뢰구간의 길이가 50만 원 이하가 되도록 하는데 필요한 최소의 표본크기는? (단, $P(N(0,\ 1) > 1.96) = 0.025$ 이다) 19

① 16
② 62
③ 96
④ 128

해설

모평균의 추정에 필요한 표본크기 결정

$X_1, X_2, \cdots, X_n$ 이 평균이 μ, 분산이 σ^2인 모집단에서의 확률표본일 때 모평균 μ의 $100(1-\alpha)\%$ 신뢰구간은 $\overline{X} \pm z_{\frac{\alpha}{2}} \frac{\sigma}{\sqrt{n}}$

이다. 여기서, $\frac{\sigma}{\sqrt{n}}$ 을 표준오차라 하고, $z_{\frac{\alpha}{2}} \frac{\sigma}{\sqrt{n}}$ 을 추정오차(오차한계)라 하며, 추정오차가 d 이내가 되도록 하려면

$z_{\frac{\alpha}{2}} \frac{\sigma}{\sqrt{n}} = d$ 으로부터, $n = \left(\frac{z_{\frac{\alpha}{2}} \times \sigma}{d}\right)^2$ 에 의하여 표본의 크기 n을 결정할 수 있다.

$\therefore n \geq \left(\frac{z_{\frac{\alpha}{2}} \times \sigma}{d}\right)^2 = \left(\frac{1.96 \times 100}{25}\right)^2 = 61.47$, $\because$ 신뢰구간의 길이는 $2 \times z_{\frac{\alpha}{2}} \frac{\sigma}{\sqrt{n}} = 50$

46

모비율의 추정에서 표본크기의 결정에 관한 설명으로 틀린 것은? 13 16 20

① 오차한계가 일정크기 이상이 되도록 표본의 수를 정한다.
② 표본의 수는 신뢰수준 $(1-\alpha)$에 따라 달라진다.
③ 모비율(p)에 대한 정보가 없는 경우에는 p를 $\frac{1}{2}$로 가정하고 표본의 크기를 정한다.
④ 오차한계를 크게 정할수록 표본의 수는 줄어든다.

해설

모비율의 추정에 필요한 표본크기 결정

모비율 p에 대한 $100(1-\alpha)\%$ 신뢰구간은 $\hat{p} \pm z_{\frac{\alpha}{2}} \sqrt{\frac{\hat{p}(1-\hat{p})}{n}}$ 이다.

여기서 $\sqrt{\frac{\hat{p}(1-\hat{p})}{n}}$ 을 표준오차라 하고, $z_{\frac{\alpha}{2}} \sqrt{\frac{\hat{p}(1-\hat{p})}{n}}$ 을 추정오차(오차한계)라 하며, 추정오차가 d 이내가 되도록 하려면

$z_{\frac{\alpha}{2}} \sqrt{\hat{p}(1-\hat{p})/n} = d$ 로부터, $n = \hat{p}(1-\hat{p}) \left(\frac{z_{\frac{\alpha}{2}}}{d}\right)^2$ 에 의하여 표본의 크기 n을 결정할 수 있다.

47

모비율 추정에 필요한 표본의 크기를 구할 때 최대추정오차, $d = z_{\frac{\alpha}{2}} \sqrt{\frac{p(1-p)}{n}}$ 을 n에 대해 정리하면, $n = \left(z_{\frac{\alpha}{2}}\right)^2 \frac{p(1-p)}{d^2}$ 가 된다. 만약 모비율 p에 대한 사전정보가 없다면 표본의 크기를 구하기 위해 어떤 값을 이용해야 하는가? [04] [07] [20]

① $p = 0.25$ ② $p = 0.5$
③ $p = 0.75$ ④ $p = 1$

[해설]
사전정보가 없을 경우 모비율 추정

모비율 추정에 필요한 표본의 크기를 구할 때 모비율 p에 대한 사전정보가 없을 경우 $n = \hat{p}(1-\hat{p})\left(\frac{z_{\frac{\alpha}{2}}}{d}\right)^2$ 에서 최소의 표본수를 선택하기 위해서는 $\hat{p}(1-\hat{p})$이 최대가 되는 $\hat{p} = 0.5$를 선택한다.

48

한국 여론조사회사는 크기 n의 무작위표본을 추출하여 다가오는 선거에서 A 후보의 지지율을 추정하고자 한다. 신뢰수준을 0.99로 하여 실제 지지율이 표본 지지율에서 0.005 이상 오차가 나지 않기를 원한다면 표본의 크기는 얼마로 해야 할 것인가? [04] [09]

① 65,564 ② 66,564
③ 67,564 ④ 68,564

[해설]
모비율의 추정에 필요한 표본크기 결정

모비율 p에 대한 $100(1-\alpha)\%$ 신뢰구간은 $\hat{p} \pm z_{\frac{\alpha}{2}} \sqrt{\frac{\hat{p}(1-\hat{p})}{n}}$ 이다.

여기서 $\sqrt{\frac{\hat{p}(1-\hat{p})}{n}}$ 을 표준오차라 하고, $z_{\frac{\alpha}{2}}\sqrt{\frac{\hat{p}(1-\hat{p})}{n}}$ 을 추정오차(오차한계)라 하며, 추정오차가 d 이내가 되도록 하려면 $z_{\frac{\alpha}{2}}\sqrt{\hat{p}(1-\hat{p})/n} = d$로부터, $n = \hat{p}(1-\hat{p})\left(\frac{z_{\frac{\alpha}{2}}}{d}\right)^2$ 에 의하여 표본의 크기 n을 결정할 수 있다.

$\therefore n \geq \hat{p}(1-\hat{p})\left(\frac{z_{\frac{\alpha}{2}}}{d}\right)^2 = 0.5 \times 0.5 \times \left(\frac{2.58}{0.005}\right)^2 = 66564$

49

모비율을 추정할 때 오차가 0.2를 넘지 않을 확률이 최소한 95%가 되도록 하려면 표본의 크기가 최소한 얼마가 되어야 하는가? (단, $z_{0.025} = 1.96$) 11 16 21

① 30 ② 25
③ 45 ④ 35

해설

모비율의 추정에 필요한 표본크기 결정

모비율 p에 대한 $100(1-\alpha)\%$ 신뢰구간은 $\hat{p} \pm z_{\frac{\alpha}{2}} \sqrt{\frac{\hat{p}(1-\hat{p})}{n}}$ 이다.

여기서 $\sqrt{\frac{\hat{p}(1-\hat{p})}{n}}$ 을 표준오차라 하고, $z_{\frac{\alpha}{2}} \sqrt{\frac{\hat{p}(1-\hat{p})}{n}}$ 을 추정오차(오차한계)라 하며, 추정오차가 d 이내가 되도록 하려면 $z_{\frac{\alpha}{2}} \sqrt{\hat{p}(1-\hat{p})/n} = d$로부터, $n = \hat{p}(1-\hat{p}) \left(\frac{z_{\frac{\alpha}{2}}}{d} \right)^2$ 에 의하여 표본의 크기 n을 결정할 수 있다. 모비율 p에 대한 사전정보가 없는 경우에는 보수적인 방법으로 $\hat{p}(1-\hat{p})$을 최대로 해주는 $\hat{p} = \frac{1}{2}$ 을 대입하여 표본크기를 결정한다.

$$\therefore n \geq \hat{p}(1-\hat{p}) \left[\frac{z_{\frac{\alpha}{2}}}{d} \right]^2 = 0.5 \times 0.5 \times \left(\frac{1.96}{0.2} \right)^2 = 24.01$$

50

어떤 고교의 흡연자 비율을 추정하려고 한다. 95%의 확신을 갖고 추정오차가 0.05 이내가 되도록 하려고 할 때, 필요한 최소의 표본크기는 얼마인가? (단, 근처 고교의 예로 보아 흡연자 비율은 0.3 정도일 것으로 예상된다) 16 20

① 323 ② 337
③ 542 ④ 1000

해설

모비율의 추정에 필요한 표본크기 결정

모비율 p에 대한 $100(1-\alpha)\%$ 신뢰구간은 $\hat{p} \pm z_{\frac{\alpha}{2}} \sqrt{\frac{\hat{p}(1-\hat{p})}{n}}$ 이다.

여기서 $\sqrt{\frac{\hat{p}(1-\hat{p})}{n}}$ 을 표준오차라 하고, $z_{\frac{\alpha}{2}} \sqrt{\frac{\hat{p}(1-\hat{p})}{n}}$ 을 추정오차(오차한계)라 하며, 추정오차가 d 이내가 되도록 하려면 $z_{\frac{\alpha}{2}} \sqrt{\hat{p}(1-\hat{p})/n} = d$로부터, $n = \hat{p}(1-\hat{p}) \left(\frac{z_{\frac{\alpha}{2}}}{d} \right)^2$ 에 의하여 표본의 크기 n을 결정할 수 있다. $\hat{p} = 0.3$을 대입하여 표본크기를 결정한다.

$$\therefore n \geq \hat{p}(1-\hat{p}) \left[\frac{z_{\frac{\alpha}{2}}}{d} \right]^2 = 0.3 \times 0.7 \times \left(\frac{1.96}{0.05} \right)^2 \approx 322.69$$

51

신뢰수준 95%로 표본오차(오차의 한계)가 5%가 되도록 표본비율을 이용하여 모비율을 추정하려고 할 때 표본의 크기로 가장 적합한 것은? `13` `18`

① 100　　　　　　　　　　　　　　② 200
③ 300　　　　　　　　　　　　　　④ 400

해설

모비율의 추정에 필요한 표본크기 결정

모비율 p에 대한 $100(1-\alpha)\%$ 신뢰구간은 $\hat{p} \pm z_{\frac{\alpha}{2}}\sqrt{\frac{\hat{p}(1-\hat{p})}{n}}$ 이다.

여기서 $\sqrt{\frac{\hat{p}(1-\hat{p})}{n}}$ 을 표준오차라 하고, $z_{\frac{\alpha}{2}}\sqrt{\frac{\hat{p}(1-\hat{p})}{n}}$ 을 추정오차(오차한계)라 하며, 추정오차가 d 이내가 되도록 하려면

$z_{\frac{\alpha}{2}}\sqrt{\hat{p}(1-\hat{p})/n}=d$ 로부터, $n=\hat{p}(1-\hat{p})\left(\frac{z_{\frac{\alpha}{2}}}{d}\right)^2$ 에 의하여 표본의 크기 n을 결정할 수 있다. 모비율 p에 대한 사전정보가 없는 경우에는 보수적인 방법으로 $\hat{p}(1-\hat{p})$을 최대로 해주는 $\hat{p}=\frac{1}{2}$을 대입하여 표본크기를 결정한다.

$\therefore n \geq \hat{p}(1-\hat{p})\left[\frac{z_{\frac{\alpha}{2}}}{d}\right]^2 = 0.5 \times 0.5 \times \left(\frac{1.96}{0.05}\right)^2 = 384.16$

52

어느 선거구의 국회의원 선거여론조사에서 특정후보에 대한 지지율을 조사하고자 한다. 지난번의 조사에서 이 후보의 지지율이 45%이었으며 지지율의 95% 추정오차한계가 2.5% 이내가 되도록 하는 데 필요한 표본의 크기는? `04` `14`

① 1520　　　　　　　　　　　　　② 1522
③ 1620　　　　　　　　　　　　　④ 1622

해설

모비율의 추정에 필요한 표본크기 결정

모비율 p에 대한 $100(1-\alpha)\%$ 신뢰구간은 $\hat{p} \pm z_{\frac{\alpha}{2}}\sqrt{\frac{\hat{p}(1-\hat{p})}{n}}$ 이다.

여기서 $\sqrt{\frac{\hat{p}(1-\hat{p})}{n}}$ 을 표준오차라 하고, $z_{\frac{\alpha}{2}}\sqrt{\frac{\hat{p}(1-\hat{p})}{n}}$ 을 추정오차(오차한계)라 하며, 추정오차가 d 이내가 되도록 하려면

$z_{\frac{\alpha}{2}}\sqrt{\hat{p}(1-\hat{p})/n}=d$ 로부터, $n=\hat{p}(1-\hat{p})\left(\frac{z_{\frac{\alpha}{2}}}{d}\right)^2$ 에 의하여 표본의 크기 n을 결정할 수 있다.

$\therefore n \geq \hat{p}(1-\hat{p})\left(\frac{z_{\frac{\alpha}{2}}}{d}\right)^2 = 0.45 \times 0.55 \left(\frac{1.96}{0.025}\right)^2 = 1521.27$

53

공중보건에 관한 조사에서 시각장애인의 비율을 추정하고자 한다. 만약 이 조사에서 얻어지는 결과에 대한 추정의 98% 오차한계를 5% 이내로 하려면 몇 명을 대상으로 시각장애 여부를 조사하여야 하는가? (단, $z_{0.01} = 2.33$)

① 253
② 543
③ 632
④ 645

해설

모비율의 추정에 필요한 표본크기 결정

모비율 p에 대한 $100(1-\alpha)\%$ 신뢰구간은 $\hat{p} \pm z_{\frac{\alpha}{2}} \sqrt{\frac{\hat{p}(1-\hat{p})}{n}}$ 이다.

여기서 $\sqrt{\frac{\hat{p}(1-\hat{p})}{n}}$ 을 표준오차라 하고, $z_{\frac{\alpha}{2}} \sqrt{\frac{\hat{p}(1-\hat{p})}{n}}$ 을 추정오차(오차한계)라 하며, 추정오차가 d 이내가 되도록 하려면

$z_{\frac{\alpha}{2}} \sqrt{\hat{p}(1-\hat{p})/n} = d$로부터, $n = \hat{p}(1-\hat{p}) \left(\frac{z_{\frac{\alpha}{2}}}{d}\right)^2$ 에 의하여 표본의 크기 n을 결정할 수 있다.

$\therefore n \geq \hat{p}(1-\hat{p}) \left(\frac{z_{\frac{\alpha}{2}}}{d}\right)^2 = 0.5 \times 0.5 \times \left(\frac{2.33}{0.05}\right)^2 = 542.89$

54

가설검정에 대한 설명으로 옳은 것은?

① 귀무가설은 연구가설로서 새로운 주장을 의미한다.
② 유의수준이란 일어날 가능성이 희박하다고 생각되는 확률 수준으로 귀무가설을 기각하는 기준이 된다.
③ 양측검정에서는 기각역이 양쪽으로 나누어서 검정통계량이 너무 크거나 작은 경우 대립가설을 기각하게 될 것이다.
④ 유의수준은 대립가설이 참인데도 이를 잘못 기각하는 오류를 저지를 확률의 최소값이다.

해설

① 대립가설은 연구가설로서 새로운 주장을 의미한다.
③ 양측검정에서는 기각역이 양쪽으로 나누어져 검정통계량이 너무 크거나 작은 경우 귀무가설을 기각하게 된다.
④ 유의수준은 귀무가설이 참인데도 이를 잘못 기각하는 오류를 범할 최대 확률이다.

정답 53 ② 54 ②

55

통계적 가설검정에 대한 설명으로 틀린 것은?

① 가설검정에서 유의수준이란 제1종 오류를 범할 최대허용한계를 말한다.
② 표본의 크기가 일정할 때 유의수준을 감소시키면 제2종 오류 역시 감소한다.
③ 유의확률이란 귀무가설을 기각할 수 있는 최소의 유의수준을 의미한다.
④ 검정력이 클수록 검정의 결과가 양호하다고 말할 수 있다.

해설
표본의 크기가 일정할 때 유의수준(제1종 오류)을 감소시키면 제2종의 오류를 범할 확률이 증가된다.

56

제1종 오류와 제2종 오류에 대한 설명으로 잘못된 것은?

① 제1종 오류(Type I Error)는 유의수준이라고도 하며 α로 표기한다.
② 귀무가설이 참일 때 귀무가설을 기각하는 경우를 제1종 오류라 한다.
③ 가설검정 시 제1종 오류와 제2종 오류를 동시에 줄일 수 없다.
④ 대립가설이 참일 때 귀무가설을 받아들이는 오류를 제2종 오류라 한다.

해설
제1종 오류와 제2종 오류
- 제1종 오류를 줄이면 제2종 오류가 커지고 제2종 오류를 줄이면 제1종 오류가 커진다.
- 제1종 오류를 고정시킨 상태에서 표본의 크기를 증가하면 제2종 오류를 감소시킬 수 있다.
- 제1종 오류를 범할 확률의 한계(유의수준)를 미리 정하고 이 조건을 만족하는 검정(검정통계량, 기각역)들 중 제2종 오류를 범할 확률이 최소가 되는 검정을 택한다.
- 제1종 오류는 귀무가설이 참일 때 귀무가설을 기각하는 오류이다.
- 검정력($1-\beta$)은 전체 확률에서 제2종의 오류를 뺀 값이다.

57

가설검정의 오류에 관한 설명으로 옳은 것은?

① 표본을 크게 해도 제1종 오류와 제2종 오류를 동시에 줄일 수 없다.
② 제1종 오류는 틀린 귀무가설을 기각하지 못하는 오류이다.
③ 대립가설하에서 (1−제1종 오류)는 검정력(Power)과 동일하다.
④ 고정된 표본에서 제1종 오류를 크게 하면 제2종 오류도 커진다.

해설
56번 문제 해설 참고

58

귀무가설 H_0가 참일 때, 대립가설 H_1을 채택하는 오류를 범할 확률의 최대허용한계를 무엇이라 하는가? 03

① 신뢰수준
② 제2종 오류
③ 기각역
④ 유의수준

해설

④ 유의수준 : 귀무가설 H_0가 참일 때 H_0를 기각하고 대립가설 H_1을 채택하는 오류를 범할 확률의 최대허용한계
① 신뢰수준 : 어떤 구간을 나타내는 추정값과 관련된 확률로서 구간추정값이 모수에 대해 얼마나 잘 설명하는가를 나타내는 확률값
② 제2종 오류 : 대립가설 H_1이 참일 때 귀무가설 H_0를 채택하는 오류
③ 기각역 : 귀무가설 H_0를 기각시키는 검정통계량의 관측값의 영역

59

다음 중 유의수준에 대한 설명으로 옳은 것은? 11

① 귀무가설이 옳을 때, 귀무가설을 채택할 확률이다.
② 귀무가설이 옳을 때, 대립가설을 채택할 확률이다.
③ 귀무가설이 옳을 때, 귀무가설을 기각할 확률이다.
④ 귀무가설이 옳을 때, 대립가설을 기각할 확률이다.

해설

유의수준(α)
제1종의 오류를 범할 최대 확률이다. 제1종의 오류는 귀무가설이 옳음에도 불구하고 귀무가설을 기각하고 대립가설을 선택하는 오류를 말한다.

60

다음 설명 중 틀린 것은? 07

① 제2종 오류가 작아지면 검정력이 증가한다.
② 신뢰수준과 유의수준의 합은 1이다.
③ 기각역의 범위와 위치는 대립가설의 형태와 유의수준의 크기로 결정된다.
④ 유의확률이 유의수준보다 크면 귀무가설을 기각한다.

해설

유의확률이 유의수준보다 크면 귀무가설을 채택한다.

정답 58 ④ 59 ③ 60 ④

61

다음 중 가설검증과 관련된 설명으로 틀린 것은? 08 16

① 표본으로부터 입증하고자 하는 가설은 대립가설이다.
② 귀무가설을 기각시키는 검정통계량의 관측값의 영역을 기각역이라고 한다.
③ 제1종의 오류를 범할 최대허용확률을 유의수준이라고 한다.
④ 검정통계량의 관측값에 대해 귀무가설을 기각할 수 없는 최소의 유의수준을 p-값이라고 한다.

해설

유의확률($p-value$)
- 귀무가설을 기각시킬 수 있는 최소의 유의수준이다.
- 귀무가설이 사실이라는 전제하에 검정통계량이 귀무가설을 얼마만큼 설명해주고 있는가를 나타낸다.
- p값은 귀무가설이 사실일 확률이라고 생각해도 무난하다.

62

다음 중 유의확률의 정의로서 올바른 것은? 08 12

① 제1종 오류를 범할 수 있는 최대 확률로서 가설검정에서 중요한 확률이므로 미리 정한다.
② 제2종 오류를 범할 수 있는 최대 확률로서 가설검정에서 중요한 확률이므로 미리 정한다.
③ 관측치로 검정통계량을 추정할 때 귀무가설을 기각시킬 수 있는 최소의 유의수준이다.
④ 관측치로 검정통계량을 추정할 때 대립가설을 기각시킬 수 있는 최소의 유의수준이다.

해설

61번 문제 해설 참고

63

주어진 확률표본으로 설정된 귀무가설을 기각할 수 있는 최소의 유의수준과 같은 것은? 04

① 제1종 오류를 범할 확률
② 제2종 오류를 범할 확률
③ 유의확률($p-value$)
④ 검정력

해설

61번 문제 해설 참고

64

다음 중 검정의 유의확률(p-값)에 대한 설명으로 틀린 것은? 10 13

① 귀무가설이 사실이라는 전제하에 검정통계량이 귀무가설을 얼마만큼 설명해주고 있는가를 나타낸다.
② p-값이 작으면 작을수록 대립가설이 참이라는 증거가 강하다.
③ p-값이 유의수준보다 큰 경우에 귀무가설을 기각할 근거가 희박하다.
④ 귀무가설을 기각할 수 있는 최소의 제2종 오류이다.

해설
61번 문제 해설 참고

65

검정에서 p값에 대한 설명과 가장 거리가 먼 것은? 14

① p값이 0.03일 때, 유의수준 0.05에서 검정한다면 귀무가설을 기각할 수 있다.
② p값이 0.03일 때, 유의수준 0.01에서 검정한다면 귀무가설을 기각할 수 없다.
③ p값이 클수록 더욱 확신을 가지고 귀무가설을 기각할 수 있다.
④ p값은 주어진 관측값에 대하여 귀무가설을 기각할 수 있는 최소의 유의수준을 말한다.

해설
유의확률 p값이 작을수록 더욱 확신을 가지고 귀무가설을 기각할 수 있다.

66

유의수준(Significant Level)과 유의확률(Significant Probability)에 관한 설명으로 틀린 것은? 16

① 유의수준 α의 검정이란 제1종 오류를 범할 확률이 α 이하인 모든 검정을 말한다.
② 유의확률은 주어진 자료에 대해 모든 유의수준에서 검정을 실시한 것과 동일한 효과를 가진다.
③ 유의확률은 데이터에 의해 결정되는 일종의 유의수준이라 말할 수 있다.
④ 유의확률은 귀무가설을 기각하기 위해 요구되는 최대의 유의수준을 말한다.

해설
유의확률은 귀무가설을 기각시킬 수 있는 최소의 유의수준이다.

정답 64 ④ 65 ③ 66 ④

67

통계적 가설검정에서 검정력(Power)에 대한 설명으로 가장 적합한 것은?

① 참인 귀무가설을 기각할 확률
② 참인 귀무가설을 채택할 확률
③ 거짓인 귀무가설을 기각할 확률
④ 거짓인 귀무가설을 채택할 확률

해설

검정력(Power)
검정력($1-\beta$)은 전체 확률에서 제2종의 오류를 범할 확률을 뺀 값이다. 제2종의 오류 β는 대립가설이 참일 때 귀무가설을 채택할 오류이므로 검정력은 대립가설이 참일 때 대립가설을 채택할 확률이다.

68

β를 제2종 오류를 범할 확률이라 할 때 통계적 가설검정에서 $1-\beta$에 대한 설명으로 옳은 것은?

① 귀무가설이 사실일 때 이를 기각할 확률
② 귀무가설이 사실이 아님에도 불구하고 이를 기각하지 못할 확률
③ 귀무가설을 기각하여야 할 경우에 그것을 정확하게 기각할 확률
④ 대립가설이 사실이 아닐 때 그것을 정확하게 기각할 확률

해설

67번 문제 해설 참고

69

가설검정의 원리에 대한 설명으로 틀린 것은?

① 검정을 수행하기 위해서는 귀무가설하에서의 검정통계량의 분포가 필요하다.
② 검정의 오류 가운데 제1종 오류가 제2종 오류보다 중요한 의미를 가진다.
③ 유의수준은 제1종 오류의 최대값이라 할 수 있다.
④ 검정력 함수는 대립가설하에서 제2종 오류와 동일하다.

해설

검정력 함수(Power Function)
귀무가설(H_0)을 기각시킬 확률을 모수 θ의 함수로 나타낸 것으로 수식으로 표현하면 $\pi(\theta) = P[H_0$를 기각$|\theta]$이 된다. 검정력 ($1-\beta$)은 전체 확률에서 제2종의 오류를 뺀 값이다.

70

A 전구회사에서 생산하고 있는 기존 전구의 수명은 3,000시간, 표준편차는 1,000시간인 것으로 알려져 있다. 그런데, 새로운 전구제품을 개발한 A 전구회사는 새로운 전구의 평균수명이 더 길다고 주장을 하였다. 이를 확인하기 위해서 50개의 전구를 임의추출한 후 전구의 수명을 측정하여 가설검정을 하고자 한다. 이 주장에 대한 올바른 가설 형태는? 09 12

① $H_0 : \mu = 3000, \ H_1 : \mu < 3000$
② $H_0 : \mu = 3000, \ H_1 : \mu > 3000$
③ $H_0 : \mu = 3000, \ H_1 : \mu \neq 3000$
④ $H_0 : \mu \neq 3000, \ H_1 : \mu = 3000$

해설

귀무가설과 대립가설

새롭게 주장하고자 하는 가설을 대립가설(H_1)이라 하며, 이러한 새로운 주장이 타당한 것으로 볼 수 없을 때는 저절로 원상이나 현재 믿어지는 가설로 돌아가게 되는데 이 가설을 귀무가설(H_0)이라 한다. 그러므로 귀무가설은 $\mu = 3000$이고, 대립가설은 새로운 전구의 평균수명이 더 길다고 주장하므로 $\mu > 3000$이 된다.

71

국회의원 후보자 A에 대한 청년층 지지율 p_1과 노년층 지지율 p_2의 차이 $p_1 - p_2$는 6.6%로 알려져 있다. 최근 국회의원 후보자 TV 토론 후, 세대별(청년층과 노년층에 대해) 500명씩을 랜덤 추출하여 조사하니, 위 지지율 차이는 3.3%로 나타났다. 세대 간 지지율 차이가 줄어들었다고 할 수 있는지를 검정하기 위한 귀무가설 H_0과 대립가설 H_1로 옳은 것은? 19

① $H_0 : p_1 - p_2 = 0.033, \ H_1 : p_1 - p_2 > 0.033$
② $H_0 : p_1 - p_2 > 0.033, \ H_1 : p_1 - p_2 \leq 0.033$
③ $H_0 : p_1 - p_2 < 0.066, \ H_1 : p_1 - p_2 \geq 0.066$
④ $H_0 : p_1 - p_2 = 0.066, \ H_1 : p_1 - p_2 < 0.066$

해설

귀무가설과 대립가설

새롭게 주장하고자 하는 가설을 대립가설(H_1)이라 하며, 이러한 새로운 주장이 타당한 것으로 볼 수 없을 때는 저절로 원상이나 현재 믿어지는 가설로 돌아가게 되는데 이 가설을 귀무가설(H_0)이라 한다. 그러므로 귀무가설은 $p_1 - p_2 = 0.066$이고, 대립가설은 지지율의 차이가 3.3%로 나타났으므로 $p_1 - p_2 < 0.066$이 된다.

정답 70 ② 71 ④

72

모수 θ의 두 가지 가능한 값 θ_1과 θ_2에서 이산형 확률변수 X의 확률분포는 아래와 같다.

x	1	2	3	4	5	6	7
$p(x|\theta_1)$	0.1	0.2	0.1	0.05	0.05	0.3	0.2
$p(x|\theta_2)$	0.1	0.3	0.05	0.1	0.25	0.05	0.15

위와 같은 확률분포를 가지는 자료 X를 이용하여 $H_0 : \theta = \theta_1 \ vs \ H_1 : \theta = \theta_2$에 대한 유의수준 0.05에서 최강력검정법(Most Powerful Test)의 기각역은?

① $\{1\}$ ② $\{2\}$
③ $\{5\}$ ④ $\{3, 4\}$

해설

최강력검정(Most Powerful Test)

x	1	2	3	4	5	6	7
$p(x|\theta_1)$	0.1	0.2	0.1	0.05	0.05	0.3	0.2
$p(x|\theta_2)$	0.1	0.3	0.05	0.1	0.25	0.05	0.15
$p(x|\theta_1)/p(x|\theta_2)$	1	0.667	2	0.5	0.2	6	1.333

C를 표본공간의 부분집합이라 할 때, 단순 귀무가설 $H_0 : \theta = \theta_1$ 대 단순 대립가설 $H_1 : \theta = \theta_2$을 검정하기 위한 크기 α인 최량기각역은 $P[(X_1, X_2, \cdots, X_n) \in A ; H_0] = \alpha$을 만족하는 표본공간의 모든 부분집합 A에 대해서 다음의 조건을 만족한다.

- $P[(X_1, X_2, \cdots, X_n) \in C ; H_0] = \alpha$
- $P[(X_1, X_2, \cdots, X_n) \in C ; H_1] \geq P[(X_1, X_2, \cdots, X_n) \in A ; H_1]$

$A_1 = \{x ; x = 4\}$와 $A_2 = \{x ; x = 5\}$일 때, $P(X \in A_1 ; H_0) = P(X \in A_2 ; H_0) = 0.05$을 만족한다.
$0.25 = P(X \in A_2 ; H_1) \geq P(X \in A_1 ; H_1) = 0.1$이 성립되어 $p(x|\theta_1)/p(x|\theta_2)$이 $x = 5$에서 0.2로 최소가 되므로 최강력검정의 기각역은 $\{5\}$이 된다.

73

확률변수 X는 다음과 같은 분포를 한다. $\alpha = 0.2$을 만족시키는 우도비(Likelihood Ratio : Λ)의 값은?

가설 \ X	X_1	X_2	X_3	X_4
H_0	0.1	0.2	0.3	0.4
H_1	0.4	0.4	0.1	0.1

① 0.25
② 0.5
③ 3
④ 4

해설

우도비(Likelihood Ratio)

X에 대한 우도비 λ를 계산하면 다음과 같다.

$$\lambda = \frac{\max_{H_0} L(\theta)}{\max_{H_0 + H_1} L(\theta)} = \begin{cases} \frac{L(\theta_0)}{L(\theta_1)} = \frac{0.1}{0.4} = 0.25, & X = x_1 \\ \frac{L(\theta_0)}{L(\theta_1)} = \frac{0.2}{0.4} = 0.5, & X = x_2 \\ \frac{L(\theta_0)}{L(\theta_0)} = \frac{0.3}{0.3} = 1, & X = x_3 \\ \frac{L(\theta_0)}{L(\theta_0)} = \frac{0.4}{0.4} = 1, & X = x_4 \end{cases} \quad \therefore \lambda \leq 1$$

$\therefore \alpha = P[\lambda \leq k | H_0] = 0.2$인 우도비 $\lambda = 0.5$이다.

74

X_1, X_2, X_3는 베르누이 시행 $B(1, p)$에서의 확률표본이다. 귀무가설 $H_0 : p = \dfrac{1}{3}$에 대하여 대립가설 $H_1 : p = \dfrac{2}{3}$를 우도비 검정법으로 검정하고자 할 때, 최량기각역의 형태는? [21]

① $X_1 + X_2 + X_3 \geq k$
② $X_1 + X_2 - X_3 \geq k$
③ $X_1 - X_2 + X_3 \geq k$
④ $-X_1 + X_2 + X_3 \geq k$

해설

일반화가능도비 검정

베르누이 시행 $B(1, p)$의 확률질량함수는 $p^x(1-p)^{1-x}$, $x = 0, 1$이다. 귀무가설이 $H_0 : p = \dfrac{1}{3}$이고 대립가설이 $H_1 : p = \dfrac{2}{3}$이 므로 가능도비는 다음과 같다.

$$\lambda = \frac{\left(\frac{2}{3}\right)^{\sum x_i}\left(1 - \frac{2}{3}\right)^{3 - \sum x_i}}{\left(\frac{1}{3}\right)^{\sum x_i}\left(1 - \frac{1}{3}\right)^{3 - \sum x_i}} = 2^{\sum x_i}\left(\frac{1}{2}\right)^{3 - \sum x_i} \geq k$$

$\Rightarrow \sum x_i \ln 2 + \left(\sum x_i - 3\right) \ln 2 \geq k_1$
$\Rightarrow \left(2\sum x_i - 3\right) \ln 2 \geq k_1$
$\Rightarrow \sum x_i \geq k_2$

75

정규분포 $N(\mu, 100)$을 따르는 모집단으로부터 추출된 크기 100의 랜덤표본에서 구한 표본평균이 $\bar{x}=1.35$이다. 유의수준 5%에서 귀무가설 $H_0 : \mu=1.2$와 $H_1 : \mu \neq 1.2$을 검정하기 위한 검정통계량의 값은?

① 0.05 ② 0.1
③ 0.15 ④ 0.2

해설

검정통계량 값의 계산

$$z_c = \frac{\bar{X}-\mu}{\sigma/\sqrt{n}} = \frac{1.35-1.2}{10/\sqrt{100}} = 0.15$$

76

임의표본 $X_1, X_2, \cdots, X_n (n<30)$이 모평균 μ와 표준편차 σ가 알려져 있지 않은 정규모집단에서 추출되었을 때 모평균이 μ_0인지를 검정하고자 한다. 가설을 검정하기 위한 검정통계량과 분포로 옳은 것은?

① $\dfrac{\sqrt{n}(\bar{X}-\mu_0)}{S} \sim t_{n-1}$ ② $\dfrac{\sqrt{n}(\bar{X}-\mu_0)}{\sigma} \sim t_{n-1}$

③ $\dfrac{\sqrt{n}(\bar{X}-\mu_0)}{S} \sim Z$ ④ $\dfrac{\sqrt{n}(\bar{X}-\mu_0)}{\sigma} \sim Z$

해설

모분산 σ^2을 모르고 있을 경우 모평균 μ의 검정

모분산 σ^2을 모르고 소표본($n<30$)인 경우 모평균 μ에 대한 검정은 t-검정통계량을 사용한다. 또한, 모분산 σ^2이 알려져 있지 않기 때문에 표본분산 S^2을 사용한다.

77

정규모집단 $N(\mu, 2.7^2)$의 크기 9인 확률표본으로부터 표본평균 $\bar{x}=21.7$, 표본표준편차 $s=3.0$을 얻었다. 유의수준 5%에서 귀무가설 $H_0 : \mu=20$, 대립가설 $H_1 : \mu>20$을 검정할 때 검정결과와 상관없이 이용하는 분포와 검정통계량을 맞게 나타낸 것은?

① t-분포, 검정통계량 $= \dfrac{\bar{x}-20}{2.7/\sqrt{9}}$ ② t-분포, 검정통계량 $= \dfrac{\bar{x}-20}{3.0/\sqrt{9}}$

③ 정규분포, 검정통계량 $= \dfrac{\bar{x}-20}{2.7/\sqrt{9}}$ ④ 정규분포, 검정통계량 $= \dfrac{\bar{x}-20}{3.0/\sqrt{9}}$

해설

가설검정 절차에 따른 검정방법 및 검정통계량

검 정	귀무가설	검정통계량	검정방법
모분산 σ^2을 알고 있을 경우 모평균 μ의 검정	$H_0 : \mu = \mu_0$	$Z = \dfrac{\overline{X} - \mu}{\sigma / \sqrt{n}} \sim N(0, 1)$	단일표본 Z-검정
모분산 σ^2을 모르고 있을 경우 모평균 μ의 검정	$H_0 : \mu = \mu_0$	$t = \dfrac{\overline{X} - \mu}{S / \sqrt{n}} \sim t_{n-1}$	단일표본 t-검정

78

정규모집단 모평균에 대한 검정에서 모분산을 모르고 표본의 크기가 충분히 클 때 검정통계량의 분포는?

① 정규분포 ② F-분포
③ 베타분포 ④ 카이제곱분포

해설

정규분포(Normal Distribution)

정규모집단의 모평균에 대한 검정에서 모분산을 모르고 표본의 크기가 충분히 크다면($n \geq 30$) 검정통계량으로 정규분포를 이용하고 표본의 크기가 작다면($n < 30$) 검정통계량으로 t-분포를 이용한다.

79

어느 제약회사에서는 새로이 개발한 두 종류의 신약품 A와 B에 대한 효과를 조사하였다. 임의로 추출된 1,000명의 고객들 중에서 A 약품에 효과가 있다고 응답한 사람의 수는 200명이었고, 또 서로 다른 집단에서 임의로 추출된 2,000명의 고객들 중 B 약품에 효과가 있다고 응답한 사람의 수는 350명인 것으로 조사되었다. 신약품 A와 B에 대하여 고객들이 느끼는 효과 비율이 서로 다르다고 할 수 있는지를 유의수준 5%에서 검정할 때, 다음 중 틀린 설명은?

① 귀무가설은 $H_0 : p_A = p_B$와 같이 설정한다.
② 검정통계량은 $z_0 = \dfrac{0.2 - 0.175}{\sqrt{0.183(1-0.183)\left(\dfrac{1}{1000} + \dfrac{1}{2000}\right)}} = 1.67$이다.
③ $\alpha = 0.05$이므로, $z_{\alpha/2} = z_{0.025} = 1.96$이다.
④ $z_0 = 1.67 < z_{0.025} = 1.96$이므로 H_0를 기각하지 못한다. 따라서 신약품 A와 B에 대하여 고객들이 느끼는 효과 비율에 서로 차이가 있음을 알 수 있다.

해설

검정통계량 값이 1.67로 임계치 $z_{0.025} = 1.96$보다 작으므로 귀무가설을 채택한다. 즉, 신약품 A와 B에 대해 고객들이 느끼는 효과 비율에 차이가 없다고 할 수 있다.

80

100g으로 표시된 커피용기의 실제 내용물의 무게는 $N(\mu, \sigma^2)$을 따른다고 한다. 가설 $H_1 : \mu < 100$을 검정하기 위해 $n = 10$의 $H_0 : \mu = 100$ 표본을 취하여 조사한 결과 $\bar{x} = 99.3$을 얻었다. 다음 물음 (a)와 (b)에 대한 올바른 답을 순서대로 나열한 것은? (단, $z_{0.05} = 1.64$, $z_{0.025} = 1.96$, $t_{9,\,0.05} = 1.833$, $t_{9,\,0.025} = 2.262$이다) 14

> (a) 모분산 $\sigma^2 = 1.5$인 경우, 유의수준 $\alpha = 0.05$에서 귀무가설 H_0에 대한 기각여부는?
> (b) 모분산을 모르고 표본분산이 $S^2 = 1.5$인 경우, 유의수준 $\alpha = 0.05$에서 귀무가설 H_0에 대한 기각여부는?

① (a) 기각, (b) 기각
② (a) 기각, (b) 기각하지 못함
③ (a) 기각하지 못함, (b) 기각
④ (a) 기각하지 못함, (b) 기각하지 못함

해설

모분산이 기지인 경우와 미지인 경우

- 모분산이 기지인 경우의 검정통계량 값은 $Z = \dfrac{\bar{X} - \mu_0}{\sigma/\sqrt{n}} = \dfrac{99.3 - 100}{\sqrt{1.5}/\sqrt{10}} = -1.807$이므로 기각치 $z_{0.05} = -1.645$보다 작기 때문에 귀무가설을 기각한다.

- 모분산이 미지인 경우의 검정통계량 값은 $t = \dfrac{\bar{X} - \mu_0}{S/\sqrt{n}} = \dfrac{99.3 - 100}{\sqrt{1.5}/\sqrt{10}} = -1.807$이므로 기각치 $t_{9,\,0.05} = -1.833$보다 크기 때문에 귀무가설을 기각하지 못한다.

81

모집단으로부터 추출된 크기 100의 랜덤 표본에서 구한 표본비율이 $\hat{p} = 0.32$이다. 귀무가설 $H_0 : p = 0.3$과 대립가설 $H_1 : p > 0.3$을 검정하기 위한 검정통계량은? 07 17

① $\dfrac{0.3}{\sqrt{0.3(1 - 0.3)/100}}$ ② $\dfrac{0.32 - 0.3}{\sqrt{0.3(1 - 0.3)/100}}$

③ $\dfrac{0.32 + 0.3}{\sqrt{0.3(1 - 0.3)/100}}$ ④ $\dfrac{0.32}{\sqrt{0.3(1 - 0.3)/100}}$

해설

모비율 p 검정을 위한 검정통계량

Z 통계량 $= \dfrac{\hat{p} - p}{\sqrt{p(1-p)/n}} = \dfrac{0.32 - 0.3}{\sqrt{0.3(1 - 0.3)/100}}$

82

A라는 회사에서 과자를 생산하고 있다. 과자를 봉지에 담는 기계는 과자의 실제 무게가 평균 $32g$ 그리고 분산 $0.015g^2$이 되도록 맞추어져 있다. 품질관리 검사자는 매 시간마다 몇 봉지의 과자를 표본추출하여 과자의 실제 무게에 대한 분산을 계산한 후 유의수준 1%에서 모분산에 대한 가설검정을 한다. 채택할 수 있는 모분산의 값은 $0.015g^2$ 이하이다. 만약 가설검정 결과, 모분산이 $0.015g^2$ 이하가 아니라는 결론을 내리게 되면 기계를 정지하고 조정한다고 하자. 생산라인으로부터 과자 25봉지를 랜덤추출하여 분산을 계산한 결과 $0.029g^2$이었다. 이러한 표본정보에 근거하여 기계가 조정되어야 하는지를 검정한다고 할 때 검정통계량의 값은 얼마인가? (단, 모든 봉지의 실제 과자 무게는 정규분포를 따른다고 가정한다)

① 36.2
② 40.3
③ 46.4
④ 52.1

해설

모분산 검정

모분산을 검정하기 위한 통계량은 $\chi^2 = \dfrac{(n-1)S^2}{\sigma^2} \sim \chi^2_{(n-1)}$이다. $n=25$, $S^2=0.029$, $\sigma^2=0.015$이므로 검정통계량 값을 계산하면 $\dfrac{24 \times 0.029}{0.015} = 46.4$이다.

83

임의표본 $X_1, \cdots, X_n$이 표준편차가 σ인 정규모집단으로부터 추출되었을 때, 모표준편차에 대한 추론에 관한 설명으로 틀린 것은? (단, $P(\chi^2_{(n-1)} \geq \chi^2_{(\alpha, n-1)}) = \alpha$)

① σ의 추정량은 $S = \sqrt{\sum\limits_{i=1}^{n}(X_i - \overline{X})^2 / (n-1)}$을 사용한다.

② σ에 대한 $100(1-\alpha)\%$ 신뢰구간은 $\left(S\sqrt{\dfrac{n-1}{\chi^2_{(\alpha/2, n-1)}}}, \ S\sqrt{\dfrac{n-1}{\chi^2_{(1-\alpha/2, n-1)}}} \right)$이다.

③ 가설 $H_0 : \sigma = \sigma_0$에 대한 검정통계량은 $\dfrac{(n-1)S^2}{\sigma_0^2}$이다.

④ 대립가설 $H_1 : \sigma < \sigma_0$에 대한 기각역은 $\dfrac{(n-1)S^2}{\sigma_0^2} \leq -\chi^2_{(1-\alpha, n-1)}$이다.

해설

④ 대립가설 $H_1 : \sigma < \sigma_0$ 에 대한 기각역은 $\dfrac{(n-1)S^2}{\sigma_0^2} \leq \chi^2_{(1-\alpha,\, n-1)}$ 이다.

모표준편차 σ 에 대한 추론

$\dfrac{(n-1)S^2}{\sigma^2} \sim \chi^2_{(n-1)}$ 이므로 $P\left[\chi^2_{1-\alpha/2,\, n-1} \leq \dfrac{(n-1)S^2}{\sigma^2} \leq \chi^2_{\alpha/2,\, n-1}\right]$ 이 된다.

σ^2 에 대해 정리하면 $P\left[\dfrac{(n-1)S^2}{\chi^2_{(\alpha/2,\, n-1)}} \leq \sigma^2 \leq \dfrac{(n-1)S^2}{\chi^2_{(1-\alpha/2,\, n-1)}}\right] = 1 - \alpha$ 이다.

∴ σ 에 대한 $100(1-\alpha)\%$ 신뢰구간은 $\left(\sqrt{\dfrac{(n-1)S^2}{\chi^2_{(\alpha/2,\, n-1)}}},\ S\sqrt{\dfrac{(n-1)S^2}{\chi^2_{(1-\alpha/2,\, n-1)}}}\right)$ 이다.

84

서로 독립인 두 정규모집단 $N(\mu_1, \sigma_1^2)$과 $N(\mu_2, \sigma_2^2)$으로부터 각각 n개와 m개의 랜덤표본을 얻어 각 집단의 표본평균 $\overline{X}$, $\overline{Y}$ 와 표본분산 S_1^2, S_2^2을 얻었다. 모분산이 동일하다는 귀무가설 $H_0 : \sigma_1^2 / \sigma_2^2 = 1$ 과 대립가설 $H_1 : \sigma_1^2 / \sigma_2^2 > 1$ 을 검정하기 위하여 사용되는 통계량은? 12 18

① $F = \dfrac{\sigma_1^2 / S_1^2}{\sigma_2^2 / S_2^2}$

② $F = \dfrac{\sigma_2^2 / S_1^2}{\sigma_1^2 / S_2^2}$

③ $F = \dfrac{S_1^2 / \sigma_1^2}{S_2^2 / \sigma_2^2}$

④ $F = \dfrac{S_1^2 / \sigma_2^2}{S_2^2 / \sigma_1^2}$

해설

분산비 σ_1^2 / σ_2^2 의 검정통계량

가설검정 절차	가 설	검정통계량
모분산 $\sigma_1^2 = \sigma_2^2$ 에 대한 검정	$H_0 : \sigma_1^2 = \sigma_2^2$ $H_1 : \sigma_1^2 > \sigma_2^2$ 또는 $H_1 : \sigma_1^2 \neq \sigma_2^2$	$F = \dfrac{S_1^2 / \sigma_1^2}{S_2^2 / \sigma_2^2} = \dfrac{S_1^2}{S_2^2}$
모분산 $\sigma_1^2 = \sigma_2^2$ 에 대한 검정	$H_0 : \sigma_1^2 = \sigma_2^2$ $H_1 : \sigma_1^2 < \sigma_2^2$	$F = \dfrac{S_2^2 / \sigma_2^2}{S_1^2 / \sigma_1^2} = \dfrac{S_2^2}{S_1^2}$

∴ $H_0 : \sigma_1^2 = \sigma_2^2$, $H_1 : \sigma_1^2 > \sigma_2^2$을 검정하기 위한 검정통계량은 $F = \dfrac{S_1^2 / \sigma_1^2}{S_2^2 / \sigma_2^2} = \dfrac{S_1^2}{S_2^2}$ 이다.

85

음향기기의 시험에 쓰이는 측정기기 A, B를 두 회사에서 납품받아 동일한 대상을 각각의 기기로 측정한 결과가 다음 표와 같다. 두 기기의 측정치의 오차는 각각 서로 독립이고, 정규분포를 따른다고 한다. 오차의 분산이 작으면 작을수록 정밀도가 높다고 할 수 있다. 정밀도에 있어서 기기 A가 기기 B보다 우수한지 여부를 유의수준 0.05에서 검정할 경우 다음 설명 중 틀린 것은? (단, σ_1^2, σ_2^2은 각각 기기 A, B의 측정오차분산이고, $F_{0.05}(7, 5) = 4.876$, $F_{0.05}(5, 7) = 3.972$, $F_{0.05}(8, 6) = 4.147$, $F_{0.05}(6, 8) = 3.581$ 이다) [18]

구 분	A	B
n	8	6
s^2	62.5	73.2

① 귀무가설은 $H_0 : \sigma_1^2 \geq \sigma_2^2$이고 대립가설은 $H_1 : \sigma_1^2 < \sigma_2^2$이다.
② 검정통계량은 $F_0 = 0.854$이고, 기기 A가 기기 B보다 우수하다고 할 수 없다.
③ 검정통계량은 $F_0 = 1.171$이고, 기기 A가 기기 B보다 우수하다고 할 수 있다.
④ 기기 A가 기기 B보다 우수하다고 잘못된 결정을 내릴 확률은 0.05이다.

해설

모분산비 검정

A가 B보다 우수하다면 A의 분산이 B의 분산보다 작을 것이므로 대립가설은 $H_1 : \sigma_1^2 < \sigma_2^2$이 된다.

가설검정 절차	가 설	검정통계량
모분산 $\sigma_1^2 = \sigma_2^2$에 대한 검정	$H_0 : \sigma_1^2 = \sigma_2^2$ $H_1 : \sigma_1^2 > \sigma_2^2$ 또는 $H_1 : \sigma_1^2 \neq \sigma_2^2$	$F = \dfrac{S_1^2/\sigma_1^2}{S_2^2/\sigma_2^2} = \dfrac{S_1^2}{S_2^2}$
모분산 $\sigma_1^2 = \sigma_2^2$에 대한 검정	$H_0 : \sigma_1^2 = \sigma_2^2$ $H_1 : \sigma_1^2 < \sigma_2^2$	$F = \dfrac{S_2^2/\sigma_2^2}{S_1^2/\sigma_1^2} = \dfrac{S_2^2}{S_1^2}$

좌측검정을 이용한 검정통계량의 경우 $F = \dfrac{S_A^2}{S_B^2} = \dfrac{62.5}{73.2} = 0.854$이며, 이에 따른 기각치는 $f_0 \leq F_{1-\alpha, n_1-1, n_2-1}$이다.

$F_{1-\alpha, n_1-1, n_2-1} = \dfrac{1}{F_{\alpha, n_2-1, n_1-1}} = \dfrac{1}{3.972} = 0.252$이므로 검정통계량 값 0.854가 기각치 0.252보다 크므로 귀무가설을 채택한다.

우측검정을 이용한 검정통계량의 경우 $F = \dfrac{S_B^2}{S_A^2} = \dfrac{73.2}{62.5} = 1.171$이며, 이에 따른 기각치는 $f_0 \geq F_{\alpha, n_2-1, n_1-1}$이다. 검정통계량 값 1.171이 기각치 3.972보다 작으므로 귀무가설을 채택한다. 즉, 기기 A가 기기 B보다 우수하다고 할 수 없다.

정답 85 ③

86

같은 종류의 강판을 제조하는 두 대의 기계가 있다. 각각의 기계가 만들어 내는 강판의 두께는 정규분포를 따른다고 하자. 이 두 대의 기계가 제조하는 강판을 표본으로 하여 어느 기계가 강판의 두께를 일정하게 만드는지 가설검정하기 위해 쓰이는 검정통계량의 분포는? 04 20

① 정규분포
② t 분포
③ 카이제곱분포
④ F 분포

해설

모분산비 검정
강판의 두께가 일정하다면 분산이 작다는 것을 의미한다. 즉, 두 기계가 만들어 내는 강판의 두께에 대한 모분산비를 검정하기 위한 검정통계량의 분포는 F 분포이다.

87

K 타이어와 H 타이어의 수명을 비교 평가하기 위해서 4종의 자동차를 선택하여 각 자동차별로 타이어를 앞과 뒤에서 좌우 측에 랜덤하게 장착하였다. 두 종의 타이어 수명에 차이가 있는지를 검정하는 방법으로 맞는 것은? 03

① 검정통계량은 정규분포를 갖기 때문에 Z 검정법을 이용해야 한다.
② 검정통계량은 자유도가 3인 χ^2-분포를 갖기 때문에 t-검정을 사용해야 한다.
③ 검정통계량은 자유도가 7인 t-분포를 갖기 때문에 t-검정을 사용해야 한다.
④ 검정통계량은 수명의 변동을 설명해야 하므로 카이제곱 검정법을 사용해야 한다.

해설

대응표본 t-검정(Paired Sample t-test)
- 두 종류의 타이어 수명(≠범주형 자료)을 비교하기 때문에 교차분석을 하지 않고 t-검정을 실시한다.
- 자동차별로 타이어를 앞과 뒤의 좌우 측에 쌍(Pair)을 이루어 장착하였기 때문에 자유도가 $n-1=8-1=7$인 대응표본 t-검정을 실시한다.

88

임의로 추출된 10명의 비만여성에 대해서 1개월간 체중조절법을 적용한 후 측정한 몸무게의 차(조절 후 몸무게 − 조절 전 몸무게) 평균이 $\bar{d} = -1.81$ kg이었으며, 차의 분산은 1.35kg이었다. 검정통계량의 값은? 05 11

① −4.015
② −4.233
③ −4.669
④ −4.926

해설

대응표본 t-검정(Paired Sample t-test)
$$t = \frac{\bar{D}}{S_D/\sqrt{n}} = \frac{-1.81}{\sqrt{1.35/10}} = -4.926$$

89

대응비교(Paired Comparison)에 관한 설명으로 틀린 것은? 13 18 19

① 동일한 개체에 대해 두 개의 특성치를 측정한 자료에 적합하다.
② 개체 간의 독립성은 만족되나, 개체 내의 독립성은 만족되지 않는다.
③ 소표본의 경우에는 정규성의 가정하에 t-검정, 대표본의 경우에는 z-검정을 수행한다.
④ 분산이 동일한 경우 공통분산에 대한 추정치를 사용한다.

해설

독립표본 t-검정
소표본에서 두 모분산을 모르지만 같다는 것을 아는 경우 두 모평균의 차 $\mu_1 - \mu_2$에 대한 검정에서 공통분산에 대한 추정치를 이용한다.

90

취업정보지에서 "은행 신입사원 중 석사학위 소지자의 연봉은 학사학위 소지자의 연봉에 비해 300만 원 이상 많다."라고 주장하고 있다. 이 주장을 통계적으로 검정하기 위해 은행 신입사원 중 석사학위 소지자 10명과 학사학위 소지자 11명을 각각 랜덤하게 뽑아 조사하여 다음 결과를 얻었다. 두 모집단이 정규분포를 따르고 분산이 같다고 가정할 때 이 주장을 검증하기 위한 t-검정통계량 값은? 03 07 10 13

(단위 : 만 원)

구 분	석사학위 신입사원	학사학위 신입사원
표본평균	2,300	2,010
표본분산	100	81

① $\dfrac{290}{\sqrt{100/10 + 81/11}}$ ② $\dfrac{-10}{\sqrt{100/10 + 81/11}}$

③ $\dfrac{290}{\sqrt{90/10 + 90/11}}$ ④ $\dfrac{-10}{\sqrt{90/10 + 90/11}}$

해설

소표본에서 두 모분산을 모르지만 같다는 것을 알고 있을 경우의 t-검정통계량 값
소표본에서 두 모분산을 모르지만 같다는 것을 알고 있을 경우

$\overline{X_1} - \overline{X_2} \sim t_{n_1+n_2-2}\left(\mu_1-\mu_2,\ S_p\sqrt{\dfrac{1}{n_1}+\dfrac{1}{n_2}}\right)$ (여기서, 합동표본분산 $S_p^2 = \dfrac{(n_1-1)s_1^2 + (n_2-1)s_2^2}{(n_1+n_2-2)}$)

$\overline{X_1} - \overline{X_2}$를 표준화시킨 t 통계량 $= \dfrac{\overline{X_1}-\overline{X_2}-(\mu_1-\mu_2)}{S_p\sqrt{\dfrac{1}{n_1}+\dfrac{1}{n_2}}} \sim t_{n_1+n_2-2}$

$= \dfrac{(2300-2010)-300}{\sqrt{\dfrac{9\times100+10\times81}{10+11-2}}\sqrt{\dfrac{1}{10}+\dfrac{1}{11}}} = \dfrac{-10}{\sqrt{90}\sqrt{\dfrac{1}{10}+\dfrac{1}{11}}}$

정답 89 ④ 90 ④

91

두 종류의 자동차 브레이크 제품능력을 비교하기 위해 각각 50대와 60대의 자동차를 대상으로 표본조사를 했다. 시속 60km의 속도로 달리다가 급제동해서 제동거리(차가 완전히 멈출 때까지 이동한 거리)의 평균과 분산을 측정한 결과가 다음과 같다. 두 종류의 자동차의 제동거리가 다른지 가설검정을 하려고 한다. 두 집단의 모분산이 같다고 가정하고 합동분산(Pooled Variance)과 검정통계량을 바르게 계산한 것은? 10 17

구 분	A브레이크	B브레이크
평 균	118	109
표본분산	102	87
표본크기	50	60

① 합동분산 = 93.8, 검정통계량 = 4.85
② 합동분산 = 93.8, 검정통계량 = 5.24
③ 합동분산 = 94.5, 검정통계량 = 4.85
④ 합동분산 = 94.5, 검정통계량 = 5.24

해설

소표본에서 두 모분산을 모르지만 같다는 것은 알고 있을 경우의 검정통계량

$$\overline{X_1}-\overline{X_2} \sim t_{n_1+n_2-2}\left(\mu_1-\mu_2,\ S_p\sqrt{\frac{1}{n_1}+\frac{1}{n_2}}\right)$$

합동표본분산 $S_p^2 = \dfrac{(n_1-1)s_1^2+(n_2-1)s_2^2}{(n_1+n_2-2)} = \dfrac{(50-1)102+(60-1)87}{50+60-2} = 93.805$

$\overline{X_1}-\overline{X_2}$를 표준화 시킨 t 통계량 $= \dfrac{\overline{X_1}-\overline{X_2}-(\mu_1-\mu_2)}{S_p\sqrt{\dfrac{1}{n_1}+\dfrac{1}{n_2}}} \sim t_{n_1+n_2-2}$

$$= \dfrac{(118-109)}{\sqrt{93.8}\sqrt{\dfrac{1}{50}+\dfrac{1}{60}}} = \dfrac{9}{\sqrt{93.8}\sqrt{\dfrac{1}{50}+\dfrac{1}{60}}} = 4.85$$

91 ①

92

두 회사에서 생산한 승용차의 급제동 거리를 비교하기 위하여 각 회사에서 64대의 승용차를 랜덤하게 추출하여 평균 80km에서 급제동시켜서 정지한 곳까지의 거리를 측정한 결과 아래의 자료를 얻었다.

> A 회사 – 평균 118, 분산 102
> B 회사 – 평균 109, 분산 87

위 자료를 볼 때, 두 회사에서 생산한 승용차의 제동거리가 다른지를 알아보기 위한 t-검정통계량의 대략적인 값은? (단, 두 회사에서 생산되는 승용차의 급제동거리의 모분산은 동일하다고 가정한다) 08 16

① 2.2
② 3.2
③ 4.2
④ 5.2

해설

대표본에서 두 모분산을 모르고 있을 경우의 평균차 검정통계량

대표본에서 두 모분산을 모르고 있을 경우 $\overline{X_1} - \overline{X_2} \sim N\left(\mu_1 - \mu_2,\ \dfrac{S_1^2}{n_1} + \dfrac{S_2^2}{n_2}\right)$을 따른다.

$\overline{X_1} - \overline{X_2}$를 표준화 시킨 Z통계량 $= \dfrac{\overline{X_1} - \overline{X_2} - (\mu_1 - \mu_2)}{\sqrt{\dfrac{S_1^2}{n_1} + \dfrac{S_2^2}{n_2}}} \sim N(0,\ 1)$

$= \dfrac{118 - 109}{\sqrt{\dfrac{102}{64} + \dfrac{87}{64}}} = 5.23$

93

가설검정을 위한 검정통계량에서 합동분산(Pooled Variance)을 이용하는 경우는? 06 15

① 두 모집단의 분산이 알려져 있으며 그 값이 동일한 경우
② 두 모집단의 분산이 알려져 있지 않으나 동일하며 표본의 크기가 큰 경우
③ 두 모집단의 분산이 알려져 있으며 그 값이 다른 경우
④ 두 모집단의 분산이 알려져 있지 않으나 동일하며 표본의 크기가 작은 경우

해설

합동분산은 소표본에서 두 모집단의 분산은 모르나 같다는 것을 알고 있는 경우에 이용한다.

정답 92 ④ 93 ④

94

두 집단의 자료를 분석한 결과 다음 표를 얻었다. 두 집단의 분산이 같다고 가정할 때, 두 집단의 공통분산의 추정값은? 11 19

집 단	표본의 크기	자료의 합	자료의 제곱합
1	6	54	498
2	7	70	732

① 2.6
② 3.5
③ 4.0
④ 5.7

해설

합동표본분산(Pooled Sample Variance)

두 모분산을 모르지만 같다는 것은 알고 있을 경우 두 집단의 공통분산은

$s_p^2 = \dfrac{(n_1-1)s_1^2 + (n_2-1)s_2^2}{(n_1+n_2-2)}$ 이다.

$s_1^2 = \dfrac{\sum(x_i - \bar{x})^2}{n_1 - 1} = \dfrac{\sum x_i^2 - n_1 \bar{x}^2}{n_1 - 1} = \dfrac{498 - 6 \times 9^2}{6-1} = 2.4$

$s_2^2 = \dfrac{\sum(x_i - \bar{x})^2}{n_2 - 1} = \dfrac{\sum x_i^2 - n_2 \bar{x}^2}{n_2 - 1} = \dfrac{732 - 7 \times 10^2}{7-1} = 5.3$

$\therefore\ s_p^2 = \dfrac{(n_1-1)s_1^2 + (n_2-1)s_2^2}{(n_1+n_2-2)} = \dfrac{12+32}{6+7-2} = 4$

95

인터넷 사용의 급속한 성장과 함께 등장한 인터넷 역기능 중의 하나가 인터넷 중독이다. A 대학교 인터넷 중독센터에서 개발한 인터넷 중독 예방프로그램이 인터넷 중독 예방에 효과가 있는가를 알아보고 싶다. 그래서 A 대학교에서는 무작위적(R)으로 두 집단(실험집단, 통제집단)에 각각 20명씩 배정한 후에 인터넷 중독 자가진단검사 결과(O_1, O_3)를 얻었다. 실험집단에는 인터넷 중독 예방프로그램 6개월 과정(X_1)을 교육시켰으며, 통제집단에 대해서는 실험집단의 영향이 미치지 않게 실험집단과 격리시켰으며 교육시키지 않은 상태로 두었다. 6개월 후에 인터넷 중독 자가진단검사를 하여 결과(O_2, O_4)를 얻었다.

실험집단 :　　R　　O_1　　X_1　　O_2
통제집단 :　　R　　O_3　　　　　O_4

위에서 설명한 설계를 기호로 나타내면 다음과 같다. 인터넷 중독 예방프로그램이 효과가 있는지를 알 수 있는 올바른 검정 방법은? (단, 사전진단검사와 사후진단검사 간에는 서로 영향을 전혀 미치지 않는다고 가정하자) 04

① O_1과 O_2는 독립 2표본 t-검정　O_3와 O_4는 대응 2표본 t-검정
② O_1과 O_2는 대응 2표본 t-검정　O_3와 O_4는 독립 2표본 t-검정
③ O_1과 O_3는 독립 2표본 t-검정　O_2와 O_4는 독립 2표본 t-검정
④ O_1과 O_3는 대응 2표본 t-검정　O_2와 O_4는 대응 2표본 t-검정

해설

독립표본 t-검정(Independent Sample t-Test)

실험집단 :　O_1　　X_1　　O_2　　　O_1, O_3 : 실험이전 관찰시점
통제집단 :　O_3　　　　　O_4　　　O_2, O_4 : 실험이후 관찰시점
　　　　────────────▶　X_1 : 실험실시시점
　　　　　　시간의 흐름

실험집단(O_1, O_2)과 통제집단(O_3, O_4)는 서로 독립된 집단이므로 독립표본 t-검정을 실시해야 된다.

96

두 대의 전자측정기를 이용하여 9명의 중학생 키를 측정하여 두 기계의 측정치에 차이가 있는지를 검정하는 방법으로 올바른 방법은? (단, 기계별로 측정된 자료는 정규분포를 따른다) 04

번 호	1	2	3	4	5	6	7	8	9
기계1	140.3	150.1	135.3	143.5	165.4	137.5	127.9	137.7	155.6
기계2	140.1	150.2	153.2	143.6	165.6	137.1	127.8	137.5	155.3

① 기계1과 기계2의 평균과 분산을 계산하여 정규분포를 이용하여 검정한다.
② 기계1과 기계2의 평균과 분산을 계산하여 t분포를 이용하여 검정한다.
③ 기계1과 기계2의 차를 구하고 차의 평균과 분산으로 정규분포를 이용하여 검정한다.
④ 기계1과 기계2의 차를 구하고 차의 평균과 분산으로 t분포를 이용하여 검정한다.

해설

독립표본 t-검정(Independent Sample t-Test)
기계1과 기계2의 표본수가 소표본(9개)이고 각각이 정규분포를 따르므로 분산이 같은지 다른지를 Levene 통계량 또는 Bartlett 통계량을 이용하여 검정한 후, 그에 따라 t-검정을 실시한다.

97

집단 1의 학생들이 집단 2의 학생들보다 우수한지를 검정(평균비교)하기 위하여 각 집단에서 15명과 13명의 표본을 추출하여 모의고사를 친 결과 다음과 같은 결과를 얻었다. 다음 설명 중 틀린 것은? 06 13

구 분	인원수	평 균	분 산
집단 1	15	75.5	40.2
집단 2	13	72.8	25.1

① 두 집단에서의 표본은 독립적임을 가정한다.
② t분포를 사용하여 검정한다.
③ 두 집단의 모분산이 같다는 가정이 반드시 필요하다.
④ 각 집단의 모의고사 점수가 정규분포를 따른다는 가정하에서 검정한다.

해설

독립표본 t-검정의 가정
- 독립표본 t-검정의 가정은 두 집단이 서로 독립이고 정규분포를 따른다는 가정이 필요하다.
- 두 집단의 모분산이 같은지 다른지에 대한 검정은 Levene 통계량 또는 Barttlet 통계량을 이용하여 검정하며, 검정 결과에 따라 t-검정을 한다.

98

대도시와 중소도시에 거주하고 있는 노인들의 삶에 대한 만족도를 적절한 표본설계에 의해 표본을 추출하고 설문지를 통해 조사하려고 한다. 두 지역 노인들의 평균만족도의 비교를 통계적 가설검정방법을 이용할 때 다음 중 점검할 중요성이 가장 낮은 것은? [15]

① 두 지역에 거주하는 전체 노인의 총수
② 노인들의 만족도에 대한 분포
③ 두 지역 노인들의 만족도에 대한 분산
④ 표본으로 추출되어 설문에 응한 노인의 수

해설

독립표본 t-검정

- 독립표본 t-검정의 가정 : 대도시와 중소도시에 거주하는 노인들의 만족도는 각각 $N(\mu_1, \sigma_1^2)$, $N(\mu_2, \sigma_2^2)$을 따른다.
- σ_1^2과 σ_2^2가 동일한지 등분산 검정을 실시한다.
- 만약 $\sigma_1^2 = \sigma_2^2$이고 표본의 수가 작다면 독립표본 t-검정의 검정통계량은 $t = \dfrac{\overline{X_1} - \overline{X_2}}{S_p\sqrt{\dfrac{1}{n_1} + \dfrac{1}{n_2}}}$을 이용하고, 표본의 수가 크다면 중심극한정리에 의해 $Z = \dfrac{\overline{X_1} - \overline{X_2}}{\sqrt{\dfrac{S_1^2}{n_1} + \dfrac{S_2^2}{n_2}}}$을 이용한다.

99

직분사엔진(X) 자동차를 구매한 8명과 일반엔진(Y) 자동차를 구매한 12명에게 구매 후 2년간의 차량유지비(USD)를 조사하였다. 그 결과는 다음 표와 같다.

구 분	평 균	표준편차
직분사	56.96	4.85
일 반	52.73	6.35

직분사엔진과 일반엔진의 차량유지비 차이의 가설검정에 대한 설명으로 틀린 것은? [20]

① 귀무가설 : 두 엔진의 평균 차량유지비는 같다.
② 공동분산은 33.789이다.
③ 검정통계량의 값은 $t_{\alpha/2}$와 비교한다.
④ 자유도는 19이다.

해설

독립표본 t-검정

소표본에서 두 모분산을 모르지만 같다는 것을 아는 경우 두 모평균의 차 $\mu_1 - \mu_2$에 대한 검정에서 공통분산에 대한 추정치는

$$s_p^2 = \frac{(n_1-1)s_1^2 + (n_2-1)s_2^2}{(n_1+n_2-2)} = \frac{(8-1)4.85^2 + (12-1)6.35^2}{8+12-2} = 33.789$$이다.

두 엔진의 평균 차량유지비에 차이가 있는지를 검정하기 위한 검정통계량은 $t = \dfrac{\overline{X_1} - \overline{X_2}}{S_p\sqrt{\dfrac{1}{n_1} + \dfrac{1}{n_2}}}$이고 $t_{n_1+n_2-2}$을 따른다.

즉, 자유도는 $n_1 + n_2 - 2 = 8 + 12 - 2 = 18$이다.

정답 98 ① 99 ④

100

두 모분산의 동일성 검정에 관한 설명으로 옳은 것은? 13

① 대표본의 경우 두 모집단에 대해 정규분포의 가정이 불필요하다.
② 표본분산의 비에 기초한 t-검정을 수행한다.
③ 모평균이 알려져 있어야 한다.
④ 모평균의 동일성에 대한 검정에 선행되어 사용된다.

해설

독립표본 t-검정의 가정
- 독립표본 t-검정의 가정은 두 집단이 서로 독립이고 정규분포를 따른다는 가정이 필요하다.
- 두 집단의 모분산이 같은지 다른지에 대한 검정은 Levene 통계량 또는 Barttlet 통계량을 이용하여 검정하며, 검정 결과에 따라 모평균이 같은지 다른지에 대한 t-검정을 한다.
- 모분산 동일성 검정은 표본분산의 비를 이용한 F-검정을 이용한다.

101

다음은 5명의 환자에게 새로운 신약을 복용하기 전과 후에 통증의 감소 효과가 있는지를 유의수준 0.05를 가지고 검정할 때 가장 적합한 검정방법은? 17

① 유의수준이 0.05이므로 검정통계량 Z에 대하여, 기각역은 $|Z| > 1.96$을 가진다.
② 검정통계량은 자유도 $(5+5-2) = 8$인 t-분포를 따른다.
③ 대응비교 혹은 쌍 비교에 대한 검정을 한다.
④ 복용하기 전의 효과들에 대한 평균과 복용 후의 효과의 평균을 구한 다음 평균 차이의 검정을 한다.

해설

③ 신약을 복용하기 전과 후에 통증의 감소의 효과가 있는지를 검정하므로 단측검정에 해당되며, 대응표본 t-검정의 자유도는 $n-1 = 5-1 = 4$이다.

독립표본 t-검정과 대응표본 t-검정의 차이 비교

독립표본 t-검정	대응표본 t-검정
• 조사대상 개체가 다름 • 두 표본의 숫자가 다를 수 있음 • 다른 집단을 비교하는 경우 • 두 표본이 서로 독립임	• 조사대상 개체가 같음 • 반드시 짝을 이룸 • 전후 개념이 있는 경우가 많음 • 두 표본이 서로 독립이 아님

102

어느 지역에서 지역발전계획에 대한 지지율이 남녀별로 다른지를 알아보기 위해서 남자 250명, 여자 200명에 대하여 조사한 결과 남자 지지자는 110명이고 여자 지지자 수는 104명이다. 남녀별로 지지율에 차이가 있는지를 유의수준 5%에서 검정하고자 한다. 다음 가설검정의 설명 중에서 맞는 것은? `03`

① 귀무가설의 기각역은 단측검정법으로 계산해야 한다.
② 검정통계량의 확률분포는 t 분포이다.
③ 검정통계량의 절대값은 1.69이다.
④ 남자의 지지율이 0.44이고 여자의 지지율이 0.52이므로 지지율에서 남녀 간의 차이가 있는 것으로 볼 수 있다.

해설

두 모비율의 차에 대한 검정(합동표본비율 이용)

두 모비율의 차에 대한 검정통계량 : $Z = \dfrac{\hat{p_1} - \hat{p_2}}{\sqrt{\hat{p}(1-\hat{p})\left(\dfrac{1}{n_1} + \dfrac{1}{n_2}\right)}}$

여기서, $\hat{p_1} = \dfrac{104}{200} = 0.52$, $\hat{p_2} = \dfrac{110}{250} = 0.44$, $\hat{p} = \dfrac{x_1 + x_2}{n_1 + n_2} = \dfrac{104 + 110}{250 + 200} = \dfrac{214}{450} = 0.476$

∴ $Z = \dfrac{0.52 - 0.44}{\sqrt{0.476 \times 0.524 \times \left(\dfrac{1}{250} + \dfrac{1}{200}\right)}} = 1.69$

103

어느 지역에서 현 정부에 대한 지지율이 남녀별로 다른지를 알아보기 위하여 남녀 각각 200명씩 조사한 결과 다음의 데이터를 얻었다. 남녀별로 지지율에 차이가 있는지를 검정한 결과로 맞는 것은? 04 06 09

구 분	표본크기	지지자 수
남 자	200	110
여 자	200	125
합 계	400	235

① 유의수준 1%에서 귀무가설을 기각시킨다.
② 유의수준 5%에서 귀무가설을 기각시킨다.
③ 유의수준 1%에서는 귀무가설을 기각시키지 못하지만 유의수준 5%에서는 기각시킨다.
④ 유의수준 5%에서 귀무가설을 기각시키지 못한다.

해설

두 모비율 차에 대한 검정통계량(합동표본비율 이용)

두 모비율의 차에 대한 검정통계량 : $Z = \dfrac{\hat{p_1} - \hat{p_2}}{\sqrt{\hat{p}(1-\hat{p})\left(\dfrac{1}{n_1} + \dfrac{1}{n_2}\right)}}$

여기서, $\hat{p_1} = \dfrac{110}{200} = 0.55$, $\hat{p_2} = \dfrac{125}{200} = 0.625$, $\hat{p} = \dfrac{x_1 + x_2}{n_1 + n_2} = \dfrac{110 + 125}{200 + 200} = \dfrac{235}{450} = 0.5875$

$\therefore z = \dfrac{0.55 - 0.625}{\sqrt{0.5875 \times 0.4125 \times \left(\dfrac{1}{200} + \dfrac{1}{200}\right)}} = -1.52$

∴ 검정통계량 값 −1.52가 유의수준 5% 하에서의 기각치 −1.96보다 크므로 귀무가설(남녀별로 지지율에 차이가 없다)을 기각하지 못한다.

104

자동차 회사에서 최고급 사양의 2개 모델에 대한 고객의 구매 초기 불만을 분석하고자 한다. 현재까지 모델 A의 구매고객 400명 중 53명이 불만을 접수했고 모델 B는 구매고객 500명 중 78명이 불만을 접수했다. 이 두 모델의 구매 불만에 대한 차이를 분석한 결과에 대한 설명으로 틀린 것은? 17

① 전체 불만율은 14.56%이다.
② 유의수준이 5%일 때 기각역은 ±1.96이다.
③ 전체 표준편차는 0.0235이다.
④ 유의수준 5%하에서 귀무가설을 기각한다.

해설

두 모비율 차에 대한 검정통계량(합동표본비율 이용)

두 모비율의 차에 대한 검정통계량은 $Z = \dfrac{\hat{p_1} - \hat{p_2}}{\sqrt{\hat{p}(1-\hat{p})\left(\dfrac{1}{n_1} + \dfrac{1}{n_2}\right)}}$ 이다.

여기서, $\hat{p_1} = \dfrac{53}{400} = 0.1325$, $\hat{p_2} = \dfrac{78}{500} = 0.156$, $\hat{p} = \dfrac{x_1 + x_2}{n_1 + n_2} = \dfrac{53 + 78}{400 + 500} = \dfrac{131}{900} = 0.1456$

$\therefore z = \dfrac{0.1325 - 0.156}{\sqrt{0.1456 \times 0.8544 \times \left(\dfrac{1}{400} + \dfrac{1}{500}\right)}} = -0.9934$

∴ 검정통계량 값 −0.9934가 유의수준 5% 하에서의 기각치 −1.96보다 크므로 귀무가설을 기각하지 못한다.

105

두 모비율의 차이($p_1 - p_2$)에 대한 검정과 관련된 설명으로 틀린 것은? [21]

① 독립인 두 모집단에 대해 각각 베르누이 분포를 가정한다.
② 표본비율의 차이에 기초하여 검정을 수행한다.
③ 중심극한정리(CLT)에 기초한 일종의 근사적 검정이다.
④ 표본이 작을 때에는 $t-$검정을 실시한다.

해설

두 모비율의 차이에 대한 검정

두 모비율의 차이($p_1 - p_2$)에 대한 검정은 표본의 크기가 충분히 클 때 중심극한정리(CLT)에 기초한 일종의 근사 검정을 이용한다. 하지만 표본의 크기가 작을 때에는 중심극한정리의 정규근사를 이용하기 어려우므로 하나의 모비율에 대한 검정은 이항분포를 이용해 유의확률을 구하여 검정하고, 두 모비율 차이에 대한 검정은 불가능하다.

106

다음 검정법의 제1종 오류를 범할 확률은? [05] [13]

> 어떤 동전의 앞뒷면이 나올 확률이 동일한지를 알아보기 위해서 동일한 조건하에서 독립적으로 5번 던져서 5번 모두 같은 면이 나오면 앞뒷면이 나올 확률이 동일하다는 귀무가설을 기각하고 그렇지 않으면 귀무가설을 기각하지 않기로 한다고 한다.

① 0.03125 ② 0.0625
③ 0.9375 ④ 0.96875

해설

제1종 오류를 범할 확률

제1종의 오류는 귀무가설이 참인데 귀무가설을 기각할 오류로 귀무가설 $H_0 : p = 0.5$하에서 5번 모두 앞면이 나오거나 모두 뒷면이 나올 확률이다.

$\therefore {}_5C_5 \left(\dfrac{1}{2}\right)^5 \left(\dfrac{1}{2}\right)^0 + {}_5C_0 \left(\dfrac{1}{2}\right)^0 \left(\dfrac{1}{2}\right)^5 = \left(\dfrac{1}{2}\right)^5 \times 2 = 0.0625$

107

정규분포 $N(\mu, 100)$을 따르는 모집단으로부터 추출된 크기 100의 랜덤표본을 이용하여, 귀무가설 $H_0 : \mu = 1.5$과 대립가설 $H_1 : \mu > 1.5$에 대하여 표본평균이 1.8보다 크면 귀무가설(H_0)을 기각하려고 한다. 이때 제1종의 오류는? (단, Z는 표준정규분포를 따르는 확률변수이다) 08

① $P(Z > 0.03)$
② $P(Z > -0.3)$
③ $P(Z > 0.3)$
④ $P(Z > 1.8)$

해설

제1종 오류 계산
제1종의 오류는 귀무가설이 참일 때 귀무가설을 기각할 오류이므로 제1종의 오류를 범할 확률은
$$P(\overline{X} > 1.8 \mid \mu = 1.5) = P\left(Z > \frac{\overline{X} - \mu}{\frac{\sigma}{\sqrt{n}}} \mid \mu = 1.5\right) = P\left(Z > \frac{1.8 - 1.5}{\frac{10}{\sqrt{100}}}\right) = P(Z > 0.3)$$이다.

108

$X \sim N(\mu, 1)$이고, 모평균 μ에 대한 가설 $H_0 : \mu = 0$ 대 $H_1 : \mu = 1$의 기각역 $X > 2$인 검정법에 대한 설명 중 옳은 것은? 07

z	$P(N(0, 1) > z)$
0.5	0.3085
1.0	0.1587
1.5	0.0668
2.0	0.0228

① 제1종의 오류를 범할 확률은 0.6915이다.
② 제2종의 오류를 범할 확률은 0.8413이다.
③ 검정력(Power)은 0.3085이다.
④ X의 관측값이 1이라면 귀무가설을 기각한다.

해설

② 제2종의 오류 β는 대립가설이 참일 때 귀무가설을 채택할 오류이다. 즉, $\beta = P(X \leq 2 \mid \mu = 1)$이 된다.
 $\therefore \beta = P(X \leq 2 \mid \mu = 1) = P\left(Z \leq \frac{2-1}{1}\right) = P(Z \leq 1) = 1 - P(Z > 1) = 1 - 0.1587 = 0.8413$
① 제1종의 오류를 범할 확률은 귀무가설이 참일 때 귀무가설을 기각할 확률이다.
 $\therefore \alpha = P(X > 2 \mid \mu = 0) = P(Z > 2) = 0.0228$
③ 검정력$(1 - \beta) = 1 - 0.8413 = 0.1587$

109

귀무가설이 "모집단의 평균이 50 이하이다."이고, 대립가설이 "모집단의 평균이 50보다 크다."일 때, 크기가 25인 표본의 평균 $\overline{X}$를 검정하려고 한다. 다음 중 이 모집단의 분산이 25인 정규분포로 알려져 있을 때, 유의수준 5%에 해당하는 기각역에 가장 가까운 것은? 10

① $\overline{X} > 50.9$
② $\overline{X} > 51.7$
③ $\overline{X} > 52.9$
④ $\overline{X} > 53.7$

해설

기각역(Critical Region)
$P(Z > 1.645) = 0.05$
$\Rightarrow P\left(\dfrac{\overline{X}-\mu}{\sigma/\sqrt{n}} > z\right) = P\left(\dfrac{\overline{X}-50}{5/\sqrt{25}} > 1.645\right) = P(\overline{X} > 51.645) = 0.05$ 이므로, 기각역은 $\overline{X} > 51.645$이 된다.

110

모분산이 4인 정규분포를 따르는 표본의 크기 4인 자료를 이용하여 모평균 μ에 대한 다음 가설을 유의수준 $\alpha = 0.05$에서 검정하려 할 때, 기각역은? 12 16

$$H_o : \mu = 3 \quad vs \quad H_1 : \mu < 3$$

① $\overline{X} < 1.04$
② $\overline{X} < 1.355$
③ $|\overline{X}| > 4.645$
④ $|\overline{X}| > 4.96$

해설

기각역(Critical Region)
$P(Z < -1.645) = 0.05$
$\Rightarrow P\left(\dfrac{\overline{X}-\mu}{\sigma/\sqrt{n}} < z\right) = P\left(\dfrac{\overline{X}-3}{2/\sqrt{4}} < -1.645\right) = P(\overline{X} < 1.355) = 0.05$ 이므로, 기각역은 $\overline{X} < 1.355$가 된다.

정답 109 ② 110 ②

111

모분산이 4인 정규분포를 따르는 표본의 크기 25인 자료를 이용하여 모평균 μ에 대한 다음 가설 $H_o : \mu = 0$에 대한 $H_1 : \mu \neq 0$을 유의수준 $\alpha = 0.05$에서 검정하려 할 때, H_0의 기각역은 어떻게 주어지는가? (단, $z_{0.025}$의 값은 2로 계산하시오) 15 20

① $|\overline{X}| > 0.1$
② $|\overline{X}| > 0.8$
③ $\overline{X} > 0.1$
④ $\overline{X} > 0.8$

해설

기각역(Critical Region)

$P(|Z| > 2) = 0.05$

$\Rightarrow P\left(\left|\dfrac{\overline{X} - \mu}{\sigma/\sqrt{n}}\right| > z\right) = P\left(\left|\dfrac{\overline{X} - 0}{2/\sqrt{25}}\right| > 2\right) = P(|\overline{X}| > 0.8) = 0.05$이므로, 기각역은 $|\overline{X}| > 0.8$가 된다.

112

정규분포를 따르는 집단의 모평균의 값에 대하여 $H_0 : \mu = 10$, $H_1 : \mu > 10$을 세우고 표본 25개의 평균을 구한 결과 $\overline{x} = 8.04$를 얻었다. 모집단의 표준편차를 5라고 할 때 다음 확률값을 이용하여 구한 유의확률 ($p-value$)은? (단, Z는 표준화 정규확률변수를 나타낸다. $P(Z \leq -1.96) = 0.025$, $P(Z \leq -1.645) = 0.05$) 08 10

① 0.0125
② 0.025
③ 0.05
④ 0.975

해설

유의확률 계산

유의확률 p 값은 $P\left(Z \geq \dfrac{8.04 - 10}{5/\sqrt{25}}\right) = P(Z \geq -1.96) = 0.975$

113

정규분포를 따르는 집단의 모평균의 값에 대하여 $H_0 : \mu = 20$, $H_1 : \mu \neq 20$을 세우고 표본 25개의 평균을 구한 결과 $\bar{x} = 18.04$를 얻었다. 모집단의 표준편차를 5라고 할 때 다음 확률값을 이용하여 구한 유의확률($p-value$)은? (단, Z는 표준화 정규확률변수를 나타낸다) [20]

$$P(Z \leq -1.96) = 0.025, \ P(Z \leq -1.645) = 0.05$$

① 0.0125
② 0.025
③ 0.05
④ 0.975

해설

유의확률 계산

귀무가설과 대립가설의 형태가 $H_0 : \mu = 20$, $H_1 : \mu \neq 20$이므로 유의확률은 $P(|\overline{X}| > |\overline{x}_{obs}|)$이다.

유의확률 p값은 $P(|\overline{X}| \geq |18.04|) = P\left(|Z| \geq \left|\dfrac{18.04 - 20}{5/\sqrt{25}}\right|\right) = P(|Z| \geq |-1.96|)$
$= P(Z \geq 1.96) + P(Z \leq -1.96) = 0.025 + 0.025 = 0.05$

114

다음 사례에 관한 설명으로 틀린 것은? [05] [13] [18]

새로 개발된 진통제의 진통효과가 나타나는 시간(단위 : 분)은 평균 μ이고, 분산 $\sigma^2 = 5^2$인 정규분포를 따른다. 100명의 환자를 임의추출하여 조사한 결과 $\bar{x} = 28.5$이었다. 이 약을 개발한 팀은 μ가 30분 미만이라고 주장한다.

① 가설은 $H_0 : \mu = 30$, $H_1 : \mu < 30$이다.
② 검정통계량 값은 $z = \dfrac{28.5 - 30}{5/\sqrt{100}} = -3.0$이다.
③ 가설검정에 대한 유의확률은 $P(Z \geq -3.0)$이다(Z: 표준정규분포).
④ 5% 유의수준에서 검정하면 귀무가설은 기각된다.

해설

유의확률($p-value$)

유의확률은 표본으로부터 계산된 검정통계량 값보다 더 극단적인 검정통계량 값을 구할 수 있는 확률값이다. 대립가설이 $H_1 : \mu < 30$임을 감안하면 검정통계량 값이 -3이므로 유의확률은 $P(Z < -3)$이 된다.

115

정규분포를 따르는 모집단으로부터 얻은 표본의 크기 n인 자료를 이용하여 모평균 μ에 대한 가설 $H_0 : \mu = \mu_0$ 대 $H_1 : \mu > \mu_0$을 검정하기 위한 검정통계량의 값이 $t = \dfrac{\sqrt{n}\,(\overline{X} - \mu_0)}{S} = 2$일 때, P값은 얼마인가? (단, 모집단의 분산은 알지 못하며, T는 자유도가 $n-1$인 $t-$분포를 따르는 확률변수를 나타낸다) 18

① $P(|T| < 2)$
② $P(|T| > 2)$
③ $P(T > 2)$
④ $P(T < 2)$

해설

유의확률($p-value$)

귀무가설 $H_0 : \mu = \mu_0$이고 대립가설 $H_1 : \mu > \mu_0$이며, $t-$검정통계량 값이 $P(T<2)$이므로 유의확률은 $P(T>2)$이 된다.

116

$n = 4$이고, 모수가 p인 이항분포하에서 다음과 같은 검정을 하고자 한다. $H_0 : p = 0.5$, $H_1 : p = 0.6$ 기각역을 {3, 4}라고 할 때, 다음 누적확률표를 이용한 유의확률(α)와 검정력($1-\beta$)의 값은? 05 18

$P(X \leq x)$

P \ X	0	1	2	3	4
0.5	0.31	0.488	0.500	0.812	0.969
0.6	0.01	0.087	0.317	0.663	0.922

① $\alpha = 0.5$, $1-\beta = 0.683$
② $\alpha = 0.188$, $1-\beta = 0.337$
③ $\alpha = 0.5$, $1-\beta = 0.01$
④ $\alpha = 0.188$, $1-\beta = 0.913$

해설

유의확률과 검정력 계산

유의확률은 검정통계량의 관측값에 대하여 귀무가설(H_0)을 기각시킬 수 있는 최소의 유의수준으로 기각역이 {3, 4}이므로 유의확률은 $P(X \geq 3 | p = 0.5) = 0.5$가 된다. 제2종의 오류 β는 대립가설이 참일 때 귀무가설을 채택할 오류이다.

즉, 기각역이 {3, 4}이므로 $\beta = P(X \leq 2 | p = 0.6) = 0.317$이 된다.

∴ 검정력($1-\beta$)은 전체 확률에서 제2종의 오류를 범할 확률을 뺀 값으로 $1 - 0.317 = 0.683$이 된다.

03 범주형 자료분석 및 분산분석

01

이변량 범주형 자료의 두 변수 간의 독립성을 검정하기 위하여 사용되는 통계량은 무엇인가? 03 07

① t 통계량
② F 통계량
③ 카이제곱 통계량
④ 윌콕슨 통계량

해설

교차분석(Cross Analysis)
두 연속형 변수 간의 선형연관성을 검정하는 경우 상관계수를 이용하는 반면 두 범주형 변수 간의 연관성을 검정하는 경우 카이제곱(Chi-square ; χ^2) 검정통계량을 이용한다. 카이제곱 검정은 교차표(분할표)로 주어지기 때문에 교차분석이라고도 한다.

02

두 가지 방법 A, B의 효과를 비교하기 위해 150명을 대상으로 조사하였다. 80명에게는 A 방법을, 나머지 70명은 B 방법을 적용하여 얼마의 기간이 흐른 후 A와 B 방법 각각에 대하여 효과를 상, 중, 하로 나누어 표본을 조사하였다. 다음 중 가장 타당성 있는 검정방법은? 10 14 20

① 카이제곱 검정
② 쌍 비교 혹은 대응비교 검정
③ 시계열 검정
④ 두 효과 A, B의 모평균 차이에 대한 검정

해설

카이제곱 검정(Chi-Square Test)
A 방법과 B 방법 각각에 대하여 효과를 상, 중, 하인 범주형 자료로 나누었으므로 교차분석의 카이제곱 검정을 이용한다.

정답 01 ③ 02 ①

03

두 교수법을 비교하기 위하여 그룹 I과 그룹 II에 50명씩 랜덤하게 배치하여 한 학기 강의가 끝난 후에 학생들이 받는 학점을 조사하여 다음의 표를 얻었다.

학 점	A	B	C	D	E
그룹 I	8	13	16	10	3
그룹 II	4	9	14	16	7

위 내용을 검정하기 위하여 사용되는 통계량의 분포는? 08

① 자유도가 3인 카이제곱분포
② 자유도가 4인 카이제곱분포
③ 자유도가 5인 카이제곱분포
④ 자유도가 10인 카이제곱분포

해설

카이제곱 검정의 자유도

교차분석이므로 χ^2 검정통계량을 이용해야 하며, 자유도는 그룹이 r개로 나뉘어져 있고, 학점이 k개로 나뉘어져 있으므로 $(k-1)(r-1)=(5-1)(2-1)=4$ 가 된다.

04

어떤 현안에 대해 의견(찬성과 반대)을 조사한 결과 다음과 같은 표를 구하였다.

구 분	남 자	여 자	합 계
찬 성	40	60	100
반 대	60	40	100
합 계	100	100	200

성별에 따라서 현안에 대한 의견이 차이가 있는지 검정하려고 한다. 이때 귀무가설(현안에 남녀 간 의견차이가 없다)하에서 남자이면서 현안에 찬성하는 셀의 기대값은? 11

① 30
② 40
③ 50
④ 60

해설

교차분석의 기대도수

$E_{11}=200\times\dfrac{100}{200}\times\dfrac{100}{200}=\dfrac{10000}{200}=50$

05

유권자들로부터 정당선호도라는 행변수와 투표여부라는 열변수로 분류하여 얻은 교차표이다. 분석결과에 대한 설명으로 옳지 않은 것은? [19]

정당선호도	투 표	기 권	투표율(%)
약 함	305	126	70.8
중 간	405	125	76.4
강 함	265	49	84.4
합 계	975	300	76.47

카이제곱 통계량	18.76	유의확률	0.0001

① 총 유권자의 투표율은 76.47%이다.
② 카이제곱 통계량의 자유도는 2이다.
③ 정당선호도에 따라 투표율이 다르다.
④ 정당선호도가 약한 투표자의 기대값은 305보다 작다.

해설

교차분석
카이제곱 검정통계량의 자유도는 $(k-1)(r-1) = (3-1)(2-1) = 2$이고, 유의확률이 0.0001로 매우 작으므로 유의수준 1% 하에서도 귀무가설이 기각되어 정당선호도에 따라 투표율이 다르다고 할 수 있다. 정당선호도가 약한 투표자의 기대값은 $\frac{975 \times 431}{1275} = 329.6$이다.

06

다음과 같은 분할표에서 χ^2값은 얼마인가? [21]

구 분	열1	열2	열3	합 계
행1	2	1	5	8
행2	3	4	0	7
합 계	5	5	5	15

① 5.96
② 6.96
③ 7.96
④ 8.96

해설

카이제곱 독립성 검정의 검정통계량 값 계산

기대도수 $E_{11} = \frac{5 \times 8}{15} = \frac{8}{3}$, $E_{12} = \frac{5 \times 8}{15} = \frac{8}{3}$, $E_{13} = \frac{5 \times 8}{15} = \frac{8}{3}$, $E_{21} = \frac{5 \times 7}{15} = \frac{7}{3}$, $E_{22} = \frac{5 \times 7}{15} = \frac{7}{3}$, $E_{23} = \frac{5 \times 7}{15} = \frac{7}{3}$

검정통계량 값 $\chi^2 = \sum\sum \frac{(O_{ij} - E_{ij})^2}{E_{ij}} = \frac{(2-8/3)^2}{8/3} + \frac{(1-8/3)^2}{8/3} + \cdots + \frac{(0-7/3)^2}{7/3} = \frac{195}{28} = 6.96$

07

모집단이 어떤 특정한 분포를 따르는지 검정하기에 가장 적합한 것은?

① 독립성 검정 ② 적합도 검정
③ 동질성 검정 ④ 런 검정

해설

카이제곱 적합성 검정(χ^2 Goodness of Fit Test)
i번째 범주에 속할 확률 p_i가 미리 주어진 확률 π_i와 같은지를 검정하는 카이제곱 적합성 검정을 실시한다.

08

주사위를 60번 던져 다음과 같은 결과를 얻었다.

눈의 수	1	2	3	4	5	6
관찰도수	9	12	10	8	11	10

이 주사위가 공정한(Fair) 주사위인지를 검정하고자 할 경우 올바른 방법은?

① t-검정법 ② χ^2-검정법
③ F-검정법 ④ Z-검정법

해설

07번 문제 해설 참고

09

대학 진학을 앞둔 150명의 고3 학생을 대상으로 선호하는 진학계열을 다음과 같이 얻었다. 3가지 진학계열의 선호도가 동일한지를 검정하는 카이제곱 검정통계량의 값은?

구 분	사회계열	인문계열	자연계열	합 계
응답자 수	50	47	53	150

① 17/50 ② 18/50
③ 19/50 ④ 20/50

해설

카이제곱 적합성 검정(Goodness of Fit Test)

검정통계량은 $\chi^2 = \dfrac{(O_1 - E_1)^2}{E_1} + \dfrac{(O_2 - E_2)^2}{E_2} + \cdots + \dfrac{(O_k - E_k)^2}{E_k} \sim \chi^2_{(k-1)}$ 이므로,

$= \dfrac{(50-50)^2}{50} + \dfrac{(47-50)^2}{50} + \dfrac{(53-50)^2}{50} = \dfrac{18}{50}$

10

어떤 설문조사에서 50대의 남자 100명에게 현재의 결혼상태를 물어본 결과 다음과 같은 표를 얻었다.

결혼상태	결 혼	사 별	이 혼	별 거	독 신
관측빈도	58	9	18	8	7

50대 남자의 결혼상태의 비율이 모두 동일하다고 할 수 있는지를 유의수준 0.05에서 검정하고자 할 때, 귀무가설과 검정통계량의 값, 그리고 귀무가설 기각여부를 바르게 나타낸 것은? (단, $\chi^2_{4,\,0.05} = 9.488$, $\chi^2_{5,\,0.05} = 11.070$) [20]

① 귀무가설 : 50대 남자의 결혼상태별 비율은 모두 동일하다, $\chi^2 = 94.1$, 기각여부 : 기각
② 귀무가설 : 50대 남자의 결혼상태별 비율은 모두 동일하지 않다, $\chi^2 = 94.1$, 기각여부 : 채택
③ 귀무가설 : 50대 남자의 결혼상태별 비율은 모두 동일하다, $\chi^2 = 4.71$, 기각여부 : 기각
④ 귀무가설 : 50대 남자의 결혼상태별 비율은 모두 동일하지 않다, $\chi^2 = 4.71$, 기각여부 : 채택

> **해설**
>
> **카이제곱 적합성 검정(Goodness of Fit Test)**
> 위의 문제에 대한 가설은 다음과 같다.
> 귀무가설(H_0) : 50대 남자의 결혼상태별 비율은 모두 동일하다.
> 귀무가설(H_1) : 50대 남자의 결혼상태별 비율은 모두 동일하지 않다.
> 위의 가설을 검정하기 위한 검정통계량의 값을 구하면 다음과 같다.
>
> 검정통계량은 $\chi^2 = \dfrac{(O_1-E_1)^2}{E_1} + \dfrac{(O_2-E_2)^2}{E_2} + \cdots + \dfrac{(O_k-E_k)^2}{E_k} \sim \chi^2_{(k-1)}$ 이므로,
>
> $= \dfrac{(58-20)^2}{20} + \dfrac{(9-20)^2}{20} + \dfrac{(18-20)^2}{20} + \dfrac{(8-20)^2}{20} + \dfrac{(7-20)^2}{20} = \dfrac{1882}{20} = 94.1$
>
> 검정통계량의 값이 94.1로 유의수준 5%에서의 기각치 $\chi^2_{4,\,0.05} = 9.488$ 보다 크므로 귀무가설을 기각한다.

11

순위척도 자료에서의 연관성(Association)을 나타내는 척도와 가장 거리가 먼 것은? [15]

① 켄달의 Tau
② 분할계수
③ 스피어만의 순위상관계수
④ 일치계수

> **해설**
>
> **분할계수(Contingency Coefficient)**
> 분할계수는 분할표에서의 χ^2의 값은 분할표의 크기에 따라 달라지므로 서로 다른 크기의 분할표를 비교하는 명목형 자료와 관련된 연관성 측도이다.

정답 10 ① 11 ②

12

분할표에서 행과 열의 연관성에 대한 측도인 감마(Gamma ; γ)와 람다(Lambda ; λ)에 대한 설명으로 옳은 것은? 18

① 감마(γ)는 행과 열이 순서 범주형일 때 적용되고, 람다(λ)는 행과 열 중 적어도 어느 하나가 명목 범주형일 때 적용된다.
② 감마(γ)는 행과 열이 순서 범주형일 때 적용되고, 람다(λ)는 행과 열이 순서형일 때 적용된다.
③ 감마(γ)와 람다(λ) 모두 행과 열이 명목 범주형일 때 적용된다.
④ 감마(γ)와 람다(λ) 모두 행과 열이 순서 범주형일 때 적용된다.

해설

연관성 측도
- 명목척도의 연관성 측도 : 분할계수, 파이, Cramer의 V, 람다, 불확실성 계수
- 순서척도의 연관성 측도 : 감마, Somers의 d, kendall의 타우-b, kendall의 타우-c
- 명목척도 대 등간척도 : 에타

13

두 확률변수 X와 Y가 대응짝의 형태인 $(X_1, Y_1), (X_2, Y_2), \cdots, (X_n, Y_n)$으로 측정되었을 때, 두 변수의 관련성을 측정하는 척도에 관한 설명으로 옳지 않은 것은? 19

① 분할계수는 카이제곱 통계량을 사용하여 계산한다.
② 감마(Gamma)는 두 명목자료에 대한 연관성 척도이다.
③ 스피어만 상관계수는 각 변수들의 순위를 사용하여 계산한다.
④ 피어슨 상관계수는 두 변수들 간의 선형관계만을 측정할 수 있다.

해설

12번 문제 해설 참고

14

다음 중 범주형 자료에 대한 분석법이 아닌 것은? 13

① 공분산분석　　　　　　　　② 로그선형모형 분석
③ 로짓모형 분석　　　　　　　④ 프로빗모형 분석

해설

공분산분석(Analysis of Covariance)
분산분석과 회귀분석이 결합된 형태로 질적변수인 독립변수와 양적변수인 공변량이 양적변수인 종속변수에 미치는 효과를 검정하기 위한 분석이다.

15

25명의 주부를 대상으로 새로 개발된 전자제품을 일주일 동안 사용하도록 한 후, 사용 전·후의 구입의사를 조사한 결과이다. 구입의사에 변화가 있는지에 대한 비모수적 검정방법으로 옳은 것은? [20]

사용 전 \ 사용 후	구입함	구입하지 않음
구입함	10	3
구입하지 않음	8	4

① 런(Runs) 검정
② 맥네마르(McNemar) 검정
③ 켄달의 일치계수 검정
④ 카이제곱 동질성 검정

해설

맥네마르(McNemar) 검정
맥네마르 검정은 비모수검정방법으로 서로 동일한 변수에 대해 첫 번째 판별과 두 번째 판별이 서로 일치하는지를 검정한다.

16

다음 분산분석법에 대한 설명으로 틀린 것은? [08]

① 두 집단의 분산을 비교할 때 사용한다.
② 세 개 이상의 집단의 평균을 비교할 때 사용한다.
③ 분산분석 모형은 집단 간 동일분산을 가정한다.
④ 각 집단 내에서의 분포가 정규분포를 따른다는 가정하에서 사용한다.

해설

두 집단의 등분산 검정
두 집단의 모분산이 등분산인지 이분산인지를 검정하기 위해서는 Levene 통계량 또는 Barttlet 통계량을 이용하며, 분산비를 검정하기 위해서는 F-검정통계량이 이용된다.

17

다음 중 여러 집단(2집단 이상)의 모평균의 동일성을 검정하는 통계적 방법은? [20]

① 회귀분석
② 요인분석
③ 주성분분석
④ 분산분석

해설

분산분석
두 집단 간 모평균에 차이가 있는지 검정하기 위해서는 t-검정을 실시하지만, 두 집단 이상의 모평균에 차이가 있는지 없는지를 분석하기 위해서는 분산분석을 실시한다.

정답 15 ② 16 ① 17 ④

18

교육수준에 따라 초졸 이하자, 중졸자, 고졸자, 전문대학 졸업자, 4년제 대학 졸업자 등 5개 집단으로 구분하였을 때 집단들 간에 연평균 소득의 차이가 통계적으로 의미가 있는가의 여부를 판단하기 위해 사용되는 분석방법은? 03 07

① 상관분석
② 분산분석
③ 회귀분석
④ 군집분석

해설

일원배치 분산분석
교육수준에 따라 5개의 집단으로 나누었으므로, 두 집단 이상의 평균비교에 사용되는 분산분석을 이용한다.

19

일원배치 분산분석에 관한 설명으로 틀린 것은? 13 18

① 요인(Factor)이 1개이며, 수준(Level)이 2인 경우는 t-검정과 동일하다.
② 대비(Contrast)에 대한 검정은 요인이 유의한 경우에만 의미가 있다.
③ 다중비교(Multiple Comparison)는 요인이 유의한 경우에만 의미가 있다.
④ Levene의 검정은 대비(Contrast)에 대한 검정이다.

해설

Levene의 등분산 검정
Levene의 등분산 검정은 일원배치 분산분석에서 분산의 동질성을 검정하기 위함이지, 분산분석 결과 귀무가설이 기각되어 어떤 집단(수준)에 유의한 차이가 있는지를 검정하는 사후분석(다중비교, 대비)이 아니다.

20

4개 회사에서 판매하는 자동차의 매출액에 차이가 있는지를 알아보기 위하여 각 회사별로 5개의 대리점을 조사한 결과 총변동의 제곱합이 1,560이고, 처리에 의한 변동의 제곱합이 520일 때 평균오차제곱합은? 04 07

① 50.0
② 55.0
③ 60.0
④ 65.0

해설

평균오차제곱합(MSE) 계산

요 인	제곱합	자유도	평균제곱	F
처 리	520	3	520/3	2.667
오 차	1040	16	1040/16	
전 체	1560	19		

∴ $MSE = 1040/16 = 65$

21

임의로 추출된 16명을 대상으로 네 가지 다른 상표의 두통약을 복용시켰을 때 나타나는 두통 해소의 평균 시간에 차이가 있는지를 유의수준 5%에서 검정하기 위해 다음과 같이 분산분석표를 작성하였다. 이때, 16명을 랜덤하게 4개의 집단으로 나누어 각 상표의 두통약을 복용시켰다. 분산분석표에서 F값은? 15 21

요 인	제곱합	자유도	평균제곱	F
집단 간(처리)		3		
집단 내(잔차)	60			
전 체	140	15		

① 0.19
② 5.33
③ 12.00
④ 26.67

[해설]

일원배치 분산분석표 작성

요 인	제곱합	자유도	평균제곱	F
집단 간(처리)	(80)	3	(26.67)	(26.67/5)=5.334
집단 내(잔차)	60	(12)	(5)	
전 체	140	15		

22

3개의 자동차 회사에서 만들어 내는 자동차의 리터당 평균주행 거리를 비교하기 위하여 실험을 한 결과는 다음과 같다. 분산분석을 하기 위해 잔차제곱합과 처리제곱합을 구하면 어느 것인가? 03 19

자동차 A :	16	18	17
자동사 B :	15	16	17
자동차 C :	19	18	17

① 잔차제곱합 = 6, 처리제곱합 = 6
② 잔차제곱합 = 6, 처리제곱합 = 2
③ 잔차제곱합 = 2, 처리제곱합 = 2
④ 잔차제곱합 = 2, 처리제곱합 = 6

해설
일원배치 분산분석의 제곱합

자동차	리터당 주행거리			평균
자동차 A	16	18	17	$\overline{x_{1.}} = 17$
자동차 B	15	16	17	$\overline{x_{2.}} = 16$
자동차 C	19	18	17	$\overline{x_{3.}} = 18$
평균	$\overline{x_{.1}} = 16.67$	$\overline{x_{.2}} = 17.33$	$\overline{x_{.3}} = 17$	$\overline{\overline{x}} = 17$

처리제곱합 : $SSR = \sum_i \sum_j \left(\overline{x_{i.}} - \overline{\overline{x}}\right)^2 = 3\sum_i \left(\overline{x_{i.}} - \overline{\overline{x}}\right)^2 = 6$

총제곱합 : $SST = \sum_i \sum_j \left(x_{ij} - \overline{\overline{x}}\right)^2 = (-1)^2 + (1)^2 + (-2)^2 + (-1)^2 + (2)^2 + (1)^2 = 12$

오차제곱합 : $SSE = SST - SSR = 12 - 6 = 6$

23

완전확률화계획법(Completely Randomized Design)에 의한 기본 모형 및 가정은 다음과 같다.

〈모형〉:
$$X_{ij} = \mu + \beta_j + e_{ij}, \ e_{ij} \sim N(0, \sigma^2)$$
$$i = 1, \cdots, n, \ j = i, \cdots, t$$

위 모형에서 i는 반복수, j는 처리수를 나타낸다. 효과 간에 차이가 있는지를 분산분석하고 싶다. 처리(집단 간 변동)와 오차(집단 내 변동)의 자유도를 각각 구하면? 04 09 15

① $t-1, t(n-1)$ ② $t-1, n(t-1)$
③ $t-1, nt-1$ ④ $t-1, (n-1)(t-1)$

해설
일원배치 분산분석
완전확률화계획법(Completely Randomized Design)의 기본 모형 및 가정이 다음과 같다면,

$$X_{ij} = \mu + \beta_j + e_{ij}, \ e_{ij} \sim N(0, \sigma^2)$$
$$i = 1, \cdots, n, \ j = 1, \cdots, t, \ 여기서 \ i는 \ 반복수, \ j는 \ 처리수$$

일원배치 분산분석을 의미한다.

일원배치 분산분석표

요 인	제곱합	자유도	평균제곱	F
처 리	SSR	$t-1$	MSR	MSR/MSE
오 차	SSE	$t(n-1)$	MSE	
전 체	SST	$nt-1$		

24

요인(A)의 3수준 간의 관찰값이 차이가 있는지를 검정하고자 하는 경우 이에 대한 설명으로 틀린 것은?

05 08

	요인(A)의 수준별 관찰값		
	수준 1	수준 2	수준 3
	6	4	9
	5	7	9
	7	4	3
합	18	15	21
제곱합	110	81	171

① 분산분석표에서 자유도는 요인(A)에 기인한 자유도가 2이고 오차에 기인한 자유도가 6이다.
② 분산분석모형은 다음과 같다. $X_{ij} = \mu + \alpha_i + \epsilon_{ij}$, 여기서 μ는 전체평균이고, α_i는 수준 I의 효과이고, ϵ_{ij}는 오차항이다.
③ 오차항의 분산의 추정값(MSE)은 5.33이다.
④ F통계량은 5.2이다.

해설

일원배치 분산분석에서 검정통계량 계산

일원배치 분산분석표

요인	제곱합	자유도	평균제곱	F
처리	6	2	3	0.563
오차	32	6	5.33	
합계	38	8		

$\because \sum_{j=1}^{3} y_{1j} = T_{1.} = 18, \ \sum_{j=1}^{3} y_{2j} = T_{2.} = 15, \ \sum_{j=1}^{3} y_{3j} = T_{3.} = 21, \ \sum_{i=1}^{3}\sum_{j=1}^{3} y_{ij} = T = 54, \ \sum_{i=1}^{3}\sum_{i=1}^{3} y_{ij}^2 = 362,$

$\dfrac{\sum_{j=1}^{3} y_{1j}}{3} = \bar{y}_{1.} = 6, \ \dfrac{\sum_{j=1}^{3} y_{2j}}{3} = \bar{y}_{2.} = 5, \ \dfrac{\sum_{j=1}^{3} y_{3j}}{3} = \bar{y}_{3.} = 7$

$SST = \sum_{i=1}^{3}\sum_{j=1}^{3} (y_{ij} - \bar{\bar{y}})^2 = \sum_{i=1}^{3}\sum_{j=1}^{3} y_{ij}^2 - 9\bar{\bar{y}}^2 = 362 - 324 = 38$

$SSR = \sum_{i=1}^{3}\sum_{j=1}^{3} (\bar{y}_{i.} - \bar{\bar{y}})^2 = 3\sum_{i=1}^{3}(\bar{y}_i - \bar{\bar{y}})^2 = 3[(6-6)^2 + (5-6)^2 + (7-6)^2] = 3[(-1)^2 + (1)^2] = 6$

$SSE = SST - SSR = 38 - 6 = 32$

정답 24 ④

25

다음은 세 집단(처리)의 평균에 차이가 있는지 알아보기 위해 분산분석을 한 결과이다. 세 집단의 평균에 차이가 없다는 귀무가설을 검정하기 위한 F-검정통계량의 값은? 08 18

요 인	제곱합	자유도	평균제곱합	F
처 리	32.0	(①)	(②)	(③)
오 차	(④)	(⑤)	(⑥)	
전 체	52.0	22		

① 13 ② 14
③ 15 ④ 16

해설

일원배치 분산분석

요 인	제곱합	자유도	평균제곱	F
집단 간(처리)	32.0	(2)	(16)	(16)
집단 내(잔차)	(20)	(20)	(1)	
전 체	52.0	22		

26

다음 분산분석표에서 F-검정을 위한 검정통계량의 값은? 07 20

요 인	제곱합	자유도
실험요인	2.1	3
오 차	0.16	8
합 계	2.26	11

① 35 ② 0.7
③ 0.02 ④ 13.125

해설

검정통계량 계산

$$F = \frac{SSA/\varnothing_A}{SSE/\varnothing_E} = \frac{2.1/3}{0.16/8} = \frac{0.7}{0.02} = 35$$

25 ④ 26 ①

27

반응온도에 대한 처리 인자수를 4개 수준으로 하고, 각 온도에서 3회씩 반복 실험하여 전체 12회의 랜덤 실험을 하였다. 다음 미완성된 일원배치 분산분석표를 이용하여 오차의 자유도와 처리인자의 평균제곱합을 구하면? 12 16

요 인	제곱합	자유도
처 리	120	
오 차		
합 계	180	

① (9, 40) ② (8, 30)
③ (8, 40) ④ (9, 30)

해설

일원배치 분산분석

변 인	제곱합	자유도	평균제곱	F
처 리	120	3	40	5.33
오 차	60	8	7.5	
합 계	180	11		

28

다음 표는 완전확률화계획법(Completely Randomized Design)으로 얻어진 자료의 분산분석표의 일부이다. 처리별 반복수를 동일하게 하였다면 반복수는 얼마인가? 12 21

변 인	제곱합	자유도	평균제곱	F
처 리	40	***	***	***
오 차	30	16	1.875	
전 체	70	19		

① 4 ② 5
③ 6 ④ 7

해설

② 전체 데이터 수가 20이고 처리수가 4이기 때문에 반복은 5회이다.

일원배치 분산분석
완전확률화계획법(Completely Randomized Design)의 기본 모형 및 가정이 다음과 같다면,

$$X_{ij} = \mu + \beta_j + e_{ij}, \ e_{ij} \sim N(0, \sigma^2)$$
$$i = 1, \cdots, n, \ j = 1, \cdots, t, \ 여기서 \ i는 \ 반복수, \ j는 \ 처리수$$

정답 27 ③ 28 ②

일원배치 분산분석을 의미한다.

요 인	제곱합	자유도	평균제곱	F
처 리	40	$t-1=3$	13.33	7.11
오 차	30	$t(n-1)=16$	1.875	
전 체	70	$nt-1=19$		

29

다음은 세 집단(처리)의 평균에 차이가 있는지 알아보기 위해 분산분석을 한 결과이다. 빈칸 (①), (⑥)에 차례로 알맞은 값은? 14

요 인	제곱합	자유도	평균제곱합	F
처 리	32.0	(①)	(②)	(③)
오 차	(④)	(⑤)	(⑥)	
전 체	52.0	22		

① 1, 2   ② 1, 20
③ 2, 1   ④ 2, 20

해설

일원배치 분산분석

요 인	제곱합	자유도	평균제곱	F
집단 간(처리)	32.0	(2)	(16)	(16)
집단 내(잔차)	(20)	(20)	(1)	
전 체	52.0	22		

30

어떤 직물의 가공 시 처리액의 농도가 직물의 인장강도(y_{ij})에 영향을 미치는지의 여부를 조사하기 위해 3가지 농도 A_1, A_2, A_3에서 각각 반복 5회씩 총 15회를 랜덤하게 처리한 후 인장강도를 측정한 결과가 다음과 같다.

$$\sum_{j=1}^{5} y_{1j}=5, \ \sum_{j=1}^{5} y_{2j}=10, \ \sum_{i=1}^{5} y_{3j}=15, \ \sum_{i=1}^{3}\sum_{j=1}^{5} y_{ij}=30, \ \sum_{i=1}^{3}\sum_{j=1}^{5} y_{ij}^2=74$$

농도에 따른 인장강도에 차이가 있는지를 알아보기 위한 F-검정통계량 값은? 04 06 08 15

① 12   ② 15
③ 17   ④ 20

해설

일원배치 분산분석표

요 인	제곱합	자유도	평균제곱	F
처 리	10	2	5	15.15
오 차	4	12	0.33	
합 계	14	14		

$\because \sum_{j=1}^{5} y_{1j} = T_{1.} = 5,\ \sum_{j=1}^{5} y_{2j} = T_{2.} = 10,\ \sum_{j=1}^{5} y_{3j} = T_{3.} = 15,\ \sum_{i=1}^{3}\sum_{j=1}^{5} y_{ij} = T = 30,\ \sum_{i=1}^{3}\sum_{i=1}^{5} y_{ij}^2 = 74$

$\dfrac{\sum_{j=1}^{5} y_{1j}}{5} = \overline{y}_{1.} = 1,\ \dfrac{\sum_{j=1}^{5} y_{2j}}{5} = \overline{y}_{2.} = 2,\ \dfrac{\sum_{j=1}^{5} y_{3j}}{5} = \overline{y}_{3.} = 3$

$SST = \sum_{i=1}^{3}\sum_{j=1}^{5}(y_{ij} - \overline{\overline{y}})^2 = \sum_{i=1}^{3}\sum_{j=1}^{5} y_{ij}^2 - 15\overline{\overline{y}}^2 = 74 - 60 = 14$

$SSR = \sum_{i=1}^{3}\sum_{j=1}^{5}(\overline{y}_{i.} - \overline{\overline{y}})^2 = 5\sum_{i=1}^{3}(\overline{y}_{i.} - \overline{\overline{y}})^2 = 5[(1-2)^2 + (2-2)^2 + (3-2)^2] = 5[(-1)^2 + (1)^2] = 10$

$SSE = SST - SSR = 14 - 10 = 4$

31

다음 일원배치 분산분석 모형에 대한 분산분석표가 아래와 같을 때,

$$X_{ij} = \mu + \alpha_i + \epsilon_{ij},\ i = 1, 2, \cdots, 4,\ j = 1, 2, \cdots, 5$$

(단, $\sum_{i=1}^{4}\alpha_i = 0$ 이고 $\epsilon_{ij} \sim N(0, \sigma^2)$ 이며 서로 독립이다)

가설 $H_0 : \alpha_1 = \alpha_2 = \alpha_3 = \alpha_4 = 0$ vs H_1 : not H_0을 검정하기 위해 ⓒ에 들어갈 값은? **16**

요 인	제곱합	자유도	F통계량
처 리	48.0	(㉠)	(ⓒ)
오 차	32.0	16	
합 계	80.0		

① 4 　　　　　　　　　　② 8
③ 16　　　　　　　　　　④ 32

해설

분산분석표 작성
요인의 수준이 4이고 반복이 5회이므로 처리에 대한 자유도는 $4 - 1 = 3$이 된다.

$F = \dfrac{SSA / \varnothing_A}{SSE / \varnothing_E} = \dfrac{48/3}{32/16} = 8$

정답 31 ②

32

요인 A에 대한 일원배치법 모수모형(Fixed Model)의 통계적 모형은 $Y_{ij} = \mu + a_i + \epsilon_{ij}$ ($i=1, 2, \cdots, k$; $j=1, 2, \cdots, n$)이다. 분산분석을 위한 조건에 대한 설명으로 옳지 않은 것은? [20]

① Y_{ij}는 정규분포 $N(\mu, \sigma^2)$을 따른다.
② 오차항 ϵ_{ij}는 정규분포 $N(0, \sigma^2)$을 따른다.
③ 총 실험 횟수로 kn회를 한다면 랜덤하게 실시되어야 한다.
④ 각 처리의 반복수가 같지 않아도 분산분석을 할 수 있다.

해설

일원배치 분산분석

μ와 a_i는 상수이므로 $Y_{ij} \sim N(\mu + a_i, \sigma^2)$을 따른다.

33

실험계획법의 한 방법인 완전확률화계획법(Completely Randomized Design)에서 k개의 처리(Treatment)를 고려할 때, 이 k개의 처리 사이에 존재하는 직교비교(Orthogonal Contrast)는 몇 개인가? [19]

① k
② $k-1$
③ $k+1$
④ $k-2$

해설

완전확률화계획법의 처리 자유도

처리의 수가 k개이므로 k개의 처리 사이에 존재하는 직교비교는 $k-1$개가 된다.

34

분산분석에서의 다중비교검증(Multiple Comparison Test)에 대한 다음의 설명 중 적절하지 못한 것은? [03]

① 다중비교검증은 변량인자(Random Effect)에 대해서는 의미가 적다.
② 최소유의차(Least Significant Difference ; LSD) 방법을 사용하면 주어진 유의수준에 비해 제1종 오류를 범할 확률이 작아진다.
③ Tukey의 방법은 가능한 모든 짝(Pairwise)을 비교할 때 사용되며 스튜던트화 범위분포(Studentized Range Distribution)를 이용한다.
④ 가능한 모든 짝(Pairwise)의 비교에는 관심이 없고, 대신 대조(Control)군과 나머지 처리들 간의 비교에만 관심이 있는 경우에는 Dunnett의 방법이 주로 사용된다.

해설

최소유의차 검정법(Least Significant Difference Test ; LSD)

최소유의차(LSD) 방법은 분산분석 결과 귀무가설이 기각되었을 때 최소유의차(LSD)값을 기준값으로 사용하여 평균들의 가능한 모든 짝 비교를 통하여 두 평균의 차이를 기준값과 비교하는 것이다. k종류의 처리에 대한 최소유의차 검정통계량은 다음과 같다.

$$t_{\frac{\alpha}{2}, N-k} = \frac{\bar{y}_{i.} - \bar{y}_{j.}}{\sqrt{MSE\left(\frac{1}{n_i} + \frac{1}{n_j}\right)}}$$

만약 $|\bar{y}_{i.} - \bar{y}_{j.}| > t_{\frac{\alpha}{2}, N-k}\sqrt{MSE\left(\frac{1}{n_i} + \frac{1}{n_j}\right)}$ 이면 모평균 μ_i와 μ_j간에는 차이가 있다고 할 수 있다.

여기서 $LSD = t_{\frac{\alpha}{2}, N-k}\sqrt{MSE\left(\frac{1}{n_i} + \frac{1}{n_j}\right)}$ 이며 반복수가 같은 경우 $LSD = t_{\frac{\alpha}{2}, N-k}\sqrt{\frac{2MSE}{n}}$ 이 된다.

Duncan과 LSD 방법은 귀무가설을 잘 기각하려는 경향이 있고, Tukey방법은 귀무가설을 잘 기각하지 않으려는 경향이 있다.

35

A, B, C 세 종류의 식이요법의 효과를 비교하고자 실험을 하였다. 12명의 건강상태가 비슷한 회복기의 환자를 랜덤으로 3집단으로 나누어 일정 기간 동안 A, B, C의 식이요법을 시행한 후 체중감소 자료를 분석한 결과 다음과 같은 Duncan 검정의 결과를 얻었을 때 설명으로 틀린 것은? `05` `08` `11`

Duncan	Grouping	Mean	N	Diet
	A	5.925	4	A
B	A	5.275	4	B
B		4.800	4	C

① A 집단이 가장 좋은 식이요법 효과를 얻었다.
② A 집단과 B 집단은 식이요법 효과에 차이가 없다.
③ B 집단과 C 집단은 식이요법 효과에 차이가 없다.
④ A 집단과 C 집단은 식이요법 효과에 차이가 없다.

해설

사후분석에서 던칸(Duncan) 검정 해석

Duncan 검정 결과표를 보면 A 집단과 B 집단, B 집단과 C 집단이 같은 열에 있으므로 평균차가 없다고 할 수 있고 A 집단과 C 집단은 다른 칸에 있으므로 평균차가 있다고 할 수 있다.

정답 35 ④

36

다중비교(Multiple Comparison)방법과 관련이 없는 것은? 05 17

① Scheffe 방법　　② Duncan 방법
③ Tukey 방법　　④ Wilcoxon 방법

해설

분산분석의 사후분석인 다중비교방법
- Scheffe's Method
- 최소유의차 검정법(Least Significant Difference Method ; LSD)
- Duncan's Multiple Range Method
- Newman-Keuls Test
- Tukey's Method
- Dunnett's Method

37

다음 중 분산분석의 사후분석인 다중비교방법(Multiple Comparison)이 아닌 것은? 09

① Scheffe의 방법　　② McNemar의 방법
③ Newman-Keuls의 방법　　④ Dunnett의 방법

해설

McNemar의 방법은 교차분석에서 연관성의 측도를 검정하는 통계량이다.

38

다음 중 다중비교(Multiple Comparison)방법과 관련이 없는 것은? 19

① 베이즈(Bayes)　　② 튜키(Tukey)
③ 던칸(Duncan)　　④ 최소유의차(Least Significant Difference)

해설

36번 문제 해설 참고

36 ④　37 ②　38 ①

39

분산에 대한 가정의 성격이 다른 다중비교 방법은? 15 18

① 최소유의차(Least Significant Difference) 검정
② Tukey의 HSD(Honestly Significant Distance)
③ SNK(Student, Newman, Keuls)의 축차적 방법
④ Games-Howell 방법

해설

다중비교
- 등분산인 경우 : 최소유의차(LSD), Tukey의 HSD, SNK, Scheffe 방법 이용
- 등분산이 아닌 경우 : Games-Howell, Tamhane의 T2, Dunnett의 T3, Dunnett의 C 방법 이용

40

다음 표는 4개의 처리에 대하여 동일한 반복수로 완전확률화계획법(Completely Randomized Design)으로 얻어진 자료에 대한 분산분석표의 일부이다. 이때 세 처리에 대한 비교(Contrast) $\frac{1}{2}\overline{Y}_1 + \frac{1}{2}\overline{Y}_2 - \overline{Y}_3$ 의 표준오차를 구하면? 19

변 인	제곱합	자유도	평균제곱
처 리	30000	3	10000
오 차	16000	16	1000
전 체	46000	19	

① $10\sqrt{2}$　　　　　　　　② $10\sqrt{3}$
③ $10\sqrt{4}$　　　　　　　　④ $10\sqrt{5}$

해설

대비의 표준오차

$\frac{1}{2}\overline{Y}_1 + \frac{1}{2}\overline{Y}_2 - \overline{Y}_3$ 을 검정하기 위한 귀무가설과 대립가설은 다음과 같다.

귀무가설 : $\sum_{i=1}^{4} c_i \mu_i = 0$, 대립가설 : $\sum_{i=1}^{4} c_i \mu_i \neq 0$

여기서 $c_1 = c_2 = 1$, $c_3 = -2$, $c_4 = 0$이므로, σ^2이 알려지지 않았을 경우

평균제곱오차(MSE)를 사용하여 검정통계량은 $t = \dfrac{\sum_{i=1}^{4} c_i \overline{y}_{i.}}{\sqrt{\dfrac{MSE}{n} \sum_{i=1}^{4} c_i^2}}$ 이다.

∴ 표준오차는 $\sqrt{\dfrac{MSE}{n} \sum_{i=1}^{4} c_i^2} = \sqrt{\dfrac{1000}{20} \times 6} = 10\sqrt{3}$ 이다.

41

다음은 요인 A의 수준이 l개이고 요인 B의 수준이 m개인 반복이 없는 이원배치법의 분산분석표이다. 제곱합과 자유도에 대한 설명으로 옳은 것은? (단, Y_{ij}는 A의 수준이 i이고 B의 수준이 j에서의 관찰값이고, $\overline{Y} = \frac{1}{lm}\sum_{i=1}^{l}\sum_{j=1}^{m}Y_{ij}$임) [16]

요인	제곱합	자유도
요인 A	SSA	$\varnothing_A$
요인 B	SSB	$\varnothing_B$
잔 차	SSE	$\varnothing_E$
계	SST	$\varnothing_T$

① $SST = SSA + SSB$
② $\varnothing_T = \varnothing_A + \varnothing_B$
③ $\varnothing_T = (l-1)(m-1)$
④ $SST = \sum_{i=1}^{l}\sum_{j=1}^{m}(Y_{ij} - \overline{Y})^2$

해설
① $SST = SSA + SSB + SSE$
② $\varnothing_T = \varnothing_A + \varnothing_B + \varnothing_E$
③ $\varnothing_T = lm - 1$

42

4개 브랜드(B)에 대한 10개 수퍼마켓(S)별 매출액의 차이를 분석하였다. 다음 분산분석표의 값으로 틀린 것은? (단, 전체자료에 대해 평균과 분산은 각각 245,900, 17.9630이다) [17] [20]

Source	자유도	제곱합	평균제곱합	F
브랜드(B)		5000		
수퍼마켓(S)		17451		
오 차				
합 계				

① 오차의 자유도는 27이다.
② 오차의 제곱합은 485이다.
③ 브랜드에 대한 $F-$값은 92.8이다.
④ 수퍼마켓에 대한 $F-$값은 103.3이다.

해설

반복이 없는 이원배치 분산분석표 작성
전체자료 수 $n = 40$이고, 브랜드(B)는 4개이므로 자유도는 3, 수퍼마켓(S)는 10개이므로 자유도는 9이다. 따라서 오차의 자유도는 27이다. 전체자료의 분산 $Var(Y)$은 17.963이고, 오차의 자유도가 27이므로 오차의 제곱합은 $17.963 \times 27 = 485$이다. 브랜드의 평균제곱합이 5000/3=1666.7이므로 브랜드에 대한 $F-$값은 $1666.7/17.963 = 92.8$이다. 수퍼마켓의 평균제곱합이 $17451/9 = 1939$이므로 수퍼마켓에 대한 $F-$값은 $1939/17.963 = 107.9$이다. 즉, 반복이 없는 이원배치 분산분석표는 다음과 같다.

Source	자유도	제곱합	평균제곱합	F
브랜드(B)	3	5000	1666.7	92.8
수퍼마켓(S)	9	17451	1939	107.9
오 차	27	485	17.963	
합 계	39	22936		

43

실험계획법에서 분산분석 시 이에 대한 설명으로 틀린 것은? 04 06 09 15

① 난괴법(Randomized Block Design)에서 변량인자(Random Factor)는 오차와는 독립일 필요가 없다.
② 모수인자(Fixed Factor)는 선정된 수준이므로 확률변수는 아니다.
③ 분산분석 시 오차는 정규성을 만족해야 한다.
④ 모수인자의 처리효과들의 합은 0이다.

해설

난괴법(확률화 블록 계획법 ; Randomized Block Design)의 가정
난괴법은 1인자는 모수인자(a_i)이고 1인자는 변량인자(b_j)인 반복이 없는 이원배치법으로 구조모형은 다음과 같나.

$$x_{ij} = \mu + a_i + b_j + e_{ij}$$
$$e_{ij} \sim N(0, \sigma_E^2) \text{ 이고 서로 독립}$$
$$b_j \sim N(0, \sigma_B^2) \text{ 이고 서로 독립}$$
$$Cov(e_{ij}, b_j) = 0$$

정답 43 ①

44

확률화 블록 계획법(Randomized Block Design)으로 실험한 어떤 자료의 분산분석표의 일부가 다음과 같다. C와 D의 값을 합하면 얼마인가?

변 인	제곱합	자유도
처 리	40	4
블 록	A	3
오 차	40	C
전 체	B	D

① 15 ② 16
③ 31 ④ 32

해설

난괴법(확률화 블록 계획법 ; Randomized Block Design)의 가정
난괴법은 1인자는 모수인자(a_i)이고 1인자는 변량인자(b_j)인 반복이 없는 이원배치법으로 분산분석표는 다음과 같다.

요 인	제곱합(SS)	자유도($\emptyset$)	평균제곱(MS)	F
A(처리)	S_A	$l-1$	$V_A = \dfrac{S_A}{l-1}$	$F = \dfrac{V_A}{V_E}$
B(블록)	S_B	$m-1$	$V_B = \dfrac{S_B}{m-1}$	$F = \dfrac{V_B}{V_E}$
E	S_E	$(l-1)(m-1)$	$V_E = \dfrac{S_E}{(l-1)(m-1)}$	
T	S_T	$lm-1$		

즉, 오차의 자유도는 $(l-1)(m-1) = 4 \times 3 = 12$, 전체 자유도는 $lm-1 = 20-1 = 19$이다.

45

다음은 A(모수) 요인 5수준, B(변량) 요인 4수준으로 실험한 결과표이다. B 요인의 모분산 추정치($\widehat{\sigma_B^2}$)는?

요 인	SS	df	MS
A	3515.0	4	878.75
B	106.2	3	35.4
E	95.8	12	7.98
T	3717	19	

① 5.48 ② 6.71
③ 9.54 ④ 10.78

해설

난괴법(확률화 블록 계획법 ; Randomized Block Design)
난괴법은 1인자는 모수인자(a_i)이고 1인자는 변량인자(b_j)인 반복이 없는 이원배치법으로 분산분석표는 다음과 같다.

요인	제곱합(SS)	자유도(ϕ)	평균제곱(V)	$E(V)$	F
A	S_A	$l-1$	$V_A = \dfrac{S_A}{l-1}$	$E(V_A) = \sigma_E^2 + m\sigma_A^2$	V_A/V_E
B	S_B	$m-1$	$V_B = \dfrac{S_B}{m-1}$	$E(V_B) = \sigma_E^2 + l\sigma_B^2$	V_B/V_E
E	S_E	$(l-1)(m-1)$	$V_E = \dfrac{S_E}{(l-1)(m-1)}$	$E(V_E) = \sigma_E^2$	
T	S_T	$lm-1$			

$E(V_B) = \sigma_E^2 + l\sigma_B^2$ 이고, $E(V_E) = \sigma_E^2$ 이므로 $\widehat{\sigma_E^2} + l\widehat{\sigma_B^2} = V_B$ 과 $\widehat{\sigma_E^2} = V_E$ 이 성립되어 σ_B^2 의 추정량은
$\widehat{\sigma_B^2} = \dfrac{V_B - V_E}{l} = \dfrac{35.4 - 7.98}{5} = 5.484$ 이다.

46

모수인자 A와 변량인자 B를 가지는 반복이 없는 이원배치 분산분석에 대한 설명으로 틀린 것은? **11**

① 오차항과 변량인자의 효과에 대해 정규분포의 가정이 필요하다.
② 변량인자 B보다는 모수인자 A의 효과에 대한 검출이 주목적이다.
③ 변량인자의 효과가 유의하지 않으면 이를 오차항에 풀링한다.
④ 변량인자를 무시한 일원배치에 비해 오차항의 자유도가 커진다.

해설

난괴법(확률화 블록 계획법 ; Randomized Block Design ; *RBD*)
이원배치법에서 하나의 인자는 모수인자, 다른 하나는 변량인자인 경우의 실험계획을 난괴법이라 한다.

난괴법의 분산분석표

요 인	제곱합	자유도($\varnothing$)	평균제곱	F	F_α
A	S_A	$\varnothing_A = l-1$	$V_A = \dfrac{S_A}{l-1}$	$F = \dfrac{V_A}{V_E}$	$F_{(\varnothing_A, \varnothing_E; \alpha)}$
B	S_B	$\varnothing_B = m-1$	$V_B = \dfrac{S_B}{m-1}$	$F = \dfrac{V_B}{V_E}$	$F_{(\varnothing_B, \varnothing_E; \alpha)}$
E	S_E	$\varnothing_E = (l-1)(m-1)$	$V_E = \dfrac{S_E}{(l-1)(m-1)}$		
T	S_T	$\varnothing_T = lm-1$			

정답 46 ④

일원배치법의 분산분석표

요 인	제곱합	자유도($\emptyset$)	평균제곱	F	F_α
A	S_A	$\emptyset_A = l-1$	$V_A = \dfrac{S_A}{l-1}$	$F = \dfrac{V_A}{V_E}$	$F_{(\emptyset_A, \emptyset_E; \alpha)}$
E	S_E	$\emptyset_E = l(m-1)$	$V_E = \dfrac{S_E}{l(m-1)}$		
T	S_T	$\emptyset_T = lm-1$			

∴ 난괴법(RBD)의 오차항에 대한 자유도($\emptyset_E = (l-1)(m-1)$)는 변량인자를 무시한 일원배치법의 오차항에 대한 자유도($\emptyset_E = l(m-1)$)보다 작다.

47

반복이 있는 이원배치에서 A, B 두 인자의 교호작용의 유무에 대한 가설검정을 교호작용의 평균제곱과 잔차에 대한 제곱평균의 비로 검정하고자 한다. 이때 이용되는 F분포의 두 자유도로 맞는 것은? (단, A 인자의 수는 p, B 인자의 수는 q, 반복수는 r이다) 07 20

① pq, $(p-1)(q-1)(r-1)$
② pq, $pq(r-1)$
③ $(p-1)(q-1)$, $(p-1)(q-1)(r-1)$
④ $(p-1)(q-1)$, $pq(r-1)$

해설

반복이 있는 이원배치 분산분석

요 인	제곱합	자유도($\emptyset$)	평균제곱	F	F_α
A	S_A	$\emptyset_A = p-1$	$V_A = \dfrac{S_A}{p-1}$	$F = \dfrac{V_A}{V_E}$	$F_{(\emptyset_A, \emptyset_E, \alpha)}$
B	S_B	$\emptyset_B = q-1$	$V_B = \dfrac{S_B}{q-1}$	$F = \dfrac{V_B}{V_E}$	$F_{(\emptyset_B, \emptyset_E, \alpha)}$
$A \times B$	$S_{A \times B}$	$\emptyset_{A \times B} = (p-1)(q-1)$	$V_{A \times B} = \dfrac{S_{A \times B}}{(p-1)(q-1)}$	$F = \dfrac{V_{A \times B}}{V_E}$	$F_{(\emptyset_{A \times B}, \emptyset_E, \alpha)}$
E	S_E	$\emptyset_E = pq(r-1)$	$V_E = \dfrac{S_E}{pq(r-1)}$		
T	S_T	$\emptyset_T = pqr-1$			

47 ④

48

두 요인 A와 B가 각각 두 개의 수준 (A_1, A_2), (B_1, B_2)를 갖고 있고, 각 처리에 2개의 관찰단위가 임의로 배정되어서 다음과 같은 분산분석 결과가 나왔다. 다음 중 옳은 것은? 10 13

소 스	제II 유형제곱합	자유도	평균제곱	F	유의확률
수정모형	550.000(a)	3	183.333	16.667	0.010
절 편	22050.000	1	22050.000	2004.545	0.000
A	50.000	1	50.000	4.545	0.100
B	50.000	1	50.000	4.545	0.100
$A \times B$	450.000	1	450.000	40.909	0.003
오 차	44.000	4	11.000		
합 계	22644.000	8			
수정합계	594.000	7			

① 관찰변수의 표준편차의 추정치는 11이다.
② 유의수준 5%에서 B 요인효과는 유의하지 않다.
③ 유의수준 5%에서 교호작용 효과는 유의하지 않다.
④ 전체 관찰 수는 9이다.

[해설]
반복이 있는 이원배치 분산분석표 해석
B 요인에 대한 유의확률이 0.1이므로 유의수준 0.05보다 크므로 귀무가설을 채택한다. 즉, 유의수준 5%하에서 B 요인 효과는 유의하지 않다.

49

어느 철강제조회사에서 제조 시 철의 강도에 영향을 미칠 것으로 생각되는 온도와 압력을 인자(Factor)로 취하여 그들의 교호작용까지 분석하고자 할 때 가장 적합한 실험배치는? 10

① 일원배치법
② 반복이 다른 일원배치법
③ 반복이 없는 이원배치법
④ 반복이 있는 이원배치법

[해설]
반복이 있는 이원배치법
실험계획에서 두 개의 인자(온도, 압력)에 대한 교호작용의 효과까지 검정하기 위해서는 반복이 있는 이원배치 분산분석을 사용해야 한다.

정답 48 ② 49 ④

50

어느 제조회사에서 3개 제품(P)별로 각 3개 전문업체(S)에 3개 모델을 아웃소싱하였다. 이에 따른 생산량의 차이가 있는지를 분석한 결과이다. 다음 설명 중 옳은 것은? (단, 유의수준 5% 하에서 교호작용의 기각역은 2.93) 14 18

Source	자유도	제곱합	평균제곱합
제품(P)	2	20.22	10.11
전문업체(S)	2	8.22	4.11
교호작용($P \times S$)	4	46.23	11.56
오 차		43.33	
합 계		118.00	

① 전체 자유도는 24이다.
② 교호작용에 대한 F통계량은 2.8이다.
③ 전문업체에 대한 F통계량은 1.7이다.
④ 통계적으로 교호작용이 있다고 볼 수 없다.

해설

반복이 있는 이원배치 분산분석

Source	자유도	제곱합	평균제곱합	F
제품(P)	2	20.22	10.11	4.20
전문업체(S)	2	8.22	4.11	1.70
교호작용($P \times S$)	4	46.23	11.56	4.80
오 차	18	43.33	2.407	
합 계	26	118.00		

50 ③

51

반복이 3회 있는 이원배치법에서 A의 수준은 4개이고, B의 수준은 5개이다. 다음의 분산분석표에서 ①, ②는 각각 얼마인가? [21]

변동요인	자유도	SS	MS	F
A	*	18	*	①
B	*	48	*	②
$A \times B$	*	*	*	*
오 차	*	80	2	
전 체	*	182		

① (①, ②) = (2.0, 4.0)
② (①, ②) = (2.5, 3.6)
③ (①, ②) = (3.0, 4.0)
④ (①, ②) = (3.0, 6.0)

해설

반복이 있는 이원배치 분산분석

요 인	자유도	SS	MS	F
A	(3)	18	(6)	$V_A / V_E = 3$
B	(4)	48	(12)	$V_B / V_E = 6$
$A \times B$	(12)	(36)	(3)	($V_{A \times B} / V_E = 1.5$)
E	(40)	80	2	
T	(59)			

52

A와 B 요인 간의 비교를 위한 2요인 분산분석을 실시한 결과 상호작용(교호작용)이 존재한다는 결론이 나왔다. 이에 대한 수준조합별 꺾은선 그래프를 그려보니 서로 교차하는 형태가 나타나 위의 결론을 뒷받침해주었다. 이러한 결과들을 이용하여 A 요인의 수준별 효과에 대한 검정결과에 대해 내린 결론으로 가장 적합한 것은? [11]

① 상호작용 효과가 존재하므로 B 요인을 무시하고 A 요인만의 수준별 차이가 있는지를 검정한다.
② A 요인의 수준별 효과에 대한 검정은 상호작용 효과의 유의성에 영향을 받지 않는다.
③ 상호작용이 존재하므로 B 요인의 수준별 차이가 있는지 먼저 검정해야 한다.
④ 상호작용이 존재하므로 B 요인을 고려하지 않은 A 요인만의 검정은 원칙적으로 의미가 없고, A 요인의 처리수준 효과는 B 요인의 처리수준별로 결론을 내려야 한다.

해설

교호작용 효과(Interaction Effect)
교호작용 $A \times B$가 유의한 경우에는 일반적으로 요인 A, B의 각 수준의 모평균을 추정하는 것은 의미가 없으며 수준의 조합 $A_i B_j$에서 모평균을 추정하는 것이 실제로 의미가 있다.

정답 51 ④ 52 ④

53

반복측정(Replication)이 있는 이원배치법에서 교호작용(Interaction)에 관한 설명으로 틀린 것은?

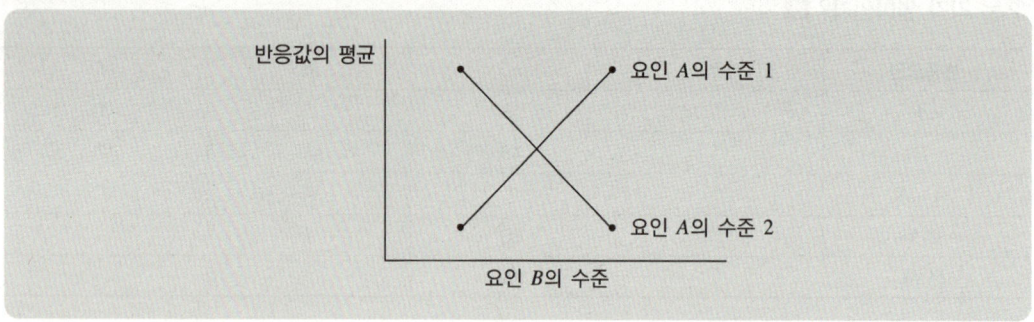

① 요인 A와 요인 B의 각 수준조합에서 반응값의 평균이 위 그림과 같을 때 교호작용이 존재한다.
② 요인 A와 요인 B의 모든 수준조합에서 반복측정이 있는 경우 교호작용 효과를 확인할 수 있다.
③ 분산분석에서 교호작용에 대한 유의성 검정은 F분포를 사용한다.
④ 요인 A와 요인 B의 주효과(Main Effect)가 통계적으로 유의할 때만 요인 A와 요인 B의 교호작용이 유의하다.

해설

교호작용 효과(Interaction Effect)
교호작용 $A \times B$가 유의한 경우에는 일반적으로 요인 A, B의 각 수준의 모평균을 추정하는 것은 의미가 없으며 수준의 조합 $A_i B_j$에서 모평균을 추정하는 것이 실제로 의미가 있다.

54

어떤 합금의 열처리에서 가장 영향을 준다고 생각되는 인자로서 온도(A), 시간(B)을 택하여 각 2회씩 랜덤하게 실험하여 얻은 데이터로부터 교호작용항의 오차항 풀링 전과 후의 분산분석표가 다음과 같다. 다음 설명 중 가장 부적합한 것은? 14

교호작용항 풀링 전					교호작용항 풀링 후				
요 인	SS	df	F_0	$F_{0.95}$	요 인	SS	df	F_0	$F_{0.95}$
A	17.83	3	(㉠)	3.49	A	17.83	3	(㉥)	3.17
B	25.08	2	(㉡)	3.89	B	25.08	2	(㉦)	4.25
$A \times B$	2.92	6	(㉢)	3.00	e^*	(㉣)	(㉤)		
e	12	12							

① 요인 A, B, $A \times B$의 검정통계량(F_0)은 각각 ㉠ 5.943, ㉡ 12.54, ㉢ 0.487이다.
② 교호작용항을 오차항에 풀링하여 구한 새로운 오차항 e^*의 제곱합(SS)은 ㉣ 14.92이고 자유도는 ㉤ 18이다.
③ 교호작용항의 오차항 풀링 전후의 A와 B 요인의 검정통계량은 동일하여 각각 ㉥ 5.943과 ㉦ 12.54이다.
④ 교호작용항의 풀링 전후의 A와 B 요인의 효과는 모두 유의수준 0.05에서 유의하다.

해설

교호작용의 풀링
유의하지 않은 교호작용을 오차항에 넣어서 새로운 오차항을 만드는 과정을 교호작용을 오차항에 풀링한다고 표현한다.
즉, 교호작용항 풀링 후의 새로운 오차항의 $SS = SS_{A \times B} + SS_e = 2.92 + 12 = 14.92$가 되며 자유도(DF)는 $6 + 12 = 18$이 된다.

∴ 교호작용항 풀링 후 요인 A의 검정통계량 값은 $\dfrac{17.83/3}{14.92/18} = 7.170$이다.

정답 54 ③

55

어떤 화학제품의 불순물에 대한 영향을 조사하기 위하여 원료의 모든 로트 B를 랜덤으로 2로 택하고, 첨가량 A를 A_1, A_2, A_3의 B수준으로 변화시켜, 반복 2회 $3 \times 3 \times 3 = 18$회의 실험 전체를 랜덤화하여 실험한 결과 다음의 분산분석표를 얻었다. 다음 ( )에 들어갈 값은? 10 16

요 인	제곱합	자유도	평균제곱	F_α
A(첨가량)	60	2	30	( )
B(로트)	10	2	5	
$A \times B$	4	4	1	
E	2	9	0.22	
T	76	17		

① 5
② 6
③ 30
④ 136.4

해설

반복이 있는 이원배치 혼합모형의 분산분석표

요 인	S	$\varnothing$	V	$E(V)$	F
A	S_A	$l-1$	V_A	$\sigma_E^2 + r\sigma_{A \times B}^2 + mr\sigma_A^2$	$V_A/V_{A \times B}$
B	S_B	$m-1$	V_B	$\sigma_E^2 + lr\sigma_B^2$	V_B/V_E
$A \times B$	$S_{A \times B}$	$(l-1)(m-1)$	$V_{A \times B}$	$\sigma_E^2 + r\sigma_{A \times B}^2$	$V_{A \times B}/V_E$
E	S_E	$lm(r-1)$	V_E	σ_E^2	
T	S_T	$lmr-1$			

반복이 있는 이원배치 혼합모형(A가 모수인자, B가 변량인자)의 경우 요인 A의 효과를 검정하기 위한 F검정통계량은 $F = \dfrac{V_A}{V_{A \times B}}$이다. $\because E(V_A) = \sigma_E^2 + r\sigma_{A \times B}^2 + mr\sigma_A^2$, $E(V_{A \times B}) = \sigma_E^2 + r\sigma_{A \times B}^2$ 이므로 귀무가설 $H_0 : \sigma_A^2 = 0$이 성립된다면 $E(V_A)$이 $E(V_{A \times B})$에 나타나기 때문이다. 그러므로 구하고자 하는 분산분석표는 다음과 같다.

변동요인	제곱합	자유도	MS	F
A(첨가량)	60	2	30	$V_A/V_{A \times B} = 30$
B(로트)	10	2	5	$V_B/V_E = 22.7$
$A \times B$	4	4	1	$V_{A \times B}/V_E = 4.55$
E	2	9	0.22	
T	78	17		

56

어떤 화학제품의 불순물에 대한 영향을 조사하기 위하여 원료의 모든 로트 B를 랜덤으로 2로 택하고, 첨가량 A를 A_1, A_2, A_3의 B수준으로 변화시켜, 반복 2회 $3 \times 3 \times 3 = 18$회의 실험 전체를 랜덤화하여 실험한 결과 다음의 분산분석표를 얻었다. 다음 ( )에 들어갈 값은?

요 인	제곱합	자유도	평균제곱	F_D
A(첨가량)	60	2	30	***
B(로트)	10	2	5	( )
$A \times B$	4	4	1	***
E	2	9	0.22	
T	76	17		

① 5
② 6
③ 30
④ 22.7

해설

반복이 있는 이원배치 혼합모형의 분산분석표

요 인	S	$\varnothing$	V	$E(V)$	F
A	S_A	$l-1$	V_A	$\sigma_E^2 + r\sigma_{A \times B}^2 + mr\sigma_A^2$	$V_A / V_{A \times B}$
B	S_B	$m-1$	V_B	$\sigma_E^2 + lr\sigma_B^2$	V_B / V_E
$A \times B$	$S_{A \times B}$	$(l-1)(m-1)$	$V_{A \times B}$	$\sigma_E^2 + r\sigma_{A \times B}^2$	$V_{A \times B} / V_E$
E	S_E	$lm(r-1)$	V_E	σ_E^2	
T	S_T	$lmr-1$			

반복이 있는 이원배치 혼합모형(A가 모수인자, B가 변량인자)의 경우 요인 A의 효과를 검정하기 위한 F검정통계량은 $F = \dfrac{V_A}{V_{A \times B}}$ 이다. ∵ $E(V_A) = \sigma_E^2 + r\sigma_{A \times B}^2 + mr\sigma_A^2$, $E(V_{A \times B}) = \sigma_E^2 + r\sigma_{A \times B}^2$ 이므로 귀무가설 $H_0 : \sigma_A^2 = 0$이 성립된다면 $E(V_A)$이 $E(V_{A \times B})$에 나타나기 때문이다. 그러므로 구하고자 하는 분산분석표는 다음과 같다.

변동요인	제곱합	자유도	MS	F
A(첨가량)	60	2	30	$V_A / V_{A \times B} = 30$
B(로드)	10	2	5	$V_B / V_E = 22.7$
$A \times B$	4	4	1	$V_{A \times B} / V_E = 4.55$
E	2	9	0.22	
T	78	17		

정답 56 ④

57

반복이 3회 있는 이원배치법에서 모수인자(Fixed Factor) A의 수준은 4개이고 변량인자(Random Factor) B의 수준은 5개이다. 다음의 분산분석표에서 인자 A와 B의 주효과를 검정하는 검정통계값 ①, ②는 각각 얼마인가? 03 16

변동요인	자유도	SS	MS	F
A	*	18	*	①
B	*	48	*	②
$A \times B$	*	*	*	*
오차	*	80	*	
전체	59	182		

① (①, ②) = (2.0, 4.0)
② (①, ②) = (3.0, 4.0)
③ (①, ②) = (2.5, 3.6)
④ (①, ②) = (2.0, 6.0)

해설

반복이 있는 이원배치 혼합모형의 분산분석표

요인	S	∅	V	$E(V)$	F
A	S_A	$l-1$	V_A	$\sigma_E^2 + r\sigma_{A\times B}^2 + mr\sigma_A^2$	$V_A / V_{A\times B}$
B	S_B	$m-1$	V_B	$\sigma_E^2 + lr\sigma_B^2$	V_B / V_E
$A \times B$	$S_{A\times B}$	$(l-1)(m-1)$	$V_{A\times B}$	$\sigma_E^2 + r\sigma_{A\times B}^2$	$V_{A\times B} / V_E$
E	S_E	$lm(r-1)$	V_E	σ_E^2	
T	S_T	$lmr-1$			

반복이 있는 이원배치 혼합모형(A가 모수인자, B가 변량인자)의 경우 요인 A의 효과를 검정하기 위한 F검정통계량은 $F = \dfrac{V_A}{V_{A\times B}}$ 이다. ∵ $E(V_A) = \sigma_E^2 + r\sigma_{A\times B}^2 + mr\sigma_A^2$, $E(V_{A\times B}) = \sigma_E^2 + r\sigma_{A\times B}^2$ 이므로 귀무가설 $H_0 : \sigma_A^2 = 0$이 성립된다면 $E(V_A)$이 $E(V_{A\times B})$에 나타나기 때문이다. 그러므로 구하고자 하는 분산분석표는 다음과 같다.

요인	자유도	SS	MS	F
A	(3)	18	6	$V_A / V_{A\times B} = 2$
B	(4)	48	12	$V_B / V_E = 6$
$A \times B$	(12)	(36)	3	$V_{A\times B} / V_E = 1.5$
E	(40)	80	2	
T	59			

58

반복이 있는 이원배치에 대한 설명으로 틀린 것은? (단, V_A는 인자 A에 대한 평균제곱합, V_B는 잔차 평균제곱합) [17]

① 모수모형이나 혼합모형에서 교호작용 효과를 검출할 수 있다.
② 혼합모형의 경우, 오차항과 변량인자의 효과 간의 독립성을 가정한다.
③ 모수모형의 경우, 모수인자 A의 효과는 $F=V_A/V_E$으로 검정한다.
④ 혼합모형의 경우, 모수인자 A의 효과는 $F=V_A/V_E$으로 검정한다.

[해설]

반복이 있는 이원배치 혼합모형의 분산분석표

요인	제곱합(SS)	자유도($\emptyset$)	평균제곱(MS)	$E(V)$	F
A	S_A	$l-1$	V_A	$\sigma_E^2 + r\sigma_{A\times B}^2 + mr\sigma_A^2$	$V_A/V_{A\times B}$
B	S_B	$m-1$	V_B	$\sigma_E^2 + lr\sigma_B^2$	V_B/V_E
$A\times B$	$S_{A\times B}$	$(l-1)(m-1)$	$V_{A\times B}$	$\sigma_E^2 + r\sigma_{A\times B}^2$	$V_{A\times B}/V_E$
E	S_E	$lm(r-1)$	V_E	σ_E^2	
T	S_T	$lmr-1$			

반복이 있는 이원배치 혼합모형(A가 모수인자, B가 변량인자)의 경우 요인 A의 효과를 검정하기 위한 F검정통계량은 $F=\dfrac{V_A}{V_{A\times B}}$이다. ∵ $E(V_A)=\sigma_E^2+r\sigma_{A\times B}^2+mr\sigma_A^2$, $E(V_{A\times B})=\sigma_E^2+r\sigma_{A\times B}^2$이므로 귀무가설 $H_0:\sigma_A^2=0$이 성립된다면 $E(V_A)$이 $E(V_{A\times B})$에 나타나기 때문이다.

59

4종류 휘발유(A, B, C, D)의 연료효율에 대한 실험 자료의 분석내용이 표에 분석되어 있다. 4명의 운전자(갑, 을, 병, 정)와 4종류의 자동차(가, 나, 다, 라)를 대상으로 실험하고자 한다. 최소 실험 횟수를 통해서 연료효율의 차이를 검정하는 통계 실험에 대한 설명이다. 다음 중 맞는 설명은? (단, 유의수준 5%에서 $F(3, 6) = 4.76$ 이다.) 04 16

분산분석표

요 인	SS	df	MS
휘발유	108.98	3	36.33
운전자	5.90	3	1.97
자동차	736.91	3	245.64
오 차	23.81	6	3.97
합 계	876.6	15	

① 운전자와 휘발유의 연료 효율에 대한 영향은 통계적으로 유의하지 않다.
② 자동차 유형과 휘발유 종류 간의 상호효과도 통계적으로 유의할 것이다.
③ 자동차 유형만이 연료 효율 차이가 통계적으로 유의함을 알 수 있다.
④ 휘발유 종류 간과 연료 효율 차이가 통계적으로 유의하다.

해설

반복이 없는 삼원배치 분산분석표 해석

요 인	SS	df	MS	F
휘발유	108.89	3	36.33	9.151
운전자	5.90	3	1.97	0.496
자동차	736.91	3	245.64	61.874
오 차	23.81	6	3.97	
합 계	876.6	15		

위의 결과로부터 휘발유와 자동차의 검정통계량 값은 9.151과 61.874로 $F(3, 6) = 4.76$보다 크므로 귀무가설을 기각한다. 즉, 휘발유 종류와 자동차 유형 간에는 연료 효율 차이가 통계적으로 유의하다. 또한 운전자의 검정통계량 값은 0.496으로 $F(3, 6) = 4.76$보다 작으므로 귀무가설을 채택한다. 따라서 운전자에 따라 연료 효율 차이는 통계적으로 유의하지 않다.

60

석유회사에서 4종류 휘발유(A, B, C, D)의 연료효율을 분석하기 위해서 4명의 운전자(갑, 을, 병, 정)와 4종류의 자동차(Ⅰ, Ⅱ, Ⅲ, Ⅳ)를 대상으로 실험하고자 한다. 최소 실험 횟수를 통해서 연료 효율의 차이를 검정하는 통계실험에 대한 설명으로 맞는 것은? 05 07

① 라틴 방격법(Latin Square)으로 실험을 배치하여 각 요인들 간의 상호작용을 검정할 수 있다.
② 라틴 방격법에 의한 실험은 3가지 요인들에 대한 주효과만을 검정할 수 있다.
③ 3가지 요인에 대한 주효과를 분석하는데 64회(4*4*4)의 실험이 필요하다.
④ 확률화 블록 계획법(Randomized Block Design)에 의한 실험이 경제적이다.

해설

라틴 방격법(Latin Square Method)
라틴 방격법으로 실험을 배치하면 상호작용을 검출할 수 없고, 3개의 요인에 대한 주효과를 분석하는데 16회($k^2 = 4 \times 4$)의 실험이 필요하다.

61

다음 중 완전 요인배치법에 대한 설명으로 틀린 것은? 09

① 요인의 수에 따라서 요인이 하나이면 일원배치, 두 개이면 이원배치법 등으로 부른다.
② 요인수가 n개 있고, 각 요인이 다 같이 2수준인 경우는 n^2형 요인배치법이라고 한다.
③ 요인의 각 수준의 모든 조합에 대하여 실험하는 방법이다.
④ 요인 수준의 각 조합에 대한 실험순서는 랜덤하게 정한다.

해설

요인배치법(Factorial Design)
k^n 요인배치법은 인자의 수가 n이고 각 인자의 수준수가 k인 실험계획법이다.

정답 60 ② 61 ②

04 회귀분석

01

다음 중 선형회귀분석의 기본 가정으로 틀린 것은? 11

① 독립변수 X는 비확률변수로 가정할 수 있으며, 종속변수 Y는 오차를 수반하는 확률변수이다.
② 변수 X와 Y사이에 존재하는 관련성은 주어진 X값에서 Y의 기대값이 X의 선형식으로 적절히 표현될 수 있다.
③ 주어진 X값에서 변수 Y는 정규분포를 한다.
④ 변수 Y값은 X가 변함에 따라 변하지 않으며, 분산도 변하지 않는다.

해설

독립변수와 종속변수의 관계
$E(y_i) = E(\alpha + \beta x_i + \epsilon_i) = \alpha + \beta x_i$ 이므로 x_i가 변함에 따라 y_i의 기대값도 변하며,
$V(y_i) = E[y_i - E(y_i)]^2 = E[(\alpha + \beta x_i + \epsilon_i) - (\alpha + \beta x_i)]^2 = E(\epsilon_i^2) = \sigma^2$ 이므로 x_i가 변함에 따라 y_i의 분산은 변하지 않는다.

02

회귀모형의 기본 전제와 가장 거리가 먼 것은? 11 17 21

① 오차항들은 서로 독립이다.
② 오차항들의 분산은 동일하다.
③ 오차항들의 분포는 정규분포이다.
④ 서로 다른 오차항들의 공분산은 1이다.

해설

회귀모형의 기본 가정
$\epsilon_i \sim iid\ N(0,\ \sigma^2)$, 독립성, 정규성, 등분산성

03

회귀분석을 수행할 때 기본적으로 가정되는 사항으로만 구성된 항목은? 17

① 최대 표본의 크기, 정규성
② 등분산성, 독립성
③ 최대 표본의 크기, 등분산성
④ 정규성, 이분산성

해설

02번 문제 해설 참고

정답 01 ④ 02 ④ 03 ②

04

회귀분석의 기본 가정과 이를 판단하는 도표가 올바르게 짝지어지지 않은 것은?

① 등분산성 - 표준화 잔차도표
② 정규성 - 표준화 잔차의 P-P 도표
③ 등분산성 - 산포도
④ 정규성 - 표준화 잔차의 히스토그램

해설

③ 산포도는 회귀분석 초기에 자료가 어떤 형태로 분포되어 있는지를 알아보기 위한 도표이다.

회귀모형의 기본 가정 검토
- 정규성 : 정규확률도표(P-P plot)를 그려서 점들이 거의 일직선상에 위치하면 정규성을 만족한다.
- 독립성 : 더빈-왓슨(Durbin-Watson) 통계량을 이용하여 자기상관성을 검토한다.
- 등분산성 : 잔차들의 산점도를 그려서 0을 중심으로 랜덤하게 분포하면 등분산성을 만족한다.

05

다음 중 회귀분석에서 등분산성의 검정 중 옳지 않은 것은?

① 독립변수의 모든 값에 대하여 종속변수의 등분산성을 점검하기 위하여 예측값을 독립변수로 스튜던트 잔차를 종속변수로 도표로 그려볼 수 있다.
② 종속변수의 분산이 일정하지 않을 때 등분산성을 의심할 필요가 있다.
③ 등분산성이 의심될 때 변수변환을 할 필요가 있다.
④ Durbin-Watson 통계량으로 등분산성을 측정한다.

해설

Durbin-Watson 통계량은 오차항의 독립성(자기상관 여부)을 검정하는 통계량이다.

06

단순선형회귀모형을 분석하고자 한다. 다음 설명 중 틀린 것은?

① 단순선형회귀의 분산분석표를 작성할 때 오차의 정규성이 필요하다.
② 최소제곱추정량을 구할 때 오차의 정규성이 필요하다.
③ 결정계수가 1에 가까워도 회귀모형이 잘 적합되었다고는 할 수 없다.
④ 총제곱합 중 회귀제곱합이 차지하는 비중이 클수록 결정계수가 커진다.

해설

최소제곱추정량

최소제곱법에 의해 추정량($\hat{\alpha}, \hat{\beta}$)을 구할 때에는 오차항의 정규성 가정이 없을 때에도 적용되나 최대가능도추정법(Method of Maximum Likelihood Estimation)에 의해 추정량($\hat{\alpha}, \hat{\beta}$)을 구할 때에는 오차항의 정규성 가정이 필요하다.

07

단순회귀모형에 관한 설명으로 틀린 것은? 10

① 최소자승법에 의해 구해진 회귀직선은 관측값과 추정값 간의 차의 제곱을 최소화한다.
② 추정된 회귀직선은 좌표 $(\overline{x}, \overline{y})$를 지난다.
③ $Y = a + bX^2$와 같은 2차의 완벽한 관계가 있는 자료의 상관계수의 절대값은 1이 된다.
④ 표본상관계수는 확률변수이다.

> [해설]
> $Y = a + bX^2$와 같이 2차의 완벽한 관계가 있는 자료의 상관계수는 0이 된다.

08

다음 중 회귀분석에서 가설검정에 필요한 가정들이 충족되지 않을 때의 대책으로 적절하지 않은 것은? 03 08

① 잔차분포를 검토하여 회귀가정여부를 탐색한다.
② 자료값을 변형하여 필요한 회귀가정에 더욱더 부합되도록 만든다.
③ 이상점(극단값)을 찾아내어 처리한다.
④ 회귀계수의 편상관계수를 검정해본다.

> [해설]
> ④ 두 변수 각각에 통제변수(제어변수)가 주는 선형효과를 제거한 후 두 변수 간의 순수한 상관관계를 분석하는 것이 편상관분석이다.
>
> **회귀분석에서 가설검정에 필요한 가정들이 충족되지 않을 때의 대책**
> • 오차의 정규성, 독립성, 등분산성을 검토한다.
> • 다중공선성이 존재하는지 확인한다.
> • 자료값을 변환하여 필요한 회귀가정에 더욱더 부합되도록 한다.
> • 이상점(극단치)을 찾아내어 처리한다.

09

상관분석과 회귀분석에 대한 설명으로 틀린 것은? 11

① 두 변수 사이의 상관계수가 0의 값을 가지는 경우 두 변수는 관련이 없음을 의미한다.
② 상관분석이라 함은 두 변수 사이의 상관계수를 구하여 두 변수 간의 선형성 유무를 판단하는 분석방법이다.
③ 두 변수 사이의 함수관계에 대한 통계적 분석방법을 회귀분석이라 부른다.
④ 단순선형회귀모형에서 결정계수(Coefficient of Determination)는 상관계수의 제곱이다.

> [해설]
> 두 변수 사이의 상관계수가 0의 값을 갖는 것은 두 변수 사이에 선형의 관계가 없는 것이지 곡선의 관계는 있을 수 있다.

10

단순회귀모형에서 잔차 e_i들에 대한 그림을 이용하여 모형의 가정에 대하여 타당성을 검토하였다. 다음 중 모형의 가정에 위배되는 것은? 12 17

① 잔차 e_i와 예측값 $\hat{y}_i$의 산점도에서 0을 중심으로 하는 평행한 띠를 형성하는 경우
② 잔차에 대한 정규확률 그림에서 점들이 직선에 가깝게 위치한 경우
③ 연속적인 잔차의 쌍(e_i, e_{i-1})들의 산점도에서 직선을 따라 모여있는 경우
④ 잔차와 독립변수의 산점도에서 평행한 띠를 형성하는 경우

해설
③ 연속적인 잔차의 쌍(e_i, e_{i-1})들의 산점도에서 직선을 따라 모여있는 경우 1차 자기상관관계(First-order Autocorrelation Coefficient)가 존재하며 더빈-왓슨(Durbin-Watson) 통계량을 이용하여 독립성 여부를 검정한다.

오차항 ϵ_i의 가정 검토
- 오차항의 정규성 검토 : 정규확률도표(P-P plot)를 그려서 점들이 거의 일직선상에 위치하면 정규성을 만족한다.
- 오차항의 등분산성 검토 : 잔차들의 산점도를 그려서 0을 중심으로 랜덤하게 분포하면 등분산성을 만족한다.
- 오차항의 독립성 검토 : 더빈-왓슨(Durbin-Watson) 통계량을 이용하여 자기상관성을 검토한다.

> 귀무가설 $H_0 : \rho = 0$, 대립가설 $H_1 : \rho > 0$

더빈-왓슨(Durbin-Watson) 통계량 값이 2에 가까우면 독립성을 만족하고, 0에 가까우면 오차항 간에 양의 상관관계가, 4에 가까우면 오차항 간에 음의 상관관계가 존재한다.

11

다음 중 회귀모형에서 오차항의 독립성 가정을 검정하는 통계기법과 관련이 없는 것은? 09 19

① 잔차 대 시점의 산점도
② Durbin-Watson 통계량
③ 런(Run) 검정
④ 최소유의차(Least Significant Difference) 검정

해설
최소유의차 검정법은 분산분석의 사후분석인 다중비교방법이다.

12

회귀모형에서 오차의 등분산 가정이 위배되는 경우 최소자승법에 의한 회귀계수 추정량의 특징은? 07

① 최소분산을 갖는 추정량이지만 편의추정량이다.
② 최소분산을 갖는 불편추정량이다.
③ 최소분산을 갖지 않는 추정량이면서 편의추정량이다.
④ 최소분산을 갖지 않는 추정량이지만 불편추정량이다.

해설

등분산 가정 위배 시 회귀계수의 특징
회귀모형에서 오차의 등분산 가정이 위배되는 경우 이분산하기 때문에 분산이 증가하게 되어 최소분산을 갖지 않지만 최소제곱법에 의하여 회귀계수를 추정하였으므로 불편추정량이 된다.

13

중선형회귀모형(Multiple Linear Regression Model)에 대해 회귀 진단 방법으로 진단한 결과 문제가 있는 경우와 해결방안의 연결이 잘못된 것은? 04

① 오차항의 이분산성(Heteroskedasticity) 발생 – 가중최소제곱법 또는 변수변환 사용
② 오차항의 비정규성 발생 – 변수변환 또는 로버스트(Robust) 회귀방법 사용
③ 오차항의 자기상관 발생 – 변수변환 또는 편의 추정(Biased Estimation) 사용
④ 회귀함수의 비선형성 발생 – 비선형 모형 설정 또는 변수변환 사용

해설

오차항의 독립성(자기상관 여부)을 검정하기 위한 통계량은 Durbin-Watson 통계량이다.

14

X의 평균과 표준편차는 각각 10과 40이며, Y의 평균과 표준편차는 각각 15와 50이며, X와 Y의 상관계수는 0.7이다. 이러한 값들을 이용하여 회귀모형 $Y = aX + b$에서의 a의 값을 구하면 어느 것인가? 03

① 0.467
② 0.560
③ 0.875
④ 0.900

해설

회귀직선의 기울기

$r = a \dfrac{s_x}{s_y} = a \dfrac{4}{5} = 0.7$

$\therefore a = \dfrac{0.7 \times 5}{4} = 0.875$

15

어떤 제품의 특성에 미치는 영향을 조사하기 위하여 X, Y 두 변수의 종속관계를 함수로 나타내고자 한다. 데이터로부터 얻은 정보가 X_i, Y_i, X_iY_i의 평균이 6, 10, 66이고 표준편차가 각각 2, 3, 35이다. X에 대한 Y의 회귀직선을 구하면 다음 중 어느 것인가?

① $Y = \dfrac{3}{2}X + \dfrac{11}{2}$ ② $Y = \dfrac{3}{2}X - \dfrac{11}{2}$

③ $Y = \dfrac{3}{2}X - 1$ ④ $Y = \dfrac{3}{2}X + 1$

해설

회귀계수의 계산

$E(X) = 6$, $E(Y) = 10$, $E(XY) = 66$, $S_X = 2$, $S_Y = 3$, $S_{XY} = 35$

$r = \dfrac{Cov(X,Y)}{S_X S_Y} = \dfrac{E(XY) - E(X)E(Y)}{S_X S_Y} = \dfrac{66 - 60}{2 \times 3} = 1$

$r = b\dfrac{S_X}{S_Y} = b\dfrac{2}{3} = 1$

$\therefore b = \dfrac{3}{2}$ 이고, 회귀선은 $\overline{X}$와 $\overline{Y}$를 통과하므로 $10 = \dfrac{3}{2} \times 6 + a$ 가 되므로, $a = 1$이 된다.

16

단순회귀분석을 위하여 다음과 같은 자료를 얻었다. 이에 대한 설명으로 틀린 것은?

$n = 8$, $\sum x = 16$, $\sum y = 80$, $\sum xy = 216$, $\sum x^2 = 60$, $\sum y^2 = 975$

① X에 대한 Y의 회귀직선의 기울기의 추정값은 2이다.
② X에 대한 Y의 회귀직선의 절편의 추정값은 6이다.
③ Y에 대한 X의 회귀직선의 기울기의 추정값은 0.32이다.
④ Y에 대한 X의 회귀직선의 절편의 추정값은 9.36이다.

해설

회귀계수 계산

$n = 8$, $\sum x = 16$, $\sum y = 80$, $\sum xy = 216$, $\sum x^2 = 60$, $\sum y^2 = 975$, $\overline{x} = 2$, $\overline{y} = 10$

x에 대한 y의 추정회귀수는

$b = \dfrac{\sum(x_i - \overline{x})(y_i - \overline{y})}{\sum(x_i - \overline{x})^2} = \dfrac{\sum x_i y_i - n\overline{x}\,\overline{y}}{\sum x_i^2 - n\overline{x}^2} = \dfrac{216 - 8 \times 2 \times 10}{60 - 8 \times 2^2} = \dfrac{56}{28} = 2$, $a = \overline{y} - b\overline{x} = 10 - 2 \times 2 = 6$

y에 대한 x의 추정회귀수는

$b = \dfrac{\sum(x_i - \overline{x})(y_i - \overline{y})}{\sum(y_i - \overline{y})^2} = \dfrac{\sum x_i y_i - n\overline{x}\,\overline{y}}{\sum y_i^2 - n\overline{y}^2} = \dfrac{216 - 8 \times 2 \times 10}{975 - 8 \times 10^2} = \dfrac{56}{175} = 0.32$, $a = \overline{x} - b\overline{y} = 2 - 0.32 \times 10 = -1.2$

17

특수한 종류의 상품을 팔고 있는 상점을 중심으로 광고료가 판매량에 미치는 영향을 분석하기 위해 10개의 상점을 표본으로 추출하여 조사한 연간 광고료와 총판매량이 다음과 같다.

광고료 (단위 : 10만 원)	x	4	8	9	8	8	12	6	10	6	9
총판매액 (단위 : 100만 원)	y	9	20	22	15	17	30	18	25	10	20

위 자료를 정리한 다음의 결과를 이용하여 회귀식 $\hat{y}_i = b_0 + b_1 x_i$의 회귀계수를 구하면? 14 20

$$\sum_{i=1}^{10} x_i = 80, \quad \sum_{i=1}^{10} y_i = 186, \quad \sum_{i=1}^{10} x_i^2 = 686, \quad \sum_{i=1}^{10} x_i y_i = 1608$$

① $b_0 = -2.272$, $b_1 = 2.609$
② $b_0 = 2.272$, $b_1 = 2.030$
③ $b_0 = 2.272$, $b_1 = 2.609$
④ $b_0 = -2.272$, $b_1 = 1.233$

해설

회귀계수의 계산

$\bar{x} = \dfrac{\sum x_i}{n} = \dfrac{80}{10} = 8$, $\bar{y} = \dfrac{\sum y_i}{n} = \dfrac{186}{10} = 18.6$이므로,

$b_1 = \dfrac{S_{XY}}{S_{XX}} = \dfrac{\sum (x_i - \bar{x})(y_i - \bar{y})}{\sum (x_i - \bar{x})^2} = \dfrac{\sum x_i y_i - n\bar{x}\bar{y}}{\sum x_i^2 - n\bar{x}^2} = \dfrac{1608 - (10 \times 8 \times 18.6)}{686 - (10 \times 64)} = \dfrac{120}{46} = 2.609$

$b_0 = \bar{y} - b_1 \bar{x} = 18.6 - (2.609 \times 8) = -2.272$

18

자료의 개수가 $n = 12$인 자료에서 독립변수 X와 종속변수 Y의 표본평균은 각각 2와 3이고 표본분산(S^2)은 모두 1이고, X와 Y의 표본상관계수는 0.5라고 할 때 Y를 X에 단순회귀모형을 적합시킬 경우 최소제곱법으로 추정될 회귀직선은? 06 16

① $\hat{Y} = 3 + 2X$
② $\hat{Y} = 3 + 0.5X$
③ $\hat{Y} = 2 + 2X$
④ $\hat{Y} = 2 + 0.5X$

해설

회귀계수의 계산

$n = 12$, $\bar{x} = 2$, $\bar{y} = 3$, $S_x^2 = 1$, $S_y^2 = 1$, $r = 0.5$

$r = b \dfrac{S_x}{S_y}$ 이므로, $b = 0.5$가 되고 회귀선은 $\bar{X}$, $\bar{Y}$를 지나므로, $\bar{y} = a + b\bar{x}$으로부터 $3 = a + 0.5 \times 2$이 성립되어 $a = 2$이다.

19

다음과 같은 10개의 관측치 (x_i, y_i)에 대하여 단순회귀모형 $y_i = \beta_0 + \beta_1 x_i + \epsilon_i$을 이용하여 분석하려 한다.

(1, 0), (2, 1), (3, 1), (4, 2), (5, 2), (5, 3), (6, 4), (7, 3), (8, 4), (9, 5)

위의 자료에 대해 아래와 같을 때,

$n = 10$, $\sum_{i=1}^{n} x_i = 50$, $\sum_{i=1}^{n} x_i^2 = 310$, $\sum_{i=1}^{n} y_i = 25$, $\sum_{i=1}^{n} y_i^2 = 85$, $\sum_{i=1}^{n} x_i y_i = 160$

회귀계수의 추정치 $\hat{\beta}_1$의 값은? 17

① $\dfrac{1}{12}$ ② $\dfrac{3}{12}$

③ $\dfrac{5}{12}$ ④ $\dfrac{7}{12}$

해설

회귀계수의 계산

회귀계수 $\hat{\beta}_0$, $\hat{\beta}_1$에 대한 계산식은 다음과 같다.

$\hat{\beta}_1 = \dfrac{\sum(x_i - \bar{x})(y_i - \bar{y})}{\sum(x_i - \bar{x})^2} = \dfrac{\sum x_i y_i - n\bar{x}\bar{y}}{\sum x_i^2 - n\bar{x}^2} = \dfrac{160 - 10 \times 5 \times 2.5}{310 - 10 \times 5^2} = \dfrac{35}{60} = \dfrac{7}{12}$

$\hat{\beta}_0 = \bar{y} - b_1 \bar{x} = 2.5 - \left(\dfrac{7}{12} \times 5\right) = -\dfrac{5}{12}$

$\therefore \bar{x} = \dfrac{\sum_{i=1}^{n} x_i}{n} = \dfrac{50}{10} = 5$, $\bar{y} = \dfrac{\sum_{i=1}^{n} y_i}{n} = \dfrac{25}{10} = 2.5$

20

14개의 관측쌍 $(x_1, y_1), (x_2, y_2), \cdots, (x_{14}, y_{14})$에 대하여 단순선형회귀모형 $y = b_0 + b_1 x + \epsilon$을 적합시킬 때, 절편(Intercept)의 추정치 $\hat{b}_0$의 값은?

(단 $\sum_{i=1}^{14} x_i y_i = 420,945$, $\overline{x} = 170.857$, $\overline{y} = 175.786$, $\sum_{i=1}^{14} x_i^2 = 409,324$, $\sum_{i=1}^{14} y_i^2 = 432,997$ 이다)

① 50.48
② 0.734
③ 47.24
④ 3.56

해설

회귀식 절편

$\sum_{i=1}^{14} x_i y_i = 420,945$, $\overline{x} = 170.857$, $\overline{y} = 175.786$, $\sum_{i=1}^{14} x_i^2 = 409,324$, $\sum_{i=1}^{14} y_i^2 = 432,997$ 이므로

$b = \dfrac{\sum (x_i - \overline{x})(y_i - \overline{y})}{\sum (x_i - \overline{x})^2} = \dfrac{\sum x_i y_i - n\overline{x}\,\overline{y}}{\sum x_i^2 - n\overline{x}^2} = \dfrac{420,945 - 14 \times 170.857 \times 175.786}{409,324 - 14 \times 170.857^2} = \dfrac{465.24}{634.40} = 0.73335$

$a = \overline{y} - b\overline{x} = 175.786 - 0.73335 \times 170.857 = 50.4880$

21

근로자 임금을 종속변수(Y)로 하고, 근속년수(X)와 성별(Z)을 독립변수로 한 회귀분석을 하고자 한다. 여기서 성별을 나타내는 독립변수 Z는 지시변수(Indicator Variable)로 남성의 경우 0, 여성의 경우 1로 표시한다.

$$Y = \beta_0 + \beta_1 X + \beta_2 Z + \beta_3 XZ + \epsilon$$

위 회귀모형을 적합시켜본 결과는 아래와 같다. 다음 설명 중 맞지 않는 것은?

변수	추정값	표준오차	t-값	유의확률
Intercept	7.57	2.66	2.85	0.0335
X	13.20	0.90	14.67	0.0001
Z	-2.03	0.64	-3.17	0.0041
XZ	-0.84	0.13	-6.47	0.0001

① 5% 유의수준에서 회귀직선의 절편은 성별에 따라 차이가 있다고 볼 수 있다.
② 5% 유의수준에서 회귀직선의 기울기는 성별에 따라 차이가 있다고 볼 수 있다.
③ 남성근로자의 경우 근속년수가 1단위(년) 증가함에 따라 임금이 14.04 증가한다.
④ 초임(근속년수 0인 경우)은 남성 임금이 여성에 비해 2.03만큼 많다.

해설

회귀계수의 해석

추정된 회귀식 : $Y = 7.57 + 13.20X - 2.03Z - 0.84XZ$

지시변수 Z 에서 남성의 경우가 0이므로 위의 회귀식에 $Z=0$을 대입하면 남성에 대한 회귀식은 $Y = 7.57 + 13.20X$ 이 된다.

∴ 근속년수가 1단위 증가함에 따라 임금은 13.20 증가한다.

22

두 설명변수 X_1과 X_2를 사용한 회귀추정식이 $\hat{Y} = 3.2 + 1.7x_1 + 2.5x_2$일 때, 가장 적절한 설명은?

08 10 19

① 회귀계수의 값 1.7의 의미는 설명변수 X_1의 값을 1단위 증가시킬 때 반응변수 Y의 값은 1.7단위 증가할 것임을 나타낸다.
② 회귀계수의 값 2.5의 의미는 설명변수 X_1을 고정시킨 상태에서 X_2의 값을 1단위 증가시키면 반응변수 Y의 값은 2.5단위 증가할 것임을 나타낸다.
③ 설명변수 X_1만을 이용하여 회귀모형을 적합하였을 때 회귀추정식의 기울기는 1.7일 것이다.
④ 설명변수 X_2만을 이용하여 회귀모형을 적합하였을 때 회귀추정식은 $\hat{Y} = 3.2 + 2.5x_2$일 것이다.

해설

회귀계수 해석

회귀계수값 2.5의 의미는 설명변수 X_1을 고정시킨 상태에서 X_2의 값을 1단위 증가시켰을 때 반응변수 Y의 값이 2.5단위 증가할 것임을 나타낸다.

23

단순회귀모형 분석에서 종속변수의 제곱합이 25097, 평균이 49.7이고 독립변수의 제곱합이 766, 평균이 8.4이며 오차제곱합이 17.6일 때의 설명으로 옳은 것은? (단, 자료의 사례수는 10이다) 05 13 21

① 종속변수 y 의 총변동은 405.60이다.
② 선형회귀선에 의해 설명되는 변동은 388.0이다.
③ 종속변수 y 와 독립변수 x 의 상관계수는 0.978이다.
④ 선형회귀선의 잔차의 표준오차는 2.20이다.

해설

회귀분석에서 상관계수 계산

$\sum y_i^2 = 25097, \bar{y} = 49.7, \sum x_i^2 = 766, \bar{x} = 8.4, SSE = 17.6$이므로,

$SST = \sum(y_i - \bar{y})^2 = \sum y_i^2 - n\bar{y}^2 = 25097 - 10 \times 49.7^2 = 396.1$

$SSR = SST - SSE = 396.1 - 17.6 = 378.5$

$SSE = SST(1-r^2)$이므로, $r = \sqrt{\dfrac{SST-SSE}{SST}} = \sqrt{\dfrac{SSR}{SST}} = 0.978$

정답 22 ② 23 ③

24

회귀모형의 가정하에 두 변수 x와 y 사이의 관계를 분석하고자 한다. y를 종속변수, x를 독립변수로 하여 회귀직선 $\hat{y_i} = \hat{\beta}_0 + \hat{\beta}_1 x_i$을 추정하고자 자료를 정리하여 다음의 결과를 얻었다.

$$S_{yy} = \sum_{i=1}^{n}(y_i - \overline{y})^2 = 10000, \quad S_{xx} = \sum_{i=1}^{n}(x_i - \overline{x})^2 = 100$$

두 변수 x와 y 사이의 상관계수가 $r_{xy} = 0.7$이라면 $\hat{\beta}_1$은 얼마인가? 14 18

① 70
② 0.07
③ 7
④ 0.7

[해설]

상관계수와 회귀계수

$$r = b\frac{S_x}{S_y} = b\sqrt{\frac{\sum(x_i - \overline{x})^2}{\sum(y_i - \overline{y})^2}} = b\sqrt{\frac{100}{10000}} = b\sqrt{\frac{1}{100}} = \frac{b}{10} = 0.7$$

$\therefore b = 0.7 \times 10 = 7$

25

다음은 X에 대한 Y의 회귀분석으로 얻은 결과의 일부분이다. 이에 대한 설명으로 틀린 것은? 05 21

ANALYSIS OF VARIANC

SOURCE OF VARIATION	DF	SUM OF SQUARES	MEAN SQUARES	P-VALUE
MODEL	1	20.6688	20.6688	(①)
ERROR	28	(②)	(③)	
TOTAL	29	38.7904		

① ①의 값이 0.05보다 작으면 이 회귀모형은 유의수준 5%에서 통계적으로 유의하다고 볼 수 있다.
② ②는 18.1216이다.
③ ③은 모형의 오차항의 분산에 대한 추정값으로 0.6921이다.
④ 표본의 크기 30이다.

[해설]

회귀모형의 유의성 검정

요인	자유도	제곱합	평균제곱	F값
Model	1	20.6688	20.6688	31.94
Error	28	(18.1216)	(0.6472)	
Total	29	38.7904		

26

크기가 50인 표본을 활용하여 판매량(Y)을 종속변수로 하고, 광고비(X)를 독립변수로 하는 회귀분석을 수행할 때, 오차제곱합(SSE)에 대응하는 자유도는?

① 50 ② 49
③ 48 ④ 47

해설

자유도(The Degree of Freedom)
판매량(Y)이 종속변수이고 광고비(X)가 독립변수이므로 단순선형회귀분석이다.

요 인	제곱합	자유도	평균제곱	검정통계량
회 귀	SSR	1	$SSR/1 = MSR$	$MSR/MSE = F_0$
오 차	SSE	$n-2$	$SSE/n-2 = MSE$	
합 계	SST	$n-1$		

∴ SSE의 자유도는 $n-2 = 50-2 = 48$

27

다음은 단순회귀모형 $Y_i = \beta_0 + \beta_1 X_i + \epsilon_i$, $i = 1, 2, \cdots, 10$에서 조사된 분산분석표의 일부분이다. 다음 정보를 이용하여 검정통계량 F의 값을 구하면?

요 인	제곱합	자유도
회 귀	800	
잔 차		
합 계	880	

① 80 ② 60
③ 40 ④ 20

해설

회귀모형의 유의성 검정

요 인	제곱합	자유도	평균제곱	F
회 귀	800	1	800	80
잔 차	80	8	10	
합 계	880	9		

28

세 개의 독립변수 X_1, X_2, X_3와 종속변수 Y에 대한 15개의 데이터가 있다. 이때, 회귀제곱합이 $SSR = 157.9$, 잔차제곱합이 $SSE = 70.5$라 가정하고 이 다중회귀모형의 유의성을 검정하기 위한 F-통계량의 값과 F-분포의 자유도를 바르게 나타낸 것은? [11]

① F-통계량의 값 : 2.23, F-분포의 자유도 : (3, 12)
② F-통계량의 값 : 2.23, F-분포의 자유도 : (3, 11)
③ F-통계량의 값 : 8.21, F-분포의 자유도 : (3, 11)
④ F-통계량의 값 : 8.98, F-분포의 자유도 : (3, 12)

해설
회귀모형의 유의성 검정
독립변수가 3개이므로 상수항까지 포함한다면 회귀에 대한 자유도는 3이 된다.

요 인	제곱합	자유도	평균제곱	F
회 귀	157.9	(3)	(52.63)	(8.2106)
오 차	70.5	(11)	(6.41)	
합 계	228.4	(14)		

29

다음은 종속변수 Y, 설명변수 X, Z에 대해 중회귀모형을 적합하여 작성한 분산분석표이다.

요 인	제곱합	자유도	평균제곱	F통계량	임계치
모 형	4	(①)	(②)	(④)	4.10
오 차	2	10	(③)		
합 계	6				

F통계량(④)의 값을 바탕으로 검정한 결과로 옳은 것은? (단 임계치는 5% 유의수준에서 구한 값이다) [11]

① X와 Z 관련 회귀계수가 모두 0이라고 할 수 있다.
② X관련 회귀계수만 0이라고 할 수 없다.
③ X와 Z 관련 회귀계수와 상수항이 모두 0이라고 할 수 없다.
④ X와 Z 관련 회귀계수가 모두 0이라고 할 수는 없다.

해설
회귀모형의 유의성 검정

요 인	제곱합	자유도	평균제곱	F	임계치
모 형	4	(2)	(2)	(10)	4.10
잔 차	2	10	(0.2)		
합 계	6				

F검정통계량 값이 10으로 임계치보다 크므로 귀무가설을 기각한다. 즉, 유의수준 5%하에서 X와 Z 관련 회귀계수가 모두 0이라고 할 수 없다.

30

중회귀모형 $y_i = \alpha + \beta_1 x_{1i} + \beta_2 x_{2i} + \epsilon_i$에 대한 분산분석표의 일부가 다음과 같다. 이때 $H_0 : \beta_1 = \beta_2 = 0$ 대 $H_1 : \text{not } H_0$를 검정하기 위한 $F-$검정통계량의 값은? 12 18

요인	제곱합	자유도
회귀	150	2
잔차	50	10

① 3
② 5
③ 10
④ 15

해설

회귀모형의 유의성 검정

변인	제곱합	자유도	평균제곱	F
회귀	150	2	75	15
잔차	50	10	5	
합계	200	12		

31

크기가 50인 표본을 활용하여 3개의 독립변수로 하나의 종속변수를 설명하려고 하는 회귀분석에서 모형의 적합성을 검정하는 기법으로 가장 적합한 것은? 15 18

① 자유도가 2, 48인 $F-$검정
② 자유도가 47인 $t-$검정
③ 자유도가 3, 46인 $F-$검정
④ 자유도가 46인 $t-$검정

해설

회귀모형의 유의성 검정

Source	제곱합	자유도	평균제곱합	F
회귀	SSR	3	$MSR = SSR/3$	MSR/MSE
오차	SSE	46	$MSE = SSE/46$	
합계	SST	49		

32

회귀식의 유의성 검정이란 반응변수(종속변수) y와 설명변수 $x_1, x_2, \cdots, x_k$ 중 어느 하나 혹은 그 이상의 것들 사이에 선형관계가 있는지 여부를 확인하는 다음 가설에 대한 검정이다. 적절한 검정방법은? 16 21

> $H_0 : \beta_1 = \beta_2 = \cdots = \beta_k = 0$
> $H_1 : \beta_j \neq 0$, 적어도 하나의 j에 대해

① 회귀계수에 대한 t-검정
② 분산분석에 의한 F-검정
③ Cook 통계량에 의한 회귀계수의 변화 검정
④ Cook-Weisberg의 스코어 검정

해설
회귀모형의 유의성 검정은 분산분석표를 이용한 F-검정을 실시한다.

33

다음 분산분석표에 대응하는 통계적 모형으로 옳은 것은? 17 19 21

요인	제곱합	자유도	제곱평균	F_0	$F(0.05)$
회귀	2.04647	3	0.68216	23.05	4.76
잔차	0.17753	6	0.02959		
합계	2.22400	9			

① $y_{ij} = \mu + a_i + b_j + \epsilon_{ij}$
② $y_{ijk} = \mu + a_i + b_j + (ab)_{ij} + \epsilon_{ijk}$
③ $y_i = \beta_0 + \beta_1 x_{1i} + \beta_2 x_{2i} + \epsilon_i$
④ $y_i = \beta_0 + \beta_1 x_{1i} + \beta_2 x_{2i} + \beta_3 x_{3i} + \epsilon_i$

해설
위의 분산분석표는 회귀모형의 유의성 검정을 위한 결과이다. 분산분석표로부터 회귀의 자유도가 3이므로 추정해야 되는 모수는 4개가 된다. 즉, 모수가 4개인 회귀모형은 $y_i = \beta_0 + \beta_1 x_{1i} + \beta_2 x_{2i} + \beta_3 x_{3i} + \epsilon_i$ 이다.

34

30개의 자료에 대한 설명변수를 4개 사용한 중회귀모형 $y_i = \beta_0 + \beta_1 x_{i1} + \beta_2 x_{i2} + \beta_3 x_{i3} + \beta_4 x_{i4} + \epsilon_i$, $i = 1, 2, \cdots, 30$에서 잔차변동(SSE)의 자유도는? [19]

① 4
② 5
③ 25
④ 26

해설

회귀모형의 유의성 검정
잔차변동의 자유도는 $n-k-1 = 30-4-1 = 25$이다.

요인	자유도	제곱합	평균제곱	F값
Model	k	SSR	MSR	
Error	$n-k-1$	SSE	MSE	
Total	$n-1$	SST		

35

자료수가 12인 이변량 자료에서 단순회귀모형을 적합시킨 결과 결정계수 R^2가 0.8이고, 반응변수(종속변수) Y의 총제곱합이 100이라고 할 때 회귀모형이 오차항의 분산값(σ^2)의 불편추정치는? [06] [09] [12] [16]

① 1.0
② 2.0
③ 3.0
④ 4.0

해설

σ^2의 불편추정량(MSE ; Mean Square Error)
$SSE = SST(1-r^2) = 100(1-0.8) = 20$, SSE의 자유도가 10이므로 $MSE = 2$

정답 34 ③ 35 ②

36

회귀분석에서 결정계수 R^2에 대한 설명으로 가장 적합한 것은? 06 14 19

① 결정계수 R^2의 범위는 상관계수와 일치한다.
② 회귀모형에 설명변수를 추가하게 되면 R^2값이 증가하므로 새 모형이 이전의 모형보다 반드시 우월하게 된다.
③ 결정계수 R^2값이 0에 가까울수록 회귀직선에 의한 변동이 총변동의 대부분을 설명하고 있음을 의미한다.
④ 결정계수 R^2은 총변동에 대한 회귀직선에 의해 설명되는 변동의 비율로 정의되는 측도이다.

해설

결정계수(Coefficient of Determination)의 성질
- 결정계수의 범위는 $0 \leq R^2 \leq 1$이다.
- 회귀모형에 설명변수를 추가하면 R^2값은 증가한다. 하지만 새 모형이 이전의 모형보다 반드시 우월하게 되는 것은 아니다.
- 결정계수가 1에 가까울수록 추정된 회귀식이 의미가 있고 0에 가까울수록 추정된 회귀식은 의미가 없다.
- 단순선형회귀에서는 상관계수 r의 제곱값이 결정계수가 된다.
- $r = b\dfrac{s_x}{s_y} = b\sqrt{\dfrac{\sum(x_i-\overline{x})^2}{\sum(y_i-\overline{y})^2}}$, 여기서 $b = \dfrac{\sum(x_i-\overline{x})(y_i-\overline{y})}{\sum(x_i-\overline{x})^2}$
- $SSR = b^2 S_{xx}$, 여기서 $S_{xx} = \sum(x_i-\overline{x})^2$
- $SSE = SST(1-r^2)$, 즉, $\sum(y_i-\widehat{y_i})^2 = \sum(y_i-\overline{y})^2(1-r^2)$

37

결정계수(Coefficient of Determination)의 성질이 아닌 것은? 12

① 결정계수는 -1과 1 사이의 값을 갖는다.
② 결정계수가 독립변수의 수에 따라 증가하는 단점을 보완한 것이 수정된 R^2이다.
③ 결정계수는 독립변수가 종속변수의 설명력을 나타낸다.
④ 결정계수는 독립변수의 수가 증가할수록 커진다.

해설

36번 문제 해설 참고

38

결정계수에 대한 설명으로 틀린 것은?　15 18

① 결정계수의 값의 범위는 -1에서 1 사이이다.
② 결정계수는 종속변수와 독립변수의 직선적인 관계성을 나타내는 측도는 아니다.
③ 회귀선의 기울기가 0이면 결정계수는 0이다.
④ 결정계수는 회귀선의 기울기에 관한 크기의 척도가 아니다.

해설

36번 문제 해설 참고

39

단순회귀분석에서 결정계수는? (단, SST : 총변동, SSR : 설명되는 변동, SSE : 설명되지 않는 변동)

　12 21

① $r^2 = \dfrac{SSE}{SST}$　　　　② $r^2 = \dfrac{SSE}{SSR}$

③ $r^2 = \dfrac{SSR}{SST}$　　　　④ $r^2 = \dfrac{SSR}{SSE}$

해설

결정계수(Coefficient of Determination)

$R^2 = \dfrac{SSR}{SST} = 1 - \dfrac{SSE}{SST}$

40

중회귀모형 $y_i = \beta_0 + \beta_1 x_{i1} + \beta_2 x_{i2} + \epsilon$ 에 대한 분산분석표의 일부가 다음과 같다.

요인	제곱합	자유도
회귀	150	2
잔차	50	10

이 모형에 대한 결정계수(R^2)의 값은?　07 00

① 0.33　　　　② 0.5
③ 0.75　　　　④ 3

해설

결정계수(Coefficient of Determination)

$R^2 = \dfrac{SSR}{SST} = \dfrac{150}{200} = 0.75$

정답 38 ① 39 ③ 40 ③

41

다음은 어떤 자료에 대하여 중회귀분석(Multiple Regression)을 실시한 분산분석표이다. 이때 결정계수(Coefficient of Determination)를 구하면?

변인	제곱합	자유도	평균제곱	F
회귀	332.12	2	166.06	32.04
잔차	36.28	7	5.18	

① 0.099　② 0.109
③ 0.902　④ 9.154

해설

결정계수(Coefficient of Determination)

결정계수 $R^2 = \dfrac{SSR}{SST} = \dfrac{332.12}{368.4} = 0.9015$

변인	제곱합	자유도	평균제곱	F
회귀	332.12	2	166.06	32.04
잔차	36.28	7	5.18	
합계	368.4	9		

42

독립변수가 4개인 중회귀모형을 적합시키기 위해 30개의 관측값을 분석하여 다음과 같은 결과를 얻었다. 결정계수(Coefficient of Determination)는 얼마인가?

회귀평균제곱(MSR) = 150, 잔차평균제곱(MSE) = 20

① 0.188　② 0.545
③ 0.610　④ 0.882

해설

결정계수(Coefficient of Determination)
독립변수가 4개이므로 상수항까지 포함한다면 회귀에 대한 자유도는 4가 된다.

변인	제곱합	자유도	평균제곱	F
회귀	600	4	150	7.5
잔차	500	25	20	
합계	1100	29		

∴ $R^2 = \dfrac{SSR}{SST} = \dfrac{600}{1100} = 0.5454$

43

$E(y) = \beta_0 + \beta_1 x_1 + \beta_2 x_2 + \beta_3 x_1 x_2 + \beta_4 x_1^2 + \beta_5 x_2^2$ 에 대한 분석 결과가 아래와 같을 때, 이 결과에 대한 해석으로 옳지 않은 것은?

소 스	df	제곱합	평균제곱합	F	유의확률
모 형	5	8402.3	1680.4	596.3	0.0001
오 차	21	59.2	2.8		
합 계	26	8461.4			

계 수	추정치	표준오차	통계량	유의확률
β_0	-5127.89	110.3	-46.5	0.0001
β_1	31.09	1.3	23.1	0.0001
β_2	139.75	3.1	44.5	0.0001
β_3	-0.15	0.1	-15.0	0.0001
β_4	-0.13	0.1	-19.5	0.0001
β_5	-1.14	0.1	-41.7	0.0001

① 모든 회귀계수가 유의미하다.
② 모형의 통계적 타당성이 확보되었다.
③ 결정계수는 표로부터 계산할 수 있다.
④ 결정계수가 60%보다 작아 설명력이 떨어진다.

해설

결정계수(Coefficient of Determination)
$R^2 = \dfrac{SSR}{SST} = \dfrac{8402.3}{8461.4} = 0.993$

44

20대 여성 10명의 발사이즈(X : mm)에 따른 키(Y : cm)의 관계를 알아보고자 한다. 측정결과 이 평균과 분산은 각각 $\overline{X}= 234.5$, $\overline{Y}= 157.2$, $s_X^2 = 5.8$, $s_Y^2 = 47.5$, $s_{XY}= 4.62$이다. 회귀분석 결과로 틀린 것은? [20]

① 절편 : -29.59　　　　　　　② 기울기 : 0.80
③ 결정계수 : 0.08　　　　　　④ 총분산 : 27.55

해설

④ 단순회귀분석에서 총분산은 평균제곱오차 MSE이다.

$R^2 = \dfrac{SSR}{SST} = \dfrac{SSR}{47.5} = 0.077475$이므로 $SSR = 3.68$이다.

$SST = SSR + SSE = 3.68 + SSE = 47.5$이므로 $SSE = 43.82$이고 $MSE = \dfrac{SSE}{n-2} = \dfrac{43.82}{8} = 5.4775$이다.

① 절편 a는 $\overline{Y} = a + b\overline{X}$를 만족하므로 $157.2 = a + (0.796552 \times 234.5)$이 되어 $a = -29.59$이다.

② 기울기 $b = \dfrac{\sum(x_i - \overline{x})(y_i - \overline{y})}{\sum(x_i - \overline{x})^2} = \dfrac{s_{XY}}{s_X^2} = \dfrac{4.62}{5.8} = 0.796552$

③ 단순회귀분석에서 상관계수의 제곱이 결정계수이다.

상관계수 $r = b\dfrac{s_X}{s_Y} = b\sqrt{\dfrac{\sum(x_i - \overline{x})^2}{\sum(y_i - \overline{y})^2}} = 0.796552 \times \sqrt{\dfrac{5.8}{47.5}} = 0.278344$이므로

결정계수는 $R^2 = (0.278344)^2 = 0.077475$가 된다.

45

독립변수가 k개이고 관측치수가 n개인 자료에 대하여 절편이 없는 다중회귀분석의 적합도 검정방법에 대한 설명으로 가장 적합한 것은? [14]

Source	자유도	제곱합	평균제곱합
회 귀		SSR	MSR
오 차		SSE	MSE
합 계		SST	

① $F = \dfrac{MSR}{MSE} = \dfrac{SSR/k-1}{SSE/(n-k-1)}$

② $MSE = \dfrac{SSE}{n-k-1}$

③ $R^2 = \dfrac{SSR}{SST}$

④ $Adjusted\ R^2 = \dfrac{SSR/k-1}{SST/n-1}$

해설

절편이 없는 다중회귀분석

Source	제곱합	자유도	평균제곱합	F
회귀	SSR	k	$MSR = SSR/k$	MSR/MSE
오차	SSE	$n-k$	$MSE = SSE/n-k$	
합계	SST	n		

46

회귀분석에서 특정 독립변수 하나의 유의성을 검정할 경우 사용하는 검정방법으로 가장 적합한 것은?

① 카이제곱 검정
② t-검정
③ Z-검정
④ 독립성 검정

해설

회귀계수의 유의성 검정에 사용되는 검정통계량은 t분포이고, 회귀모형의 유의성 검정에 사용되는 검정통계량은 F분포이다.

47

10쌍의 부부의 키에 대하여 측정을 하였다. 신랑(X)과 신부(Y)의 상관계수 r은 0.519로 나왔다. 두 변수 간의 회귀분석을 실시하여 다음과 같은 결과를 산출하였다. 다음 ( )에 들어갈 가장 알맞은 값은?

예측변수	계 수	표준편차	t 값
상수항	129.29	19.2	6.74
신랑(X)	0.1904	0.111	( )

① 1.715
② 1.765
③ 1.815
④ 1.865

해설

회귀계수의 유의성 검정

t 검정통계량 $= \dfrac{b_i - \beta_i}{\sqrt{Var(b_i)}} = \dfrac{b_i - \beta_i}{\sqrt{\dfrac{MSE}{S_{XX}}}} = \dfrac{0.1904 - 0}{0.111} = 1.715$

정답 46 ② 47 ①

48

다음은 단순회귀모형 $y_i = \alpha + \beta x_i + \epsilon_i, (i=1, \cdots, n), \epsilon_i \sim N(0, \sigma^2)$에 대해 최소제곱추정법을 적용한 분산분석표이고, $\hat{y} = b_0 + b_1 x_i$은 적합된 회귀식, $e_i = y_i - \hat{y}_i$은 잔차이다. 추정 및 검정에 대한 설명으로 옳은 것은? 19

요 인	제곱합	자유도	평균제곱	F_0
회 귀	SSR	1	MSR	
잔 차	SSE	$n-2$	MSE	
합 계	SST	$n-1$		

① σ^2에 대한 최우추정량과 MSE는 같다.

② 최소제곱추정법과 최우추정법에 의한 (b_0, b_1)의 추정식은 같다.

③ 회귀식의 유의성에 대한 검정통계량은 $F_0 = \dfrac{SSR}{SSE}$이다.

④ $\sum_{i=1}^{n} e_i^2$을 최소가 되게 하는 (b_0, b_1)을 찾는 방법을 최우추정법이라 한다.

해설

단순회귀계수 추정방법

y_i는 평균이 $\alpha + \beta x_i$이고 분산이 σ^2인 정규분포를 따르므로 확률밀도함수는 다음과 같다.

$$f(y_i) = \frac{1}{\sqrt{2\pi\sigma^2}} e^{-\frac{(y_i - \alpha - \beta x_i)^2}{2\sigma^2}}, \; -\infty < y_i < \infty$$

최대가능도추정량(최우추정량)을 구하기 위해서는 최대가능도함수를 구한 후 이를 최대로 하는 α, β가 최대가능도추정량이 된다.

$$L(\alpha, \beta) = f(y_1)f(y_2)\cdots f(y_n) = \prod_{i=1}^{n} \frac{1}{(2\pi\sigma^2)^{1/2}} e^{-\frac{(y_i-\alpha-\beta x_i)^2}{2\sigma^2}} = \frac{1}{(2\pi\sigma^2)^{1/2}} e^{-\frac{\sum_{i=1}^{n}(y_i-\alpha-\beta x_i)^2}{2\sigma^2}}$$

계산의 편의를 위해 최대가능도함수의 양변에 로그를 취한 후 α, β에 대해 미분하여 0으로 놓고 풀면 이 함수를 최대로 하는 최대가능도추정량을 구할 수 있다.

$$\log L(\alpha, \beta) = -\frac{n}{2}\log(2\pi\sigma^2) - \frac{1}{2\sigma^2}\sum_{i=1}^{n}(y_i - \alpha - \beta x_i)^2$$

$$\frac{\partial \log L}{\partial \alpha} = \frac{1}{\sigma^2}\sum_{i=1}^{n}(y_i - \alpha - \beta x_i) = 0, \; \frac{\partial \log L}{\partial \beta} = \frac{1}{\sigma^2}\sum_{i=1}^{n}x_i(y_i - \alpha - \beta x_i) = 0$$

여기서 구해진 최대가능도추정량을 b_0, b_1로 나타내면 $\sum_{i=1}^{n}(y_i - b_0 - b_1 x_i) = 0$과 $\sum_{i=1}^{n}x_i(y_i - b_0 - b_1 x_i) = 0$이 된다. 이 두 개의 방정식은 최소제곱법의 정규방정식과 같으므로 단순회귀분석에서 최소제곱법과 최대가능도추정법으로 구한 회귀계수추정량은 동일하다.

49

단순회귀모형 $y_i = \alpha + \beta x_i + \epsilon_i$, $i = 1, \cdots, n$ 에서 회귀계수 추정에 대한 다음 설명 중 옳지 않은 것은? (단, 오차항 ϵ의 확률분포를 $N(0, \sigma^2)$)로 가정하고, $S_{(xx)} = \sum_{i=1}^{n}(x_i - \overline{x})^2$, $S_{(yy)} = \sum_{i=1}^{n}(y_i - \overline{y})^2$, $S_{(xy)} = \sum_{i=1}^{n}(x_i - \overline{x})(y_i - \overline{y})$ 이다) `05` `08` `15`

① β에 대한 최소제곱추정량은 $\hat{\beta} = \dfrac{S_{(xy)}}{S_{(xx)}}$ 이다.

② 최소제곱추정량 $\hat{\beta}$의 확률분포는 $\hat{\beta} \sim N\left(\beta, \ \sigma^2\left(\dfrac{1}{n} + \dfrac{\overline{x}^2}{S_{(xx)}}\right)\right)$ 이다.

③ $\sum_{i=1}^{n} e_i = \sum_{i=1}^{n}(y_i - \hat{y}_i) = 0$

④ σ^2의 추정량 $\hat{\sigma}^2 = MSE = \dfrac{SSE}{n-2}$ 이다.

해설

회귀계수의 분포

- $\hat{\alpha}$의 분포는 $\hat{\alpha} \sim N\left(\alpha, \ \sigma^2\left(\dfrac{1}{n} + \dfrac{\overline{x}^2}{S_{xx}}\right)\right)$
- $\hat{\beta}$의 분포는 $\hat{\beta} \sim N\left(\beta, \ \dfrac{\sigma^2}{S_{xx}}\right)$

정답 49 ②

50

회사에서 광고비용이 매출액에 미치는 영향을 알아보기 위해서 10개 대리점을 조사한 결과를 요약한 내용이 아래와 같다. 광고비용을 x라 하고, 매출액을 y라고 하자. 다음 설명 중 맞는 것은? (단, $t_{(8,\,0.025)} = 2.305$, $t_{(9,\,0.025)} = 2.262$이다) 05

$$\sum_{i=1}^{10} x_i = 84,\ \sum_{i=1}^{10} y_i = 497,\ \sum_{i=1}^{10} x_i y_i = 4326,\ \sum_{i=1}^{10} x_i^2 = 766,\ \sum_{i=1}^{10} y_i^2 = 25097,\ \sum_{i=1}^{10} (y_i - \hat{y}_i)^2 = 17.6$$

① 회귀계수 β의 95% 신뢰구간은 $(2.063,\ 2.943)$이다.
② 종속변수 y의 총변동은 25097이다.
③ 회귀계수 $\beta = 0$라는 귀무가설에 대한 검정통계량 $Z = 1.6878$이다.
④ 광고비가 10(백만 원)일 때, 매출액의 추정값은 25.033(백만 원)이다.

해설
회귀계수의 신뢰구간 계산

$\sum_{i=1}^{10} y_i^2 = 25097,\ \bar{y} = 49.7,\ \sum_{i=1}^{10} x_i^2 = 766,\ \bar{x} = 8.4,\ \sum x_i y_i = 4326,\ SSE = 17.6$이므로,

$SST = \sum(y_i - \bar{y})^2 = \sum y_i^2 - n\bar{y}^2 = 25097 - 10 \times 49.7^2 = 396.1$

$b = \dfrac{\sum(x_i - \bar{x})(y_i - \bar{y})}{\sum(x_i - \bar{x})^2} = \dfrac{\sum x_i y_i - n\bar{x}\bar{y}}{\sum x_i^2 - n\bar{x}^2} = \dfrac{4326 - 10 \times 8.4 \times 49.7}{766 - 10 \times 8.4^2} = 2.5$

$a = \bar{y} - b\bar{x} = 49.7 - 2.5 \times 8.4 = 28.7$이므로, 추정된 회귀식은 $y = 28.7 + 2.5x$이다.

$MSE = \dfrac{SSE}{8} = \dfrac{17.6}{8} = 2.2$이고, $S_{xx} = \sum(x_i - \bar{x})^2 = \sum x_i^2 - n\bar{x}^2 = 766 - 10 \times 8.4^2 = 60.4$이다.

b의 분포는 $b \sim t_{n-2}\left(\beta,\ \dfrac{MSE}{S_{xx}}\right)$이므로, 검정통계량은 $t = \dfrac{b - \beta}{\sqrt{\dfrac{MSE}{S_{xx}}}} = \dfrac{2.5}{\sqrt{\dfrac{2.2}{60.4}}} = 13.1$

β의 신뢰구간은 $b - t_{(8,\,0.025)}\sqrt{\dfrac{MSE}{S_{xx}}} < \beta < b + t_{(8,\,0.025)}\sqrt{\dfrac{MSE}{S_{xx}}}$

$\Rightarrow 2.5 - 2.305 \times \sqrt{\dfrac{2.2}{60.4}} < \beta < 2.5 + 2.305\sqrt{\dfrac{2.2}{60.4}}$

∴ β의 신뢰구간은 $(2.063,\ 2.943)$이다.

51

적합된 회귀직선 $\hat{y} = \hat{\beta}_0 + \hat{\beta}_1 x$의 통계적 성질에 대한 설명으로 맞는 것은? [07] [09]

① $E(\hat{y}) = \beta_0 + \beta_1 x$

② $Var(\hat{y}) = \dfrac{(x-\overline{x})^2}{S_{xx}} \sigma^2$, 단, $S_{xx} = \sum (x_i - \overline{x})^2$

③ $\hat{y}$의 분포는 정규분포 $N\left(\beta_0 + \beta_1, \dfrac{(x-\overline{x})^2}{S_{xx}}\sigma^2\right)$이다.

④ σ^2을 모르는 경우 y의 $100(1-\alpha)\%$ 신뢰구간은 $\hat{y} \pm t_{\alpha/2}(n-2)\sqrt{MSE \dfrac{(x-\overline{x})^2}{S_{xx}}}$ 이다.

해설

② $Var(\hat{y}) = MSE\left[\dfrac{1}{n} + \dfrac{(x-\overline{x})^2}{S_{xx}}\right]$

③ $\hat{y} \sim N\left(\beta_0 + \beta_1 x,\ \sigma^2\left[\dfrac{1}{n} + \dfrac{(x-\overline{x})^2}{S_{xx}}\right]\right)$

④ $\hat{y} \pm t_{\frac{\alpha}{2}}(n-2)\sqrt{MSE\left[\dfrac{1}{n} + \dfrac{(x-\overline{x})^2}{S_{xx}}\right]}$

52

단순회귀모형 $y_i = \beta_0 + \beta_1 x_{i1} + e_i,\ i = 1, 2, \cdots, n$에서 기울기 β_1의 추정치를 $\hat{\beta}_1$이라 할 때, 기울기 β_1의 $100(1-\alpha)\%$ 신뢰구간으로 옳은 것은? [07]

① $\hat{\beta}_1 \pm t_\alpha(n-1) \dfrac{\sqrt{MSE}}{\sqrt{\sum_{i=1}^{n}(x_i - \overline{x})^2}}$

② $\hat{\beta}_1 \pm t_{\frac{\alpha}{2}}(n-1) \dfrac{\sqrt{MSE}}{\sqrt{\sum_{i=1}^{n}(x_i - \overline{x})^2}}$

③ $\hat{\beta}_1 \pm t_\alpha(n-2) \dfrac{\sqrt{MSE}}{\sqrt{\sum_{i=1}^{n}(x_i - \overline{x})^2}}$

④ $\hat{\beta}_1 \pm t_{\frac{\alpha}{2}}(n-2) \dfrac{\sqrt{MSE}}{\sqrt{\sum_{i=1}^{n}(x_i - \overline{x})^2}}$

해설

$\hat{\beta}$의 분포는 $\hat{\beta} \sim t_{\frac{\alpha}{2},\, n-2}\left(\beta_1,\ \dfrac{MSE}{S_{xx}}\right)$이다.

정답 51 ① 52 ④

53

자료 $(x_1, y_1), \cdots, (x_n, y_n)$에 대하여 단순선형회귀모형 $y_i = \alpha + \beta_i x_i + \epsilon_i (i=1, \cdots, n)$을 고려하자. 이때 오차항 ϵ_i의 평균이 0이고, 분산이 σ^2인 정규분포 $N(0, \sigma^2)$를 따른다고 하자. 회귀직선의 기울기 β_1의 최소제곱추정량 $\hat{\beta}_1$의 분산은? [11]

① $\dfrac{\sigma^2}{\sum_{i=1}^{n}(x_i - \overline{x})^2}$

② $\sigma^2 \left(\dfrac{1}{n} + \dfrac{(\overline{x})^2}{\sum_{i=1}^{n}(x_i - \overline{x})^2} \right)$

③ $\sigma^2 \left(\dfrac{1}{n} + \dfrac{\sum_{i=1}^{n}(x_i - \overline{x})}{\sum_{i=1}^{n}(x_i - \overline{x})^2} \right)$

④ $\sigma^2 \left(1 + \dfrac{1}{n} + \dfrac{\sum_{i=1}^{n}(x_i - \overline{x})}{\sum_{i=1}^{n}(x_i - \overline{x})^2} \right)$

해설

회귀직선의 기울기에 대한 분산

$b_1 = \dfrac{\sum (x_i - \overline{x})(y_i - \overline{y})}{\sum (x_i - \overline{x})^2}$ 이고, b_1의 분자 $\sum (x_i - \overline{x})(y_i - \overline{y}) = \sum (x_i - \overline{x})y_i - \overline{y}\sum (x_i - \overline{x}) = \sum (x_i - \overline{x})y_i$ 이 된다.

∴ 편차의 합은 0이므로

$b_1 = \sum a_i y_i$, $a_i = \dfrac{(x_i - \overline{x})}{\sum (x_i - \overline{x})^2}$ 라 놓으면,

$Var(b_1) = \sum a_i^2 \, Var(y_i) = \sum \left[\dfrac{(x_i - \overline{x})^2}{[\sum (x_i - \overline{x})^2]^2} \right] \sigma^2 = \dfrac{\sigma^2}{\sum (x_i - \overline{x})^2} = \dfrac{\sigma^2}{S_{xx}}$

54

단순회귀모형에서 독립변수의 회귀계수 β_1의 신뢰구간을 구하고자 한다. 표본의 크기는 100이고, β_1의 추정량은 4이며 추정량의 분산은 20이었다. β_1의 신뢰구간은? (단, $t_{0.05}(98) = 1.66$) [11] [17]

① (10.8943, 20.5478)
② (−7.2383, 9.5472)
③ (−5.5953, 10.9843)
④ (−3.4237, 11.4237)

해설

σ^2을 모를 경우 b_1의 신뢰구간

σ^2을 모를 경우 b_1의 신뢰구간은 $b_1 \pm t_{(n-2;\,\alpha/2)} \sqrt{\dfrac{\hat{\sigma}^2}{s_{xx}}}$ 이 된다. 여기서 $s_{xx} = \sum (x_i - \overline{x})^2$이다.

∴ $(4 - 1.66 \times \sqrt{20},\ 4 + 1.66 \times \sqrt{20}) \Rightarrow (-3.4237, 11.4237)$

55

회귀모형 $y_i = \alpha + \beta x_i + \epsilon_i$에서 회귀계수의 추정치 $\hat{\beta}$의 표준오차를 가능한 작게 하고자 한다. 설명변수 x_i는 0부터 5 사이의 값을 가지며 6개의 자료를 이용하여 추정할 때, 다음 중 설명변수 x_i의 값을 어떻게 설정하는 것이 $\hat{\beta}$의 표준오차를 가장 작게 하는가? [20]

① 0, 1, 2, 3, 4, 5
② 2, 2, 2, 3, 3, 3
③ 0, 0, 0, 5, 5, 5
④ 2, 3, 3, 4, 4, 5

해설

회귀계수의 추정량 $\hat{\beta}$의 표준오차

$\hat{\beta}$의 분포는 $\hat{\beta} \sim t_{n-2}\left(\beta, \dfrac{MSE}{s_{xx}}\right)$을 따른다. 즉, $Var(\hat{\beta}) = \dfrac{MSE}{s_{xx}} = \dfrac{MSE}{\sum(x_i - \overline{x})^2}$ 이므로 회귀계수의 추정량 $\hat{\beta}$의 표준오차는 $\sqrt{\dfrac{MSE}{\sum(x_i - \overline{x})^2}}$ 이다. 이 표준오차를 최소화하기 위해서는 $\sum(x_i - \overline{x})^2$의 값이 커야 한다. $\sum(x_i - \overline{x})^2$의 값이 가장 큰 값은 0, 0, 0, 5, 5, 5이다.

56

다음 중 회귀분석에 관한 설명으로 틀린 것은? [10] [16]

① 관련된 변수들 중 한 변수를 나머지 변수들로부터 설명하기 위해 모형을 설정한다.
② 회귀라는 단어는 영국의 과학자 갈톤(S.F.Galton)이 사용한 데서 유래한다.
③ 절편(Intercept)이 없는 단순선형회귀모형에서 잔차의 합은 항상 0이 된다.
④ 단순선형회귀모형에서 결정계수는 항상 상관계수의 제곱과 같다.

해설

절편이 있는 경우에는 잔차의 합은 0이 되나, 절편이 없는 경우에는 잔차의 합이 반드시 0이 되는 것은 아니다.

57

회귀계수와 관련된 설명으로 가장 적합한 것은? [14]

① 회귀계수의 추정값의 크기가 큰 설명변수가 종속변수에 더 많은 영향력을 미친다.
② 설명변수들 사이의 상관관계가 커지면 회귀계수 추정량들에 대한 신뢰성이 높아진다.
③ 회귀계수의 추정값은 종속변수와 설명변수의 측정단위에 영향을 받지 않는다.
④ 표준화 회귀계수를 사용하면 설명변수들이 종속변수에 미치는 영향의 정도를 비교할 수 있다.

해설

표준화 회귀계수
종속변수에 대한 독립변수의 상대적 중요도는 표준화 회귀계수의 절대값이 큰 순서로 높다.

58

다음은 변수 (X, Y)를 20회 관찰하여 얻은 결과이다. $y_i^* = (y_i - \overline{y})/s_y$는 y_i의 표준화된 변수이고 $x_i^* = (x_i - \overline{x})/s_x$는 x_i의 표준화된 변수일 때, 단순회귀모형의 적합에 대한 설명으로 옳은 것은? (단, 표본공분산은 $s_{xy} = \dfrac{1}{n-1}\sum_{i=1}^{n}(x_i - \overline{x})(y_i - \overline{y})$으로 정의한다) [18]

x의 표본평균	$\overline{x} = 16$
y의 표본평균	$\overline{y} = 13$
x의 표본분산	$s_x^2 = 16$
y의 표본분산	$s_y^2 = 4$
x, y의 표본공분산	$s_{xy} = 8$

① (x_i, y_i)에 대한 적합된 회귀식은 $\hat{y_i} = 9.5 + 0.5 x_i$이다.
② (x_i^*, y_i^*)에 대한 적합된 회귀식은 $\hat{y_i^*} = x_i^*$이다.
③ (x_i, y_i)의 표본상관계수는 $1/8$이다.
④ (x_i, y_i)의 회귀제곱합은 80이다.

해설

단순회귀분석

$b = \dfrac{\sum(x_i - \overline{x})(y_i - \overline{y})}{\sum(x_i - \overline{x})^2} = \dfrac{8}{16} = 0.5$, $a = \overline{y} - b\overline{x} = 13 - (0.5 \times 16) = 5$, $\therefore \hat{y} = 5 + 0.5x$

$r = \dfrac{Cov(X, Y)}{S_X S_Y} = \dfrac{8}{\sqrt{16}\sqrt{4}} = \dfrac{8}{8} = 1$

표준화한 자료(x_i^*, y_i^*)에 대한 추정된 회귀식은 $\hat{y_i^*} = x_i^*$이다.

59

단순회귀분석에서 잔차에 대한 설명으로 틀린 것은? [16]

① 모든 잔차의 합은 0이 된다.
② 잔차의 제곱의 합을 오차제곱합이라 부른다.
③ 잔차의 제곱을 최소화하여 회귀계수를 추정하는 방법을 최우추정법이라 부른다.
④ 정규성 혹은 등분산성 가정 검토에 잔차분석이 이용될 수 있다.

해설

최소제곱법

잔차의 합 $\sum_{i=1}^{n} e_i = \sum_{i=1}^{n}(y_i - \hat{y_i})$은 0이 되므로 잔차들의 제곱의 합 $\sum_{i=1}^{n} e_i^2 = \sum_{i=1}^{n}(y_i - \hat{y_i})^2$을 최소로 하는 회귀선을 구하는 방법이 최소제곱법이다.

60

단순회귀분석에서 잔차에 대한 설명으로 틀린 것은?

① 잔차들의 합은 0(Zero)이다.
② 잔차(e_i)와 독립변수 x_i의 곱들의 합은 영이다.
③ 잔차(e_i)와 독립변수 y_i의 곱들의 합은 영이다.
④ 잔차(e_i)와 독립변수 $\hat{y_i}$의 곱들의 합은 영이다.

해설

단순회귀분석에서 잔차의 성질

잔차 : 오차의 추정값이다. $e_i = y_i - \hat{y}$ = 관측값 − 예측값

- $\sum e_i = 0$
- $\sum x_i e_i = 0$
- $\sum y_i = \sum \hat{y_i}$
- $\sum \hat{y_i} e_i = 0$

61

선형회귀분석에서 최소제곱추정(Least Squares Estimation)과 관련된 다음 설명 중 항상 성립하는 것이 아닌 것은?

① $\sum_{i=1}^{n} e_i = 0$
② $\sum_{i=1}^{n} y_i = \sum_{i=1}^{n} \hat{y_i}$
③ $\sum_{i=1}^{n} x_i e_i = 0$
④ $\sum_{i=1}^{n} y_i e_i = 0$

해설

60번 문제 해설 참고

62

다음 중 회귀모형 $y = \beta_0 + \beta_1 x + \epsilon$에서 잔차에 대한 설명으로 틀린 것은?

① 잔차들의 합은 0이다.
② 잔차들의 제곱합은 항상 0이다.
③ 적합된 회귀선의 잔차제곱의 합은 최소가 된다.
④ 적합된 회귀선은 항상 점 $(\bar{x}, \bar{y})$을 지난다.

해설

최소제곱법

잔차의 합 $\sum_{i=1}^{n} e_i = \sum_{i=1}^{n}(y_i - \hat{y_i})$은 0이 되므로 잔차들의 제곱의 합 $\sum_{i=1}^{n} e_i^2 = \sum_{i=1}^{n}(y_i - \hat{y_i})^2$을 최소로 하는 회귀선을 구하는 방법이 최소제곱법이다.

정답 60 ③ 61 ④ 62 ②

63

단순선형회귀모형 $y_i = \alpha + \beta x_i + \epsilon_i (i = 1, 2, \cdots, n)$에서 잔차 $e_i = y_i - \hat{y_i}$의 성질에 관한 옳은 설명을 모두 고른 것은? (단, ϵ_i는 서로 독립이고 평균 0, 분산 σ^2인 확률변수이고 $\hat{y_i}$은 최소제곱추정값이다)

[13] [20]

> ㄱ. $\sum_{i=1}^{n} e_i = 0$ ㄴ. $\sum_{i=1}^{n} x_i e_i = 0$
>
> ㄷ. $\sum_{i=1}^{n} y_i e_i = 0$ ㄹ. $\sum_{i=1}^{n} \hat{y_i} e_i = 0$

① ㄱ, ㄴ
② ㄷ, ㄹ
③ ㄱ, ㄴ, ㄹ
④ ㄱ, ㄴ, ㄷ, ㄹ

해설

단순회귀분석에서 잔차의 성질

잔차 : 오차의 추정값이다. $e_i = y_i - \hat{y}$ = 관측값 − 예측값

- $\sum e_i = 0$
- $\sum x_i e_i = 0$
- $\sum y_i = \sum \hat{y_i}$
- $\sum \hat{y_i} e_i = 0$

64

최소제곱추정법으로 단순회귀모형 $y_i = \alpha + \beta x_i + \epsilon_i, (i = 1, \cdots, n)$을 적합한 회귀식 $\hat{y} = b_0 + b_1 x_i$와 잔차 $e_i = y_i - \hat{y_i}$에 대한 설명으로 옳지 않은 것은? [19]

① (y_i, e_i)의 표본상관계수는 0이다.
② (x_i, e_i)의 표본상관계수는 0이다.
③ $(\hat{y_i}, e_i)$의 표본상관계수는 0이다.
④ 적합된 회귀직선은 (x_i, y_i)들의 평균 $(\bar{x}, \bar{y})$를 통과한다.

해설

$\sum x_i e_i = 0$과 $\sum \hat{y_i} e_i = 0$이 성립하므로 (x_i, e_i)와 $(\hat{y_i}, e_i)$의 표본상관계수는 각각 0이 된다. 적합된 회귀직선은 항상 $(\bar{x}, \bar{y})$를 지난다.

65

어떤 회사에 근무하는 컴퓨터 전문인들의 급료의 차이를 알아보기 위하여 다중회귀모형 $y_i = \beta_0 + \beta_1 x_1 + \beta_2 x_2 + \beta_3 x_3 + \epsilon_i$을 사용하였다. 여기서 설명변수 x_1은 경력연한, 설명변수 x_2는 성별변수로서 남자이면 0, 여자이면 1, 그리고 설명변수 x_3는 관리직이면 1, 스텝직이면 0이다. 주어진 자료로부터 추정되어진 회귀직선은 $\hat{y} = 33.83 - 0.10x_1 + 8.13x_2 - 0.04x_3$일 때 관리직인 여자의 추정된 회귀직선은? `04` `07`

① $\hat{y} = 33.83 - 0.10x_1$
② $\hat{y} = 41.92 - 0.10x_1$
③ $\hat{y} = 33.87 - 0.10x_1$
④ $\hat{y} = 41.97 - 0.10x_1$

해설

더미변수 회귀분석

추정된 회귀식 : $\hat{y} = 33.83 - 0.10x_1 + 8.13x_2 - 0.04x_3$

관리직인 여자의 경우 $x_3 = 1$, $x_2 = 1$인 경우이므로, 위 식에 대입하여 구한 회귀식은 $\hat{y} = 41.92 - 0.10x_1$이 된다.

66

다음 회귀추정식은 C국의 국채판매액을 설명하기 위한 모형의 추정결과이다.

$$y = 1.3 + 0.7NI + 2.0W$$

여기서 y는 국채판매액을, NI는 국민소득을 나타낸다. 또, W는 전쟁시기 1, 평화시기 0을 갖는 지시변수(가변수)이다. 이 추정결과로부터 얻을 수 있는 전쟁시기만의 회귀추정식은? `09`

① $y = 1.3 + 2.7NI$
② $y = 3.3 + 2.7NI$
③ $y = 1.3 + 0.7NI$
④ $y = 3.3 + 0.7NI$

해설

더미변수 회귀분석

추정된 회귀식 : $\hat{y} = 1.3 - 0.7NI + 2.0W$

전쟁시기는 $W = 1$인 경우이므로, 위 식에 대입하여 구하면 회귀식은 $\hat{y} = 3.3 + 0.7NI$가 된다.

정답 65 ② 66 ④

67

다음 식은 두 개의 독립변수 x_1(체중 : kg)과 x_2(성별 : 남자 = 1, 여자 = 0)로 종속변수 y(공이 날아간 거리)를 예측하는 회귀식이다. 남자와 여자 각각의 회귀식으로 옳은 것은? [17]

$$\hat{y} = 7.557 + 0.384x_1 + 0.840x_2 + 0.452x_3$$

(단, x_3는 x_1과 x_2의 교호작용항이다)

① 남자 : $\hat{y} = 8.397 + 0.384x_1$
   여자 : $\hat{y} = 7.557 + 0.384x_1$
② 남자 : $\hat{y} = 8.397 + 0.836x_1$
   여자 : $\hat{y} = 7.557 + 0.384x_1$
③ 남자 : $\hat{y} = 7.557 + 0.384x_1$
   여자 : $\hat{y} = 8.397 + 0.384x_1$
④ 남자 : $\hat{y} = 7.557 + 0.384x_1$
   여자 : $\hat{y} = 8.397 + 0.836x_1$

해설

더미변수 회귀분석

추정된 회귀식은 $\hat{y} = 7.557 + 0.384x_1 + 0.840x_2 + 0.452x_3$으로 x_3이 x_1과 x_2의 교호작용항이므로 회귀식을 $\hat{y} = 7.557 + 0.384x_1 + 0.840x_2 + 0.452x_1x_2$으로 변환하여 사용할 수 있다. 변환된 회귀식에 $x_2 = 1$을 대입하여 남자에 대한 회귀식을 구하고 $x_2 = 0$을 대입하여 여자에 대한 회귀식을 구한다.

남자 : $\hat{y} = 7.557 + 0.384x_1 + (0.840 \times 1) + 0.452x_1 = 8.397 + 0.836x_1$
여자 : $\hat{y} = 7.557 + 0.384x_1 + (0.840 \times 0) + (0.452 \times 0)x_1 = 7.557 + 0.384x_1$

68

회귀분석에서 $y = \alpha x^\beta$를 $y' = \log y$, $x' = \log x$로 변수변환한 후의 선형식은? [05] [17]

① $y' = \alpha + \beta x'$
② $y' = \log \alpha + \beta x'$
③ $y' = \alpha + \beta \log x'$
④ $y' = \log \alpha + \beta \log x'$

해설

회귀분석에서 변수변환

$\log y = \log \alpha x^\beta = \log \alpha + \beta \log x$
∴ $y' = \log \alpha + \beta x'$

69

회귀분석에서 다중공선성에 대한 설명으로 옳지 않은 것은? 04

① 다중공선성(Multicollinearity)이란 잔차항들이 서로 상관되어있는 것을 의미한다.
② 다중공선성이 존재하면 독립변수에 대해 추정된 회귀계수의 분산과 표준오차가 증가하여 결과적으로 t값을 떨어트린다.
③ 다중공선성이 존재하는가를 알아보기 위해서는 독립변수들 간의 상관관계를 조사한다.
④ 분산팽창지수(VIF ; Variance Inflation Factor) 검사하여 10 이상이면 다중공선성이 있다고 판단한다.

해설
① 다중공선성은 독립변수들이 서로 상관되어 있는 것을 의미한다.

다중공선성(Multicollinearity) 존재 여부 판단
- 상관관계 : 독립변수들 간의 상관계수가 0.9 이상이면 다중공선성이 있다고 판단한다.
- 공차한계 : 공차한계($1-R_i^2$)가 0.1 이하이면 다중공선성이 있다고 판단한다.
- 분산팽창요인(VIF) : 공차한계의 역수로서 분산팽창요인이 10 이상일 경우 다중공선성이 있다고 판단한다.

70

다중공선성(Multicollinearity)을 진단하는 측도가 아닌 것은? 17 20

① Durbin-Watson 통계량
② 분산팽창계수(VIF)
③ 조건지수(Condition Indices)
④ 분산분해비율(Variance Decomposition Proportion)

해설
Durbin-Watson 통계량
Durbin-Watson 통계량은 회귀분석의 기본 가정인 오차항의 독립성 검토에 사용되는 통계량으로 독립변수가 시계열자료일 경우 오차항이 과거시점의 오차항과 상관관계를 갖고 있는지를 검토한다.

71

회귀모형 $y_i = \beta_0 + \beta_1 x_1 + \beta_2 x_2 + \beta_3 x_3 + \beta_4 x_4 + \epsilon_i$ 에서 다중공선성이 존재하는 경우에 발생되는 문제점은? 05

① 오차항이 정규성 가정을 벗어나게 된다.
② 전체적으로 예측값이 실제값보다 커지게 된다.
③ 회귀계수의 수치해가 매우 불안정하여 신뢰할 수 없게 된다.
④ Box-Cox의 등분산 변환방법을 사용할 수 없게 된다.

해설

다중공선성(Multicollinearity)
다중공선성이 존재하는 경우 $Var(b_i) = \dfrac{\sigma^2}{1-r_{12}^2}$, $i = 1, 2$ 에서 상관계수 $r_{12} = |1|$ 에 가까워져서 b_i 의 분산값이 매우 커지므로 β_i 는 추정량으로서 적절하지 못하게 된다.

72

회귀분석에서 다중공선성이 존재할 때 사용하는 방법이 아닌 것은? 08 11

① 능형 회귀(Ridge Regression)
② 주성분 회귀(Principle Component Regression)
③ 잠복근 회귀(Latent Root Regression)
④ 로버스트 회귀(Robust Regression)

해설

다중공선성(Multicollinearity) 해결 방안
- 능형 회귀(Ridge Regression)
- 주성분 회귀(Principle Component Regression)
- 잠복근 회귀(Latent Root Regression)
- 선형관계가 강한 변수 제거
- 독립변수를 더 넓은 범위에서 관측

73

중회귀모형에서 다중공선성(Multicollinearity)에 관한 설명으로 틀린 것은? 13

① 다중공선성은 설명변수 사이에 선형관계가 높을 때 발생한다.
② 다중공선성이 존재하면 회귀계수 추정치의 분산이 매우 작아진다.
③ 결정계수(R^2)의 값이 크더라도 다중공선성의 문제는 발생할 수 있다.
④ 다중공선성의 문제를 해결할 수 있는 한 가지 방법은 상관관계가 높은 설명변수를 회귀모형에서 제거하는 것이다.

해설

다중공선성이 존재하면 독립변수에 대해 추정된 회귀계수의 분산과 표준오차가 증가하여 결과적으로 t 값을 떨어뜨린다.

74

다중공선성에 대한 설명과 가장 거리가 먼 것은?

① 분산확대인자(Variance Inflation Factor)의 값이 10을 넘어 단계적 선택법을 수행하였다.
② 상태지수(Condition Number)가 10을 초과하는 변수가 있어 단계적 선택법을 수행하였다.
③ 독립변수들 간의 상관계수가 매우 높은 값이 발견되어 전진선택법을 수행하였다.
④ Cook's Distance가 매우 커서 후진제거법을 수행하였다.

해설
Cook's Distance는 영향을 크게 주는 측정값을 찾아내는 방법 중 하나이다.

75

다중회귀분석에서 독립변수들 사이에 높은 상관관계가 존재하는 다중공선성에 대한 설명으로 틀린 것은?

① 다중공선성이 존재할 때는 추정량의 정도를 높이기 위해 편의추정량(Biased Estimator)을 사용할 수 있다.
② 분산팽창계수(Variance Inflation Factor ; VIF)의 값으로 다중공선성의 존재를 파악한다.
③ Cook의 D 통계량, DFFITS, DFBETAS 등은 다중공선성의 존재여부를 판별하는 데 유용하게 사용되는 통계량이다.
④ 다중공선성이 존재할 때 표본의 수를 증가시키는 것도 이를 해결하기 위한 한 가지 방안이다.

해설
74번 문제 해설 참고

정답 74 ④ 75 ③

76

중회귀분석에서 변수선택의 판정기준에 관한 설명으로 틀린 것은? [13]

① 결정계수는 총변동 중에서 회귀식에 의해 설명되는 변동을 의미한다.
② 수정결정계수는 설명변수의 수가 많을수록 큰 값을 가진다.
③ MSE의 판정기준에서는 이를 최소로 하는 변수의 수를 선택한다.
④ C_p의 판정기준에서는 이를 최소로 하는 변수의 수를 선택한다.

해설

변수선택의 판정기준

- 잔차평균제곱 $MSE_p = \dfrac{SSE_p}{n-p-1}$ ⇒ MSE_p를 최소로 하는 p 선택
- 결정계수 $R_p^2 = 1 - \dfrac{SSE_p}{SST}$ ⇒ R_p^2의 증가가 둔화되는 시점에서 p 선택
- 수정결정계수 $R_{ap}^2 = 1 - (n-1)(1-R_p^2)/(n-p-1)$ ⇒ R_p^2의 단점을 보완
- 멜로우즈의 $C_p = \dfrac{SSE_p}{\hat{\sigma}^2} + 2(p+1) - n$ ⇒ C_p값을 최소화시키는 p 선택

77

다중선형회귀분석에서 독립변수(설명변수)가 여러 개 있을 경우에는 회귀모형설정에 꼭 필요한 독립변수를 선택하여 사용하는 것이 바람직하다. 다음 중 이러한 변수선택법이 아닌 것은? [09] [14] [20]

① 단계적 선택법
② 입력방식방법
③ 전진선택법
④ 후진제거법

해설

② 입력방식방법 : 모든 독립변수를 고려하여 회귀분석을 실행하는 방법
① 단계적 선택법(Stepwise Selection) : 후진제거법은 모형에서 한번 제거한 변수는 다시 모형에 포함시킬 수 없고, 전진선택법 또한 모형에 한번 포함된 변수는 다른 변수와의 상관관계에 관계없이 항상 포함된다. 이러한 단점을 보완하여 다른 변수와의 상관관계를 고려하여 이미 모형에 포함된 변수라도 다른 변수와의 관계에 의해서 설명력이 없는 변수는 제거하면서 최적의 변수를 선택하는 방법
③ 전진선택법(Forward Selection) : 후진제거법과 반대로 고려하는 변수 중에 설명력이 가장 큰 변수부터 차례대로 모형에 추가하는 방법
④ 후진제거법(Backward Elimination) : 모든 변수를 모형에 포함시킨 후 중요하지 않은 변수부터 차례대로 제외시키는 방법

78

다중회귀분석의 변수선택 방법이 아닌 것은? [16]

① 모든 가능한 회귀(All Possible Regression)
② 능형 회귀(Ridge Regression)
③ 앞으로부터 선택(Forward Selection)
④ 단계별 회귀(Stepwise Regression)

[해설]
능형 회귀는 다중공선성을 해결하는 방법이다.

79

다음 통계량 중 성격이 다른 것은? [17] [21]

① 멜로우즈의 C_p 통계량
② 수정결정계수(Adjusted R^2)
③ Cook's D 통계량
④ 아카이케의 정보량기준(Akaike Information Criteria)

[해설]
③ 회귀모형을 추정할 때 몇 개의 관측값이 다른 관측값들에 비해 회귀모형의 추정결과에 크게 영향을 미치는 경우 이들 관측값을 영향치(Influential Observation)라고 하며, 영향치 식별방법으로 Cook's D 통계량을 이용한다.

변수선택 방법
다중회귀분석에서 최적의 모형을 선택하기 위한 변수선택 방법에는 여러 가지가 있다.

- 멜로우즈의 C_p 통계량 : 멜로우즈의 C_p 통계량은 $C_p = \dfrac{SSE_p}{\hat{\sigma}^2} + 2(p+1) - n$으로 정의하며 여기서 $\hat{\sigma}^2$은 독립변수가 k인 완전모형에서의 MSE이다. 멜로우즈의 C_p 통계량을 이용한 변수선택 판정기준은 C_p를 최소로 하는 p개의 독립변수를 선택하는 방법이다.

- 수정결정계수(Adjusted R^2) : 수정결정계수는 $adj\ R_p^2 = 1 - \dfrac{n-1}{n-p-1}\dfrac{SSE_p}{SST} = 1 - \dfrac{n-1}{n-p-1}(1-R_p^2)$으로 정의하며 수정결정계수를 이용한 변수선택 판정기준은 $adj\ R_p^2$를 최대로 하는 p개의 독립변수를 선택하는 방법이다.

- 아카이케의 정보량기준(Akaike Information Criteria) : AIC 통계량은 $AIC = 2k - 2\ln(L^*)$으로 정의하며 여기서 k는 모수의 개수, L은 가능도 함수(Likelihood Function), L^*은 이미 가능도 함수가 최적화된 어떤 상수를 의미한다. AIC 통계량을 이용한 변수선택 판정기준은 AIC 통계량을 가장 최소화하는 독립변수를 선택하는 방법이다.

80

중회귀분석에서 변수선택법에 대한 설명으로 틀린 것은? 18

① 전진선택법은 이미 모형에 포함된 변수를 새로운 변수가 모형에 추가될 경우 모형에서 제외할 수 없다.
② 단계별 선택법은 변수선택의 매단계마다 이미 포함된 변수를 제외할 수 있다.
③ 모든 가능한 회귀는 단계별 선택법에 비해 계산량이 많고 비효율적이므로 고려할 필요가 없다.
④ 수정결정계수는 설명력이 미비한 독립변수가 추가될 경우 결정계수와는 달리 그 값이 감소한다.

해설

다중선형회귀분석에서 변수선택법

- 입력방식(모든 가능한 회귀) : 모든 독립변수를 고려하여 회귀분석을 실행하는 방법으로 계산이 편리하다.
- 후진제거법(Backward Elimination) : 모든 변수를 모형에 포함시킨 후 중요하지 않은 변수부터 차례대로 제외시키는 방법
- 전진선택법(Forward Selection) : 후진제거법과 반대로 고려하는 변수 중에 설명력이 가장 큰 변수부터 차례대로 모형에 추가하는 방법
- 단계적 선택법(Stepwise Selection) : 후진제거법은 모형에서 한번 제거한 변수는 다시 모형에 포함시킬 수 없고, 전진선택법 또한 모형에 한번 포함된 변수는 다른 변수와의 상관관계에 관계없이 항상 포함된다. 이러한 단점을 보완하여 다른 변수와의 상관관계를 고려하여 이미 모형에 포함된 변수라도 다른 변수와의 관계에 의해서 설명력이 없는 변수는 제거하면서 최적의 변수를 선택하는 방법

81

회귀분석에서 변수선택의 판별기준과 가장 거리가 먼 것은? 18

① 잔차의 평균제곱
② 수정된 결정계수
③ 총제곱오차법
④ 최소제곱법

해설

④ 최소제곱법은 실제로 관측된 값과 이론적으로 가정된 기대값의 편차제곱합을 최소로 함으로써 모수를 추정하는 방법이다.

변수선택의 판정기준

- 잔차평균제곱 $MSE_p = \dfrac{SSE_p}{n-p-1}$ ⇒ MSE_p를 최소로 하는 p 선택
- 결정계수 $R_p^2 = 1 - \dfrac{SSE_p}{SST}$ ⇒ R_p^2의 증가가 둔화되는 시점에서 p 선택
- 수정결정계수 $R_{ap}^2 = 1 - (n-1)(1-R_p^2)/(n-p-1)$ ⇒ R_p^2의 단점을 보완
- 총제곱오차(멜로우즈의 C_p) $C_p = \dfrac{SSE_p}{\hat{\sigma}^2} + 2(p+1) - n$ ⇒ C_p값을 최소화시키는 p 선택

82

다중회귀분석의 변수선택법에 대한 설명으로 옳은 것은? [20]

① 전진선택법은 완전모형부터 시작한다.
② 후진제거법은 완전모형에서 시작한다.
③ 단계적 선택법은 후진제거법을 기준으로 실행한다.
④ 단계적 선택법은 완전모형에서 출발한다.

해설

다중선형회귀분석에서 변수선택법
- 입력방식(모든 가능한 회귀) : 모든 독립변수를 고려하여 회귀분석을 실행하는 방법
- 후진제거법(Backward Elimination) : 모든 변수를 모형에 포함시킨 후 중요하지 않은 변수부터 차례대로 제외시키는 방법
- 전진선택법(Forward Selection) : 후진제거법과 반대로 고려하는 변수 중에 설명력이 가장 큰 변수부터 차례대로 모형에 추가하는 방법
- 단계적 선택법(Stepwise Selection) : 후진제거법은 모형에서 한번 제거한 변수는 다시 모형에 포함시킬 수 없고, 전진선택법 또한 모형에 한번 포함된 변수는 다른 변수와의 상관관계에 관계없이 항상 포함된다. 이러한 단점을 보완하여 다른 변수와의 상관관계를 고려하여 이미 모형에 포함된 변수라도 다른 변수와의 관계에 의해서 설명력이 없는 변수는 제거하면서 최적의 변수를 선택하는 방법

83

여러 개의 설명변수를 가지는 중회귀모형에 대한 설명으로 틀린 것은? [08]

① 설명변수를 추가하면 C_p의 값은 증가한다.
② 설명변수를 추가하면 결정계수(R^2)의 값은 감소하지 않는다.
③ 설명변수들 사이의 상관계수 값이 크면 다중공선성(Multicollinearity)의 문제가 발생한다.
④ 최적의 모형은 주어진 모든 설명변수를 다 포함하지 않을 수도 있다.

해설

중회귀모형(Multiple Regression Model)
- $Mallow's\ C_P = \dfrac{잔차제곱합}{분산추정량} + 2p - n$ 으로 독립변수를 증가시키면 잔차제곱합은 감소하지만 $2p-n$이 증가하여 $Mallow's\ C_P$는 처음에는 감소하다 모형이 복잡해지면 다시 증가한다.
- 설명변수를 추가하면 결정계수(R^2)는 증가한다.
- 다중공선성은 설명변수들 사이의 연관성이 클 때 발생한다.
- 모든 설명변수를 다 포함하면 결정계수는 높아지나 유의하지 않은 변수들도 포함될 수 있으므로 변수선택방법(전진선택법, 단계선택법, 후진선택법)을 이용하여 유의한 변수들로 회귀모형을 만드는 것이 최적이다.

84

독립변수가 (X_1, X_2)인 모형에서 회귀제곱합과 오차제곱합은 각각 $SSR(X_1, X_2)$, $SSE(X_1, X_2)$로 표시한다. 또한 이 모형에 X_3가 독립변수로 추가된 경우의 증가된 회귀제곱합을 추가제곱합(Extra Sum of Squares)이라 하며, $SSR(X_3 \mid X_1, X_2)$과 같은 형태로 표시한다. 다음 추가제곱합의 성질 중 성립하지 않는 것은? 03

① $SSR(X_3 \mid X_1, X_2) = SSR(X_1, X_2, X_3) - SSR(X_1, X_2)$
② $SSR(X_3 \mid X_1, X_2) = SSR(X_1, X_2) - SSE(X_1, X_2, X_3)$
③ $SSR(X_1, X_2, X_3) = SSR(X_1) - SSE(X_2, X_3 \mid X_1)$
④ $SSR(X_1, X_2, X_3) = SSR(X_1) + SSR(X_2 \mid X_1) + SSR(X_3 \mid X_1)$

해설

① $SSR(b_1, b_2, \cdots, b_k / b_0) = \sum_{j=1}^{n}(\hat{y} - \bar{y})^2 = b'X'y - n(\bar{y})^2 = y'\Pi_X y - y'\Pi_1 y = SSR(b_0, b_1, \cdots, b_k) - SSR(b_0)$

② $SST = SSR(F) + SSE(F) = SSR(R) + SSE(R)$이므로, $SSR(F) - SSR(R) = SSE(R) - SSE(F)$이 성립한다.
∴ $SSR(X_3 \mid X_1, X_2) = SSR(X_1, X_2, X_3) - SSR(X_1, X_2) = SSE(X_1, X_2) - SSE(X_1, X_2, X_3)$

③ $SSR(X_1, X_2, X_3) = SSR(X_1) + SSR(X_2, X_3 \mid X_1)$
∴ $SSR(X_2, X_3 \mid X_1) = SSR(X_1, X_2, X_3) - SSR(X_1)$

85

대형금융기관에 근무하는 사무직원에게 그의 감독자에 대한 만족도를 연구하기 위하여 다음 다중회귀모형을 사용하였고 30개의 자료가 조사되었다.

$$y_j = \beta_0 + \beta_1 x_{1j} + \beta_2 x_{2j} + \cdots + \beta_6 x_{6j} + \epsilon_j$$

이때 귀무가설 $H_0 : \beta_1 = \beta_2 = \cdots = \beta_6 = 0$을 검정하기 위한 F검정통계량의 값은? (단, 완전모형에서 오차제곱합은 1,049이고 축소모형에서 오차제곱합은 3,297이다) 15

① 6.4   ② 8.2
③ 10.5   ④ 12.9

해설

부분 F-검정
다중회귀모형 $y_i = \beta_0 + \beta_1 x_1 + \beta_2 x_2 + \beta_3 x_3 + \beta_4 x_4 + \beta_5 x_5 + \beta_6 x_6 + \epsilon_i$
$H_0 : \beta_1 = \beta_2 = \beta_3 = \beta_4 = \beta_5 = \beta_6 = 0$

$$F_0 = \frac{[SSE(R) - SSE(F)]/(df_R - df_F)}{SSE(F)/df_F}$$

$$= \frac{[SSE(R) - SSE(F)]/[(n-k-1) - (n-k-1+p)]}{SSE(F)/(n-k-1)}$$

$$= \frac{(3297 - 1049)/6}{1049/23} = 8.211$$

84 ④   85 ②

86

30개의 관측자료를 갖고 종속변수 Y와 관련이 있다고 생각되는 2개의 독립변수 X_1, X_2를 활용한 회귀분석을 하고자 한다. 우선 (X_1, X_2)이 모두 포함된 회귀분석을 실시한 결과 오차제곱합(SSE)은 230이고, X_1만 포함된 회귀분석을 실시한 결과 오차제곱합(SSE)은 250이다. 이 경우 X_2가 제거될 수 있는지 여부를 검정하기 위한 부분 F-검정(Partial F-test) 통계량은? 06 08 10

① 2.160
② 2.211
③ 2.348
④ 2.435

해설

부분 F-검정(Partial F-test) 통계량

$SSE(F) = SSE(X_1, X_2) = 230$

$SSE(R) = SSE(X_1) = 250$

$SSE(R) - SSE(F) = SSE(X_1) - SSE(X_1, X_2) = SSR(X_1, X_2) - SSR(X_1)$
$= SSR(X_1, X_2) - SSR(X_1) = SS(X_2 \mid X_1)$

$$F_0 = \frac{[SSE(R) - SSE(F)]/(df_R - df_F)}{SSE(F)/df_F}$$
$$= \frac{[SSE(R) - SSE(F)]/[(n-k-1)-(n-k-1+p)]}{SSE(F)/(n-k-1)} = \frac{(250-230)/1}{230/27} = 2.3478$$

87

갑이라는 타이어 제조업체에서는 2개의 생산라인 A, B에서 레디알 타이어를 생산하고 있다. 생산라인의 속도와 불량품 간에는 관계가 있는 것으로 나타났다. 불량품의 개수가 생산라인의 차이로부터 오는가를 알아보기 위해 각 라인으로부터 각각 12개의 타이어를 조사한 결과 다음과 같은 값들을 얻었다. 두 회귀직선의 동일성 여부를 검정하기 위한 검정통계량 값은? 06 10 13

> 각 모형에서의 회귀제곱합과 오차제곱합은 다음과 같다.
> ◎ 완전모형
> • 생산라인 A : $SSR_A = 10$, $SSE_A = 2$
> • 생산라인 B : $SSR_B = 9$, $SSE_B = 1.5$
> ◎ 축소모형
> • $SSR_R = 16$, $SSE_R = 6$

① 1.83
② 7.14
③ 12.85
④ 17.45

해설

두 회귀선의 비교 검정

$$F_0 = \frac{[SSE(R) - SSE(F)]/(k+1)}{SSE(F)/(n-2k-2)} = \frac{(6-3.5)/(1+1)}{3.5/(24-2-2)} = 7.1428, \text{ 여기서 } n = n_1 + n_2$$

05 비모수검정 및 다변량분석

01

다음 중 비모수적 방법의 장점이 아닌 것은? `07`

① 최소한의 가정하에서 개발된 통계적 방법이므로 가정이 위배되었을 때 생기는 오류의 가능성이 적다.
② 모수적인 방법보다 적용이 용이하고 이해가 쉽다.
③ 통계적 의미를 직관적으로 이해하기 쉬우므로 수리통계학의 깊은 지식이 없이도 접근이 가능하다.
④ 데이터가 구간척도나 비율척도 등으로 주어졌을 때 적합한 방법이다.

해설

비모수적 방법(Nonparametric Method)
비모수적 방법은 데이터가 명목척도나 순서척도로 주어졌을 때 적합한 방법이다.

02

다음은 무엇에 관한 설명인가? `11`

> 현실적으로 모집단에 관한 특별한 가정(예를 들면 정규분포를 따름)을 할 수 없거나 데이터가 순위로만 주어졌을 때 통계적 추론을 위해 주로 이용할 수 있는 분석방법이다.

① 교차분석
② 판별분석
③ 비모수통계
④ 회귀분석

해설

비모수적 검정(Nonparametric Tests)
비모수적 검정(통계)은 모집단에 대한 분포를 가정하지 않고 일반적으로 관측값의 부호나 순위를 이용하여 검정하는 방법이다.

03

비모수검정법이 아닌 것은? `03`

① 부호검정(Sign Test)
② Wilcoxon의 부호순위검정(Signed-rank Test)
③ Kruskal-Wallis 검정
④ Duncan 검정

해설

Duncan 다중범위 검정법(Duncan's Multiple Range Test)
Duncan 다중범위 검정법은 분산분석 결과 귀무가설이 기각되어 적어도 한 쌍의 모평균이 같지 않다고 판단되는 경우에 어느 집단의 모평균 사이에 차이가 있는지를 분석하는 사후분석 방법이다.

01 ④ 02 ③ 03 ④ **정답**

04

모수적 통계분석방법에서는 상관관계를 나타내는 척도로서 상관계수를 사용한다. 그러나 비모수적인 방법에서는 상관계수의 의미가 약해지므로 상관관계를 나타내는 비모수적 측도를 고려해야만 한다. 비모수적인 방법에서 상관성을 검증하는 방법은? 04 06

① 켄달의 타우
② 피트만 검정
③ 윌콕슨 순위합 검정
④ 콜모고로프-스미르노프 검정

해설
비모수적 방법에서 상관성을 검정하는 방법
- 모수적 통계분석 방법 : 피어슨 상관계수
- 비모수적 통계분석 방법 : 켄달의 타우, 스피어만의 순위상관계수

05

모수적 검정과 비모수적 검정 사이의 관계에 관한 설명으로 옳지 않은 것은? 04

① 일원배치 ANOVA의 F-검정법과 크루스칼-왈리스 검정은 주로 3개 이상의 위치모수 또는 처리들의 효과를 검정하기 위한 검정방법들이다.
② 반복이 있는 이원배치 ANOVA의 F-검정법에 대응하는 비모수적 방법에는 프리드만 검정법이 있다.
③ 표본의 수가 k인 크루스칼-왈리스 검정에서 검정통계량은 각 표본의 크기가 5 이상일 때는 자유도 $(k-1)$인 카이제곱분포에 근사한다.
④ 피어슨 상관계수와 같은 역할을 하는 비모수적 방법은 스피어만의 순위상관계수이다.

해설
프리드만 검정(Friedman Test)
프리드만 검정은 실험조건이 동질인 것을 한데 묶은 블럭화된 일원배치 분산분석법과 같다.

정답 04 ① 05 ②

06

비모수통계학에서의 두 모집단의 평균비교 검정 중 대응비교 검정방법은? 09 15

① Kruskal-Wallis Test
② Mann-Whitney Test
③ Wilcoxon Signed Ranks Test
④ Kendal's Tau

해설

비모수적 검정방법

데이터의 구조	명목척도	순서척도
일표본	카이제곱(Chi-square) 검정 런(Run) 검정 이항(Binomial) 검정	Kolmogorov-Smirnov 검정
K-표본	Cochran Q 검정	Friedman 검정 Kendall의 일치계수 검정
독립 2-표본	카이제곱(Chi-square) 검정	Mann-Whitney 검정 Moses 검정 Kolmogorov-Smirnov 검정 Wald-Wolfowitz 검정
독립 K-표본	카이제곱(Chi-square) 검정	중앙값 검정 Kruskal-Wallis 검정
대응 2-표본	McNemar 검정	부호검정 Wilcoxon 부호순위 검정

07

부호(Sign)검정과 부호순위(Signed Rank) 검정에 대한 설명으로 틀린 것은? 09

① 모두 일표본 위치모수에 대한 비모수적 검정법이다.
② 모집단의 분포에 관계없이 부호순위 검정의 효율이 부호검정보다 뛰어나다.
③ 두 검정법 모두 분포무관(Distribution Free) 검정이다.
④ 모집단에 대해 연속(Continuous)의 가정이 요구된다.

해설

부호검정과 부호순위 검정

- 부호검정 : 부호검정은 t-검정을 대신할 수 있는 비모수적 방법으로 자료가 연속이고 독립인 분포에서 나온 것이라는 가정만 하게 된다. 따라서 단일표본에서 얻은 자료가 정규분포라는 가정을 하기 어렵고 자료의 수가 많지 않을 때 적용할 수 있는 추론방법이다. 특히 부호검정은 차이의 크기는 무시하고 단지 차이의 부호만을 이용하므로 수치측정이 어려운 경우에 매우 유용하다.
- 윌콕슨 부호순위 검정 : 부호검정은 자료의 분포에 대한 연속성과 독립성을 제외하고는 특별한 가정이 없었다. 만일 자료의 분포가 중앙값을 기준으로 대칭이면 부호검정보다 더 나은 검정방법을 찾을 수 있는데 이 방법이 윌콕슨 부호순위 검정이다. 윌콕슨 부호순위 검정은 부호검정에서 관측치의 부호만을 이용함으로써 생기는 정보의 손실을 줄이기 위하여 윌콕슨이 제안한 통계분석기법이다.

08

다음 비모수검정법(Nonparametric Test) 중 이표본(Two Sample) 위치(Location)문제와 관련된 검정이 아닌 것은? [09]

① Mann Whitney 검정
② Van der Waerden 검정
③ Median 검정
④ Sign 검정

해설

이표본 위치문제
- 순위를 이용한 이표본 t-검정은 t-근사를 이용한 만-위트니 검정(Mann Whitney Test)과 동치이다.
- 순위 대신 정규점수에 대한 t-검정을 응용하게 되면 반 더 배르덴 검정(Van der Waerden Test)과 동치이다.
- 중위수 점수에 t-검정을 응용하면 이 검정은 중위수 검정(Median Test)이 된다.
- 부호검정(Sign Test)은 일표본 위치문제와 관련된 검정이다.

09

다음 중 비모수적 분산분석방법은? [07]

① Kruskal-Wallis 검정법
② Glejser 검정법
③ Goldfeld-Quandt 검정법
④ Carroll-Ruppert 검정법

해설

비모수적 분산분석방법
- 독립 K-표본의 평균차 검정을 위한 비모수적 분산분석법은 Kruskal-Wallis 검정이다.
- Glejser 검정법, Goldfeld-Quandt 검정법, Carroll-Ruppert 검정법은 회귀분석에서 오차항의 등분산성을 검정하는 방법이다.

10

비모수통계학에서의 두 모집단의 상관관계 검정방법은? [07]

① Kruskal-Wallis Test
② Mann-Whitney Test
③ Wilcoxon Signed Ranks Test
④ Kendal's Tau Test

해설

비모수적 방법에서 상관성 검정방법
- 모수적 통계분석 방법 : 피어슨 상관계수
- 비모수적 통계분석 방법 : 켄달의 타우, 스피어만의 순위상관계수

정답 08 ④ 09 ① 10 ④

11

다음 중에서 윌콕슨(Wilcoxon)에 의해 제안된 순위합 검정(Rank Sum Test)과 동일한 결과를 제공하는 비모수적 검정법은? 10

① Sign 검정
② Run의 검정
③ Mann-Whitney 검정
④ McNemar 검정

해설

Mann-Whitney 검정
Mann-Whitney 검정과 Wilcoxon 순위합 검정(Wilcoxon's Rank Sum Test)은 검정통계량의 작성에 차이가 있으나 결과는 동일하다.

12

서로 독립인 두 모집단의 평균의 차이를 검정할 때, 모집단에 대한 가정이 만족되지 않는다면 t 검정 대신에 비모수적 방법을 사용하는 것이 타당하다. 이때 사용되는 비모수적 검정법은? 10 17

① Friedman Test(프리드만 검정)
② Wilcoxon Sign Rank Test(윌콕슨의 부호순위 검정)
③ McNemar Test(맥네마 검정)
④ Kolmogorov-Smirnov Test(콜모고로프-스미르노프 검정)

해설

비모수적 검정방법

데이터의 구조	명목척도	순서척도
독립 2-표본	카이제곱(Chi-square) 검정	Mann-Whitney 검정 Moses 검정 Kolmogorov-Smirnov 검정 Wald-Wolfowitz 검정

13

다음 비모수통계방법들과 그 사용분야를 옳게 짝지은 것이 아닌 것은? 12 17

① 윌콕슨 부호순위 검정 : 일표본 위치모수 검정
② 윌콕슨 순위합 검정 : 이표본 위치모수 비교검정
③ 이표본 콜모고로프-스미르노프 검정 : 두 모집단의 동일성 검정
④ 크루스칼-왈리스 검정 : 데이터의 랜덤성(무작위성) 검정

해설
비모수적 검정(Nonparametric Tests)
- 일표본 위치모수 검정 : 부호검정, 윌콕슨 부호순위 검정
- 이표본 위치모수 비교검정 : 중앙값검정, 윌콕슨 순위합 검정, Mann Whitney 검정, Van der Waerden 검정
- 두 분포함수가 동일하다고 할 수 있는지를 검정 : 이표본 콜모고로프-스미르노프 검정
- 여러 개의 독립인 표본이 동일한 모집단으로부터 추출되었는지를 검정 : 크루스칼-왈리스 검정

14

다음 중 비모수통계검정법에 관한 설명으로 틀린 것은?

① 독립적인 두 모집단의 동일성을 검정하기 위한 비모수검정법으로 윌콕슨의 순위합 검정(Wilcoxon Rank Sum Test)이 있다.
② 두 개 이상의 독립적인 여러 모집단의 동일성을 검정하기 위한 비모수검정법으로 크루스칼-왈리스 검정(Kruskal-Wallis Test)이 있다.
③ 비독립적인 두 모집단의 동일성을 검정하기 위한 비모수검정법으로 윌콕슨의 부호순위 검정(Wilcoxon Signed Rank Test)이 있다.
④ 비모수적 상관계수에는 피어슨의 상관계수(Pearson Coefficient of Correlation)가 있다.

해설
피어슨의 상관계수는 모수적 통계분석 방법이다.

15

랜덤(Random)으로 추출한 돼지고기의 숙성시간이 정규분포를 따른다고 가정하기 어려운 경우에 이 돼지고기의 평균 숙성시간이 30분 이상인지를 확인하기 위한 가장 적합한 검정방법은?

① 윌콕슨 순위합 검정법(Wilcoxon Rank Sum Test)
② 맨-휘트니 검정법(Mann-Whitney Test)
③ 윌콕슨 부호순위 검정법(Wilcoxon Signed Rank Test)
④ 크루스칼-왈리스 검정법(Kruskal-Wallis Test)

해설
13번 문제 해설 참고

16

비모수통계학에서 3개 이상 모집단의 평균비교 검정방법은? 16

① Kruskal-Wallis Test
② Mann-Whitney Test
③ Wilcoxon Signed Ranks Test
④ Kendal's Tau

해설

비모수적 검정(Nonparametric Tests)

데이터의 구조	명목척도	순서척도
독립 K-표본	카이제곱(Chi-square) 검정	중앙값 검정 Kruskal-Wallis 검정

17

두 집단의 유사성을 비모수적으로 검정하는 방법으로, 대응비교처럼 표본집단을 짝을 지어 시험하거나 동일한 대상을 반복적으로 관찰할 때 사용되는 비모수적 검정방법은? 06 16

① 윌콕슨 부호순위 검정
② 크루스칼-왈리스 검정
③ 맨-휘트니 U 검정
④ 중위수 검정

해설

비모수적 검정방법

데이터의 구조	명목척도	순서척도
대응 2-표본	McNemar 검정	부호검정 Wilcoxon 부호순위 검정

18

다음 중 비모수적 일원분산분석법을 위한 기법은? 18

① 프리드만(Friedman)
② 크루스칼-왈리스(Kruskal-Wallis)
③ 휘트니(Whitney)
④ 투키(Tukey)

해설

16번 문제 해설 참고

19

어떤 진통에 대한 처방의 효과 비교를 위하여 대조군에 2명, 처방을 받은 처리군에 3명으로부터 진통시간을 측정하였을 경우 적절한 비교분석방법은?

① 부호검정
② 런 검정
③ 윌콕슨 순위합 검정
④ 윌콕슨 부호순위 검정

해설

모수적 방법과 비모수적 방법의 분석방법 비교

모수적 방법	비모수적 방법
독립표본 T검정	Wilcoxon 순위합 검정

20

두 모집단의 분포함수가 동일한 지에 대한(모수적 검정, 비모수적 검정)으로 바르게 짝지어진 것은?

① 카이제곱 검정, 맨-휘트니 검정
② 카이제곱 검정, 콜모고로프-스미르노프 검정
③ 콜모고로프-스미르노프 검정, 켄달의 타우 검정
④ 콜모고로프-스미르노프 검정, 크루스칼-왈리스 검정

해설

비모수적 검정(Nonparametric Tests)
- 일표본 위치모수 검정 : 부호검정, 윌콕슨 부호순위 검정
- 이표본 위치모수 비교검정 : 중앙값 검정, 윌콕슨 순위합 검정, Mann Whitney 검정, Van der Waerden 검정
- 두 분포함수가 동일하다고 할 수 있는지를 검정 : 이표본 콜모고로프-스미르노프 검정
- 여러 개의 독립인 표본이 동일한 모집단으로부터 추출되었는지를 검정 : 크루스칼-왈리스 검정

21

이상점(Outlier)이 포함된 자료에 대한 평균차이 검정에 대한 설명으로 옳은 것은?

① 비모수검정 통계에서 귀무가설이 기각되면 T-검정도 귀무가설을 기각하게 된다.
② 이상점을 더 큰 값으로 바꾸면 비모수검정 통계의 유의확률은 서로 다르게 계산된다.
③ 이상점이 포함되지 않은 자료는 어떤 통계적 방법을 쓰더라도 결과는 동일하다.
④ T-검정에서 귀무가설을 기각하면 비모수검정 통계는 반드시 귀무가설이 기각된다.

해설

모수적 방법과 비모수적 방법

T-검정은 모수적 방법이고 이에 대응되는 비모수적 방법으로는 독립표본인 경우 윌콕슨 순위합 검정, 대응표본인 경우 부호검정, 윌콕슨 부호순위 검정이 대표적이다. 즉, 비모수적 방법은 순위나 부호를 이용하여 분석하는 방법이므로 모수적 방법에서 귀무가설이 기각되었다면 비모수적 방법에서도 귀무가설이 기각된다.

22

Runs 검정은 일반적으로 두 종류의 결과만을 갖는 경우에 독립성의 여부를 알아보는 비모수적 검정 방법이다. 어느 모집단으로부터 15명의 학생들을 표본추출하여 얻은 성별자료가 주어진 표와 같다. 이때 Runs 검정에 사용되는 통계량의 값은? 08 19

$$(x = 남, y = 여)$$
$$x\ y\ y\ y\ x\ x\ y\ x\ y\ y\ x\ x\ x\ y\ y$$

① 6
② 7
③ 8
④ 9

해설

런 검정(Runs Test)
런 검정에서 런은 두 가지 값 중에서 하나의 값을 연속적으로 갖는 숫자의 나열을 의미한다.

$\underline{x}\ \ \underline{y\ y\ y}\ \ \underline{x\ x}\ \ \underline{y}\ \ \underline{x}\ \ \underline{y\ y}\ \ \underline{x\ x\ x}\ \ \underline{y\ y}$

23

25문항의 단답식 시험을 치룬 결과가 다음과 같다.

$$T,\ T,\ T,\ F,\ F,\ T,\ F,\ T,\ T,\ T,\ F,\ T,\ F,\ F,\ T,\ T,\ F,\ T,\ T,\ T,\ F,\ F,\ F,\ T,\ F$$
(T는 맞는 답, F는 틀린 답)

답이 무작위로 배열되었는지에 대한 가설을 검정하고자 할 때 가장 적합한 통계기법은? 17

① 부호검정(Sign Test)
② 런 검정(Run Test)
③ 순위합 검정(Rank Sum Test)
④ 랜덤효과 검정(Random Effect Test)

해설

런 검정(Run Test)
런 검정은 주어진 표본이 단순임의추출된 것인지를 검정하고 때로는 두 개의 표본이 동일한 분포로부터 나온 것인지를 검정하는 비모수적 방법이다.

24

어느 대학병원의 금주교실에서 상습 알코올 중독자 5명을 대상으로 알코올 중독이 가정과 자녀에 미치는 영향이 어떤지에 대한 교육을 실시하였다. 이 프로그램을 하기 전과 후에 상습 알코올 중독자들의 알코올에 대한 이해도가 다음과 같이 측정되었다. 이 금주프로그램 참가 후에 알코올에 대한 이해도가 증가되었는지를 알아보기 위하여 부호검정을 한다고 할 때 검정통계량의 값은? (단, 부호검정을 할 때 부호의 기준은 $X > Y$ 이다) 04

상습 알코올 중독자	1	2	3	4	5
교육 전(X)	63	38	59	85	45
교육 후(Y)	69	75	43	90	85

① 1
② 2
③ 3
④ 5

해설

부호검정(Sign Test)
부호의 기준이 $X > Y$ 이므로 +기호가 한 번 발생했으므로 검정통계량 값은 1이다.

상습 알코올 중독자	1	2	3	4	5
교육 전(X)	63	38	59	85	45
교육 후(Y)	69	75	43	90	85
$X-Y$의 부호	−	−	+	−	−

25

랜덤하게 선택된 10명의 A 초등학교 신입생에게 심리검사를 실시한 결과 책임감에 대한 득점이 다음과 같이 나타났다.

> 68, 79, 65, 45, 77, 80, 95, 77, 85, 80

A 초등학교 신입생들의 심리검사에서 책임감의 점수는 80점 이상이 되는지를 검정하고 싶을 때 사용할 수 있는 비모수검정법은? 04

① 모제스 검정(Moses Test)
② 덕섬 검정법(Doksum Test)
③ 홀랜더 검정(Hollander Test)
④ 부호검정(Sign Test)

해설
비모수검정방법 중 책임감 점수가 80점 이상 되는지를 검정하기 위해서 80점에 대응되는 2-표본 검정법인 부호검정을 실시한다.

정답 24 ① 25 ④

26

주어진 자료 $X_1, X_2, \cdots, X_n$에 대하여 위치모수 θ에 대한 귀무가설 $H_0 : \theta = \theta_0$를 검정하기 위한 부호검정 통계량 $\sum_{i=1}^{n} \psi_i$의 귀무가설하에서의 평균은? (단, $\psi_i = \begin{cases} 1, & X_i - \theta_0 > 0 \\ 0, & X_i - \theta_0 < 0 \end{cases}$이다) [11] [14] [19]

① $\dfrac{n}{4}$　　　　　　　　　　② $\dfrac{n}{2}$
③ n　　　　　　　　　　④ $2n$

해설
부호검정(Sign Test)
θ를 중앙값이라 가정하고 귀무가설 $H_0 : \theta = \theta_0$를 검정하는 문제를 고려하면 지시함수 ψ_i를 다음과 같이 정의할 수 있다.

$$\psi_i = \begin{cases} 1, & X_i - \theta_0 > 0 \\ 0, & X_i - \theta_0 < 0 \end{cases}$$

귀무가설이 사실일 때 ψ_i는 성공률이 $\dfrac{1}{2}$인 베르누이 확률변수가 되며 $B = \sum_{i=1}^{n} \psi_i$는 귀무가설하에서 $B\left(n, \dfrac{1}{2}\right)$을 따른다.

∴ 귀무가설하에서 B의 평균은 $\dfrac{n}{2}$가 된다.

27

주어진 자료 $X_1, X_2, \cdots, X_n$에 대하여 위치모수 θ에 대한 귀무가설 $H_0 : \theta = \theta_0$를 검정하기 위한 부호검정통계량 $\sum_{i=1}^{n} \psi_i$의 귀무가설하에서의 분산은? (단, $\psi_i = \{1 \mid X_i - \theta_0 > 0\}$이다) [15]

① $\dfrac{n}{4}$　　　　　　　　　　② $\dfrac{n}{2}$
③ n　　　　　　　　　　④ $2n$

해설
부호검정(Sign Test)
θ를 중앙값이라 가정하고 귀무가설 $H_0 : \theta = \theta_0$를 검정하는 문제를 고려하면 지시함수 ψ_i를 다음과 같이 정의할 수 있다.

$$\psi_i = \begin{cases} 1, & X_i - \theta_0 > 0 \\ 0, & X_i - \theta_0 < 0 \end{cases}$$

귀무가설이 사실일 때 ψ_i는 성공률이 $\dfrac{1}{2}$인 베르누이 확률변수가 되며 $B = \sum_{i=1}^{n} \psi_i$는 귀무가설하에서 $B\left(n, \dfrac{1}{2}\right)$을 따른다.

∴ 귀무가설하에서 B의 분산은 $\dfrac{n}{4}$가 된다.

28

연속확률분포를 가지는 모집단으로부터의 랜덤 샘플 $X_1, X_2, \cdots, X_n$에 대하여 중앙값 θ에 대한 가설 $H_0 : \theta = \theta_0$ vs $H_1 : \theta \neq \theta_0$을 검정하기 위한 통계량 S를 θ_0보다 큰 자료의 수라 할 때, 귀무가설(H_0)이 참일 때 S의 확률분포는?

① $N(0, 1)$
② $N\left(\dfrac{n}{2},\ \dfrac{n}{2}\right)$
③ $B\left(n,\ \dfrac{1}{2}\right)$
④ $B\left(n,\ \dfrac{1}{4}\right)$

해설

부호검정(Sign Test)
θ를 중앙값이라 가정하고 귀무가설 $H_0 : \theta = \theta_0$를 검정하는 문제를 고려하면 지시함수 ψ_i를 다음과 같이 정의할 수 있다.

$$\psi_i = \begin{cases} 1, & X_i - \theta_0 > 0 \\ 0, & X_i - \theta_0 < 0 \end{cases}$$

귀무가설이 사실일 때 ψ_i는 성공률이 $\dfrac{1}{2}$인 베르누이 확률변수가 되며 $S = \sum\limits_{i=1}^{n} \psi_i$는 귀무가설하에서 $B\left(n,\ \dfrac{1}{2}\right)$을 따른다.

29

다음 중 부호검정과 관계가 없는 것은?

① 이항분포
② 부 호
③ 순 위
④ 대표본 근사

해설

③ +와 −의 부호분포는 n과 p라는 모수를 갖는 이항분포로 간주할 수 있다.

부호검정(Sign Test)
- 부호검정은 측정값의 여러 가지 짝들을 비교함으로써 얻어진 차이를 기초로 하여 차의 중앙값에 대한 가설을 검정하는 데 사용된다. 즉, n개의 독립인 실험에 대하여 각각 2회의 측정을 행하면 $(X_1, Y_1), (X_2, Y_2), \cdots, (X_n, Y_n)$과 같은 짝지어진 표본을 얻는다. 이로부터 유도된 $D_i = X_i - Y_i$를 구하면 새로운 표본인 차의 값을 얻게 된다.
- 만약 $X_i > Y_i$이면 이 차는 플러스로 표시되고, $X_i < Y_i$이면 이 차는 마이너스로 표시된다. 이러한 +와 −의 자료들에 기초를 두고 부호검정을 한다.

30

다음 자료는 12명의 환자가 의사에게 치료받기 위해 대기하는 시간(단위 : 분)을 나타낸 것이다.

| 17 15 20 20 32 28 12 26 25 25 35 24 |

환자가 평균 20분 이상을 기다리는지를 확인하기 위해 다음 가설을 검정하려고 한다. 적절한 비모수통계방법은? [18]

$$H_0 : \theta = 20, \ H_1 : \theta > 20$$

① 부호검정
② 윌콕슨 순위합 검정
③ 존키어 검정
④ 페이지 검정

[해설]
비모수검정방법 중 대기시간이 20분 이상 되는지를 검정하기 위해서 20점에 대응되는 2-표본 검정법인 부호검정을 실시한다.

31

어떤 회사의 분기별 매출액이 다음과 같다.

(단위 : 억 원)

| 25 16 44 62 36 58 38 |

이 회사의 분기별 매출액이 35억 원보다 많다고 할 수 있는지를 비모수 방법으로 부호검정을 하고자 한다. 이때 검정통계량의 값과 사용되는 검정통계량의 분포는? [20]

① S = 4, 검정통계량의 분포 = 정규분포
② S = 5, 검정통계량의 분포 = 정규분포
③ S = 4, 검정통계량의 분포 = 이항분포
④ S = 5, 검정통계량의 분포 = 이항분포

[해설]

부호검정
위의 부호검정의 가설은 다음과 같다.
귀무가설(H_0) : +와 −의 발생확률이 동일하다.
대립가설(H_0) : 분기별 매출액이 35억 원보다 크다($X > Y$).

분기별 매출액(X)	25	16	44	62	36	58	38
기준 매출액(Y)	35	35	35	35	35	35	35
$X-Y$의 부호	−	−	+	+	+	+	+

부호(+)가 5회 발생하였으므로 검정통계량의 값이 5가 되고 검정통계량의 분포는 이항분포 $B\left(7, \dfrac{1}{2}\right)$을 따른다.

32

연속형 확률변수 X의 중앙값(Median) θ에 대하여 부호검정(Sign Test)을 이용하여 알아보고자 한다. 귀무가설 $H_0 : \theta = \theta_0$에 대하여, 크기 n인 랜덤샘플 $X_1, X_2, \cdots, X_n$ 중 θ_0보다 큰 자료의 수를 S라 할 때, 다음 중 옳지 않은 것은? [20]

① 대립가설이 $H_1 : \theta > \theta_0$일 때, 기각역의 형태는 $S \geq a$이다(단, a는 유의수준에 따라 결정되는 적절한 상수이다).
② 대립가설이 $H_1 : \theta < \theta_0$일 때, 기각역의 형태는 $S \leq a$이다(단, a는 유의수준에 따라 결정되는 적절한 상수이다).
③ 대립가설이 $H_1 : \theta \neq \theta_0$일 때, 기각역의 형태는 $|S - \theta_0| \geq a$이다(단, a는 유의수준에 따라 결정되는 적절한 상수이다).
④ 대립가설이 $H_1 : \theta > \theta_0$일 때, 기각역이 $S \geq a$라면, 같은 유의수준에서 대립가설 $H_1 : \theta > \theta_0$에 대한 기각역은 $S \leq n - a$이다.

해설

부호검정에 대한 기각역

$b_{\alpha, n}$은 $P(B \geq b_{\alpha, n} | \theta = \theta_0) = \alpha$를 만족하는 값이라 할 때 부호검정에 대한 기각역은 다음과 같다.

- 양측검정일 경우 ⇒ 대립가설(H_1) : $\theta \neq \theta_0$일 때, $S \geq b_{\frac{\alpha}{2}, n}$ 또는 $S < b_{1-\frac{\alpha}{2}, n}$
- 단측검정 중 우측검정일 경우 ⇒ 대립가설(H_1) : $\theta > \theta_0$일 때, $S \geq b_{\alpha, n}$
- 단측검정 중 좌측검정일 경우 ⇒ 대립가설(H_1) : $\theta < \theta_0$일 때, $S < b_{1-\alpha, n}$

정답 32 ③

33

아래 주어진 자료를 이용하여 모집단이 2보다 큰 수를 중심으로 분포하고 있는지 윌콕슨(Wilcoxon)의 부호순위 검정을 이용하여 유의수준 $\alpha = 0.05$로 검정하고자 한다. 다음 설명 중에서 맞는 것은? 03 15

| 2.3 | 4.2 | 2.6 | 1.2 | 1.6 | 1.9 | 2.5 | 2.8 | 3.6 | 0.5 | 3.1 | 3.7 | 2.2 | 2.4 |

① θ를 분포의 중심이라고 할 때, 가설은 $H_0 : \theta = 2.0$ vs $H_1 : \theta < 2.0$이다.
② 검정통계량 W^+는 y가 2보다 큰 경우의 $|y-2|$의 순위를 합한 것이며 계산 결과는 80이다.
③ 검정통계량의 분포표에서 $P(W^+ > 79) = 0.052$이고, $P(W^+ > 80) = 0.045$이므로 H_0를 기각할 수 없다.
④ 윌콕슨 부호순위 검정은 관측치의 부호만을 이용하는 부호검정을 보완한 것으로 이산형 확률분포에만 이용될 수 있다.

해설

윌콕슨 부호순위 검정(Wilcoxon Signed Rank Test)
D : 각각의 관측값(O) $-$ 2
R_i : $|D_i|$의 순위, 만약 순위가 같다면 같은 순위에 있는 것의 평균을 순위로 할당한다.
W^+ : 대립가설 방향이 $H_1 : \theta > 2.0$이므로 플러스 부호를 가진 순위의 합계

O	2.3	4.2	2.6	1.2	1.6	1.9	2.5	2.8	3.6	0.5	3.1	3.7	2.2	2.4
D	0.3	2.2	0.6	−0.8	−0.4	−0.1	0.5	0.8	1.6	−1.5	1.1	1.7	0.2	0.4
R_i	3	14	7	8.5	4.5	1	6	8.5	12	11	10	13	2	4.5
W^+	\multicolumn{14}{c}{$3+14+7+6+8.5+12+10+13+2+4.5=80$}

34

A, B 두 종류의 청량음료를 8명의 전문가에게 교대로 맛을 보게 한 다음, 시음 결과를 점수로 나타내도록 했다. 주어진 표에는 맛의 점수와 그 차이를 나타낸 것이다. 두 청량음료의 맛에 심각한 차이가 있는지 윌콕슨 부호순위 검정(Wilcoxon Signed Rank Test)을 실시하고자 한다. 다음 중 윌콕슨 부호순위 통계량의 관측값(W^+)을 올바르게 구한 것은? 03 11 19

A	57	62	63	69	63	74	56	69
B	59	57	66	68	67	72	53	63
$A-B$	-2	5	-3	1	-4	2	3	6

① 17
② 23
③ 65.5
④ 71.5

해설

윌콕슨 부호순위 검정(Wilcoxon Signed Rank Test)

$D : A_i - B_i$

$R_i : |A_i - B_i|$의 순위, 만약 순위가 같다면 같은 순위에 있는 것의 평균을 순위로 할당한다.

W^+ : 플러스 부호를 가진 순위의 합계

A	57	62	63	69	63	74	56	69
B	59	57	66	68	67	72	53	63
$A-B$	-2	5	-3	1	-4	2	3	6
R_i	2.5	7	4.5	1	6	2.5	4.5	8
W^+	\multicolumn{8}{c}{$7+1+2.5+4.5+8=23$}

정답 34 ②

35

한 정유회사의 휘발유는 소형차인 경우 1ℓ당 15km를 갈 수 있다고 공표되어 있으나, 소비자단체에서는 이 주장이 옳지 않음을 입증하려고 한다. 다음은 5대의 소형차를 랜덤으로 추출하여 측정한 1ℓ당 주행거리이다.

> 12.5, 10.8, 16.1, 15.5, 13.5

귀무가설 1ℓ당 15km 조건하에서 윌콕슨 부호순위 검정통계량은? 04 06 08

① 2
② 3
③ 4
④ 5

[해설]

윌콕슨 부호순위 검정(Wilcoxon Signed Rank Test)
D : 각각의 관측값(O) − 15
R_i : $|D_i|$의 순위, 만약 순위가 같다면 같은 순위에 있는 것의 평균을 순위로 할당한다.
W^+ : 플러스 부호를 가진 순위의 합계

O	12.5	10.8	16.1	15.5	13.5
D	−2.5	−4.2	1.1	0.5	−1.5
R_i	4	5	2	1	3
W^+	\multicolumn{5}{c}{2 + 1 = 3}				

36

다음은 어떤 대학의 신입생 중 13명을 랜덤하게 추출하여 대학수학능력시험 성적을 조사한 결과이다.

> 249, 250, 240, 244, 285, 258, 261, 269, 254, 277, 259, 267, 275

대학수학능력시험 평균이 257보다 큰가를 검정하기 위해 비모수검정법을 사용하기로 하였다. 부호순위 검정통계량 값은? 10

① 58
② 60
③ 62
④ 68

해설

윌콕슨 부호순위 검정(Wilcoxon Signed Rank Test)

D : 각각의 관측값(O) $-$ 257

R_i : $|D_i|$의 순위, 만약 순위가 같다면 같은 순위에 있는 것의 평균을 순위로 할당한다.

W^+ : 대학수학능력시험 평균이 257보다 큰가를 검정하므로 플러스 부호를 가진 순위의 합계

O	249	250	240	244	285	258	261	269	254	277	259	267	275
D	-8	-7	-17	-13	28	1	4	12	-3	20	2	10	18
R_i	6	5	10	9	13	1	4	8	3	12	2	7	11
W^+	\multicolumn{13}{c	}{$13 + 1 + 4 + 8 + 12 + 2 + 7 + 11 = 58$}

37

$X_1, \cdots, X_n$을 중앙값이 m인 분포에서의 확률표본이라고 할 때 $H_0 : m = m_0$를 검정하는 비모수검정법으로써 부호순위 검정법이 흔히 쓰인다. 다음 데이터에서 $m_0 = 63$이라고 할 때, 부호순위 검정통계량의 값은? 10 14 20

> 42, 61, 58, 93, 77, 55, 69, 41, 60, 38

① 17
② 18
③ 19
④ 20

해설

윌콕슨 부호순위 검정(Wilcoxon Signed Rank Test)

D : 각각의 관측값(O) $-$ 63

R_i : $|D_i|$의 순위, 만약 순위가 같다면 같은 순위에 있는 것의 평균을 순위로 할당한다.

W^+ : 플러스 부호를 가진 순위의 합계

O	42	61	58	93	77	55	69	41	60	38
D	-21	-2	-5	30	14	-8	6	-22	-3	-25
R_i	7	1	3	10	6	5	4	8	2	9
W^+	\multicolumn{10}{c	}{$10 + 6 + 4 = 20$}

정답 37 ④

38

다음은 5명의 직원을 대상으로 점심식사 전과 후의 자극에 대한 반응시간을 조사하였다. 점심식사 후 반응시간이 점심식사 전 반응시간보다 길다고 할 수 있는지를 윌콕슨 부호순위 검정을 이용할 때 검정통계량의 값은? 12 17

점심식사 전(X)	10	11	8	13	8
점심식사 후(Y)	20	23	22	10	13

① 1
② 2
③ 3
④ 4

해설

윌콕슨 부호순위 검정(Wilcoxon Signed Rank Test)
$D : X - Y$
$R_i : |X - Y|$의 순위, 만약 순위가 같다면 같은 순위에 있는 것의 평균을 순위로 할당한다.
$W^+ :$ 플러스 부호를 가진 순위의 합계

X	10	11	8	13	8
Y	20	23	22	10	13
$X-Y$	−10	−12	−14	3	−5
R_i	3	4	5	1	2
W^+			1		

39

어느 회사에서 직원에 대한 영어교육 효과를 알아보기 위하여 10명을 대상으로 교육 후와 교육 전의 토익점수의 차이를 구한 값이 다음과 같다.

> 25, 42, 5, −7, 12, −30, 52, 70, −22, 37

교육효과가 있는지에 대한 검정법으로 다음 윌콕슨의 부호순위 검정을 사용할 때 윌콕슨의 부호순위 검정통계량 W^+의 값은? 12

$$W^+ = \sum_{i=1}^{n} S_i R_i$$

(단, S_i는 i번째 자료의 값이 양이면 1, 음이면 0의 값을 가지며 R_i는 자료의 절대값의 순위를 나타낸다)

① 12
② 21
③ 33
④ 43

해설

윌콕슨 부호순위 검정(Wilcoxon Signed Rank Test)
D : 교육 후 토익점수 – 교육 전 토익점수
R_i : $|D_i|$의 순위, 만약 순위가 같다면 같은 순위에 있는 것의 평균을 순위로 할당한다.
W^+ : 플러스 부호를 가진 순위의 합계

D	25	42	5	–7	12	–30	52	70	–22	37
R_i	5	8	1	2	3	6	9	10	4	7
W^+				5 + 8 + 1 + 3 + 9 + 10 + 7 = 43						

40

A, B 두 맥주에 대하여 시음전문가 6명에게 맛을 보게 한 다음, 맛을 점수로 나타내어 다음의 데이터를 얻었다. 얻어진 점수는 정규분포를 가정할 수 없다고 한다. 두 맥주의 맛에 차이가 있다고 할 수 있는가를 검정하고자 할 때, 가장 적합한 가설검정방법은? 04 07 21

시음자 번호	1	2	3	4	5	6
맥주 A	78	90	63	47	86	94
맥주 B	81	83	67	49	80	97

① 독립인 두 모집단의 t-검정
② 윌콕슨 순위합 검정법
③ 윌콕슨 부호순위 검정법(각 쌍에서의 관측값 차에 적용)
④ 앤서리-브레들리 검정(Ansari-Bradley Test)

해설

윌콕슨 부호순위 검정(Wilcoxon Signed Rank Test)
자료가 모수의 검정에 필요한 일련의 가정(≠정규분포)을 만족시켜 주지 못하기 때문에 모수적 검정을 실시할 수 없고 비모수적 검정을 해야 한다. 대응인 두 표본에 대한 차이를 검정하는 비모수적 검정방법으로 McNemar 검정, Wilcoxon 부호순위 검정, 부호검정이 있다.

정답 40 ③

41

텔레마케팅(Telemarketing) 직업에 종사하는 사람들의 한 달 평균 임금은 200만 원을 초과한다는 주장이 있다. 이 주장이 옳은지를 확인하기 위하여 이 직업을 가진 사람들 중에서 임의로 15명을 추출하여 그들의 한 달 평균 임금을 조사하였더니 다음과 같은 결과를 얻었다.

(단위 : 100만 원)

2.3, 4.2, 2.6, 1.3, 1.7, 1.9, 2.5, 2.0, 2.7, 3.5, 0.4, 3.1, 3.8, 2.2, 2.4

유의수준 5%에서 부호순위 검정을 할 때, 부호순위 검정통계량의 값이 $W^+ = 80$이면, 다음 중 옳은 것은?
(단, $W^+(0.007, 13) = 80$, $W^+(0.045, 14) = 80$, $W^+(0.183, 15) = 80$이다) 05 08

① 유의확률이 0.007이므로 귀무가설을 기각한다. 따라서 이 직업을 가진 사람들의 한 달 평균임금은 200만 원을 초과한다고 볼 수 있다.
② 유의확률이 0.045이므로 귀무가설을 기각한다. 따라서 이 직업을 가진 사람들의 한 달 평균임금은 200만 원을 초과한다고 볼 수 있다.
③ 유의확률이 0.138이므로 귀무가설을 기각한다. 따라서 이 직업을 가진 사람들의 한 달 평균임금은 200만 원을 초과한다고 볼 수 있다.
④ 유의확률이 0.138이므로 귀무가설을 기각시키지 못한다. 따라서 이 직업을 가진 사람들의 한 달 평균임금은 200만 원을 초과한다고 말할 수 없다.

해설

Wilcoxon 부호순위 검정에서 $n = 15$인데, 여기서 평균임금이 200만 원이므로, $|d_i| = 0$은 분석에서 제외하므로, $n = 14$가 된다.

42

귀무가설이 참일 때 표본의 크기가 20인 경우 부호순위 검정통계량의 평균값은? 08 19

① 100
② 105
③ 110
④ 115

해설

윌콕슨 부호순위 검정(Wilcoxon Signed Rank Test)

Wilcoxon 부호순위 검정에서 A, B의 차이가 없다는 귀무가설하에서는
$E(W^+) = \dfrac{n(n+1)}{4} = \dfrac{20 \times 21}{4} = 105$, $Var(W^+) = \dfrac{n(n+1)(2n+1)}{24}$이므로,
n이 큰 경우에 근사적으로 $Z = \dfrac{W^+ - E(W^+)}{\sqrt{Var(W^+)}} \sim N(0, 1)$

43

주어진 자료 $X_1, X_2, \cdots, X_n$ 에 대하여 위치모수 θ 에 대한 귀무가설 $H_0 : \theta = \theta_0$ 를 검정하기 위한 윌콕슨의 부호순위 검정통계량 $W^+ = \sum_{i=1}^n \psi_i R_i^+$ 의 귀무가설하에서의 평균은? (단, $W^+ = \{1 \mid X_i - \theta_0 > 0\}$ 이고 $R_i^+ = |X_i - \theta_0|$의 순위이다) 18 21

① $\dfrac{n(n+1)}{2}$ ② $\dfrac{n(n+1)}{3}$

③ $\dfrac{n(n+1)}{4}$ ④ $\dfrac{n(n+1)}{6}$

해설

윌콕슨 부호순위 검정(Wilcoxon Signed Rank Test)

$X_1, X_2, \cdots, X_n$ 이 서로 독립이고 $P(X_i = i) = P(X_i = 0) = \dfrac{1}{2}$, $i = 1, 2, \cdots, n$인 확률변수라 할 때, $X^+ = \sum X_i$ 라 하면 귀무가설하에서 W^+ 와 X^+ 는 같은 분포를 따른다.

$\therefore E(W^+) = E(X^+) = \sum E(X_i) = \sum i P(X_i = i) = \sum i \left(\dfrac{1}{2}\right) = \dfrac{n(n+1)}{4}$

44

주어진 자료 $X_1, X_2, \cdots, X_n$ 에 대하여 위치모수 θ 에 대한 귀무가설 $H_0 : \theta = \theta_0$ 를 검정하기 위한 윌콕슨의 부호순위 검정통계량 $W^+ = \sum_{i=1}^n \psi_i R_i^+$ 의 귀무가설하에서의 분산은? (단, $W^+ = \{1 \mid X_i - \theta_0 > 0\}$ 이고 $R_i^+ = |X_i - \theta_0|$의 순위이다) 13

① $\dfrac{n(n-1)(2n+1)}{12}$ ② $\dfrac{n(n+1)(2n+1)}{12}$

③ $\dfrac{n(n-1)(2n+1)}{24}$ ④ $\dfrac{n(n+1)(2n+1)}{24}$

해설

윌콕슨 부호순위 검정(Wilcoxon Signed Rank Test)

$X_1, X_2, \cdots, X_n$ 이 서로 독립이고 $P(X_i = i) = P(X_i = 0) = \dfrac{1}{2}$, $i = 1, 2, \cdots, n$인 확률변수라 할 때, $X^+ = \sum X_i$ 라 하면 귀무가설하에서 W^+ 와 X^+ 는 같은 분포를 따른다.

$\therefore E(W^+) = E(X^+) = \sum E(X_i) = \sum i P(X_i = i) = \sum i \left(\dfrac{1}{2}\right) = \dfrac{n(n+1)}{4}$

$\therefore Var(W^+) = Var(X^+) = \sum Var(X_i) = \sum \left[E(X_i^2) - [E(X_i)]^2\right] = \sum \left[i^2 \left(\dfrac{1}{2}\right) - \left(\dfrac{i}{2}\right)^2\right] = \dfrac{1}{4} \sum i^2$

$= \dfrac{n(n+1)(2n+1)}{24}$

45

다음 윌콕슨의 순위합 검정에 대한 설명으로 틀린 것은? 03

① 두 모집단의 모평균의 차이에 대한 비모수적 검정방법이다.
② 두 표본을 혼합시킨 다음 혼합표본에서 순위들을 이용하여 검정통계량을 만든다.
③ 혼합표본에서 동점이 생기면 분석에서 제외한다.
④ 맨-휘트니 검정(Mann-Whitney Test)의 결과와 동일하다.

해설

두 표본 X와 Y의 혼합표본에서 X의 순위합을 계산하여 검정통계량을 만들며 동순위의 경우 평균값을 이용한다.

46

윌콕슨 순위합 검정에 대한 설명으로 틀린 것은? 07

① 비모수적인 검정방법이다.
② 두 모집단에 대한 평균차이에 대한 검정이다.
③ 두 모집단의 분포가 동일한지를 검정한다.
④ 두 개의 확률표본의 관측치를 혼합하여 크기 순서로 나열하고 순위를 부여한다.

해설

두 집단의 모평균에 차이에 대한 검정인 모수적 검정방법의 대응표본 t-검정에 대응된다.

47

두 방법 A, B의 차이를 알아보기 위하여 다음과 같은 자료가 얻어졌다. 윌콕슨의 순위합 검정을 시행하기 위한 방법 B의 순위합은? 07

A	90	86	72	65	44	52	46	38	–
B	80	70	62	53	87	44	42	35	46

① 77
② 76
③ 75
④ 74

해설

윌콕슨 순위합 검정(Wilcoxon Rank Sum Test)

윌콕슨 순위합 통계량 표

A, B 자료	90	86	72	65	44	52	46	38	80	70	62	53	87	44	42	35	46
순 위	17	15	13	11	4.5	8	6.5	2	14	12	10	9	16	4.5	3	1	6.5
W						$14 + 12 + 10 + 9 + 16 + 4.5 + 3 + 1 + 6.5 = 76$											

48

처음으로 위암에 걸린 환자에 대해 다음 두 가지 치료방법에 따라 생존연수가 달라지는지 알아보기 위해 의학 연구자가 조사한 결과가 다음과 같다.

치료법 X하에서 생존연수	3.5	4.5	5.6	
치료법 Y하에서 생존연수	4.3	6.0	11.3	12.0

치료법에 따라 생존연수의 차이가 있는지를 윌콕슨 순위합 검정법을 이용할 때 검정통계량의 값은 얼마인가?

08 15

① 5
② 6
③ 7
④ 8

해설

윌콕슨 순위합 검정(Wilcoxon Rank Sum Test)

윌콕슨 순위합 검정통계량 표

치료법 X하에서 생존연수(순위)	3.5(1)	4.5(3)	5.6(4)	
치료법 Y하에서 생존연수(순위)	4.3(2)	6.0(5)	11.3(6)	12.0(7)
윌콕슨 검정통계량 W_1		$1 + 3 + 4 = 8$		

정답 48 ④

49

다음과 같은 처리그룹과 대조그룹의 자료가 있다. 월콕슨 순위합 검정통계량의 값은? 12 15

> 처리그룹 : 27, 34, 20.5, 29.5, 20, 26.5, 22, 24.5, 35.5,
> 대조그룹 : 18, 14.5, 13.5, 12.5, 23, 24, 21, 17, 18.5, 9.5

① 120
② 123
③ 126
④ 127

해설

월콕슨 순위합 검정(Wilcoxon Rank Sum Test)

월콕슨 순위합 검정통계량 표

대조그룹(순위)	18(6)	14.5(4)	13.5(3)	12.5(2)	23(12)	24(13)	21(10)	17(5)	18.5(7)	9.5(1)
처리그룹(순위)	27(16)	34(18)	20.5(9)	29.5(17)	20(8)	26.5(15)	22(11)	24.5(14)	35.5(19)	
월콕슨 검정통계량 W		16 + 18 + 9 + 17 + 8 + 15 + 11 + 14 + 19 = 127								

50

두 집단 A, B의 평균이 같은지, 다른지를 검정하는데 집단 A에서 추출한 개체의 관찰값은 1, 5, 7이고, 집단 B에서 추출한 개체의 관찰값은 2, 3이라고 한다. Wilcoxon의 순위합 검정을 수행한다고 할 때, 집단 A 표본의 순위합은? 13

① 1
② 5
③ 9
④ 10

해설

월콕슨 순위합 검정(Wilcoxon Rank Sum Test)

월콕슨 순위합 통계량 표

A, B 자료	1	5	7	2	3
순위	1	4	5	2	3
W	1 + 4 + 5 = 10				

51

체중이 비슷한 7명의 여성들에게 A와 B 두 가지 다이어트 방법을 무작위로 한 달간 적용한 후 체중감소량을 측정한 결과이다(단위 : kg). 방법 B가 방법 A보다 더 효과적이었는지에 대한 방법 B의 윌콕슨 순위합 검정통계량으로 옳은 것은? 14 18 21

방법 A	6	1	4	2
방법 B	3	2	7	

① 11
② 11.5
③ 13.5
④ 14

[해설]

윌콕슨 순위합 검정(Wilcoxon Rank Sum Test)

윌콕슨 순위합 검정통계량 표

방법 A(순위)	6(6)	1(1)	4(5)	2(2.5)
방법 B(순위)	3(4)	2(2.5)	7(7)	
윌콕슨 검정통계량 W_1	4 + 2.5 + 7 = 13.5			

52

다음의 가설에 대한 윌콕슨의 순위합 검정을 실시하기로 한다. 검정통계량(W)을 다음과 같이 정의할 때, 검정절차에서 옳은 것은? 11 14

> W = 혼합표본에서 Y 자료들의 순위합
> H_0 : 두 모집단의 위치모수가 동일하다.
> H_1 : Y 모집단의 위치모수가 X 모집단의 위치모수보다 크다.

w	3	4	5	6	7	8	9	합계
$P_{H_0}(W=w)$	1/10	1/10	2/10	2/10	2/10	1/10	1/10	1

① 검정통계량의 관측값이 $W=8$로 주어질 때, 유의확률(또는 p-값)은 2/10이다.
② 검정통계량의 관측값이 $W=9$이면 유의수준 5%에서 귀무가설을 기각할 수 있다.
③ 이 경우 유의수준 10%의 검정을 위해 확률화 검정(Randomized Test)이 필요하다.
④ 순위합 검정을 위해서는 모집단에 대한 정규분포의 가정이 필요하다.

[해설]

귀무가설 $H_0 : \Delta=0$, 대립가설 $H_1 : \Delta>0$이므로, $W=8$일 경우 유의확률은 $P(W \geq 8) = \frac{2}{10}$이다.

53

X_1, X_2, X_3은 연속분포 $F(X)$에서 추출한 확률표본이고, Y_1, Y_2는 연속분포 $F(X-C)$에서 추출한 확률표본이다. $C=0$라는 귀무가설하에서 S 표본의 혼합표본에서 Y 표본의 순위를 이용한 월콕슨 순위합 검정통계량(Wilcoxon Rank Sum Statistic)이 4 이상 6 이하가 될 확률은? 05 16

① 0.2
② 0.3
③ 0.4
④ 0.5

해설

월콕슨 순위합 검정(Wilcoxon Rank Sum Test)

월콕슨 순위합 통계량 W는 m개의 X와 n개의 Y를 순서에 관계없이 일렬로 배열하는 방법에 의해 결정되며, $\binom{m+n}{n}$개의 모든 배열방법은 같은 확률로 일어난다.

각 배열에 대한 확률표

배열	W값	확률
x x x y y	9	0.1
x x y x y	8	0.1
x y x x y	7	0.1
y x x x y	6	0.1
x x y y x	7	0.1
x y x y x	6	0.1
y x x y x	5	0.1
x y y x x	5	0.1
y x y x x	4	0.1
y y x x x	3	0.1

∴ 월콕슨 순위합 검정통계량 $4 \leq W \leq 6$일 확률은 $0.1 + 0.2 + 0.2 = 0.5$가 된다.

54

어느 제약회사에서 새로 개발한 진통제 A가 기존 진통제 B보다 효능이 더 좋은지 확인하고자 한다. 상태가 비슷한 5명의 환자를 랜덤하게 나누어 2명은 A를, 3명은 B를 복용하게 한 후 진통제의 효과가 나타날 때까지의 시간을 측정하여 다음 결과를 얻었다. 윌콕슨(Wilcoxon) 순위합 검정(Rank-sum Test)을 할 때 옳은 것은? (단, 작은 값부터 크기순으로 나열하여 순위를 부여한다) [13]

(단위 : 분)

진통제 A	진통제 B
3	7
5	4
	10

① 이 실험에서 진통제 A 복용자의 순위합은 3이다.
② 진통제 A 복용자의 순위합은 3, 4, 5, 6, 7, 8의 값을 갖는 이산형 확률변수이다.
③ 두 진통제의 효능이 동일하면 진통제 A 복용자의 순위합이 3일 확률은 $\frac{1}{10}$ 이다.
④ 진통제 A 복용자의 순위합을 이용하는 경우와 진통제 B 복용자의 순위합을 이용하는 경우의 검정결과는 달라진다.

해설

윌콕슨 순위합 검정(Wilcoxon Rank Sum Test)

윌콕슨 순위합 검정통계량 표

진통제 A(순위)	3(1)	5(3)	
진통제 B(순위)	7(4)	4(2)	10(5)
윌콕슨 검정통계량 W_1	1 + 3 = 4		

윌콕슨 순위합 통계량 W는 m개의 A와 n개의 B를 순서에 관계없이 일렬로 배열하는 방법에 의해 결정되며, $\binom{m+n}{n}$ 개의 모든 배열방법은 같은 확률로 일어난다.

각 배열에 대한 확률표

배 열	W값	확 률	배 열	W값	확 률
$BBBAA$	9	0.1	$BABAA$	6	0.1
$BBABA$	8	0.1	$ABBAB$	5	0.1
$BABBA$	7	0.1	$BAABB$	5	0.1
$BAAAB$	6	0.1	$ABABB$	4	0.1
$BBAAB$	7	0.1	$AABBB$	3	0.1

k	3	4	5	6	7	8	9
$P[W=k]$	$\frac{1}{10}$	$\frac{1}{10}$	$\frac{2}{10}$	$\frac{2}{10}$	$\frac{2}{10}$	$\frac{1}{10}$	$\frac{1}{10}$

∴ W의 분포는 다음과 같다.

55

다음의 자료가 구간 (0, 1)에서의 균일분포(Uniform Distribution)를 따르는지를 일표본 콜모고로프-스미르노프 검정을 실시할 때 검정통계량의 값은? `04` `16`

| 0.9 | 0.1 | 0.3 | 0.2 | 0.6 |

① 0.1
② 0.2
③ 0.3
④ 0.4

해설

콜모고로프-스미르노프 검정(Kolmogorov-Smirnov Test)

χ^2 검정의 기대도수는 최소한 5보다 커야 한다는 문제점이 있다. 따라서 5개만의 관측값으로 구성된 표본정보를 가지고 이 표본이 추출된 모집단의 분포형태에 대한 가설을 검정하는 방법으로 관측된 자료를 크기에 따라 나열한 후, 각 관측값들의 누적확률을 구하고 가정된 분포의 누적확률과 비교하되, 이때 두 누적확률 간의 차이의 최대값이 임계값보다 작으면 표본이 가정된 분포를 따르는 모집단에서 추출되었다고 할 수 있다.

> 가설 ⇒ 귀무가설(H_0) : 확률변수 X는 균일분포를 따른다.
> 　　　　대립가설(H_1) : 확률변수 X는 균일분포를 따르지 않는다.

콜모고로프-스미르노프 검정통계량 계산표

i	$x_{(i)}$	F_0	F_e	$|F_0 - F_e|$
1	0.1	$1/21 = 0.05$	0.2	0.15
2	0.2	$3/21 = 0.14$	0.4	0.26
3	0.3	$6/21 = 0.29$	0.6	0.31
4	0.6	$12/21 = 0.57$	0.8	0.23
5	0.9	$21/21 = 1$	1.0	0

여기서 F_0는 관측값을 크기에 따라 순서대로 정리한 후의 누적확률이고, F_e는 귀무가설하에서 관측값들의 누적확률이다.

∴ 검정통계량 $D = \max|F_0 - F_e| = 0.31$이 된다.

56

다음은 요인분석(Factor Analysis)에 대한 설명으로 옳지 않은 것은? 04

① 요인분석은 다변량 자료에서 분석해야 할 변수의 개수를 줄여 데이터의 양을 축소시키는 방법이다.
② 요인분석에서 요인이라 함은 관측되지는 않으나 여러 문항들에 걸쳐 내재하고 있는 잠재 구조적 변수를 의미한다.
③ 주성분 분석은 변수의 차원을 줄여주는 방법은 아니지만 요인분석과 함께 다변량 자료분석의 중요한 틀이다.
④ 주성분 분석은 어떠한 자료에도 적용할 수 있지만, 요인분석은 상정한 모형이 맞는 경우에만 적용할 수 있다.

해설

주성분 분석(Principal Component Analysis ; PCA)
주성분 분석은 p개($p > k$)의 변수가 갖고 있는 정보의 대부분을 k개의 주성분이 포함하고 있다면 원래 p개의 변수를 k개의 주성분으로 대체하는 분석으로 차원 축소 분석이다.

57

다음 중 요인분석(Factor Analysis)에 관한 설명으로 틀린 것은? 09

① 요인분석에서 요인을 회전시키는 이유는 각 변수가 어떤 요인에 속하는지를 명확히 하기 위해서이다.
② 요인분석은 독립변수의 수가 많을 때 상관관계가 높은 것끼리 동질적인 요인으로 묶어서 이를 회귀분석이나 판별분석 등에서 변수로 활용하기 위하여 주로 사용된다.
③ 스크리 검정은 각 요인의 고유값을 세로축에, 요인의 개수를 가로축에 나타내어 적절한 요인의 수를 결정할 때 사용하는 것을 말한다.
④ 대부분의 사회과학에 관련된 요인들은 상호독립인 것이 일반적이므로 직교회전을 하는 것이 타당하다고 할 수 있다.

해설

요인분석(Factor Analysis)
요인분석에서 바틀렛(Bartlett) 검정은 요인분석에 이용될 변수들의 상관행렬이 단위행렬인지 아닌지 즉 변수들이 서로 독립적인지 아닌지를 검정하는 방법이다. 만일 모든 변수들의 관계가 모집단 내에서 독립적이라면 그러한 모집단 내에서 추출된 표본들 사이에는 영에 가까운 상관관계가 존재할 것이고 따라서 변수들 간의 상호관계를 찾아내기 위한 요인분석은 적용할 필요가 없게 된다.

정답 56 ③ 57 ④

58

다음 중 요인분석에 관한 설명으로 틀린 것은? 10 13

① 공통분산(Communality)은 총분산 중에서 요인이 설명하는 분산 비율을 의미한다.
② 요인추출모형 중에서 PCA(주성분 분석) 방식은 자료의 총분산을 분석하고, CFA(공통요인분석) 방식은 자료의 공통분산만을 분석한다.
③ 요인부하량(Factor Loading)은 각 표본 대상자의 변수별 응답을 요인들의 선형결합으로 표현한 것이다.
④ 요인분석은 정보의 손실을 최소화하면서 원래 변수들의 개수보다 적은 새로운 차원 또는 변량으로 요약하여 자료 변동을 설명하는 기법이다.

해설
요인적재량(요인부하량)은 실제로 요인과 변수 간의 상관계수를 나타내는 값이다.

59

한 의상디자이너는 의류에 대해 45가지 항목에 대해 5점 만점 척도로 질문을 던졌다. 이 연구의 목적은 항목 간에 상관성이 높아 이를 몇 개의 잠재적 설명력이 높은 변수로 압축하여 설명하려는 데 있다. 이에 적절한 분석방법은? 10

① 요인분석　　　　　　　　② 판별분석
③ 군집분석　　　　　　　　④ 공분산분석

해설
요인분석(Factor Analysis)
요인분석은 분석하고자 하는 변수들이 많을 경우 변수들 간의 상호연관성을 이용하여 각 변수들이 가지고 있는 소수의 공통적인 요인을 찾아내는 기법으로 여러 개의 변수로 설명되는 것을 정보의 손실을 최소화하며 소수의 요인으로 축약하는 차원 축소 기법이다.

60

다음 요인분석이 수행할 수 있는 기능이 아닌 것은? 05 18

① 변수들이 집합에서 쉽게 관측되지 않는 근원적 차원을 찾고 정의하는 것이다.
② 많은 변수들을 다른 그룹들로 결합하여 축소시킨다.
③ 요인분석 결과를 이용하여 회귀분석, 상관분석 등이 가능하다.
④ 개체 간의 유사성을 수량적으로 측정할 수 있다.

해설
군집분석(Cluster Analysis)
요인분석은 변수들 간의 상관관계에 기초한 분석이며, 군집분석은 개체 간의 유사성 또는 거리를 이용하여 몇 개의 군집으로 그룹화하고, 그룹화된 군집들의 특성을 파악하여 군집들 사이의 관계를 분석한다.

61

요인분석(Factor Analysis)에 대한 설명으로 틀린 것은?

① 인자분석에서는 설명변수와 반응변수의 구분이 필요 없는 분석이다.
② 인자적재형렬은 공통인자의 중요성을 나타내는 가중치를 말한다.
③ 특정인자(ϵ_i, $i = 1, \cdots, p$)에 대해서는 평균 = 1, 분산 = σ^2을 가정한다.
④ 공통성(Communality)이란 공통인자에 의해 설명되어지는 분산을 의미한다.

해설

요인분석의 특정요인(Specific Factor)에 대한 가정
요인분석의 특정요인(Specific Factor)에 대한 가정은
$$E(\epsilon) = 0, \quad Cov(\epsilon) = E(\epsilon\epsilon') = \Psi = \begin{pmatrix} \psi_1 & 0 & \cdots & 0 \\ 0 & \psi_2 & \cdots & 0 \\ \vdots & \vdots & \ddots & 0 \\ 0 & 0 & \cdots & \psi_p \end{pmatrix}$$이다.

62

요인분석(Factor Analysis)과 관련이 없는 용어는?

① 직교회전(Orthogonal Rotation)
② 덴드로그램(Dendrogram)
③ 주성분 분석(Principal Component Analysis)
④ 자료축소법(Data Reduction Method)

해설

덴드로그램(Dendrogram)
덴드로그램은 군집분석에서 군집화되는 과정을 나무그림으로 표현한 것이다.

63

요인분석에 관한 설명으로 틀린 것은?

① 여러 변수들 사이의 상관관계를 기초로 하여 정보의 손실을 최소화하면서 원래의 변수 수보다 적은 수의 요인으로 자료 변동을 설명하는 다변량 분석기법이다.
② 요인분석에서의 요인은 여러 변수들이 공통적으로 가지고 있는 개념적 특성이다.
③ 요인분석은 회귀분석이나 판별분석 등과 같은 다변량 분석방법들보다 적은 독립변수를 가지며, 종속변수가 지정되어 변수들 간의 상호작용를 분석한다.
④ 요인분석 시 요인의 회전을 하는 이유는 변수의 설명 축인 요인들을 회전시킴으로써 요인의 해석을 돕기 위해서이다.

해설

요인분석(Factor Analysis)
각 변수들이 가지고 있는 공통적인 요인을 찾아내는 기법으로 여러 개의 변수로 설명하는 것을 소수의 요인으로 축약하여 거의 동일한(정보의 손실을 최소화) 효과를 얻으므로 자료의 차원을 축소하는 기법이다. 요인분석은 독립변수와 종속변수의 구분이 필요 없는 분석이다.

64

다음 중 서로 관계를 갖는 많은 수의 변수들이 있을 때, 이들 사이의 상관관계를 연구하기 위해 이 변수들 뒤에 숨은 몇 개의 인자들을 통해 이 변수들을 집단으로 묶는 방법과 관련된 통계분석 방법은?

① 판별분석(Discriminant Analysis)
② 군집분석(Cluster Analysis)
③ 요인분석(Factor Analysis)
④ 경로분석(Path Analysis)

해설

63번 문제 해설 참고

65

주성분 분석(Principal Component Analysis ; PCA)의 목적으로 알맞은 것은?

① 다차원 그래프를 이용하여 변수들의 관계를 알기 위한 분석방법이다.
② 다변량 변수들로부터 차원을 축약할 수 있는 새로운 변수들을 생성하여 분석하는 방법이다.
③ 회귀모형을 이용하여 변수들 간의 관련성을 알기 위한 방법이다.
④ 분산이 큰 변수를 파악하는 분석방법이다.

해설

주성분 분석(Principal Component Analysis ; PCA)
주성분 분석은 p개($p > k$)의 변수가 갖고 있는 정보의 대부분을 k개의 주성분이 포함하고 있다면 원래 p개의 변수를 k개의 주성분으로 대체하는 분석으로 차원 축소 분석이다.

66

주성분 분석(Principal Component Analysis)에 대한 설명으로 틀린 것은? 06 17

① 주성분 분석은 원래 변수들의 선형결합으로 표시되는 새로운 주성분을 찾아서 자료를 요약하며 해석하는 방법이다.
② 주성분 분석에서는 자료가 가지고 있는 총변동을 원래 변수의 수보다 적은 수의 주성분으로 설명할 수 있다는 전제에서 출발한 방법이다.
③ 주성분들은 서로 종속되도록 유도하였기 때문에 주성분들 간의 상관관계를 분석할 수 있다.
④ 주성분 분석은 분석 자체로 어떤 결론에 도달하기보다는 차후 분석을 위한 수단제공의 방법이라고 할 수 있다.

해설
주성분들은 서로 독립이 되도록 유도하였기 때문에 원자료에서 파악하기 힘들었던 변수들의 특성을 파악할 수 있다.

67

요인분석의 공통성(Communality)에 대한 설명으로 옳은 것은? 20

① 각 변수에서 분산 중 공통요인들에 의해 설명되는 부분을 의미한다.
② 각 변수의 중요도를 의미한다.
③ 각 변수를 요인들로 회귀했을 때의 결정계수를 의미한다.
④ 변수와 요인과의 상관계수를 나타낸다.

해설

공통성(Communality)
요인분석에서 공통성(Communality)은 변수의 분산 중 공통요인으로 설명되는 분산의 양으로 각 변수에 대한 요인모형의 설명력을 나타낸다. 회귀분석의 결정계수와 동일한 개념이다.

68

인자분석에서 공통성이 의미하는 것은? 16

① 인자들이 공통적으로 갖는 점수
② 각 변수에 대한 인자모형의 설명력
③ 제1인자와 제2인자의 상관계수의 제곱
④ 각 변수가 모든 인자와 갖는 상관계수의 제곱의 합

해설
67번 문제 해설 참고

정답 66 ③ 67 ① 68 ②

69

요인분석(인자분석)에 있어 공통성(Communality)에 대한 설명으로 옳은 것은?

① 변수들의 분산합은 공통성의 합과 같다.
② 공통성은 유일성(Uniqueness)이라고도 한다.
③ 변수의 분산 중 공통인자로 설명되는 부분을 의미한다.
④ 공통성은 원 변수와 공통변수 간의 상관관계를 나타낸다.

해설

67번 문제 해설 참고

70

다음은 주성분 방법을 사용하여 얻은 인자분석의 결과이다. 이 결과로부터 인자 F_1에 의한 기여율은?

	변 수	X_1	X_2	X_3	X_4	X_5
추정된 인자 적재값	F_1	0.78	0.77	0.79	0.71	0.71
	F_2	−0.22	−0.48	−0.23	0.41	0.52

① 0.16
② 0.57
③ 0.66
④ 0.73

해설

F_1에 의한 설명력 계산

요인 F_1의 고유값은 해당 요인의 요인적재량을 제곱해서 더한 것으로 $0.78^2 + 0.77^2 + 0.79^2 + 0.71^2 + 0.71^2 = 2.8336$이다.

변수가 5개이므로 이의 고유값을 모두 더하면 5이므로 F_1에 의한 설명력은 $\frac{2.8336}{5} = 0.56672$이다.

71

새로운 참치캔을 개발한 회사에서 시장성 조사와 광고전략을 수립하기 위해 시제품을 이용하여 소비자 조사를 하였다. 총 200명으로부터 다음과 같은 변량을 조사하였다.

> X_1 : 맛과 영향 X_2 : 다이어트에 좋음
> X_3 : 요리의 다양성 X_4 : 가격의 적절성

초기 요인분석을 위해 4개의 변량을 모두 표준화시킨 후 표본상관계수행렬(R)로부터 제일 큰 고유값(Eigenvalue) = 2.50과 연관된 제1인자(F_1)의 X_1, X_2, X_3, X_4의 표준화된 변수에 대한 인자적재값으로 각각 0.82, 0.72, 0.82, 0.80을 얻었다. 물론, F_1은 인자회전하기 전의 제1요인을 나타낸다. 변수 X_2와 F_1의 상관계수는? ③

① 0.72
② $1-0.72$
③ $\sqrt{0.72}$
④ $1-\sqrt{0.72}$

해설

요인부하량, 요인적재량(Factor Loadings)
요인적재값들은 실제로 요인과 각 변수들 간의 상관계수를 나타내는 값이다.

72

새로운 참치캔을 개발한 회사에서 시장성 조사와 광고전략을 수립하기 위해 시제품을 이용하여 소비자 조사를 하였다. 총 200명으로부터 다음과 같은 변량을 조사하였다.

> X_1 : 맛과 영향 X_2 : 다이어트에 좋음
> X_3 : 요리의 다양성 X_4 : 가격의 적절성

초기 요인분석을 위해 4개의 변량을 모두 표준화시킨 후 표본상관계수행렬(R)로부터 제일 큰 고유값(Eigenvalue) = 2.50과 연관된 제1인자(F_1)의 X_1, X_2, X_3, X_4의 표준화된 변수에 대한 인자적재값으로 각각 0.82, 0.72, 0.82, 0.80을 얻었다. 물론 F_1은 인자회전하기 전의 제1요인을 나타낸다. 표준화 변수의 전체 변동의 몇 %를 F_1이 설명하고 있는가? ⑤ ⑬ ⑰

① 55.5%
② 62.5%
③ 70.5%
④ 75.5%

해설

F_1에 의한 설명력 계산
총분산 중 첫 번째 요인에 의하여 설명되는 비율은 $\dfrac{\lambda_i}{\sum_{i=1}^{r}\lambda_i} = \dfrac{2.5}{4} = 0.625$, ∴ $\sum_{i=1}^{4}\lambda_i = 4$

73

6개의 변수로 이루어진 다변량 자료에 대해 주성분 방법을 이용하여 요인분석(Factor Analysis)을 하고자 한다. 자료의 표본상관계수행렬의 고유치(Eigenvalue)가 다음과 같다고 한다.

$$\lambda_1=3.0,\ \lambda_2=2.7,\ \lambda_3=0.1,\ \lambda_4=0.1,\ \lambda_5=0.05,\ \lambda_6=0.05$$

자료의 총분산 중 첫 번째 요인에 의하여 설명되는 비율은? 09 10 15

① 3%
② 50%
③ 53%
④ 97%

해설

총분산 중 첫 번째 요인에 의하여 설명되는 비율은 $\dfrac{\lambda_1}{\lambda_1+\lambda_2+\lambda_3+\lambda_4+\lambda_5+\lambda_6}=\dfrac{3.0}{3.0+2.7+0.1+0.1+0.05+0.05}=0.5$이다.

74

4개의 변수로 이루어진 다변량 자료의 상관계수의 행렬이 아래와 같다.

$$\begin{pmatrix} 1 & -0.05 & 0.85 & 0.12 \\ -0.05 & 1 & 0.05 & 0.94 \\ 0.85 & 0.05 & 1 & 0.08 \\ 0.12 & 0.94 & 0.08 & 1 \end{pmatrix}$$

상관계수 행렬의 고유값(Eigenvalue)이 2.00, 1.79, 0.19, 0.02일 때, 자료의 총분산(각 변수의 분산의 합) 중 첫 번째 인자에 의하여 설명될 수 있는 비율은? 19

① 20%
② 40%
③ 50%
④ 70%

해설

총분산 중 첫 번째 요인에 의해 설명되는 비율은 $\dfrac{\lambda_1}{\sum_{i=1}^{4}\lambda_i}=\dfrac{2.00}{2.00+1.79+0.19+0.02}=0.5$이다.

75

5개의 변수를 이용하여 요인분석(Factor Analysis)을 한 결과 요인적재행렬(Matrix of Factor Loading)이 다음과 같이 나타났다. 이에 요인 1의 고유값(Eigen Value)은? [16]

요인적재행렬		
변 수	요인 1	요인 2
1	0.6	0.7
2	0.7	−0.5
3	0.6	0.6
4	0.8	−0.1
5	0.7	−0.6

① 0.1　　　　　　　　　② 2.34
③ 3.3　　　　　　　　　④ 3.4

해설

고유값(Eigen Value)
고유값이란 각각의 요인으로 설명할 수 있는 변수들의 분산의 총합으로 각 요인별로 모든 변수의 요인적재량을 제곱하여 더한 값이다. 요인 1의 고유값은 $(0.6)^2 + (0.7)^2 + (0.6)^2 + (0.8)^2 + (0.7)^2 = 2.34$이다.

76

고객의 만족도를 알아보기 위하여 5개 변수에 대한 요인분석 결과 중 요인적재행렬(Matrix of Factor Loading)이 다음 표와 같다. 요인분석(Factor Analysis) 결과 요인이 2개가 선정되었을 때 요인 1과 요인 2의 고유값(Eigen Value)을 순서대로 바르게 나열한 것은? [16]

변 수	요인 1	요인 2
1	0.8	
2	0.7	
3	0.6	0.6
4		0.8
5		0.6

① (1.30, 1.49)　　　　　② (1.49, 1.49)
③ (1.36, 1.36)　　　　　④ (1.49, 1.36)

해설

고유값(Eigen Value) 계산
- 요인 1의 고유값 : $(0.8)^2 + (0.7)^2 + (0.6)^2 = 1.49$
- 요인 2의 고유값 : $(0.6)^2 + (0.8)^2 + (0.6)^2 = 1.36$

정답 75 ②　76 ④

77

공분산행렬을 이용한 요인분석(Factor Analysis)에 대한 설명으로 틀린 것은?

① 특수분산(Specific Variance)이란 공통인자로 설명되지 않는 분산을 의미한다.
② 공통성(Communality)은 공통인자로 설명되는 분산을 의미한다.
③ 원래의 두 변수 간의 공분산은 인자적재(Factor Loading)값들로부터 구해진다.
④ 원변수와 공통인자 간의 공분산은 인자적재량의 제곱으로 표현된다.

해설
공분산행렬을 이용한 요인분석에서 원변수와 공통인자 간의 공분산은 인자적재량이 된다.

78

6개의 변수로 이루어진 다변량 자료에 대해 주성분 방법을 이용하여 요인분석(Factor Analysis)을 하고자 한다. 자료의 표본상관계수행렬의 고유치(Eigenvalue)가 다음과 같다고 한다.

$$\lambda_1=3.0,\ \lambda_2=2.7,\ \lambda_3=0.1,\ \lambda_4=0.1,\ \lambda_5=0.05,\ \lambda_6=0.05$$

몇 개의 요인(Factor)을 사용하는 것이 일반적으로 적절하겠는가?

① 1 　　　　　　　　　　② 2
③ 3 　　　　　　　　　　④ 4

해설
요인분석에서 보유할 인자의 개수를 결정할 때 고유값이 1 이상인 인자를 보유한다.

79

요인분석(Factor Analysis)에서 사용되고 있는 요인의 개수를 정할 때 사용하는 방법이 아닌 것은?

① 고유값 　　　　　　　② 인자의 공헌도
③ 카이제곱 적합도 검정 　④ 상관계수 검정

해설
요인분석에서 보유할 요인수를 결정하는 기준
- 고유값 기준 : 고유값 λ_i의 크기가 1 이상인 요인들의 수만큼을 추출한다.
- 분산비율기준 : 총분산에서 요인이 설명해 주는 정도를 기준으로 적정한 값을 선택한다.
- 스크리 도표 : 스크리 도표를 그려 보아 직선의 기울기가 완만해지기 시작할 때의 값을 요인의 개수로 정한다.
- 사전정의 : 연구자가 사전에 요인수를 결정한다.

80

인자분석(Factor Analysis)에서 공통인자의 개수를 정하는 방법에 대한 설명으로 틀린 것은? 17

① 고유값의 크기가 1 이상인 공통인자들만을 선택한다.
② 총분산의 누적기여율(Cumulative Contribution)을 기준으로 선택한다.
③ Scree 그림표에서 곡선이 처음으로 평평해지기 시작하는 시점을 인자의 수로 선택한다.
④ 교차타당성기준(Cross-Validation)을 사용한다.

해설

교차타당성기준은 판별분석에서 오분류율을 계산할 때 사용한다.

81

요인분석(Factor Analysis)에서 요인의 수를 결정하는 방법이 아닌 것은? 14

① 고유값의 크기
② 인자의 공헌도
③ 스크리 도형
④ 요인적재

해설

요인분석에서 보유할 요인수를 결정하는 기준
- 고유값 기준 : 고유값 λ_i의 크기가 1 이상인 요인들의 수만큼을 추출한다.
- 분산비율기준 : 총분산에서 요인이 설명해 주는 정도를 기준으로 적정한 값을 선택한다.
- 스크리 도표 : 스크리 도표를 그려 보아 직선의 기울기가 완만해지기 시작할 때의 값을 요인의 개수로 정한다.
- 사전정의 : 연구자가 사전에 요인수를 결정한다.

82

요인분석(Factor Analysis)에서 추출할 요인들의 수를 선택하는 기준으로 가장 적합한 것은? 12

① 표본상관계수행렬의 고유값이 1보다 작은 값을 갖는 것들의 개수에 해당하는 요인수를 선택한다.
② 표본상관계수행렬에서 조정된 다중상관계수의 제곱(Squared Multiple Correlation Coefficient)행렬의 고유값에서 음의값을 갖는 것들의 개수에 해당되는 요인수를 선택한다.
③ 스크리 도표(Scree Plot)에서 기울기가 급격하게 감소하는 단계의 요인수를 선택한다.
④ 분산의 누적 비율이 일정한 수준(약 60~80% 이상)에 도달할 때까지의 요인수를 선택한다.

해설

81번 문제 해설 참고

83

요인분석(Factor Analysis)에서 요인의 수를 결정하는 방법이 아닌 것은? 03

① 정준변수(Canonical Variable) 기준
② 분산비율(Percentage of Variance) 기준
③ Scree Plot을 이용
④ 고유값(Eigenvalue) 기준

해설
정준변수(Canonical Variable) 기준은 판별분석에 이용된다.

84

다음 결과표는 요인분석에서 적당한 요인의 수를 결정하기 위하여 AIC(Akaike Information Criterion)를 이용한 경우이다. 자료해석에 최적인 요인의 수는? 07 10 13 21

요인의 수	AIC
1	25.76
2	−4.56
3	−9.89
4	−11.99

① 1개
② 2개
③ 3개
④ 4개

해설
AIC(Akaike Information Criterion)
변수선택 판정기준으로 AIC(Akaike Information Criterion)는 설명력이 가장 높은 변수를 선택하고 남아있는 모형의 AIC 통계량을 초기모형의 AIC 통계량과 비교하여 AIC 통계량이 작아지면 다음 단계로 넘어가고 작아지지 않으면 전단계의 모형에 귀착한다. 즉, AIC가 최소가 되는 요인수를 선택한다.

85

4개의 변수로 이루어진 다변량 자료의 상관계수의 행렬이 아래와 같다.

$$\begin{pmatrix} 1 & -0.05 & 0.85 & 0.12 \\ -0.05 & 1 & 0.05 & 0.94 \\ 0.85 & 0.05 & 1 & 0.08 \\ 0.12 & 0.94 & 0.08 & 1 \end{pmatrix}$$

상관계수행렬의 고유값(Eigenvalue)이 2.00, 1.79, 0.19, 0.02일 때, 몇 개의 인자(Factor)를 사용하여 분석하는지에 대한 설명으로 옳은 것은? 10 13 19

① 고유값이 2 이상인 것이 하나이므로 하나의 인자를 사용하는 것이 적절하다.
② 두 개의 고유값이 다른 것에 비해 매우 크므로 두 개의 인자를 사용하는 것이 적절하다.
③ 첫 번째와 세 번째 변수 사이의 음의 상관관계가 있으므로, 두 변수 중 하나를 제외한 3개의 인자를 사용하는 것이 적절하다.
④ 양의 고유값을 가지는 것이 4개이므로 4개의 인자를 사용하는 것이 적절하다.

해설
요인분석에서 보유할 인자의 개수를 결정할 때 고유값이 1 이상인 인자를 보유한다.

86

다음은 2011년 1월부터 2년간 통계지표들을 이용하여 요인분석을 실행한 결과이다. 이에 대한 해석으로 가장 적합한 것은? 14

요인번호	Factor 1	Factor 2	Factor 3	Factor 4
고유치	2.81	0.98	0.22	0.00

구 분	Factor Pattern			
	Factor 1	Factor 2	Factor 3	Factor 4
주택착공지수	−0.44	0.88	0.17	0.00
소비자물가지수	0.87	0.40	−0.30	0.01
소매판매지수	0.99	0.16	0.05	−0.03
내구재판매지수	0.94	−0.12	0.31	0.02

① 요인의 개수는 일반적으로 2 이상의 고유치가 1개이므로 1로 정한다.
② 요인의 개수는 일반적으로 고유치 비중이 60% 이상이 되는 1개로 정한다.
③ 제1요인의 주요변수는 4개이다.
④ 제2요인의 주요변수는 1개이다.

해설
요인적재량(Factor Loading)
소비자물가지수, 소매판매지수, 내구재판매지수의 요인적재량이 0.87, 0.99, 0.94로 요인1(Factor 1)에 의해 설명되고, 주택착공지수의 요인적재량은 0.88로 요인2(Factor 2)에 의해 설명된다.

정답 86 ④

87

학생들이 치른 다섯 과목 시험점수를 각각 표준화하여 변수들(C_1, C_2, O_3, O_4, O_5)로 부터 얻은 표본공분산행렬 S를 이용한 주성분 분석 결과가 다음과 같다. 다음 중 첫 번째 주성분은? 03 05 17

변수 / 주성분	Y_1	Y_2	Y_3	Y_4	Y_5
C_1	0.51	0.75	−0.29	−0.29	−0.07
C_2	0.37	0.21	0.42	0.78	−0.18
O_3	0.35	−0.08	0.15	0.01	0.92
O_4	0.45	−0.30	0.59	−0.52	−0.28
O_5	0.53	−0.55	−0.60	0.17	−0.15
고유값	2.1	1.4	0.7	0.5	0.3
누적비율(%)	42.0	70.0	84.0	94.0	100.0

① $Y_1 = 0.51 C_1 + 0.37 C_2 + 0.35 O_3 + 0.45 O_4 + 0.53 O_5$
② $Y_1 = 0.75 C_1 + 0.21 C_2 - 0.08 O_3 - 0.30 O_4 - 0.55 O_5$
③ $Y_1 = 0.51^2 C_1 + 0.37^2 C_2 + 0.35^2 O_3 + 0.45^2 O_4 + 0.53^2 O_5$
④ $Y_1 = 0.75^2 C_1 + 0.21^2 C_2 - 0.08^2 O_3 - 0.30^2 O_4 - 0.55^2 O_5$

해설

주성분 분석(Principal Component Analysis ; PCA)
제1주성분 Y_1의 표현식 : $Y_1 = 0.51 C_1 + 0.37 C_2 + 0.35 O_3 + 0.45 O_4 + 0.53 O_5$

88

한강에 유입되는 지천 중에서 6개의 지천을 표본추출하여 수질오염의 상태인 DO(용존산소량)와 BOD(생물화학적 산소요구량) 조사결과를 이용하여 수질오염이란 종합적 특성을 파악하기 위하여 주성분 분석(Principal Component Analysis)을 실시하였다. 그 과정에서 다음과 같은 고유벡터(Eigenvector)를 구하였다. 이때 제1주성분 z_1(PRIN1)을 알맞게 표현한 식은? 05 07 17

구 분	Eigenvectors	
	PRIN1	PRIN2
DO(x_1)	−0.297	0.954
BOD(x_2)	0.954	0.297

① $z_1 = -0.297 x_1 + 0.954 x_2$
② $z_1 = -0.297 x_1 - 0.954 x_2$
③ $z_1 = -0.297 x_1 + 0.297 x_2$
④ $z_1 = -0.954 x_1 + 0.954 x_2$

해설

주성분 분석결과 제1주성분 z_1(PRIN1)의 표현식은 $z_1 = -0.297 x_1 + 0.954 x_2$이 된다.

89

두 확률변수 X_1, X_2의 공분산행렬이 $\begin{pmatrix} 2 & \sqrt{6} \\ \sqrt{6} & 1 \end{pmatrix}$일 때, 두 주성분 중 전체 변이를 설명한 비율이 큰 것은? [20]

① $(\sqrt{3}\,X_1 + \sqrt{2}\,X_2)/\sqrt{5}$
② $(-\sqrt{2}\,X_1 + \sqrt{3}\,X_2)/\sqrt{5}$
③ $(\sqrt{2}\,X_1 + \sqrt{3}\,X_2)/\sqrt{5}$
④ $(-\sqrt{3}\,X_1 + \sqrt{2}\,X_2)/\sqrt{5}$

해설

제1주성분

분산공분산행렬이 $\sum = \begin{pmatrix} 2 & \sqrt{6} \\ \sqrt{6} & 1 \end{pmatrix}$이므로 고유값 λ과 고유벡터 x는 $\sum \lambda = \lambda x$이 성립한다.

행렬의 성질에 의해 $\sum(-\lambda)Ix = 0$이 성립하고, 행렬식 $\det(\sum(-\lambda)I) = 0$을 만족하는 λ가 고유값이다.
$(2-\lambda)(1-\lambda) - 6 = 0 \Rightarrow \lambda^2 - 3\lambda - 4 = 0 \Rightarrow (\lambda-4)(\lambda+1) = 0$
$\therefore \lambda = 4$ 또는 -1이 된다.

고유값 4와 -1 중 4가 더 크므로 4를 이용하여 제1주성분을 구할 수 있다.
$\sum(-I)\lambda \begin{pmatrix} x_1 \\ x_2 \end{pmatrix} = \begin{pmatrix} 0 \\ 0 \end{pmatrix}$과 제약조건 $x_1^2 + x_2^2 = 1$을 만족하는 x_1과 x_2를 구하면 다음과 같다.

$\begin{pmatrix} -2 & \sqrt{6} \\ \sqrt{6} & -3 \end{pmatrix} \begin{pmatrix} x_1 \\ x_2 \end{pmatrix} = \begin{pmatrix} 0 \\ 0 \end{pmatrix}$과 $x_1^2 + x_2^2 = 1$을 만족하는 $x_1 = \sqrt{\dfrac{3}{5}}$이고 $x_2 = \sqrt{\dfrac{2}{5}}$이다.

따라서 구하고자 하는 제1주성분은 $(\sqrt{3}\,X_1 + \sqrt{2}\,X_2)/\sqrt{5}$이 된다.

90

어느 식품에 대한 소비자 선호도 조사에서 다음과 같은 5가지 변수내역을 조사하였다. 2개의 요인이 있는 것으로 가정하여 요인분석을 한 결과가 다음과 같다. 요인 F_1과 F_2와 관련이 많은 변수는? [05] [07] [15]

변 수	F_1	F_2
X_1	0.976	-0.139
X_2	0.159	0.860
X_3	0.979	-0.031
X_4	0.836	0.138
X_5	0.146	0.962

① $F_1 : X_2, X_4, X_5$ $F_2 : X_1, X_3$
② $F_1 : X_1, X_3$ $F_2 : X_2, X_4, X_5$
③ $F_1 : X_1, X_3, X_4$ $F_2 : X_2, X_5$
④ $F_1 : X_2, X_5$ $F_2 : X_1, X_3, X_4$

해설
F_1에 X_1, X_3, X_4가 높게 적재되었으며, F_2에 X_2, X_5가 높게 적재되었다.

정답 89 ① 90 ③

91

6개 기본과목(불어, 영어, 역사, 산술, 대수, 기하)들 간의 상관계수행렬을 이용하여 요인분석한 결과가 아래 표에 주어졌다. 다음 설명 중 맞는 것은? 03

변 수	요인1	요인2	공통성 추정값
불 어	−0.66	0.44	0.63
영 어	−0.68	0.29	0.56
역 사	−0.52	0.64	0.68
산 술	−0.74	−0.42	0.72
대 수	−0.74	−0.37	0.69
기 하	−0.68	−0.35	0.58
고유값	2.73	1.13	3.86
비 율	0.46	0.19	0.65

① 상관계수행렬의 큰 두 개의 고유값은 2.73과 1.13이며 전체 변동 중에서 80% 정도를 설명한다.
② 불어, 영어와 역사는 유사한 특성을 나타내는 집단을 형성하므로 3과목 간의 상관계수는 상대적으로 큰 값이 될 것이다.
③ 상관계수행렬의 고유값들 중에서 1보다 큰 고유값은 3개 이상이지만 설명의 편이성 때문에 2개의 요인만 분석하였다.
④ 요인분석에서 표본상관계수행렬과 공분산행렬을 이용할 수 있지만 공통요인의 추정값이 상이하므로 유의해서 선택해야 한다.

해설

① 상관계수행렬의 큰 두 개의 고유값은 2.73과 1.13이며 전체 변동 중에서 $\frac{3.86}{6}=0.64$ 정도 설명한다.
③ 상관계수행렬의 고유값들 중에서 1보다 큰 고유값이 2개이므로 2개의 요인을 분석한다.
④ 요인분석에서 표본상관계수행렬과 공분산행렬을 이용할 수 있으며 공통요인의 추정값은 동일하다.

92

인자의 직교회전에 대한 설명 중 옳지 않은 것은? 03 07 13

① 베리맥스 방법은 대표적인 인자의 직교회전방법이다.
② 변수들의 그룹핑을 통해 인자의 해석을 용이하게 하기 위한 방법이다.
③ 회전 후 공통성(Communality)은 회전 전 공통성과 비교하여 변하지 않는다.
④ 회전 후 각 인자의 설명력은 회전 전 각 인자의 설명력과 비교하여 변하지 않는다.

해설
인자회전 전과 인자회전 후의 각 인자의 설명력은 변화하지만 전체 설명력은 변하지 않는다.

93

다음 중 요인분석에서 요인추출법에 포함되지 않는 것은? 06 14 18

① 주성분 방법
② 주축요인 방법
③ 베리맥스 방법
④ 최대우도 방법

해설
베리맥스 방법은 요인분석에서 요인회전 방법이다.

94

요인분석에서 요인모형의 기본적인 성질은 그대로 유지하면서 공통요인에 대한 해석을 쉽게 하기 위해서 좌표축을 회전하는 것을 요인회전(Factor Rotation)이라고 한다. 공통요인들이 서로 독립이라고 가정할 때 다음 중 적절한 요인회전법은? 06 14

① 사각회전(Oblique Rotation)
② 직교회전(Orthogonal Rotation)
③ 삼각회전(Trianglo Rotation)
④ 원통회전(Circular Rotation)

해설
인자회전(Factor Rotation) 방법
- 직교회전 : 추출하는 요인들의 축이 90도가 되도록 회전하는 방법으로 서로 독립임을 가정한다.
  [예] Varimax, Quartimax, Equimax 방법 등
- 사각회전 : 요인들의 축이 직각이 아닌 사각으로 요인들 간에 약간의 연관성을 갖게 하는 방법이다.
  [예] Oblimin(=Oblique), Covarimin, Quartimin, Biquartimin 방법 등

정답 92 ④ 93 ③ 94 ②

95

변수 $X_1, X_2, \cdots, X_p$에 요인분석을 하고자 한다. 이때 m개의 공통요인 F_i들이 존재하는 직교인자모형(Orthogonal Common Factor Model)으로 분석하고자 한다. 다음 중 직교인자모형의 가정에 해당하지 않는 것은? 16

① m개의 공통요인 F_i들은 서로 독립이고 각각이 표준정규분포를 따른다.
② p개의 직교인자모형의 오차항(유일성 변수)들은 서로 독립이고 평균이 0, 분산이 모두 동일한 정규분포를 따른다.
③ m개의 공통요인 F_i들과 p개의 직교인자모형의 오차항(유일성 변수)들은 통계적으로 서로 상관되어 있지 않다.
④ p개의 직교인자모형의 오차항(유일성 변수)들은 관찰될 수 없는 변수이다.

해설

직교인자모형의 가정
- $E(F) = 0_{(m \times 1)}$
- $Cov(F) = E(FF^{'}) = I_{(m \times m)}$
- $E(\epsilon) = 0_{(p \times 1)}$
- $Cov(\epsilon) = E(\epsilon\epsilon^{'}) = \Psi_{(m \times m)} = \begin{pmatrix} \psi_1 & 0 & \cdots & 0 \\ 0 & \psi_2 & \cdots & 0 \\ \vdots & \vdots & \ddots & \vdots \\ 0 & 0 & \cdots & \psi_p \end{pmatrix}$
- $Cov(\epsilon, F) = E(\epsilon F^{'}) = 0_{(p \times m)}$

즉, 공통요인 $F_i \sim N(0, 1)$, 오차항 $\epsilon_i \sim N(0, \psi_i)$을 따르며, 공통요인과 오차항은 서로 독립이다.

96

요인분석에서 인자의 공통분산이 1 이상이 되는 경우를 Heywood 상황이라고 한다. Heywood 상황이 발생되는 원인이 아닌 것은? 16

① 데이터가 부족하여 반복 추정하는 과정에서 발생한다.
② 최대우도 추정에서만 발생되며 공통성의 초기 추측값이 부적절하기 때문이다.
③ 공통요인의 수가 너무 적기 때문이다.
④ 공통요인의 수가 너무 많기 때문이다.

해설

요인분석에서 Heywood 상황을 발생시키는 요인
- 좋지 않은 공통성에 관한 선험(Prior) 추측값
- 너무 많은 혹은 너무 적은 개수의 인자
- 안정적인 추정량을 얻기에는 충분치 못한 자료
- 인자모형 자체가 주어진 자료에 적합하지 않은 경우

97

요인분석에서의 Heywood 현상에 대한 설명으로 틀린 것은? 04

① Heywood 현상은 좋지 않은 공통성에 관한 선험(Prior) 추측값에 의해 발생한다.
② 요인수가 지나치게 많거나 적을 때 일어난다.
③ 안정적인 추정량을 얻기에는 충분하지 못한 자료를 이용하는 경우에 발생한다.
④ 최대우도추정법을 이용하면 Heywood 현상을 피할 수 있다.

해설
최대우도추정법의 경우는 다른 방법에 비해 Heywood 현상에 따라 그 결과가 매우 민감한 것으로 알려져 있으므로 이와 같은 상황이 있을 경우에는 다른 추정기법을 통해 처리함이 바람직하다.

98

다음 중 요인분석(Factor Analysis)과 관련이 없는 것은? 19

① 정준적재(Canonical Loading)
② 공통요인(Common Factor)
③ 헤이우드 상황(Heywood Case)
④ 공통성(Communality)

해설
정준적재(Canonical Loading)는 측정변수와 정준변수의 상관계수를 의미하며 정준상관분석에 사용된다.

99

다음은 군집분석에 대한 설명들이다. 바르게 설명된 것은? 03

① 군집분석(Cluster Analysis)의 목적은 주어진 많은 수의 관측 개체들을 몇 개의 그룹으로 나눔으로써 대상 집단을 이해하고 활용하고자 하는 데 있다.
② 군집분석은 기법에 따라 계층적방법과 비계층적 방법, 그리고 K-평균 군집화 방법 등 크게 3가지로 나뉜다.
③ 계층적 방법 중 Ward 방법은 두 군집의 개체 간의 최단 거리를 군집 간의 거리로 한다. 따라서 단일 연결법이라고도 한다.
④ 군집분석에서 군집이란 말은 집락추출법(Cluster Sampling)에서의 집락과 같은 의미이다.

해설
군집분석(Cluster Analysis)
n개의 개체(사람, 제품 등)들을 대상으로 p개의 변수를 측정하였을 때 관측한 p개의 변수들을 이용하여 n개의 개체들 사이의 유사성(Similarity) 또는 비유사성(Dissimilarity)의 정도를 측정하여 개체들을 가까운 순서대로 군집화하는 통계적 분석방법이다.
• 군집분석은 크게 계층적 방법과 비계층적 방법으로 나뉘며, 비계층적 방법으로 K-평균 군집화 방법이 있다.
• 최단연결법을 단일연결법이라고도 하며 Ward 방법은 Ward의 연결법을 이용한 방법이다.

100

다음 중 군집분석방법에 관한 설명으로 틀린 것은? 08 10 13 20

① 군집분석에서는 변수의 선택이 중요한 문제이므로 회귀분석에서처럼 의미가 없는 변수를 제거하는 것이 군집분석의 첫 단계이다.
② 군집분석에서는 최종결과에 대한 통계적 유의성을 검정할 수 없다.
③ 군집분석방법은 다양한 특성을 지닌 관찰대상을 유사성을 바탕으로 동질적인 집단으로 분류하는 데 쓰이는 기법이다.
④ 군집분석의 목적은 주어진 다수의 관측개체를 소수의 그룹으로 나눔으로써 대상집단을 이해하고 군집을 효율적으로 활용하고자 하는 것이다.

해설

군집분석은 다변량 자료를 각 특성의 유사성에 따라 여러 집락으로 나누는 통계적 분석기법이다. 즉, 각 개체나 변수가 미리 정해진 기준에 맞추어 각 집락 내에 비슷한 것들끼리 모이도록 분류하는 분류분석이다.

101

다음 중 군집분석과 관계가 없는 것은? 12

① 덴드로그램
② 스크리 도표
③ 유사성
④ 평균연결법

해설

요인분석에서 요인수 결정방법
- 스크리 도표(Scree Plot) : 스크리 도표를 그려 보아 직선의 기울기가 완만해지기 시작할 때의 값을 요인의 개수로 정한다.
- 분산비율기준 : 총분산에서 요인이 설명해 주는 정도를 기준으로 적정한 값을 선택한다.
- 고유값(Eigenvalue) 기준 : 고유값 λ_i의 크기가 1 이상인 요인들의 수만큼을 추출한다.
- 사전정의 : 연구자가 사전에 요인수를 결정한다.

102

관측된 대상들 사이의 연관성을 정의된 유사도(Similarity)에 근거하여 몇 개의 그룹으로 분류하는 방법으로, 증상이나 검사값에 의거한 질환의 분류, 재무지표에 의한 기업의 분류, 형상·성질에 의한 세균의 분류 등 여러 분야에 넓게 응용되는 분석방법은? 15

① 상관분석 ② 회귀분석
③ 군집분석 ④ 경로분석

해설

군집분석은 다변량 자료를 각 특성의 유사성에 따라 여러 집락으로 나누는 통계적 분석기법이다. 즉, 각 개체나 변수가 미리 정해진 기준에 맞추어 각 집락 내에 비슷한 것들끼리 모이도록 분류하는 분류분석이다.

103

다변량 자료분석법에 대한 설명과 가장 거리가 먼 것은? 14

① 다변량 분산분석(MANOVA)은 분산분석법의 확장으로 실험개체에 대한 종속변수의 수가 2개 이상인 경우의 분석법이다.
② 판별분석은 비유사성 거리에 기초한 판별함수로부터 개체를 분류하는 기법이다.
③ 정준상관분석은 변수 집단 간의 상관구조를 파악하는 분석법이다.
④ 군집분석은 각 개체가 어느 집단에 속하는지에 대한 정보가 없어도 가능하다.

해설

군집분석(Cluster Analysis)
군집분석은 n개의 개체들을 대상으로 p개의 변수를 측정하였을 때 관측한 p개의 변수들을 이용하여 n개의 개체들 사이의 유사성(Similarity) 또는 비유사성(Dissimilarity)의 정도를 측정하여 개체들을 가까운 순서대로 군집화하는 통계분석방법이다.

104

어느 동호인회 500명의 회원들로부터 10개의 특성 변수에 대한 자료와 정보화 만족도에 관한 20문항의 설문조사 자료가 수집되었다. 이 동호인회 구성원들의 다양함을 3~4개의 그룹으로 나누고자 한다면, 어떤 분석기법을 사용하는 것이 가장 적합한가? 17

① 신뢰도분석 ② 요인분석
③ 군집분석 ④ 판별분석

해설

102번 문제 해설 참고

105

군집분석의 설명으로 틀린 것은? 21

① 의미 없는 설명변수들을 제외시키는 기능을 가지고 있다.
② 유사성 거리의 측정방법으로 유클리드 거리, 코사인 거리 등이 있다.
③ 많은 객체들을 일정한 속성에 따라 몇 개의 군집으로 분류하는 것이다.
④ 환자를 대상으로 질병의 종류 및 상태를 분류하는 데 사용할 수 있다.

해설
유의하지 않은 설명변수들을 제외시키는 방법은 다중회귀분석에서 변수선택 방법이 있다.

106

군집분석에 대한 설명과 가장 거리가 먼 것은? 14

① 다양한 특성을 지닌 관찰 대상을 비유사성을 바탕으로 동질적인 집단으로 분류하는 데 쓰이는 기법이다.
② 분류하기 전에 미리 집단의 수를 결정, 새로운 관찰대상을 이미 정해진 집단들 중의 하나에 할당하는 것을 목적으로 한다.
③ 전체 대상에 대한 유사성이나 거리에 의거하여 동질적인 집단으로 분류한다.
④ 자료탐색, 자료축소, 가설정리, 군집에 근거한 예측과 같은 여러 가지 목적을 가진다.

해설
판별분석(Discriminant Analysis)
판별분석은 두 개 이상의 모집단으로부터 추출된 표본들이 섞여 있을 때 각 케이스(Case)들이 어느 모집단에서 추출됐는지를 판별(Discriminate)하기 위한 함수를 만들어서 판별작업을 실시하는 분석이다. 즉, 판별분석은 분류분석이다.

107

$N * N$ **거리행렬이 주어졌을 때 군집방법에 대한 설명으로 맞는 것은?** 05 11 16

① 계층적 군집방법은 병합적인 방법과 수형도(Tree Diagram)를 이용하는 방법이 있다.
② 비계층적 방법은 일종의 분할적 방법으로 가까운 개체들끼리 묶어가면서 군집을 만드는 것이다.
③ 군집 형성의 기본은 군집 내 거리는 짧게, 군집 간 거리는 크게 하는 데 있다.
④ 병합적 군집 방법은 최단연결법, 중심연결법과 수형도 등이 일반적이다.

해설
군집분석(Cluster Analysis)
- 계층적 군집방법은 병합적(Agglomerative) 방법과 분할적(Division) 방법이 있다.
- 병합적 방법은 계속적으로 관찰대상을 하나씩 결합하는 방법이고, 분할적 방법은 전체집단을 하나로 간주하면서 계속적으로 세분하는 방법이다.
- 계층적 군집분석의 군집방법은 최단연결법, 중심연결법과 수형도 등이 일반적이다.
- 비계층적 군집분석은 상호배반적인 군집이 사전에 정해진 상태에서 개체들을 해당 군집에 할당하는 방법이다.

108

다음 중 계층적 군집분석과 관계가 없는 것은? 17 21

① Centroid Method
② K-means Method
③ Furthest-Neighbor Method
④ Single-Linkage

해설

② 비계층적 군집분석에서 K-평균 군집방법(K-means Method)을 이용한다.

계층적 군집분석에서 거리측정방법

거리측정	거리측정방법
가장 가까운 항목	단일연결법(Single Linkage Method, 최단연결법)
가장 먼 항목	완전연결법(Complete Linkage Method, 최장연결법)
중심적 군집화	중심연결법(Centroid Linkage Method)
집단 간 연결	그룹 간 평균연결법(Between-groups Linkage Method)
집단 내 연결	그룹 내 평균연결법(Within-groups Linkage Method)
군집 간 거리계산	WARD의 방법

109

군집분석에서 개체의 연결에 대한 설명으로 옳은 것은? 16

① 단일연결(Single Linkage)은 개체와 개체 간을 일 대 일로 병합하여 모든 개체의 1/2 수준으로 연결되도록 한다.
② 평균연결(Average Linkage)은 서로 다른 두 군집에 속하는 개체들의 모든 쌍의 거리를 평균한 평균거리를 이용한다.
③ 완전연결(Complete Linkage)은 개체와 개체 간에 연결하여 최종적으로는 2개의 군집으로 완전히 연결되어 분류될 수 있도록 한다.
④ 군집분석에서는 군집화는 개체를 대상으로 이루어지며, 변수가 주 관심대상이 되지 않는다.

해설

① 단일연결(Single Linkage)은 어느 한 군집에 속해있는 개체와 타 군집에 속해있는 거리가 가장 가까운 개체를 새로운 하나의 군집으로 형성하는 방법이다.
③ 완전연결(Complete Linkage)은 각 단계마다 한 군집에 속해있는 대상과 다른 군집에 속해있는 개체 사이의 유사성이 최대거리로 정해지게 하는 방법이다.
④ 군집분석에서 군집화는 일반적으로 개체를 대상으로 하지만, 변수가 많은 경우 변수들 간의 유사성 또는 비유사성 거리를 기초로 하여 군집분석을 한다.

110

다음 중 군집분석 방법이 아닌 것은?

① 완전연결법 ② 평균연결법
③ 중심연결법 ④ 유사거리연결법

해설

108번 문제 해설 참고

111

군집분석방법 중 계보적 군집방법(Hierarchical Clustering)의 가장 큰 특징은 어떤 개체가 어느 단계에서 특정 군집에 일단 할당되면 다른 군집에 다시 할당될 수 없다는 데 있다. 다음 중 계보적 군집방법이 아닌 것은?

① 최단연결법(Single Linkage) ② 최장연결법(Complete Linkage)
③ 평균연결법(Average Linkage) ④ K-평균방법(K-means Method)

해설

비계층적 군집분석 방법인 K-평균 군집분석은 계층적 군집분석에 비해 계산속도가 빠르므로 대량의 데이터의 군집분석에 유용하게 이용된다.

112

다음 중 계층적(Hierarchical) 군집연산방식이 아닌 것은?

① 단일연결법(Single Linkage)
② 최장 혹은 완전연결법(Complete Linkage)
③ 순차적분계법(Sequential Threshold Method)
④ 평균연계법(Average Linkage)

해설

계층적 군집분석에서 거리측정방법

거리측정	거리측정방법
가장 가까운 항목	단일연결법(Single Linkage Method, 최단연결법)
가장 먼 항목	완전연결법(Complete Linkage Method, 최장연결법)
중심적 군집화	중심연결법(Centroid Linkage Method)
집단 간 연결	그룹 간 평균연결법(Between-groups Linkage Method)
집단 내 연결	그룹 내 평균연결법(Within-groups Linkage Method)
군집 간 거리계산	WARD의 방법

113

군집분석(Cluster Analysis)에서 두 군집 간의 거리를 측정하는 방법이 아닌 것은?

① 평균연결법
② 완전연결법
③ 왈드방법
④ 분산연결법

해설
112번 문제 해설 참고

114

계층적 군집화(Hierarchical Clustering)방법과 가장 거리가 먼 것은?

① 중심연결법(Centroid Method)
② 단일연결법(Single Linkage)
③ 분산연결법(Variance-linkage Method)
④ 워드방법(Wards Method)

해설
112번 문제 해설 참고

115

계층적 군집분석에서 두 군집 간의 거리를 두 군집 개체 간 최단거리로 하는 방법을 무엇이라 하는가?

① 중심연결법(Centroid Method)
② 단일연결법(Single-Linkage)
③ 완전연결법(Complete-Linkage)
④ 평균연결법(Average-Linkage)

해설
112번 문제 해설 참고

116

다음 중 계층적 군집분석에서 군집을 형성하는 방법이 아닌 것은?

① 최단연결법
② 최장연결법
③ Ward법
④ k-평균법

해설
112번 문제 해설 참고

정답 113 ④ 114 ③ 115 ② 116 ④

117

군집분석(Cluster analysis)에서 비유사성(Dissimilarity)에 대한 측도 중 변수들 간의 상관관계를 고려한 통계적 거리를 나타내는 측도는? 13 15 19

① 유클리디안(Euclidean) 거리
② 민코우스키(Minkowski) 거리
③ 시티블록(City Block) 거리
④ 마하라노비스(Mahalanobis) 거리

해설

비유사성(Dissimilarity) 거리
- 민코우스키 거리(Minkowski Distance)는 차원이 1일 경우 도시블록(City Block) 거리 또는 맨하튼 거리(Manhattan Distance)라 하며, 차원이 2일 경우 유클리드 거리(Euclid Distance)가 된다.
- 마하라노비스(Mahalanobis) 거리는 다차원 공간에서 함수 간 상관관계를 고려하여 데이터의 평균에서 관찰하려는 점까지의 거리를 측정하는 방법이다.

  – 유클리드 거리 = $\sqrt{\sum_{i=1}^{p}(x_{i1}-x_{i2})^2}$

  – 맨하튼 거리 = $\sum_{i=1}^{p}|x_{i1}-x_{i2}|$

  – 마하라노비스 거리 = $(x-\bar{y})^T C^{-1}(x-\bar{y})$, 여기서 C는 x와 y의 공분산

118

군집분석은 관측된 개체 간의 거리 즉 비유사성을 어떻게 정의하느냐에 따라서 달라진다. 개체 i의 관측이 $X_i = (X_{i1}, \cdots, X_{ip})$, $i=1, \cdots, n$이라고 하자. 두 개체 사이의 거리를 측정할 때 변수 간 상관의 방향 및 크기를 고려한 거리는? 04

① 유클리드(Euclidean) 거리
② 마하라노비스(Mahalanobis) 거리
③ 도시블록(City Block) 거리
④ 민코우스키(Minkowski) 거리

해설

마하라노비스(Mahalanobis) 거리
마하라노비스 거리는 다차원 공간에서 함수 간 상관관계를 고려하여 데이터의 평균에서 관찰하려는 점까지의 거리를 측정하는 방법이다.

① 유클리드 거리 = $\sqrt{\sum_{i=1}^{p}(x_{i1}-x_{i2})^2}$

② 마하라노비스 거리 = $(x-\bar{y})^T C^{-1}(x-\bar{y})$, 여기서 C는 x와 y의 공분산

③ 도시블록 거리(맨하튼 거리) = $\sum_{i=1}^{p}|x_{i1}-x_{i2}|$

④ 민코우스키(Minkowski) 거리 = $\left(\sum_{i=1}^{n}|x_i-y_i|^p\right)^{\frac{1}{p}}$

119

5개 개체에 대한 거리행렬 D가 다음과 같이 주어졌을 때 최단연결법을 적용하여 군집화하면 어느 것인가?

$$D = \begin{pmatrix} 0.0 & 7.0 & 1.0 & 9.0 & 8.0 \\ 7.0 & 0.0 & 6.0 & 3.0 & 5.0 \\ 1.0 & 6.0 & 0.0 & 8.0 & 7.0 \\ 9.0 & 3.0 & 8.0 & 0.0 & 4.0 \\ 8.0 & 5.0 & 7.0 & 4.0 & 0.0 \end{pmatrix}$$

① [{1,3} ({2,4} {5})]
② [{1,2} ({3,4} {5})]
③ [{1} ({2,4} {3,5})]
④ [{1} ({2,3,4} {5})]

해설

군집분석에서 최단연결법

$$\text{거리행렬 } D = \begin{matrix} 1 \\ 2 \\ 3 \\ 4 \\ 5 \end{matrix} \begin{pmatrix} 0 & & & & \\ 7 & 0 & & & \\ 1 & 6 & 0 & & \\ 9 & 3 & 8 & 0 & \\ 8 & 5 & 7 & 4 & 0 \end{pmatrix} \text{에서,}$$

1이 가장 작으므로 1과 3을 묶어 하나의 군집 (13)을 만든다.

$$d\{(13),2\} = \min\{d_{12}, d_{32}\} = \min(7,6) = 6$$
$$d\{(13),4\} = \min\{d_{14}, d_{34}\} = \min(9,8) = 8$$
$$d\{(13),5\} = \min\{d_{15}, d_{35}\} = \min(8,7) = 7$$

$$D_1 = \begin{matrix} (13) \\ 2 \\ 4 \\ 5 \end{matrix} \begin{pmatrix} 0 & & & \\ 6 & 0 & & \\ 8 & 3 & 0 & \\ 7 & 5 & 4 & 0 \end{pmatrix}$$

3이 가장 작으므로 2와 4를 묶어 하나의 군집 (24)를 만든다.

$$d\{(24),(13)\} = \min\{d_{2(13)}, d_{4(13)}\} = \min(6,8) = 6$$
$$d\{(24),5\} = \min\{d_{25}, d_{45}\} = \min(5,4) = 4$$

$$D_2 = \begin{matrix} (13) \\ (24) \\ (5) \end{matrix} \begin{pmatrix} 0 & & \\ 6 & 0 & \\ 7 & 4 & 0 \end{pmatrix}$$

4가 가장 작으므로 5와 (24)를 묶어 군집을 형성한다.
∴ [(1, 3) {(2, 4) (5)}]으로 묶게 된다.

정답 119 ①

120

5개 개체에 대한 거리행렬 D가 다음과 같이 주어졌을 때 최장연결법을 적용하여 군집화하면 어느 것인가?

$$D = \begin{pmatrix} 0.0 & 7.0 & 1.0 & 9.0 & 8.0 \\ 7.0 & 0.0 & 6.0 & 3.0 & 5.0 \\ 1.0 & 6.0 & 0.0 & 8.0 & 7.0 \\ 9.0 & 3.0 & 8.0 & 0.0 & 4.0 \\ 8.0 & 5.0 & 7.0 & 4.0 & 0.0 \end{pmatrix}$$

① [{1, 4} ({2, 3} {5})]
② [{1, 3} ({2, 4} {5})]
③ [{1, 5} ({3, 4} {5})]
④ [({1, 3} {2, 4}) {5}]

해설

군집분석에서 최장연결법, 완전연결법(Complete Linkage Method)

거리행렬 $D = \begin{pmatrix} & 1 & 2 & 3 & 4 & 5 \\ 1 & 0 & & & & \\ 2 & 7 & 0 & & & \\ 3 & 1 & 6 & 0 & & \\ 4 & 9 & 3 & 8 & 0 & \\ 5 & 8 & 5 & 7 & 4 & 0 \end{pmatrix}$ 에서,

1이 가장 작으므로 1과 3을 묶어 하나의 군집 (13)을 만든다.

$$d\{(13), 2\} = \max\{d_{12}, d_{32}\} = \max(7, 6) = 7$$
$$d\{(13), 4\} = \max\{d_{14}, d_{34}\} = \max(9, 8) = 9$$
$$d\{(13), 5\} = \max\{d_{15}, d_{35}\} = \max(8, 7) = 8$$

$$D_1 = \begin{pmatrix} & (13) & 2 & 4 & 5 \\ (13) & 0 & & & \\ 2 & 7 & 0 & & \\ 4 & 9 & 3 & 0 & \\ 5 & 8 & 5 & 4 & 0 \end{pmatrix}$$

3이 가장 작으므로 2와 4를 묶어 하나의 군집 (24)를 만든다.

$$d\{(24), (13)\} = \max\{d_{2(13)}, d_{4(13)}\} = \max(7, 9) = 9$$
$$d\{(24), 5\} = \max\{d_{25}, d_{45}\} = \max(5, 4) = 5$$

$$D_2 = \begin{pmatrix} & (13) & (24) & 5 \\ (13) & 0 & & \\ (24) & 9 & 0 & \\ 5 & 8 & 5 & 0 \end{pmatrix}$$

5가 가장 작으므로 5와 (24)를 묶어 군집을 형성한다.

∴ [(1, 3) {(2, 4) (5)}]으로 묶게 된다.

121

5개의 변수에 대하여 두 대상의 관찰값이 주어진 표와 같다. 이때 군집분석의 거리측정방식 중에서 2차의 민코우스키 거리(Minkowski Distance)를 이용하여 대상 i와 대상 k의 거리를 구하면? 08 19

구 분	변수 1	변수 2	변수 3	변수 4	변수 5
대상 i	1	0	0	1	1
대상 k	1	1	0	1	0

① 2
② 4
③ $\sqrt{2}$
④ $\sqrt{4}$

해설

민코우스키 거리(Minkowski Distance)
민코우스키 거리는 차원이 1일 경우 맨하튼 거리(Manhattan Distance)라 하며, 차원이 2일 경우 유클리드 거리(Euclid Distance)가 된다.

• 유클리드 거리 = $\sqrt{\sum_{i=1}^{p}(x_{i1}-x_{i2})^2}$

• 맨하튼 거리 = $\sum_{i=1}^{p}|x_{i1}-x_{i2}|$

∴ 차원이 2일 경우 민코우스키 거리(Minkowski Distance) = $\sqrt{1^2+1^2}=\sqrt{2}$

122

5개의 변수로 이루어진 자료를 이용하여 군집분석을 하고자 한다. 이를 위하여 각 개체사이의 거리를 도시블록(City Block)이라고 불리우는 1차 민코우스키 거리(Minkowski Distance)를 사용하고자 한다. 다음과 같이 관찰된 자료에 대하여 개체 i와 개체 j 사이의 거리를 구하면? 12 17 21

개 체 \ 변 수	1	2	3	4	5
개체 i	3	2	6	8	4
개체 j	2	4	8	7	5

① 3
② 5
③ 7
④ 9

해설

민코우스키 거리(Minkowski Distance)
민코우스키 거리는 차원이 1일 경우 맨하튼 거리(Manhattan Distance)라 하며, 차원이 2일 경우 유클리드 거리(Euclid Distance)가 된다.

• 유클리드 거리 = $\sqrt{\sum_{i=1}^{p}(x_{i1}-x_{i2})^2}$

• 맨하튼 거리, 도시블록 거리 = $\sum_{i=1}^{p}|x_{i1}-x_{i2}|$

∴ 민코우스키 거리(Minkowski Distance) = $|1|+|-2|+|-2|+|1|+|-1|=7$

정답 121 ③ 122 ③

123

다음 중 비계층적 군집분석 방법으로 개체수가 많은 경우에도 유용하게 이용되는 방법은? `03` `06` `09` `12` `20`

① 최단연결법
② 최장연결법
③ 평균연결법
④ K-평균 군집방법

해설

K-평균 군집방법(K-means Cluster Analysis)
비계층적 군집분석 방법인 K-평균 군집분석은 계층적 군집분석에 비해 계산 속도가 빠르므로 대량의 데이터의 군집분석에 유용하게 이용된다.

124

군집분석(Cluster Analysis)에서 스네이크(Snake) 현상이란 원래는 두 개의 집락으로 이루어진 개체에서 뱀처럼 길게 늘어진 개체들이 있다면 이 개체들을 따라서 한 집락으로 분류하는 현상을 말한다. 이러한 현상을 배제하는 가장 적절한 연결법은 무엇인가? `03` `13`

① 완전연결법(Complete Linkage)
② 단일연결법(Single Linkage)
③ 평균연결법(Average Linkage)
④ 중앙값 연결법(Median Linkage)

해설

스네이크(Snake) 현상
군집분석의 단일연결법(최단연결법)은 두 개의 집락으로 이루어진 개체에서 뱀처럼 길게 늘어진 개체들이 있다면 이 개체들을 쭉 따라서 한 집락으로 분류하는 단점(스네이크 현상)이 있다. 이 단점을 보완하는 방법으로 완전연결법(최장연결법)이 있다.

125

두 개 이상의 모집단들 중 어느 모집단에서 추출된 것인지 확실히 알고 있는 다변량 확률분포의 추정값들을 이용하여 새로운 개체가 주어졌을 때, 이 개체가 어느 모집단에서 추출된 것인지를 결정하게 된다. 이 때, 잘못 분류될 확률이 최소가 되도록 주어진 확률표본의 추정값들을 이용하여 어떤 기준을 세우게 되는데 이러한 분석방법의 명칭은? `03`

① 회귀분석
② 분산분석
③ 판별분석
④ 경로분석

해설

판별분석(Discriminant Analysis)
판별분석은 두 개 이상의 모집단으로부터 추출된 표본들이 섞여 있을 때 각 케이스(Case)들이 어느 모집단에서 추출됐는지를 판별(Discriminate)하기 위한 함수를 만들어서 판별작업을 실시하는 분석이다. 즉, 판별분석은 분류분석이다.

126

기존의 자료로부터 각 개체를 규정된 신용등급으로 분류하기 위한 기준을 만들고 새로운 거래인에 대해 이 기준을 적용하여 신용등급 중의 하나를 부여할 수 있게 하는 가장 좋은 분석방법은? [09]

① 요인분석
② 판별분석
③ 군집분석
④ 경로분석

해설

125번 문제 해설 참고

127

다변량 통계분석방법은 크게 변수의 차원을 줄이는 방법과 관측대상의 차원을 줄이는 방법으로 구분할 수 있다. 다음 중 변수의 차원을 줄이는 방법이 아닌 것은? [07]

① 판별분석
② 주성분 분석
③ 요인분석
④ 정준상관분석

해설

125번 문제 해설 참고

128

한 은행의 대출담당자는 고객의 대출여부를 결정하는데 많은 시간과 비용이 소비된다고 느낀다. 고객의 정보에 대한 가장 적은 수의 변수로 고객의 신용도가 좋은지 나쁜지를 효과적으로 결정하기 위해 가장 적합한 통계적 분석방법은? [09]

① 신뢰도분석
② 분산분석
③ 상관분석
④ 판별분석

해설

판별함수를 이용하여 고객의 신용도가 좋은지 나쁜지를 분류하는 판별분석방법을 사용한다.

정답 126 ② 127 ① 128 ④

129

다음 중 판별함수를 작성하는 기본원칙을 가장 바르게 설명한 것은?

① 집단 내 분산에 비해 집단 간 분산이 최대가 되도록 판별함수를 작성한다.
② 집단 내 분산에 비해 집단 간 분산이 최소가 되도록 판별함수를 작성한다.
③ 집단 간 상관계수 행렬이 단위행렬이 되는 판별함수를 작성한다.
④ 집단 간 공분산 행렬이 단위행렬이 되는 판별함수를 작성한다.

해설
판별함수는 집단 내 분산은 최소가 되도록, 집단 간 평균의 차이가 최대가 되도록 판별함수를 구한다.

130

판별분석(Discriminant Analysis)에 대한 설명으로 틀린 것은?

① 독립변수와 종속변수의 구분이 필요하다.
② 공분산행렬의 동일성 검정에는 F-검정이 사용된다.
③ 로짓(Logit) 판별모형은 독립변수에 대한 정규성 가정이 불필요하다.
④ 종속변수는 사전에 알려진 명목변수를 가정한다.

해설
Box-M 검정
판별분석에서 종속변수에 의해 범주화되는 분류집단들의 분산공분산행렬의 동일성 검정에 이용된다.

131

판별분석과 회귀분석에 관한 설명으로 틀린 것은?

① 회귀분석에서 종속변수는 정규분포를 따르는 확률변수이고 독립변수들의 수준은 주어진 상수라고 가정한다.
② 판별분석에서는 독립변수들은 다변량 정규분포를 따르고 종속변수들은 사전에 주어진 상수라고 가정한다.
③ 회귀분석에서는 독립변수들의 정보를 이용하여 종속변수의 평균반응을 추정 혹은 예측한다.
④ 판별분석은 소속집단에 속하는 관측치들을 분류할 때 오분류 확률을 최소화할 수 있는 독립변수들의 선형함수 또는 이차함수를 찾는다.

해설
② 종속변수는 사전에 주어진 상수가 아니라 범주형 변수로 주어진다.

판별분석의 가정
- 독립변수들의 결합확률분포는 다변량 정규분포를 따른다.
- 모집단에서 종속변수의 각 그룹별로 독립변수들의 공분산 구조가 같다.
- 각 그룹에 소속될 사전확률은 같다.

129 ① 130 ② 131 ②

132

다음 중 판별분석에 대한 설명으로 틀린 것은? [11]

① 종속변수가 질적(Qualitative)변수인 경우에 다루는 통계기법이다.
② 판별분석의 기본 목적은 하나의 범주형 종속변수와 여러 개의 양적 독립변수들 간의 관계를 살펴보는 데 있다.
③ 판별분석은 하나의 대상물(사람, 기업, 또는 제품)이 속해 있는 집단을 구분하고자 할 때 이용된다.
④ 대상물들을 명시된 일련의 특성에 따른 유사성을 토대로 두 개 또는 그 이상의 집단으로 분할할 때 사용한다.

해설

군집분석(Cluster Analysis)
군집분석은 n개의 개체들을 대상으로 p개의 변수를 측정하였을 때 관측한 p개의 변수들을 이용하여 n개의 개체들 사이의 유사성(Similarity) 또는 비유사성(Dissimilarity)의 정도를 측정하여 개체들을 가까운 순서대로 군집화하는 통계분석방법이다.

133

다음의 내용에 해당되는 다변량 분석방법은? [11]

- Fisher에 의해 연구된 바 있다.
- 주어진 관찰값으로부터 전체집단을 어떤 특성에 상호배반적인 부분집단으로 분류하는 방법이다.
- 소속집단에 대한 정보가 주어진다.

① 요인분석
② 군집분석
③ 판별분석
④ 주성분 분석

해설

판별분석(Discriminant Analysis)
판별분석은 두 개 이상의 모집단으로부터 추출된 표본들이 섞여 있을 때 각 케이스(Case)들이 어느 모집단에서 추출됐는지를 판별(Discriminate)하기 위한 함수를 만들어서 판별작업을 실시하는 분석이다. 즉, 판별분석은 분류분석이다.

정답 132 ④ 133 ③

134

판별분석(Discriminant Analysis)에 관한 설명으로 틀린 것은?

① 판별분석은 집단 간 차이를 가장 의미 있게 설명하기 위한 판별식을 찾는 것으로 집단 간 분산을 집단 내 분산으로 나눈 비율을 사용한다.
② 판별식이 의미가 있는지의 여부에 대한 검정은 그룹 간의 변동을 표현하는 통계량인 Wilks Λ 통계량을 이용한다.
③ 판별분석은 회귀분석과 같이 독립변수의 추가여부에 대해 부분 F 검정을 이용하여 변수의 추가여부를 결정한다.
④ 판별분석에서 Wilks Λ 통계량이 0에 가까울수록 그룹 간에 차가 없음을 나타낸다.

해설

Wilks Lambda

Wilks $\Lambda = \dfrac{SSW}{SST}$ 으로 SSW가 작을수록 판별력이 우수하다.

집단 간 분산이 작을수록 집단 내 분산이 커져서 Λ값이 1에 가까워져 집단 간에 차이가 없음을 의미한다.

135

다음의 내용들이 설명하는 통계적 분석방법은?

- 기존의 자료를 이용하여 관찰개체들을 몇 개의 집단으로 분류하고자 하는 경우에 사용
- 등간척도나 비율척도로 이루어진 독립변수를 이용
- 각 관찰대상들이 어느 집단에 속하는지를 알 수 있는 식을 구하고, 이 식을 이용하여 새로운 대상을 어느 집단으로 분류할 것인가를 예측하는 데 이용

① 상관분석
② 분산분석
③ 군집분석
④ 판별분석

해설

판별분석(Discriminant Analysis)

판별분석은 두 개 이상의 모집단으로부터 추출된 표본들이 섞여 있을 때 각 케이스(Case)들이 어느 모집단에서 추출됐는지를 판별(Discriminate)하기 위한 함수를 만들어서 판별작업을 실시하는 분석이다. 즉, 판별분석은 분류분석이다.

136

일반적으로 판별분석에서 두 집단의 공분산행렬이 같을 때는 선형판별함수가, 다를 때는 이차판별함수가 더 효율적인 것으로 알려져 있다. 다음 중 공분산행렬이 같은지에 대한 검정방법으로 가장 적절한 것은?

09 21

① Box-M 검정
② Wilk's Lambda 검정
③ Hosmer-Lemeshow 검정
④ Durbin-Watson 검정

해설
① Box-M 검정 : 판별분석에서 공분산행렬의 동일성 검정
② Wilk's lambda 검정 : 판별분석에서 정준판별함수의 유의성 검정
③ Hosmer-Lemeshow 검정 : 로지스틱 회귀모형의 적합성 검정
④ Durbin-Watson 검정 : 회귀분석에서 오차항의 독립성 검정

137

판별분석에서 독립변수의 수가 4이고, 집단의 수가 10일 때 사용되는 판별식의 수는? 11

① 3
② 4
③ 9
④ 10

해설
판별식의 수
판별식의 수는 $\min(g-1,\ p)$이다. 여기서 g : 집단의 수, p : 독립변수의 수
∴ 판별식의 수 $= \min(9, 4) = 4$

138

k개의 집단에서 추출된 N개의 개체들은 p개의 독립변수와 자신이 속한 집단을 나타내는 1개의 변수를 갖고 있다. 이때 이들 p개의 변수를 직접 사용하지 않고 p개의 변수들의 적절한 선형결합의 표준화 변량을 찾아서 판별분석을 수행하는 것은? 13

① 선형판별분석
② 정준판별분석
③ 회귀판별분석
④ 요인판별분석

해설
판별분석의 종류
- Fisher의 선형판별함수 이용 : 다변량 정규분포와 집단별 동일공분산행렬 가정하에 집단별 확률밀도함수비 등이 높은 쪽으로 분류하는 함수를 찾는 방법
- 정준판별함수 이용 : 다변량 판별변수의 선형결합으로 이루어진 새로운 정준판별함수를 찾는 방법

139

집단(그룹)변수 G와 p개의 판별변수 $X_1, X_2, \cdots, X_p$로 구성된 자료를 생각하자. 여기서 G는 집단 1과 집단 2에 따라 각각 1과 2값을 가진다. 이 자료의 판별분석에 대한 설명으로 틀린 것은? 06 14

① 각 개체의 소속집단인 그룹이 미리 명확히 정해져 있어야 한다.
② 회귀분석 관점에서 볼 때 종속변수는 집단변수이다.
③ 판별변수 $X_1, X_2, \cdots, X_p$는 연속형인 경우가 일반적이긴 하지만 이산형인 경우에도 판별분석이 가능하다.
④ 정준판별함수는 두 그룹으로 나누는 설명력을 최대화시키는 함수로서 판별변수 $X_1, X_2, \cdots, X_p$와 집단변수 G의 선형결합으로 표현된다.

해설

정준판별함수(Canonical Discriminant Function)
- 정준판별함수는 '집단의 수 − 1'과 '독립변수의 수' 중에서 작은 수만큼 도출되며 각 개체가 소속된 각 집단의 중심값(Centroid)을 계산하는 데 사용된다.
- 정준판별함수계수는 회귀분석의 회귀계수에 비유된다.

140

고객들의 콘도 이용 패턴을 파악하기 위해 6개의 변수(X_1부터 X_6까지)를 선정하고 조사한 자료를 이용하여 얻어진 비표준화된 정준판별함수가 다음과 같았다.

$$D = -7.842 + 0.020X_2 + 0.606X_5$$

$D > 0$이면 콘도를 이용한다고 볼 때 소비자 3명의 변수값이 주어진 표와 같다면 콘도의 이용여부(1 = 이용, 0 = 이용하지 않음)를 바르게 판별한 것은? 15

소비자	X_2	X_5
1	340	4
2	320	5
3	230	3

① (1, 0, 1) ② (1, 0, 0)
③ (0, 0, 0) ④ (1, 1, 0)

해설

정준판별함수를 이용한 판별
- $D = -7.842 + (0.020 \times 340) + (0.606 \times 4) = 1.382 > 0$
- $D = -7.842 + (0.020 \times 320) + (0.606 \times 5) = 1.588 > 0$
- $D = -7.842 + (0.020 \times 230) + (0.606 \times 3) = -1.424 < 0$

141

어떤 자료의 판별분석을 통해 얻어진 선형판별함수가 $Z = 3X_1 - 2X_2 + 10$일 때, 자료 (9, 5)의 판별득점을 구하면 어느 것인가? `03` `06` `09` `19`

① 7
② 10
③ 17
④ 27

해설

판별득점(Discriminant Score)
$Z = 3X_1 - 2X_2 + 10 = (3 \times 9) - (2 \times 5) + 10 = 27$

142

판별분석에서는 판별함수를 구한 후 판별함수 값(판별점수)을 이용하여 각 개체를 분류한다. 이때 사용되는 분류방법을 옳게 설명한 것은? `06` `19`

① 각 개체의 판별함수 값이 각 집단의 판별함수 최대값에 가까운 쪽으로 개체를 분류한다.
② 각 개체의 판별함수 값이 각 집단의 판별함수 최소값에 가까운 쪽으로 개체를 분류한다.
③ 각 개체의 판별함수 값이 각 집단의 판별함수 값의 중심점(평균 판별점수)에 가까운 쪽으로 개체를 분류한다.
④ 각 개체의 판별함수 값이 각 집단의 판별함수 값의 중심점(평균 판별점수)에서 먼 쪽으로 개체를 분류한다.

해설

판별함수를 이용한 분류
판별함수를 만든 다음 각 개체가 어느 그룹에 속하는지 분류하고 싶으면 표본으로부터 각 그룹의 평균값을 구하여

$$\bar{y}_1 = (\overline{X}_1 - \overline{X}_2)' S^{-1} \overline{X}_1$$
$$\bar{y}_2 = (\overline{X}_1 - \overline{X}_2)' S^{-1} \overline{X}_2$$

각 개체의 판별함수 y값이 $\bar{y}_1$에 가까우면 그룹1에 $\bar{y}_2$에 가까우면 그룹2에 속하게 하면 된다.

143

어떤 금융기관에서 신용카드 발급 대상자를 분류하기 위하여 정상집단 π_1과 연체집단 π_2로부터 각각 30개의 자료를 얻었다. 이 자료로부터 계산되어진 각각의 표본평균벡터와 표본공분산행렬과 일차판별함수를 올바르게 구한 것은? 04 07 09

$$\overline{x}_1 = \begin{pmatrix} 2.9 \\ 1.6 \end{pmatrix},\ S_1 = \begin{pmatrix} 4.0 & 0.1 \\ 0.1 & 10.0 \end{pmatrix},\ \overline{x}_2 = \begin{pmatrix} 1.5 \\ 2.3 \end{pmatrix},\ S_2 = \begin{pmatrix} 5.0 & -0.1 \\ -0.1 & 8.0 \end{pmatrix}$$

① $y = 0.311x_1 - 0.078x_2$
② $y = 0.412x_1 - 0.108x_2$
③ $y = 0.523x_1 - 0.231x_2$
④ $y = 0.142x_1 - 0.349x_2$

해설

선형판별함수(Linear Discriminant Function)

판별함수 $y = (\overline{X}_1 - \overline{X}_2)' S_p^{-1} X$ 이다.

$S_p = \dfrac{(n_1-1)S_1 + (n_2-1)S_2}{n_1 + n_2 - 2} = \dfrac{1}{2}(S_1 + S_2) = \begin{pmatrix} 9/2 & 0 \\ 0 & 9 \end{pmatrix}$

$S_p^{-1} = \begin{pmatrix} 9/2 & 0 \\ 0 & 9 \end{pmatrix}^{-1} = \begin{pmatrix} 2/9 & 0 \\ 0 & 1/9 \end{pmatrix}$

$\therefore y = (1.4\ \ -0.7)\begin{pmatrix} 2/9 & 0 \\ 0 & 1/9 \end{pmatrix} X = 0.311X_1 - 0.078X_2$

144

한국평화당은 보수 집단을 대표하는 정당이다. 한국평화당은 여러 당들의 치열한 이미지 경쟁 속에서 생존하기 위하여 국민들에게 더 친근한 정당으로 인식될 수 있는 효과적인 접근 방법을 모색하고 있다. 이 당의 조사 담당 부장은 사전조사로서 자기 당에 우호적인 태도를 보이는 사람과 부정적인 태도를 보이는 사람들을 각각 100명씩 선정하여 연령과 소득을 조사하였다. 조사 결과 얻어진 Fisher의 선형판별식은 다음과 같다. 이 식은 잘 판별된다고 가정하자.

단위 : 연령(세), 월 소득(만 원)

우호적인 집단 $= -40 + 0.9$연령 $+ 0.3$소득
부정적인 집단 $= -15 + 0.5$연령 $+ 0.2$소득

그렇다면, 새로 입단 원서를 낸 A는 나이 50세, 소득 월 100만 원, B는 나이 20세, 월 소득 200만 원이라면, 두 사람은 각각 어떤 집단에 속하는가? 04 06 15

① $A =$ 우호적인 집단, $B =$ 우호적인 집단
② $A =$ 우호적인 집단, $B =$ 부정적인 집단
③ $A =$ 부정적인 집단, $B =$ 우호적인 집단
④ $A =$ 부정적인 집단, $B =$ 부정적인 집단

해설

Fisher의 선형판별함수(Fisher's Linear Discriminant Function)

> Fisher의 선형판별식 : 우호적 집단 = −40 + 0.9×연령 + 0.3×소득
> 부정적 집단 = −15 + 0.5×연령 + 0.2×소득

- A는 나이 50, 소득 1000이므로, 우호적 집단 = 35 > 부정적 집단 = 30이므로, 우호적 집단으로 분류된다.
- B는 나이 20, 소득 2000이므로, 우호적 집단 = 38 > 부정적 집단 = 35이므로, 우호적 집단으로 분류된다.

145

기업의 재무자료를 가지고 기업의 도산을 예측하기 위해 정상적인 기업과 도산한 기업에 대하여 다음과 같은 변수를 이용하여 판별함수를 추정하였다. 12 18

> $X1$ = 현금흐름 / 총부채
> $X2$ = 당기순이익 / 총자산
> $X3$ = 유동자산 / 유동부채
> $X4$ = 유동자산 / 순매출

변수	$X1$	$X2$	$X3$	$X4$	상 수
도 산	2.604	−16.389	1.720	12.442	−5.121
정 상	4.357	−8.761	3.335	10.638	−7.537

판별함수(A)와 분류점(B)으로 옳은 것은?

① A : $1.753X1 + 7.628X2 + 1.615X3 - 1.804X4$
   B : 2.42

② A : $1.753X1 + 7.628X2 + 1.615X3 - 1.804X4$
   B : -2.42

③ A : $-1.753X1 - 7.628X2 - 1.615X3 + 1.804X4$
   B : 2.42

④ A : $6.961X1 + 25.150X2 + 5.055X3 - 12.658X4$
   B : -5.121

해설

선형판별식
선형판별식 : $(4.357 - 2.604)X1 + (-8.761 + 16.389)X2 + (3.335 - 1.720)X3 + (10.638 - 12.442)X4$
$= 1.753X1 + 7.628X2 + 1.615X3 - 1.804X4$

판별점수(분류점)는 선형판별식과는 달리 역으로 계산되며 다음과 같이 구한다.
판별점수(분류점) : $(-5.121 + 7.537) = 2.416$

146

같은 공분산행렬을 가지는 두 집단의 표본평균과 표본공분산행렬이 다음과 같을 때 두 집단을 판별하기 위한 피셔의 선형판별함수에 의하여 집단 1로 분류되는 자료는? [13]

> 집단 1 : 자료의 수 = 6, 표본평균 = $(\pi \leq 16)$, 표본공분산행렬 = $\begin{pmatrix} 12 & -2 \\ -2 & 10 \end{pmatrix}$
>
> 집단 2 : 자료의 수 = 6, 표본평균 = $(\pi \leq 5)$, 표본공분산행렬 = $\begin{pmatrix} 10 & 2 \\ 2 & 6 \end{pmatrix}$

① $(\pi \leq 6)$
② $(\pi \leq 8)$
③ $(\pi \leq 10)$
④ $(\pi \leq 12)$

해설

선형판별함수(Linear Discriminant Function)
두 그룹의 표본의 크기가 같을 때에 최적의 판별점수 기준점은 두 그룹의 중심이 된다.
$y = \frac{1}{2}(\bar{y}_1 + \bar{y}_2) = \frac{1}{2}(16 + 5) = 10.5$

∴ 6, 8, 10은 판별점수 기준점 10.5보다 작으므로 집단 2로 분류하고, 12는 10.5보다 크므로 집단 1로 분류한다.

147

두 변수로 이루어진 이변량 자료에 대하여 Fisher의 판별함수를 이용하여 두 집단으로 판별하고자 한다. 각 집단의 평균과 공통 공분산은 다음과 같을 때 Fisher의 판별함수를 이용하여 집단 A에서 나왔다고 가장 강력하게 판단되는 자료는? [21]

> 집단 A : $\overline{X} = \begin{pmatrix} 6 \\ 10 \end{pmatrix}$, 집단 B : $\overline{X} = \begin{pmatrix} 3 \\ 5 \end{pmatrix}$, 공통 공분산행렬 : $S = \begin{pmatrix} 1 & 1 \\ 1 & 2 \end{pmatrix}$

① $\begin{pmatrix} 3 \\ 9 \end{pmatrix}$
② $\begin{pmatrix} 5 \\ 5 \end{pmatrix}$
③ $\begin{pmatrix} 5 \\ 6 \end{pmatrix}$
④ $\begin{pmatrix} 6 \\ 5 \end{pmatrix}$

해설

선형판별함수(Linear Discriminant Function)
판별함수 $y = (\overline{X}_1 - \overline{X}_2)' S_p^{-1} X$ 이다.
$S_p = \frac{(n_1-1)S_1 + (n_2-1)S_2}{n_1+n_2-2} = \begin{pmatrix} 1 & 1 \\ 1 & 2 \end{pmatrix}$ 이므로 $S_p^{-1} = \begin{pmatrix} 1 & 1 \\ 1 & 2 \end{pmatrix}^{-1} = \begin{pmatrix} 2 & -1 \\ -1 & 1 \end{pmatrix}$

∴ 선형판별함수는 $y = (3 \ 5) \begin{pmatrix} 2 & -1 \\ -1 & 1 \end{pmatrix} X = X_1 + 2X_2$ 이다.

선형판별함수에 각각의 자료를 대입하여 판별점수를 구하면 21, 15, 17, 16으로 21이 가장 크므로 $\begin{pmatrix} 3 \\ 9 \end{pmatrix}$는 집단 A에서 나왔다고 가장 강력하게 판단된다.

148

신용조사기관인 OOO사는 채권의 등급을 신용도가 높은 순서부터 Aaa, Aa, A, Baa, Ba, B, Caa, Ca, C로 분류하며 Baa 이상을 투자성 등급이라 하고, Ba 이하는 투기성 등급으로 분류한다. 투자성 등급은 그룹 g_1이라 하고, 투기성 등급을 그룹 g_2라고 한다면 채권의 그룹분류기준에 관한 설명 중 맞는 것은? 05

① 관찰치가 사전에 두 그룹에서 발생될 사전확률만을 고려한다.
② 그룹분류를 잘못했을 때 발생될 수 있는 오분류 비용(Cost of Misclassification)이 최우선적으로 고려되어야 한다.
③ 두 그룹에 대한 오분류될 확률을 합한 전체 오분류확률(Total Probability of Misclassfication)이 최우선적으로 고려되어야 한다.
④ 오분류비용의 기대값(Expected Cost of Misclassification)이 중요하게 고려되어야 한다.

해설

오분류비용의 기대값(Expected Cost of Misclassification)
판별분석에서 2그룹으로 나누기 위해서는 오분류비용의 기대값(ECM ; Expected Cost of Misclassification)을 최소로 하는 그룹을 선택해야 된다.

149

다음 표는 시중에 잘 알려진 30개 회사의 재무자료에 대해 판별분석을 한 결과를 정리한 것이다. 정확도(Hit Ratio)와 오류율(Error Rate) 값은? 08 18

실제그룹	분류그룹		합
	건실	부실	
건실	10	5	15
부실	2	13	15
합	12	18	30

① 정확도 : 66.7%, 오류율 : 33.3%
② 정확도 : 86.7%, 오류율 : 13.3%
③ 정확도 : 76.7%, 오류율 : 23.3%
④ 정확도 : 40.0%, 오류율 : 60.0%

해설

정확도와 오류율 계산
- 정확도 $= 23/30 = 0.766$
- 오류율 $= 7/30 = 0.233$

150

두 집단(그룹)의 판별분석을 통해 얻은 다음과 같은 오분류 행렬에서 단순오분류율(APER)은? [15]

실제집단		판별분류집단		합계
		1그룹	2그룹	
소속	1그룹	140	10	150
집단	2그룹	5	45	50

① $15/200$　　　　　　　② $10/150$
③ $5/50$　　　　　　　　④ $(10/150 + 5/50)/2$

[해설]
단순오분류율(APER) 계산
$$\frac{10+5}{150+50} = \frac{15}{200}$$

151

다음은 우울증환자들과 보통사람들 294명의 자료를 기반으로 판별분석모형을 개발하여 구한 분류표이다. 이 판별모형의 정확도와 오분류율을 구하면? [20]

실제그룹	분류그룹		합
	우울증	정상	
우울증	35	15	50
정상	72	172	244
합	107	187	294

① 정확도 = $\dfrac{35}{50} + \dfrac{172}{244}$, 오분류율 = $\dfrac{15}{50} + \dfrac{72}{244}$

② 정확도 = $\dfrac{15}{50} + \dfrac{72}{244}$, 오분류율 = $\dfrac{35}{50} + \dfrac{172}{244}$

③ 정확도 = $\dfrac{35}{50} + \dfrac{72}{244}$, 오분류율 = $\dfrac{15}{50} + \dfrac{172}{244}$

④ 정확도 = $\dfrac{15}{50} + \dfrac{172}{244}$, 오분류율 = $\dfrac{35}{50} + \dfrac{72}{244}$

[해설]
정분류율과 오분류율
- 정분류율은 실제 우울증 환자를 우울증으로 분류하고 정상인 사람을 정상으로 분류한 비율이다.
  ∴ 정분류율은 $\dfrac{35}{50} + \dfrac{172}{244}$이 된다.
- 오분류율은 실제 우울증 환자를 정상으로 분류하고 정상인 사람을 우울증 환자로 분류한 비율이다.
  ∴ 오분류율은 $\dfrac{15}{50} + \dfrac{72}{244}$이 된다.

152

두 집단 g_1과 g_2에 해당하는 확률밀도함수 $f_1(X)$와 $f_2(X)$가 주어졌다고 가정하자. 전체자료의 80%가 집단 g_1에 속하고, 전체자료의 20%가 집단 g_2에 속한다고 가정하고 오분류비용에 관한 정보는 $C(2|1)=5$, $C(1|2)=10$이라 했을 때, 오분류비용의 기대값(ECM)을 최소화하는 분류영역 중에서 맞는 것은? 03 08

① $R_1 : \dfrac{f_1(X)}{f_2(X)} \geq 0.25$, $R_2 : \dfrac{f_1(X)}{f_2(X)} < 0.25$

② $R_1 : \dfrac{f_1(X)}{f_2(X)} \geq 0.8$, $R_2 : \dfrac{f_1(X)}{f_2(X)} < 0.8$

③ $R_1 : \dfrac{f_1(X)}{f_2(X)} \geq 0.5$, $R_2 : \dfrac{f_1(X)}{f_2(X)} < 0.5$

④ $R_1 : \dfrac{f_1(X)}{f_2(X)} < 0.5$, $R_2 : \dfrac{f_1(X)}{f_2(X)} \geq 0.5$

해설

판별분석에서 오분류비용의 기대값(ECM ; Expected Cost Regions)을 최소화하는 분류영역

- $R_1 : \dfrac{f_1(x)}{f_2(x)} \geq \left[\dfrac{C(1|2)}{C(2|1)}\right]\left(\dfrac{p_2}{p_1}\right) \Rightarrow \dfrac{f_1(x)}{f_2(x)} \geq \left(\dfrac{10}{5}\right)\left(\dfrac{0.2}{0.8}\right) \Rightarrow \dfrac{f_1(x)}{f_2(x)} \geq 0.5$
- $R_2 : \dfrac{f_1(x)}{f_2(x)} < \left[\dfrac{C(1|2)}{C(2|1)}\right]\left(\dfrac{p_2}{p_1}\right) \Rightarrow \dfrac{f_1(x)}{f_2(x)} < \left(\dfrac{10}{5}\right)\left(\dfrac{0.2}{0.8}\right) \Rightarrow \dfrac{f_1(x)}{f_2(x)} < 0.5$

153

연구자가 관찰벡터를 두 모집단 π_1과 π_2 중에서 어디에 분류시킬 것인지 연구하고 있다. 두 모집단에 관련된 밀도함수를 각각 $f_1(x)$, $f_2(x)$라 하고, 잘못 분류하여 생기는 비용이 $c(2|1)=40$원, $c(1|2)=70$원 임을 알고 있다고 하자. 그리고 모든 관찰대상물 중의 60%가 π_1에 속한다는 것을 알고 있다. 이제 새로이 관찰된 X_0에서 밀도함수 값이 $f_1(X_0)=0.2$, $f_2(X_0)=0.6$이라고 할 때 이 개체가 π_2에서 나왔을 사후확률은? 04 09 19

① 0.55
② 0.33
③ 0.67
④ 0.84

해설

사후확률(Posterior Probability)

$P(\pi_2 | \pi_1, \pi_2) = \dfrac{0.6 \times 0.4}{(0.6 \times 0.2)+(0.6 \times 0.4)} = 0.6666$

154

여러 가지 다변량 분석법에 대한 설명으로 틀린 것은? [10]

① 요인분석과 군집분석은 독립변수와 종속변수의 구분이 필요 없다.
② 정준상관분석은 변수그룹 간의 상관구조를 분석하는 기법이다.
③ 중회귀분석과 판별분석은 독립변수와 종속변수의 구분이 필요하다.
④ 다변량 분산분석(MANOVA)은 공변량이 존재하는 경우의 분산분석을 의미한다.

해설

다변량 분산분석(MANOVA)
다변량 분산분석에서는 다수의 종속변수를 다루므로 그들을 함께 고려한 결합분포에 관하여 분산의 동일성을 가정해야 하는데, 종속변수들은 각 집단 내에서 분산공분산행렬이 동일한 다변량 정규분포를 가져야 한다.

155

경로분석(Path Analysis)과 관련이 없는 것은? [05]

① 구조방정식모형(Structural Equation Modeling)
② 측정모형(Measurement Model)
③ 컨조인트(Conjoint)분석
④ 잠재내생변수(Latent Endogeneous Variable)

해설

③ 결합분석(Conjoint Analysis)은 여러 가지 속성을 가진 제품 또는 서비스에 대한 소비자들의 전체적인 선호를 조사하여 분석함으로써, 개별 속성들이 소비자에게 주는 효용 및 상대적인 중요성을 파악하는 기법이다.

경로분석(Path Analysis)
- 경로분석은 변수들 간의 인과관계를 나타내는 경로모형을 설정한 후, 설정된 경로모형에 따라 회귀분석을 여러 번 행함으로써 이루어진다.
- 구조방정식모형의 분석은 가장 기본적인 인과모형 중 하나인 경로모형의 이해를 전제로 한다.
- 공분산구조방정식모형은 측정모형(Measurement Model), 구조모형(Structural Model)을 연립방정식(Simultaneous Equation) 모형으로 설정하여 동시에 분석할 수 있다.
- 공분산구조방정식모형은 잠재내생변수를 이용하여 관찰변수들을 개별적으로 분석한 결과를 보강할 수 있고, 회귀분석에서는 어려운 비실험자료의 분석을 용이하게 해준다.

156

다음은 어떤 경로 모형을 표준화한 선형회귀식과 그에 대한 조건식들을 나타낸 것이다.

$Y = p_{YZ_1}Z_1 + p_{YZ_2}Z_2 + p_{Y\epsilon}\epsilon$

조건식 :
$\rho_{YZ_1} = p_{YZ_1} + p_{YZ_2} \cdot \rho_{Z_1Z_2}$
$\rho_{YZ_2} = p_{YZ_1} \cdot \rho_{Z_1Z_2} + p_{YZ_2}$
$V(Y) = p_{YZ_1}^2 + p_{YZ_2}^2 + p_{Y\epsilon}^2 + 2 \cdot p_{YZ_1} \cdot \rho_{Z_1Z_2} \cdot p_{YZ_2}$

다음 표본분산공분산행렬을 이용한 경로계수 값들은? 12 18 21

$$S = \begin{pmatrix} 46 & 40 & 5 \\ 40 & 38 & 4 \\ 5 & 4 & 3 \end{pmatrix}$$

① $\begin{pmatrix} \hat{p}_{YZ_1} \\ \hat{p}_{YZ_2} \\ \hat{p}_{Y\epsilon} \end{pmatrix} = \begin{pmatrix} 0.890 \\ 0.204 \\ 0.026 \end{pmatrix}$
② $\begin{pmatrix} \hat{p}_{YZ_1} \\ \hat{p}_{YZ_2} \\ \hat{p}_{Y\epsilon} \end{pmatrix} = \begin{pmatrix} 0.900 \\ 0.210 \\ 0.263 \end{pmatrix}$

③ $\begin{pmatrix} \hat{p}_{YZ_1} \\ \hat{p}_{YZ_2} \\ \hat{p}_{Y\epsilon} \end{pmatrix} = \begin{pmatrix} 0.907 \\ 0.104 \\ 0.265 \end{pmatrix}$
④ $\begin{pmatrix} \hat{p}_{YZ_1} \\ \hat{p}_{YZ_2} \\ \hat{p}_{Y\epsilon} \end{pmatrix} = \begin{pmatrix} 0.927 \\ 0.078 \\ 0.282 \end{pmatrix}$

해설

경로계수 계산

표본분산공분산행렬을 이용하면

$$\hat{\rho}_{YZ_1} = \frac{S_{YZ_1}}{S_Y S_{Z_1}} = \frac{40}{\sqrt{46 \cdot 38}} = 0.9567 \qquad \hat{\rho}_{YZ_2} = \frac{S_{YZ_2}}{S_Y S_{Z_2}} = \frac{5}{\sqrt{46 \cdot 3}} = 0.4256$$

$$\hat{\rho}_{Z_1Z_2} = \frac{S_{Z_1Z_2}}{S_{Z_1}S_{Z_2}} = \frac{4}{\sqrt{38 \cdot 3}} = 0.3746$$

조건식에 대입하면 $0.9567 = \hat{p}_{YZ_1} + \hat{p}_{YZ_2} \cdot 0.3746$과 $0.4256 = \hat{p}_{YZ_1} \cdot 0.3746 + \hat{p}_{YZ_2}$식을 얻을 수 있고 두 식에 대한 연립방정식을 풀면 $\hat{p}_{YZ_1} = 0.9273$, $\hat{p}_{YZ_2} = 0.0782$로 추정된다.

표준화한 선형회귀식이므로 $V(Y) = 1$이므로 조건식을 이용하여 $\hat{p}_{Y\epsilon}$은 다음과 같이 추정할 수 있다.

$\hat{p}_{Y\epsilon} = \sqrt{1 - \hat{p}_{YZ_1}^2 - \hat{p}_{YZ_2}^2 - 2 \cdot \hat{p}_{YZ_1} \cdot \hat{\rho}_{Z_1Z_2} \cdot \hat{p}_{YZ_2}} = 0.2823$

$\therefore \begin{pmatrix} \hat{p}_{YZ_1} \\ \hat{p}_{YZ_2} \\ \hat{p}_{Y\epsilon} \end{pmatrix} = \begin{pmatrix} 0.9273 \\ 0.0782 \\ 0.2823 \end{pmatrix}$ 로 추정된다.

157

다음의 다중회귀모형(모든 변수는 표준화된 변수임) $Z_3 = 0.2Z_1 + 0.3Z_2 + 0.4\epsilon_3$을 경로도형으로 표현할 때, Z_3에 대한 Z_1의 간접효과(Indirect Effect)는? (단, Z_1, Z_2의 상관계수는 0.50이며 ϵ_3는 오차항을 나타냄) 03 05

① 0.10
② 0.15
③ 0.20
④ 0.25

해설

간접효과(Indirect Effect)
Z_3에 대한 Z_1의 간접효과 = $\beta_{21} \times \beta_2 = 0.5 \times 0.3 = 0.15$ 이다.

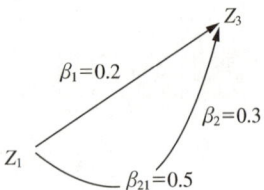

158

다음 중 경로분석 절차와 가장 거리가 먼 것은? 19

① 가설에 따른 모형을 미리 설정한다.
② 필요한 경우 변수를 표준화시킨다.
③ 회귀분석을 실시하여 모형을 설정한다.
④ 분산분석을 통해 주요 경로를 설정한다.

해설

경로분석(Path Analysis)
경로분석은 근본적인 원인으로 작용하는 여러 개의 독립변수들과 원인변수에 의해 영향을 받은 여러 개의 종속변수들로 구성된 다수의 연계된 회귀방정식들을 풀어서 변수들 간의 인과관계 정도를 나타내는 경로계수를 추정하는 방법이다. 즉, 경로분석은 회귀분석과 동일한 분석방법을 사용하며 회귀분석의 기본 가정을 포함한다.

159

다음은 외생변수 $X1$, 내생변수 $Y1$, $Y2$를 이용한 경로모형이다. $X1$이 $Y2$에 미치는 직접효과, 간접효과, 총효과를 바르게 구한 것은? 19

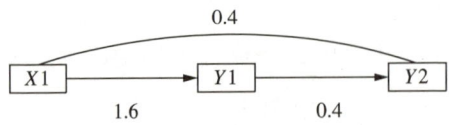

① 직접효과 : 0.4, 간접효과 : 1.6, 총효과 : 2.0
② 직접효과 : 0.4, 간접효과 : 0.4, 총효과 : 0.16
③ 직접효과 : 0.4, 간접효과 : 0.4, 총효과 : 0.8
④ 직접효과 : 0.4, 간접효과 : 0.64, 총효과 : 1.04

해설

경로모형(Path Analysis)

직접효과는 독립변수가 종속변수에 직접적으로 영향을 미치는 것으로 독립변수에서 종속변수로 직접 가는 경로계수를 의미하므로 $X1$이 $Y2$에 미치는 직접효과는 0.4이다. 간접효과는 독립변수가 하나 이상의 매개변수를 통하여 종속변수에 간접적으로 영향을 미치는 것으로 독립변수에서 매개변수로 가는 경로계수와 매개변수에서 종속변수로 가는 경로계수를 곱한 값($1.6 \times 0.4 = 0.64$)이다. 총효과는 직접효과와 간접효과를 합한 것으로 $0.4 + 0.64 = 1.04$이다.

160

"부모의 애정표현정도가 자녀의 자존감에 영향을 주고, 부모의 애정표현정도와 자녀의 자존감이 자녀의 학교생활 만족도에 영향을 준다"는 세 개의 구인(Construct) 간의 인과관계 모형에서 내생적 구인 또는 내생적 변수를 모두 고른 것은? [15] [20]

① 부모의 애정표현, 자녀의 자존감
② 부모의 애정표현
③ 자녀의 자존감, 자녀의 학교생활 만족도
④ 자녀의 학교생활 만족도

해설

내생변수와 외생변수

독립변수의 역할만 하면 외생변수이고 종속변수도 되지만 독립변수의 역할도 하면 내생변수가 된다. 부모의 애정표현정도는 독립변수의 역할만 하므로 외생변수가 되며, 자녀의 자존감은 종속변수도 되지만 독립변수의 역할도 하므로 내생변수가 된다. 또한, 자녀의 학교생활 만족도는 종속변수이지만 예를 들어 자녀의 학교생활 만족도가 삶의 만족도에 영향을 준다면 독립변수의 역할도 하기 때문에 내생변수가 된다.

161

반응변수가 포아송분포를 따를 때 흔히 사용되는 일반화 선형회귀모형으로 가장 적합한 것은? [15]

① 로지스틱 회귀모형
② 로그선형모형
③ 비선형 회귀모형
④ 능형회귀모형

해설

일반화선형모형(General Linear Models)

반응변수가 이항분포를 따를 때 연결함수를 로짓함수로 이용하며 이를 로지스틱 회귀(Logistic Regression)모형이라 한다. 반응변수가 포아송분포를 따를 때에는 연결함수를 로그함수로 이용하며 이를 로그선형(Log-linear)모형이라고 한다.

정답 160 ③ 161 ②

162

반응변수 Y가 (0, 1) 중 하나를 택하는 이분형일 때, P개의 설명변수 X의 선형결합식을 Y가 1일 확률 $Pr(Y=1)$의 범위를 벗어나지 않도록 다음과 같이 변환한 식을 사용하는 회귀분석은? [20]

$$Pr(Y=1) = \frac{\exp(X)}{1+\exp(X)}$$

① 일반화 회귀분석
② 다항회귀분석
③ 로지스틱 회귀분석
④ 로버스트 회귀분석

해설

로지스틱 회귀분석

로지스틱 회귀분석은 반응변수 0과 1을 가지는 이진형 변수에 사용한다. 반응변수 Y를 로짓변환 $\log\left(\frac{Y}{1-Y}\right)$을 이용하여 0과 1 사이의 값을 갖도록 고정시켜 분석하는 방법을 로지스틱 회귀(Logistic Regression)라 한다.

163

부실한 재무구조와 경영 상태를 가지는 기업을 찾아내기 위하여 로지스틱 회귀모형을 사용하였다. 사용된 재무변수 x는 총보유수입이고 $y = 1$년 후 도산한 경우 0, 그렇지 않은 경우는 1이다. 주어진 자료를 사용하여 추정되어진 회귀모형은 $\ln\left(\frac{\hat{p}}{1-\hat{p}}\right) = -12.35 + 0.5x$ 이다. 그러면 $x = 26$일 때 도산할 확률의 예측값은? [05]

① 0.14
② 0.24
③ 0.34
④ 0.66

해설

오즈비(Odds Ratio)의 $1-\hat{p}$ 계산

$\ln\left(\frac{\hat{p}}{1-\hat{p}}\right) = -12.35 + 0.5x$

$\Rightarrow \hat{p} = \frac{\exp(-12.35+0.5x)}{1+\exp(-12.35+0.5x)} = \frac{\exp(0.65)}{1+\exp(0.65)} = 0.66$

$\therefore 1-\hat{p} = 1-0.66 = 0.34$

164

어느 스포츠 센터에서 회원 50명을 상대로 체중($X1$), 허리둘레($X2$), 맥박수($X3$) 등 신체 생리적 변수와 턱걸이($Y1$), 윗몸 일으키기($Y2$), 줄넘기($Y3$) 등의 운동능력 변수들을 조사하였다. 신체 생리적 변수군 ($X1$, $X2$, $X3$)과 운동능력 변수군($Y1$, $Y2$, $Y3$) 사이의 선형적 연관성을 분석하고자 한다. 이 경우에 알맞은 통계적 분석방법은? 05 08

① 요인분석
② 군집분석
③ 경로분석
④ 정준상관분석

해설

정준상관분석(Canonical Correlation Coefficient)
정준상관분석은 2개 이상의 변수로 구성되어 있는 종속변수군과 독립변수군의 관계를 살펴보는 방법으로 각 집단 내에 있는 변수들의 상관관계를 이용하여 변수들을 선형 결합한 식을 도출하고 이렇게 도출된 식을 이용하여 관련성을 분석하는 방법이다.

165

어느 회사의 신입사원 공채결과를 로짓 판별분석하였다. 집단변수(1 : 합격, 2 : 불합격)와 함께 두 개의 독립변수(X_1 : 필기시험점수, X_2 : 면접점수)는 모두 100점 만점으로 기록되었다. 로짓 판별분석 결과 다음과 같은 식을 얻었다고 하자.

$$\log\left(\frac{q_1}{q_2}\right) = -25 + 0.2X_1 + 0.3X_2$$

여기서, q_1, q_2는 각각 합격률, 불합격률을 표시하고 log는 자연대수(Natural Logarithm)를 나타낸다. $X_1 = 52$점이고 $X_2 = 50$점인 지원자가 집단 1에 속할(즉, 합격할) 확률은? 05 13

① $\dfrac{\epsilon^{0.4}}{1+\epsilon^{0.4}}$

② $\dfrac{1}{1+\epsilon^{0.4}}$

③ $\log(0.4)$

④ $\log\left(\dfrac{0.4}{1-04}\right)$

해설

오즈비(Odds Ratio)의 $\hat{p}$계산

$\log\left(\dfrac{\hat{p}}{1-\hat{p}}\right) = -25 + 0.2X_1 + 0.3X_2$

$\therefore \hat{p} = \dfrac{\exp(-25+0.2X_1+0.3X_2)}{1+\exp(-25+0.2X_1+0.3X_2)} = \dfrac{\exp(0.4)}{1+\exp(0.4)}$

166

5개 독립변수를 이용하여 투자성 집단 g_1과 투기성 집단 g_2으로 판별하기 위해서 적합한 로지스틱 판별함수가 아래와 같다고 가정할 때 설명으로 맞는 것은? [07]

$$\ln\left(\frac{\hat{q}_1(X)}{\hat{q}_2(X)}\right) = 12.22 + 1.07LX_1 - 11.52X_2 - 0.70LX_4 - 2.61X_5$$

① $\hat{\beta}_1 = 1.07$이므로 LX_1을 제외한 다른 독립변수들이 일정한 수준을 유지할 때 사후확률의 승산(odds)은 $\exp(1.07) = 2.92$이다.
② 두 집단을 판별하는데 상대적인 영향력이 큰 독립변수는 X_2이다.
③ LX_1이 한 단위 증가할 때 투기성 집단에 속할 사후확률보다 투자성 집단에 속할 사후확률이 1.07배이다.
④ 판별함수에 포함된 4개 독립변수들의 측정단위가 서로 다를지라도 상대적인 영향력 크기의 비교분석에는 변함없다.

해설

오즈비(Odds Ratio)

- 로지스틱 판별함수 : $\ln\left(\frac{\hat{q}_1(X)}{\hat{q}_2(X)}\right) = 12.22 + 1.07LX_1 - 11.52X_2 - 0.70LX_4 - 2.61X_5$

- odds $= \frac{\hat{q}_1(X)}{\hat{q}_2(X)}$ 이므로, LX_1을 제외한 다른 독립변수들이 일정한 수준을 유지할 경우 odds는 $\exp(1.07) = 2.92$이다.

167

두 그룹의 판별분석에 사용될 판별변수들이 이산형과 연속형 변수들로 구성되어 있고, 분석자는 이산형 판별변수들에 대해 변수 변환작업을 고려하지 않는다고 하자. 이러한 경우 분석자가 선택할 수 있는 판별분석방법으로 가장 적합한 것은? [09]

① 정준 판별분석법
② 로지스틱 회귀를 이용한 판별분석법
③ Fisher의 선평판별식을 이용한 판별분석법
④ 이차 판별함수를 이용한 판별분석법

해설

로지스틱 회귀를 이용한 판별분석
판별분석은 판별변수가 모두 연속형인 경우 사용할 수 있으며, 로지스틱 회귀를 이용한 판별분석은 판별변수가 이산형인 경우에 사용 가능하다.

제 3 편

부록

01	표준정규분포표
02	t-분포표
03	χ^2분포표
04	F-분포표
05	로마자 표기법

참고문헌

01 표준정규분포표

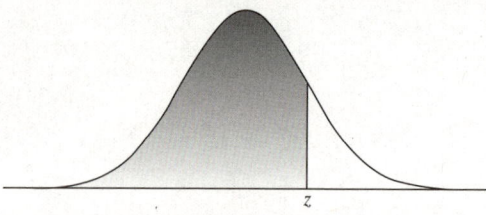

z	0.00	0.01	0.02	0.03	0.04	0.05	0.06	0.07	0.08	0.09
0.0	0.5000	0.5040	0.5080	0.5120	0.5160	0.5199	0.5239	0.5279	0.5319	0.5359
0.1	0.5398	0.5438	0.5478	0.5517	0.5557	0.5596	0.5636	0.5675	0.5714	0.5753
0.2	0.5793	0.5832	0.5871	0.5910	0.5948	0.5987	0.6026	0.6064	0.6103	0.6141
0.3	0.6179	0.6217	0.6255	0.6293	0.6331	0.6368	0.6406	0.6443	0.6480	0.6517
0.4	0.6554	0.6591	0.6628	0.6664	0.6700	0.6736	0.6772	0.6808	0.6844	0.6879
0.5	0.6915	0.6950	0.6985	0.7019	0.7054	0.7088	0.7123	0.7157	0.7190	0.7224
0.6	0.7257	0.7291	0.7324	0.7357	0.7389	0.7422	0.7454	0.7486	0.7517	0.7549
0.7	0.7580	0.7611	0.7642	0.7673	0.7704	0.7734	0.7764	0.7794	0.7823	0.7852
0.8	0.7881	0.7910	0.7939	0.7967	0.7995	0.8023	0.8051	0.8078	0.8106	0.8133
0.9	0.8159	0.8186	0.8212	0.8238	0.8264	0.8289	0.8315	0.8340	0.8365	0.8389
1.0	0.8413	0.8438	0.8461	0.8485	0.8508	0.8531	0.8554	0.8577	0.8599	0.8621
1.1	0.8643	0.8665	0.8686	0.8708	0.8729	0.8749	0.8770	0.8790	0.8810	0.8830
1.2	0.8849	0.8869	0.8888	0.8907	0.8925	0.8944	0.8962	0.8980	0.8997	0.9015
1.3	0.9032	0.9049	0.9066	0.9082	0.9099	0.9115	0.9131	0.9147	0.9162	0.9177
1.4	0.9192	0.9207	0.9222	0.9236	0.9251	0.9265	0.9279	0.9292	0.9306	0.9319
1.5	0.9332	0.9345	0.9357	0.9370	0.9382	0.9394	0.9406	0.9418	0.9429	0.9441
1.6	0.9452	0.9463	0.9474	0.9484	0.9495	0.9505	0.9515	0.9525	0.9535	0.9545
1.7	0.9554	0.9564	0.9573	0.9582	0.9591	0.9599	0.9608	0.9616	0.9625	0.9633
1.8	0.9641	0.9649	0.9656	0.9664	0.9671	0.9678	0.9686	0.9693	0.9699	0.9706
1.9	0.9713	0.9719	0.9726	0.9732	0.9738	0.9744	0.9750	0.9756	0.9761	0.9767
2.0	0.9772	0.9778	0.9783	0.9788	0.9793	0.9798	0.9803	0.9808	0.9812	0.9817
2.1	0.9821	0.9826	0.9830	0.9834	0.9838	0.9842	0.9846	0.9850	0.9854	0.9857
2.2	0.9861	0.9864	0.9868	0.9871	0.9875	0.9878	0.9881	0.9884	0.9887	0.9890
2.3	0.9893	0.9896	0.9898	0.9901	0.9904	0.9906	0.9909	0.9911	0.9913	0.9916
2.4	0.9918	0.9920	0.9922	0.9925	0.9927	0.9929	0.9931	0.9932	0.9934	0.9936
2.5	0.9938	0.9940	0.9941	0.9943	0.9945	0.9946	0.9948	0.9949	0.9951	0.9952
2.6	0.9953	0.9955	0.9956	0.9957	0.9959	0.9960	0.9961	0.9962	0.9963	0.9964
2.7	0.9965	0.9966	0.9967	0.9968	0.9969	0.9970	0.9971	0.9972	0.9973	0.9974
2.8	0.9974	0.9975	0.9976	0.9977	0.9977	0.9978	0.9979	0.9979	0.9980	0.9981
2.9	0.9981	0.9982	0.9982	0.9983	0.9984	0.9984	0.9985	0.9985	0.9986	0.9986
3.0	0.9987	0.9987	0.9987	0.9988	0.9988	0.9989	0.9989	0.9989	0.9990	0.9990

02 t-분포표

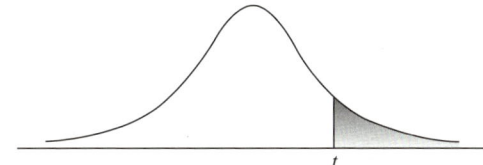

df	P					
	0.10	0.05	0.025	0.01	0.005	0.001
1	3.078	6.314	12.706	31.821	63.657	318.309
2	1.886	2.920	4.303	6.965	9.925	22.327
3	1.638	2.353	3.182	4.541	5.841	10.215
4	1.533	2.132	2.776	3.747	4.604	7.173
5	1.476	2.015	2.571	3.365	4.032	5.893
6	1.440	1.943	2.447	3.143	3.707	5.208
7	1.415	1.895	2.365	2.998	3.499	4.785
8	1.397	1.860	2.306	2.896	3.355	4.501
9	1.383	1.833	2.262	2.821	3.250	4.297
10	1.372	1.812	2.228	2.764	3.169	4.144
11	1.363	1.796	2.201	2.718	3.106	4.025
12	1.356	1.782	2.179	2.681	3.055	3.930
13	1.350	1.771	2.160	2.650	3.012	3.852
14	1.345	1.761	2.145	2.624	2.977	3.787
15	1.341	1.753	2.131	2.602	2.947	3.733
16	1.337	1.746	2.120	2.583	2.921	3.686
17	1.333	1.740	2.110	2.567	2.898	3.646
18	1.330	1.734	2.101	2.552	2.878	3.610
19	1.328	1.729	2.093	2.539	2.861	3.579
20	1.325	1.725	2.086	2.528	2.845	3.552
21	1.323	1.721	2.080	2.518	2.831	3.527
22	1.321	1.717	2.074	2.508	2.819	3.505
23	1.319	1.714	2.069	2.500	2.807	3.485
24	1.318	1.711	2.064	2.492	2.797	3.467
25	1.316	1.708	2.060	2.485	2.787	3.450
26	1.315	1.706	2.056	2.479	2.779	3.435
27	1.314	1.703	2.052	2.473	2.771	3.421
28	1.313	1.701	2.048	2.467	2.763	3.408
29	1.311	1.699	2.045	2.462	2.756	3.396
30	1.310	1.697	2.042	2.457	2.750	3.385
31	1.309	1.696	2.040	2.453	2.744	3.375
32	1.309	1.694	2.037	2.449	2.738	3.365
33	1.308	1.692	2.035	2.445	2.733	3.356
34	1.307	1.691	2.032	2.441	2.728	3.348
35	1.306	1.690	2.030	2.438	2.724	3.340
36	1.306	1.688	2.028	2.434	2.719	3.333
37	1.305	1.687	2.026	2.431	2.715	3.326
38	1.304	1.686	2.024	2.429	2.712	3.319
39	1.304	1.685	2.023	2.426	2.708	3.313
40	1.303	1.684	2.021	2.423	2.704	3.307
∞	1.282	1.645	1.960	2.326	2.576	3.090

03 카이제곱분포표

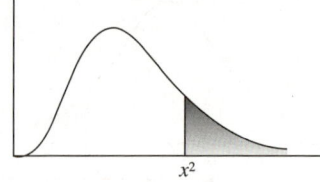

df	α									
	0.995	0.99	0.975	0.95	0.9	0.1	0.05	0.025	0.01	0.005
1	0.000	0.000	0.001	0.004	0.016	2.706	3.841	5.024	6.635	7.879
2	0.010	0.020	0.051	0.103	0.211	4.605	5.991	7.378	9.210	10.597
3	0.072	0.115	0.216	0.352	0.584	6.251	7.815	9.348	11.345	12.838
4	0.207	0.297	0.484	0.711	1.064	7.779	9.488	11.143	13.277	14.860
5	0.412	0.554	0.831	1.145	1.610	9.236	11.070	12.833	15.086	16.750
6	0.676	0.872	1.237	1.635	2.204	10.645	12.592	14.449	16.812	18.548
7	0.989	1.239	1.690	2.167	2.833	12.017	14.067	16.013	18.475	20.278
8	1.344	1.646	2.180	2.733	3.490	13.362	15.507	17.535	20.090	21.955
9	1.735	2.088	2.700	3.325	4.168	14.684	16.919	19.023	21.666	23.589
10	2.156	2.558	3.247	3.940	4.865	15.987	18.307	20.483	23.209	25.188
11	2.603	3.053	3.816	4.575	5.578	17.275	19.675	21.920	24.725	26.757
12	3.074	3.571	4.404	5.226	6.304	18.549	21.026	23.337	26.217	28.300
13	3.565	4.107	5.009	5.892	7.042	19.812	22.362	24.736	27.688	29.819
14	4.075	4.660	5.629	6.571	7.790	21.064	23.685	26.119	29.141	31.319
15	4.601	5.229	6.262	7.261	8.547	22.307	24.996	27.488	30.578	32.801
16	5.142	5.812	6.908	7.962	9.312	23.542	26.296	28.845	32.000	34.267
17	5.697	6.408	7.564	8.672	10.085	24.769	27.587	30.191	33.409	35.718
18	6.265	7.015	8.231	9.390	10.865	25.989	28.869	31.526	34.805	37.156
19	6.844	7.633	8.907	10.117	11.651	27.204	30.144	32.852	36.191	38.582
20	7.434	8.260	9.591	10.851	12.443	28.412	31.410	34.170	37.566	39.997
21	8.034	8.897	10.283	11.591	13.240	29.615	32.671	35.479	38.932	41.401
22	8.643	9.542	10.982	12.338	14.041	30.813	33.924	36.781	40.289	42.796
23	9.260	10.196	11.689	13.091	14.848	32.007	35.172	38.076	41.638	44.181
24	9.886	10.856	12.401	13.848	15.659	33.196	36.415	39.364	42.980	45.559
25	10.520	11.524	13.120	14.611	16.473	34.382	37.652	40.646	44.314	46.928
26	11.160	12.198	13.844	15.379	17.292	35.563	38.885	41.923	45.642	48.290
27	11.808	12.879	14.573	16.151	18.114	36.741	40.113	43.195	46.963	49.645
28	12.461	13.565	15.308	16.928	18.939	37.916	41.337	44.461	48.278	50.993
29	13.121	14.256	16.047	17.708	19.768	39.087	42.557	45.722	49.588	52.336
30	13.787	14.953	16.791	18.493	20.599	40.256	43.773	46.979	50.892	53.672
40	20.707	22.164	24.433	26.509	29.051	51.805	55.758	59.342	63.691	66.766
50	27.991	29.707	32.357	34.764	37.689	63.167	67.505	71.420	76.154	79.490
60	35.534	37.485	40.482	43.188	46.459	74.397	79.082	83.298	88.379	91.952
70	43.275	45.442	48.758	51.739	55.329	85.527	90.531	95.023	100.42	104.21
80	51.172	53.540	57.153	60.391	64.278	96.578	101.87	106.62	112.32	116.32
90	59.196	61.754	65.647	69.126	73.291	107.56	113.14	118.13	124.11	128.29
100	67.328	70.065	74.222	77.929	82.358	118.49	124.34	129.56	135.80	140.16

04 F-분포표($\alpha = 0.01$)

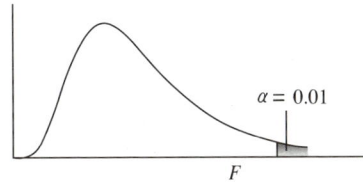

분모 자유도	분자 자유도																		
	1	2	3	4	5	6	7	8	9	10	12	15	20	24	30	40	60	120	∞
1	4052	4999	5403	5624	5763	5858	5928	5981	6022	6055	6106	6157	6208	6234	6260	6286	6313	6339	6365
2	98.50	99.00	99.17	99.25	99.30	99.33	99.36	99.37	99.39	99.40	99.42	99.43	99.45	99.46	99.47	99.47	99.48	99.49	99.50
3	34.12	30.82	29.46	28.71	28.24	27.91	27.67	27.49	27.35	27.23	27.05	26.87	26.69	26.60	26.50	26.41	26.32	26.22	26.13
4	21.20	18.00	16.69	15.98	15.52	15.21	14.98	14.80	14.66	14.55	14.37	14.20	14.02	13.93	13.84	13.75	13.65	13.56	13.46
5	16.26	13.27	12.06	11.39	10.97	10.67	10.46	10.29	10.16	10.05	9.89	9.72	9.55	9.47	9.38	9.29	9.20	9.11	9.02
6	13.75	10.92	9.78	9.15	8.75	8.47	8.26	8.10	7.98	7.87	7.72	7.56	7.40	7.31	7.23	7.14	7.06	6.97	6.88
7	12.25	9.55	8.45	7.85	7.46	7.19	6.99	6.84	6.72	6.62	6.47	6.31	6.16	6.07	5.99	5.91	5.82	5.74	5.65
8	11.26	8.65	7.59	7.01	6.63	6.37	6.18	6.03	5.91	5.81	5.67	5.52	5.36	5.28	5.20	5.12	5.03	4.95	4.86
9	10.56	8.02	6.99	6.42	6.06	5.80	5.61	5.47	5.35	5.26	5.11	4.96	4.81	4.73	4.65	4.57	4.48	4.40	4.31
10	10.04	7.56	6.55	5.99	5.64	5.39	5.20	5.06	4.94	4.85	4.71	4.56	4.41	4.33	4.25	4.17	4.08	4.00	3.91
11	9.65	7.21	6.22	5.67	5.32	5.07	4.89	4.74	4.63	4.54	4.40	4.25	4.10	4.02	3.94	3.86	3.78	3.69	3.60
12	9.33	6.93	5.95	5.41	5.06	4.82	4.64	4.50	4.39	4.30	4.16	4.01	3.86	3.78	3.70	3.62	3.54	3.45	3.36
13	9.07	6.70	5.74	5.21	4.86	4.62	4.44	4.30	4.19	4.10	3.96	3.82	3.66	3.59	3.51	3.43	3.34	3.25	3.17
14	8.86	6.51	5.56	5.04	4.69	4.46	4.28	4.14	4.03	3.94	3.80	3.66	3.51	3.43	3.35	3.27	3.18	3.09	3.00
15	8.68	6.36	5.42	4.89	4.56	4.32	4.14	4.00	3.89	3.80	3.67	3.52	3.37	3.29	3.21	3.13	3.05	2.96	2.87
16	8.53	6.23	5.29	4.77	4.44	4.20	4.03	3.89	3.78	3.69	3.55	3.41	3.26	3.18	3.10	3.02	2.93	2.84	2.75
17	8.40	6.11	5.18	4.67	4.34	4.10	3.93	3.79	3.68	3.59	3.46	3.31	3.16	3.08	3.00	2.92	2.83	2.75	2.65
18	8.29	6.01	5.09	4.58	4.25	4.01	3.84	3.71	3.60	3.51	3.37	3.23	3.08	3.00	2.92	2.84	2.75	2.66	2.57
19	8.18	5.93	5.01	4.50	4.17	3.94	3.77	3.63	3.52	3.43	3.30	3.15	3.00	2.92	2.84	2.76	2.67	2.58	2.49
20	8.10	5.85	4.94	4.43	4.10	3.87	3.70	3.56	3.46	3.37	3.23	3.09	2.94	2.86	2.78	2.69	2.61	2.52	2.42
21	8.02	5.78	4.87	4.37	4.04	3.81	3.64	3.51	3.40	3.31	3.17	3.03	2.88	2.80	2.72	2.64	2.55	2.46	2.36
22	7.95	5.72	4.82	4.31	3.99	3.76	3.59	3.45	3.35	3.26	3.12	2.98	2.83	2.75	2.67	2.58	2.50	2.40	2.31
23	7.88	5.66	4.76	4.26	3.94	3.71	3.54	3.41	3.30	3.21	3.07	2.93	2.78	2.70	2.62	2.54	2.45	2.35	2.26
24	7.82	5.61	4.72	4.22	3.90	3.67	3.50	3.36	3.26	3.17	3.03	2.89	2.74	2.66	2.58	2.49	2.40	2.31	2.21
25	7.77	5.57	4.68	4.18	3.85	3.63	3.46	3.32	3.22	3.13	2.99	2.85	2.70	2.62	2.54	2.45	2.36	2.27	2.17
30	7.56	5.39	4.51	4.02	3.70	3.47	3.30	3.17	3.07	2.98	2.84	2.70	2.55	2.47	2.39	2.30	2.21	2.11	2.01
40	7.31	5.18	4.31	3.83	3.51	3.29	3.12	2.99	2.89	2.80	2.66	2.52	2.37	2.29	2.20	2.11	2.02	1.92	1.80
60	7.08	4.98	4.13	3.65	3.34	3.12	2.95	2.82	2.72	2.63	2.50	2.35	2.20	2.12	2.03	1.94	1.84	1.73	1.60
120	6.85	4.79	3.95	3.48	3.17	2.96	2.79	2.66	2.56	2.47	2.34	2.19	2.03	1.95	1.86	1.76	1.66	1.53	1.38
∞	6.63	4.61	3.78	3.32	3.02	2.80	2.64	2.51	2.41	2.32	2.18	2.04	1.88	1.79	1.70	1.59	1.47	1.32	1.00

$F-$분포표($\alpha = 0.025$)

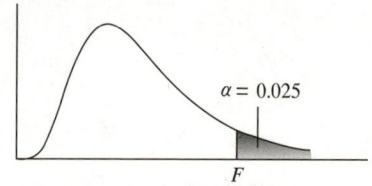

분모 자유도	분자 자유도																		
	1	2	3	4	5	6	7	8	9	10	12	15	20	24	30	40	60	120	∞
1	647.7	799.5	864.1	899.5	921.8	937.1	948.2	956.6	963.2	968.6	976.7	984.8	993.1	997.2	1001	1005	1009	1014	1018
2	38.51	39.00	39.17	39.25	39.30	39.33	39.36	39.37	39.39	39.40	39.41	39.43	39.45	39.46	39.46	39.47	39.48	39.49	39.50
3	17.44	16.04	15.44	15.10	14.88	14.73	14.62	14.54	14.47	14.42	14.34	14.25	14.17	14.12	14.08	14.04	13.99	13.95	13.90
4	12.22	10.65	9.98	9.60	9.36	9.20	9.07	8.98	8.90	8.84	8.75	8.66	8.56	8.51	8.46	8.41	8.36	8.31	8.26
5	10.01	8.43	7.76	7.39	7.15	6.98	6.85	6.76	6.68	6.62	6.52	6.43	6.33	6.28	6.23	6.18	6.12	6.07	6.02
6	8.81	7.26	6.60	6.23	5.99	5.82	5.70	5.60	5.52	5.46	5.37	5.27	5.17	5.12	5.07	5.01	4.96	4.90	4.85
7	8.07	6.54	5.89	5.52	5.29	5.12	4.99	4.90	4.82	4.76	4.67	4.57	4.47	4.41	4.36	4.31	4.25	4.20	4.14
8	7.57	6.06	5.42	5.05	4.82	4.65	4.53	4.43	4.36	4.30	4.20	4.10	4.00	3.95	3.89	3.84	3.78	3.73	3.67
9	7.21	5.71	5.08	4.72	4.48	4.32	4.20	4.10	4.03	3.96	3.87	3.77	3.67	3.61	3.56	3.51	3.45	3.39	3.33
10	6.94	5.46	4.83	4.47	4.24	4.07	3.95	3.85	3.78	3.72	3.62	3.52	3.42	3.37	3.31	3.26	3.20	3.14	3.08
11	6.72	5.26	4.63	4.28	4.04	3.88	3.76	3.66	3.59	3.53	3.43	3.33	3.23	3.17	3.12	3.06	3.00	2.94	2.88
12	6.55	5.10	4.47	4.12	3.89	3.73	3.61	3.51	3.44	3.37	3.28	3.18	3.07	3.02	2.96	2.91	2.85	2.79	2.72
13	6.41	4.97	4.35	4.00	3.77	3.60	3.48	3.39	3.31	3.25	3.15	3.05	2.95	2.89	2.84	2.78	2.72	2.66	2.60
14	6.30	4.86	4.24	3.89	3.66	3.50	3.38	3.29	3.21	3.15	3.05	2.95	2.84	2.79	2.73	2.67	2.61	2.55	2.49
15	6.20	4.77	4.15	3.80	3.58	3.41	3.29	3.20	3.12	3.06	2.96	2.86	2.76	2.70	2.64	2.59	2.52	2.46	2.40
16	6.12	4.69	4.08	3.73	3.50	3.34	3.22	3.12	3.05	2.99	2.89	2.79	2.68	2.63	2.57	2.51	2.45	2.38	2.32
17	6.04	4.62	4.01	3.66	3.44	3.28	3.16	3.06	2.98	2.92	2.82	2.72	2.62	2.56	2.50	2.44	2.38	2.32	2.25
18	5.98	4.56	3.95	3.61	3.38	3.22	3.10	3.01	2.93	2.87	2.77	2.67	2.56	2.50	2.44	2.38	2.32	2.26	2.19
19	5.92	4.51	3.90	3.56	3.33	3.17	3.05	2.96	2.88	2.82	2.72	2.62	2.51	2.45	2.39	2.33	2.27	2.20	2.13
20	5.87	4.46	3.86	3.51	3.29	3.13	3.01	2.91	2.84	2.77	2.68	2.57	2.46	2.41	2.35	2.29	2.22	2.16	2.09
21	5.83	4.42	3.82	3.48	3.25	3.09	2.97	2.87	2.80	2.73	2.64	2.53	2.42	2.37	2.31	2.25	2.18	2.11	2.04
22	5.79	4.38	3.78	3.44	3.22	3.05	2.93	2.84	2.76	2.70	2.60	2.50	2.39	2.33	2.27	2.21	2.14	2.08	2.00
23	5.75	4.35	3.75	3.41	3.18	3.02	2.90	2.81	2.73	2.67	2.57	2.47	2.36	2.30	2.24	2.18	2.11	2.04	1.97
24	5.72	4.32	3.72	3.38	3.15	2.99	2.87	2.78	2.70	2.64	2.54	2.44	2.33	2.27	2.21	2.15	2.08	2.01	1.94
25	5.69	4.29	3.69	3.35	3.13	2.97	2.85	2.75	2.68	2.61	2.51	2.41	2.30	2.24	2.18	2.12	2.05	1.98	1.91
30	5.57	4.18	3.59	3.25	3.03	2.87	2.75	2.65	2.57	2.51	2.41	2.31	2.20	2.14	2.07	2.01	1.94	1.87	1.79
40	5.42	4.05	3.46	3.13	2.90	2.74	2.62	2.53	2.45	2.39	2.29	2.18	2.07	2.01	1.94	1.88	1.80	1.72	1.64
60	5.29	3.93	3.34	3.01	2.79	2.63	2.51	2.41	2.33	2.27	2.17	2.06	1.94	1.88	1.82	1.74	1.67	1.58	1.48
120	5.15	3.80	3.23	2.89	2.67	2.52	2.39	2.30	2.22	2.16	2.05	1.94	1.82	1.76	1.69	1.61	1.53	1.43	1.31
∞	5.02	3.69	3.12	2.79	2.57	2.41	2.29	2.19	2.11	2.05	1.94	1.83	1.71	1.64	1.57	1.48	1.39	1.27	1.00

$F-$분포표 ($\alpha = 0.05$)

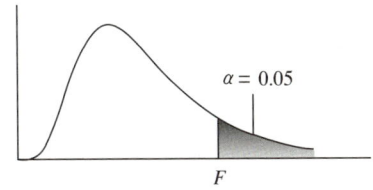

분모 자유도	\multicolumn{18}{c}{분자 자유도}
	1	2	3	4	5	6	7	8	9	10	12	15	20	24	30	40	60	120	∞
1	161.5	199.5	215.7	224.6	230.2	234.0	236.8	238.9	240.5	241.9	243.9	246.0	248.0	249.1	250.1	251.1	252.2	253.3	254.3
2	18.51	19.00	19.16	19.25	19.30	19.33	19.35	19.37	19.38	19.40	19.41	19.43	19.45	19.45	19.46	19.47	19.48	19.49	19.50
3	10.13	9.55	9.28	9.12	9.01	8.94	8.89	8.85	8.81	8.79	8.74	8.70	8.66	8.64	8.62	8.59	8.57	8.55	8.53
4	7.71	6.94	6.59	6.39	6.26	6.16	6.09	6.04	6.00	5.96	5.91	5.86	5.80	5.77	5.75	5.72	5.69	5.66	5.63
5	6.61	5.79	5.41	5.19	5.05	4.95	4.88	4.82	4.77	4.74	4.68	4.62	4.56	4.53	4.50	4.46	4.43	4.40	4.37
6	5.99	5.14	4.76	4.53	4.39	4.28	4.21	4.15	4.10	4.06	4.00	3.94	3.87	3.84	3.81	3.77	3.74	3.70	3.67
7	5.59	4.74	4.35	4.12	3.97	3.87	3.79	3.73	3.68	3.64	3.57	3.51	3.44	3.41	3.38	3.34	3.30	3.27	3.23
8	5.32	4.46	4.07	3.84	3.69	3.58	3.50	3.44	3.39	3.35	3.28	3.22	3.15	3.12	3.08	3.04	3.01	2.97	2.93
9	5.12	4.26	3.86	3.63	3.48	3.37	3.29	3.23	3.18	3.14	3.07	3.01	2.94	2.90	2.86	2.83	2.79	2.75	2.71
10	4.96	4.10	3.71	3.48	3.33	3.22	3.14	3.07	3.02	2.98	2.91	2.85	2.77	2.74	2.70	2.66	2.62	2.58	2.54
11	4.84	3.98	3.59	3.36	3.20	3.09	3.01	2.95	2.90	2.85	2.79	2.72	2.65	2.61	2.57	2.53	2.49	2.45	2.40
12	4.75	3.89	3.49	3.26	3.11	3.00	2.91	2.85	2.80	2.75	2.69	2.62	2.54	2.51	2.47	2.43	2.38	2.34	2.30
13	4.67	3.81	3.41	3.18	3.03	2.92	2.83	2.77	2.71	2.67	2.60	2.53	2.46	2.42	2.38	2.34	2.30	2.25	2.21
14	4.60	3.74	3.34	3.11	2.96	2.85	2.76	2.70	2.65	2.60	2.53	2.46	2.39	2.35	2.31	2.27	2.22	2.18	2.13
15	4.54	3.68	3.29	3.06	2.90	2.79	2.71	2.64	2.59	2.54	2.48	2.40	2.33	2.29	2.25	2.20	2.16	2.11	2.07
16	4.49	3.63	3.24	3.01	2.85	2.74	2.66	2.59	2.54	2.49	2.42	2.35	2.28	2.24	2.19	2.15	2.11	2.06	2.01
17	4.45	3.59	3.20	2.96	2.81	2.70	2.61	2.55	2.49	2.45	2.38	2.31	2.23	2.19	2.15	2.10	2.06	2.01	1.96
18	4.41	3.55	3.16	2.93	2.77	2.66	2.58	2.51	2.46	2.41	2.34	2.27	2.19	2.15	2.11	2.06	2.02	1.97	1.92
19	4.38	3.52	3.13	2.90	2.74	2.63	2.54	2.48	2.42	2.38	2.31	2.23	2.16	2.11	2.07	2.03	1.98	1.93	1.88
20	4.35	3.49	3.10	2.87	2.71	2.60	2.51	2.45	2.39	2.35	2.28	2.20	2.12	2.08	2.04	1.99	1.95	1.90	1.84
21	4.32	3.47	3.07	2.84	2.68	2.57	2.49	2.42	2.37	2.32	2.25	2.18	2.10	2.05	2.01	1.96	1.92	1.87	1.81
22	4.30	3.44	3.05	2.82	2.66	2.55	2.46	2.40	2.34	2.30	2.23	2.15	2.07	2.03	1.98	1.94	1.89	1.84	1.78
23	4.28	3.42	3.03	2.80	2.64	2.53	2.44	2.37	2.32	2.27	2.20	2.13	2.05	2.01	1.96	1.91	1.86	1.81	1.76
24	4.26	3.40	3.01	2.78	2.62	2.51	2.42	2.36	2.30	2.25	2.18	2.11	2.03	1.98	1.94	1.89	1.84	1.79	1.73
25	4.24	3.39	2.99	2.76	2.60	2.49	2.40	2.34	2.28	2.24	2.16	2.09	2.01	1.96	1.92	1.87	1.82	1.77	1.71
30	4.17	3.32	2.92	2.69	2.53	2.42	2.33	2.27	2.21	2.16	2.09	2.01	1.93	1.89	1.84	1.79	1.74	1.68	1.62
40	4.08	3.23	2.84	2.61	2.45	2.34	2.25	2.18	2.12	2.08	2.00	1.92	1.84	1.79	1.74	1.69	1.64	1.58	1.51
60	4.00	3.15	2.76	2.53	2.37	2.25	2.17	2.10	2.04	1.99	1.92	1.84	1.75	1.70	1.65	1.59	1.53	1.47	1.39
120	3.92	3.07	2.68	2.45	2.29	2.18	2.09	2.02	1.96	1.91	1.83	1.75	1.66	1.61	1.55	1.50	1.43	1.35	1.25
∞	3.84	3.00	2.60	2.37	2.21	2.10	2.01	1.94	1.88	1.83	1.75	1.67	1.57	1.52	1.46	1.39	1.32	1.22	1.00

05 로마자 표기법

대문자(Capital)	소문자(Small)	영 어	발 음
A	α	alpha	알 파
B	β	beta	베 타
Γ	γ	gamma	감 마
Δ	δ	delta	델 타
E	ϵ	epsilon	입실론
Z	ζ	zeta	제 타
H	η	eta	에 타
Θ	θ	theta	쎄 타
I	ι	iota	이오타
K	k	kappa	카 파
Λ	λ	lambda	람 다
M	μ	mu	뮤
N	ν	nu	뉴
Ξ	ξ	xi	크사이
O	o	omicron	오미크론
Π	π	pi	파 이
P	ρ	rho	로 우
Σ	σ	sigma	시그마
T	τ	tau	타 우
Y	υ	upsilon	업실론
Φ	ϕ	phi	피
X	χ	chi	카 이
Ψ	ψ	psi	프사이
Ω	ω	omega	오메가

참고문헌

- 김병천(1998), *統計學을 위한 行列代數學*, 자유아카데미
- 김연형(1988), *통계학개론*, 형설출판사
- 김연형, 이기훈(1997), *통계자료분석*, 자유아카데미
- 김충련(2011), *SAS 데이터분석*, 21세기사
- 남궁평(2007), *표본조사설계와 분석*, 탐진
- 노형진(2007), *다변량분석 이론과 실제*, 형설
- 박병식, 박종관 공저(2010), *정책분석평가사*, 시대고시기획
- 박성현, 조신섭, 김성수 공저(2009), *SPSS 17.0 이해와 활용*, 한나래아카데미
- 박성현(1995), *현대 실험계획법*, 민영사
- 박성현(1989), *회귀분석*, 민영사
- 소정현(2024), *사회조사분석사 2급 2차 실기 한권으로 끝내기*, 시대고시기획
- 소정현(2024), *통계직 공무원을 위한 통계학 기본서*, 시대고시기획
- 소정현(2024), *통계직 공무원을 위한 통계학 모의고사*, 시대고시기획
- 소정현(2024), *행정·입법고시 통계학 합격대비*, 시대고시기획
- 소정현(2022), *한국은행·금융감독원 통계학*, 부크크
- 소정현(2023), *사회조사분석사 1급 실기 작업형 완벽대비*, 부크크
- 소정현(2023), *사회조사분석사 1급 실기 서술형 완벽대비*, 부크크
- 이종익, 박민석 공저(2012), *사회조사분석사 한권으로*, 시대고시기획
- 전상규(2000), *사회조사분석사 조사방법론 Ⅰ*, 시대고시기획
- 전상규(2000), *사회조사분석사 조사방법론 Ⅱ*, 시대고시기획
- 정충영, 최이규(1998), *SPSS WIN을 이용한 통계분석*, 무역경영사
- 천성수, 박종순 공저(2000), *조사방법론*, 한국교육기획
- 통계교육원(2011), *2011년 조사표 설계론*, 통계교육원
- 한국통계학회 조사통계연구회 역(1996), *통계조사방법*, 자유아카데미
- 허문열, 송문섭(1997), *수리통계학*, 박영사
- Alexander M. Mood, Franklin A. Graybill, Duane C. Boes(1974), *Introduction to the Theory of Statistics*, McGraq-Hill
- Douglas C. Montgomery(2005), *Design and Analysis of Experiments*, John Wiley & Sons, Inc
- E.L. Lehmann(1983), *Theory of Point Estimation*, John Wiley & Sons, Inc
- Richard A. Johnson, Dean W. Wichern(2007), *Applied Multivariate Statistical Analysis*, Pearson Education
- Robert V. Hogg, Allen T. Craig(1995), *Introduction to Mathematical Statistics*, Pretence-Hall
- Peter J. Bickel, Kjell A. Doksum(2000), *Mathematical Statistics : Basic Ideas and Selected Topics*, Prentice Hall
- Sharon L. Lohr(1999), *Sampling : Design and Analysis*, Duxbury Press
- S. R. Searle(1971), *Linear Models*, John Wiley & Sons, Inc

2025 시대에듀 사회조사분석사 1급 1차 필기 기출문제해설 한권으로 끝내기

개정10판1쇄 발행	2025년 01월 10일 (인쇄 2024년 10월 15일)
초 판 발 행	2013년 05월 24일 (인쇄 2013년 05월 24일)
발 행 인	박영일
책 임 편 집	이해욱
편 저	소정현
편 집 진 행	노윤재 · 호은지
표지디자인	박수영
편집디자인	김경원 · 고현준
발 행 처	(주)시대고시기획
출 판 등 록	제10-1521호
주 소	서울시 마포구 큰우물로 75 [도화동 538 성지 B/D] 9F
전 화	1600-3600
팩 스	02-701-8823
홈 페 이 지	www.sdedu.co.kr
I S B N	979-11-383-7981-6 (13330)
정 가	33,000원

※ 이 책은 저작권법의 보호를 받는 저작물이므로 동영상 제작 및 무단전재와 배포를 금합니다.
※ 잘못된 책은 구입하신 서점에서 바꾸어 드립니다.

시대에듀와 함께하는
통계학 시리즈

- **통계직 공무원을 위한 통계학 기본서**

  알기쉬운 통계이론 및 적중예상문제
  그리고 2017~2024년 9급·7급 최신기출문제까지
  합격을 위한 완벽 대비 가능 수험서

  소정현 편저 | 정가 37,000원

- **통계직 공무원을 위한 통계학 모의고사**

  반드시 나오는 키워드 및 난이도에 따라 정리한 모의고사
  그리고 면접심사 예상문제 100문제 수록
  시험 전 총정리를 위한 수험서

  소정현 편저 | 정가 30,000원

- **행정·입법고시 통계학 합격대비**

  행정고시 및 입법고시 준비를 위한 통계학의 모든 것
  필수이론+예제+서술형 기출로 마무리하는 합격을 위한 Step 3
  2011~2023년 최신기출문제까지
  철저한 대비가 가능한 탄탄 수험서

  소정현, 김태호 편저 | 정가 40,000원

※ 도서의 이미지 및 세부사항은 변경될 수 있습니다.

시대에듀와 함께하는 최고의 수험서!

사회조사분석사 2급 1차 필기 한권으로 끝내기
빨리보는 간단한 키워드 + 핵심이론 + 적중예상문제 + 최신기출복원문제

처음 시작하는 분들도 꼼꼼한 내용과 충분한 문제풀이로 한 번에 합격하는 지름길 도서!

정가 33,000원

Win-Q 사회조사분석사 2급 필기 단기합격
핵심이론 + OX문제 + 핵심문제 + 최신기출복원문제

「핵심이론 + OX문제 + 핵심문제」 3단계로 핵심만 뽑아 학습하는 단기완성 도서!

정가 23,000원

사회조사분석사 2급 1차 필기 기출문제 CBT 문제은행
빨리보는 간단한 키워드 + 5개년 기출문제 + 2개년 기출복원문제

많은 문제를 풀어보고 탄탄한 해설을 통해 실전감각을 돋보이게 해주는 든든도서!

정가 25,000원

유선배 사회조사분석사 2급 필기 과외노트
유튜브 동영상 무료강의 + 유형별 기출문제 + 문제은행 기출문제

저자 직강 무료 유튜브 강의로 배우며 합격하는 유선배 도서!

정가 23,000원

사회조사분석사 2급 2차 실기 한권으로 끝내기
SPSS이론 + 작업형 기출 + 필답형 기출 + 질문지 작성법

2급 1차 시험 합격 후 막막한 작업형과 필답형 문제를 완벽하게 적응할 수 있도록 구성된 탄탄도서!

정가 35,000원

※ 상기도서의 가격은 변동될 수 있습니다.

나는 이렇게 합격했다

자격명 : 위험물산업기사
구분 : 합격수기
작성자 : 배*상

나는 할 수 있다 69년생 50중반 직장인 ○○○ 입니다. 요즘 자격증을 2개 정도는 가지고 입사하는 젊은 친구들에게 일을 시키고 지시하는 역할이지만 정작 제 자신에게 부족한 점이 많다는 것을 느꼈기 때문에 자격증을 따야겠다고 결심했습니다. 처음 시작할 때는 과연 되겠냐? 하는 의문과 걱정이 한가득이었지만 **시대에듀** 인강을 우연히 접하게 되었고 잘 차려진 밥상과 같은 커리큘럼은 뒤늦게 시작한 늦깍이 수험생이었던 저를 **합격의 길**로 인도해주었습니다. 직장생활을 하면서 취득했기에 더욱 기뻤습니다.

합격은 시대에듀

감사합니다! ♥

당신의 합격 스토리를 들려주세요.
추첨을 통해 선물을 드립니다.

QR코드 스캔하고 ▷▷▶
이벤트 참여해 푸짐한 경품받자!

베스트 리뷰	상/하반기 추천 리뷰	인터뷰 참여
갤럭시탭/ 버즈 2	상품권/ 스벅커피	백화점 상품권

합격의 공식
시대에듀